Military Criminal La

군형법

박찬걸

박영사

머 리 말

　필자가 군형법을 처음 접한 시기는 군대시절로 거슬러 올라간다. 대학원 시절 형사법을 전공했음에도 불구하고 군형법에 대한 진지한 고민은 거의 없었다. 그러던 중 박사과정을 수료한 후 교수사관 6기로 임관하여 육군3사관학교 법학과 교수요원으로 발령을 받으면서 자의반 타의반으로 군형법에 대한 연구를 할 수밖에 없는 상황에 놓이게 되었고, 이전에 인식하지 못하였던 새로운 학문세계에 눈을 뜰 수가 있었다. 3년이라는 사관생도 교육시절을 통하여 자연스럽게 매학기 군형법 강의를 담당하면서 전반적인 체계를 파악할 수 있었고, 특히 군형법 피적용자의 신분에서 군형법을 바라보고 접할 수 있는 소중한 체험의 기회가 되었다. 형사법을 전공하는 모든 이가 주지하다시피 군형법에 대한 연구는 다른 주제와 비교하여 그리 활성화되었다고 할 수는 없다. 2000년 이전에는 군형법에 대한 대부분의 논의가 현역 장교들을 중심으로 이루어졌다고 하여도 과언이 아니었지만, 2000년 이후에는 헌법재판소에서 군형법상 일부 조문에 대한 위헌법률심판의 결과를 내놓으면서 이에 대한 형사법학계의 논의가 활성화되는 계기가 되었다. 하지만 이와 같은 논의도 아직은 미약한 수준임을 부인할 수는 없다. 여전히 육·해·공군본부에서 발간하는 군사법 관련 학술지에 현역 장교들이 집필한 논문과 고등군사법원, 육군본부, 육군종합행정학교, 육군사관학교 등 군 관련 기관에서 군형법 교재를 편찬하는 작업이 주류를 이루고 있으며, (군형법상 용어를 잠시 빌리자면) 민간인이 직접 군형법 전문서적을 발행한 사례는 거의 찾아볼 수 없는 실정이다. 이것이 필자가 본 교재를 집필하게 된 결정적인 이유이다. 즉 군형법의 피적용자 신분이 아닌 민간인의 입장에서 군형법을 바라보고 문제점을 지적하여 개선방안을 제시하는 것이 그 이유인 것이다. 필자는 전역 후인 2009년부터 현재까지 군형법상 쟁점이 되고 있는 다수의 범죄에 대한 논의를 이어 왔으며, 이를 집약하여 2020년 2학기에는 대구가톨릭대학교 경찰행정학과에 전공선택 과목으로 군형법 강좌를 개설하기에 이르렀다. 이에 보다 원활한 강의진행을 위하여 전문서적의 출판 및 활용이 요구되었는데, 이것이 본 교재를 집필하게 된 또 다른 이유가 되었다.

　한편 일반법원의 하급심 판례의 경우도 대부분 공표되지 않은 상황에서 보통군사법원과 고등군사법원의 판례의 경우는 더더욱 접근이 용이하지 않은 것이 현실이다. 군형법상의 개별조항이 실제 적용되는 사례의 확보는 연구의 초석이라고 할 수 있음에도 불구하고 그렇지 못한 현실은 반드시 개선되어야 할 것이다. 이와 같이 녹록치 않은 여건에도 불구하고 고등군사법원이 2015년 발간한 「군사법원 판결요지집 ― 대법원·헌법재판소·고등군사법원 판결 ―」에 수록된 군형법 관련 판결을 전수조사할 수 있었음에 감사드리고, 그 이후의 판례는 고등군사법원 홈페이지에서 간헐적으로 탑재되고 있는 주요판결을 참고하였다. 군형법상의 범죄를 제대로 이해하기 위해서는 군대사회의 특수성이 반영된 사실관계에 대한 파악이 반드시 병행되어야 한다. 이에 주요한 판례에 있어서는 사실관계의 적시를 통하여 이론과 실무의 태도를 이해하는 데 도움을 주고자 하였다.

이 자리를 통하여 감사의 마음을 꼭 전하고 싶은 분이 있다. 먼저 영원한 은사이신 한양대학교 법학전문대학원의 오영근 교수님은 필자가 끊임없이 학문의 길에 정진할 수 있도록 초석을 마련해 주셨을 뿐만 아니라 인생을 참되게 살아가는 방향으로 언제나 인도해 주시고 계시는 고마우신 분이다. 학식과 덕망으로 이미 최고의 경지에 이르신 분에게 수학하고 있는 것을 큰 영광으로 생각하며 살아가고 있다. 또한 육군3사관학교 법학과 근무시절 강인한 군인정신을 강조함과 동시에 따뜻한 인정을 베풀어주신 지대남 교수님과 박경환 교수님께도 심심한 감사의 말씀을 전하고 싶다. 끝으로 어려운 출판환경에도 불구하고 출판을 흔쾌히 수락해 주신 박영사 조성호 이사님, 장규식 과장님, 이승현 과장님께도 깊은 감사를 드린다.

2020년 12월
대구가톨릭대학교 법정대 연구실에서
박 찬 걸

차 례

제1장 군형법의 의의 및 특징

Ⅰ. 군형법의 의의 ··· 1

   1. 군형법의 개념 ··· 1

   2. 군형법의 목적 ··· 1

   3. 군형법의 역사 ··· 2

Ⅱ. 군형법의 특징 ·· 5

   1. 특별형법 ·· 5

   2. 중형주의 ·· 6

   3. 행위상황에 따른 법정형의 차이 ··· 9

   4. 행위의 객체와 보호법익의 특수성 ·· 10

   5. 추상적인 법률용어 ··· 10

제2장 군형법의 적용범위

Ⅰ. 군형법의 인적 적용범위 ·· 12

   1. 군 인 ··· 12

   2. 준군인 ·· 18

   3. 내·외국 민간인 ··· 22

   4. 신분의 변동과 군형법의 적용 ··· 23

Ⅱ. 군형법의 인적 적용범위와 군사재판권 ·· 24

   1. 문제의 소재 ·· 25

   2. 군인 및 준군인의 재판권 ·· 25

   3. 특정 군사범죄와 일반 범죄를 모두 범한 민간인의 재판권 ········· 26

Ⅲ. 군형법의 시간적 적용범위 ··· 29

   1. 형법총칙의 일반적 내용 ·· 29

   2. 군형법의 특별한 내용 ·· 31

Ⅳ. 군형법의 장소적 적용범위 ·· 31
  1. 형법총칙의 일반적 내용 ·· 31
  2. 군형법의 특별한 내용 ·· 36

제 3 장 용어의 정의

Ⅰ. 용어의 정의 ··· 37
  1. 상 관 ·· 37
  2. 지휘관 ·· 41
  3. 초 병 ·· 42
  4. 부 대 ·· 45
  5. 적 전 ·· 46
  6. 전 시 ·· 48
  7. 사 변 ·· 50

제 4 장 반란의 죄

Ⅰ. 반란죄 ··· 51
  1. 의 의 ·· 51
  2. 구성요건 ·· 51
  3. 예비·음모, 선동·선전 ··· 54
  4. 처 벌 ·· 55
  5. 동맹국에 대한 행위 ·· 56
Ⅱ. 반란목적의 군용물탈취죄 ··· 56
  1. 의 의 ·· 56
  2. 구성요건 ·· 56
  3. 처 벌 ·· 57
Ⅲ. 반란불보고죄 ·· 57
  1. 의 의 ·· 57
  2. 구성요건 ·· 58

제 5 장   이적의 죄

Ⅰ. 군대 및 군용시설등제공죄 ··· 59

   1. 의 의 ··· 59

   2. 구성요건 ·· 59

Ⅱ. 군용시설등파괴죄 ··· 60

   1. 의 의 ··· 60

   2. 구성요건 ·· 60

Ⅲ. 간첩죄 ··· 61

   1. 의 의 ··· 61

   2. 간첩죄 ·· 61

   3. 간첩방조죄 ··· 63

   4. 군사상 기밀누설죄 ··· 64

   5. 군사간첩죄 ··· 65

Ⅳ. 일반이적죄 ·· 65

   1. 향도이적죄 ··· 66

   2. 항복강요이적죄 ·· 66

   3. 은닉비호이적죄 ·· 66

   4. 교통방해이적죄 ·· 67

   5. 암호등사용이적죄 ·· 67

   6. 부대등해산이적죄 ·· 68

   7. 일반물건제공이적죄 ··· 69

   8. 보충적 이적죄 ··· 69

제 6 장   지휘권 남용의 죄

Ⅰ. 불법전투개시죄 ·· 71

   1. 의 의 ··· 71

   2. 구성요건 ·· 71

   3. 처 벌 ··· 72

Ⅱ. 불법전투계속죄 ·· 72

   1. 의 의 ··· 72

   2. 구성요건 ·· 72

Ⅲ. 불법진퇴죄 ··· 73
　1. 의 의 ·· 73
　2. 구성요건 ·· 74
　3. 다른 범죄와의 관계 ·· 74

제 7 장 지휘관의 항복과 도피의 죄

Ⅰ. 항복죄 ··· 75
　1. 의 의 ·· 75
　2. 구성요건 ·· 75
Ⅱ. 부대인솔도피죄 ·· 76
　1. 의 의 ·· 76
　2. 구성요건 ·· 76
Ⅲ. 직무유기죄 ·· 77
　1. 의 의 ·· 77
　2. 구성요건 ·· 77
　3. 죄수 및 다른 범죄와의 관계 ·· 82

제 8 장 수소이탈의 죄

Ⅰ. 지휘관의 수소이탈죄 ·· 83
　1. 의 의 ·· 83
　2. 구성요건 ·· 83
　3. 다른 범죄와의 관계 ·· 84
Ⅱ. 초병의 수소이탈죄 ··· 84
　1. 의 의 ·· 85
　2. 구성요건 ·· 85
　3. 다른 범죄와의 관계 ·· 88

제 9 장 군무이탈의 죄

Ⅰ. 군무이탈죄 ·· 90
　1. 의 의 ·· 90

2. 현지이탈형 군무이탈죄 ·· 92

3. 미귀이탈형 군무이탈죄 ·· 98

4. 죄수 및 다른 범죄와의 관계 ······································· 101

5. 처 벌 ·· 105

Ⅱ. 특수군무이탈죄 ··· 106

1. 의 의 ·· 107

2. 구성요건 ·· 107

Ⅲ. 이탈자비호죄 ··· 108

1. 의 의 ·· 108

2. 구성요건 ·· 108

3. 처 벌 ·· 112

Ⅳ. 적진도주죄 ··· 113

1. 의 의 ·· 113

2. 구성요건 ·· 113

3. 다른 범죄와의 관계 ·· 113

제10장 군무태만의 죄

Ⅰ. 근무태만죄 ··· 115

1. 전투준비태만죄 ·· 115

2. 부대등유기죄 ·· 118

3. 공격기피죄 ·· 120

4. 기밀문건방임죄 ·· 122

5. 군용물결핍죄 ·· 123

Ⅱ. 비행군기문란죄 ··· 124

1. 의 의 ·· 124

2. 구성요건 ·· 124

Ⅲ. 위계로 인한 항행위험죄 ··· 125

1. 의 의 ·· 126

2. 구성요건 ·· 126

Ⅳ. 거짓명령·통보·보고죄 ··· 126

1. 의 의 ·· 127

2. 구성요건 ·· 127

3. 다른 범죄와의 관계 ··· 129

Ⅴ. 명령등 거짓전달죄 ··· 129

1. 의 의 ··· 129

2. 구성요건 ··· 129

3. 처 벌 ··· 130

Ⅵ. 초령위반죄 ··· 130

1. 의 의 ··· 130

2. 구성요건 ··· 131

Ⅶ. 근무기피목적상해죄 ··· 132

1. 의 의 ··· 133

2. 구성요건 ··· 133

Ⅷ. 근무기피목적위계죄 ··· 136

1. 의 의 ··· 136

2. 구성요건 ··· 136

3. 다른 범죄와의 관계 ··· 139

4. 처 벌 ··· 139

Ⅸ. 유독음식물공급등죄 ··· 140

1. 의 의 ··· 140

2. 구성요건 ··· 141

Ⅹ. 출병거부죄 ··· 141

1. 의 의 ··· 141

2. 구성요건 ··· 142

제11장　항명의 죄

Ⅰ. 항명죄 ·· 143

1. 의 의 ··· 143

2. 구성요건 ··· 144

3. 죄수 및 다른 범죄와의 관계 ··· 153

Ⅱ. 집단항명죄 ··· 154

1. 의 의 ··· 155

2. 구성요건 ··· 155

Ⅲ. 상관제지불복종죄 ··· 155

　　　1. 의 의 ·· 155

　　　2. 구성요건 ·· 155

Ⅳ. 명령위반죄 ··· 156

　　　1. 의 의 ·· 156

　　　2. 구성요건 ·· 157

　　　3. 입법론 ·· 171

제12장 상관폭행·협박·상해 및 살인의 죄

Ⅰ. 상관폭행·협박죄 ·· 181

　　　1. 의 의 ·· 181

　　　2. 구성요건 ·· 182

　　　3. 처 벌 ·· 187

Ⅱ. 상관집단폭행·협박죄 ·· 188

　　　1. 의 의 ·· 188

　　　2. 구성요건 ·· 188

Ⅲ. 상관특수폭행·협박죄 ·· 189

　　　1. 의 의 ·· 189

　　　2. 구성요건 ·· 189

　　　3. 죄수 및 다른 범죄와의 관계 ···································· 199

Ⅳ. 상관폭행치사상죄 ··· 200

　　　1. 의 의 ·· 200

　　　2. 구성요건 ·· 200

Ⅴ. 상관상해죄 ··· 202

　　　1. 의 의 ·· 202

　　　2. 구성요건 ·· 202

Ⅵ. 상관집단상해죄 ··· 204

Ⅶ. 상관특수상해죄 ··· 204

Ⅷ. 상관중상해죄 ··· 205

　　　1. 의 의 ·· 205

　　　2. 구성요건 ·· 205

Ⅸ. 상관상해치사죄 ··· 206

　　　1. 의 의 ·· 207

2. 구성요건 ·· 207
Ⅹ. 상관살해죄 ·· 208
　1. 의 의 ·· 208
　2. 구성요건 ·· 208
　3. 미 수 ·· 210
　4. 처 벌 ·· 212
ⅩⅠ. 특수소요죄 ··· 212
　1. 의 의 ·· 213
　2. 구성요건 ·· 213
　3. 실행의 착수시기 및 기수시기 ················· 214
　4. 다른 범죄와의 관계 ····························· 214
　5. 처 벌 ·· 215
ⅩⅡ. 가혹행위죄 ··· 215
　1. 의 의 ·· 215
　2. 변천과정 ·· 218
　3. 구성요건 ·· 220
　4. 처 벌 ·· 232

제13장　초병폭행·협박·상해 및 살인의 죄

Ⅰ. 초병폭행·협박죄 ······································· 235
　1. 의 의 ·· 235
　2. 구성요건 ·· 236
Ⅱ. 초병집단폭행·협박죄 ································· 236
Ⅲ. 초병특수폭행·협박죄 ································· 237
Ⅳ. 초병폭행치사상죄 ······································· 237
Ⅴ. 초병상해죄 ·· 238
Ⅵ. 초병집단상해죄 ·· 238
Ⅶ. 초병특수상해죄 ·· 239
Ⅷ. 초병중상해죄 ··· 239
Ⅸ. 초병상해치사죄 ·· 240
Ⅹ. 초병살해죄 ·· 240

제14장　직무수행 중인 군인등에 대한 폭행·협박·상해 및 살인의 죄

Ⅰ. 직무수행군인등폭행·협박등죄 ·· 241
　1. 의 의 ·· 241
　2. 구성요건 ·· 242
　3. 다른 범죄와의 관계 ··· 243
Ⅱ. 직무수행군인등상해죄 ·· 243
Ⅲ. 직무수행군인등집단상해등죄 ·· 243
Ⅳ. 직무수행군인등중상해죄 ·· 244
Ⅴ. 직무수행군인등상해치사죄 ··· 244
Ⅵ. 군인등에 대한 폭행죄·협박죄의 특례 ··· 245
　1. 의 의 ·· 245
　2. 군사기지법상 군사기지 등 ·· 245

제15장　모욕의 죄

Ⅰ. 상관모욕죄 ·· 247
　1. 의 의 ·· 247
　2. 상관면전모욕죄 ··· 248
　3. 상관공연모욕죄 ··· 255
Ⅱ. 상관명예훼손죄 ··· 256
　1. 의 의 ·· 256
　2. 구성요건 ·· 257
Ⅲ. 초병모욕죄 ·· 265
　1. 의 의 ·· 265
　2. 구성요건 ·· 266

제16장　군용물에 관한 죄

Ⅰ. 군용시설등방화죄 ·· 267
　1. 의 의 ·· 267

　　2. 구성요건 ··· 268

　　3. 예비·음모 ·· 271

　　4. 실행의 착수시기 및 기수시기 ··· 271

Ⅱ. 노적군용물방화죄 ·· 272

　　1. 의 의 ··· 272

　　2. 구성요건 ··· 272

Ⅲ. 폭발물파열죄 ··· 273

　　1. 의 의 ··· 273

　　2. 구성요건 ··· 273

Ⅳ. 군용시설등손괴죄 ·· 274

　　1. 의 의 ··· 274

　　2. 구성요건 ··· 275

Ⅴ. 노획물훼손죄 ··· 279

　　1. 의 의 ··· 279

　　2. 구성요건 ··· 279

Ⅵ. 함선·항공기복몰등죄 ·· 280

　　1. 의 의 ··· 281

　　2. 구성요건 ··· 281

Ⅶ. 군용물분실죄 ··· 282

　　1. 의 의 ··· 282

　　2. 구성요건 ··· 283

Ⅷ. 군용물에 대한 재산범죄 ··· 287

　　1. 의 의 ··· 287

　　2. 구성요건 ··· 289

제17장　위령의 죄

Ⅰ. 초소침범죄 ··· 322

　1. 의 의 ··· 322

　2. 구성요건 ··· 322

　3. 다른 범죄와의 관계 ·· 325

Ⅱ. 무단이탈죄 ··· 325

　1. 의 의 ··· 325

2. 구성요건 ···································· 326

3. 죄수 및 다른 범죄와의 관계 ··········· 335

4. 처 벌 ······································ 337

Ⅲ. 군사기밀누설죄 ·························· 343

1. 의 의 ······································ 343

2. 구성요건 ·································· 344

3. 다른 범죄와의 관계 ····················· 347

Ⅳ. 암호부정사용죄 ························· 348

1. 의 의 ······································ 348

2. 구성요건 ·································· 348

제18장   약탈의 죄

Ⅰ. 약탈죄 ···································· 350

1. 의 의 ······································ 350

2. 구성요건 ·································· 350

Ⅱ. 약탈살해·치사죄 ························ 352

Ⅲ. 약탈상해·치상죄 ························ 352

Ⅳ. 전지강간죄 ······························ 352

1. 의 의 ······································ 352

2. 구성요건 ·································· 353

제19장   포로에 관한 죄

Ⅰ. 포로불귀환죄 ···························· 354

1. 의 의 ······································ 354

2. 구성요건 ·································· 354

Ⅱ. 간수자의 포로도주원조죄 ············· 355

1. 의 의 ······································ 356

2. 구성요건 ·································· 356

Ⅲ. 포로도주원조죄 ························· 357

1. 의 의 ······································ 357

2. 구성요건 ·································· 357

Ⅳ. 포로탈취죄 ··· 358

　1. 의 의 ··· 358

　2. 구성요건 ·· 358

Ⅴ. 도주포로비호죄 ·· 358

　1. 의 의 ··· 358

　2. 구성요건 ·· 358

제20장　강간과 추행의 죄

Ⅰ. 군인등강간죄 ·· 360

　1. 의 의 ··· 360

　2. 구성요건 ·· 360

　3. 위법성조각사유 ·· 361

　4. 실행의 착수시기 및 기수시기 ······································· 362

Ⅱ. 군인등유사강간죄 ··· 362

　1. 의 의 ··· 362

　2. 구성요건 ·· 362

Ⅲ. 군인등강제추행죄 ··· 363

　1. 의 의 ··· 363

　2. 구성요건 ·· 364

　3. 처 벌 ··· 366

Ⅳ. 군인등준강간등죄 ··· 367

　1. 의 의 ··· 367

　2. 구성요건 ·· 368

Ⅴ. 추행죄 ·· 370

　1. 의 의 ··· 370

　2. 보호법익 ·· 372

　3. 구성요건 ·· 374

　4. 추행죄의 합리적인 개선방안 ··· 384

Ⅵ. 군인등강간등상해·치상죄 ··· 390

　1. 의 의 ··· 390

　2. 구성요건 ·· 391

　3. 다른 범죄와의 관계 ··· 392

Ⅶ. 군인등강간등살인·치사죄 ··· 392
　　1. 의 의 ··· 392
　　2. 구성요건 ·· 392

제21장　그 밖의 죄

Ⅰ. 부하범죄부진정죄 ··· 394
　　1. 의 의 ··· 394
　　2. 구성요건 ·· 394
Ⅱ. 정치관여죄 ··· 396
　　1. 의 의 ··· 397
　　2. 구성요건 ·· 398

사항색인 ··· 403

참고문헌

박안서, "군형법의 개정방안에 관한 연구 — 인권보장과 전투력강화의 조화를 중심으로 —", 한양대학교 법학박사학위논문, 2011.　　　　　　　　　　　　(박안서)

박찬걸, 「형법각론」, 박영사, 2018.

박찬걸, "군영창제도의 문제점과 개선방안", 홍익법학 제18권 제1호, 홍익대학교 법학연구소, 2017. 2.

박찬걸, "군형법상 가혹행위죄 적용의 합리화 방안", 형사정책 제28권 제2호, 한국형사정책학회, 2016. 8.

박찬걸, "군형법상 무단이탈죄의 문제점과 개선방안", 형사정책연구 제25권 제3호, 한국형사정책연구원, 2014. 9.

박찬걸, "군사재판에 있어서 관할관제도 및 심판관제도의 문제점과 개선방안", 형사정책연구 제23권 제4호, 한국형사정책연구원, 2012. 12.

박찬걸, "양심적 병역거부자에 대한 형사처벌의 타당성 여부", 한양법학 제23권 제2호, 한양법학회, 2012. 5.

박찬걸, "군형법상 명령위반죄의 문제점과 개선방안", 형사법연구 제23권 제3호, 한국형사법학회, 2011. 9.

박찬걸, "군형법상 추행죄의 문제점과 개선방안", 한양법학 제35권, 한양법학회, 2011. 8.

박찬걸, "군형법상 군무이탈죄와 관련된 문제점과 개선방안", 형사정책 제22권 제1호, 한국형사정책학회, 2010. 6.

육군본부, 「군형법 주해」, 국군인쇄창, 2011.　　　　　　　　　　　　　　(육군본부)

육군종합행정학교, 「군형법」, 제6지구인쇄소, 2011.　　　　　　　(육군종합행정학교)

이상철/김현주/김희동/김동혁, 「군사법원론(제3판)」, 박영사, 2010.　　　　(이상철)

이승호, "군형법의 문제점과 개정방향에 관한 연구", 연세대학교 법학박사학위논문, 2008.　　　　　　　　　　　　　　　　　　　　　　　　　　　　(이승호)

최관호, "명령과 복종의무의 형법규범적 내용과 한계: 군형법 제44조 항명죄를 중심으로", 건국대학교 법학박사학위논문, 2008.　　　　　　　　　　　　　(최관호)

제 1 장 군형법의 의의 및 특징

I. 군형법의 의의

1. 군형법의 개념

'군형법'(軍刑法)이란 군의 조직·질서 및 그 통제력에 대한 침해행위를 내용으로 하는 군사범죄와 이에 대한 법률효과로서 형벌을 규정하고 있는 법규범을 말한다. '형식적 의미의 군형법'이란 1962. 1. 20. 법률 제1003호로 공포된 「군형법」을 말하며, '실질적 의미의 군형법'이란 군사범죄를 다루고 있는 법규범의 총체로서 군형법 이외에 「군사기밀 보호법」, 「군용물 등 범죄에 관한 특별조치법」, 「군복 및 군용장구의 단속에 관한 법률」, 「군사기지 및 군사시설 보호법」[1], 계엄법 등을 모두 포함한다.

2. 군형법의 목적

일반적으로 형법은 보충적인 법익의 보호를 그 임무로 하는 보호적 목적과 국가형벌권의 한계를 명확하게 함으로써 자의적이면서 전단적(專斷的)인 형벌로부터 국민의 자유와 권리를 보장하는 것을 그 내용으로 하는 보장적 목적을 가지고 있다. 하지만 군형법은 위와 같은 형법의 일반적인 목적 이외에도 군대라는 특수성[2]

---

[1] 동법은 '국민의 재산권 행사와 관련하여 군사시설보호구역의 축소와 토지이용규제의 완화를 요구하는 민원이 증가되고 있고, 군사시설보호와 관련된 규제사항이 「군사시설보호법」, 「해군기지법」, 「군용항공기지법」 등 여러 법률에 분산되어 있어 국민의 토지이용에 불편을 초래하고 있는 실정을 고려하여, 군사작전에 지장이 없는 범위 안에서 각종 군사시설 보호와 관련된 구역의 지정범위와 행위규제 등을 정비하고, 그 성격이 유사한 「군사시설보호법」, 「해군기지법」 및 「군용항공기지법」 등을 하나의 법률로 통합하여 국민의 재산권보장과 토지이용의 불편을 해소하도록 하는 등 현행 제도의 운영상 나타난 미비점을 전반적으로 개선·보완하려는 것'을 목적으로 2007. 12. 21. 제정되어 2008. 9. 22. 시행되었다.
[2] 군의 일반적인 특수성으로는 첫째, 전쟁의 수행은 물론 평화 시에도 실제 전투와 같은 극한 상황하에서 훈련을 실시하고 각종 무기들을 다루게 됨으로써 위험에 노출되는 점, 둘째, 전쟁은 초기의 대응능력이 매우 중요하므로 항시 대기하는 것이 필요할 뿐만 아니라 군인은 천재지변·연휴기간 등에도 대기해야 하고, 각종 야외훈련, 주·야간 작전수행, 빈번한 당직근무 등을 수행해야 하는 등 근무시간이 정해져 있지 않은 점, 셋째, 집단적 병영생활을 할 뿐만 아니라 작전위수(衛戍)구역의 제한을 받으며 근무지이탈금지는 군형법의 처벌규정에 의하여 엄격히 규제되는 등 생활공간적인 제약이 있는 점, 넷째, 군인은 주로 벽오지(僻奧地)에서 복무하게 된다는 점 등을 들 수 있다.

이 반영된 추가적인 목적을 가지는 것으로 평가된다. 군대는 궁극적으로 무력에 의하여 국가를 수호하고 국토를 방위하여 국민의 생명과 재산을 보전함을 그 사명으로 하므로, 군이 이러한 사명을 완수하는 수단은 최종적으로는 무력의 행사, 곧 전투이며, 전투는 승리만을 유일한 목적으로 한다. 군이 전투에서의 승리라는 본래의 사명을 수행하기 위하여는 그에 상응하는 특수한 조직과 고도의 질서 및 규율을 필요로 한다. 이러한 질서와 규율은 교육과 훈련을 통해 유지·강화되지만, 최후의 수단은 형벌이라는 실력적 제재를 통해 이루어진다. 군형법은 군의 이러한 특수성을 전제로 형벌이라는 제재를 수단으로 하여 군의 조직과 규율을 유지·보전함과 동시에 군이 가지는 전투력을 최대한으로 보존·발휘하게 하는 데 그 궁극적인 목적이 있다. 결국 전승을 위한 전투력의 확보는 군형법의 핵심적인 목적이며, 그것은 바로 군형법에 있어서의 보호법익이라고 할 수 있다.[1] 이와 같이 군형법은 군사범죄라는 특수한 범죄유형을 설정하고 그에 대하여 준엄한 형벌의 제재를 규정함으로써 군조직의 질서와 규율을 유지·강화하기 위한 수단이며, 전투력을 보존·발휘케 하여 종국에는 전투에서 승리를 얻는 것이 그 목적이다.[2]

3. 군형법의 역사

(1) 육군법률

1900(광무4년). 10. 10. 법률 제5호로 제정된 육군법률은 우리나라 군형법의 효시로 평가된다. 육군법률은 총 4편, 317개 조문으로 구성되었다.[3] 육군법률은 실체법과 절차법을 포함한 종합적인 군형사법체계로서, 대한제국 육군의 기율과 명령체계를 수립하고, 군기를 확립하기 위하여 마련된 근대적인 군법으로 평가된다.

(2) 조선경비법

1945. 8. 15. 해방 후 한반도 이남에는 미군정이 개시된다. 1945. 9. 8. 미 육군 제24군단이 인천에 상륙하여 일본군으로부터 정식 항복 서명을 받고, 1945. 9. 10. 서울에 주한 미군사령부를 설치하였으며, 1945. 9. 12. 아놀드 소장을 초대 군정국장에 임명하였다. 1945. 11. 13. 미군정청 내에 국방사령부를 설치하고, 이에 군무국과 경무국을 두었다.

1946. 1. 15. 미 군정법령 제28호에 의하여 남조선 국방경비대가 창설되었고,

---

1) 헌법재판소 1995. 10. 26. 선고 92헌바45 결정.
2) 헌법재판소 2016. 2. 25. 선고 2013헌바111 결정.
3) 이에 대하여 보다 자세한 내용으로는 박안서, "군형법 제정의 역사적 배경과 관련 문제점", 군사 (軍史) 제82호, 국방부 군사편찬연구소, 2012. 3, 213~215면.

1946. 5. 1. 남조선국방경비대사관학교를 창설하였다. 1946. 4. 9. 미 군정법령 제63호에 의하여 경무국이 분리되어 경찰업무를 담당하게 되었고, 군무국에 육군부와 해군부가 설치되었다. 1946. 6. 14. 남조선 국방경비대는 남조선 경비대로 명칭이 변경되었다. 이후 1946. 6. 15. 조선경비대 내의 기율 유지를 위하여 미 군정법령 제86호에 의하여 조선경비법이 공포 및 시행되었다. 조선경비법은 조선국방경비법과 조선해안경비법으로 구성되었는데, 이는 미 육군전시군법전(the Article of War of 1920)[1]을 거의 그대로 번역한 것이었다. 이와 같이 조선경비법은 5개월의 짧은 시간 동안에 우리나라의 사정을 고려하지 않고 미 육군전시군법전을 그대로 옮겨 놓은 것에 불과하여 그 시행과정에서 많은 문제점이 발생하였다.

(3) 국방경비법

국방경비대의 창설에 따라 국방경비법이 1948. 7. 5. 당시 군정장관의 직권으로 제정·공포되어 1948. 8. 4.부터 효력이 발생하였다. 국방경비법은 우리나라 정부가 수립되기 전 미군정 아래의 과도기에 시행된 법률로서 그 제정 및 공포의 경위에 관하여 관련 자료의 미비와 부족으로 불분명한 점이 없지 않으나, 국방경비법이 그 효력 발생일로 규정된 1948. 8. 4.부터 실제로 시행되어 온 사실 및 관련 미군정법령과 정부수립 후의 군형법, 군법회의법의 규정내용 등 여러 정황에 비추어 볼 때, 국방경비법은 당시의 법규에 따라 군정장관이 1948. 7. 5. 자신의 직권에 의하여 남조선과도정부 법령(South Korean Interim Government Ordinance)의 하나로 제정하여 군정청관보에의 게재가 아닌 다른 방법에 의하여 공포한 것으로 보여진다.[2]

국방경비법은 1950. 1. 21. 국방부훈령 제6호「공군형사법 임시조치에 관한 잠정규정」에 의하여 육군에서 시행 중이던 군사법에 관한 제 법령 및 규정과 함께 공군에도 적용되었다. 국방경비법은 조선경비법과 마찬가지로 미 육군전시군법전을 그대로 계수하였지만, 항명·무단이탈·군용물 등의 용어를 사용함으로써 (구) 일본 군법상의 용어들도 다수 사용하고 있다. 한편 6·25 전쟁 중에 군법의 피적용자뿐만 아니라 대다수의 국민들이 직·간접적으로 군법의 적용을 경험하면서 중형

---

1) 미 육군전시군법전은 2차 세계대전 이후 1951년 해안경비법 등과 통합되어 군사통일법전(UCMJ; Uniform Code of Military Justice)으로 변경되었다. 동법은 육군, 해군, 공군, 해병대 등의 각 군사법 관련 규정을 통합하여 규정한 것으로서, 우리나라의 군형법, 군사법원법, 군인사법 등의 내용이 모두 포함된 형식을 취하고 있다. 동법은 제10장 제83조 내지 제134조에서 처벌의 대상이 되는 범죄를 규정하고 있다. 또한 군사법원 교범은 군사법통일법전의 시행령에 해당하는데, 내용이 방대하여 실질적으로 미군사법 운영의 대부분이 규정되어 있는 것이 특징이다.

2) 대법원 1999. 1. 26. 선고 98두16620 판결.

주의에 대한 비판이 제기되었다.

(4) 군형법

1957. 2. 28. 최초로 군형법안이 국회에 제안되었으나 계속해서 자동폐기 되어 오다가 1961. 5. 16. 군사정변 이후 국가재건최고회의[1]가 추진한 법령정비 사업에 따라 1962. 1. 20. 종전의 국방경비법과 해안경비법을 대체하여 육·해·공군에 공통적으로 적용할 군형법이 제정되었다. 당시 제안이유에서는 '현행 국방경비법과 해안경비법은 정부 수립 이전에 제정된 과도정부 법률로서 이들은 현 실정에 맞지 않는 점이 허다할 뿐만 아니라 실체법적 규정과 절차법적 규정이 혼합 규정되고 있어 법체계상에 있어서도 불합리한 점이 있으므로 금번 구법령정비사업으로서 기존 국방경비법과 해안경비법에 대치하여 육·해·공군에 공통으로 적용할 통일 법전으로서 군형법을 제정'한다고 밝히고 있다.

이에 기존의 국방경비법에 통합되어 있던 것들을 각각 해체하여 군법피적용자에게 적용될 형사범죄 처벌법규로서 군법피적용자의 신분을 가진 자만이 그 주체가 될 수 있는 순정군사범과 그 신분이 형의 가중사유가 되는 불순정군사범을 군형법으로 별도로 분리하여 제정하고, 군사재판 절차에 관한 사항은 군법회의법[2]에 규정하도록 하였으며, 행형에 관련된 사항은 군행형법[3]으로 제정하였다. 제정 군형법의 체계와 내용은 대체적으로 (구) 일본 육군형법(明治 41년 4월 10일 법률 제46호로 제정, 昭和 22년 3월 17일 정령 제52호로 폐지)[4]을 상당히 참고하였다. 제정

---

1) 5·16 직후 국회가 해산되고 현역 군인 30명으로 구성된 국가재건최고회의(1961. 5. 19.~1963. 12. 17.)가 설치되어 약 3년간 1,008건의 법률을 제정 또는 개정하였다. 당시 국가재건최고회의는 국가재건비상조치법(1961. 6. 6.) 제2조에 의하여, 5·16 군사혁명 과업 완수 후에 시행될 총선거에 의하여 국회가 구성되고 정부가 수립될 때까지 대한민국의 최고통치기관으로서의 지위를 가졌다. 또한 동법 제9조에 의하여 헌법에 명시된 국회의 권한은 국가재건최고회의가 이를 행하였다.

2) 1962. 1. 20. 제정된 군법회의법은 1987. 12. 4. 「군사법원법」으로 법명을 변경하여 현재에 이르고 있다.

3) 1962. 1. 20. 제정된 군행형법은 2009. 11. 2. 「군에서의 형의 집행 및 군수용자의 처우에 관한 법률」로 법명을 변경하여 현재에 이르고 있다.

4) 일본은 프랑스 군형법을 모방하여 구 육군형법과 구 해군형법을 제정하여 1882년부터 시행하였다. 그 후 청일전쟁과 러일전쟁을 거치면서 규율 강화의 필요성에 따라 1908년 육군형법과 해군형법을 제정하였으며, 1931년 만주사변, 1937년 중일전쟁, 1941년 태평양전쟁 등을 거치면서 1942. 2. 20. 엄격한 군기확립을 목적으로 하여 육군형법과 해군형법을 개정하였다. 이는 상관 명령의 효력 확보, 탈영의 방지, 징집인원의 확보 등을 목표로 조문들을 추가하거나 기존 조문을 세분화하거나 형량을 상향조정하는 등의 방법을 통하여 전쟁을 수행하는 과정에서 심각한 수준에 달한 일본군 내부의 군기 문란현상을 군형법을 통하여 진압하고자 하는 것이 개정의 의도였다. 당시 천황제 하에서의 일본 군대는 장병들의 자발적인 애국심에 기반을 두기보다는 할복, 자폭 등 무조건적인 군기확립을 통해 운영되는 군대였다. 특히 천황의 권위를 중심으로 한 엄격한 명령복종관계, 극단적인 정신주의, 경직된 공격 제일주의와 보병의 총검돌격만능론 내지 白兵戰, 방어에 있어서 死守, 내무반에서 자행되는 사적 제재 등이 대표적이다. 또한 모자를 삐딱하게 썼다, 병기손질이 불량하다,

당시 군형법은 제1편 총칙, 제2편 각칙 15장[1], 총 94개의 조문으로 구성되었다. 한편 1962. 1. 20. 제정된 군형법은 2016. 5. 29. 제17차 개정을 거쳐 현재에 이르고 있다.

II. 군형법의 특징

1. 특별형법

일반법이 모든 사항(사람·장소·내용)에 대하여 일반적으로 효력이 미치는 법률이라고 한다면, 특별법이란 그 효력이 부분적으로 일정한 범위 내에서만 미치는 법률을 말한다. 군형법은 그 내용이 군사범죄라고 하는 특수한 사항이고, 적용을 받는 사람이 원칙적으로 군인·준군인이라는 점에서 특별형법으로 분류할 수 있다. 군형법은 일반형법에서는 범죄로 규정하지 않은 사항을 특별히 범죄로 규정하고 있는데, 이러한 범죄를 '순정군사범'이라고 한다.[2] 예를 들면 무단이탈죄, 군무이탈죄, 항명죄, 상관제지불복종죄, 명령위반죄, 초령위반죄, 추행죄 등이 이에 해당한다. 반면에 '불순정군사범'이란 다른 형벌법규에 의하여 범죄로 규정된 것을 군형법이 별도로 규정하면서 가중처벌하고 있는 경우를 말한다. 예를 들면 초병폭행·협박죄, 상관살해죄, 전지강간죄, 군인등에 대한 강간죄 등이 이에 해당한다.

한편 군형법의 적용대상자가 범한 죄에 관하여 군형법에 특별한 규정이 없으면 다른 법령에서 정하는 바에 따른다(제4조).[3] 그러므로 군인 등은 군형법 이외에

청소상태가 불량하다, 규정집을 암기하지 못했다, 대답이 느리다, 동작이 둔하다, 소리가 작다, 태도가 건방지다 등이 모두 폭력의 대상이 되었다. 하지만 육군형법과 해군형법은 1947. 5. 17. 정령 제52호에 의하여 폐지되었고, 현재의 일본군은 군형법 대신 자위대법상의 벌칙규정으로 군사상의 범죄에 대처하고 있다.

1) 2009. 11. 2. 개정을 통하여 제15장(강간과 추행의 죄)이 신설되어 현재는 각칙이 총 16장으로 구성되어 있다.

2) 이에 대하여 순정군사범이란 군형법전 이외의 다른 형벌법규에 의해서는 죄가 안 되지만 군사목적상 특별히 죄로 다루어지는 것, 즉 군인만이 가지고 있는 특별의무에 대한 위반을 내용으로 하는 범죄 및 다른 형벌법규에 의해서 이미 죄로 되어 있더라도 군사적 목적을 위해서 그 구성요건의 중요한 부분에 변경을 가해서 그 죄의 죄질을 바꾸어서 규정한 것 두 가지를 의미하고, 불순정군사범이란 다른 형벌법규상 이미 범죄로 되어 있는 행위에 대하여 그 구성요건 중 일부를 변경하거나 형을 가중하는 데만 그침으로써 죄의 실질을 변경함에 이르지 않는 것을 의미한다는 견해로는 육군본부, 16~17면.

3) 대법원 1992. 12. 24. 선고 92도2346 판결(피고인들에 대한 공소사실은 공소외인과 공모하여 군형법 제41조 위반죄를 범하였다는 것이므로, 가사 피고인들이 같은 법 제1조 제1항 소정의 군인이거나 제3항, 제5항 소정의 군무원 등 군인에 준하는 자에 해당되지 아니한다 할지라도 위 공소외인이 이 사건 공소사실 범행 당시 그와 같은 신분을 가지고 있었다고 인정되면 형법 제8조, 군형법 제4조의 규정에 따라 형법 제33조가 적용되어 공범으로서의 죄책을 면할 수 없을 것이다).

일반 형법의 규율대상이 되기도 하는 것이다. 또한 형법 제8조에서는 "본법 총칙은 타법령에 정한 죄에 적용한다. 단, 그 법령에 특별한 규정이 있는 때에는 예외로 한다."라고 규정하여, 형법총칙은 군형법에서 정하고 있는 범죄에 대하여도 적용된다는 점을 명시함과 동시에 군형법에 특별한 규정이 있는 경우에는 그 적용을 배제하고 있다. 후자의 대표적인 예로써 군형법 제1조에서 규정하고 있는 인적 적용범위 및 군형법 제3조에서 규정하고 있는 사형의 집행방법 등을 들 수 있다.

2. 중형주의

군형법에는 사형·무기징역·10년 이상의 유기징역 등이 포함된 범죄가 상당수 존재하며, 심지어 절대적 법정형으로서 사형만을 규정한 조문도 다수 존재한다. 이는 군형법이 군국주의적 엄벌주의가 강조된 (구) 일본육군형법(1942년 개정)을 계수한 것에서 비롯된다. 또한 6·25 전쟁을 거치면서 중형주의는 더욱 강화되었다.[1] 결국 우리나라의 군형법은 전쟁이라는 시대적 상황이 그대로 반영된 법률로 평가된다.

(1) 사형의 규정

1) 사형이 법정형으로 규정되어 있는 범죄

군형법상 사형이 법정형으로 규정되어 있는 범죄로는 반란죄(제5조), 군대 및 군용시설제공죄(제11조), 군용시설등파괴죄(제12조), 간첩죄(제13조), 일반이적죄(제14조), 불법전투개시죄(제18조), 불법전투계속죄(제19조), 불법진퇴죄(제20조), 항복죄(제22조), 부대인솔도피죄(제23조), 직무유기죄(제24조), 지휘관수소이탈죄(제27조), 초병수소이탈죄(제28조), 군무이탈죄(제30조), 적진으로의도주죄(제33조), 위계로 인한 항행위험죄(제37조), 거짓명령·통보·보고죄(제38조), 초령위반죄(제40조), 근무기피목적상해죄(제40조 제1항), 유독음식물공급치사상죄(제42조 제2항), 항명죄(제44조), 집단항명죄(제45조), 상관특수폭행·협박죄(제50조), 상관폭행치사상죄(제52조), 상관특수

---

[1] 예를 들면 6·25 전쟁 당시인 1950. 7. 26. 00:00부터 분대장급 이상에게 '명령없이 전장을 이탈하는 자에 대한 즉결처분권을 부여한다.'라는 국방부 훈령이 시행된 적이 있었지만, 동 훈령은 1951. 7. 10. 00:00 취소된 바 있다. 이와 같은 즉결처분권은 전쟁 초기 인민군에게 연전연패하는 국군이 병력확보를 위하여 고육지책으로 시행한 제도로 평가된다. 한편 6·25 전쟁이 발발한 당일 비상사태 하에 있어서의 반민족적 또는 비인도적 범죄를 신속히 엄중처단함을 목적으로 대통령 긴급명령 제1호 「비상사태하의 범죄처벌에 관한 특별조치령」이 발령되었다. 본령은 전시 하의 중대범죄 및 일반범죄에 대하여 사형, 무기징역, 10년 이상의 유기징역으로 대처하고 있으며, 본령에 규정된 범죄에 대하여는 기소 후 20일 이내에 공판을 열어야 하며, 40일 이내에 판결을 선고하여야 했으며, 단심으로 하고 상소가 불가능하였다. 또한 본령에 의하여 1950. 9. 28. 서울 수복 후 군·검·경 합동수사본부가 설치되어 부역자처벌이 이루어졌다.

상해죄(제52조의4), 상관중상해죄(제52조의5), 상관상해치사죄(제52조의6), 상관살해죄(제53조), 초병특수폭행·협박죄(제56조), 초병폭행치사상죄(제58조), 초병특수상해죄(제58조의4), 초병상해치사죄(제58조의6), 초병살해죄(제59조), 직무수행군인폭행치사죄(제60조 제4항), 직무수행군인상해치사죄(제60조의5), 군용시설등방화죄(제66조), 노적군용물방화죄(제67조), 함선·항공기복몰·손괴죄(제71조), 군용물재산범죄(제75조 제1항), 약탈살인·치사죄(제83조 제1항), 전지강간죄(제84조), 군인등강간살인·치사죄(제92조의8) 등 총 44개의 범죄에서 총 65회에 걸쳐 '사형'이라는 단어가 언급되고 있다.

생각건대 형벌이 지나치게 가혹·잔인하면 일시적으로는 범죄 억지력을 발휘할지 모르지만 결국에는 중벌에 대해 면역성과 무감각이 생기게 될 뿐이고, 범죄 예방과 법질서 수호가 아니라 법의 권위를 실추시키고 법질서의 영속성과 안정을 저해하는 요인이 될 뿐이다.[1] 그러므로 절대적 법정형으로 사형만이 규정되어 있는 총 14개에 이르는 범죄군에 대하여는 선택형으로 최소한 무기징역형을 별도로 두는 것이 타당하다. 왜냐하면 절대적 법정형에 해당하는 범죄를 범한 사람의 입장에서는 어떻게 해서든지 검거가 되지 않으려고 갖가지 수단을 강구할 뿐만 아니라 자신의 범죄를 은폐하기 위하여 자포자기하는 심정으로 또 다른 중범죄를 범할 가능성이 매우 농후하기 때문이다. 이러한 현상은 형벌이 가지고 있는 목적을 제대로 실현시킬 수 없음이 자명하다. 한편 군용물에 대한 재산범죄 등과 같이 생명을 해당 범죄의 보호법익으로 하지 않는 범죄군에 대하여는 사형을 삭제하는 방안이 타당하다.[2]

2) 사형의 집행방법

사형은 소속 군 참모총장 또는 군사법원의 관할관이 지정한 장소에서 총살로써 집행한다(제3조). 형법 제66조에 의하면 사형은 형무소 내에서 교수하여 집행하는데, 군형법은 형법과 달리 사형집행장소의 지정권자와 특별한 사형집행방법을 규정하고 있다. 이는 군에서의 작전활동으로 말미암아 일반형법의 내용과 동일한

---

1) 헌법재판소 2019. 2. 28. 선고 2016헌바382 결정.
2) 이와 관련하여 국가인권위원회는 2017. 12. 21. 국회의장 및 국방부장관에게 헌법과 국제인권규약 등의 정신에 부합하도록, 적전, 전시, 사변 시 또는 계엄지역인 경우를 제외하고 군형법에 의한 사형 집행의 중단을 선언하고, 향후 사형제도를 폐지하는 것이 바람직하다는 의견을 표명한 바 있다. 이에 의하면 군 사형수들의 경우에는 본인들의 의사와 상관없이 의무복무 규정에 따라 입대한 후 선임병들로부터 폭행, 가혹행위, 성추행, 모욕 등을 당하여 견디기 어려운 고통 속에서 총기난사 등의 극단적 범행으로 나아갔다는 공통점이 있으며, 이러한 점에서 일반 사형수들과는 다른 특이성이 있다고 한다.

방법으로 사형을 집행할 수 없는 상황을 고려한 것이다. 그러므로 군은 작전지역 내의 일정한 장소를 사형집행장소로 지정하여 별도의 교수기구 없이 군의 기본화기인 총기로 신속하게 사형을 집행할 수 있는 것이다. 이와 같은 총살은 군형법상의 범죄에 대한 형벌의 집행방법으로 국한되지는 아니한다. 즉 군인 또는 준군인이 형법 기타 특별법상 범죄를 범한 후 사형이 확정되었을 경우에도 총살이 가능하고, 군사법원에서 선고된 사형의 집행에만 한정되지도 아니한다.

한편 사형을 선고한 판결이 확정되었을 때에는 군검사는 지체 없이 소송기록을 국방부장관에게 제출하여야 한다(군사법원법 제507조). 이후 사형은 국방부장관의 명령에 따라 집행한다(군사법원법 제506조). 이와 같은 사형집행의 명령은 판결이 확정된 날부터 6개월 이내에 하여야 한다(군사법원법 제508조 제1항).[1] 다만 상소권회복의 청구, 재심청구 또는 비상상고의 신청이 있을 때에는 그 절차가 끝날 때까지의 기간은 제1항의 기간에 산입하지 아니한다(군사법원법 제508조 제2항). 국방부장관이 사형의 집행을 명령하였을 때에는 5일 이내에 집행하여야 한다(군사법원법 제509조). 사형의 집행에는 군검사, 검찰서기, 군의관 및 교도소장이나 그 대리자가 참여하여야 하고, 군검사 또는 교도소장의 허가가 없으면 누구든지 형의 집행장소에 들어가지 못한다(군사법원법 제510조). 사형의 집행에 참여한 검찰서기는 집행조서를 작성하고 군검사, 군의관 및 교도소장이나 그 대리인과 함께 기명날인 또는 서명하여야 한다(군사법원법 제511조). 사형을 선고받은 사람이 심신장애로 인하여 의사능력이 없는 상태에 있거나 임신 중인 여자일 때에는 국방부장관의 명령으로 집행을 정지하는데, 이에 따라 형의 집행을 정지한 경우에는 심신장애의 회복 또는 출산 후 국방부장관의 명령에 따라 형을 집행한다(군사법원법 제512조).

(2) 벌금형의 미비

군형법에서 벌금형이 선택형 등으로 규정되어 있는 범죄로는, 직무수행군인폭행·협박죄(제60조 제1항 제2호), 위력가혹행위죄(제62조 제2항), 군용물에 대한 과실범(제73조), 군용물분실죄(제74조), 군용물에 대한 재산범죄(제75조 제3항), 무단이탈죄(제79조), 업무상 과실·중과실 군사기밀누설죄(제80조 제2항) 등 7개의 범죄군에 한

---

1) 현재 국군교도소에 군복무 중 총기를 난사하여 상관 및 대원들을 살해하여 사형을 선고받고 4명이 수감되어 있으며(2005년 육군 모 부대 총기난사사건(김일병사건), 2011년 해병대 모 사단 총기난사사건, 2015년 육군 모 사단 총기난사사건(임병장사건)), 이들은 최소 5년에서 20년 이상 복역 중에 있다. 또한 군형법에 의하여 사형이 확정된 사람은 「군에서의 형의 집행 및 군수용자의 처우에 관한 법률」 제77조에 따라 미결수용자로 군인 신분이며, 현재까지 군 사형확정자에 대한 감형 사례는 존재하지 아니한다.

정되어 있다.

(3) 과실범의 확대

일반형법에서는 고의범을 원칙적으로 처벌하고, 과실범은 예외적으로 법률의 규정이 있는 경우에 한하여 처벌한다. 이에 현행 형법에서 과실범 처벌규정을 두고 있는 조항은 8개의 범죄에 불과하다. 하지만 군형법에서는 폭넓은 과실범 처벌규정을 두고 있는 것이 특징이다. 예를 들면 군용물을 과실로 손괴하거나(제73조) 분실하는 경우(제74조)에도 형사처벌의 대상으로 삼고 있다. 하지만 이에 대해서는 징계처분도 가능할 뿐만 아니라 그 객체가 군에서 사용하는 모든 물건을 포함하여 지나치게 군용물의 범위가 넓어 처벌의 범위가 확대될 수밖에 없는 구조를 취하고 있다는 문제점이 있다.

3. 행위상황에 따른 법정형의 차이

군형법상의 일정한 범죄에 대하여는 해당 범죄가 발생하는 행위상황에 따라 법정형을 서로 다르게 규정하고 있다. 예를 들면 군무를 기피할 목적으로 부대 또는 직무를 이탈한 사람에 대하여, ① 적전인 경우에는 사형, 무기 또는 10년 이상의 징역, ② 전시·사변 시 또는 계엄지역인 경우에는 5년 이상의 유기징역, ③ 그 밖의 경우에는 1년 이상 10년 이하의 징역 등으로 처벌되고 있다(제30조 제1항). 또한 상관의 정당한 명령에 반항하거나 복종하지 아니한 사람에 대하여 ① 적전인 경우에는 사형, 무기 또는 10년 이상의 징역, ② 전시·사변 시 또는 계엄지역인 경우에는 1년 이상 7년 이하의 징역, ③ 그 밖의 경우에는 3년 이하의 징역 등으로 처벌되고 있다(제44조).

하지만 행위상황에 따른 분류의 방식이 일반적으로는 3가지의 유형이지만, 경우에 따라 2가지의 유형으로 분류되는 범죄도 존재할 뿐만 아니라 순정군사범이라고 할지라도 행위상황에 따라 법정형에 차등을 두고 있는 경우와 그렇지 않은 경우가 혼재되어 있는 문제점이 있다. 또한 군형법상의 일정한 범죄가 적전·전시·사변 시 또는 계엄지역인 경우에 발생하여 가중된 법정형을 실제로 적용한 사례가 빈번하지 않음에도 불구하고 현행법상 존재하는 규정으로 말미암아 군형법이 엄중하다는 부지불식간의 오해를 불러일으키게 하는 요인으로 작용하고 있음을 부인할 수 없다.

4. 행위의 객체와 보호법익의 특수성

(1) 행위의 객체와 보호법익의 불일치

행위의 객체란 범죄행위의 구체적인 대상을 말하며, 보호법익이란 해당 형벌법규가 보호하려는 궁극적인 이익을 말한다. 그러므로 행위의 객체가 없는 범죄는 있을 수 있지만, 보호법익이 없는 범죄는 있을 수 없다. 그리고 일반형법에서는 행위의 객체와 보호법익이 대체적으로 일치하지만, 군형법에서는 보호법익이 군의 질서와 기율 유지, 전투력의 보전 및 발휘 등이므로 행위의 객체와 일치하지 아니한다.

이는 군형법의 편제와 직접적으로 연결이 되는데, 총 15개의 장으로 분류된 군형법의 세부적인 범죄내용은 각 장별로 체계적인 연관성이 부족한 경우가 상당수 존재한다. 즉 군형법은 개인적 법익 또는 사회적 법익보다 군기강의 유지 및 확립, 군 전투력의 보존이라는 국가적 법익과 관련된 범죄를 일반적으로 규정하고 있으므로 범죄의 분류방식이 상대적으로 체계적이지 못한 문제점이 있다.

(2) 친고죄 또는 반의사불벌죄의 부존재

일반형법에서 개인적 법익을 침해하는 유형으로 분류된 범죄라고 할지라도 군형법에서는 전투력의 유지 및 강화라는 국가적 법익을 침해하는 범죄로 분류되고 있다. 이에 따라 군형법에서는 친고죄 또는 반의사불벌죄가 전혀 존재하지 아니한다. 예를 들면 일반형법에서는 폭행·협박죄가 반의사불벌죄로 규정되어 있지만, 군형법에서는 상관 또는 초병에 대한 폭행·협박죄는 반의사불벌죄가 아니다. 이는 상관모욕죄·상관명예훼손죄의 경우에도 마찬가지이다.

생각건대 군대 내 인권보장이 계속해서 강조되고 있는 현재의 상황이라고 할지라도 남북이 분단되어 군사적인 대치가 여전히 유효한 점을 충분히 감안한다면, 지휘관·상관·초병 등에 대한 범죄는 개인적 법익을 침해하는 경우라기보다는 군의 질서 및 기율, 전투력의 보존 및 발휘를 그 내용으로 하는 국가적 법익을 침해하는 범죄의 유형으로 파악하는 것이 타당하다.

5. 추상적인 법률용어

전투에서의 승리를 주된 목표로 하는 군에서는 상황에 따라 탄력적으로 행하여지는 통수작용, 광범위한 유동성, 긴급성, 기밀성 등이 요구된다. 이에 따라 군형법상의 구성요건은 형법의 그것과 비교하여 상대적으로 추상성을 띠고 있는데,

지금까지 군형법상의 범죄 가운데 헌법재판소에서 명확성의 원칙 또는 비례성의 원칙이 위배되는지 여부가 다투어진 범죄군으로는 명령위반죄(제47조)[1], 상관폭행죄(제48조)[2], 상관살해죄(제53조 제1항)[3], 상관모욕죄(제64조 제2항)[4], 군용물 등의 범죄에 대한 형의 가중(제75조)[5], 무단이탈죄(제79조)[6], 군인등준강제추행죄(제92조의4)[7], 추행죄(제92조의6)[8], 정치관여죄(제94조)[9] 등이 있다.

---

1) 헌법재판소 2011. 3. 31. 선고 2009헌가12 결정; 헌법재판소 1995. 5. 25. 선고 91헌바20 결정.
2) 헌법재판소 2016. 6. 30. 선고 2015헌바132 결정.
3) 헌법재판소 2007. 11. 29. 선고 2006헌가13 결정.
4) 헌법재판소 2016. 2. 25. 선고 2013헌바111 결정.
5) 헌법재판소 1995. 10. 26. 선고 92헌바45 결정.
6) 헌법재판소 1999. 2. 25. 선고 97헌바3 결정.
7) 헌법재판소 2018. 12. 27. 선고 2017헌바195, 2017헌바224, 2018헌바213, 2018헌바468 결정.
8) 헌법재판소 2016. 7. 28. 선고 2012헌바258 결정; 헌법재판소 2011. 3. 31. 선고 2008헌가21 결정; 헌법재판소 2002. 6. 27. 선고 2001헌바70 결정.
9) 헌법재판소 2018. 7. 26. 선고 2016헌바13 결정.

제2장 군형법의 적용범위

I. 군형법의 인적 적용범위

제1조(적용대상자) ① 이 법은 이 법에 규정된 죄를 범한 대한민국 군인에게 적용한다.
② 제1항에서 "군인"이란 현역에 복무하는 장교, 준사관, 부사관 및 병을 말한다. 다만, 전환복무 중인 병은 제외한다.
③ 다음 각 호의 어느 하나에 해당하는 사람에 대하여는 군인에 준하여 이 법을 적용한다.
  1. 군무원
  2. 군적을 가진 군의 학교의 학생·생도와 사관후보생·부사관후보생 및 병역법 제57조에 따른 군적을 가지는 재영 중인 학생
  3. 소집되어 복무하고 있는 예비역·보충역 및 전시근로역인 군인
④ 다음 각 호의 어느 하나에 해당하는 죄를 범한 내국인·외국인에 대하여도 군인에 준하여 이 법을 적용한다.
  1. 제13조 제2항 및 제3항의 죄
  2. 제42조의 죄
  3. 제54조부터 제56조까지, 제58조, 제58조의2부터 제58조의6까지 및 제59조의 죄
  4. 제66조부터 제71조까지의 죄
  5. 제75조 제1항 제1호의 죄
  6. 제77조의 죄
  7. 제78조의 죄
  8. 제87조부터 제90조까지의 죄
  9. 제13조 제2항 및 제3항의 미수범
  10. 제58조의2부터 제58조의4까지의 미수범
  11. 제59조 제1항의 미수범
  12. 제66조부터 제70조까지 및 제71조 제1항·제2항의 미수범
  13. 제87조부터 제90조까지의 미수범
⑤ 제1항부터 제3항까지에 규정된 사람이 군복무 중이나 재학 또는 재영 중에 이 법에서 정한 죄를 범한 경우에는 전역·소집해제·퇴직 또는 퇴교나 퇴영 후에도 이 법을 적용한다.

1. 군 인

(1) 군인의 범위

군형법은 군형법에 규정된 죄를 범한 대한민국 군인에게 적용하는데(제1조 제1항), '군인'이란 현역에 복무하는 장교, 준사관, 부사관 및 병을 말한다. 다만, 전환

복무 중인 병은 제외한다(제1조 제2항). 여기서 '현역'[1])이란 징집[2])·소집[3]) 또는 지원에 의하여 실역에 복무하는 것을 말하며, 장교는 장성(원수[4])·대장·중장·소장 및 준장), 영관(대령·중령 및 소령), 위관(대위·중위 및 소위), 준사관은 준위, 부사관은 원사·상사·중사 및 하사, 병은 병장·상등병·일등병 및 이등병 등을 각각 말한다(군인사법 제3조). 이와 같이 군형법상의 범죄는 원칙적으로 군인의 신분을 가진 자에게 적용된다는 점에서 신분범으로 평가된다. 다만 형법은 시간적·장소적 효력이 미치는 범위에서 모든 사람에게 적용되므로, 그 인적 적용범위는 소극적으로 형법의 적용을 받지 아니하는 경우를 판단하면 족하지만, 군형법은 원칙적으로 군인 등 특정한 신분을 가진 사람에게 적용되므로, 적극적으로 군형법의 적용을 받는 경우를 판단해야 하는 특징을 가지고 있다.

한편 '전환복무'란 현역병으로 복무 중인 사람이 의무경찰대원 또는 의무소방원의 임무에 복무하도록 군인으로서의 신분을 다른 신분으로 전환하는 것을 말한다(병역법 제2조 제1항 제7호). 의무경찰은 병역법 제25조 제1항에 따라 전환복무된 사람 중에서 임용한다(「의무경찰대 설치 및 운영에 관한 법률」 제2조의3 제1항). 의무경찰의 계급은 이경, 일경, 상경, 수경 및 특경으로 구분하고, 의무경찰의 초임계급은 이경으로 한다(의무경찰대설치법 제2조의4). 의무경찰대설치법에서는 근무이탈죄, 초소이탈죄, 근무기피목적상해죄, 근무기피목적사술죄, 허위보고죄, (집단)항명죄, 상관폭행·협박죄, 상관모욕·명예훼손죄, 장비등분실죄, 작전기밀누설죄, 재물약취죄 등의 처벌규정을 두고 있지만[5]), 군형법과 달리 동죄들은 모두 지휘관이 고발

---

1) 병역법 제5조 제1항 제1호에 의하면, '현역'이란 징집이나 지원에 의하여 입영한 병 및 병역법 또는 군인사법에 따라 현역으로 임용 또는 선발된 장교, 준사관, 부사관 및 군간부후보생을 말한다.

2) '징집'이란 국가가 병역의무자에게 현역에 복무할 의무를 부과하는 것을 말한다(병역법 제2조 제1항 제1호).

3) '소집'이란 국가가 병역의무자 또는 지원에 의한 병역복무자(병역법 제3조 제1항 후단에 따라 지원에 의하여 현역에 복무한 여성을 말한다) 중 예비역, 보충역, 전시근로역 또는 대체역에 대하여 현역 복무 외의 군복무 의무 또는 공익 분야에서의 복무의무를 부과하는 것을 말한다(병역법 제2조 제1항 제2호).

4) 원수는 국가에 뚜렷한 공적이 있는 대장 중에서 임명한다(군인사법 제17조의2 제1항). 원수는 국방부장관의 추천과 국무회의의 심의를 거쳐 국회의 동의를 받아 대통령이 임명한다(군인사법 제17조의2 제2항). 한편 원수의 정년은 종신으로 하는데(군인사법 제8조 제1항 제1호 참조), 현재까지 대한민국에서 원수로 임명된 군인은 없다.

5) 의무경찰대설치법 제9조(벌칙) ① 다음 각 호의 어느 하나에 해당하는 사람은 1년 이상 10년 이하의 징역에 처한다. 다만, 전시·사변 또는 간첩의 출현으로 작전에 동원된 경우 각 호의 어느 하나에 해당하는 사람은 5년 이상의 유기징역에 처한다.
  1. 근무를 기피할 목적으로 근무지를 이탈한 사람
  2. 근무지에서 이탈한 사람으로서 정당한 사유 없이 상당한 기간 내에 복귀하지 아니한 사람
  ② 직무상 공격하여야 할 적을 정당한 사유 없이 공격하지 아니하거나 직무상 당면하여야 할 위난

하여야 공소를 제기할 수 있다(의무경찰대설치법 제11조 제2항). 의무소방원 역시 의무소방대설치법에 의하여 별도로 규율을 받고 있다. 참고로 기존의 교정시설경비교도대는 2016. 5. 29. 폐지되었고, 전투경찰대는 2015. 7. 24. 폐지된 바 있다.

(2) 현역 군인의 신분 취득시기

현역은 입영한 날부터 군부대에서 복무하는데(병역법 제18조 본문), '입영'이란 병역의무자가 징집·소집 또는 지원에 의하여 군부대에 들어가는 것을 말하고(병역법 제2조 제1항 제3호), 현역병의 복무기간은 입영한 날부터 기산한다(병역법 시행령 제27조 제1항 본문). 그런데 실무적으로 현역병 입영은 입영부대에 설치된 입영사무

으로부터 이탈한 사람은 무기 또는 1년 이상의 징역에 처한다.
③ 정당한 사유 없이 초소를 이탈한 사람은 2년 이하의 징역에 처한다. 다만, 전시·사변 또는 간첩의 출현으로 작전에 동원된 경우 본문의 죄를 저지른 사람은 1년 이상의 유기징역에 처한다.
④ 정당한 사유 없이 근무수칙을 위반하여 직무를 게을리한 사람은 1년 이하의 징역에 처한다. 다만, 전시·사변 또는 간첩의 출현으로 작전에 동원된 경우 본문의 죄를 저지른 사람은 5년 이하의 징역에 처한다.
⑤ 근무를 기피할 목적으로 신체를 상해한 사람은 3년 이하의 징역에 처한다. 다만, 적전인 경우 본문의 죄를 저지른 사람은 사형·무기 또는 5년 이상의 징역에 처한다.
⑥ 근무를 기피할 목적으로 꾀병이나 그 밖의 속임수를 쓴 사람은 1년 이하의 징역에 처한다. 다만, 적전인 경우 본문의 죄를 저지른 사람은 10년 이하의 징역에 처한다.
⑦ 직무에 관하여 거짓으로 통보 또는 보고를 한 사람은 1년 이하의 징역에 처한다. 다만, 전시·사변 또는 간첩의 출현으로 작전에 동원된 경우 본문의 죄를 저지른 사람은 7년 이하의 징역에 처한다.
의무경찰대설치법 제10조(벌칙)
① 상관의 정당한 명령에 반항하거나 복종하지 아니한 사람은 2년 이하의 징역에 처한다. 다만, 전시·사변 또는 간첩의 출현으로 작전에 동원된 경우 본문의 죄를 저지른 사람은 1년 이상 7년 이하의 징역에 처한다.
② 집단을 이루어 제1항의 죄를 범한 사람은 다음 각 호의 구분에 따라 처벌한다.
  1. 전시·사변 또는 간첩의 출현으로 작전에 동원된 경우: 주모자 또는 주동자는 무기 또는 7년 이상의 징역에 처하고, 그 밖의 사람은 1년 이상의 유기징역에 처한다.
  2. 평상시: 주모자 또는 주동자는 3년 이상의 유기징역에 처하고, 그 밖의 사람은 7년 이하의 징역에 처한다.
③ 상관에게 폭행 또는 협박을 한 사람은 5년 이하의 징역에 처한다. 다만, 적전인 경우 본문의 죄를 저지른 사람은 1년 이상 10년 이하의 징역에 처한다.
④ 상관을 모욕하거나 상관의 명예를 훼손한 사람은 다음 각 호의 구분에 따라 처벌한다.
  1. 상관을 그 면전에서 모욕한 사람: 2년 이하의 징역 또는 금고에 처한다.
  2. 문서·그림 또는 우상을 공시하거나 연설 또는 그 밖의 공공연한 방법으로 상관을 모욕한 사람: 3년 이하의 징역 또는 금고에 처한다.
  3. 공공연히 사실을 적시하여 상관의 명예를 훼손한 사람: 2년 이하의 징역 또는 금고에 처한다.
  4. 공공연히 거짓 사실을 적시하여 상관의 명예를 훼손한 사람: 5년 이하의 징역 또는 금고에 처한다.
⑤ 병기 또는 작전장비를 보관할 책임이 있는 사람이 이를 분실한 경우에는 5년 이하의 징역이나 금고에 처한다.
⑥ 작전상의 기밀을 누설한 사람은 10년 이하의 징역이나 금고에 처한다.
⑦ 작전지역에서 위력 또는 전투의 공포를 이용하여 주민의 재물을 약취한 사람은 무기 또는 3년 이상의 징역에 처한다.

소에서 지방병무청 및 입영부대장이 파견한 소속공무원에 의한 인도·인접에 의하여 이루어진다는 점[1]에서 사실상 군부대에 인수된 때로부터 군의 통제 아래 있게 되므로 현역 군인이 되는 시기는 입영부대에 스스로[2] 도착하여 그 인도·인접이 종료한 때라고 보는 것이 타당하다.[3] 이와 같이 병역의무자가 소정의 절차에 따라

---

1) 병역법 시행령 제22조(현역병입영 사무소의 설치 및 운영) ① 병무청장이나 입영부대의 장은 현역 병입영 대상자의 인도·인접에 관한 사무를 처리하기 위하여 입영부대에 입영사무소를 설치하여야 한다. 다만, 현역병입영 대상자의 집결지가 입영부대가 아닌 지역인 경우에는 해당 지방병무청장이 입영사무소를 설치한다.
   ② 지방병무청장은 현역병입영 대상자를 인도할 인도관 및 인도관의 업무를 보조하는 직원을, 입 영부대의 장은 입영 대상자를 인접할 인접관을 입영사무소에 파견하여야 한다. 다만, 병무청장이 입영사무소를 설치하는 경우에는 지방병무청장은 인도관을 파견하지 아니하고 인도관의 업무를 보 조하는 직원만을 파견하며, 인도관의 업무는 입영사무소장이 수행한다.
   ③ 인도관은 현역병입영 대상자와 현역병입영 대상자의 명부 및 병적기록표를 인접관에게 인도하 고, 인도·인접서를 2부 작성하여 1부를 인접관에게 교부하여야 한다. 인도·인접 업무를 마친 후 입영일부터 3일 이내에 입영부대에 도착한 사람에 대해서도 또한 같다.
2) 판례에 의하면, 대리입대의 경우 대리입대자는 입대시 일응 군인 신분을 취득하나, 본인의 경우 입대의사도 없고 현실적인 입대도 없으므로 민간인에 불과하다(육군 1965. 2. 11. 선고 64고군형항 584 판결). 하지만 대리입대자에게 군인 신분의 취득을 인정하는 것은 타당하지 않다. 왜냐하면 대 리입대자에게는 실질적인 입대의 의무가 인정되지 않기 때문이다.
3) 대법원 1997. 5. 30. 선고 96도2067 판결(피고인은 1994. 11. 21. 18:00경 단기병으로 소집되어 제50 사단 연병장에 대기중이었다는 것이니 이 때 이미 군형법 피적용자의 신분이 되었다고 할 것이므 로, 연병장에서 대기하고 있다가 가정형편이 어렵고 어머니가 병석에 계시므로 자신이 모셔야 한다 는 이유로 소속대를 빠져 나와 사단 정문을 통하여 밖으로 나온 후 강원도 정선과 제천 등지에서 숨어 지낸 피고인의 행위를 군무이탈로 판단한 원심의 조치는 정당하다); 고등군사법원 1996. 7. 2. 선고 96노171 판결(피고인은 1994. 11. 21. 13:00경 소집영장에 의한 집결지인 칠곡중학교에 간 사실, 1994. 11. 21. 16:00경 50사단 신병교육대로 인솔자 중위 甲의 인솔에 의하여 도착한 사실, 연병장에 개지 중 그 곳에 있는 위 중위 甲에게 가정형편이 어렵고 어머니가 병석에 누워 있어 돈 을 벌어 어머니를 모셔야 하니 6개월 방위를 받을 수 없느냐고 물으니 조사를 해봐야 조치가 된다 고 위 중위가 대답하자 가슴이 답답하여 부대정문을 나와 버렸다라고 최초 검찰관에게 진술하고 있는 사실, 중위 甲 등 신병교육대 신병입소 담당관과 병무청 직원과의 사이에 피고인을 포함한 당일 입소 인원에 대한 인도인접이 대략 17:00 이전에 이루어진 사실, 같은 날 18:00경 피고인 임의 대로 신교대 위병소를 통과하여 부대 밖으로 나간 사실 등을 알 수 있고, 위 인정사실에 의하면 피고인은 인도인접이 이루어진 1994. 11. 21. 17:00경 군인신분을 취득하였다고 볼 수 있다); 고등군 사법원 1995. 7. 18. 선고 95노332 판결(방위소집된 보충역의 경우 군인으로서의 신분을 취득하기 위하여는 형식적인 입소식이나 군번 부여의 절차는 거칠 필요가 없다 하더라도 적어도 스스로 군 에 복무할 의사로 소집명령에 의하여 지정된 일시 장소에 도착하여 사실상 군지휘권 아래 들어가 군부대의 구성원이 되었다고 볼 수 있을 정도의 상태에 이르렀음을 요한다); 해군고등군법회의 1982. 5. 14. 선고 82노15 판결(피고인이 소집명령서를 소집일인 1980. 2. 20. 이틀 후인 22. 수령한 사실, 그 날 방위병 1명이 피고인과 동행하여 집합 장소인 해군본부 연병장에 도착한 사실, 이틀이 나 지난 후이므로 형식적으로 신체검사를 마쳐 합격된 것으로 한 사실, 그 다음날인 23. 입소식을 가질 예정이어서 당일은 작업을 실시하고 다음 날의 입소식을 준비시키고 퇴근시 방위복을 지급한 사실, 그 다음 날 피고인은 집안 형편이 도저히 방위근무를 마칠 수 없다고 생각하여 출근하지 아니 한 사실을 인정할 수 있고, 위와 같이 스스로 군에 복무할 의사로 소집명령에 응하였고 단 하루라도 근무를 한 것이라면 형식적인 절차와 입소식이나 이병 임명, 군번 부여의 절차를 거치지 않았다 해서 군인신분을 취득하지 못했다고 할 수 없다).

현역병입영대상자로 병역처분을 받고 징집되어 군부대에 들어갔다면, 설령 그 병역처분에 흠이 있다고 하더라도 그 흠이 당연무효에 해당하는 것이 아닌 이상, 그 사람은 입영한 때부터 현역의 군인으로서 군형법의 적용대상이 되는 것으로 보아야 할 것이다.[1]

　　한편 입영 후에 신체검사의 결과 귀가조치를 받는 경우[2]가 있는데, 이에 따라 입영 후 귀가조치 전에 상관폭행·항명·군무이탈 등과 같은 군형법상의 범죄를 범한 경우에 이를 어떻게 처리할 것인지가 문제될 수 있다. 이에 대한 법리를 살펴보면, 입영부대에서 귀가된 사람은 입영하기 전의 신분으로 복귀되는데(병역법 시행령 제27조 제1항 단서), 이에 따라 입영부대에서 귀가된 사람이 현역병으로 다시 입영하는 경우 귀가되기 전 입영부대에서 복무한 기간은 현역병의 복무기간에 산입하고 있다(병역법 시행령 제27조 제2항). 그러므로 입영 후 귀가조치 전에 군형법상의 범죄를 범한 자는 군형법의 적용을 받게 되며[3], 다만 민간인 신분으로 전환되어 민간법원에서 재판을 받게 될 것이다.[4]

---

1) 대법원 2002. 4. 26. 선고 2002도740 판결.

2) 병역법 제17조(현역병입영신체검사 및 귀가) ① 입영부대의 장은 현역병입영 대상자가 입영하면 입영한 날부터 7일(토요일 및 공휴일을 포함한다) 이내에 신체검사를 하여야 한다.
　② 입영부대의 장은 제1항에 따른 신체검사의 결과 질병 또는 심신장애로 인하여 현역 복무에 적합하지 아니하거나 15일 이상의 치유기간이 필요하다고 인정되는 사람에 대하여는 그 질병 또는 심신장애의 정도와 치유기간(치유기간을 알 수 있는 경우에만 해당한다)을 명시하여 귀가시켜야 한다.
　③ 지방병무청장은 제2항에 따라 귀가한 사람에 대하여는 대통령령으로 정하는 바에 따라 재신체검사를 한 후 신체등급에 따라 병역처분을 변경하거나 다시 입영시켜야 한다. 다만, 치유기간이 3개월 미만으로 명시되어 귀가한 사람은 재신체검사를 하지 아니하고 다시 입영시킬 수 있다.
　④ 입영부대의 장은 제3항 본문에 따라 재신체검사를 받고 다시 입영한 사람을 같은 질병 또는 심신장애를 이유로 귀가시켜서는 아니 된다. 다만, 재신체검사를 받은 날부터 6개월이 경과된 사람에 대하여는 그러하지 아니하다.

3) 대법원 1992. 12. 24. 선고 92도2346 판결(B는 1990. 7. 10. 의정부시 소재 육군 제306보충대에 입영하였다가 7. 12. 국군창동병원에서 실시된 신체검사결과 귀향조치된 사실을 알 수 있다. 따라서 위 B는 위 보충대에 입영함으로써 군인으로서의 신분을 취득하였다가 귀향조치를 받음으로 인하여 현역입영대상자의 신분으로 복귀하였다고 할 수 있다. 이 사건 공소사실은 피고인들이 위 B와 공모하여 피고인 C가 피고인 A, 위 B에게 알려준대로 위 B가 국군창동병원에서 실시한 신체검사장에서 일부러 줄을 잘못 서고 다른 행동을 하는 등 정신이상자 행세를 함으로써 담당군의관으로부터 3개월 후 재검을 받으라는 판정을 받고 일단 귀향조치된 후, 위 B의 행동이 불량하고 정신이상증세가 있음을 보증한다는 6인의 인우보증서를 작성받아 광주시 소재 광주지방병무청에 제출하고, 1990. 10. 18. 실시된 재검에서 또 다시 같은 방법으로 정신이상자 행세를 함으로써 같은 날 5급(제2국민역) 판정을 받음으로써 군무를 기피할 목적으로 위계한 것이라는 내용인바, 위 B가 귀향조치 후 병무청에서 실시한 신체재검사 당시는 군인으로서의 신분을 가지고 있지 아니하여 군형법 제41조 위반 행위의 주체가 될 수 없는 것이고, 따라서 귀향조치 후의 행위는 병역법 제75조 위반의 죄가 됨은 몰라도 위 군형법 위반죄는 구성하지 아니한다).

4) 同旨 육군본부, 52~53면. 반면에 입영신체검사에 의한 귀가조치를 해제조건으로 하여 입영일에 군인이 된다는 견해(이상철, 29면)가 있는데, 이에 의하면 입영 후 귀가조치 전에 군형법상의 범죄

(3) 현역 군인의 신분 상실시기

현역 군인의 신분 상실시기는 전역한 시점이다. 여기서 전역신고를 하는 당일에 군형법상의 범죄를 범한 경우에 이를 어떻게 처리할 것인지가 문제될 수 있다. 이에 대한 법리를 살펴보면, 전역일 오전 중에 전역신고 및 전역식을 행하는 것은 전역자의 병역관계 업무처리 등에 대한 편의에 의한 것이므로, 전역일 당일이 만료하는 때에 군인신분이 상실된다고 일반적으로 파악하고 있다. 예를 들면 2020. 9. 1. 10:00 전역신고가 있었다고 하더라도 2020. 9. 1. 24:00에 이르러야 군인신분이 상실된다는 것이다. 하지만 전역신고 이후 해당 부대를 벗어난 상태에 있는 자를 여전히 군인이라고 파악하는 것은 매우 기교적인 것이므로, 현역 군인의 신분 취득시기와 동일한 취지에서 전역신고가 종료하여 사실상 군의 통제 아래에서 벗어나게 되는 시기를 현역 군인의 신분 상실시기로 파악하는 것이 타당하다.

한편 군인사법상의 당연제적 사유[1]가 발생하였다고 할지라도 행정관청의 구체적인 제적행위가 있기 전까지는 군인의 신분을 유지하게 되며[2], (부)사관후보생

를 범한 자를 처벌할 수 없는 처벌의 공백이 발생하게 되므로 타당하지 않다.

1) 군인사법 제40조(제적) ① 장교, 준사관 및 부사관이 다음 각 호의 어느 하나에 해당하면 제적된다.
　　1. 사망하였을 때
　　2. 실종선고를 받았을 때
　　3. 파면되었을 때
　　4. 제10조 제2항의 결격사유 중 어느 하나에 해당하게 되었을 때. 다만, 제10조 제2항 제6호는 다음 각 목의 어느 하나에 해당하는 죄를 범한 사람으로서 자격정지 이상의 형의 선고유예를 받은 경우만 해당한다.
　　　가. 「형법」 제129조부터 제132조까지에 규정된 죄
　　　나. 「성폭력범죄의 처벌 등에 관한 특례법」 제2조에 따른 성폭력범죄 및 「아동·청소년의 성보호에 관한 법률」 제2조 제2호에 따른 아동·청소년대상 성범죄
　　　다. 직무와 관련하여 「형법」 제355조 또는 제356조에 규정된 죄
　　5. 제37조 제2항에 따라 제적결의가 있을 때
　　6. 포로나 행방불명자로서 국방부령으로 정하는 사유에 해당하게 되었을 때
2) 해병대 1967. 10. 5. 선고 67고군형항16 판결(피고인은 1967. 3. 15. 해병 교육기지 보통군법회의에서 군무이탈죄로 징역 8월에 1년간 집행유예의 선고를 받고 같은 달 20일 위 형이 확정되어 군인사법 제40조에 의하여 동일자로 당연 제적되어 귀가한 것이므로 군무이탈죄가 될 수 없음에도 불구하고 이 점을 간과한 원심판결은 사실오인의 위법이 있다는 것인바, 이 점에 관하여 검토하여 보면 군인사법 제10조 제2항 제4호(금고 이상의 형을 선고받고 그 집행이 종료되거나 집행을 받지 아니하기로 확정된 후 5년이 지나지 아니한 사람) 및 제5호(금고 이상의 형의 집행유예를 선고받고 그 유예기간 중에 있거나 그 유예기간이 종료된 날부터 2년이 지나지 아니한 사람) 규정에 해당하는 사실이 발생하였다고 하더라도 같은 법 제40조 규정에 의하여 행정관청이 구체적으로 제적이라는 행위를 하지 않은 이상 군인사법상의 효과는 나타나지 않는 것이다. 다만 동 규정은 임의규정이 아니라 제적사유가 발생하면 당연히 의무적으로 제적을 시켜야 하는 강행규정이다). 이에 대하여 제적사유에 해당되면 제적명령이 발령되지 아니하였다고 하더라도 이미 신분의 변동이 있는 것으로 보아 제적사유 발생 이후의 행위에 대하여 군형법을 적용할 수 없다는 견해로는 임천영, 「군인사법」, 법률문화원, 2003, 603면.

역시 퇴교조치가 있기 전까지는 군형법의 적용을 받는다.[1] 다만 기록위조 등의 부당한 방법으로 제대한 경우에는 군인의 신분이 유지된다.[2]

2. 준군인

(1) 군무원

'군무원'이란 전투 이외의 군무에 종사하는 문관을 말하는데, 군무원은 국가공무원법상 특정직 공무원에 해당한다(국가공무원법 제2조 제2항 제2호). 동시에 군무원은 군인과 함께 국군의 구성원이다(국군조직법 제16조 제1항). 기술·연구·예비전력관리 또는 행정관리 분야에 대한 업무를 수행하는 군무원(일반군무원)의 계급은 1급부터 9급까지로 한다(군무원인사법 제3조 제1항).

군무원은 국방부 직할기관 및 부대와 육·해·공군의 각급 부대에서 정비·보급·수송 등의 군수지원분야, 행정업무 그리고 일부 전투지원 분야의 업무를 담당하는 민간인력으로서, 현역군인의 경력관리 특성상 빈번한 이동으로 인하여 발생하는 업무의 공백을 이어주고 연속성과 전문성을 요하는 업무를 주로 담당한다.[3] 이와 같이 군무원은 군부대에서 군인과 함께 근무하며 국군의 구성원으로서 중요한 역할을 담당하고 군조직 전체에 대해 상당한 영향력을 미칠 수 있다. 군무원은 군의 구성원이자 군이라는 특수한 영역에서 근무하는 특정직 공무원으로서 국가공무원법에 우선하여 군무원인사법과 군형법 등 특별법에 의한 규율을 받는다. 또한 역사적 경험에 대한 반성에서, 헌법은 제7조에서 공무원의 정치적 중립성을 규정하면서도 제5조 제2항에서 국군의 정치적 중립성을 다시 한 번 명시적으로 강조하고 있다. 이처럼 군무원은 다른 공무원들과 비교할 때, 그 법적 지위와 업무의 성격·환경 등이 다르고, 헌법상 정치적 중립성을 준수할 필요성이 더욱 크므로, 군무원은 다른 공무원들과 본질적으로 동일한 지위에 있다고 볼 수 없다.

---

1) 해병대 1971. 12. 22. 선고 71고군형항46 판결(피고인이 장기 하사관 후보생으로서 위와 같은 형이 확정된 사실을 인정할 수 있으나 아직 퇴교조치를 받은 바 없음이 명백하므로 여전히 군형법 및 군법회의법의 적용을 받아야 할 것이다. 피고인은 1971. 4. 29.경 해병상륙전기지 대기반에서 동월 30일부로 해병 교육기지 하사관 학교로 부임발령을 받았으므로 군적을 가진 군 소속 기관의 학생인 피고인으로서는 마땅히 위 학교에 부임하여 최종적인 조치(예컨대 퇴교조치)를 받았어야 할 것이었음에도 불구하고 임의로 귀가하여 버린 점을 보면 위 오인에는 정당한 이유가 없다).

2) 대법원 1970. 12. 29. 선고 70도2404 판결(피고인이 1963. 2. 21. 군에 입대하였으나 기록카드를 위조하여 1966. 10. 15. 만기제대형식이 되었으나 그 후 위 사실이 발각되어 정년미달로 만기제대무효가 되어 66. 10. 15. 이후 현재까지 육군 제31사단 상병(군번 21002117)의 군인신분이 계속되고 있는 사실이 분명하므로 위 피고인이 군인신분을 가지고 있는 이상, 일반 법원은 피고인에 대한 재판권이 없다).

3) 헌법재판소 2008. 6. 26. 선고 2005헌마1275 결정.

(2) 군적을 가진 군의 학교의 학생·생도와 사관후보생·부사관후보생 및
　　병역법 제57조에 따른 군적을 가지는 재영 중인 학생

1) 군적을 가진 군의 학교의 학생

'군적을 가진 군의 학교의 학생'이란 사관생도, 사관후부생, 부사관후보생을
제외한 군의 학교의 모든 피교육자를 말한다. 여기서의 학생은 보통 현역신분의
변동 없이 국방대학원, 종합행정학교 등에서 교육을 받는 군인으로서, 현역복무자
가 아닌 군간부후보생과는 다른 것이므로 별도로 규정하고 있는 것이다. 하지만
현역군인이 아니면서 군의 학교에서 교육을 받고 있는 준군인으로서의 학생을 상
정하기는 쉽지가 않다.

다만 「공군항공과학고등학교 설치법」에 근거하여 설치된 경남 진주 소재 공
군항공과학고등학교 학생(남 135명, 여 15명)은 입학한 날에 부사관후보생의 병적에
편입하고(동법 제5조), 3년의 학교 교육과정을 이수하고 졸업한 자는 군인사법 제3
조의 규정에 따른 공군의 하사로 하고 있으므로(동법 제10조), 이를 준군인으로서
'군적을 가진 군의 학교의 학생'으로 파악할 수 있을 뿐이다. 즉 본교의 졸업생
전원은 졸업과 동시에 공군 항공기술부사관 사관으로 임관하여 항공기계·정보
통신·항공관제 등 첨단 항공기술 분야에서 활동하게 된다. 하지만 성인이 아닌 고
등학생을 사형·무기·10년 이상의 징역이 법정형으로 다수 포함되어 있는 군형법
의 적용대상으로 하는 것은 이들에게 적용될 수 있는 소년법상 특례규정들과 비교
하면 그 괴리가 상당하다고 할 수 있다. 그러므로 현행법체계상 현역 군인 등은
군형법의 당연한 피적용자가 되므로, '군적을 가진 군의 학교의 학생'은 군형법의
적용대상에서 삭제하는 것이 타당하다.

2) 군적을 가진 생도

사관생도는 당해 학교에 입학한 날부터 각군의 군적에 편입된다(사관학교 설치
법 시행령 제28조, 육군3사관학교 설치법 시행령 제3조 제2항, 국군간호사관학교 설치법 시행
령 제3조 제1항). 이와 같이 사관생도는 군적을 가지고 있어야 군형법의 적용을 받
으므로, 사관학교에 가입학[1]한 사람은 아직 군적에 편입되지 아니한 이상 군형법
의 피적용자가 아니다.

---

1) 사관학교설치법 시행령 제26조(입학시기) ① 사관생도를 입학시킬 시기는 학년초로부터 30일 이
　내로 한다. ② 각 학교의 장은 필요하다고 인정할 때에는 예비교육을 실시하기 위하여 입학예정자
　를 입학기일 전에 가입학시킬 수 있다. ③ 제2항의 규정에 의한 가입학기간은 50일을 초과하지 못
　하며, 가입학된 자에게는 급식과 피복을 제공한다.

3) 사관후보생·부사관후보생

사관후보생·부사관후보생이란 장교·부사관의 병적 편입을 위하여 군사교육 기관 또는 수련기관 등에서 교육이나 수련 등을 받고 있는 사람을 말한다(병역법 제2조 제1항 제4호 참조). 여기서 사관후보생은 장교후보생 가운데 사관생도를 제외한 개념이다. 학사사관후보생, 학군사관후보생, 법무사관후보생, 군의사관후보생, 수의사관후보생, 군종사관후보생, 특수(교수, 간호, 통역, 전산, 변리, 의정, 군악)사관후보생, 국방과학연구소(ADD) 박사사관후보생 등 각종 사관후보생들은 장교로 임관하기 전 군교육기관에서 적게는 7주에서 많게는 16주 동안 장교후보생 기간을 의무적으로 거치게 된다. 하지만 이들의 군 복무기간에는 동 후보생교육기간이 산입되지 않고, 임관일을 기준으로 군 복무기간이 산입되고 있다.[1]

4) 병역법 제57조에 따른 군적을 가지는 재영 중인 학생

고등학교 이상의 학교에 다니는 학생에 대하여는 대통령령으로 정하는 바에 따라 일반군사교육을 할 수 있으며, 그 군사교육을 받은 사람에 대하여는 현역병 또는 사회복무요원의 복무기간을 단축할 수 있다(병역법 제57조 제1항). 고등학교 이상의 학교에 학생군사교육단(ROTC; Reserve Officer Training Corps) 사관후보생 또는 부사관후보생과정을 둘 수 있으며 그 과정을 마친 사람은 현역의 장교 또는 부사관의 병적에 편입할 수 있다(병역법 제57조 제2항). 그리고 학군사관후보생 또는 학군부사관후보생으로 선발된 자는 각각 학군사관후보생 또는 학군부사관후보생의 병적에 편입한다(학생군사교육실시령 제5조).

학생군사교육을 받는 사람은 언제나 군형법의 적용을 받는 것이 아니라 재영 중인 경우에 한하여 군형법의 피적용자가 됨에 유의해야 한다. 즉 학기 중에 각 대학 등의 학군단에서 실시하는 교육을 받는 기간은 재영 중인 때에 포함되지 않으며, 동계·하계 등 방학기간에 학생중앙군사학교에 실제로 입영하여 훈련을 받는 기간만이 재영 중인 때에 해당된다.

(3) 소집되어 복무하고 있는 예비역·보충역 및 전시근로역인 군인

'소집되어 복무하고 있는 사람'이란 소집영장을 받고 지정된 장소에서 현실적으로 병역의무에 종사하는 사람으로서 소집이 해제될 때까지의 기간 중에 있는 사람을 말한다. 여기서 소집이란 예비역·보충역에 대한 병력동원소집(병역법 제6장 제1절), 병력동원훈련소집(병역법 제6장 제2절), 전시근로역에 대한 전시근로소집(병역

---

[1] 국가인권위원회는 이러한 문제점을 시정하기 위하여 사관후보생기간도 군복무기간에 산입하도록 국방부에 건의하였으나, 국방부는 이를 받아들이지 않고 있다.

법 제6장 제3절), 예비역·보충역·전시근로역에 대한 군사교육소집(병역법 제6장 제4절) 등을 말한다. 병력동원소집으로 입영한 사람의 복무와 처우는 현역과 같이 하고(병역법 제48조 제1항), 병력동원훈련소집으로 입영한 사람은 현역에 준하여 복무하며, 예산의 범위에서 급식 또는 실비 지급 등을 할 수 있다(병역법 제52조 제1항). 이와 같이 소집된 사람은 군부대 등에 입영하여 현역과 동일하거나 이에 준하여 복무하게 되므로 준군인으로서 군형법의 적용을 받는 것이다.

'예비역'이란 ① 현역을 마친 사람, ② 그 밖에 병역법에 따라 예비역에 편입된 사람을 말하며(병역법 제5조 제1항 제2호), '보충역'이란 ① 병역판정검사 결과 현역 복무를 할 수 있다고 판정된 사람 중에서 병력수급 사정에 의하여 현역병입영 대상자로 결정되지 아니한 사람, ② 1) 사회복무요원 3) 예술·체육요원 4) 공중보건의사 5) 병역판정검사전담의사 7) 공익법무관 8) 공중방역수의사 9) 전문연구요원 10) 산업기능요원 중의 어느 하나에 해당하는 사람으로 복무하고 있거나 그 복무를 마친 사람, ③ 그 밖에 병역법에 따라 보충역에 편입된 사람을 말한다(병역법 제5조 제1항 제3호).

'전시근로역'이란 ① 병역판정검사 또는 신체검사 결과 현역 또는 보충역 복무는 할 수 없으나 전시근로소집에 의한 군사지원업무는 감당할 수 있다고 결정된 사람, ② 그 밖에 병역법에 따라 전시근로역에 편입된 사람을 말한다(병역법 제5조 제1항 제5호).

위에서 설명한 예비역·보충역 및 전시근로역인 군인은 소집되어 복무하고 있는 경우에 한하여 군형법이 적용되므로, 실제로 소집에 응하여 소집부대에 도착하고 군의 지배권 아래에 있어야 한다. 그러므로 소집영장을 받았으나 이에 응하지 아니한 사람에 대해서는 군형법이 아니라 병역법 위반[1] 여부가 문제될 뿐이다.

현역복무를 마친 사람이 예비역으로 편입되어 병력동원훈련소집 등의 소집에

---

1) 병역법 제88조(입영의 기피 등) ① 현역입영 또는 소집 통지서(모집에 의한 입영 통지서를 포함한다)를 받은 사람이 정당한 사유 없이 입영일이나 소집일부터 다음 각 호의 기간이 지나도 입영하지 아니하거나 소집에 응하지 아니한 경우에는 3년 이하의 징역에 처한다. 다만, 제53조 제2항에 따라 전시근로소집에 대비한 점검통지서를 받은 사람이 정당한 사유 없이 지정된 일시의 점검에 참석하지 아니한 경우에는 6개월 이하의 징역이나 500만원 이하의 벌금 또는 구류에 처한다.
  1. 현역입영은 3일
  2. 사회복무요원·대체복무요원 소집은 3일
  3. 군사교육소집은 3일
  4. 병력동원소집 및 전시근로소집은 2일
② 제1항에 따른 통지서를 받고 입영할 사람 또는 소집될 사람을 대리하여 입영한 사람 또는 소집에 응한 사람은 1년 이상 3년 이하의 징역에 처한다. 다만, 제53조 제2항에 따라 전시근로소집에 대비한 점검을 받아야 할 사람을 대리하여 출석한 사람은 1년 이하의 징역에 처한다.

응하여 입영, 그 소집기간 동안 군의 규율을 준수하고 군지휘자의 명령에 복종하여야 하는 것도 헌법에 근거를 둔 국방상 의무의 일환이다. 이와 같이 병력동원소집, 병력동원훈련소집 및 군사교육소집으로 입영한 예비역은 군형법 제1조 제3항 제3호에 규정된 '소집되어 복무하고 있는 예비역인 군인'에 해당되어 군형법의 적용을 받게 된다. 비록 직장을 가지고 사회활동을 영위하고 있는 예비역이라 할지라도 병력동원훈련소집 등으로 입영하게 되면 군대라는 특수사회의 일원이 되고, 현역군인과 합동으로 전투훈련에 참여하는 등 동일한 지휘체계하에서 현역군인과 함께 복무하게 된다. 따라서 소집기간 중 군의 질서를 유지하고 일사불란한 지휘권을 확립하려면 소집기간 중에 있는 예비역들을 현역군인과 동일한 지휘 및 복무체계에 복속시킬 필요가 있다. 그렇지 않으면 군사훈련의 효율적 수행 등 소집목적의 달성에 차질이 생기게 된다. 이와 같이 병력동원훈련 등으로 소집 중인 예비역들이 현역군인과 동일한 지휘 및 복무체계에 복속하는 한, 그 규율 및 제재체계도 현역군인과 동일하지 않을 수 없다. 군은 질서와 기율이 생명인 특수한 조직사회이고, 군형법은 형벌이라는 제재를 수단으로 하여 군의 조직과 기율을 유지, 보전하고자 하는 것이라면, 예비역들이 현역군인과 같은 지휘 및 복무체계에서 현역군인과 함께 복무하는 한 이들에 대하여도 현역군인에 준하여 군형법이 적용될 필요가 있는 것이다.[1]

3. 내·외국 민간인

군인 또는 군무원이 아닌 국민은 대한민국의 영역 안에서는 중대한[2] 군사상 기밀·초병·초소·유독음식물공급·포로·군용물에 관한 죄 중 법률이 정한 경우와 비상계엄이 선포된 경우를 제외하고는 군사법원의 재판을 받지 아니한다(헌법 제27조 제2항). 이에 따라 ① 제13조 제2항 및 제3항의 죄(간첩), ② 제42조의 죄(유독음식물공급), ③ 제54조부터 제56조까지, 제58조, 제58조의2부터 제58조의6까지 및 제59조의 죄(초병에 대한 폭행 등), ④ 제66조부터 제71조까지의 죄(군용물 등에 대한 방화), ⑤ 제75조 제1항 제1호의 죄(군용물에 대한 재산범죄), ⑥ 제77조의 죄(외국의 군용시설 또는 군용물에 대한 행위), ⑦ 제78조의 죄(초소침범), ⑧ 제87조부터 제90조까지의 죄

---

1) 헌법재판소 1999. 2. 25. 선고 97헌바3 결정.
2) 이에 대하여 '중대한'이라는 문구를 그 이후의 '군사상 기밀·초병·초소·유독음식물공급·포로·군용물에 관한 죄' 전체를 수식하는 것으로 해석하여 그 범위의 제한을 시도하고 있는 견해로는 송기춘, "평택미군기지 이전과 관련한 군사시설보호구역 지정의 위법성과 일반국민에 대한 군형법 적용의 문제", 민주법학 제31호, 민주주의법학연구회, 2006, 180면.

(포로에 관한 도주 원조 등) 등을 범한 내·외국 민간인에 대하여는 군형법이 적용된다. 결국 헌법 제27조 제2항에서 규정하고 있는 범죄 이외의 군형법상 범죄에 대해서는 내·외국 민간인을 그 수범자로 할 수는 없다.

　이와 같이 군형법 제1조 제4항에서 정한 군형법상의 죄에 대하여는 그 죄를 범한 사람이 군인이든 군인이었다가 전역한 사람이든 그 신분에 관계없이 군사법원[1]에 재판권이 있다.[2] 군형법 제1조 제4항의 입법취지는 비군인도 군의 조직과 기능을 파괴 내지 침해할 수 있으므로 그 범위 내에서 군형법이 적용되어야 한다는 것이다.[3] 다만 형법 제33조(공범과 신분)에 의하여 군인의 (군형법 제1조 제4항에서 정한 범죄를 제외한) 군형법 위반행위에 내·외국 민간인이 가담한 경우에는 동 내·외국 민간인에게도 군형법이 적용되는 예외적인 현상이 발생할 수 있다.[4] 하지만 이러한 경우에도 내·외국 민간인은 군사법원이 아닌 일반법원에서 재판을 받게 된다.

4. 신분의 변동과 군형법의 적용

　군형법 제1조 제1항부터 제3항까지에 규정된 사람이 군복무 중이나 재학 또는 재영 중에 군형법에서 정한 죄를 범한 경우에는 전역·소집해제·퇴직 또는 퇴교나

---

1) 보통군사법원 설치 부대로는 국방부, 육군본부, 지상작전사령부, 제2작전사령부, 육군교육사령부, 육군군수사령부, 육군특수전사령부, 수도방위사령부, 제1군단사령부, 제2군단사령부, 제3군단사령부, 제5군단사령부, 제6군단사령부, 제7군단사령부, 제8군단사령부, 수도군단사령부, 해군본부, 해군작전사령부, 제1함대사령부, 제2함대사령부, 해병대사령부, 해병대제1사단, 해병대제2사단, 공군본부, 공군작전사령부, 공군공중기동정찰사령부, 공군공중전투사령부, 공군교육사령부, 공군방공유도탄사령부, 공군방공관제사령부 등이 있다(군사법원법 제6조 제2항 관련 별표 참조).
2) 대법원 2016. 10. 13. 선고 2016도11317 판결(군형법 제54조 제1호, 제56조 제1호에서 정한 적전초병특수폭행, 적전초병특수협박, 적전초병폭행죄로 기소된 이 사건에 대하여는, 군사법원법 제2조 제1항 제1호, 군형법 제1조 제4항 제3호, 군형법 제54조, 제56조에 따라 군사법원에 신분적 재판권이 있으므로, 위 각 법원은 형사소송법 제16조의2에 의하여 사건을 관할군사법원에 이송하였어야 한다. 그럼에도 피고인에 대하여 재판권을 행사한 원심판결 및 제1심판결에는 군사법원의 관할에 관한 법리를 오해한 잘못이 있고, 이 점을 지적하는 상고이유는 이유 있다. 그러므로 나머지 상고이유에 대한 판단을 생략한 채 원심판결 및 제1심판결을 파기하고, 사건을 관할군사법원에 이송하기로 하여, 관여 대법관의 일치된 의견으로 주문과 같이 판결한다).
3) 이에 대하여 군형법은 군인을 대상으로 군에 고유한 사안을 대상으로 하여야 하는 것인데, 전시가 아닌 평시에 일반인을 대상으로 군형법을 적용하는 것은 문제가 있으므로 군형법 제1조 제4항을 폐지해야 한다는 견해로는 오병두, "군형법의 문제점과 개정방향", 형사정책 제20권 제1호, 한국형사정책학회, 2008. 6, 20~21면('나아가 현행법상 제1조 제4항의 적용대상자는 곧바로 군사법원의 재판을 받기 때문에 동조의 개정필요성은 더욱 크다'). 또한 군형법 제1조 제4항이 없더라도 일반 형법에 의하여 충분히 규율이 가능하다는 견해로는 태윤기, "군형법안에 대한 고찰 — 특히 그 적용범위에 관하여 —", 법률신문 제25호, 1957. 7. 8.
4) 대법원 1992. 12. 24. 선고 92도2346 판결.

퇴영 후에도 군형법을 적용한다(제1조 제5항). 이는 군인이 전역 등의 사유로 그 신분을 상실하게 되면 군형법의 적용대상에서 제외될 수 있는데, 이러한 신분의 변동으로 인하여 군형법상 범죄가 면책될 수 있는 문제점을 제거하기 위하여 설정된 특별규정이다. 여기서 주의해야 할 점은 군형법이 적용된다고 하더라도 반드시 군사법원에 재판관할이 있는 것은 아니라는 것이다. 군형법상의 범죄를 범할 당시에는 군인 등의 신분을 지니고 있어서 군사법원의 관할에 속해 있더라도, 이후 민간인으로 신분이 변경되었다면 민간의 수사기관 및 법원에서 형사절차가 진행된다.[1] 같은 맥락에서 관할은 재판권을 전제로 하여 군사법원 사이의 사무분장을 정한 것이어서 군사법원에 신분적 재판권이 없는 경우에는 그 재심사건에 대한 관할권은 원판결을 한 군사법원이 아니라 같은 심급의 일반법원에 있는 것이다.[2] 다만 군형법 제1조 제4항에 열거된 범죄인 경우에는 신분의 변동에 상관없이 군사법원에서 재판이 진행될 것이다.

II. 군형법의 인적 적용범위와 군사재판권

군사법원법 제2조(신분적 재판권) ① 군사법원은 다음 각 호의 어느 하나에 해당하는 사람이

---

1) 대법원 2007. 12. 27. 선고 2007도4749 판결(피고인은 원심판결 선고 후 전역하여 예비역에 편입된 사실을 인정할 수 있어 현재로서는 군형법 피적용자로서의 신분을 면하여 군사법원에 신분적 재판권이 없게 되었음이 명백하므로 결국 이 사건은 군사법원으로 환송하지 아니하고 피고인의 현재지 관할법원인 인천지방법원 본원 합의부로 환송함이 적절하다).
2) 대법원 1981. 11. 24. 선고 81초69 판결(신청인(재심청구인)은 군에서 재적되고 군교도소 아닌 일반교도소에서 수형중에 있는 자일 뿐만 아니라, 원판결이 신청인에 대하여 인정한 군형법 제75조 제1항 제2호의 죄에 관하여는 군인 또는 군무원이 아닌 경우의 군법회의의 재판권을 인정하는 법률의 규정도 없으니 군법회의는 신청인에 대하여 재판권을 가지지 아니함이 명백하고 따라서 육군본부 보통군법회의는 이 사건 재심청구에 대한 재판권(따라서 재심관할권)이 없고, 그에 대응하는 심급으로서 피고인의 현재지를 관할하는 서울지방법원 동부지원은 그 권한이 있다). 同旨 대법원 1985. 9. 24. 선고 84도2972 전원합의체 판결(피고인은 육군준위로서 근무중 1979. 7. 28. 육군본부 보통군법회의에서 업무상 군용물횡령, 공문서위조, 동행사 및 뇌물공여죄로 징역 1년의 형을 선고받고 관할관의 확인조치로 그 형의 집행이 면제되었으며, 이에 대하여 피고인 및 검찰관 쌍방이 항소하였으나, 1979. 12. 20. 육군고등군법회의에서 쌍방의 항소를 모두 기각하는 판결이 선고되었고, 그 판결은 관할관의 확인조치를 거쳐 같은해 12. 29. 그대로 확정됨과 동시에 피고인은 군인사법 제40조 제4호, 제10조 제2항 제4호에 의하여 군에서 제적되었으며, 한편 원판결이 군용물횡령에 관한 죄에 대하여 적용한 법조는 군형법 제75조 제1항 제2호임을 알 수 있다. 그러하다면 피고인은 위에서 본 바와 같이 군에서 제적되어 군인 또는 군무원의 신분에 있지 아니하고, 또한 군법회의법 제2조 제1항 제1호, 군형법 제1조 제4항 등에 의하여 이 사건이 군법회의에 신분적 재판권이 있는 경우에 해당하지도 아니하므로 이 사건 원판결을 한 육군본부 보통군법회의는 재심청구에 대한 재판권이 없고, 피고인의 현재지 법원으로서 사건을 이송받은 수원지방법원 인천지원이 재심개시결정과 제1심판결을 하고 그 항소심으로서 원심이 재판하였음은 정당하다).

범한 죄에 대하여 재판권을 가진다.

1. 「군형법」 제1조 제1항부터 제4항까지에 규정된 사람. 다만, 「군형법」 제1조 제4항에 규정된 사람 중 다음 각 목의 어느 하나에 해당하는 내국인·외국인은 제외한다.

　　가. 군의 공장, 전투용으로 공하는 시설, 교량 또는 군용에 공하는 물건을 저장하는 창고에 대하여 「군형법」 제66조의 죄를 범한 내국인·외국인

　　나. 군의 공장, 전투용으로 공하는 시설, 교량 또는 군용에 공하는 물건을 저장하는 창고에 대하여 「군형법」 제68조의 죄를 범한 내국인·외국인

　　다. 군의 공장, 전투용으로 공하는 시설, 교량, 군용에 공하는 물건을 저장하는 창고, 군용에 공하는 철도, 전선 또는 그 밖의 시설에 대하여 「군형법」 제69조의 죄를 범한 내국인·외국인

　　라. 가목부터 다목까지의 규정에 따른 죄의 미수범인 내국인·외국인

　　마. 국군과 공동작전에 종사하고 있는 외국군의 군용시설에 대하여 가목부터 다목까지의 규정에 따른 죄를 범한 내국인·외국인

2. 국군부대가 관리하고 있는 포로

② 군사법원은 제1항 제1호에 해당하는 사람이 그 신분취득 전에 범한 죄에 대하여 재판권을 가진다.

③ 군사법원은 공소가 제기된 사건에 대하여 군사법원이 재판권을 가지지 아니하게 되었거나 재판권을 가지지 아니하였음이 밝혀진 경우에는 결정으로 사건을 재판권이 있는 같은 심급의 법원으로 이송하되, 고등군사법원에 계속된 사건 중 단독판사가 심판할 사건에 대한 항소사건은 지방법원 항소부로 이송한다. 이 경우 이송 전에 한 소송행위는 이송 후에도 그 효력에 영향이 없다.

제3조(그 밖의 재판권) ① 군사법원은 「계엄법」에 따른 재판권을 가진다.

② 군사법원은 「군사기밀보호법」 제13조의 죄와 그 미수범에 대하여 재판권을 가진다.

1. 문제의 소재

군형법의 적용 여부는 실체법적인 문제로서 일정한 행위에 대하여 군형법을 적용할 것인지의 여부라고 할 수 있는 반면에, 재판권의 인정 여부는 절차법적인 문제로서 해당 피고인을 군사법원에서 재판할 것인지 아니면 민간법원에서 재판할 것인지의 여부라고 할 수 있다. 그러므로 군형법이 적용되는 사안이라고 하여 반드시 군사법원에서 재판을 받는 것은 아니다.

2. 군인 및 준군인의 재판권

군인 또는 준군인은 군형법의 적용 여부를 불문하고 군사재판을 받는다. 즉 이들은 군형법이 아닌 형법, 도로교통법, 폭력행위처벌법, 성폭력특례법 등에 규정된 범죄를 저지른 경우에도 군사재판을 받게 된다. 다만 이 경우 군사재판을 받는 시기를 기준으로 군인 또는 준군인인지의 여부를 판단한다. 그러므로 범죄를 저지를 당시에는 군인 또는 준군인이었으나 군사재판을 받을 당시에는 이미 전역 등을

하여 이러한 신분을 상실한 경우에는 민간법원에서 재판을 받게 된다. 물론 내·외국 민간인에게도 군사재판권이 인정되는 범죄를 군인 또는 준군인이 범한 경우에는 전역 등을 하더라도 군사재판을 받게 된다. 반면에 범죄를 저지를 당시에는 민간인이었지만, 그 후 입대하여 재판을 받을 당시에는 군인 또는 준군인에 해당하는 경우에는 군사재판을 받게 된다.[1]

3. 특정 군사범죄와 일반 범죄를 모두 범한 민간인의 재판권

(1) 헌법상 군사법원 설치의 근거

헌법 제27조에 의하면, 모든 국민은 헌법과 법률이 정한 법관에 의하여 법률에 의한 재판을 받을 권리를 가지고(제1항), 군인 또는 군무원이 아닌 국민은 대한민국의 영역 안에서는 중대한 군사상 기밀·초병·초소·유독음식물공급·포로·군용물에 관한 죄 중 법률이 정한 경우와 비상계엄이 선포된 경우를 제외하고는 군사법원의 재판을 받지 아니한다고 규정하고 있다(제2항). 이는 모든 국민이 헌법과 법률이 정한 자격과 절차에 따라 임명된 법관에 의하여 합헌적인 법률이 정한 내용과 절차에 따라 재판을 받을 수 있는 권리가 있고, 나아가 군인 또는 군무원이 아닌 일반 국민은 헌법과 법률이 정한 경우 외에는 군사법원의 재판을 받지 아니할 권리가 있음을 국민의 기본권으로서 선언한 것이다.

한편 헌법 제110조에 의하면, 군사재판을 관할하기 위하여 특별법원으로서 군사법원을 둘 수 있고(제1항), 군사법원의 상고심은 대법원에서 관할하며(제2항), 군사법원의 조직·권한 및 재판관의 자격은 법률로 정한다고 규정하고 있다(제3항).

---

1) 헌법재판소 2009. 7. 30. 선고 2008헌바162 결정(군대의 특수성으로 인하여 일단 군인신분을 취득한 군인이 군대 외부의 일반법원에서 재판을 받는 것은 군대 조직의 효율적인 운영을 저해한다. 또한 현실적으로도 군인이 수감 중인 상태에서 일반법원의 재판을 받기 위해서는 동행·감시자, 차량 등의 지원이 필요하므로 상당한 비용·인력 및 시간이 소요되고, 일반법원의 재판 일정을 군대사정에 맞추어 조정하도록 하지 않으면 훈련 등의 일정에 차질이 생기게 된다. 이러한 사정은 군인신분 취득 이후에 죄를 범한 경우와 군인 신분을 취득한 자가 군 입대 전에 범한 죄에 대하여 재판을 받는 경우와 다르지 않으므로, 군인신분 취득 전에 범한 죄에 대하여 군사법원에서 재판을 받도록 하는 것은 합리적인 이유가 있다. … 형사재판에 있어 범죄사실의 확정과 책임은 행위시를 기준으로 하지만, 재판권 유무는 원칙적으로 재판 시점을 기준으로 해야 한다. 또한 형사재판은 유죄인정과 양형이 복합되어 있는데 양형은 일반적으로 재판받을 당시, 즉 선고시점의 피고인의 군인신분을 주요 고려요소로 해 군의 특수성을 반영할 수 있어야 하므로, 이러한 양형은 군사법원에서 담당하도록 하는 것이 타당하다. … 군사법원의 상고심은 대법원에서 관할하고(헌법 제110조 제2항), 군사법원의 내부규율과 사무처리에 관한 군사법원규칙도 군법무관회의의 의결을 거쳐 대법원이 정하므로(군사법원법 제4조 제1항 및 제2항), 궁극적으로는 헌법과 법률이 정한 법관에 의한 최종적인 재판이 보장되고 있으며, 군사법원에 관한 내부규율을 정함에 있어서도 대법원이 종국적인 관여를 하고 있다. 따라서 이 사건 법률조항은 군사법원의 재판권과 군인의 재판청구권을 형성함에 있어 그 재량의 한계를 벗어났다고 볼 수 없다).

이와 같이 헌법에 직접 군사법원의 설치 근거를 둔 것은 국군이 국가의 안전보장과 국토방위의 신성한 의무를 수행함을 사명으로 하는 조직으로서(헌법 제5조 제2항) 평시에도 항상 전시를 대비하여 집단적 병영생활을 하는 군 임무의 특성상 언제 어디서나 신속한 재판이 이루어져야 할 필요성이 있으며, 군사법원 체제가 전시에 제대로 기능하기 위해서는 평시에 미리 조직·운영될 필요성이 있다는 점 및 우리나라가 남북으로 분단되어 군사적으로 첨예하게 대치하고 있는 상황까지 고려한 주권자인 국민의 결단에 의한 것이다.

(2) 군사재판의 최소화

군사법원법 제2조 제1항 제1호 및 군형법 제1조 제4항에 의하면, 군사법원은 군형법 제1조 제4항 각 호에 정한 죄(이하 '특정 군사범죄'라 하고, 그 외의 범죄 등을 '일반 범죄'라 한다)를 범한 내국인·외국인에 대하여 신분적 재판권을 가지는데, 일반 국민이 특정 군사범죄를 범한 이후에 일반 범죄를 범한 경우 그 일반 범죄에 대하여도 군사법원이 재판권을 가지는지 여부가 문제될 수 있다. 생각건대 헌법 제27조 제2항은 어디까지나 '중대한 군사상 기밀·초병·초소·유독음식물공급·포로·군용물에 관한 죄 중 법률이 정한 경우'를 제외하고는 일반 국민은 군사법원의 재판을 받지 아니한다고 규정하고 있으므로, 이러한 경우에까지 군사법원의 신분적 재판권을 확장할 것은 아니다. 따라서 군사법원이 일반 국민에 대하여 특정 군사범죄에 관한 재판권을 가지는 경우에도 이는 어디까지나 헌법 제27조 제1항이 보장하는 '헌법과 법률이 정한 법관'에 의하여 재판을 받을 권리의 예외로서 군의 조직과 기능을 보존하는 데에 구체적이고 중대한 위험을 야기하는 특정 군사범죄에 한하여 인정된다고 보아야 한다. 특히 군사법원에서의 재판은 군판사와 심판관에 의해서 이루어지고, 관할관의 확인제도[1]가 있는 등 일반 법원의 재판과는 다른 점에서 만약 이와는 달리 확장해석하거나 유추적용한다면 이는 국민의 재판청구권의 본질적인 내용을 침해하는 것이고 법치국가의 원리에 배치되는 것으로서 허용되지 아니한다.

결국 군사법원이 군사법원법 제2조 제1항 제1호에 의하여 특정 군사범죄를 범한 일반 국민에 대하여 신분적 재판권을 가진다 하더라도 이는 어디까지나 해당 특정 군사범죄에 한하는 것이지 그 이전 또는 그 이후에 범한 다른 일반 범죄에 대해서까지 재판권을 가지는 것은 아니다. 따라서 일반 국민이 범한 수 개의 죄

---

1) 이에 대하여 보다 자세한 내용으로는 박찬걸, "군사재판에 있어서 관할관제도 및 심판관제도의 문제점과 개선방안", 형사정책연구 제23권 제4호, 한국형사정책연구원, 2012. 12, 153면 이하 참조.

가운데 특정 군사범죄와 그 밖의 일반 범죄가 형법 제37조 전단의 경합범 관계에 있다고 보아 하나의 사건으로 기소된 경우, 특정 군사범죄에 대하여는 군사법원이 전속적인 재판권을 가진다고 보아야 하므로 일반 법원은 이에 대하여 재판권을 행사할 수 없다. 반대로 그 밖의 일반 범죄에 대하여 군사법원이 재판권을 행사하는 것도 허용될 수 없다. 이 경우 어느 한 법원에서 기소된 모든 범죄에 대해 재판권을 행사한다면 재판권이 없는 법원이 아무런 법적 근거 없이 임의로 재판권을 창설하여 재판권이 없는 범죄에 대한 재판을 하는 것이 되므로, 결국 기소된 사건 전부에 대하여 재판권을 가지지 아니한 일반 법원이나 군사법원은 그 사건 전부를 심판할 수 없는 것이다.[1] 더욱이 2005. 7. 29. 법률 제7623호로 형법 제39조 제1항이 개정되기 전에는 일반 법원이나 군사법원 중 어느 하나가 경합범 관계에 있는 죄 전부를 심판하는 것이 경합범 가중에 관한 형법 제38조를 적용할 수 있다는 점에서 피고인에게 유리한 면이 있었다. 그러나 위 형법 조항의 개정으로 사후적 경합범에 대하여 이미 확정된 죄와 동시에 판결할 경우와의 형평을 고려하여 형을 선고하되, 필요한 경우 형을 감경 또는 면제할 수 있는 입법적 근거가 마련됨으로써 일반 법원과 군사법원이 각각 재판권을 행사하여 따로 재판을 진행하더라도 양형상 반드시 피고인에게 불리하다고 할 수 없게 되었다. 그리고 다수의 범죄에 대하여 하나의 재판에서 재판을 받는 것이 소송경제상 피고인에게 유리한 면이 있다고 하더라도 형사피고인이 적법한 재판권을 가진 법원에서 재판을 받을 권리야말로 적법절차원칙의 기본이므로 소송경제를 위하여 이를 포기할 수 있는 성질의 것도 아니다.[2]

---

1) 대법원 2018. 8. 30. 선고 2016도6288 판결(일반 국민인 피고인에 대한 공소사실 중 군사기밀 보호법 위반의 점은 군사법원법 제3조 제2항에 따라 군사법원이 전속적인 재판권을 가진다. 그러나 이 사건 공소사실 중 일반 범죄인 입찰방해, 뇌물수수 및 특정범죄가중법 위반(뇌물)의 점에 대하여는 일반 법원에 재판권이 있을 뿐 군사법원법에 의한 신분적 재판권 또는 그 밖의 재판권이 인정되지 않으므로, 이 부분이 군사법원에 재판권이 있는 나머지 공소사실과 함께 경합범으로 공소 제기되었더라도 군사법원인 제1심이나 원심이 재판권을 행사할 수 없다).

2) 대법원 2016. 6. 16. 자 2016초기318 전원합의체 결정(피고인은 "예비역 육군 대령으로서, ① 육군사관학교 교수로 재직 중이던 2009. 12. 17.경 외부 업체의 부탁을 받고 다른 업체에 대한 실험데이터를 도용하여 실험결과를 허위로 기재한 육군사관학교장 명의의 시험평가서 36장을 작성한 다음, 전역 후인 2010. 3. 19.경부터 2012. 5. 21.경까지 9회에 걸쳐 위 업체의 사내이사로서 위 허위 시험평가서 11장을 공사 입찰 담당자에게 제출하여 행사하고(허위공문서작성 및 허위작성공문서행사), ② 2009. 10. 7.경 및 2009. 11. 18.경 육군사관학교에서 사용하고 있는 합계 300발의 탄환을 2회에 걸쳐 불출하여 외부업체 직원에게 전달함으로써 군용물을 절취하였으며(군용물절도), ③ 2011. 1. 13.경 허위 내용을 기재한 수입허가신청서를 방위사업청 직원에게 제출하고 그 허가를 받아 탄환을 수입함으로써 사위 또는 부정한 방법으로 화약류 수입에 대한 방위사업청의 허가를 받았다(방위사업법 위반)."라는 공소사실로 2016. 3. 21. 서울중앙지방법원 2016고합215호로 기소되었다가, 제1심 계속 중 군사법원법 제3조의2에 따라 이 법원에 재판권쟁의에 대한 재정신청을 한 사실을 알 수

Ⅲ. 군형법의 시간적 적용범위

1. 형법총칙의 일반적 내용

(1) 행위시법주의

1) 의 의

범죄의 성립과 처벌은 행위시의 법률에 의한다(형법 제1조 제1항). '행위시법주의'(舊法主義)란 행위시와 재판시의 처벌법규가 상이할 경우에 행위시의 법률을 적용해야 한다는 원칙을 말한다. 형법의 시간적 적용범위에 관해서는 원칙적으로 행위시법주의가 적용된다. 이는 사후입법에 의한 처벌 및 형의 가중을 금지하는 소급효금지의 원칙을 의미한다.

2) 행위시의 결정

범죄의 성립과 처벌은 행위시의 법률에 의한다고 할 때의 '행위시'란 '범죄행위의 종료시'를 말한다. 그러므로 포괄일죄로 되는 개개의 범죄행위가 법 개정의 전후에 걸쳐서 행하여진 경우에는 신·구법의 법정형에 대한 경중을 비교하여 볼 필요도 없이 범죄 실행 종료시의 법이라고 할 수 있는 신법을 적용하여 포괄일죄로 처단하여야 한다.[1] 일반적으로 계속범의 경우 실행행위가 종료되는 시점에서의 법률이 적용되어야 할 것이지만, 법률이 개정되면서 그 부칙에서 '개정된 법 시행 전의 행위에 대한 벌칙의 적용에 있어서는 종전의 규정에 의한다.'는 경과규정을 두고 있는 경우 개정된 법이 시행되기 전의 행위에 대해서는 개정 전의 법을, 그 이후의 행위에 대해서는 개정된 법을 각각 적용하여야 한다.[2]

(2) 재판시법주의

1) 의 의

'재판시법주의'(新法主義)란 행위시와 재판시의 처벌법규가 상이할 경우에 재판

있다. 피고인에 대한 공소사실과 소송기록을 앞에서 본 법리에 비추어 살펴보면, 피고인은 군인 또는 군무원이 아닌 일반 국민으로서 그 공소사실 중 일반 범죄인 허위공문서작성죄 및 허위작성공문서행사죄와 방위사업법위반죄에 대하여는 이를 관할하는 일반 법원에 재판권이 있을 뿐 군사법원법에 의한 신분적 재판권이 인정될 여지가 없으나, 특정 군사범죄인 각 군용물절도죄는 군형법 제1조 제4항 제5호에서 정한 죄로서 군사법원법 제2조 제1항 제1호에 따라 관할 보통군사법원이 전속적인 재판권을 가진다 할 것이고, 위 각 범죄들이 서울중앙지방법원에 경합범으로 함께 기소되었다고 하더라도 일반 법원인 서울중앙지방법원에서 그에 관한 재판권을 함께 가진다고 볼 수는 없다. 따라서 서울중앙지방법원은 이 사건 중 각 군용물절도 부분을 제외한 나머지 부분에 대하여 재판권이 있다).

1) 대법원 2009. 4. 9. 선고 2009도321 판결; 대법원 1998. 2. 24. 선고 97도183 판결.
2) 대법원 2001. 9. 25. 선고 2001도3990 판결.

시의 법률을 적용해야 한다는 원칙을 말한다. 이와 같이 행위자에게 유리한 경우에 신법의 소급효를 인정하는 것은 죄형법정주의에 반하지 아니한다. 왜냐하면 피고인에게 유리한 신법의 소급효를 인정하더라도 행위시법주의가 추구하는 법적 안정성이 침해되지 않기 때문이다.

2) 형법 제1조 제2항의 내용

범죄 후 법률의 변경에 의하여 그 행위가 범죄를 구성하지 아니하거나 형이 구법보다 경한 때에는 신법에 의한다(형법 제1조 제2항). 여기서 '범죄 후'란 실행행위의 종료 후 재판확정 전을 말하고, '법률의 변경'이란 법률의 개정 또는 폐지를 말한다. 하지만 누설한 군사기밀사항이 누설행위 이후 평문으로 저하되었거나 군사기밀이 해제되었다고 하더라도 이를 법률의 변경으로 볼 수 없으므로 재판시법 적용의 여부가 문제될 여지는 없다.[1]

범죄를 구성하지 아니하는 경우 공소제기가 있으면 법원은 면소판결을 한다(형사소송법 제326조 제4호). 형이 구법보다 경한 경우에 있어서 형의 경중은 형법 제50조를 기준으로 한다. 형의 경중의 비교는 원칙적으로 법정형을 표준으로 할 것이지 처단형이나 선고형에 의할 것이 아니며, 법정형의 경중을 비교함에 있어서 법정형 중 병과형 또는 선택형이 있을 때에는 이 중 가장 중한 형을 기준으로 하여 다른 형과 경중을 정하는 것이 원칙이다.[2] 하지만 개정 전후를 통하여 형의 경중이 없으면 행위시법인 개정 전의 법률의 해당 조항을 적용하여야 한다.[3]

한편 범죄행위시와 재판시 사이에 여러 차례 법령이 개정되어 형의 변경이 있는 경우에는 이 점에 관한 당사자의 주장이 없더라도 형법 제1조 제2항에 의하여 직권으로 그 전부의 법령을 비교하여 그 중 가장 형이 가벼운 법령을 적용하여야 한다.[4]

1) 대법원 2000. 1. 28. 선고 99두4022 판결.
2) 대법원 1992. 11. 13. 선고 92도2194 판결; 대법원 1983. 11. 8. 선고 83도2499 판결(행위시에 시행된 구 변호사법 제54조에 규정된 형은 3년 이하의 징역이고 재판시법인 현행 변호사법 제78조에 규정된 형은 5년 이하의 징역 또는 1천만원 이하의 벌금인 경우, 법정형의 경중을 비교함에 있어서 법정형 중 병과형 또는 선택형이 있을 때에는 이 중 가장 중한 형을 기준으로 하여 다른 형과 경중을 정하는 것이 원칙이므로 재판시법인 변호사법 제78조 소정의 징역형과 벌금형 중 중한 징역형을 기준으로 하여 행위시법인 구 변호사법 제54조 소정형인 징역형과 비교하여 보면 장기가 짧은 구 변호사법의 형이 가벼운 것임은 더 말할 것도 없다).
3) 대법원 2011. 4. 14. 선고 2010도15626 판결; 대법원 1992. 6. 23. 선고 92도954 판결; 대법원 1991. 10. 8. 선고 91도1911 판결.
4) 대법원 2012. 9. 13. 선고 2012도7760 판결; 대법원 1968. 12. 17. 선고 68도1324 판결.

3) 형법 제1조 제3항의 내용

재판확정 후 법률의 변경에 의하여 그 행위가 범죄를 구성하지 아니하는 때에는 형의 집행을 면제한다(형법 제1조 제3항). 여기서 '재판확정 후'란 재판이 통상의 불복신청방법으로 다툴 수 없게 되고, 그 재판의 내용을 변경할 수 없는 상태에 이른 후를 말한다. 형법 제1조 제3항에 해당할 경우에는 형의 집행을 면제한다. 그러나 유죄판결 그 자체는 유효하므로 누범전과가 된다. 한편 재판확정 후 형이 경하게 변경된 경우에는 종전의 형을 그대로 집행한다.

2. 군형법의 특별한 내용

군형법은 1962. 1. 20.부터 시행되고 있다(제정 군형법 부칙 제1조). 그러므로 원칙적으로 그 이전의 행위에 대해서는 효력을 미치지 아니한다. 하지만 예외적으로 군형법 시행 전에 범한 죄에 대하여는 형의 경중에 관한 것이 아니더라도 범인에게 유리할 때에는 국방경비법 또는 해안경비법을 적용하고 있다(제정 군형법 부칙 제3조).[1] 또한 군형법 시행 전후에 걸쳐 행하여진 1개의 죄에 대하여는 군형법 시행 전에 범한 죄로 간주한다(제정 군형법 부칙 제4조).

Ⅳ. 군형법의 장소적 적용범위

1. 형법총칙의 일반적 내용

(1) 속지주의
1) 의 의

본법은 대한민국 영역 내에서 죄를 범한 내국인과 외국인에게 적용한다(형법 제2조). '속지주의'(屬地主義)란 자국의 영역 내에서 발생한 모든 범죄에 대하여 범죄인의 국적에 관계없이 자국의 형법을 적용한다는 원칙을 말한다. 이는 국가의 3요소 중 영토와 관련한 형법의 적용범위를 규정한 것이다.

2) 대한민국의 영역

'대한민국의 영역'이란 대한민국의 영토·영해·영공을 말한다. '영토'(領土)란 한반도와 그 부속도서를 말하고(헌법 제3조), '영해'(領海)란 기선[2]으로부터 측정하

---

1) 이에 따라 화류병의 은폐(해안경비법 최고형벌표 제14조 제8호), 군인 간에서 행한 고리대금행위(국방경비법 최고형벌표 제47조 제21호), 정부에 대한 청원의 제출(해안경비법 제11조 제23호 전단, 국방경비법 제43조 전단), 허언·명정·파렴치행위(해안경비법 제11조 제1호) 등은 제정 군형법에서 범죄로 규정하지 않았으므로 군형법 시행 후에 처벌할 수 없게 되었다.

2) 영해 및 접속수역법 제2조(기선) ① 영해의 폭을 측정하기 위한 통상의 기선은 대한민국이 공식적

여 그 외측 12해리(1해리＝1,852m)의 선까지에 이르는 수역을 말하며(영해 및 접속수역법 제1조), '영공'(領空)이란 영토와 영해의 지배가능한 상공을 말한다(실력적 지배설). 특히 북한도 국내법적으로 대한민국의 영토에 해당하므로 대한민국의 형법이 적용된다.[1] 한편 미국문화원이 미국영토의 연장이라고 본 대법원의 판결[2]이 있는데, 이는 명백한 오판에 해당한다.

3) 죄를 범한

범죄의 행위와 결과 중 어느 하나라도 대한민국의 영역 내에서 이루어지면 족하다.[3] 그러므로 외국인이 대한민국 공무원에게 알선한다는 명목으로 금품을 수수하는 행위가 대한민국 영역 내에서 이루어진 이상, 비록 금품수수의 명목이 된 알선행위를 하는 장소가 대한민국 영역 외라고 하더라도 대한민국 영역 내에서 죄를 범한 것이다.[4] 또한 형법 제2조를 적용함에 있어서 공모공동정범의 경우 공모지도 범죄지로 파악된다.[5]

4) 내국인

'내국인'(內國人)이란 범죄행위시에 대한민국의 국적을 가진 자를 말한다. 국적

으로 인정한 대축척해도에 표시된 해안의 저조선으로 한다. ② 지리적 특수사정이 있는 수역에 있어서는 대통령령으로 정하는 기점을 연결하는 직선을 기선으로 할 수 있다.

1) 대법원 1997. 11. 20. 선고 97도2021 전원합의체 판결(헌법 제3조는 대한민국의 영토는 한반도와 그 부속도서로 한다고 규정하고 있어 북한도 대한민국의 영토에 속하는 것이 분명하므로, 캐나다 국적을 가진 피고인이 북한의 지령을 받기 위하여 캐나다 토론토를 출발하여 일본과 중국을 순차 경유하여 북한 평양에 들어간 행위는 제3국과 대한민국 영역 내에 걸쳐서 이루어진 것이고, 피고인이 북한의 지령을 받고 국내에 잠입하여 활동하던 중 그 목적수행을 위하여 서울 김포공항에서 대한항공편으로 중국 북경으로 출국한 후 중국 북경에서 북한 평양으로 들어간 행위는 대한민국 영역 내와 대한민국 영역 외에 있는 대한민국의 항공기 내 및 대한민국의 통치권이 미치지 아니하는 제3국에 걸쳐서 이루어진 것이라고 할 것인바, 이와 같은 경우에는 비록 피고인이 캐나다 국적을 가진 외국인이라고 하더라도 형법 제2조, 제4조에 의하여 대한민국의 형벌법규가 적용되어야 할 것이고, 형법 제5조, 제6조에 정한 외국인의 국외범 문제로 다룰 것은 아니다); 대법원 1957. 9. 20. 선고 4290형상228 판결(헌법 제3조는 대한민국의 영토는 한반도와 그 부속도서로 한다고 규정하고 있어 북한도 대한민국의 영토에 속하는 것이 분명하다).

2) 대법원 1986. 6. 24. 선고 86도403 판결(미국문화원사건)(국제협정이나 관행에 의하여 대한민국 내에 있는 미국문화원이 치외법권지역이고 그 곳을 미국영토의 연장으로 본다 하더라도 그 곳에서 죄를 범한 대한민국 국민에 대하여 우리 법원에 먼저 공소가 제기되고 미국이 자국의 재판권을 주장하지 않고 있는 이상 속인주의를 함께 채택하고 있는 우리나라의 재판권은 동인들에게도 당연히 미친다고 할 것이며 미국문화원측이 동인들에 대한 처벌을 바라지 않았다고 하여 그 재판권이 배제되는 것도 아니다).

3) 대법원 2008. 12. 11. 선고 2008도3656 판결(대한민국 영역 내에서 배우자 있는 자가 간통한 이상, 그 간통죄를 범한 자의 배우자가 간통죄를 처벌하지 아니하는 국가의 국적을 가진 외국인이라 하더라도 간통행위자의 간통죄 성립에는 아무런 영향이 없고, 그 외국인 배우자는 형사소송법의 규정에 따른 고소권이 있다).

4) 대법원 2000. 4. 21. 선고 99도3403 판결.

5) 대법원 1998. 11. 27. 선고 98도2734 판결.

에 관해서는 국적법이 이를 정하고 있다. 조선인을 부친으로 하여 출생한 자는 남조선과도정부법률 제11호 국적에 관한 임시조례의 규정에 따라 조선국적을 취득하였다가 제헌헌법의 공포와 동시에 대한민국 국적을 취득하였다고 할 것이고, 설사 그가 북한법의 규정에 따라 북한국적을 취득하여 중국 주재 북한대사관으로부터 북한의 해외공민증을 발급받은 자라고 하더라도 북한지역 역시 대한민국의 영토에 속하는 한반도의 일부를 이루는 것이어서 대한민국의 주권이 미칠 뿐이고, 대한민국의 주권과 부딪치는 어떠한 국가단체나 주권을 법리상 인정할 수 없는 점에 비추어 볼 때, 그러한 사정은 그가 대한민국 국적을 취득하고 이를 유지함에 있어 아무런 영향을 끼칠 수 없다.[1]

5) 외국인

'외국인'(外國人)이란 범죄행위시에 대한민국의 국적을 가지지 아니한 자를 말한다. 한반도의 평시상태에서 미합중국 군 당국은 미합중국 군대의 군속에 대하여 형사재판권을 가지지 않으므로 미합중국 군대의 군속이 범한 범죄에 대하여 대한민국의 형사재판권과 미합중국 군 당국의 형사재판권이 경합하는 문제는 발생할 여지가 없고, 대한민국은 협정 제22조 제1항 (나)에 따라 미합중국 군대의 군속이 대한민국 영역 안에서 저지른 범죄로서 대한민국 법령에 의하여 처벌할 수 있는 범죄에 대한 형사재판권을 바로 행사할 수 있는 것이다.[2]

6) 기국주의의 보충

본법은 대한민국 영역 외에 있는 대한민국의 선박 또는 항공기 내에서 죄를 범한 외국인에게 적용한다(형법 제4조). 속지주의의 연장으로 기국주의가 있는데, '기국주의'(旗國主義)란 국외를 운항중인 자국의 선박 또는 항공기 내에서 죄를 범한 외국인에게 자국의 형법을 적용한다는 원칙을 말한다. 즉 대한민국의 영역 외의 일정한 지역에 대하여서도 대한민국의 주권이 미치는 영역으로 파악하여 대한민국의 형법을 적용하는 주의이다.

(2) 속인주의

본법은 대한민국 영역 외에서 죄를 범한 내국인에게 적용한다(형법 제3조). '속인주의'(屬人主義)란 자국민이 범한 범죄에 대하여는 범죄지를 불문하고 자국의 형법을 적용한다는 원칙을 말한다. 이는 국가의 3요소 중 국민과 관련한 형법의 적용범위를 규정한 것이다.

---

1) 대법원 1996. 11. 12. 선고 96누1221 판결.
2) 대법원 2006. 5. 11. 선고 2005도798 판결.

자국민의 동일한 범죄행위에 대하여 범죄지가 다르다고 하여 처벌에 차별을 둔다면 헌법상 평등의 원칙에 정면으로 반하게 된다. 그러므로 국가정책적 견지에서 도박죄의 보호법익보다 좀 더 높은 국가이익을 위하여 예외적으로 내국인의 출입을 허용하는 「폐광지역개발지원에 관한 특별법」에 따라 카지노에 출입하는 것은 법령에 의한 행위로 위법성이 조각된다고 할 것이지만, 도박죄를 처벌하지 않는 외국 카지노에서의 도박이라는 사정만으로 그 위법성이 조각된다고 할 수 없다. 그러므로 피고인이 상습으로 미국의 네바다주에 있는 미라지 호텔 카지노에서 도박하였다는 공소사실에 대하여 유죄를 인정한 것은 정당하고[1], 필리핀국에서 카지노의 외국인 출입이 허용되어 있다고 하여도 형법 제3조에 따라 필리핀국에서 도박을 한 피고인에게 우리나라 형법이 당연히 적용된다.[2]

(3) 보호주의

1) 의 의

'보호주의'(保護主義)란 자국 또는 자국민의 법익을 해하는 범죄행위에 대하여 범죄지와 범죄인의 국적과 관계없이 자국의 형법을 적용하는 원칙을 말한다. 이는 국가의 3요소 중 주권과 관련한 형법의 적용범위를 규정한 것이다. 즉 외국인의 국외범이라도 보호주의에 의하여 대한민국의 형법을 적용할 수 있다. 이와 같은 보호주의의 실효성을 담보하기 위하여 「국제형사재판소 관할 범죄의 처벌 등에 관한 법률」, 범죄인인도법, 「국제형사사법 공조법」 등이 제정되어 있으며, 범죄수사상 국제적 협력을 위해 국제형사경찰기구(Interpol)가 활동하고 있다.

2) 외국인의 국외범

본법은 대한민국 영역 외에서 ① 내란의 죄 ② 외환의 죄 ③ 국기에 관한 죄 ④ 통화에 관한 죄 ⑤ 유가증권, 우표와 인지에 관한 죄 ⑥ 문서에 관한 죄 중 제225조 내지 제230조 ⑦ 인장에 관한 죄 중 제238조의 죄를 범한 외국인에게 적용한다(형법 제5조). 이와 같이 형법 제87조 내지 제91조의 내란의 죄, 제92조 내지 제104조의 외환의 죄, 제105조와 제106조의 국기에 관한 죄(이상 국가적 법익에 관한 죄), 제207조 내지 제213조의 통화에 관한 죄, 제214조 내지 제224조의 유가증권, 우표와 인지에 관한 죄, 제225조 내지 제230조의 공문서에 관한 죄, 제238조의 공인장에 관한 죄(이상 사회적 법익에 관한 죄) 등은 형법 제5조에 의하여 대한민국 영역 외에서 외국인이 범하여도 대한민국의 형법이 적용된다. 이는 대한민국의 일정

---

1) 대법원 2004. 4. 23. 선고 2002도2518 판결.
2) 대법원 2001. 9. 25. 선고 99도3337 판결.

한 법익을 보호하기 위한 것(국가보호주의)이다.

3) 대한민국과 대한민국 국민에 대한 국외범

본법은 대한민국 영역 외에서 대한민국 또는 대한민국 국민에 대하여 전조에 기재한 이외의 죄를 범한 외국인에게 적용한다. 단 행위지의 법률에 의하여 범죄를 구성하지 아니하거나 소추 또는 형의 집행을 면제할 경우에는 예외로 한다(형법 제6조). 이와 같이 형법 제5조에서 정한 일정한 법익을 제외한 나머지 법익에 대하여도 우리나라의 형법이 적용될 수 있으나, 이러한 나머지 법익에 대하여 전적으로 우리나라 형법이 적용되는 것이 아니라 행위지의 법률에 의하여 범죄를 구성하지 아니하거나 소추 또는 형의 집행을 면제할 경우에는 해당 외국인을 처벌할 수 없다.[1] 예를 들면 미국에서 중국인이 한국인을 살해하면 형법 제6조 본문에 따라 우리나라 형법이 적용되지만, 독일에서 프랑스인이 한국인과 성매매를 하면 형법 제6조 단서에 따라 프랑스인에게는 우리나라 형법이 적용되지 않고, 한국인에 대해서만 형법 제3조에 따라 우리나라 형법이 적용되는 것이다.

(4) 세계주의

1) 의 의

'세계주의'(世界主義)란 범죄지와 범죄인의 국적을 불문하고 세계 공동의 법익을 침해하는 범죄행위에 대하여 자국의 형법을 적용하는 원칙을 말한다. 이는 인류적으로 중대한 법익침해행위에 대하여 국제사회가 연대하여 대처해야 한다는 것을 의미한다. 일반적으로 세계주의에 해당하는 범죄유형으로는 마약거래·해적·테러·인신매매·인질·통화위조·선박이나 항공기 등의 납치·음란물의 제작 및 반포·인종학살·폭발물범죄·국가간 협약에 의한 범죄[2] 등을 들 수 있다.

---

1) 대법원 2008. 7. 24. 선고 2008도4085 판결(뉴질랜드시민권자사건)(행위지의 법률에 의하여 범죄를 구성하는지 여부에 대해서는 엄격한 증명에 의하여 검사가 이를 입증하여야 할 것이다. 피고인은 2001년경에 뉴질랜드 시민권을 취득한 사실이 인정되므로 피고인은 그 무렵 대한민국의 국적을 상실하였다고 할 것이어서, 피해자 공소외 1에 대한 이 사건 사기 범행 당시에는 피고인이 외국인이라고 할 것이고, 위 사기범행의 장소도 뉴질랜드임을 알 수 있으므로, 이는 결국 외국인이 대한민국 영역 외에서 대한민국 국민에 대하여 범죄를 저지른 경우에 해당한다고 할 것이다. 따라서 원심으로서는 피해자 공소외 1에 대한 사기의 점에 관한 이 사건 공소사실이 행위지인 뉴질랜드법률에 의하여 범죄를 구성하는지 여부 및 소추 또는 형의 집행이 면제되는지 여부를 심리하여 이 부분 공소사실이 행위지의 법률에 의하여 범죄를 구성하고 그에 대한 소추나 형의 집행이 면제되지 않는 경우에 한하여 우리 형법을 적용하여 처벌하였어야 할 것인데, 이에 관하여 아무런 입증이 없음에도 원심이 이 부분 공소사실을 유죄로 인정한 것은 위법하다).

2) 대법원 1984. 5. 22. 선고 84도39 판결(항공기운항안전법 제3조, '항공기내에서 범한 범죄 및 기타 행위에 관한 협약'(토오쿄협약) 제1조, 제3조, 제4조 '항공기의 불법납치억제를 위한 협약'(헤이그협약) 제1조, 제3조, 제4조, 제7조의 각 규정들을 종합하여 보면, 민간항공기납치사건에 대하여는 항공기등록지 국에 원칙적인 재판관할권이 있는 외에 항공기착륙국인 우리나라에도 경합적으로 재판

2) 내 용

2013. 4. 5. 개정 형법에서는 제296조의2를 신설하여 "제287조부터 제292조까지 및 제294조는 대한민국 영역 밖에서 죄를 범한 외국인에게도 적용한다."라고 하여 세계주의를 도입하였다. 여기서 제287조부터 제292조까지의 죄는 미성년자 약취유인죄, '추행, 간음, 결혼, 영리, 노동력 착취, 성매매와 성적 착취, 장기적출, 국외이송 목적'의 약취유인죄, 인신매매죄 등 일련의 약취와 유인 및 인신매매죄 인데, 동 범죄행위들은 공통적으로 인류 일반의 입장에서 보편타당하게 인권을 유린하는 범죄라는 점이 세계주의를 도입한 배경이다.

2. 군형법의 특별한 내용

> 제1조의2(장소적 적용범위) 이 법은 제1조에 규정된 사람이 대한민국의 영역 밖에서 이 법에 규정된 죄(제1조 제4항의 적용을 받는 사람에 대하여는 같은 항 각 호에 정한 죄만 해당한다)를 범한 경우에도 적용한다.

(1) 속인주의의 원칙

군형법은 형법과 달리 속인주의를 원칙으로 하고 있다. 즉 군형법은 군인·준군인에게 적용되는 일종의 신분범의 성격을 지니고 있는데, 군형법의 피적용자에 대하여는 행위자가 어느 장소에 있든지 우리나라의 군형법이 적용되는 속인주의를 원칙으로 하고 있는 것이다. 예외적으로 내국인이 군형법 제1조 제4항에서 정하고 있는 범죄를 범한 경우에는 대한민국 영역 내외를 불문하고 군형법이 적용되는 것도 속인주의의 한 내용이라고 할 수 있다.

(2) 속지주의 및 보호주의를 통한 보완

군형법에 규정된 일부 범죄에 대해서는 내·외국 민간인을 불문하고 이를 적용하고 있는데(제1조 제4항 참조), 이는 외국인이 대한민국 영역 내에서 범한 범죄에 대해서 군형법을 적용함으로써 속지주의를 통한 보완을 하고 있는 것이다. 또한 외국인이 대한민국 영역 외에서 범한 범죄에 대해서까지 군형법을 적용하고 있는데(제1조의2 참조), 이는 보호주의를 통한 보완이라고 할 수 있다.

관할권이 생기어 우리나라 항공기운항안전법은 외국인의 국외범까지도 적용대상이 된다). 중국인이 중국에서 중국민항기를 납치하여 대만으로 가다가 우리나라에 불시착한 사건으로, 우리나라가 비준한 조약에 의하여 외국인의 국외범에 대하여도 형법이 적용되는 것은 세계주의에 의한 것이라고 볼 수 있다.

제3장 용어의 정의

Ⅰ. 용어의 정의

제2조(용어의 정의) 이 법에서 사용하는 용어의 뜻은 다음과 같다.
1. "상관"이란 명령복종 관계에서 명령권을 가진 사람을 말한다. 명령복종 관계가 없는 경우의 상위 계급자와 상위 서열자는 상관에 준한다.
2. "지휘관"이란 중대 이상 단위부대의 장과 함선부대의 장 또는 함정 및 항공기를 지휘하는 사람을 말한다.
3. "초병"이란 경계를 그 고유의 임무로 하여 지상, 해상 또는 공중에 책임 범위를 정하여 배치된 사람을 말한다.
4. "부대"란 군대, 군의 기관 및 학교와 전시 또는 사변 시에 이에 준하여 특별히 설치하는 기관을 말한다.
5. "적전"이란 적에 대하여 공격·방어의 전투행동을 개시하기 직전과 개시 후의 상태 또는 적과 직접 대치하여 적의 습격을 경계하는 상태를 말한다.
6. "전시"란 상대국이나 교전단체에 대하여 선전포고나 대적행위를 한 때부터 그 상대국이나 교전단체와 휴전협정이 성립된 때까지의 기간을 말한다.
7. "사변"이란 전시에 준하는 동란상태로서 전국 또는 지역별로 계엄이 선포된 기간을 말한다.

1. 상 관

(1) 순정상관

'상관'(上官)이란 명령복종 관계에서 명령권을 가진 사람을 말한다. 명령복종 관계가 없는 경우의 상위 계급자와 상위 서열자는 상관에 준한다(제2조 제1호).[1] 여기서 '순정상관'(純正上官)이란 명령복종 관계에서 명령권을 가진 사람을 말한다.[2] 명령복종 관계란 법령에 의거하여 설정된 상하지휘계통의 관계를 말하며, 명령권을 가진 사람은 고유한 명령권자 이외에도 대리나 위임에 의하여 명령권을 행사하는 사람도 포함된다.

---

[1] 한편 「군인의 지위 및 복무에 관한 기본법」(이하에서는 '군인복무기본법'이라고 한다) 제2조 제3호에 의하면 '상관'이란 명령복종 관계에 있는 사람 사이에서 명령권을 가진 사람으로서 국군통수권자부터 당사자의 바로 위 상급자까지를 말한다.
[2] 이에 대하여 순정상관이라는 용어는 일본식 한자어이므로 '진정상관'으로 바꾸어 부르는 것이 타당하다는 견해로는 박안서, 138면.

명령권만 가지면 계급·서열에 관계 없이 상관이며[1], 일반적 명령복종 관계상의 상관은 직무 내외·영내외를 불문하고 상관이다. 하지만 특정직무에 관한 명령복종 관계의 경우에는 그 직무가 현실적으로 집행되어 구체화한 경우에 한하여 상관이 된다. 예를 들면 군검사의 군사법경찰관에 대한 수사지휘가 이에 해당한다.

한편 군형법의 개별 범죄에서 규정하고 있는 상관의 개념은 일치하지 않다는 점에 주의해야 한다. 예를 들면 반란죄·항명죄 등에서 말하는 상관은 순정상관만을 의미한다. 반면에 상관에 대한 폭행·협박·상해·살인·모욕·명예훼손죄 등에서 말하는 상관은 순정상관뿐만 아니라 준상관도 포함한다. 특히 후자의 경우와 관련하여, 군형법상 상관에 대한 특별규정이 필요 이상으로 과다하고, 그 법정형이 매우 중할 뿐만 아니라 직무수행의 여부와 관계 없이 대상관범죄를 인정하고 있다는 측면에서 문제점이 지적되고 있다.[2] 하지만 상관의 범위를 해석함에 있어서 직무수행 중인 경우에 한정하여 이를 인정하는 것은 타당하지 않다. 예를 들면 근무시간 중에 상관을 모욕하는 경우에는 군형법이 적용되고, 퇴근 후 사적인 식사자리에서 상관을 모욕하는 경우에는 일반 형법이 적용되는 것은 적절하지 않은 것이다. 직무수행 중이 아니라면 '계급장을 떼고' 대하여도 된다는 인식은 군대사회의 현실을 제대로 반영할 수 없는 노릇이다.

(2) 준상관

1) 일반론

'준상관'(準上官)이란 명령복종 관계가 없는 경우의 상위 계급자와 상위 서열자를 말한다. 상위 계급자란 군인사법상 계급의 순위가 앞서는 사람을 말하고[3], 상위 서열자란 계급의 순위에 따르고, 동계급자간에는 군인사법 시행령에 정한 바에 따르도록 규정되어 있으므로(군인사법 제4조, 육규110 장교인사관리규정 제5조, 육규112 부사관인사관리규정 제6조 등 참조) 상위 계급자는 상위 서열자의 개념에 포함된다.[4]

---

1) 반면에 미국 군사통일법전(Uniform Code of Military Justice; UCMJ) 제1조 제5항에 의하면, 상관이란 '계급상 또는 지휘계통상 상위의 장교'라고 정의하고 있다.

2) 이에 대하여 군형법상 상관의 범위를 해석할 때 직무수행 중인 상관으로 제한해석해야 한다는 견해로는 이승호, 72면.

3) 군인사법 제3조(계급) ① 장교는 다음 각 호와 같이 구분한다.
　　1. 장성: 원수, 대장, 중장, 소장 및 준장
　　2. 영관: 대령, 중령 및 소령
　　3. 위관: 대위, 중위 및 소위
　② 준사관은 준위로 한다.
　③ 부사관은 원사, 상사, 중사 및 하사로 한다.
　④ 병은 병장, 상등병, 일등병 및 이등병으로 한다.

4) 이에 대하여 입법론으로는 상위 서열자만 규정하는 것이 타당하다는 견해로는 이상철, 100면.

같은 계급에서는 차상위 계급으로의 진급 예정자가 우선하고, 그 다음에는 그 계급에 진급된 날짜 순으로 한다(군인사법 시행령 제2조 제1항 제2호).[1] 이와 같이 군형법 제2조 제1호에 따라 명령복종의 관계에 있는 사람 사이에서는 명령권을 가진 사람이, 명령복종의 관계가 없는 사람 사이에서는 상급자와 상서열자가 상관이 된다.[2] 우선적으로 명령복종의 관계에 있는지 여부를 따져 명령권을 가지면 상관이고, 이러한 경우 계급 서열은 문제가 되지 아니한다. 왜냐하면 군의 직무상 하급자가 명령권을 가질 수도 있기 때문이다. 여기서 '명령'이란 군사적으로 상관이 부하에게 발하는 직무상의 지시를 말하고, '명령복종 관계'는 구체적이고 현실적인 관계일 필요까지는 없으나 법령에 의거하여 설정된 상·하의 지휘계통 관계를 의미한다. 그러한 명령권을 가진 사람에는 고유한 명령권을 가진 경우뿐만 아니라 직무대리나 권한의 위임에 의하여 명령권을 행사하는 사람도 포함된다.[3]

2) 병 상호간의 관계

준상관의 범위와 관련하여 현행법상 아무런 제한이 없으므로, 육·해·공군 사이에도 상하관계가 인정되지만[4], 병 상호간에는 일정한 경우에 한하여 상하관계

---

1) 군인사법 시행령 제2조(서열) ① 군인의 서열에 관하여는 「군인사법」(이하 "법"이라 한다) 제4조와 다음 각 호의 순위에 따른다.
   1. 사관생도 및 사관후보생의 서열은 준사관 다음으로, 부사관후보생은 부사관 다음 순위로 한다.
   2. 같은 계급에서는 제36조에 따른 차상위 계급으로의 진급 예정자가 우선하고, 그 다음에는 그 계급에 진급된 날짜 순으로 한다.
   3. 제2호의 순위가 같을 때에는 차하위 계급에 진급된 날짜 순으로 하되, 그 순위 또한 같을 때에는 하위 계급에 진급된 날짜 순에 따르고, 그 순위에 따르기 어려울 때에는 임용된 날짜 순에 따른다. 이 경우 임용일이 같을 때에는 육군, 해군 및 공군 참모총장(이하 "참모총장"이라 한다)이 정한다.
   ② 법 제4조에 규정된 계급의 순위에는 임시계급을 포함하고, 제1항 제2호 및 제3호에 따른 서열 순위에는 임시계급을 포함하지 아니한다.
   ③ 제1항 제2호 및 제3호에도 불구하고 참모총장의 서열은 다른 군의 장성급 장교(참모총장은 제외한다)보다 우선한다.
   ④ 법 제21조에 따라 임명된 병과장은 해당 군, 해당 병과에서 복무하는 장교 중 최고의 서열을 가진다.
   ⑤ 부사관 및 병의 서열에 관하여는 참모총장이 정한다.
2) 대법원 1976. 2. 10. 선고 75도3608 판결(피고인은 1975. 2. 22. 하사에 진급되고 피해자인 공소외인은 이보다 앞선 1973. 9. 15. 하사로 진급되었으니 위에서 설시한 바에 의하면 피해자는 피고인의 상관에 준하는 것으로 되는 것이요 상관특수폭행치상죄(군형법 제52조 제2항 제2호, 제50조, 제48조)를 다스림에 있어서는 피차간에 명령복종관계는 없을지언정 동일계급의 상서열자는 상관으로 보아서 처리하는 것이 상당하다).
3) 헌법재판소 2016. 2. 25. 선고 2013헌바111 결정.
4) 이에 대하여 국군 전체에 대한 획일적인 지휘계통을 고려한다면 타군 간에는 순정상관과 준상관 중 상급자에 대해서만 상하관 관계를 인정하는 것이 타당하다는 견해로는 이상철, 100면. 또한 타군 간에 상호 명령복종관계에서 특정한 임무수행을 하는 경우 이외에 준상관 관계까지 대상관 범죄로 의율하는 것은 지나친 형사처벌의 확대라는 이유로 타군 간에는 순정상관의 경우만 군형법상

가 인정된다. 즉 군검찰업무처리지침 중 대상관범죄 처리지침 제3조 라항에 의하면, 장교 상호간 및 부사관 상호간에 있어서 상계급자의 경우에만 대상관범죄로 처벌하도록 하고, 병 상호간에 있어서는 분대장[1]·내무반장 등 특별직책수행자에 대한 범죄만을 대상관범죄로 의율하도록 정하고 있다. 이는 "병 상호간에는 직무에 관한 권한이 부여된 경우 이외에는 명령, 지시 등을 하여서는 아니 된다."(군인복무기본법 제35조 제3항)는 규정을 반영한 것이다. 또한 병 상호간의 폭행 등에 대하여 군형법상 상관폭행죄 등으로 처벌된 사례가 없으며, 가혹행위죄의 적용에 있어서도 병 상호간에는 명령복종관계가 없다는 이유로 기존에는 제61조 제1항으로 처벌할 수 없어 강요죄로 처벌될 수밖에 없었다. 이에 군형법 개정을 통하여 제61조 제2항을 신설하여 위력을 행사하여 가혹행위를 한 경우를 처벌하고 있다. 이와 같은 상황을 종합하여 볼 때, 병 상호간에는 준상관의 개념을 원칙적으로 인정하지 않는 것이 타당하다.[2]

3) 군무원과 군인간의 관계

　　군무원은 군인에 준하는 대우를 하며 그 계급별 기준은 대통령령으로 정한다(군무원인사법 제4조). 이에 따라 군무원인사법 시행령 제4조 관련 별표 3에서 군무원의 각 계급별 대우기준이 되는 군인의 계급을 명시하고 있지만[3], 이에 의하여 동등한 계급으로 대우받는 군무원과 군인 사이의 서열 또는 상하관계에 대해서는 특별한 규정이 없는 실정이다. 이와 같이 군무원과 군인은 임용·승진·퇴직 등이 서로 다른 법률에 의하여 규율되는 별개의 공무원 체계이고, 동등한 계급으로 대우받는 군무원과 군인간의 서열을 정함에 있어서 동일한 계급의 군인간의 서열을 정한 군인사법의 규정을 준용하는 법적인 근거가 없으므로 동등한 계급으로 대우받은 군무원과 군인 사이에는 원칙적으로 서열 또는 상하관계가 인정될 수 없다.

　　상관으로 파악하는 것이 타당하다는 견해로는 육군본부, 67면. 하지만 국방부, 합동참모본부 등에서는 육·해·공군 소속 장교 및 부사관들이 함께 근무하고 있으며, 현대전에서 합동작전의 중요성을 감안한다면 준상관도 이를 인정하는 것이 타당하다.

1) 분대장은 경우에 따라 얼차려 집행자로서 얼차려 집행권한을 가질 수 있다.

2) 이에 대하여 대상관 범죄는 그 법정형이 매우 중한 점, 군형법상 상관에 대한 죄는 원칙적으로 명령복종관계 또는 엄격한 상하·수직관계를 전제로 하지만 병사들은 서로 그러한 관계에 있다고 볼 수 없으며 그러한 관계를 유지할 필요성도 적은 점, 병사들의 임무특성 역시 선후임에 따라 질적인 차이가 있는 것이 아니라는 점 등을 고려할 때 병사들 사이에서는 상관의 개념을 인정하지 않는 것이 타당하다는 견해로는 육군본부, 66면.

3) 9급＝하사, 8급＝중사, 7급＝상사, 원사(7급에서 6년 이상 재직한 사람), 6급＝준위, 5급＝소위, 중위(5급에서 1년 이상 재직한 사람), 대위(5급에서 4년 이상 재직한 사람), 4급＝소령, 3급＝중령, 2급＝대령, 1급＝준장, 소장(1급에서 5년 이상 재직한 사람 또는 소장으로 근무한 경력이 있는 사람).

다만 조직 내에서 보직 등으로 인하여 상호간에 명령권을 가진 자가 있는 경우에는 동등한 계급으로 대우받는 군무원과 군인 사이에서 상하관계를 예외적으로 인정할 수 있다.

결론적으로 군무원과 군인 사이에 있어서도 경우에 따라 명령복종관계를 인정할 수 있다.[1] 그러므로 양자 사이에는 순정상관이 존재할 수 있지만, 준상관은 이를 부정하는 것이 타당하다. 왜냐하면 신분관계를 규율하는 법률이 군인사법 및 군무원인사법으로 각각 상이할 뿐만 아니라 군무원과 군인 사이에는 상계급자나 상서열자를 인정할 수 없기 때문이다.

2. 지휘관

'지휘관'(指揮官)이란 중대 이상 단위부대의 장과 함선부대의 장 또는 함정 및 항공기를 지휘하는 사람을 말한다(제2조 제2호). 지휘관은 반드시 상기 각 부대·함정·항공기의 장으로 임명된 사람에 국한되지 않고, 지휘관이 전사 그 밖의 사유로 궐위된 경우에는 그를 대행하는 사람, 즉 사실상 부대 등을 지휘하는 사람을 포함한다.

군형법상 지휘관이 주체가 되는 범죄군으로는 지휘권남용의 죄(제3장), 지휘관의 항복과 도피의 죄(제4장), 지휘관의 수소이탈죄(제27조), 근무태만죄(제35조), 출병거부죄(제43조) 등이 있다. 군형법이 지휘관의 범위를 제한한 것은 지휘관의 특정 범죄행위가 군의 위신, 사기 및 전투력에 미치는 영향이 매우 크기 때문에 지휘관에 대하여 엄중한 책임을 묻고자 함에 있다.

생각건대 지휘관의 범위와 관련하여 육상부대의 경우 중대장 이상으로 한정

---

1) 고등군사법원 1998. 4. 14. 선고 97노854 판결(피해자인 작전과장을 비롯하여 현장을 목격한 소속 원들은 검찰 이래 원심법정에 이르기까지 일관되게 피고인이 협박조로 작전과장 甲중령에게 '야, 이병길씨'라고 부르면서 '감사원에 당신의 비리를 고발해서 혼내주겠다'라고 소리치고, 어딘가에 전화를 걸어 '야당의원을 만나게 해 달라. 국정감사에 나를 끼워 달라'고 발언을 하였고, 당시 작전과장 입장에서는 충분히 위협을 느낄 수 있는 상황이었다고 명백히 진술하고 있고, 군형법상 상관이라 함은 군무원과 현역을 불문하고 명령복종관계가 있는 자 사이에서 명령권을 가진 자를 말하고 여기서의 명령복종관계란 법령에 의거하여 설정된 상하의 지휘계통관계를 의미하는 것인바, 군에서의 지휘계통은 편제표상의 계통이 중요한 기준이 될 수 있을 것이라 할 수 있을 것이며, 본건 당시 피고인이 작전과 계획계의 계원인 이상 그 신분이 군무원인지 여부에 관계없이 작전과장의 명령에 복종해야 하는 것이고, 작전과장은 피고인에게 명령권이 있다고 할 것이므로 작전과장은 피고인의 직무상 상관에 해당한다. 다음으로 상관모욕의 점에 관하여 피고인은 이○○ 중위는 피고인의 상관이 될 수 없다고 주장하고 있으나, 살피건대 위 상관협박의 점에서와 같은 이유에서 당시 피고인은 편제상 작전과 계획계 계원이었고 피해자 이○○ 중위는 계획계장이었으므로 이○○ 중위는 피고인에 대한 직무상 상관에 해당하여 군의 지휘계통에서 가장 중요하다 할 수 있는 직무상의 지휘명령권이 있다고 할 것이고, 따라서 피해자 이○○ 중위는 피고인의 직무상 상관이 된다).

하고 있는 것은 재고의 여지가 있다. 이는 군정상 최하위 군령권자가 중대장이라
는 점에 그 근거를 두고 있는 것이지만, 병기와 화력의 발달로 인하여 소대 규모
의 전투가 중요한 현대전을 감안한다면 소대장 역시 지휘관으로 파악해야 할 것이
다.[1] 특히 함정이나 항공기에 대하여는 전술상 중요성을 인정하여 지휘관의 범위
에 아무런 제한을 두고 있지 않는 반면에 육상부대에 있어서는 중대장 이상으로
그 제한을 두고 있는 것은 과거 인해전술식 전투방식에 입각한 것이라는 비판이
가능하다.[2]

3. 초 병

(1) 개 념

'초병'(哨兵)이란 경계를 그 고유의 임무로 하여 지상·해상 또는 공중에 책임
범위를 정하여 배치된 사람을 말한다(제2조 제3호). 초병은 경계를 고유한 임무로
하여 일정한 공간의 경계임무에 배치된 사람이므로, 다른 업무를 수행하는 과정에
서 부수적으로 경계임무를 수행하는 사람은 초병이 아니다.[3] 즉 군인에게 부여된
주된 임무가 경계 이외일 경우에는 초병에 해당하지 아니한다. 여기서 '경계'란 군
의 작전수행에 장애가 되는 모든 위해를 방지하기 위한 행위를 말하고, 이때 '작
전'이란 단순히 전투작전과 같은 것에 한정되는 것은 아니고, 전투지원이나 전투

---

1) 육군 1969. 8. 21. 선고 69고군형항302 판결(소대장이 지휘관에 준하는가 라는 문제는 일률적으로
   개념을 지울 수 없고 그 소대의 성격과 구체적인 행위상황에서만 제한적으로 논의될 수 있다고 하
   겠다. 그런데 일건기록에 나타난 모든 증거자료를 종합할 때 피고인이 소속된 부대는 독립되어 울
   진지구의 해안경계임무를 맡고 있는 독립대대이고 그 방어구역이 일반전술에 적용되는 기준구역보
   다 수배나 되며, 방어지역은 험할뿐 아니라 야간에 적이 내습할 수 있는 취약지점으로 선정되고
   있다. 과연그렇다면 본 건과 같은 행위상황에서의 피고인의 직책은 부대지휘 직무에 준하는 직무를
   수행하는 장교라고 인정함에 하등의 지장이 없고 피고인은 중대장의 하급자임을 이유로 지휘권이
   없는 지휘관에 준하는 자가 아니라는 논지는 이유 없다).
2) 이에 대하여 군형법에서 지휘관의 개념을 정의하는 것은 형벌책임을 가중하는 것으로서 규범적
   시각에서의 접근이 요구되므로, 지나치게 전술적인 측면을 강조하는 것은 타당하지 않다는 견해로
   는 육군본부, 68면.
3) 고등군사법원 2000. 10. 31. 선고 2000노382 판결(피고인 등 4명은 81mm 박격포의 포상 근무병으
   로 근무를 명받고 투입된 사실, 위 81mm 박격포의 포상은 남방한계선 동문 직 후방으로부터 약
   250m에 위치한 사실, 피고인들의 주된 임무는 유사시(철책경계병 또는 비무장지대에 매복 근무병
   들로부터 적의 발견 등으로 포의 사격명령이 있는 경우 등) 상관의 명령에 의하여 발포하는 것인
   사실, 위 박격포는 곡사화기로서 운용목적은 경계작전 지원에 있는 사실, 평상시 포상근무병들은
   포상에서 조명탄 및 실탄의 발포대기를 하며 상관의 지시에 따라 발포연습을 하며 근무한 사실,
   포상경계는 포를 운용하는 데에 부가하여 자체 경계하는 것에 지나지 않는 사실, 피고인이 고참병
   의 지시에 따라 경계자세를 취하였지만 그 목적은 순찰자의 동정을 파악하려는데 있는 사실 등을
   인정할 수 있으므로 위 인정된 사실을 종합하면 피해자는 경계를 고유의 임무로 위 포상에 배치된
   초병은 아니라 할 것이다).

근무지원 등을 포함하는 부대의 고유한 임무달성을 위한 제반 기능을 모두 망라하고 있는 것으로 파악하여야 한다.[1]

(2) 실제적인 경계임무

초병은 그 명칭과는 관계없이 근무자의 실제 임무내용을 중심으로 고찰하여 결정해야 한다. 그러므로 경계를 고유의 임무로 하고 있는 사람이라고 해서 경계임무만을 주임무로 하는 별도의 직책을 가졌거나 특별히 경계를 주임무로 하는 부대에 속한 사람임을 요하지 아니한다. 즉 직책이나 소속 여하를 불문하고 경계임무를 위하여 수소에 배치된 사람은 초병에 해당한다. 현실적으로 수소에 임하여 경계근무를 수행하고 있는 이상 근무규칙에 위배하여 복장을 갖추지 아니하거나 경계근무에 임하고 있는 자가 그 경계근무를 소홀히 하고 있다는 것만으로는 초병으로서의 지위를 상실하였다고 할 것은 아니며[2], 경계임무를 수행할 수 있는 범위를 벗어나지 아니하는 정도로 일시적으로 수소를 이탈하는 것만으로는 초병의 지위에 영향이 없다.[3] 또한 음주나 수면 중이라고 하더라도 초병에 해당한다.[4]

초병은 일정한 공간에 배치된 사람으로서 장교·준사관·부사관·병사를 불문한다. 여기서 일정한 공간은 위험발생을 관측할 수 있는 장소뿐만 아니라 지리적으로 수공·수해·수지와 관계없는 장소라고 할지라도 이에 포함된다. 예를 들면 열상감시장비(TOD), CCTV, 레이더 폐쇄회로 등을 통한 경계가 이에 해당한다. 그리고 경계근무를 수행하고 있는 이상 그 근무형태가 단초, 복초, 동초, 입초인지 여부는 불문한다.[5]

---

1) 고등군사법원 2002. 2. 5. 선고 2002노20 판결.
2) 고등군사법원 1999. 10. 14. 선고 99노611 판결.
3) 육군 1974. 3. 12. 선고 73고군형항818 판결.
4) 고등군사법원 1998. 5. 26. 선고 98노194 판결('초병'이라 함은 경계를 그 고유의 임무로 하여 수지·수해 또는 수공에 배치된 자를 말하는 것이므로(군형법 제2조 제3항), 초병이 위와 같은 요건에 해당하는 이상 초병에 관한 근무규칙에 위배하였거나 군형법 제40조 제2항의 구성요건행위인 음주를 하거나 수면을 한 때라고 하여도 초병의 지위에는 어떠한 영향도 없다).
5) 대법원 2008. 12. 11. 선고 2008도7754 판결(군형법 제54조 내지 제59조의 죄에서 말하는 초병은 실제로 일정한 장소의 경계임무에 배치되어 근무하는 자를 말하고, 여기에는 입초근무자뿐만 아니라 동초근무자도 포함된다. 이 사건 당시 피해자들은 소황산 분초 상황실에서 소황산 포구에 있는 698-1 초소까지 도보로 이동하며 수제선 이상 유무와 야간 경계 작전 중 오인 가능한 전방지물에 대한 확인 및 야간 항·포구 결박상태를 확인하고, 수제선상에 위치한 698-1 초소의 통신만 이상 유무를 확인하는 경계임무를 명령받은 후, 그 명령에 따라 수제선 이상 유무를 확인하며 이동 중에 있었던 사실을 인정한 다음, 피해자들은 이미 수제선 이상 유무를 수행하기 시작한 시점부터 초병으로서의 임무를 수행하고 있었다고 판단한 것은 정당하다); 육군 1985. 4. 18. 선고 85고군형항59 판결(기동매복경계 경계근무형태(밀어내기식)에는 휴식장소(내무반)와 진지 사이, 진지와 진지 사이를 이동하는 동초라는 특수한 근무형태가 있으며 동초와 초소 또는 진지라는 현실적 공간보다 더 넓은 장소를 이동하며 진지 사이를 경계하는 초병임이 명백하다. 기동매복 근무형태의 경우 휴

경계를 고유한 임무로 하는 직책을 가진 사람이라도 실제로 수소에 배치되지 않는 한 초병이 아니다. 이와 같이 초병은 현실적으로 일정한 장소의 경계임무에 배치된 사람이다.[1] 예를 들면 비무장지대에 배치된 매복근무자[2], 육군교도소의 계호병[3], 불침번[4], 절차상의 하자가 있더라도 명령에 따라 신고를 하고 사실상 경계근무에 임하고 있는 자[5] 등은 초병에 해당하지만, 경계근무상태를 확인하는 경계순찰 근무자[6], 위병장교, 위병부사관[7], 위병조장[8], 검문헌병, 초병의 명을 받았

식장소(내무반)를 떠나 동초 근무를 시작한 때로부터 다시 순환근무를 마치고 휴식장소로 돌아올 때까지의 동초는 기동매복 근무형태의 불가결의 요소라 할 것이다).

1) 육군 1983. 12. 27. 선고 83고군형항393 판결; 해병대 1971. 3. 12. 선고 70고군형항36 판결; 국방부 1966. 5. 6. 선고 66고군형항22 판결(초병이라 함은 경계를 고유의 임무로 하여 수지 수해 수공에 배치된 자이므로 수소에 배치 명령만 받은 자는 초병이 아니고 명령을 받은 후 그 명령의 내용에 따라 지정시간에 지정된 장소에서 근무를 개시함으로 비로소 법상 초병이 되며, 또한 그 근무장소가 수소가 된다 할 것이므로 피고인이 동일 19시 00분부터 그 다음날 09시까지 초병근무의 명을 받고 동일 17시 40분 경 근무지에 이르렀다가 근무지를 이탈하였으므로 이는 초병신분 취득 전의 행위이고 수소이탈이 아니므로 항명이나 무단이탈이 될 수는 있어도 초병의 수소이탈은 성립하지 않는 것이다).

2) 육군 1979. 8. 31. 선고 79고군형항291 판결(매복근무자의 임무는 주어진 상황에 따라 다를 수 있겠으나 비무장지대와 같이 고정된 전선에서의 매복근무자가 경계를 그 고유의 임무로 한다는 것은 명백한 이치라고 할 것이다).

3) 대법원 2002. 4. 26. 선고 2002도979 판결(계호병수면중탈출사건)(육군교도소의 계호병은 미결수 용자에 대한 도주방지, 감시 및 증거인멸 방지 등의 임무뿐만 아니라 외부로부터의 침입을 방지하는 임무도 아울러 갖고 있고, 그 임무는 육군교도소의 작전수행에 장애가 되는 위해를 방지하는 것으로서 경계임무에 해당하므로 국군수도병원의 수용병실에서 계호업무를 수행하던 중이던 피고 인은 초병으로서의 신분을 갖는다). 동 사안은 계호병이 잠든 사이에 미결수용자가 도주하여 강간 살인을 범하여 사회적으로 충격을 준 사건인데, 이로 인하여 계호병을 무리하게 초병으로 파악한 부분이 없지 않아 있다.

4) 육군 1993. 6. 29. 선고 93노71 판결.

5) 육군 1993. 6. 29. 선고 93노71 판결(일직사관의 근무자 교체명령이 지휘관의 승인을 얻지 아니한 절차상의 하자가 있다 하더라도 그러한 명령에 따라 신고를 하고 사실상 경계근무를 임하였다면 이미 그 근무자는 초병의 지위에 있게 되고 초병으로서의 의무를 다해야 할 것인바, 초병은 불침번, 보초 등 경계임무를 고유목적으로 하는 자로서 군사상 그 직무수행의 완전성이 가장 철저하게 요구되므로 육군야전교범 26-1 보초수칙, 군인복무규율 제6장 제3절 제17조 이하에서 그 직무수행의 범위와 정도가 규율되어 있다. 피고인들이 병기고에 대한 경계근무 중 병기고 문이 열려있는 사실을 발견하고서도 이상 유무 확인이나 그 사실 자체에 대한 보고를 상황계통에 따라 이행하지 아니한 행위는 근무태만의 정도를 일탈하여 본질적으로 초병이 직무를 포기하여 정당한 이유 없이 그 직무를 유기한 것임이 명백하다).

6) 육군 1978. 10. 31. 선고 78고군형항641 판결(피고인처럼 경계임무를 띠고 근무하는 자들에 대한 경계근무상태 유무를 확인하는 사람은 초병이라고 할 수 없다).

7) 육군 1983. 9. 2. 선고 83고군형항185 판결(피고인은 당시 위병중사로서 24시간 동안 후문 위병소에서 위병조장 및 위병의 근무를 감독하고, 보초 등의 교대를 확인하는 등의 근무를 하던 자인 바, 경계를 고유의 임무로 하는 군형법 제28조 소정의 초병이라 할 수 없다).

8) 대법원 1999. 11. 12. 선고 99도3801 판결(위병조장은 ① 위병장교 또는 위병하사관의 지시를 받아 위병소에서 근무하고, ② 초병의 교대를 지시·감독하며 초병으로부터 보고 받은 사항을 위병장교 또는 위병하사관에게 보고하고, ③ 초병선을 순찰하여 초병의 근무상태와 이상 유무를 확인하고, ④ 위병소의 청결을 유지하고 비품관리 및 관계 서류를 기록·유지하며 근무교대시 근무사항 일체

을 뿐 초병의 신분으로 근무하지 않은 사람[1] 등은 초병에 해당하지 아니한다. 특히 초령위반죄(제40조 제2항)는 초병의 신분에 있는 자가 수면 또는 음주한 경우에 성립하는 범죄라고 할 것이므로, 피고인이 초병의 신분을 갖기 전에 음주한 후 주취상태에서 초병으로 근무한 경우에는 위 조항에서 규정하는 초령위반죄에 해당하지 아니한다.[2]

다만 군형법 제28조 후단의 초병초소불임죄(초병이 지정된 시간까지 수소에 임하지 아니한 경우)의 경우만은 초소에 임하지 않더라도 근무명령서상의 지정된 시간이 경과함으로써 초병의 신분을 취득한다.[3] 또한 초병의 수소이탈죄(제28조 전단)에서 말하는 초병에는 실제로 수소에 배치되어 근무하는 자는 물론이고, 초병근무명령을 받아 경계근무감독자에게 신고하고 근무시간에 임박하여 경계근무의 복장을 갖춘 자도 포함된다.[4] 이와 같이 초병의 개념을 확장해석하는 시도는 처벌의 범위를 확장한다는 측면에서 바람직하지 않으므로, 군형법 제28조 후단의 초병초소불임죄의 주체를 '초병'에서 '경계근무명령을 받은 사람'으로 변경하는 것이 타당하다.

4. 부 대

(1) 개 념

'부대'(部隊)란 군대·군의 기관 및 학교와 전시 또는 사변 시에 이에 준하여 특별히 설치하는 기관을 말한다(제2조 제4호). 군형법에서 사용되는 부대의 개념은 개별적인 범죄에 따라 상이하게 해석되고 있다. 예를 들면 부대인솔도피죄(제23조)에서는 순수한 군의 인적 구성원을 의미하고, 항복죄(제22조)에서는 군의 건물 기타 부속시설 등을 의미하고, 군무이탈죄(제30조)에서는 군의 기관, 학교 등의 사실적 지배범위를 의미하고, 불법진퇴죄(제20조)에서는 해상부대 및 항공부대를 제외한

를 인계인수하는 것을 그 임무로 하는 자로서(국군병영생활규정 제61조 제2호), 위와 같은 직무내용에 비추어 보면 위병조장은 위병의 근무를 감독하고, 보초 등의 교대를 확인하는 등의 업무를 수행하는 자이지 경계를 그 고유임무로 하는 자 즉 군형법상 초병이라고 할 수 없다).

1) 육군 1975. 5. 16. 선고 75고군형항82 판결(원심에 의하면, 피고인은 1974. 10. 2. 21:00부터 22:00까지 소속대 포상보초근무명을 받고도 몸이 아프다는 구실로 후번 근무자인 甲을 대신 근무시키고 자신은 내무반에서 잠을 잠으로써 초령을 위반한 것이라고 판시하고 있으므로 살피건대, 피고인이 초병의 명을 받았을 뿐이지 초병신분으로 근무한 것이 아니었음을 인정할 수 있고 초령위반죄로 피고인을 다스린 원심은 법리를 오해하여 사실을 잘못 인정한 위법을 저지르고 있다).

2) 대법원 1998. 11. 27. 선고 98도2505 판결.

3) 육군 1985. 4. 18. 선고 85고군형항59 판결.

4) 대법원 2006. 6. 30. 선고 2005도8933 판결.

육상부대만을 의미한다.

　한편 부대의 구성원은 반드시 군인이나 군무원에 한정될 필요는 없다. 특히 일반관청으로서의 성격을 가지고 있는 국방부, 병무청 등의 경우에는 민간인이 다수 근무하고 있다. 반면에 군대, 군의 기관, 학교 또는 비상시에 이에 준하는 특설기관이 아닌 기관은 현역군인으로 충원되어 있다고 하여도 그 기관이 당연히 부대가 되는 것은 아니다. 즉 비상계엄 선포 후에 비상계엄지역 내의 행정기관 또는 사법기관에 군인이 상당수 파견되어 있다고 하더라도 해당 행정관청이나 사법관청의 법적 성질이 부대로 변화되지 아니한다.

(2) 군 대

　'군대'란 일반적으로 국토방위의 임무를 가지고 특수조직과 편제 아래 무장된 군인의 집합체로서 실력적 국가기관이며, 육·해·공군의 대명사로 사용되기도 한다. 군의 기율 아래에 있는 한 전투부대, 지원부대, 전후방부대 등을 불문하고, KATUSA와 같은 외국군부대도 일정한 경우에는 부대라고 할 수 있다.

(3) 군의 기관

　'군의 기관'이란 군사에 관한 국가의 의사를 결정하고 이를 외부에 표시하거나 그 실행에 참여하는 관청을 말하는데, 국방부 이외에 병무청·육군교도소 등 국가 의사 결정과는 직접 관계가 없는 군 관련 보조기관을 포함한 일체의 인적·물적 요소로 구성된 군의 공적 시설을 의미한다.

(4) 군의 학교

　'군의 학교'란 군의 교육기관으로서 국방대학교, 각군 사관학교, 종합행정학교 등과 각종 병과학교를 말한다.

(5) 전시 또는 사변 시에 이에 준하여 특별히 설치하는 기관

　계엄사무소, 민사군정청 등이 이에 해당한다.

5. 적 전

　'적전'(敵前)이란 적에 대하여 공격·방어의 전투행동을 개시하기 직전과 개시 후의 상태 또는 적과 직접 대치하여 적의 습격을 경계하는 상태를 말한다(제2조 제5호). 군형법은 적전이라는 행위상황의 경우 형을 가중처벌하는 입장을 취하고 있다. 예를 들면 부대인솔도피죄(제23조), 직무유기죄(제24조), 지휘관의 수소이탈죄(제27조), 초병의 수소이탈죄(제28조), 군무이탈죄(제30조), 특수군무이탈죄(제31조), 비행군기문란죄(제36조), 거짓명령·통보·보고죄(제38조), 초령위반죄(제40조), 근무기피목적상해죄(제41조 제1항), 근무기피목적위계죄(제41조 제2항), 항명죄(제44조), 집단항명죄(제45조), 폭행·협박·상해·살인의 죄(제9장), 초소침범죄(제78조) 등이 이에 해당한다. 이러한 적전상황에서는 다른 경우와 비교할 수 없는 고도의 질서 기율이 강조되는데, 이는 적전에서 범죄가 발생하면 군의 작전상 중대한 위해를 초래하기 때문이다.

　적전은 본래 시간적·장소적 관련성을 전제로 한 것이다. 법문에 의하면 적전이란 시간적으로 '공격·방어의 전투행위를 개시하기 직전과 개시 후'의 상태이며, 공간적으로 '적과 직접 대치하여 그 내습을 경계하는 상태'이다. 이와 같이 적전의 개념에 시간적인 제한을 가하지 않는다면 적전과 그렇지 않은 경우의 구별이 불가능하므로 시간적으로는 적에 대하여 전투행동을 개시하기 직전부터 전투행동 개시 후 종료할 때까지를 말하는 것으로 해석되고, 공간적 범위를 구체적으로 정의하지 않는다면 전투지역의 확대 및 공격수단의 발달 등을 고려해 볼 때 GOP뿐만 아니라 해안·해상·공중 등 적전의 범위가 지나치게 확대되거나 축소될 수 있으므로 단순한 물리적·지역적 대치가 아닌 전술적 목적에서의 대치를 말하는 것으로 해석된다. 만약 이러한 제한 없이 GOP 근무 자체만으로 적전임을 당연히 인정한다면 GOP의 지휘관이 직무유기를 하는 경우 반드시 사형에 처하여야 하며(제24조 제1호), GOP에서 군무이탈을 하는 경우에는 사형, 무기, 10년 이상의 징역에 처하여야 하는(제30조 제1항 제1호) 등 선뜻 납득하기 어려운 해석에 이르게 된다. 따라서 군검사는 GOP에 근무한다는 사실 이외에 시간적·공간적으로 적전에 해당한다는 사실을 입증할 책임이 있다.[1]

　하지만 비정규전의 발달로 인한 전투지역의 확대, 해적수단의 발달, 사이버 침투의 현상, 장거리 유도탄에 대처하고 있는 ICBM 사수 등을 감안하여 판례나 실무에서는 이를 소위 '전술적 개념'으로 확대하고 있다. 즉 적전은 반드시 법률상의 전시에만 적용되는 개념만이 아니라 전술적으로 판단하여 적과 대치하여 적의 내습을 경계하는 상태이거나 공격·방어의 전투행위를 개시하기 직전과 직후이면 족하다.[2] 그러므로 휴전 중은 전시는 아니지만 적과 대치하고 있는 이상 군의 모

---

1) 고등군사법원 2014. 4. 15. 선고 2013노260 판결.
2) 육군 1970. 2. 3. 선고 69고군형항1031 판결(GP는 적과 직접 대치하여 그 내습을 경계하는 적전에 해당한다); 육군 1969. 8. 21. 선고 69고군형항302 판결(북괴는 대한민국과 교전단체의 위치에 있으며, 1953년 휴전협정이 성립되어 법률상 전시라고는 할 수 없으나, 적전의 개념은 반드시 법률상 전시를 전제하는 것은 아니고, 휴전협정의 성립만으로 북괴가 우호단체로 전환된 것은 아니며, 휴전상태는 장기화되고 있으나 날로 육지와 바다로 침투하는 북괴무장간첩의 잔악한 무력행사가 점점 심하여 가는 오늘의 시점을 똑바로 볼 때 휴전상태는 사실상 무의미하게 되었다 할 것이고, 더욱

든 태세가 교전 중의 경계태세와 근본적인 차이가 없고, 실제로 휴전선 인근이나 접적지역 해상에서 간헐적으로 교전이 발생하고 있는 현실을 감안할 때 적은 여전히 존재하는 것이다. 예를 들면 GP의 경우 적과 직접 대치하여 그 내습을 경계하는 지역, GOP에서 철책근무에 임하는 지역, 전·후방을 불문하고 무장공비가 침투되어 직접 수색·체포작전에 임하고 있는 지역, 경계근무 중 적을 발견한 경우, 적의 교전이 예측되는 경우[1] 등에 있어서는 적전이라고 할 수 있다.[2] 또한 적과의 직접 대치라는 것은 구체적인 적의 존재를 필요로 하는 것이 아니며, 적이 없는 상황에서도 적과의 대치는 얼마든지 가능하므로, 전술적 대치관계에 있으면 적전이라고 할 수 있다.[3] 예를 들면 무장공비가 침투한 경우에 이를 수색하는 상황에서 비록 해당 장소 또는 지역에 무장공비가 현존하지 않는다고 하더라도 적전이라고 할 수 있는 것이다. 하지만 민간인 통제선 이남의 전술도로 작업장에서 도로공사작업을 하는 상황은 적전이라고 할 수 없다.[4] 결국 적전은 적과 직접 대치하여 그 습격을 경계하는 상태 및 현실적으로 전투행위를 하는 상태를 의미한다고 보아야 한다.

6. 전 시

(1) 개 념

'전시'(戰時)란 상대국이나 교전단체에 대하여 선전포고나 대적행위를 한 때부터 그 상대국이나 교전단체와 휴전협정이 성립된 때까지의 기간을 말한다(제2조 제6호). 군형법은 전시라는 행위상황의 경우 형을 가중처벌하는 입장을 취하고 있다. 예를 들면 불법진퇴죄(제20조), 직무유기죄(제24조), 지휘관의 수소이탈죄(제27조),

---

이 피고인 등의 근무지에서의 근무의 성격은 전술적으로 봐 적과 직접 대치하여 내습을 경계하는 임무이고, 원심판시 일시 장소에 북괴무장간첩 수 미상이 모선 1척과 보트 3척으로 상륙을 기도한 사실을 발견한 피고인 등이 위 선박 등에 포격을 가한 사실 등은 일건 기록상 이를 인정할 수 있으므로 이와 같은 상황을 적전이라 판시한 원심판결은 위법이 없다).

1) 육군 1979. 3. 28. 선고 79고군형항31 판결(간첩 소수인이 도주함에 이를 차단 사살하는 작전 임무수행 행위는 군형법상의 '적과의 교전이 예측되는 경우'의 임무수행행위라 할 수 없는 바는 아니고, 간첩 소수인을 차단 사살하기 위한 매복작전 임무 수행행위는 적전에서의 행위라고 볼 수 있다. … 설혹 2시간씩 교대로 가면을 취했다 할지라도 이는 고된 작전임무수행 중 수면부족 때문으로써 비난가능성이 없다고 할 수 없다).

2) 이에 대하여 적전을 전시보다 가중처벌하고 있는 현행 군형법의 태도에 비추어보면, 이와 같은 해석은 사실상 남북대치상황인 현재를 전시보다 가중처벌한다는 불합리한 결과를 초래하므로 적전 개념을 시간적·장소적으로 제한하여 전시보다 더 위험한 경우로 명확하게 정의해야 한다는 견해로는 오병두, "군형법의 문제점과 개정방향", 형사정책 제20권 제1호, 한국형사정책학회, 2008. 6, 22면.

3) 국방부 1965. 11. 29. 선고 65고군형항11 판결.

4) 육군 1973. 12. 21. 선고 73고군형항638 판결.

초병의 수소이탈죄(제28조), 군무이탈죄(제30조), 특수군무이탈죄(제31조), 이탈자비호죄(제32조), 비행군기문란죄(제36조), 위계로 인한 항행위험죄(제37조), 거짓명령·통보·보고죄(제38조), 초령위반죄(제40조), 항명죄(제44조), 집단항명죄(제45조), 상관폭행치사상죄(제52조 제1항), 상관중상해죄(제52조의5), 상관상해치사죄(제52조의6), 노적군용물방화죄(제67조), 초소침범죄(제78조) 등이 이에 해당한다.

전시라는 개념은 국제법상 전쟁기간과는 서로 구별된다. 즉 국내법상 전쟁의 개념은 해당 국가가 자유롭게 결정할 문제라는 것이 국제법의 원칙이므로, 전시(전쟁 중)의 개념은 국제법상 전쟁개념과 반드시 일치할 필요가 없는 것이다. 이에 따라 6·25 전쟁을 전쟁으로 보는 국가와 그렇지 않은 국가가 상존하고 있다.

(2) 전시의 시기

전시의 시기(始期)는 상대방에 대하여 우리나라가 전쟁의사를 표시하는 경우이므로, 상대방이 선전포고나 적대행위를 하여 온 경우에는 우리나라가 이에 대한 대응조치가 없는 한 곧바로 전시가 되는 것은 아니다. 선전포고는 전쟁의 선언 이외에도 소위 최후통첩도 포함한다. 전쟁의 선언은 국내적 선언만으로는 부족하고 상대국에 대한 통고가 있어야 한다.

'대적행위'란 전쟁의사를 수반하는 무력행위를 말한다. 여기서 전쟁의사는 무력에 의하여 상대국의 의사를 억압하고 자국의 의사를 관철하고자 하는 의사를 의미하는데, 전쟁의사를 추정할 수 있는 대적행위의 예로는 외교관계의 단절을 동반한 대적행위, 제3국에 대한 중립법규의 준수 요구와 병행한 대적행위 등을 들 수 있다.

(3) 전시의 종기

전시의 종기(終期)는 상대국 또는 교전단체와 휴전협정이 성립된 때이다. 일반적으로 국제법에서는 휴전협정이 성립된 이후에도 강화조약이 성립되기까지는 전쟁상태가 계속되는 것으로 파악한다. 하지만 우리나라 군형법에서는 휴전협정이 성립된 이후에는 전시가 아니라는 특별규정을 두고 있으므로, 적어도 우리나라에서는 휴전협정이 성립된 1953. 7. 27. 이후는 전시로 파악할 수 없다. 다만 휴전협정이 성립된 때에 한하므로 사실상의 휴전상태에 그친 경우에는 아직 전쟁이 종료된 것이라고 할 수는 없다.

한편 전시의 종료사유로는 휴전을 통한 강화, 직접적인 강화, 평화조약의 체결, 항복 등이 존재함에도 불구하고, 군형법에서 휴전협정이 성립된 경우만을 종료사유로 규정하고 있는 것은 불합리하다.[1] 또한 베트남[2]·동티모르(상록수부대),

이라크(서희부대, 제마부대, 자이툰부대), 레바논(동명부대), 아이티(단비부대), 아프가니스탄(동의부대, 다산부대, 오쉬노부대) 등에 우리나라 국군이 파병되어 월맹군 등과 적대행위를 한 경우 전시에 해당하는데, 이와 같이 전쟁의 장소가 우리나라의 영역이 아닌 외국인 경우에 있어서 우리나라 영역 내에 있는 군인에 대해서까지 전시에 관한 규정을 적용할지 여부가 문제된다. 생각건대 이러한 경우 형식적으로는 전시에 해당하지만, 실질적으로는 전시에 해당하지 않으므로 우리나라의 영역 내에서는 평시로 해석하는 것이 타당하다. 이와 같은 해석은 피고인에게 불리하지 않으므로 죄형법정주의에 위배되지 아니한다. 하지만 반대의 경우, 즉 형식적으로는 전시에 해당하지 않지만, 실질적으로는 전시에 해당하는 경우에는 이를 전시로 파악할 수는 없다.

7. 사 변

'사변'(事變)이란 전시에 준하는 동란(動亂)상태로서 전국 또는 지역별로 계엄이 선포된 기간을 말한다(제2조 제7호). 사변은 어의적으로는 '경찰력으로 막을 수 없어 병력을 사용하게 되는 국가적 사태나 난리'를 의미한다. 이에 따라 일반적으로 전시에 준하는 비상사태를 말하는 용어이지만, 군형법에서는 이를 제한적으로 규정하고 있다. 이와 같이 사변은 전시 이외에 계엄이 선포된 기간을 의미하므로, 전시에 계엄이 선포되는 지역을 제외한다면 사변과 계엄선포기간은 동일한 의미가 된다. 그러므로 군형법에서 규정하고 있는 '사변 또는 계엄지역'은 동어반복에 불과하다. 한편 군형법에서의 사변은 비상계엄[1]과 경비계엄을 모두 포함한다.

---

1) 이에 대하여 일반적으로 '적대행위의 종료시'라고 하는 것이 타당하다는 견해로는 이상철, 104면.
2) 우리나라 국군은 1964. 9.부터 1973. 3.까지 베트남전에 참전하였는데, 실제 전투에 참전한 유일한 사례로 꼽히고 있다.
1) 대법원 1981. 3. 24. 선고 81도304 판결(비상계엄이 해제되었다 하여도 동 계엄실시 중의 계엄포고 위반행위에 대하여 가벌성을 소멸시킬 아무런 이유가 없는 것이므로 계엄해제에 따른 다른 특별한 조치가 없는 한 행위 당시의 형벌법령에 비추어 그 위반행위를 처벌하여야 할 것이므로 위 비상계엄이 해제되었음을 전제로 계엄포고위반은 죄가 되지 아니한다는 소론은 채택할 수 없다. 계엄법 제13조에 의하면 비상계엄지역 내에서는 계엄사령관은 군사상 필요할 때에는 체포, 구금, 수색, 거주이전, 언론, 출판, 집회 또는 단체행동에 관하여 특별한 조치를 할 수 있다고 규정하고 같은 법 제15조는 제13조의 규정에 의하여 취한 계엄사령관의 조치에 응하지 아니하거나 이에 위반하는 언론 또는 행동을 한 자는 3년 이하의 징역에 처한다고 하고 있으므로 1979. 10. 27.에 선포된 비상계엄에 따라 1980. 5. 17. 계엄선포 제10호에 의하여 계엄사령관이 한 특별조치(정치활동금지)에 위반한 본 건에 대하여 계엄법 제15조, 제13조, 계엄포고 제10호 제2항에 문죄하였음은 정당하다).

제4장 반란의 죄

Ⅰ. 반란죄

제5조(반란) 작당하여 병기를 휴대하고 반란을 일으킨 사람은 다음 각 호의 구분에 따라 처벌한다.
1. 수괴: 사형
2. 반란 모의에 참여하거나 반란을 지휘하거나 그 밖에 반란에서 중요한 임무에 종사한 사람과 반란 시 살상, 파괴 또는 약탈 행위를 한 사람: 사형, 무기 또는 7년 이상의 징역이나 금고
3. 반란에 부화뇌동하거나 단순히 폭동에만 관여한 사람: 7년 이하의 징역이나 금고
제7조(미수범) 제5조와 제6조의 미수범은 처벌한다.
제8조(예비, 음모, 선동, 선전) ① 제5조 또는 제6조의 죄를 범할 목적으로 예비 또는 음모를 한 사람은 5년 이상의 유기징역이나 유기금고에 처한다. 다만, 그 목적한 죄의 실행에 이르기 전에 자수한 경우에는 그 형을 감경하거나 면제한다.
② 제5조 또는 제6조의 죄를 범할 것을 선동하거나 선전한 사람도 제1항의 형에 처한다.
제10조(동맹국에 대한 행위) 이 장의 규정은 대한민국의 동맹국에 대한 행위에도 적용한다.

1. 의 의

반란죄는 작당하여 병기를 휴대하고 반란을 일으킴으로써 성립하는 범죄이다. 본죄는 형법상 내란죄의 특별법적 성격을 지니는 범죄로서, 다수의 군인이 작당하여 병기를 휴대하고 국권에 반항함으로써 성립하는 범죄이다. 본죄는 내란죄와 달리 주체에 제한이 있다는 점, 행위태양에 제한이 있다는 점, 고의 이외에 초과주관적 구성요건으로 별도의 목적을 요구하고 있지 않다는 점 등에서 서로 구별된다.

2. 구성요건

(1) 행 위

본죄의 실행행위는 작당하여 병기를 휴대하고 반란을 일으키는 것이다. 여기서 '작당'(作黨)이란 공동의 목적을 가진 다수인의 조직적 집합을 말하며, 다수인은 한 지방의 평온을 해할 정도로 평가되어야 한다.[1] 그러므로 다중이 단순히 집합하

---

1) 반란단체가 세력이 강해져서 교전단체로서의 승인을 받게 되면 그때부터 반란행위는 국제법상 전

는 것으로는 부족하다.

'병기'(兵器)란 사람을 살상하거나 물건을 파괴할 수 있는 기구로서, 군용이나 전쟁에 공할 수 있는 것을 포함한 일체의 무기를 말한다. 병기를 '휴대'한다는 것은 병기를 몸에 지니거나 몸 가까이에 두고 있는 것을 말하는데, 자신이 병기를 휴대하고 있다는 사실에 대한 인식을 요한다. 그러나 실제로 병기를 사용할 필요는 없다. 또한 반란의 가담자 전원이 병기를 휴대하고 있을 필요는 없고, 다수가 휴대하면 족하다.

'반란'이란 폭행 또는 협박으로 국권에 저항하는 행위를 말한다. 여기에서 말하는 국권에는 군의 통수권 및 지휘권도 포함된다.[1] 군 지휘계통에 대한 반란은 위로는 군의 최고통수권자인 대통령으로부터 최말단의 군인에 이르기까지 일사불란하게 연결되어 기능하여야 하는 군의 지휘통수계통에서 군의 일부가 이탈하여 지휘통수권에 반항하는 것을 그 본질로 하고 있다.[2] 반란에 가담한 자 중에서 반란을 구성하고 있는 특정의 살인행위를 직접 실행하지 아니하였다고 하더라도, 그

쟁이 되며, 그 이후에 반란행위자가 본국의 관헌에 체포되더라도 전쟁포로의 대우를 받게 된다(육군본부, 330면).

1) 대법원 1997. 4. 17. 선고 96도3376 전원합의체 판결(1979. 12. 12. 당시 국군보안사령부 인사처장 겸 계엄사령부 소속 합동수사본부 조정통제국장이던 피고인 H가 국군보안사령부 사령관 겸 위 합동수사본부 본부장이던 피고인 A의 지시에 따라 위 합동수사본부 수사 제2국장 U 등과 함께, 대통령의 재가 없이 같은 날 18:50경 무장한 제33헌병대 병력을 육군참모총장 공관 주변에 배치하고 같은 날 19:10경 위 공관으로 들어가서 총으로 위협하는 가운데 육군참모총장 육군대장 S를 강제로 끌고 나와 같은 날 19:30경 국군보안사령부 서빙고분실로 연행한 사실, 위 피고인들이 S 총장을 체포할 당시 그에 대한 강제수사가 필요하지도 아니하였을 뿐만 아니라, 그 체포 목적이 그의 범죄를 수사하는 데에 있었던 것이 아니라, 군의 지휘권을 실질적으로 장악하는 것을 지지 내지 동조하는 세력을 규합·확산하고 그에 대한 반대세력을 약화·동요시키기 위한 데에 있었던 사실 등을 인정한 다음, 위와 같은 S 총장의 강제연행행위는 위법한 체포행위라고 판단하였다. … 피고인들이 대통령에게 육군참모총장의 체포에 대한 재가를 요청하였다고 하더라도, 이에 대한 대통령의 재가 없이 적법한 체포절차도 밟지 아니하고 육군참모총장을 체포한 행위는 육군참모총장 개인에 대한 불법체포행위라는 의미를 넘어 대통령의 군통수권 및 육군참모총장의 군지휘권에 반항한 행위라고 할 것이며, 피고인들이 작당하여 병기를 휴대하고 위와 같은 행위를 한 이상 이는 반란에 해당한다. … 피고인 A가 1979. 12. 12. 20:20경 대통령 경호실장 직무대리 육군준장 AA, 대통령 경호실 작전담당관 육군대령 AB에게 지시하여 그들로 하여금 대통령의 승인이나 대통령 비서실과의 협의 없이, 청와대 경비업무를 담당하고 있던 제55경비대대 병력을 이끌고 당시 대통령이 사용하고 있던 국무총리 공관으로 출동하여 같은 날 20:40경 위 공관의 경비업무를 담당하고 있던 대통령 특별경호대장 육군중령 AC와 특별경호대원들의 무장을 해제시킨 후 그 곳 막사에 억류하고, 위 제55경비대대 병력으로 위 공관을 장악하고 그 곳에 대한 출입을 통제하는 방법으로 위 공관을 점거·포위하게 한 사실, 이어서 피고인 A가 당시의 국방부 군수차관보 육군중장 피고인 Q, 제1군단장 육군중장 피고인 C, 수도군단장 육군중장 피고인 D 및 당시의 제71훈련단장 육군준장 AD와 제1공수여단장 육군준장 AP 등과 함께 같은 날 21:30경 국무총리 공관으로 가서 대통령에게 집단으로 S총장의 연행·조사에 대한 재가를 재차 요구하면서 대통령을 강압한 사실을 인정한 다음, 이는 대통령의 군 통수권에 반항하는 행위로서 반란에 해당한다고 판단하였다).

2) 대법원 1997. 4. 17. 선고 96도3376 전원합의체 판결.

살인행위를 개별적으로 지시하거나 용인하는 등 공동실행의 의사가 있는 자는 그 살인행위에 대하여 반란죄와는 별도로 살인죄의 책임도 인정되지만, 그 살인행위에 대한 공동실행의 의사가 있다고 인정되지 아니하는 자는 그 살인행위에 대하여 반란죄의 책임 이외에 별도로 살인죄의 책임을 지울 수는 없다.[1]

(2) 주관적 구성요건

본죄의 고의는 정치적 목적이나 공분·사분·개인적 욕구를 불문하고 국가의 권위에 대하여 반항한다는 의도를 가지면 족하다. 그러므로 국가를 배반하고 다른 국가를 이롭게 하기 위하여 역모하는 경우에 한하여 성립하는 것은 아니다.[2] 본죄는 다수의 군인이 작당하여 넓은 의미의 폭행·협박으로 국권에 저항하는 과정에서 일어날 수 있는 살인·약탈·파괴·방화·공무집행방해 등 각종의 범죄행위를, 반란에 가담한 자들이 개별적으로 인식 또는 용인하였는지의 여부에 관계없이 하나의 반란행위로 묶어 함께 처벌하는 데에 그 특질이 있는 집단적 범죄이다. 그러므로 반란에 가담한 자는 그에게 반란에 대한 포괄적인 인식과 공동실행의 의사만 있으면 반란을 구성하는 개개의 행위인 살인·약탈·파괴 등에 대하여 개별적으로 지시하거나 용인한 일이 없다고 하더라도 살인·약탈·파괴 등 반란을 구성하고 있는 행위의 전부에 대하여 반란죄의 정범으로서 책임을 진다. 또한 병력의 배치 등 반란의 구체적·개별적 실행행위에 직접적으로 가담한 바가 없다고 하더라도, 본죄는 다수인이 집단을 이루어 반란이라는 하나의 행위에 나아가는 것이므로, 반란집단을 구성한 사람들 각자가 반란행위를 포괄적으로 인식·용인하고 있는 한 직접 관여하지 아니한 개별적인 반란행위에 대하여도 본죄의 책임을 진다.[3]

---

1) 대법원 1997. 4. 17. 선고 96도3376 전원합의체 판결.
2) 대법원 1966. 4. 21. 선고 66도152 전원합의체 판결(피고인들이 무력으로 현정부를 전복하고 국회의 기능을 정지하며 소장급이상의 육·해·공군, 해병대 장성들로 구성된 구국위원회를 설치하고, 대통령이 피고인들의 건의를 받아 들이면 그대로 유임시킬 것이나 이에 동의하지 아니하면 국무총리로 하여금 대통령의 직무를 대행케 하는등 방법으로 정부를 새로 조직하기로 하고 이 목적을 달성하기 위한 결사를 구성하고 빈번히 회합하여 그 실천 방법으로서 특정부대의 병력을 동원하여 무력으로 육군본부를 위시한 정부기관을 점거하고, 대통령을 위시한 정부요인을 체포하고, 이에 대항할 것으로 예상되는 부대병력을 무력으로 저지하기로 계획하였다면 이는 형법의 내란죄에서 말하는 국헌을 문란할 목적으로 폭동을 할 것을 계획한데 그치는 것이 아니고 한걸음 더 나아가서 정부를 참칭하고 국가를 변란할 목적이 있었다고 볼 것이며, 만일 피고인들이 계획한대로 막대한 병력의 군대가 통수계통을 무시하고 동원되어 정부전복과 정권획득의 목적으로 사용되어 극도의 혼란과 수습할 수 없는 국가적 위기에 봉착하게 된다면 이는 대한민국의 기본질서가 파괴되고 실로 국운에 중대한 영향이 미칠 것이라 할 것이니 결국 이는 국가보안법 제1조에서 말하는 정부를 참칭하고 국가를 변란케하는 경우에 해당한다 할 것이며 오로지 공산정권을 수립하거나 군주국가로 국체를 변경케하는 경우에만 국가보안법 제1조에 해당한다는 논지는 독단에 지나지 아니한다).
3) 대법원 1997. 4. 17. 선고 96도3376 전원합의체 판결(피고인들이 피고인 A, O와 1980. 5. 초순경 이른바 '시국수습방안'을 수립하고 내란을 모의하면서 비상계엄의 전국확대조치를 계기로 계엄군

3. 예비·음모, 선동·선전

(1) 예비·음모

'예비'란 반란을 범할 목적으로 하는 외부적 형태의 준비행위를 말하고, '음모' 란 실행의 착수 이전에 2인 이상의 자 사이에 성립한 범죄실행의 합의를 말한다. 예비·음모죄가 성립하기 위해서는 본죄를 범할 목적이 있어야 한다. 여기서 합의 자체는 행위로 표출되지 않은 합의 당사자들 사이의 의사표시에 불과한 만큼 실행 행위로서의 정형이 없고, 따라서 합의의 모습 및 구체성의 정도도 매우 다양하게 나타날 수밖에 없다. 그런데 어떤 범죄를 실행하기로 막연하게 합의한 경우나 특 정한 범죄와 관련하여 단순히 의견을 교환한 경우까지 모두 범죄실행의 합의가 있 는 것으로 보아 음모죄가 성립한다고 한다면 음모죄의 성립범위가 과도하게 확대 되어 국민의 기본권인 사상과 표현의 자유가 위축되거나 그 본질이 침해되는 등 죄형법정주의 원칙이 형해화될 우려가 있으므로, 확대해석의 위험성을 고려하여 엄격하게 제한하여야 한다. 따라서 반란음모가 성립하기 위해서는 개별 범죄행위 에 관한 세부적인 합의가 있을 필요는 없으나, 공격의 대상과 목표가 설정되어 있 고, 그 밖의 실행계획에 있어서 주요 사항의 윤곽을 공통적으로 인식할 정도의 합 의가 있어야 한다. 나아가 합의는 실행행위로 나아간다는 확정적인 의미를 가진 것이어야 하고, 단순히 반란에 관한 생각이나 이론을 논의한 것으로는 부족하다. 또한 반란음모죄에 해당하는 합의가 있다고 하기 위해서는 단순히 반란에 관한 범 죄결심을 외부에 표시·전달하는 것만으로는 부족하고 객관적으로 반란범죄의 실 행을 위한 합의라는 것이 명백히 인정되고, 그러한 합의에 실질적인 위험성이 인 정되어야 한다.

본죄를 범할 목적으로 예비·음모를 하도록 외부에서 이를 교사 또는 방조한 경우라도 예비·음모죄의 공동정범은 인정될 수 있지만, 공범은 인정될 수 없기 때 문에 본죄의 교사 또는 방조범은 인정될 수 없다.

한편 반란을 예비·음모한 자가 실행에 이르기 전에 자수한 경우에는 그 형을 감경하거나 면제한다(제8조 제1항 단서). 이는 반란죄의 성립 방지라는 형사정책적

을 동원하여 국회의원과 국무위원 등을 강압하는 방법으로 반란하기로 공모하여, 1980. 5. 17. 저녁 비상계엄 전국확대 문제를 논의하기 위한 임시국무회의장에 소총 등으로 무장한 수경사의 병력을 배치하고, 같은 달 18. 01:45경부터 무장한 제33사단 병력을 국회의사당에 배치·점거하여 국회의원 들의 출입을 통제하고 같은 달 20.경 일부 국회의원들의 출입을 저지하게 하는 등 작당하여 병기를 휴대하고 반란한 사실을 인정하였다).

인 의미도 있지만, 이론적인 측면에서 중지미수규정의 유추적용 여부 문제를 입법적으로 해결한 것으로 평가된다.

(2) 선동·선전

'선동'이란 불특정 또는 다수인으로 하여금 반란이 실행되는 것을 목표로 하여 피선동자들에게 반란행위를 결의·실행하도록 충동하고 격려하는 일체의 행위를 말한다. 다만 선동을 하면 족하고 선동에 의해 피선동자들이 범죄를 결의하였거나 실행에 착수하였는지 여부는 문제되지 않는다는 점에서 교사와 구별된다. 즉 선동 행위는 선동자에 의하여 일방적으로 행해지고, 그 이후 선동에 따른 범죄의 결의 여부 및 그 내용은 선동자의 지배영역을 벗어나 피선동자에 의하여 결정될 수 있으며, 반란선동을 처벌하는 근거가 선동행위 자체의 위험성과 불법성에 있다는 점 등을 전제하면, 반란선동에 있어 시기와 장소, 대상과 방식, 역할분담 등 반란 실행행위의 주요 내용이 선동 단계에서 구체적으로 제시되어야 하는 것은 아니고, 선동에 따라 피선동자가 반란의 실행행위로 나아갈 개연성이 있다고 인정되어야만 반란선동의 위험성이 있는 것으로 볼 수도 없다. 또한 선동은 범행을 용이하게 할 만큼 영향을 미쳤음을 요하지 아니한다는 점에서 방조와 구별된다. 선동의 경우에 본죄를 범할 목적은 필요하지 않다. 만약 선동이 교사·방조의 수준에 해당하면 본죄의 교사·방조범이 성립한다.

반란선동은 주로 반란행위의 외부적 준비행위에도 이르지 않은 단계에서 이루어지지만, 다수인의 심리상태에 영향을 주는 방법으로 반란의 실행욕구를 유발 또는 증대시킴으로써 집단적인 반란의 결의와 실행으로 이어지게 할 수 있는 파급력이 큰 행위이다. 따라서 반란을 목표로 선동하는 행위는 그 자체로 반란예비·음모에 준하는 불법성이 있다고 보아 반란예비·음모와 동일한 법정형으로 처벌되는 것이다.

'선전'이란 반란의 필요성에 관한 취지를 불특정 또는 다수인에게 이해시키고 그들의 찬동을 얻기 위한 일체의 의사전달 행위를 말한다. 반드시 상대방에게 직접적으로 전달할 필요는 없고, 수단 및 방법에는 제한이 없다.

4. 처 벌

수괴는 사형에 처한다. 여기서 '수괴'(首魁)란 반란을 주창하고 집단적 행동을 조직·통솔하는 자를 말한다. 그 수를 불문하고, 반드시 존재해야 하는 것도 아니다.

반란 모의에 참여하거나 반란을 지휘하거나 그 밖에 반란에서 중요한 임무에 종사한 사람과 반란 시 살상·파괴 또는 약탈 행위를 한 사람은 사형, 무기 또는 7

년 이상의 징역이나 금고에 처한다. 여기서 모의에 참여한다는 것은 반란을 실행하기 위한 계획에 참가하여 수괴를 보좌하는 것을 말하고, 지휘한다는 것은 반란의 실행에 직접 참여하여 반란자 전부 또는 일부를 이끄는 것을 말하며, 기타 중요한 임무에 종사한다는 것은 위의 자 이외의 일정한 자로서 책임있는 임무에 종사하며 반란행위에 참가하는 것을 말한다.

　　반란에 부화뇌동하거나 단순히 폭동에만 관여한 사람은 7년 이하의 징역이나 금고에 처한다. 여기서 '부화뇌동'(附和雷同)이란 반란에 대한 확실한 의식 없이 이에 찬동하여 같이 행동하는 것을 말한다.

5. 동맹국에 대한 행위

　　본죄는 대한민국의 동맹국에 대한 행위에도 적용한다. 이는 공동전투에 참가한 동맹국의 군권을 침해하는 것을 방지하기 위한 것이다. 여기서 말하는 동맹국은 조약 등에 의한 국제법상의 동맹국에 한하지 않고, 상호원조·공동전투참가 등을 하고 있는 사실상의 동맹국도 포함한다.

Ⅱ. 반란목적의 군용물탈취죄

> 제6조(반란 목적의 군용물 탈취) 반란을 목적으로 작당하여 병기, 탄약 또는 그 밖에 군용에 공하는 물건을 탈취한 사람은 제5조의 예에 따라 처벌한다.
> 제7조(미수범) 제5조와 제6조의 미수범은 처벌한다.
> 제8조(예비, 음모, 선동, 선전) ① 제5조 또는 제6조의 죄를 범할 목적으로 예비 또는 음모를 한 사람은 5년 이상의 유기징역이나 유기금고에 처한다. 다만, 그 목적한 죄의 실행에 이르기 전에 자수한 경우에는 그 형을 감경하거나 면제한다.
> ② 제5조 또는 제6조의 죄를 범할 것을 선동하거나 선전한 사람도 제1항의 형에 처한다.
> 제10조(동맹국에 대한 행위) 이 장의 규정은 대한민국의 동맹국에 대한 행위에도 적용한다.

1. 의 의

　　반란목적의 군용물탈취죄는 반란을 목적으로 작당하여 병기·탄약 또는 그 밖에 군용에 공하는 물건을 탈취함으로써 성립하는 범죄이다.

2. 구성요건

(1) 행 위

본죄의 실행행위는 작당하여 병기·탄약 또는 그 밖에 군용에 공하는 물건을 탈취하는 것이다. '작당하여'의 의미는 반란죄에서 설명한 것과 동일하다. 다만 작당하지 않고 개인적으로 반란의 목적을 가지고 군용물을 탈취한 경우에는 반란예비죄에 해당한다.

'군용에 공하는 물건'이란 군용으로 제공되거나 사용되는 물건을 말한다. 예를 들면 탄약·병기와 그에 유사한 전투용 군용물 및 기타 군용에 공하는 차량·금전·피복 등이 이에 해당한다. 또한 군용에 공하는지 여부는 현실적으로 군용에 공하고 있는지를 기준으로 판단하므로, 현실적으로 군용에 공하고 있으면 소유권자가 누구인지를 불문한다. 한편 본죄에서 말하는 물건은 탈취의 대상이 되어야 하기 때문에 동산에 국한된다.

'탈취'란 군용물을 상대방의 의사에 반하여 자기 또는 제3자에게 이전하는 것을 말한다. 예를 들면 절취·강취가 이에 해당한다. 반면에 상대방의 하자 있는 의사에 의하여 군용물을 편취하는 경우에는 이에 해당하지 아니한다. 한편 탈취는 영득행위의 일종이므로 영득의 의사가 없는 손괴행위는 이에 해당하지 아니한다.

(2) 주관적 구성요건

본죄는 목적범에 해당하므로, 반란의 목적이 없는 경우에는 제75조에서 규정하고 있는 군용물에 관한 죄가 성립할 뿐이다.

3. 처 벌

본죄의 처벌은 반란죄의 경우와 동일하다. 다만 본죄를 범한 후 반란을 한 사람은 본죄의 본질이 반란예비의 성격을 가지므로 반란죄에 흡수된다.[1]

Ⅲ. 반란불보고죄

> 제9조(반란 불보고) ① 반란을 알고도 이를 상관 또는 그 밖의 관계관에게 지체 없이 보고하지 아니한 사람은 2년 이하의 징역이나 금고에 처한다.
> ② 제1항의 경우에 적을 이롭게 할 목적으로 보고하지 아니한 사람은 7년 이하의 징역이나 금고에 처한다.
> 제10조(동맹국에 대한 행위) 이 장의 규정은 대한민국의 동맹국에 대한 행위에도 적용한다.

1. 의 의

반란불보고죄는 반란을 알고도 이를 상관 또는 그 밖의 관계관에게 지체 없이

---

1) 육군본부, 337면; 이상철, 114면.

보고하지 아니함으로써 성립하는 범죄이다. 본죄는 반란에 대한 고발의무위반을
형사처벌의 대상으로 삼고 있는 부작위범에 해당한다.

2. 구성요건

(1) 주 체

본죄의 주체는 반란을 알고 있는 군인·준군인이다. 여기서 반란을 알고 있다
는 것은 반란을 확정적으로 인식하는 경우뿐만 아니라 미필적으로 인식하는 경우
도 포함된다. 하지만 반란을 방지해야 할 의무가 있는 지휘관 또는 관계관은 본죄
의 주체가 될 수 없다. 왜냐하면 지휘관 또는 관계관이 본죄의 구성요건을 충족시
킬 경우에는 부하범죄부진정죄(제93조) 또는 직무유기죄(제24조)가 성립할 수 있으
며, 경우에 따라서는 부작위에 의한 반란죄가 인정될 수도 있기 때문이다. 한편 반
란을 알고 있는 사람의 보고의무는 상관이나 관계관이 알기 전까지라고 해석해야
한다.[1] 왜냐하면 반란을 알았다고 하여 무제한적으로 보고의무를 부과할 수는 없
으며, 상관이나 관계관이 이미 알고 이에 대한 대응조치를 할 수 있는 단계에 있
다면 그 후의 보고는 의미가 없기 때문이다.

(2) 행 위

본죄의 실행행위는 반란을 알고도 이를 상관 또는 그 밖의 관계관에게 지체
없이 보고하지 아니하는 것이다. 여기서 말하는 '상관'은 자신의 명령계통에 있는
순정상관뿐만 아니라 반란자의 순정상관을 포함한다. 다만 반란자의 상관은 그 반
란에 가담하지 않았을 뿐만 아니라 반란의 정을 모르고 있는 경우에 한한다. '관계
관'이란 반란진압에 관하여 일정한 조치를 취할 수 있는 권한 있는 사람을 말하며,
군수사기관에 한정되지 아니한다. '지체 없이'란 시간적 여유를 두지 않고 즉시 보
고해야 한다는 것을 말한다.[2]

(3) 주관적 구성요건

반란불보고를 함에 있어서 이적의 목적이 있는 경우에는 형이 가중된다.

---

1) 육군본부, 339면.
2) 이에 대하여 입법론으로 미 통일군사법전의 규정과 같이 '모든 합리적 수단을 취하여'(take all
   reasonable means to inform)라고 규범적으로 규정하는 것이 타당하다는 견해로는 이상철, 117면.

제 5 장 이적의 죄

I. 군대 및 군용시설등제공죄

> 제11조(군대 및 군용시설 제공) ① 군대 요새, 진영 또는 군용에 공하는 함선이나 항공기 또는 그 밖의 장소, 설비 또는 건조물을 적에게 제공한 사람은 사형에 처한다.
> ② 병기, 탄약 또는 그 밖에 군용에 공하는 물건을 적에게 제공한 사람도 제1항의 형에 처한다.
> 제15조(미수범) 제11조부터 제14조까지의 미수범은 처벌한다.
> 제16조(예비, 음모, 선동, 선전) ① 제11조부터 제14조까지의 죄를 범할 목적으로 예비 또는 음모를 한 사람은 3년 이상의 유기징역에 처한다. 다만, 그 목적한 죄의 실행에 이르기 전에 자수한 경우에는 그 형을 감경하거나 면제한다.
> ② 제11조부터 제14조까지의 죄를 범할 것을 선동하거나 선전한 사람도 제1항의 형에 처한다.
> 제17조(동맹국에 대한 행위) 이 장의 규정은 대한민국의 동맹국에 대한 행위에도 적용한다.

1. 의 의

군대 및 군용시설등제공죄는 군대·요새·진영 또는 군용에 공하는 함선이나 항공기 또는 그 밖의 장소·설비 또는 건조물(제1항), 병기·탄약 또는 그 밖에 군용에 공하는 물건(제2항)을 적에게 제공함으로써 성립하는 범죄이다. 민간인이 본죄의 구성요건을 충족할 경우에는 형법 제95조의 시설제공이적죄가 성립한다.

2. 구성요건

(1) 객 체

본죄의 객체는 군대·요새·진영 또는 군용에 공하는 함선이나 항공기 또는 그 밖의 장소·설비 또는 건조물, 병기·탄약 또는 그 밖에 군용에 공하는 물건이다. '군대'란 군의 인적 시설로서 지휘자를 갖는 군인의 집단을 말하며, 일정한 조직을 갖출 것을 요하므로 전투원만을 제공한 경우에는 이에 해당하지 아니한다. '요새'란 국방상·전략상 중요 지점에 방비와 작전상의 근거지로 사용하기 위한 시설로서 방비책이 아닌 영구적인 제반 방어시설로 구축된 전략적 요지를 말한다. '진영'이란 전투부대에 의하여 공격·방어를 위하여 점령된 지역 및 영조물로서 일시적인 시설을 말한다. '군용에 공한다'는 것은 현실적으로 군용으로 제공되거나 사용되고 있는 물건을 말한다.

'병기·탄약 또는 그 밖에 군용에 공하는 물건'의 해석과 관련하여, 병기 또는 탄약이 반드시 군용에 공하는 것에 한정되는지 여부가 문제되는데, 군용에 공하지 아니하는 병기 또는 탄약의 제공은 제14조 제7호에 의하여 별도로 처벌되므로, 본죄에서 말하는 병기 또는 탄약은 군용에 공하는 것에 국한된다. 한편 군용에 공하지도 않고 전투용에도 공할 수 없는 병기·탄약 이외의 물건을 적에게 제공한다면 제14조 제8호에 해당할 수 있다.

(2) 행 위

본죄의 실행행위는 적에게 제공하는 것이다. '제공'이란 현실적으로 적의 사실상의 지배나 점유가 가능한 상태에 두는 것을 말한다. 그러므로 제공의 의사표시만을 하는 경우에는 미수에 그친다.

Ⅱ. 군용시설등파괴죄

> 제12조(군용시설 등 파괴) 적을 위하여 제11조에 규정된 군용시설 또는 그 밖의 물건을 파괴하거나 사용할 수 없게 한 사람은 사형에 처한다.
> 제15조(미수범) 제11조부터 제14조까지의 미수범은 처벌한다.
> 제16조(예비, 음모, 선동, 선전) ① 제11조부터 제14조까지의 죄를 범할 목적으로 예비 또는 음모를 한 사람은 3년 이상의 유기징역에 처한다. 다만, 그 목적한 죄의 실행에 이르기 전에 자수한 경우에는 그 형을 감경하거나 면제한다.
> ② 제11조부터 제14조까지의 죄를 범할 것을 선동하거나 선전한 사람도 제1항의 형에 처한다.
> 제17조(동맹국에 대한 행위) 이 장의 규정은 대한민국의 동맹국에 대한 행위에도 적용한다.

1. 의 의

군용시설등파괴죄는 적을 위하여 제11조에 규정된 군용시설 또는 그 밖의 물건을 파괴하거나 사용할 수 없게 함으로써 성립하는 범죄이다. 본죄는 이적의 목적을 요구하는 목적범이므로, 이적의 목적이 없는 경우에는 군용물에 관한 죄(제66조 내지 제71조)만이 성립할 뿐이다.

2. 구성요건

본죄의 실행행위는 적을 위하여 제11조에 규정된 군용시설 또는 그 밖의 물건을 파괴하거나 사용할 수 없게 하는 것이다. '파괴'란 유형적으로 물건의 효용의 전부 또는 일부를 상실케 하는 것을 말한다. 파괴의 정도는 물건의 기능이나 용도의 중요부분에 이르러야 하며, 일시적이든 영구적이든 불문한다. '사용할 수 없게 하는 것'이란 물건의 외형상 변동 없이 물건의 기능이나 용도에 지장을 주는 행위를 말하며, 파괴에 의하지 않는 한 그 방법에는 제한이 없다. 예를 들면 병기에 이물질을 넣는 행위, 중요한 부속품을 제거하는 행위, 항공기 등의 연료를 반출하는 행위 등이 이에 해당한다.

Ⅲ. 간첩죄

제13조(간첩) ① 적을 위하여 간첩행위를 한 사람은 사형에 처하고, 적의 간첩을 방조한 사람은 사형 또는 무기징역에 처한다.
② 군사상 기밀을 적에게 누설한 사람도 제1항의 형에 처한다.
③ 다음 각 호의 어느 하나에 해당하는 지역 또는 기관에서 제1항 및 제2항의 죄를 범한 사람도 제1항의 형에 처한다.
　1. 부대·기지·군항지역 또는 그 밖에 군사시설 보호를 위한 법령에 따라 고시되거나 공고된 지역
　2. 부대이동지역·부대훈련지역·대간첩작전지역 또는 그 밖에 군이 특수작전을 수행하는 지역
　3. 「방위사업법」에 따라 지정되거나 위촉된 방위산업체와 연구기관
제15조(미수범) 제11조부터 제14조까지의 미수범은 처벌한다.
제16조(예비, 음모, 선동, 선전) ① 제11조부터 제14조까지의 죄를 범할 목적으로 예비 또는 음모를 한 사람은 3년 이상의 유기징역에 처한다. 다만, 그 목적한 죄의 실행에 이르기 전에 자수한 경우에는 그 형을 감경하거나 면제한다.
② 제11조부터 제14조까지의 죄를 범할 것을 선동하거나 선전한 사람도 제1항의 형에 처한다.
제17조(동맹국에 대한 행위) 이 장의 규정은 대한민국의 동맹국에 대한 행위에도 적용한다.

1. 의 의

간첩죄는 적을 위하여 간첩행위를 하거나 적의 간첩을 방조하거나(제1항) 군사상 기밀을 적에게 누설함으로써(제2항) 성립하는 범죄이다. 본죄에서 말하는 간첩행위 또는 군사상 기밀누설행위를 부대·기지·군항지역 등에서 범하였을 경우에는 군인·준군인뿐만 아니라 내·외국 민간인도 그 주체가 된다(제3항).

2. 간첩죄

(1) 구성요건

'간첩'이란 적에게 제보하기 위하여 은밀한 방법으로 우리나라의 군사상은 물

론 정치·경제·사회·문화·사상 등 기밀에 속한 사항 또는 도서·물건을 탐지·수집하는 것을 말한다. 그러므로 국가기밀을 탐지·수집한 때에 본죄의 기수가 된다. 적을 위하여 간첩한 것이어야 하므로 적어도 적과의 의사연락이 있어야 하며, 편면적 간첩은 인정되지 아니한다.[1] 그러므로 적과 의사연락 없이 일방적으로 적을 위하여 기밀을 수집하는 행위는 간첩예비죄에 해당할 뿐이다. 한편 북한괴뢰집단은 우리나라 헌법상 반국가적인 불법단체로서 국가로 볼 수 없지만, 간첩죄의 적용에 있어서는 이를 국가에 준하여 취급하여야 한다.[2]

'국가기밀'이란 대한민국의 외적 안전에 중대한 불이익이 될 위험을 방지하기 위하여 타국에 비밀로 하여야 할 사실·대상 또는 지식으로서 제한된 범위의 사람에게만 알려져 있는 것을 말한다. 국가기밀은 순수한 의미에서의 국가기밀에만 국한할 것이 아니고 정치·경제·사회·문화 등 각 방면에 걸쳐서 대한민국의 국방정책상 적국에 알리지 아니하거나 확인되지 아니함이 이익이 되는 모든 기밀사항을 포함한다(실질적 기밀개념).[3] 이에 따라 지령에 의하여 민심동향을 파악·수집하는 것도 본죄에 해당하며[4], 그 탐지·수집의 대상이 우리 국민의 해외교포사회에 대한 정보여서 그 기밀사항이 국외에 존재한다고 하여도 국가기밀에 포함된다.[5]

국가기밀은 그 내용이 누설되는 경우 국가의 안전에 위험을 초래할 우려가 있어 기밀로 보호할 실질적 가치를 갖춘 것이어야 한다.[6] 위법한 기밀이라고 할지라도 그 사실이 적국에 알려짐으로써 국가의 외적 안전이 위협을 받을 수 있기 때문에 국가기밀로 보호할 가치가 있으면 국가기밀이 될 수 있다. 한편 국가기밀은 국내에서의 적법한 절차 등을 거쳐 이미 일반인에게 널리 알려진 공지의 사실·물건 또는 지식에 속하지 아니한 것이어야 한다.[7]

(2) 실행의 착수시기 및 기수시기

본죄의 실행의 착수시기는 국가기밀의 탐지·수집에 대한 직접적인 개시행위

---

1) 대법원 1959. 5. 18. 선고 4292형상34 판결.
2) 대법원 1983. 3. 22. 선고 82도3037 판결; 대법원 1971. 9. 28. 선고 71도1498 판결; 대법원 1959. 7. 18. 선고 4292형상180 판결.
3) 대법원 1968. 12. 24. 선고 68도1409 판결; 대법원 1963. 4. 25. 선고 63도78 판결; 대법원 1959. 6. 30. 선고 4292형상100 판결.
4) 대법원 1985. 11. 12. 선고 85도1939 판결; 대법원 1969. 2. 25. 선고 68도825 판결.
5) 대법원 1988. 11. 8. 선고 88도1630 판결.
6) 대법원 1997. 7. 16. 선고 97도985 전원합의체 판결; 대법원 1978. 1. 10. 선고 77도3571 판결(반국가단체 구성원으로부터 간첩지령을 받고 입국한 자가 출입국 검사관의 책상위에 있는 수배자 명단이 우연히 눈에 띈 것이라고 할지라도 이를 유심히 살핀 결과 특정 수배자를 알아냈다면 이는 간첩행위라고 보아야 한다).
7) 대법원 1997. 7. 16. 선고 97도985 전원합의체 판결.

가 존재할 때이다.[1] 그리고 국가기밀에 속한 사항 또는 도서·물건을 탐지·수집한 때에 기수가 된다. 그러므로 간첩이 이미 탐지·수집하여 지득하고 있는 사항을 타인에게 보고·누설하는 행위는 간첩의 사후행위로서 간첩행위 자체라고 할 수 없다.[2] 본죄의 기수가 되기 위하여 활동무대를 구축하거나 동지를 포섭 또는 접선한 것만으로는 부족하지만, 탐지·수집한 국가기밀을 지령자 또는 접선자에게 전달할 필요까지는 없다.[3]

3. 간첩방조죄

'간첩방조'란 적의 간첩이라는 정을 알면서 그의 간첩행위를 원조하여 그 실행을 용이하게 하는 일체의 행위를 말한다. 본죄는 군인·준군인뿐만 아니라 내·외국 민간인도 주체가 될 수 있다.[4] 본죄의 간첩방조는 독립된 범죄이기 때문에 총칙상의 방조범과 그 성격을 달리한다. 그러므로 정범의 성립이 전제될 필요가 없으며[5], 방조범 감경의 규정도 그 적용이 없다.[6] 또한 간첩방조죄의 미수는 방조행위 자체가 미수에 그친 경우에 성립한다.[7]

판례에 의하면, ① 남파된 대남공작원을 상륙시킨 경우[8], ② 남파공작원의 신분을 합법적으로 가장시킨 경우[9], ③ 간첩과의 접선방법을 합의한 경우[10], ④ 간첩과 접선방법을 합의한 경우[11] 등에 있어서는 간첩방조죄가 성립한다.

하지만 ① 간첩활동과 무관하게 간첩에게 단순히 숙식의 편의를 제공한 경우[12], ② 국가기밀을 탐지·수집할 의사가 없는 간첩을 숨겨준 사실이 있는 경우[13], ③ 무전기를 매몰하는

---

1) 대법원 1974. 11. 12. 선고 74도2662 판결(간첩미수죄는 국가기밀을 탐지·수집하라는 지령을 받았거나 소위 무인포스트를 설정하는 것만으로는 부족하고 그 지령에 따라 국가기밀을 탐지·수집하는 행위의 실행의 착수가 있어야 성립된다).
2) 대법원 2011. 1. 20. 선고 2008재도11 전원합의체 판결.
3) 대법원 1982. 2. 23. 선고 81도3063 판결; 대법원 1963. 12. 12. 선고 63도312 판결.
4) 이에 대하여 본죄를 민간인에게도 적용하는 것은 형법이 이미 범죄로 하고 있는 행위유형(형법 제98조 제2항)을 군법에 의해서 형벌만 가중하는 결과가 되므로 적절하지 않다는 견해로는 이상철, 123면.
5) 대법원 1954. 4. 30. 선고 4292형상109 판결(남파된 간첩을 북한으로 호송할 목적으로 제반 준비를 갖추고 남한에 도착하자마자 체포되었을 경우 간첩방조 미수가 성립한다).
6) 대법원 1971. 9. 28. 선고 71도1333 판결; 대법원 1959. 6. 30. 선고 4292형상195 판결.
7) 대법원 1959. 6. 12. 선고 4292형상131 판결.
8) 대법원 1961. 1. 27. 선고 4293형상807 판결.
9) 대법원 1970. 10. 30. 선고 70도1870 판결.
10) 대법원 1971. 9. 28. 선고 71도1333 판결.
11) 대법원 1971. 2. 25. 선고 70도2417 판결.
12) 대법원 1967. 1. 31. 선고 66도1661 판결.
13) 대법원 1979. 10. 10. 선고 75도1003 판결.

데 망을 보아준 경우[1]), ④ 안부편지를 전달해 준 경우[2]), ⑤ 조총련간첩에 소개하여 일본국에 말항하게 하거나 공동묘지를 촬영한 필름을 조총련간첩에게 준 경우[3]) 등에 있어서는 간첩방조죄가 성립하지 아니한다.

4. 군사상 기밀누설죄

'군사상 기밀누설'이란 군사상 기밀을 지득한 자가 그 기밀을 적에게 알리는 것을 말한다. 누설은 적에 대하여 하여야 하며, 적 이외의 자에 대한 누설은 군형법 제80조의 군사기밀누설죄에 해당한다. 본죄의 행위태양은 탐지·수집행위 없이 기밀을 누설하는 것을 말하므로, 직무와 관련하여 직무상 알게 된 군사기밀을 누설한 경우로 제한해야 한다(진정신분범).[4] 이에 따라 직무와 관계없이 알게 된 군사상의 기밀을 누설한 때에는 민간인의 경우 형법상 일반이적죄, 군인·준군인의 경우 군형법 제14조 제8호의 보충적 이적죄가 성립할 뿐이다.[5]

'군사상 기밀'이란 현대전의 양상에 비추어 순수한 군사상 기밀뿐만 아니라 군사력에 직결되고 군작전 수행과 관련이 있는 정치·경제·사회·문화 등 국가의 모든 분야에 걸쳐 적국에 알려짐으로써 우리나라에 군사상 불이익이 되는 일체의 기밀을 포함한다.[6] 누설한 사항 중 일부내용이 실제 군사기밀 내용과 다른 경우에도 나머지 부분이 군사기밀인 내용을 제대로 담고 있다면 전체적으로 보아 군사기밀에 해당한다. 또한 누설한 군사기밀사항이 누설행위 이후 평문으로 저하되었거나 군사기밀이 해제되었다고 하더라도 이를 법률의 변경으로 볼 수 없으므로 재판시 법적용 여부가 문제될 여지는 없다. 적과 아무런 연락 없이 편면적[7])으로 취학을 주된 목적으로 하고 월북하여 그곳 관헌의 호의를 사기 위하여 누설하고자 군사에 관한 정보를 수집하였다면 군사상 기밀누설의 예비행위이지만[8]), 월북

---

1) 대법원 1983. 4. 26. 선고 83도416 판결.
2) 대법원 1966. 7. 12. 선고 66도470 판결.
3) 대법원 1970. 6. 30. 선고 70도896 판결.
4) 대법원 1972. 6. 27. 선고 72도963 판결; 대법원 1971. 6. 30. 선고 71도774 판결; 대법원 1959. 7. 10. 선고 4292형상197 판결.
5) 대법원 1982. 11. 23. 선고 82도2201 판결; 대법원 1982. 7. 13. 선고 82도968 판결; 대법원 1971. 2. 25. 선고 70도2417 판결.
6) 대법원 2000. 1. 28. 선고 99도4022 판결; 대법원 1994. 4. 26. 선고 94도348 판결; 대법원 1990. 8. 28. 선고 90도230 판결; 대법원 1983. 6. 14. 선고 83도863 판결; 대법원 1982. 11. 23. 선고 82도2201 판결; 대법원 1980. 9. 9. 선고 80도1430 판결.
7) 대법원 1975. 9. 23. 선고 75도1773 판결(북괴의 지령 사주 기타의 의사의 연락 없이 단편적으로 지득하였던 군사상의 기밀사항을 북괴에 납북된 상태하에서 제보한 행위는 간첩죄에 해당하지 아니하고 다만 반공법 제4조 제1항 소정의 반국가단체를 이롭게 하는 행위에 해당한다).
8) 대법원 1959. 5. 18. 선고 4292형상34 판결.

기도 자체만으로는 간첩예비죄를 인정할 수 없다.[1] 한편 간첩행위로 지득한 군사상 기밀을 적에게 통보하는 경우에는 간첩죄에 흡수되어 본죄가 별도로 성립하지 아니한다.[2]

5. 군사간첩죄

군사간첩죄는 일정한 지역에서 간첩·간첩방조·군사기밀누설을 한 사람을 처벌하기 위한 규정이다. 군인·준군인이 제13조 제1항 또는 제2항의 행위를 한 경우에는 지역을 불문하고 모두 제13조 제1항의 형이 적용되므로 본죄는 특별한 의미가 없다. 그리고 민간인이 제13조 제2항의 행위를 한 경우에는 그 행위를 한 지역을 불문하고 제13조 제2항에 따라 처벌되며, 그 형은 제13조 제1항의 형에 의한다. 그러므로 본죄는 일정한 지역 또는 기관에서 내·외국 민간인에 의하여 범해지는 간첩·간첩방조·군사기밀누설행위를 처벌하기 위한 규정이다.

Ⅳ. 일반이적죄

제14조(일반이적) 제11조부터 제13조까지의 행위 외에 다음 각 호의 어느 하나에 해당하는 행위를 한 사람은 사형, 무기 또는 5년 이상의 징역에 처한다.
1. 적을 위하여 진로를 인도하거나 지리를 알려준 사람
2. 적에게 항복하게 하기 위하여 지휘관에게 이를 강요한 사람
3. 적을 숨기거나 비호한 사람
4. 적을 위하여 통로, 교량, 등대, 표지 또는 그 밖의 교통시설을 손괴하거나 불통하게 하거나 그 밖의 방법으로 부대 또는 군용에 공하는 함선, 항공기 또는 차량의 왕래를 방해한 사람
5. 적을 위하여 암호 또는 신호를 사용하거나 명령, 통보 또는 보고의 내용을 고쳐서 전달하거나 전달을 게을리하거나 거짓 명령, 통보나 보고를 한 사람
6. 적을 위하여 부대, 함대, 편대 또는 대원을 해산시키거나 혼란을 일으키게 하거나 그 연락이나 집합을 방해한 사람
7. 군용에 공하지 아니하는 병기, 탄약 또는 전투용에 공할 수 있는 물건을 적에게 제공한 사람
8. 그 밖에 대한민국의 군사상 이익을 해하거나 적에게 군사상 이익을 제공한 사람

---

1) 대법원 1960. 10. 7. 선고 4292형상1070 판결.
2) 대법원 1974. 7. 26. 선고 74도1477 전원합의체 판결(형법 제98조 제1항의 간첩죄를 범한 자가 그 탐지수집한 기밀을 누설한 경우 또는 국가보안법 제3조 제1호의 국가기밀을 탐지 수집한 자가 그 탐지수집한 기밀을 누설한 경우 등에는 포괄하여 1죄를 범한 것으로 보아야 할 것이고, 간첩죄와 군사기밀누설죄, 또는 국가기밀탐지수집죄와 국가기밀누설등 두 가지 죄를 범한 것으로 인정할 수 없다).

제15조(미수범) 제11조부터 제14조까지의 미수범은 처벌한다.
제16조(예비, 음모, 선동, 선전) ① 제11조부터 제14조까지의 죄를 범할 목적으로 예비 또는
음모를 한 사람은 3년 이상의 유기징역에 처한다. 다만, 그 목적한 죄의 실행에 이르기 전에
자수한 경우에는 그 형을 감경하거나 면제한다.
② 제11조부터 제14조까지의 죄를 범할 것을 선동하거나 선전한 사람도 제1항의 형에 처한다.
제17조(동맹국에 대한 행위) 이 장의 규정은 대한민국의 동맹국에 대한 행위에도 적용한다.

1. 향도이적죄

향도이적죄는 적을 위하여 진로를 인도하거나 지리를 알려줌으로써 성립하는
범죄이다. 진로를 인도한다는 것은 적을 안내하며 선도자로서 행동하는 것을 말하
며, 지리를 알려준다는 것은 육·해·공역의 지형, 수로, 수심, 지세 등에 대한 정보
를 제공하는 것을 말한다. 본죄는 적을 위하여 하는 경우에 한하여 성립하는데, 여
기서 말하는 적은 적의 군대·개별 적군·아군에 대항하는 적성민간인 등을 모두
포함한다. 내·외국 민간인이 본죄의 구성요건을 충족하는 경우에는 본죄가 아니
라 형법상 일반이적죄가 성립한다.

2. 항복강요이적죄

항복강요이적죄는 적에게 항복하게 하기 위하여 지휘관에게 이를 강요함으로
써 성립하는 범죄이다. '항복'이란 전투의사를 포기하고 굴복하여 적의 지배권 아
래로 들어가는 것을 말한다. '강요'란 폭행·협박 그 밖의 위력으로 지휘관으로 하
여금 외포심을 일으켜 자신의 의사에 추종시키는 것을 말한다. 다만 본죄에서의
강요는 제한적으로 해석되어야 하는데, 단순한 강요를 받은 지휘관이 업무수행을
포기한다는 것은 지휘관의 권한이나 임무에 비추어 볼 때 용납될 수 없기 때문이
다. 다만 이러한 강요가 작당에 의하여 이루어진 경우 본죄는 반란죄에 흡수된다.
본죄는 거동범에 해당하기 때문에 강요에 의하여 지휘관이 사실상 항복을 하였는
지 여부는 불문한다.

3. 은닉비호이적죄

은닉비호이적죄는 적을 숨기거나 비호함으로써 성립하는 범죄이다. 적을 숨기
는 것은 은닉을 의미하는데, '은닉'이란 관헌으로부터 체포를 면하게 할 목적으로
숨겨 주는 것을 말한다. '비호'란 적에 대한 보호행위로서 은닉 이외에 일체의 물
리적·정신적 원조행위를 말한다. 예를 들면 적이 현존함에도 불구하고 그 사실을

부인하는 경우, 적의 존재를 알면서 그 통보요구를 거부하는 경우 등이 이에 해당한다.[1]

4. 교통방해이적죄

교통방해이적죄는 적을 위하여 통로·교량·등대·표지 또는 그 밖의 교통시설을 손괴하거나 불통하게 하거나 그 밖의 방법으로 부대 또는 군용에 공하는 함선·항공기 또는 차량의 왕래를 방해함으로써 성립하는 범죄이다. 이적의 목적이 없는 경우에는 형법상 교통방해죄가 성립하고, 그 객체가 군용물인 경우에는 군형법상 군용물에 대한 죄가 성립한다.

본죄의 객체는 교통시설이나 군용교통기관이며, 그 밖에도 궤도·활주도 등이 포함된다. 다만 군용교통기관의 경우에는 그 왕래에 대한 방해가 본죄에 해당하므로, 왕래에 대한 방해 없이 함선·항공기·차량 등을 파괴를 한 경우에는 군형법 제12조에 규정된 군용시설등파괴죄에 해당한다.

'손괴'란 파괴에 이르지 않는 범위 내에서 물체에 대한 유형적 변화를 초래하여 그 효용을 해하는 것을 말하며, '불통하게 한다'는 것은 장애물을 사용하여 본래의 기능을 발휘하지 못하게 하는 것을 말한다. 이와 같은 교통방해로 인하여 현실적으로 교통이 방해되었는지 여부는 불문한다.

5. 암호등사용이적죄

(1) 의 의

암호등사용이적죄는 적을 위하여 암호 또는 신호를 사용하거나 명령·통보 또는 보고의 내용을 고쳐서 전달하거나 전달을 게을리하거나 거짓 명령·통보나 보고를 함으로써 성립하는 범죄이다.

(2) 적을 위하여 암호 또는 신호를 사용하는 경우

'암호'란 일정한 범위 내에서만 통하는 비밀신호나 부호를 말하며, '신호'란 의식내용을 전달하기 위한 일정한 부호나 거동을 말한다. 본죄는 아군의 암호나 신호 자체를 보호의 대상으로 하는 것이 아니라 암호나 부호를 사용한 적과의 연락행위를 그 내용으로 하고 있다는 점에서 제81조에서 말하는 암호와 구별된다. 그러므로 본죄에서 말하는 암호 또는 신호는 군에서 사용하는 것뿐만 아니라 널리 적과 의사나 인식내용을 연락할 수 있는 일체의 표현수단을 의미한다. 본죄는 암

---

1) 대법원 1954. 12. 30. 선고 4287형상130 판결.

호 또는 신호를 이적의 목적으로 사용하는 것 자체를 처벌하려는 것이므로, 적에게 이를 사용함으로써 암호 또는 신호라는 군사기밀을 누설한 경우에는 군사상 기밀누설죄만 성립한다.

(3) 적을 위하여 명령·통보 또는 보고의 내용을 고쳐서 전달하거나 전달을 게을리하는 경우

적을 위하여 명령·통보 또는 보고의 내용을 고쳐서 전달하는 것에는 그 내용을 일부 변경하여 전달하는 것도 포함된다. 내용을 고치는 순간에 실행의 착수가 있으며, 수령자에게 전달되는 순간에 기수가 된다.

전달을 게을리하는 것은 정당한 사유 없이 전달을 지체하거나 방기하는 것을 말한다. 명령·통보·보고는 일정한 사항의 전달이라는 점에서는 동일하지만, 그 전달대상이 상관·동급자·하급자인지 여부에 따라 구별된다.

(4) 적을 위하여 거짓 명령·통보나 보고를 하는 경우

본죄는 처음부터 명령 등이 거짓으로 행해지는 것을 방지하기 위한 것이라는 점에서 앞의 두 가지 행위태양과 구별된다. 그러므로 본죄의 주체는 명령권자나 통보·보고의무자이다. 거짓의 전달은 진실에 반하는 전달을 말한다. 이적의 목적이 없는 경우에는 제38조의 죄책을 질 뿐이다.

6. 부대등해산이적죄

(1) 의 의

부대등해산이적죄는 적을 위하여 부대·함대·편대 또는 대원을 해산시키거나 혼란을 일으키게 하거나 그 연락이나 집합을 방해함으로써 성립하는 범죄이다.

(2) 객 체

본죄의 객체는 부대·함대·편대 또는 대원이다. 함대와 편대는 각각 해군과 공군의 부대 구성단위에 해당하므로, 부대는 육상부대에 한정된다. 대원이란 부대·함대·편대의 인적 구성원을 말한다.

(3) 행 위

본죄의 실행행위는 부대·함대·편대 또는 대원을 해산시키거나 혼란을 일으키게 하거나 그 연락이나 집합을 방해하는 것이다. '해산'이란 부대 등의 질서를 파괴하여 분산시키는 것을 말하며, 현실적인 해산을 필요로 한다. '혼란을 일으키게 하는 것'이란 부대 등의 질서를 파괴하여 위험성을 초래케 하는 것을 말한다. '연락이나 집합을 방해하는 것'은 분산되어 있는 부대 등의 교신을 방해하거나 집결에 장애를 초래하는 일체의 행위를 말한다.

7. 일반물건제공이적죄

일반물건제공이적죄는 군용에 공하지 아니하는 병기·탄약 또는 전투용에 공할 수 있는 물건을 적에게 제공함으로써 성립하는 범죄이다. 본죄의 객체는 현실적으로 군용에 공하고 있지 않지만, 군용에 공할 수 있는 전투용으로 가능한 물건이다. 또한 해당 물건이 직접 전투에 사용될 수 있는 것이어야 할 필요는 없으며, 간접적으로 사용할 수 있는 것이면 족하다.

8. 보충적 이적죄

보충적 이적죄는 그 밖에 대한민국의 군사상 이익을 해하거나 적에게 군사상 이익을 제공함으로써 성립하는 범죄이다. 본죄는 제14조 제1호 내지 제7호에서 규정하고 있는 일련의 이적죄에 해당하지 않는 이적행위 일반을 처벌하기 위한 것이다. 예를 들면 직무에 관하여 군사상 기밀을 지득한 자가 이를 적에게 누설한 경우에는 제13조 제2항의 군사상 기밀누설죄가 성립하고, 직무와 관련 없이 지득한 군사상 기밀을 적에게 누설한 경우에는 제14조 제8호의 보충적 이적죄가 성립하며, 직무와 관련 없이 적 이외의 대상에게 군사상 기밀을 누설한 경우에는 제80조의 군사기밀누설죄에 해당한다.

본죄에서 말하는 '군사상 이익'이란 전술·전략상의 이익뿐만 아니라 정치·사회·경제 등 모든 분야에서 군사와 관련되는 이익을 포함한다.[1] 또한 대한민국에 아무런 군사상 이익을 해하지 않고, 적에게만 군사상 이익을 준 경우에도 본죄에 해당한다.[2] 하지만 '그 밖에 대한민국의 군사상 이익을 해하는 행위'를 이와 같이 해석하는 것은 보충적 이적죄의 무한 확장을 가능케 하는 것이므로, 제14조 제1호 내지 제7호에서 규정하고 있는 것과 마찬가지로 구체적인 이적행위를 규정할 수 없다면 이를 삭제하는 것이 타당하다. 참고로 보충적 이적죄에서 말하는 구체적인 이적행위의 예로는 직무와 관련 없이 지득한 군사상 기밀을 적에게 누설하는 행위, 군용에 공하지도 않고 전투용에 공할 수 없는 병기·탄약 이외의 물건을 적에게 제공하는 행위, 명령권자 또는 통보·보고의무가 없는 사람이 적을 위하여 거짓

---

1) 대법원 1954. 2. 13. 선고 4286형상202 판결(표식관리소 소속의 선박을 중공(中共)에 제공하는 행위는 적에게 군사상 이익을 줌과 동시에 아국의 군사상 이익을 해하는 것이다).

2) 대법원 1959. 8. 17. 선고 4292형상197 판결(이중간첩인 경우에도 대한민국의 군사상 이익을 해하는 소위를 행한 한에 있어서는 형법 제99조의 죄책을 면할 수 없다).

의 명령·통보·보고를 하는 행위 등을 거론할 수 있다.[1]

---

1) 이에 대하여 테러, 사이버공격, GPS 교란전파 발사, 사이버정치심리전 등 기존에 상상하지 못하였던 전쟁기술이 나타나는 현대전에서 상대방의 군사력을 약화시키는 방법은 매우 다양해 질 수밖에 없으므로, '적을 위하여'라는 이적의 목적을 포함하여 규정의 범위를 보다 특정함으로써 자의적 해석을 방지하면 족하다는 견해로는 박안서, 103면.

제 6 장   지휘권 남용의 죄

I. 불법전투개시죄

> 제18조(불법 전투 개시) 지휘관이 정당한 사유 없이 외국에 대하여 전투를 개시한 경우에는 사형에 처한다.
> 제21조(미수범) 이 장의 미수범은 처벌한다.

1. 의 의

불법전투개시죄는 지휘관이 정당한 사유 없이 외국에 대하여 전투를 개시함으로써 성립하는 범죄이다. 외국에 대한 선전포고는 대통령만이 할 수 있다. 하지만 지휘관의 외국에 대한 자의적인 전투개시는 대외적으로 국가적 행위로 평가되므로, 본죄는 군의 통수질서를 유지하고 국가의 권위를 확립하며, 나아가 국제법상 불법한 무력사용을 금지하기 위한 규정이다.

2. 구성요건

(1) 주 체

본죄의 주체는 지휘관이다. '지휘관'이란 중대 이상의 단위부대의 장과 함선부대의 장 또는 함정 및 항공기를 지휘하는 사람을 말한다. 본죄는 지휘관이라는 지위 자체에 대한 것을 그 내용으로 하므로, 지휘관이 단독으로 불법적 전투행위를 하거나 지휘관이 아닌 자가 그러한 행위를 한 경우에는 본죄가 아니라 형법 제111조의 사전(私戰)죄가 성립할 뿐이다.

(2) 행 위

본죄의 실행행위는 정당한 사유 없이 외국에 대하여 전투를 개시하는 것이다. 여기서 정당한 사유란 지휘관의 전투개시행위를 정당화할 수 있는 사유를 말하는데, 대통령의 선전포고에 의한 경우, 외국의 무력공격에 대한 자위권을 행사하는 경우 등이 이에 해당한다.[1] 여기서 외국은 국제법의 주체로서 승인된 국가에 한하

---

1) 이에 대하여 '정당한 사유 없이'라는 부분이 없어도 그 결론은 동일하므로, 입법론으로 '정당한 사

지 않고, 사실상의 국가나 교전단체·반도단체(한 국가 안에서 정부를 타도하거나 본국
에서 분리할 목적으로 반란을 꾀하는 단체) 등을 포함하며, 해당 국가가 우방이든 적국
이든 불문한다. 다만 외국에 대하여 전투를 개시해야 하므로, 외국의 민간인에 대
한 행위는 본죄에 해당하지 아니한다.

   '전투'란 전쟁에 이르지 않는 무력적 투쟁행위를 말하며, 외국과의 교전의사가
있는 경우에 한한다. '전투의 개시'란 무력적 투쟁행위의 원인을 야기하는 것을 말
하며, 이는 우호관계가 계속되고 있는 상태나 휴전으로 적대행위가 중지된 상태를
전제로 한다. 그러므로 이미 다른 원인에 의하여 전투상태에 있는 국가에 대하여
작전명령에 의하지 않고 불법적으로 전투행위를 하는 경우에는 본죄가 아니라 제
44조에서 규정하고 있는 항명죄의 성립 여부가 문제될 뿐이다.

3. 처 벌

   지휘관이 본죄를 범한 경우에는 사형에 처한다. 그리고 지휘관의 불법적인 명
령에 따라 실행에 가담한 자는 공범으로 처벌된다. 한편 형법상 사전죄가 예비·음
모를 별도로 처벌하고 있다는 점에서, 본죄의 경우에도 이를 신설하여 처벌하는
것이 타당하다.

Ⅱ. 불법전투계속죄

> 제19조(불법 전투 계속) 지휘관이 휴전 또는 강화의 고지를 받고도 정당한 사유 없이 전투를
> 계속한 경우에는 사형에 처한다.
> 제21조(미수범) 이 장의 미수범은 처벌한다.

1. 의 의

   불법전투계속죄는 지휘관이 휴전 또는 강화의 고지를 받고도 정당한 사유 없
이 전투를 계속함으로써 성립하는 범죄이다. 본죄는 통수계통을 문란시킴과 동시
에 국가의 위신을 추락시키는 행위를 처벌하기 위한 규정이다.

2. 구성요건

   본죄의 실행행위는 지휘관이 휴전 또는 강화의 고지를 받고도 정당한 사유 없

유 없이'라는 부분은 불필요하다는 견해로는 이상철, 134면.

이 전투를 계속하는 것이다. '휴전'이란 교전자가 쌍방의 합의에 의하여 전투행위를 정지시키는 행위 및 그 행위에 의하여 발생한 적대행위의 정지상태를 말한다. 그러므로 휴전은 적대행위의 정지에 불과하고, 전쟁의 종료가 아닌 것을 원칙으로 한다. '강화'(講和)란 전쟁상태의 종결을 목적으로 한 합의를 말하는데, 일반적으로 휴전협정에 의하여 실질적인 교전행위가 종결된 이후에 강화조약을 체결하여 전쟁이 종결된다.

고지는 단순한 도달에 그치는 것이 아니라 지휘관이 휴전이나 강화의 사실을 인식하여야 한다. 이와 같은 사실의 인식은 군의 지휘계통에 의한 공식적인 방법뿐만 아니라 매스컴에 의한 방법으로도 족하다. 다만 휴전이나 강화의 고지가 아닌 단순한 전투중지의 명령을 받은 지휘관이 정당한 사유 없이 전투를 계속하는 경우에는 본죄가 아니라 항명죄의 성립 여부가 문제될 뿐이다.

'정당한 사유 없이' 전투를 계속해야만 본죄가 성립한다. 그러므로 휴전이 성립되었음에도 불구하고 적의 전투행위가 계속됨에 따라 이에 대응하는 경우에는 정당한 사유에 해당되어 본죄가 성립하지 아니한다.

'전투의 계속'이란 휴전이나 강화 전의 전투와 고지된 후의 전투가 동일성 및 계속성을 유지하는 것을 말한다. 그러므로 휴전이나 강화로 전투가 일단 중지되었다가 다시 전투를 계속하는 경우에는 본죄가 아니라 불법전투개시죄만이 성립한다. 그리고 전투의 계속에서 말하는 계속은 상당기간 전투행위를 계속해야 하는 것은 아니므로, 휴전이나 강화의 고지를 받고 단기간 전투행위를 한 경우에도 본죄가 성립한다.

Ⅲ. 불법진퇴죄

제20조(불법 진퇴) 전시, 사변 시 또는 계엄지역에서 지휘관이 권한을 남용하여 부득이한 사유 없이 부대, 함선 또는 항공기를 진퇴시킨 경우에는 사형, 무기 또는 7년 이상의 징역이나 금고에 처한다.
제21조(미수범) 이 장의 미수범은 처벌한다.

1. 의 의

불법진퇴죄는 전시·사변 시 또는 계엄지역에서 지휘관이 권한을 남용하여 부득이한 사유 없이 부대·함선 또는 항공기를 진퇴시킴으로써 성립하는 범죄이다.

2. 구성요건

본죄의 실행행위는 전시·사변 시 또는 계엄지역에서 지휘관이 권한을 남용하여 부득이한 사유 없이 부대·함선 또는 항공기를 진퇴시키는 것이다. 본죄는 전시·사변 시 또는 계엄지역에서 행해진 경우에 한하여 성립한다. 또한 권한의 남용이 있어야 하므로, 상급지휘관에게 보고를 하여 허락을 득한 경우, 상급지휘관의 명령에 따라 행한 경우에는 본죄가 성립하지 아니한다. '부득이한 사유'란 지휘관이 권한을 남용하여 부대·함선 또는 항공기를 진퇴시켜야 할 예외적인 사유가 존재하여 지휘관에게 다른 행위를 기대할 수 있는 가능성이 없는 경우를 말한다. 이는 불법전투개시죄 및 불법전투계속죄에서 말하는 '정당한 사유'와 동일한 의미이므로, 입법론적으로는 용어의 통일이 필요하다.

'진퇴'란 전시에 적과 대치하며 진격하거나 후퇴하는 것뿐만 아니라 부대 등을 활동·이동케 하는 일체의 행위를 말한다.[1] 진퇴행위의 기수시기는 부대의 이동이 본래의 수지나 소재지에서 어느 정도 장소적으로 이동이 있었다고 볼 수 있는 상태에 이르러야 한다. 또한 본죄는 부대 등의 부당한 활동을 저지하기 위한 것이므로, 부대를 진퇴시킨 후 다시 본래의 장소로 복귀한 경우에도 성립한다.

3. 다른 범죄와의 관계

반란[2]이나 불법전투개시·계속 또는 부대인솔도피의 죄를 범함에 있어서 부대를 진퇴시키는 경우와 같이 본죄가 다른 범죄의 행위태양 가운데 어느 하나로 행해지는 경우에는 법조경합이 되어 본죄는 다른 범죄에 흡수된다.

---

1) 이에 대하여 부대 등을 정당한 이유 없이 특정한 후방지역에서 다른 후방지역으로 이동시킨 경우에도 본죄가 성립하므로, '진퇴'라는 문구를 '이동'으로 이해해야 한다는 견해로는 육군본부, 329면.
2) 대법원 1997. 4. 17. 선고 96도3376 전원합의체 판결(지휘관 AQ로 하여금 제9사단 제29연대, 제30연대 병력을, 지휘관 AR로 하여금 제30사단 제90연대 병력을 각 인솔하고 각 그 부대의 주둔지에서 이탈하여 서울지역으로 이동하게 한 것은 각 지휘관계엄지역수소이탈죄 및 불법진퇴죄의 구성요건에 해당하고, 지휘관 AS로 하여금 제5공수여단 병력을, 지휘관 AT로 하여금 제2기갑여단 제16전차대대 병력을 각 그 부대의 주둔지에서 서울지역으로 이동하게 한 것은 각 불법진퇴죄의 구성요건에 해당하나, 위 각 지휘관계엄지역수소이탈 및 불법진퇴는 이 사건 반란의 진행과정에서 그에 수반하여 일어난 것으로서, 반란 자체를 실행하는 전형적인 행위라고 인정되므로, 반란죄에 흡수되어 별죄를 구성하지 아니한다).

제 7 장   지휘관의 항복과 도피의 죄

I. 항복죄

제22조(항복) 지휘관이 그 할 바를 다하지 아니하고 적에게 항복하거나 부대, 요새, 진영, 함선 또는 항공기를 적에게 방임한 경우에는 사형에 처한다.
제25조(미수범) 제22조 및 제23조의 미수범은 처벌한다.
제26조(예비, 음모) 제22조 또는 제23조의 죄를 범할 목적으로 예비 또는 음모를 한 사람은 3년 이상의 유기징역에 처한다.

1. 의 의

항복죄는 지휘관이 그 할 바를 다하지 아니하고 적에게 항복하거나 부대·요새·진영·함선 또는 항공기를 적에게 방임함으로써 성립하는 범죄이다.

2. 구성요건

(1) 주 체

본죄의 주체는 지휘관이다. 그러므로 지휘관이 아닌 사람이 본죄의 구성요건을 충족시킬 경우에는 본죄가 성립하지 아니한다.

(2) 행 위

본죄의 실행행위는 지휘관이 그 할 바를 다하지 아니하고 적에게 항복하거나 부대·요새·진영·함선 또는 항공기를 적에게 방임하는 것이다. '그 할 바를 다한다'는 것은 지휘관이 명령이나 규칙에 의하여 부여된 임무와 일정한 상황 아래에서 요구되는 최선의 노력을 다하는 것을 말하며, 그러한 경우에는 본죄의 행위를 하여도 위법성이나 책임이 조각될 것이지만, '그 할 바를 다하지 아니하고'를 둠으로써 구성요건해당성을 부정하고 있다. 다만 전투에 대한 공포 또는 부하들의 강요 등이 존재한다고 하여 본죄의 책임이 조각되지는 아니한다. 생각건대 '그 할 바를 다하지 아니하고'라는 구성요건은 명확성의 관점에서 적절하지 않으므로 '정당한 사유 없이'로 개정하는 것이 타당하다.

'항복'이란 전투의사를 포기하고 적에게 굴복하여 적의 지배 아래로 들어가는 것을 말한다. 지휘관이 단독으로 항복하는 경우에도 본죄가 성립한다. 왜냐하면 부대인솔도피죄(제23조)와 달리 본죄는 법문상 단독으로 행하든 솔대하여 행하든 불문하고 있으며, 지휘관이 전투에서 차지하는 비중을 고려할 때 단독으로 항복하더라도 군의 사기에 큰 영향을 줄 수 있기 때문이다.[1] 다만 지휘관과 동반하여 항복한 부하는 본죄의 공동정범 또는 군무이탈죄가 성립할 수 있다.

'방임'이란 부대·진영·요새·함선 또는 항공기의 지배권을 포기하여 적의 지배를 기다리는 행위를 말한다. 부대 등은 지휘관의 권한 내에 있어야 하며, 방임의 결과 적의 수중에 들어간다는 인식이 있어야 한다. 항복이나 방임은 반드시 적전임을 요하지 아니한다.

항복행위의 기수시기는 항복의 의사가 적에게 도달함으로써 족하며, 적의 현실적인 지배가 있을 필요는 없다. 또한 방임행위는 부대 등에 대한 사실상의 지배력을 포기함으로써 기수가 된다.

Ⅱ. 부대인솔도피죄

> 제23조(부대 인솔 도피) 지휘관이 적전에서 그 할 바를 다하지 아니하고 부대를 인솔하여 도피한 경우에는 사형에 처한다.
> 제25조(미수범) 제22조 및 제23조의 미수범은 처벌한다.
> 제26조(예비, 음모) 제22조 또는 제23조의 죄를 범할 목적으로 예비 또는 음모를 한 사람은 3년 이상의 유기징역에 처한다.

1. 의 의

부대인솔도피죄는 지휘관이 적전에서 그 할 바를 다하지 아니하고 부대를 인솔하여 도피함으로써 성립하는 범죄이다. 이를 '솔대도피죄'라고도 한다.

2. 구성요건

본죄의 실행행위는 지휘관이 적전에서 그 할 바를 다하지 아니하고 부대를 인솔하여 도피하는 것이다. 부대를 인솔하지 아니하고 지휘관이 단독으로 또는 약간의 대원을 인솔하여 도피한 경우에는 적전군무이탈죄 또는 항복죄가 성립한다. 또

---

[1] 이에 대하여 본죄는 지휘관 개인을 처벌하는 것이 아니라 지휘관이 부하와 함께 항복함으로써 지휘권을 포기하는 행위를 처벌하기 위한 것이므로 입법론적으로 '부대를 인솔하여'라는 문구를 추가하는 것이 바람직하다는 견해로는 이상철, 141면.

한 본죄는 지휘관이 도주의 의사로 부대를 인솔하여 도피하는 것을 처벌하는 것인 반면에, 지휘관의 수소이탈죄는 도주의 의사 유무와 관계 없이 부대를 인솔하여 수소를 이탈하거나 배치구역에 임하지 않는 행위를 처벌한다는 점에서 구별된다. '도피'란 도주하여 피하는 것을 말한다. 도피의 정도는 전투행위를 수행할 수 없는 상태에 이름으로써 족하다.

Ⅲ. 직무유기죄

> 제24조(직무유기) 지휘관이 정당한 사유 없이 직무수행을 거부하거나 직무를 유기한 경우에는 다음 각 호의 구분에 따라 처벌한다.
> 1. 적전의 경우: 사형
> 2. 전시, 사변 시 또는 계엄지역인 경우: 5년 이상의 유기징역 또는 유기금고
> 3. 그 밖의 경우: 3년 이하의 징역 또는 금고

1. 의 의

직무유기죄는 지휘관이 정당한 사유 없이 직무수행을 거부하거나 직무를 유기함으로써 성립하는 범죄이다. 입법론적으로 본죄는 현재와 같이 '지휘관의 항복과 도피의 죄' 부분에서 규정하는 것보다 '군무태만의 죄'에서 규정하는 것이 타당하다.

2. 구성요건

(1) 주 체

본죄의 주체는 지휘관이다. 만약 지휘관이 아닌 사람이 정당한 사유 없이 직무수행을 거부하거나 직무를 유기하는 경우에는 형법상 직무유기죄가 성립할 수 있다.[1]

---

[1] 육군 1993. 11. 30. 선고 93노353 판결(피고인이 이 사건 당일 소속대 대대장으로부터 일직사령 명령을 받고 그 직무를 수행하고 있던 차 같은 날 21:10경 상피고인 이○○, 최○○ 등 민간인 10여 명이 위병소를 들어와서 마침 내무반에서 근무하고 있던 피고인에게 당일 19:00경 1차로 위 이○○ 의 부대에 들어왔다가 성명불상의 병사로부터 폭행을 당하였던 사실에 대한 시시비비를 가리러 왔다는 말을 전해 듣고 내무반에서 시끄러우니 현관으로 나가자고 하여 그들을 데리고 막사현관으로 나가서 문제를 해결하려고 한 사실, 그 순간 다른 민간인들 수명이 ○군단 병력 소속 공소외 이○○ 대위 등과 시비가 일어나고 싸움이 벌어진 사실, 피고인은 이에 당황한 나머지 2층 내무반으로 올라가서 싸움을 말리던 중 사건 발생 후 약 20분 후 민간인들이 모두 도망가 버리고, 피고인은 사후에 군수장교에게 상황을 알리고, 곧이어 신고를 받고 충돌한 경찰과 헌병들이 도착한 사실 등을 인정할 수 있다. … 피고인이 일직사령으로서 처음부터 민간인들의 부대침범을 막지 못하고 막사

(2) 행 위

본죄의 실행행위는 지휘관[1]이 정당한 사유 없이 직무수행을 거부하거나 직무를 유기하는 것이다. 여기서 '직무'란 지휘관이 그 지위에 따라 수행해야 할 본래의 직무 또는 고유한 직무를 말한다. 직무의 내용은 구체적인 것이어야 하므로, 법령에 근거하지 않거나 특별한 지시·명령에 따른 것이 아니면 직무라고 할 수 없다.[2] 이와 같이 그 직무의 내용이 성문된 법령상의 근거가 있거나 적어도 군대 내의 특단의 지시 또는 명령이 있어 그것이 고유의 직무 내용을 이루고 있어야 한다.[3] 그러므로 근무시간 중 단순히 잠을 자는 행위[4], 부대 내에서 민간인들의 범법행위를 상급부대에 보고하지 않은 행위[5] 등은 본죄를 구성하지 아니한다.

내에까지 들어와 난동을 부릴 때에도 상황계통으로 보고하는 등 일직사령으로서 적절한 조치를 취하지 못하였다고 하더라도 그러한 사정만으로써 피고인이 주관적으로 직무를 방기한다는 인식이 있고 객관적으로 일직사령의 직무를 벗어났다고 인정하기는 어렵다고 할 것이므로 징계책임은 별론으로 하고 형법상 직무유기죄의 성립을 인정키는 곤란하다); 대법원 1969. 9. 23. 선고 69도1214 판결(군인 중의 사병은 헌법과 병역법 기타 법령에 근거하여 국가의 국토방위사무에 종사하는 자로서 그 노무의 내용이 단순한 기계적, 육체적인 것에 한정되어 있지 않다 할 것이니 이를 공무원이라고 볼 것이다).

1) 고등군사법원 1990. 5. 31. 선고 90노79 판결(군형법상 무릇 지휘관이라 함은 중대 이상의 단위부대의 장을 뜻한다 할 것인바(같은 법 제2조 제2호), 원심에 의하면 피고인은 소대장의 대리근무를 명령받고 그 직무를 수행 중이었으므로 군형법상의 직무유기죄를 적용하여 유죄를 인정하였으니, 이는 필경 지휘관의 직무유기죄에 대한 법리를 오해하여 판결에 영향을 미친 위법을 저질렀다).

2) 대법원 1976. 10. 12. 선고 75도1895 판결(하사관인 피고인은 군사법경찰업무에 종사하는 자가 아니므로 군무이탈자를 체포 연행할 의무가 있다 할 수 없고 설사 상관으로부터 군무이탈자를 체포 동행하라는 명령지시가 있다고 하여도 이 명령은 군사법경찰관리가 아닌 피고인에 대한 위법한 것이라고 할 것이므로 피고인에게 그런 직무가 있다고 할 수 없으니 군무이탈자를 동행중 놓쳤다고 하여 직무유기로 단정할 수 없다); 육군 1975. 4. 25. 선고 75고군형항9 판결(군무이탈자가 발생하면 소속 지휘관은 즉시 일보에 그 사실을 기재하고 지휘계통을 통하여 보고하여야 할 것이고 군무이탈 사실을 은닉하려고 전혀 지휘계통을 통해서 보고도 하지 않고 일보에도 반영시키지 않은 채 다른 병사로 하여금 군무이탈자를 찾아서 데리고 오도록 함은 적법한 처사가 아니라고 할 것이므로 군무이탈자를 데려오도록 중대장의 명령을 받은 피고인이 군무이탈자를 데려오는 것은 그의 정당한 직무라고 볼 수 없을 것이고 설사 정당한 직무라고 본다 하더라도 이 건에 있어서 피고인은 군무이탈자를 찾으려고 백방 노력하여 군무이탈자를 찾아내었으나 피고인으로서는 강제연행 할 수 있는 입장에 있지 못하였으므로 피고인에게 직무포기의 의사가 있었다고는 인정되지 않음에도 불구하고 이를 간과하고 피고인을 직무유기로 처단한 조치는 위법하다); 대법원 1965. 9. 7. 선고 65도464 판결(중대장으로서 대대장에게 보고의무가 있을 뿐 아니라 연대장에게도 직접 보고의무가 있다는 성문화된 법령상의 근거가 없다면 적어도 군대 내의 특단의 지시 또는 명령이 있어 피고인에게 연대장에 대한 보고의무가 있음을 확정한 후가 아니면 직무유기죄의 성립을 인정할 수 없다).

3) 대법원 1974. 5. 14. 선고 74도435 판결.

4) 대법원 1984. 3. 27. 선고 83도3260 판결(피고인이 순찰 및 검사 등을 하지 아니하고 잠을 잔 것은 일직사관으로서의 직무를 성실하게 수행하지 아니하여 충근의무에 위반한 허물이 있다고 하겠으나 근무장소에서 유사시에 깨어 직무수행에 임할 수 있는 상황(상황실로부터 피고인이 누운 침상까지는 2m 정도의 거리로서 판자칸막이가 있는데 불과함)에서 잠을 잔 것이므로 피고인이 고의로 일직사관으로서의 직무를 포기하거나 직장을 이탈한 것이라고는 볼 수 없다).

5) 육군 1977. 2. 16. 선고 76고군형항1230 판결(이건 공소사실 요지는 "피고인은 소속대 대대장으로

본죄에 있어서 지휘관이 정당한 사유없이 그 직무를 유기한 때라 함은 일정한 사태에 당면한 지휘관으로서 마땅히 취해야만 될 적정한 조치를 게을리한 일체의 경우를 이르는 것이 아니라 일정한 사태에 당면하고서도 지휘관으로서의 직무에 위배하여 직장을 무단히 이탈한다거나 그 사태에 대응하여 마땅히 취해야만 될 구체적인 조치를 의식적으로 방임 내지는 포기하는 등, 군의 기능을 저해할 가능성이 있는 행위를 한 경우를 말한다. 또한 본죄가 성립하려면 주관적으로는 직무를 버린다는 인식과 객관적으로는 직무를 유기하는 행위가 있어야 하며, 다만 직무집행의 내용이 적정하지 못하였기 때문에 부당한 결과가 초래되었다고 하여 그 사유만으로 본죄의 성립을 인정할 수는 없다.[1]

1974. 10. 10. 20:00경 위 박○○ 등 민간인들의 초소침범 등 범법행위를 알게 되었던바, 지휘관인 피고인으로서는 군인복무규율 제12조 '… 보고 및 통보는 정확하고 신속하게 이루어져야 하며…'라는 규정에 따라 동 범행 행위를 지휘계통에 신속히 보고하는 등으로 필요한 조치를 취해야 할 직무가 있음을 알고 있음에도 정당한 사유 없이 이를 은폐할 양으로 아무런 조치를 취하지 않음으로써 직무를 유기하고,"라고 되어 있고, 원심은 이를 군형법 제24조의 직무유기로 처단하였다. 그러나 원심판결이 들고 있는 군인복무규율 제12조에 의하더라도 부대지휘관에게 부대 내에서의 민간인들의 범법행위를 상급부대에 보고하여야 한다는 고유의 직무가 있다고 할 수 없고 달리 이런 경우에 보고해야 할 의무가 대대장인 피고인의 고유의 직무라고 볼만한 자료가 없는 이 사건에 있어서 그 보고를 아니하였다는 사유를 직무유기죄로 처단한 원심판결은 직무유기죄의 법리를 오해하여 판결에 영향을 미쳤다 할 것이다); 대법원 1976. 10. 12. 선고 75도1895 판결.

1) 대법원 1983. 4. 26. 선고 82도1060 판결(감호생소요사건)(피고인은 제1심 판시일시에 그 판시와 같은 경위로 감호생 10여명이 감호소 연병장에 몰려나와 농성, 소요를 벌이고 있었으므로 그들을 설득하여 내무반에 들어가게 하고, 그날 17:00경 감호생 명○○ 등 5명이 피고인과의 면담을 요구함으로 그들의 요구사항에 관하여 상급 지휘관과 협의하여 검토하여 보겠다고 설득한 후 만약의 사태에 대비하여 감호비상조치를 발령하여 본부 중대를 제외한 2개 중대는 감호생 막사 전·후면을 포위하고, 1개 중대는 상황실, 유류고, 탄약고를 경계하게 하고, 1개 중대는 예비대로 두는 등의 병력배치를 하였으며, 그날 18:00경 대대 위병소에서 감호생 2명이 위병소를 빠져나가 민가에서 술을 마신다는 보고를 받았을 때에도 대위 김○○ 및 병력 5명과 피고인 차량을 보내어 감호생들을 제지하여 차에 태워 연대에 격리시키게 하는 한편, 헌병대에 연락하여 지원을 요청하고 연대 상황실에 5분대기조의 출동을 명하고 즉시 사단 주번사령에게 이러한 사실을 보고하였으며, 그날 18:40경 감호생 약 20명이 감호소 철조망을 빠져나와 대대매점으로 달려가 술을 탈취하여 감호소 내무반에서 이를 마시고 19:00경부터 감호소 내무반 기물을 부수고 감호소 철조망을 넘어 나와서 각 중대 내무반 위병소, 의무실 등을 파괴하자, 피고인은 그 예하병력과 연대 지원병력 2개 중대로는 감호중대를 둘러싸 감호생들을 포위하고, 나머지 지원병력 2개 중대로는 대대 밖에서 감호생들이 도망하지 못하도록 감시하게 하였으며, 같은 날 21:10경 감호생이 소속대 장○○ 중사를 살해하였고 감호생도 1명이 사살되었다는 보고를 받았을 때에도 앰뷸런스로 후송하도록 조치하는 한편, 연대 지원병력이 도착하자 감호중대를 포위하여 난동을 부리는 감호생을 붙잡아 헌병대 유치장에 보내고 나머지는 내무반으로 들여보냈으며, 탄약고 경계는 지원연대 병력에 인계하고 피고인 소속중대는 막사, 유류고, 상황실 경비 등을 하게하고 감호병 내무반의 방화 등에 대비하게 하는 등 그 당시의 사태발전에 따라 수시로 휘하에 있는 병력을 지휘 배치하는 한편, 병력지원을 요청하는 등의 필요조치를 강구하여 감호생들의 난동을 예방 또는 진압하기에 진력한 사실을 인정할 수 있다. 사실관계가 위와 같다면 비록 피고인이 취한 각 대응조치가 감호생들의 난동을 예방 또는 진압하기에 미흡하고 적절하지 못한 것이었다 하더라도 거기에 과오가 있었다고 비난받는 것은 별문제로 하고 피고인에게 지휘관으로서의 직무를 버린다는 주관적인 인식이 있었다거나 객관적으로 직무 또는 직장(부대)을 유

'직무수행의 거부'란 직무를 능동적으로 수행할 의무가 있음에도 불구하고 이를 수행하지 않는 것을 말한다. '직무의 유기'란 지휘관이 법령·내규 등에 의한 추상적 성실의무를 태만히 하는 일체의 경우에 성립하는 것이 아니라 부대의 무단이탈, 직무의 의식적인 포기 등과 같이 국가의 기능을 저해하고 국민에게 피해를 야기시킬 가능성이 있는 경우를 가리킨다.[1] 그리하여 일단 직무집행의 의사로 자신의 직무를 수행한 경우에는 직무집행의 내용이 위법한 것으로 평가된다는 점만으로 본죄의 성립을 인정할 것은 아니고[2], 지휘관이 태만·분망 또는 착각 등으로 인하여 직무를 성실히 수행하지 아니한 경우나 형식적으로 또는 소홀히 직무를 수행한 탓으로 적절한 직무수행에 이르지 못한 것에 불과한 경우에도 본죄는 성립하지 아니한다.[3] 한편 직무수행의 거부와 직무의 유기는 부작위뿐만 아니라 작위의 형태로도 얼마든지 가능하다.

> 판례에 의하면, ① 학생군사교육단의 당직사관으로 주번근무를 하던 육군 중위가 당직근무를 함에 있어서 훈육관실에서 학군사관후보생 2명과 함께 술을 마시고 내무반에서 학군사관후보생 2명 및 애인 등과 함께 화투놀이를 한 다음 애인과 함께 자고 난 뒤 교대할 당직근무자에게 당직근무의 인계·인수도 하지 아니한 채 퇴근한 경우[4], ② 소속대 수송관 겸 3종 출납관으로서 소속대 유류수령과 불출 및 그에 따른 결산 기타 업무를 수행할 직무있는 자가 신병치료를 이유로 상부의 승인 없이 3종 출납관 도장과 창고열쇠를 포함한 3종 업무일체를 계원에게 맡겨두고 이에 대한 일체의 확인감독마저 하지 않은 경우[5], ③ 육군규정 1-1 병력보고 규정 제6조에 의하면 부대지휘관은 탈영자 보고를 할 의무가 있음을

기한 행위가 있었던 경우라고는 볼 수 없다 할 것임에도 원심은 막연히 피고인이 후유증을 두려워한 나머지 일체 아무런 조치를 취하지 아니한 채 방관하여, 아래 지휘관 및 병력들에게 구체적인 명령·지시를 내리는 등의 조치를 취하지 아니하고 사태를 방관하여 지휘관으로서의 직무를 유기하였다는 사실을 인정하고 피고인에게 유죄판결을 내린 제1심판결을 유지하였으니 거기에는 군형법 제24조의 직무유기죄에 관한 법리오해와 채증법칙 위반의 증거취사로 사실을 그릇 인정한 위법이 있다).

1) 대법원 2011. 7. 28. 선고 2011도1739 판결; 대법원 2007. 7. 12. 선고 2006도1391 판결.
2) 대법원 2007. 7. 12. 선고 2006도1390 판결; 대법원 1961. 8. 23. 선고 4294형상223 판결(면장이 면소유 물품의 매매와 면 경영공사의 도급 등 계약을 체결함에 있어서 경쟁입찰에 의하지 아니하고 수의계약에 의한 것은 그 직무를 수행함에 있어서 필요로 하는 법적 절차를 이행하지 아니함에 불과한 경우로서 직무유기라고 할 수 없다).
3) 대법원 2013. 4. 26. 선고 2012도15257 판결; 대법원 2012. 8. 30. 선고 2010도13694 판결; 대법원 1983. 1. 18. 선고 82도2624 판결(우범곤총기난동대처사건)(우범곤의 총기난동사건에 대처하는 피고인의 당시 거동은 관내 치안책임자로서 십분 규탄되어 마땅하다고 할 것이나 그 조치가 다만 적절하지 못하였다는 사정만으로서는 형법상 직무유기죄가 성립할 수 없는 것이므로 피고인이 주관적으로 직무를 버린다는 인식이 있었고 객관적으로 그 직무를 버리거나 또는 그 직장을 벗어났다는 증명이 없는 이 사건에서 피고인을 직무유기죄로 다스린 제1심 판결을 유지한 원심조치에는 위법이 있다); 대법원 1969. 8. 19. 선고 69도932 판결.
4) 대법원 1990. 12. 21. 선고 90도2425 판결.
5) 대법원 1986. 2. 11. 선고 85도2471 판결.

알 수 있고 그러한 보고의무 있음을 피고인도 알고 있었음을 짐작할 수 있으니 피고인이 소속대원의 탈영사실을 보고 받았음에도 불구하고 상급부대에 탈영보고를 아니한 경우[1]), ④ 중대장이 소속대대 행정과장에게 일병 김○○의 탈영사실을 말한 것은 사실이나 그 내용이 동인의 탈영사실을 상급부대에 보고하는 것이 아니고 동인이 탈영할 사람은 아니니 탈영보고를 하지 말고 동인을 귀대시킬수 있도록 출장증을 만들어 달라고 한 경우[2]) 등에 있어서는 본죄가 성립한다.

하지만 ① 피고인이 탄약고의 열쇠고리와 탄약수불 시 입회임무를 피고인의 직접적인 상시 통제범위에서 벗어나 있는 자에게 맡긴 것이 아니라 피고인의 손과 발이 되어 피고인과 항시 거의 함께 행동하는 성실하다고 판단된 전령에게 종종 맡겨두고 이에 대한 확인 및 감독을 한 경우[3]), ② 피고인이 계호병의 임무를 수행하던 도중 잠이 든 결과 수용자가 도주하게 된 경우[4]), ③ 예비군 분대 전투교육을 위한 교관이 교육과목이었던 전술학 중 분대 전투에 관한 수업을 하는 대신 정신교육으로 수업시간을 마친 경우[5]), ④ 피고인들이 차량 부속품을 불출받는 직무를 수행함에 있어서 그 중 일부의 품목을 임의로 불출관에게 공제해 줌으로써 이를 불출받지 아니하고도 받은 것처럼 한 경우[6]), ⑤ 중대장의 보고의무는 특단의 사정이 없는 한 그 직속 상관인 대대장에게 보고함으로써 족하다고 할 것이고 중대장이 대대장에게 뿐만 아니라 연대장에게도 직접 보고의무가 있다는 성문된 법령상의 근거가 없다면 적어도 군대내의 특단의 지시 또는 명령이 있어 피고인에게 연대장에 대한 보고의무가 있음을 확정한 후가 아닌 상황에서 피고인이 연대장에게 보고를 하지 아니한 경우[7]), ⑥ 피고인이 일직사관 근무당시인 1984. 7. 22. 23:50경 일직사령인 소령 이○○을 수행하여 부대 순찰을 한 후 같은 날 24:00경 위 일직사령이 돌아간 직후 무좀이 심한 발을 씻고 내무반 침상에 누워 눈을 감고 약 10분간 휴식을 취한 경우[8]), ⑦ 민간인의 초소침범사실에 관하여 지휘관이 상급부대에 보고를 하지 아니한 경우[9]) 등에 있어서는 본죄가 성립하지 아니한다.

---

1) 대법원 1976. 10. 12. 선고 75도1895 판결.
2) 육군 1972. 9. 26. 선고 74고군형항350 판결(중대장으로서는 탈영보고 여부에 관하여 재량권이 있는 것이 아니고 탈영자가 있는 때에는 반드시 수배의뢰서와 함께 탈영보고를 해야 할 직무가 있음을 인정할 수 있다).
3) 고등군사법원 2001. 1. 13. 선고 2001노350 판결.
4) 고등군사법원 2002. 2. 5. 선고 2002노20 판결(피고인이 계호병으로서의 직무를 성실하게 수행하지 아니하여 충실근무의무를 위반한 허물이 있다고는 할 수 있으나, 피고인이 고의로 계호병으로서의 직무를 포기하거나 직장을 이탈한 것이라고는 볼 수 없어 직무유기죄는 성립하지 아니한다).
5) 대법원 1979. 3. 27. 선고 79도291 판결.
6) 대법원 1977. 11. 22. 선고 77도2952 판결(그 수령과정에서 일부품목에 관하여 권한 없는 행위를 한 위법이 있다고 할 수 있을 뿐 그 직무를 수행하지 아니한 경우에 해당한다고는 할 수 없다).
7) 대법원 1965. 9. 7. 선고 65도464 판결.
8) 육군 1984. 12. 6. 선고 84고군형항315 판결(상피고인 박○○가 총기난사 사건을 일으킨 시각이 다음날인 23. 00:10경이므로 피고인이 휴식한 시간은 약 10분간이다. … 피고인이 일직사관으로서 직무를 수행함에 있어 나태하고 불철저한 점은 있었다 하더라도 일직사관으로서의 직무를 버린다는 인식을 가지고 그 직무를 벗어나는 행위를 하였다고 할 수 없으므로 이는 형법 제122조의 직무유기죄에 해당하지 아니한다).
9) 육군 1982. 8. 3. 선고 82고군형항222 판결.

3. 죄수 및 다른 범죄와의 관계

(1) 죄 수

본죄는 그 직무를 수행하여야 하는 작위의무의 존재와 그에 대한 위반을 전제로 하고 있는데, 그 작위의무를 수행하지 아니함으로써 구성요건에 해당하는 사실이 있었고 그 후에도 계속하여 그 작위의무를 수행하지 아니하는 위법한 부작위상태가 계속되는 한 가벌적 위법상태는 계속 존재한다. 그러므로 본죄는 이를 전체적으로 보아 포괄일죄로 처벌하는 취지로 해석되므로 즉시범이라고 할 수 없다.[1]

(2) 다른 범죄와의 관계

직무유기죄에 있어서 직무유기의 위법상태가 작위행위 속에 포함되어 부작위범으로서의 직무유기죄가 별도로 성립하지 않는 경우, 작위행위가 직무유기와 관련하여 필연적으로 수반되는 행위이거나 직무유기라는 목적 자체를 이루기 위한 수단이 되는 행위이어서 작위행위의 불법성을 판단하는 것만으로 부작위의 위법성을 충분히 포섭할 수 있다.[2]

한편 전투준비태만죄, 부대등유기죄, 공격기피죄, 출병거부죄 등과 같이 직무상 의무위반행위를 처벌하는 군형법상 다른 범죄와 본죄의 관계가 문제될 수 있는데, 구성요건의 측면에서는 본죄가 다른 범죄에 대한 보충적 성격을 띠고 있는 것이 사실이다. 하지만 본죄의 법정형이 적전인 경우 절대적으로 사형만을 규정하고 있어 다른 범죄의 법정형보다 높은 경우가 있으므로, 양죄의 상상적 경합으로 처리하는 것이 타당하다. 입법론적으로는 본죄의 법정형을 하향조정하는 것이 바람직하다.

---

1) 대법원 2013. 4. 26. 선고 2012도15257 판결; 대법원 1997. 8. 29. 선고 97도675 판결; 대법원 1965. 12. 10. 선고 65도826 판결.

2) 고등군사법원 2002. 2. 26. 선고 2002노35 판결(피고인 박○○이 2001. 8. 4. 01:00경 대기초소에서 소초장으로서의 후반야 대기 중 담당지역의 순찰 등 경계근무를 수행하여야 함에도 불구하고, 전방대기 초소에서 근무를 서고 있는 병장 이○○, 병장 노○○, 병장 송○○ 등 당시 후반야 근무조 전원을 전방소초에서 빼내어 집합시켜 엎드려뻗쳐를 시킨 후 2시간 동안 직권을 남용하여 가혹행위를 시킴과 동시에 직무를 유기하였다. … 위 피고인에 대하여 가혹행위의 죄책을 묻고 있는 것은 전방대기 초소 근무자들을 초소에서 빼내어 집합시킨 행위가 아니라 위 근무자들에 대하여 가하여진 가혹행위 그 자체를 대상으로 하는 것으로서, 피고인의 직무유기의 점은 위 근무자들에 대한 가혹행위의 유무를 떠나 실질적으로 적과 대치하고 있는 전방소초의 경계를 본연의 임무로 하는 소초장으로서의 의무를 이행하지 아니하는 행위라고 할 것이다).

제 8 장 수소이탈의 죄

Ⅰ. 지휘관의 수소이탈죄

> 제27조(지휘관의 수소 이탈) 지휘관이 정당한 사유 없이 부대를 인솔하여 수소를 이탈하거나 배치구역에 임하지 아니한 경우에는 다음 각 호의 구분에 따라 처벌한다.
> 　1. 적전인 경우: 사형
> 　2. 전시, 사변 시 또는 계엄지역인 경우: 사형, 무기 또는 5년 이상의 징역 또는 금고
> 　3. 그 밖의 경우: 3년 이하의 징역 또는 금고
> 제29조(미수범) 이 장의 미수범은 처벌한다.

1. 의 의

지휘관의 수소이탈죄는 지휘관이 정당한 사유 없이 부대를 인솔하여 수소를 이탈하거나 배치구역에 임하지 아니함으로써 성립하는 범죄이다.

2. 구성요건

(1) 주 체

본죄의 주체는 수소를 방위해야 할 책임을 진 지휘관이나 배치구역을 지정받은 지휘관이다. 즉 모든 지휘관이 항상 수소 및 배치구역을 지정받고 있는 것은 아니다. 예를 들면 전시에 동원된 부대의 지휘관의 경우 각 부대의 지휘관으로 취임은 하였지만, 아직 구체적인 수소나 배치구역을 지정받지 않은 경우가 있을 수 있다.

(2) 행 위

1) 정당한 사유 없이 부대를 인솔하여 수소를 이탈하는 경우

'부대를 인솔하여'야 하므로 부대를 인솔함이 없이 지휘관이 단독으로 수소를 이탈하는 경우에는 본죄가 아니라 군무이탈죄 또는 무단이탈죄의 성립이 문제될 수 있다.

'수소'(守所)란 군이 실력으로 점거하여야 할 장소로서 수지(守地)·수공(守空)·수해(守海)를 말한다. 부대의 수소는 부대가 점거하여 작전행위를 하여야 할 장소

이므로, 작전명령이나 주위환경에 의하여 형성된 일체의 지역으로서 전술적 개념에 해당한다. 그러므로 부대의 수소는 초병의 수소와는 달리 경계임무만을 수행하기 위한 장소에 그치지 아니한다. 만약 지휘관이 수소 이외의 장소로부터 이탈하는 경우에는 본죄가 성립하지 아니한다.

'이탈'이란 수소로부터 수소 이외의 장소로 적극적으로 이동하는 행위를 말한다. 이탈의 정도는 이탈로 인하여 부대의 임무를 완수할 수 없을 것이라고 인정됨에 이르러야 한다. 왜냐하면 작전수행상 어느 정도의 수소이탈은 불가피한 경우도 있기 때문이다.

　2) 정당한 사유 없이 부대를 인솔하여 배치구역에 임하지 아니하는 경우

배치구역은 수소일 경우도 있고, 집결지·주둔지 등과 같이 수소 이외에 일정한 임무수행을 위하여 위치하여야 할 장소일 수도 있다. 배치구역에 임하지 아니하는 것은 지휘관이 배치의 지시를 받고 부대를 인솔하여 이에 임하지 않는 것이므로, 지휘관이 단독으로 배치구역에 임하여도 본죄는 성립하지만, 부대만 배치구역에 임할 경우에는 지휘관 개인이 배치구역에 임하지 아니하더라도 본죄가 성립하지 아니한다.

3. 다른 범죄와의 관계

① 본죄와 군무이탈죄 또는 무단이탈죄는 상상적 경합의 관계에 있다. ② 지휘관이 적전에서 부대를 인솔하여 도피한 경우에는 부대인솔도피죄만 성립하고 본죄는 성립하지 아니한다. ③ 반란의 진행과정에서 그에 수반하여 일어난 지휘관계엄지역수소이탈죄는 반란 자체를 실행하는 전형적인 행위로 인정되므로, 반란죄에 흡수되어 별죄를 구성하지 아니한다.[1]

Ⅱ. 초병의 수소이탈죄

제28조(초병의 수소 이탈) 초병이 정당한 사유 없이 수소를 이탈하거나 지정된 시간까지 수소에 임하지 아니한 경우에는 다음 각 호의 구분에 따라 처벌한다.
　1. 적전인 경우: 사형, 무기 또는 10년 이상의 징역
　2. 전시, 사변 시 또는 계엄지역인 경우: 1년 이상의 유기징역
　3. 그 밖의 경우: 2년 이하의 징역

---

1) 대법원 1997. 4. 17. 선고 96도3376 전원합의체 판결.

제29조(미수범) 이 장의 미수범은 처벌한다.

1. 의 의

초병의 수소이탈죄는 초병이 정당한 사유 없이 수소를 이탈하거나 지정된 시간까지 수소에 임하지 아니함으로써 성립하는 범죄이다. 본죄는 초병이 부대의 눈과 귀로써 자신의 임무를 저버리고 수소를 이탈하거나 배치 받은 수소에 임하지 아니하는 직무위배행위를 처벌하는 것으로, 보호법익은 경계근무의 안정성이다. 본죄가 지정된 시간까지 수소에 임하지 아니하는 행위까지 처벌하는 것은 초병의 근무교대를 확실하게 함으로써 경계근무의 안정성을 더욱 보호하기 위한 것이다. '작전에 실패한 지휘관은 용서할 수 있어도 경계에 실패한 지휘관은 용서할 수 없다.'는 MacArthur의 격언에서 보는 바와 같이, 군의 작전에 있어서 경계는 본질적인 요소로 평가되고 있다.

2. 구성요건

(1) 주 체

본죄의 주체는 초병인데, '초병'이란 경계를 고유의 임무로 하여 수지·수해·수공에 배치된 자(제2조 제3호)를 말한다.[1] 이와 같이 본죄는 초병만이 범죄의 주체가 될 수 있는 진정신분범이다. 초병의 근무형태는 동초(動哨), 입초(立哨), 복초(複哨), 단초(單哨) 등 기능 여하를 불문한다. 하지만 단순히 경계근무명령을 받은 자는 초병의 신분을 취득하지 아니한다.[2]

---

[1] 대법원 1999. 11. 12. 선고 99도3801 판결(원심은 피고인이 8중대장으로부터 위병조장의 근무를 명받은 것은 사실이나, 위병조장은 ① 위병장교 또는 위병하사관의 지시를 받아 위병소에서 근무하고, ② 초병의 교대를 지시·감독하며 초병으로부터 보고 받은 사항을 위병장교 또는 위병하사관에게 보고하고, ③ 초병선을 순찰하여 초병의 근무상태와 이상 유무를 확인하고, ④ 위병소의 청결을 유지하고 비품관리 및 관계 서류를 기록·유지하며 근무교대시 근무사항 일체를 인계인수하는 것을 그 임무로 하는 자로서(국군병영생활규정 제61조 제2호), 위와 같은 직무내용에 비추어 위병조장을, 경계를 그 고유임무로 하는 자 즉 군형법상 초병이라고 할 수 없고, 달리 피고인이 위병조장의 근무 외에 경계근무를 명 받았다는 증거도 없다는 이유로 이 부분 공소사실에 대하여 무죄를 선고하였다).

[2] 육군 1985. 4. 18. 선고 85고군형항59 판결(기동매복경계 경계근무형태(밀어내기식)에는 휴식장소(내무반)와 진지 사이, 진지와 진지 사이를 이동하는 동초라는 특수한 근무형태가 있으며 동초와 초소 또는 진지라는 현실적 공간보다 넓은 장소를 이동하며 진지와 진지 사이를 경계하는 초병임이 명백한바 휴식장소(내무반)에서 휴식하며 가면을 취하던 대기조가 정당한 사유 없이 지정된 시간 내에 휴식장소를 출발하여 1번 초소에 임하지 아니한 경우에는 지정된 시간이 경과함으로써 근무명령서상에 근무조로 편성 되어 있는 초병으로서의 신분을 취득하여 군형법 제28조 후단의 "정당한 사유 없이 지정된 시간 내에 수소에 임하지 아니한 때"에 해당된다고 보아야 할 것이며, 기동

제28조 전단의 주체가 초병임에는 아무런 의문이 없으나, 제28조 후단의 주체인 초병의 범위와 관련하여 의문이 발생한다. 이는 기존의 구성요건으로 '초병이 정당한 사유 없이 수소를 이탈한 경우'만을 규정하고 있었으나, 1981. 4. 17. 개정 군형법이 '지정된 시간까지 수소에 임하지 아니하는 경우'를 추가하였기 때문에 발생한 문제이다.[1] 즉 기존 판례의 태도에 의하면 지정된 시간까지 수소에 임하지 아니한 자는 초병의 신분을 취득하기 어려운 문제점이 발생하는 것이다. 또한 제2조 제3호에서 정의하고 있는 초병의 개념에도 현실적인 '배치'를 그 요건으로 하고 있다. 이러한 불합리를 해결하기 위하여 판례는 본죄에서 말하는 초병에 실제로 수소에 배치되어 근무하는 자는 물론이고, 초병근무명령을 받아 경계근무감독자에게 신고하고 근무시간에 임박하여 경계근무의 복장을 갖춘 자도 포함된다고 판시[2]한 바 있다.[3]

매복 근무형태의 경우는 밀어내기식 근무이므로 다음 조가 밀어 주지 않는 한 이동할 수 없다는 원심의 해석은 진지와 진지 사이에서만 가능한 해석이고 휴식 장소에서 대기조가 1번 초소로 동초 출발하는 경우까지 다음 조가 밀어 주어야만 한다는 해석은 부당하며, 그와 같이 해석하는 경우 근무명령서상의 '지정된 시간'은 아무런 의미가 없고 근무명령서에는 최초에 투입되는 진지만 지정해 주면 그 후에는 임의로 밀어내기식 근무를 하여도 무방하다는 부당한 결론에 이르게 되며 초병수소이탈죄의 보호법익면에서 볼 때, 기동매복 근무형태의 경우 휴식장소(내무반)를 떠나 동초 근무를 시작한 때로부터 다시 순환근무를 마치고 휴식장소로 돌아올 때까지의 동초는 기동매복 근무형태의 불가결의 요소라할 것이므로, 원심판시 이유 중 다른 조가 근무하고 있으므로 다음조가 늦게나가더라도 초병수소이탈죄의 보호법익을 침해함이 없다는 설시는 기동매복식 근무형태를 제대로 파악하지 못한 것이거나 초병의 개념을 오해한 결과 동초라는 초병이 없어도 기동매복 근무형태를 유지 하는데 아무런 지장이 없다고 하는 부당한 해석으로 보인다. 따라서 피고인들이 원심판시 공소사실과 같이 지정된 시간 내에 초소에 임하지 않은 행위는 군형법 제28조 후단의 초병수소이탈죄의 구성요건에 일응 해당된다고 볼 수 있으나, 당심 증인 김○○의 진술과 원심이 적법하게 증거 조사를 마쳐 채택한 여러 증거들을 이건 기록에 의하여 종합 검토하면, 피고인들의 소속대에서는 평소 기동 매복근무를 하는데 있어서 근무명령서에 편성된 동초근무 출발 시간이 되면 휴식장소인 내무반에서 가면을 하고 있던 대기조가 당연히 동초근무 출발을 하여 1번 초소로 가는 것이 아니고 다음 휴식조가 깨워주어야 동초근무 출발하는 것으로 알고 그렇게 근무해 온 사실, 일직사관이나 상황병이 근무명령서에 편성된 시간이 되면 대기조를 깨워주어 동초근무 출발하도록 제도화되어 있지 않은 사실 등을 인정할 수 있다. 그렇다면 이건에 있어서 휴식장소인 내무반에서 가면을 취하며 사실상 잠든 상태에 있었던 피고인들에게 초병수소이탈죄의 고의가 있었음을 인정하기가 어려울 뿐만 아니라 가면도중 근무명령서에 편성된 시간에 맞추어 스스로 기상하여 동초근무 출발을 할 것을 기대하기는 심히 어렵다고 할 것이며, 피고인들은 다음 조가 내무반에 돌아와 깨우면 바로 복장을 갖추고 용변을 본 후 동초근무 출발한 사실이 인정되므로 피고인들에게 초병수소이탈죄의 죄책을 지울 수는 없다고 할 것이므로 피고인들에게 무죄를 선고한 원심판결은 결국 정당하므로 검찰관의 항소이유는 받아들일 수 없다).

1) 기존에는 초병이 수소를 이탈하는 경우만을 수소이탈죄의 대상으로 하고 있었기 때문에 초병이 배치명령을 받고 지정된 장소에 지정된 시간까지 임하지 않은 경우에는 항명죄나 무단이탈죄의 성립 여부가 문제되었던 것이다. 하지만 이러한 행위도 기존의 수소이탈죄와 불법이 상응하기 때문에 이를 별도로 처벌하기 위한 개정이 이루어진 것이다.

2) 대법원 2006. 6. 30. 선고 2005도8933 판결.

3) 이에 대하여 판례의 태도는 신설된 군형법 제28조 후단의 구성요건이 사실상 사문화된다는 점을

생각건대 초병의 인정범위와 관련하여 개별 범죄마다 개별적으로 판단하는 것이 절대적으로 불가능한 것은 아니다. 왜냐하면 상관의 인정범위도 개별 범죄마다 그 입법취지를 고려하여 다르게 해석되고 있기 때문이다. 또한 판례도 '군형법 제28조의 초병수소이탈죄에서 말하는 초병'이라고 제한을 하여, 위의 해석이 군형법상 모든 초병에 공통적으로 적용되는 것은 아니라는 점을 분명히 밝히고 있다. 하지만 본죄에서 말하는 초병의 범위를 '초병근무명령을 받았지만 아직 지정된 시간까지 수소에 임하지 않은 경우'까지 확장해서 해석할 수는 없다. 왜냐하면 처벌의 필요성은 인정되지만 초병의 의미에 있어 초병근무명령을 받은 자까지 포함된다고 보는 것은 피고인에게 불리한 유추해석이기 때문이다. 그러므로 죄형법정주의에 부합함과 동시에 제28조 후단에 추가된 구성요건을 통한 명백한 처벌이 가능하기 위해서는 그 주체를 '경계근무명령을 받은 자'라고 하는 것이 타당하다. 이는 제28조 전단과 후단을 각각 분리하여 그 주체를 별도로 규정하는 것을 의미한다.

초병은 초병근무명령을 받고 근무시간을 확인한 후 근무시간이 도래하여 경계근무자가 복장을 갖추고 수소에 임한다는 인식과 경계근무감독자 및 제3자가 보았을 때 근무에 임하려 한다는 상황이 존재하여야 하고, 본죄의 보호법익을 초병의 근무교대를 확실하게 함으로써 경계근무의 안전성을 더욱 보호하기 위함이라 한다면 다른 근무자를 교체할 시간적 여유가 없는 상황에까지 이르러야 한다.[1]

고려하여 궁여지책으로 인정한 해결책이라고 파악하는 견해로는 육군종합행정학교, 111면.

1) 고등군사법원 2005. 11. 1. 선고 2005노152 판결(피고인들이 근무하던 부대인 제107연대 2대대 5중대에서 위병소 근무와 관련하여 사실조회 회신한 내용에 의하면 위병소 근무명령서 작성은 근무투입 72시간 전에 작성되며 근무실시 36시간 전에 알림판에 게시 후 본인이 확인 서명하게 되어 있음을 알 수 있고, 내무실에서 근무투입 15분 전에 복장을 착용하고 지휘통제실로 이동, 주간에는 작전장교, 정보장교, 보안담당관에게 총기를 휴대하고 경계근무용 공포탄 10발 수령 후 근무복장 확인 및 신고하며, 야간근무자는 17:30~18:00 사이에 당직사령에 의한 근무자 신고 및 복장 확인, 근무명령서와 근무자 일치여부 확인, 지시사항 전파 후 지휘통제실에 총기 통합보관 및 해당시간대에 근무 투입하는 상황임을 알 수 있다. 따라서 본 사건의 경우 원심이 적법하게 채택한 증거 및 사실조회 회신서에 의한 바와 같이 통상적으로는 근무전날 점호 후 중앙게시판에 가면 근무자 명단을 확인할 수 있었으나 본 사건 당시에는 부대에 기동타격대 사격훈련이 있었기 때문에 사건 당일인 2005. 5. 24. 07:30경에 근무명령이 나와서 피고인 1은 07:50경에, 피고인 2는 07:35경에 자신의 근무를 확인하였음을 알 수 있으며 본 사건 위병소 근무의 경우 주간에는 내무실에서 근무투입 15분전에 복장을 착용하고 지휘통제실로 이동, 작전장교, 정보장교, 보안담당관에게 총기를 휴대하고 경계근무용 공포탄 10발 수령 후 근무복장 확인 및 신고한 시점부터 야간근무자는 17:30~18:00 사이에 당직사령에 의한 근무자 신고 및 복장 확인, 근무명령서와 근무자 일치여부 확인한 시점부터 최소한 초병에 임한다는 주관적 인식과 객관적 상황에 이르러 초병의 신분을 취득한다고 해석함이 타당하다고 보여 진다. 따라서 피고인들이 원심 판시 공소사실과 같이 5시간, 3시간 30분전에 군무이탈하여 지정된 시간에 초소에 임하지 않은 행위는 초병의 신분을 취득하기 전의 행위이므로 구성요건에 해당되지 않는다고 보며 초병의 신분취득시기를 검찰관의 주장처럼 배치의 개념을 넓게 해석한다면 처벌의 필요성 때문에 죄형법정주의, 특히 유추해석금지의 원칙에 어긋나 피고인에게

(2) 행 위

본죄의 실행행위는 정당한 사유[1] 없이 수소를 이탈하거나 지정된 시간까지 수소에 임하지 아니하는 것이다. 예를 들면 복초근무시 조장에게 보고한 후 그 지시에 따라 수소를 이탈한 경우[2], 상급자인 병장이 휴가복을 다리어 놓으라하여 수소를 이탈한 경우[3] 등에 있어서는 정당한 이유가 인정되지 아니한다. 여기에서 수소는 초병이 경계근무를 서고 있는 장소로 초소의 개념과 동일하다.[4] 수소의 이탈 여부는 초병으로서의 업무수행에 지장을 초래하는지 여부에 따라 결정되며, 이탈의 장단이나 현실적으로 부대에 해로운 결과가 초래되었는지 여부는 불문한다.

3. 다른 범죄와의 관계

(1) 군무이탈죄와의 관계

본죄는 초병의 경계·정찰 등 임무의 중요성에 비추어 초병이 수소를 이탈하는 행위 자체를 처벌하기 위한 것으로서, 그 이탈행위와 동시에 완성되고 이는 군무이탈죄에서와 같은 군무기피 목적이라든가 부대 또는 직무를 이탈한다는 개념과는 전혀 무관하다. 따라서 만약 초병이 일단 그 수소를 이탈한 후 다시 부대에 복귀하기 전이라도 별도로 군무를 기피할 목적을 일으켜 그 직무를 이탈하였다면 초병의 수소이탈죄와 군무이탈죄가 각각 독립하여 성립하고, 그 두 죄는 서로 실체적 경합범의 관계에 있다.[5] 하지만 초병이 처음부터 군무이탈의 목적으로 수소를 이탈할 경우에는 상상적 경합의 관계가 된다.[6]

불이익한 결과를 초래할 것이다).

1) 육군 1979. 7. 9. 선고 79고군형항203 판결(소대장인 중위 甲은 1977. 2. 초순경부터 야간경계 근무 방식을 밀어내기식에서 맞교대식으로 변경하고 맞교대식으로 근무하게 되면 야간에 6시간 계속 근무를 해야 하기 때문에 추워서 근무하는데 지장이 많으므로 경계근무자 2명 중 1명씩 내무반에 들어가서 20분 정도 몸을 녹이는 것을 허용해 준 사실 및 당일 피고인은 교대시간인 00:30분부터 제7초소에서 乙과 함께 경계근무를 하다가 02:20경부터 02:40까지 먼저 내무반에 들어가 몸을 녹이면서 깔창을 깔고 라면을 먹은 사실을 인정할 수 있어, 이를 간과하고 피고인에 대하여 수소이탈죄를 인정한 원심판결은 잘못이 있다).

2) 육군 1982. 5. 1. 선고 82고군형항98 판결.

3) 육군 1977. 7. 29. 선고 77고군형항322 판결.

4) 이에 대하여 수소는 초병의 경계가 필요한 현실적인 장소를 말하므로, 초병의 근무장소인 초소와는 구별되는 개념이며, 수소와 초소는 일치하는 경우가 대부분일 것이나 반드시 그러한 것은 아니라는 견해로는 육군본부, 123~124면.

5) 대법원 1981. 10. 13. 선고 81도2397 판결.

6) 육군 1965. 12. 29. 선고 65고군형항823 판결.

(2) 무단이탈죄와의 관계

초병이 수소를 일시적으로 이탈한 경우에는 본죄와 무단이탈죄가 동시에 성립하고, 양죄는 상상적 경합의 관계에 있다.[1]

---

[1] 이에 대하여 본죄만 성립한다는 견해로는 이상철, 148면.

제9장 군무이탈의 죄

Ⅰ. 군무이탈죄

> 제30조(군무 이탈) ① 군무를 기피할 목적으로 부대 또는 직무를 이탈한 사람은 다음 각 호의 구분에 따라 처벌한다.
>   1. 적전인 경우: 사형, 무기 또는 10년 이상의 징역
>   2. 전시, 사변 시 또는 계엄지역인 경우: 5년 이상의 유기징역
>   3. 그 밖의 경우: 1년 이상 10년 이하의 징역
> ② 부대 또는 직무에서 이탈된 사람으로서 정당한 사유 없이 상당한 기간 내에 부대 또는 직무에 복귀하지 아니한 사람도 제1항의 형에 처한다.
> 제34조(미수범) 이 장의 미수범은 처벌한다.

1. 의 의

　　군무이탈죄는 군무를 기피할 목적으로 부대 또는 직무를 이탈하거나 부대 또는 직무에서 이탈된 사람으로서 정당한 사유 없이 상당한 기간 내에 부대 또는 직무에 복귀하지 아니함으로써 성립하는 범죄이다.[1] 본죄는 크게 두 가지 유형으로 나누어지는데, 군무를 기피할 목적으로 부대 또는 직무를 이탈한 사람을 처벌하는 '현지이탈형'(제30조 제1항) 및 부대 또는 직무에서 이탈된 사람으로서 정당한 사유 없이 상당한 기간 내에 부대 또는 직무에 복귀하지 아니한 사람을 처벌하는 '미귀이탈형'(제30조 제2항)이 그것이다. 또한 본죄의 미수범은 처벌한다.

　　본죄는 즉시범[2]·상태범[3]에 해당한다. 그러므로 그 이후의 사정 여하는 범죄

---

1) 이에 대하여 보다 자세한 내용으로는 박찬걸, "군형법상 군무이탈죄와 관련된 문제점과 개선방안", 형사정책 제22권 제1호, 한국형사정책학회, 2010. 6, 209면 이하 참조.
2) 대법원 1963. 12. 12. 선고 63도254 판결(피고인의 군무이탈 행위가 1961. 5. 16. 이전에 발생하였다면 그 군무이탈행위가 1963. 3. 16.까지 계속되었다 하더라도 그 이탈행위가 있음과 동시에 범죄가 완성되므로 계속된 군무이탈 행위 전체에 대하여 신병역법 부칙 제30조에 의하여 공소권이 소멸하였다고 아니할 수 없음에도 불구하고 제1심 군법회의가 위와 같이 1960. 10. 12.부터 1963. 3. 16.까지의 군무이탈 기간 중의 기간을 분리하여 그 중 일부에 대하여서만 유죄로 인정한 판결을 원심이 유지하였음은 원판결에 영향을 미친 헌법위반과 대법원의 판례에 위배된 위법이 있다).
3) 대법원 1976. 6. 22. 선고 76도1324 판결(군무이탈죄는 소위 즉시범으로서, 군인이 군무를 기피할 목적으로 부대나 직무를 이탈함과 동시에 성립하는 것이므로 그 이후의 사정에 속하는 이탈기간의

의 성립 여부에 아무런 영향이 없다.[1] 즉 군무이탈죄는 군인이 군무를 기피할 목적으로 부대나 직무를 이탈함과 동시에 완성되는 것이다. 예를 들면 휴가허가기간 종료 후 군무를 기피할 목적으로 귀대하지 아니하면 곧 군무이탈죄는 성립되고[2], 그 후에는 군무이탈의 위법 상태가 계속되는데 불과하다.[3] 만약 군무이탈죄를 계속범이라고 해석하게 되면 다음과 같은 문제점이 발생한다. 첫째, 본죄가 계속범이라면 위법상태가 제거되지 않는 한 공소시효가 진행될 수 없으므로 군사법원법 제291조가 정한 공소시효의 적용을 받지 않게 된다.

둘째, 계속범설을 취하게 되면 이탈자의 비호는 계속되는 이탈행위에 가담하는 행위이므로 당연히 본죄의 공범이 될 것이므로 군형법상 이탈자비호죄(제32조)를 규정할 필요가 없다. 이탈자비호죄는 군무이탈의 죄를 범한 자를 은닉 또는 비호한 죄인데, 구성요건상 군무이탈행위가 기수에 이르러야만 성립할 수 있는 범죄이다. 따라서 이탈자비호죄의 존재는 군무이탈죄가 계속범이 아니라 즉시범이라는 것을 보여주는 명확한 증거가 된다.

셋째, 군무이탈행위는 행위상황에 따라 그 처벌을 달리하고 있는데, 본죄를 계속범으로 보는 경우 위법상태가 진행되는 도중에 행위상황이 변경되었을 경우, 예컨대 전시에 군무를 이탈하였으나 이탈기간 중 휴전이 성립된 경우에 평시군무

장단 등은 동죄의 성립에 영향이 없다); 대법원 1963. 1. 17. 선고 62도236 판결.

1) 대법원 1995. 7. 11. 선고 95도910 판결(피고인은 육군사관학교를 졸업한 장교로서, 군부대에 만연하여 있는 하극상을 바로잡기 위하여는 대형 사고를 저질러 그 진상을 사회에 알려야만 한다는 그릇된 생각을 가지고 이 사건 범행에 이르게 되었고, 범행 전에 공범인 원심공동피고인 1 소위를 통하여 소속 중대장에게 범행동기를 밝히면서 다시 돌아오겠다는 내용의 메모를 남겼으며, 소총과 수류탄을 소지하고 차량을 탈취하고 군부대를 이탈하였다가 그로부터 약 9시간 만에 원래 계획한 대로 자수한 사실은 인정되나, 위와 같은 사정만으로는 피고인에게 군무를 기피할 목적이 없었다고 볼 수 없으므로, 피고인을 군무이탈죄로 처벌한 원심판결은 정당하다); 대법원 1970. 7. 28. 선고 70도1092 판결(원심은 피고인이 1967. 1. 30. 9시경에 군무를 기피할 목적으로 소속부대를 이탈한 사실은 인정하였으므로 군무이탈죄의 구성요건은 이로서 충족되었음에도 불구하고 이에 덧붙여 1969. 11. 5. 체포될 때까지 약 2년 10개월간 부대를 이탈한 사실까지 기재하고 있으나 이 부분은 불필요한 것을 첨가하였다고 볼 수 있고, 그러한 불필요한 것이 있다고 하여 판결에 영향이 있다고도 할 수 없다).

2) 고등군사법원 1999. 8. 24. 선고 99노434 판결(피고인은 1999. 3. 8.부터 같은 달 12.까지 위로휴가를 받았으나 부대복귀일시인 같은 달 12. 20:00까지 부대에 복귀하지 아니한 사실, 피고인은 휴가기간 중 농협, 국민은행, 외환은행으로부터 대출받은 금원에 대한 대출연장을 받는 등 대출문제를 해결하려 하였으나 이를 해결하지 못하여 부대에 들어가서는 안 되겠다는 생각으로 부대에 복귀하지 않은 사실을 인정할 수 있고, 변호인이 주장하는 사정만으로는 피고인에게 군무기피의 목적이 없었다고 인정하기에는 부족하고 달리 이를 인정할 만한 사정을 찾을 수 없다).

3) 고등군사법원 1998. 7. 21. 선고 98노346 판결(피고인은 휴가복귀일인 1998. 3. 26. 21:10경 양구터미널에 도착하였으나 지연복귀에 대한 두려움으로 부대에 아무런 연락을 취하지 아니한 채 양구읍 중리 소재 보문장 여관 뒤에 있는 파란색 비닐 천막 안에서 숨어 지내다가 여관에서 일하는 아주머니에게 들켜서 아주머니의 신고로 같은 달 31. 18:20경 헌병대 수사관에게 검거된 사실이 인정된다); 대법원 1976. 6. 22. 선고 76도1342 판결.

이탈죄로 처벌해야 하는 모순이 생긴다.

2. 현지이탈형 군무이탈죄

(1) 주 체

본죄의 주체는 군인 또는 준군인이다.[1] 다만 군수형자는 본죄의 주체가 될 수 없다. 왜냐하면 군수형자는 군무의 일시적 정지상태에 있으므로 군무이탈이라는 목적 자체가 존재할 수 없기 때문이다. 따라서 군수형자가 탈옥하여 부대를 이탈하는 경우에는 군형법상 군무이탈죄가 아닌 형법상 도주죄(형법 제145조)로 처벌할 수 있을 뿐이다.

(2) 행 위

본죄의 실행행위는 부대 또는 직무를 이탈하는 것이다. 여기서 '부대'란 군대, 군의 기관 및 학교와 전시 또는 사변 시에 이에 준하여 특별히 설치하는 기관을 말한다(제2조 제4호).[2] 직무를 부대와 별도로 규정하고 있는 이유는 부대만을 규정할 경우에 부대 외에서 파견근무를 하는 자에게 본죄를 적용할 수 없는 문제점이 발생할 수 있기 때문이다. 이러한 의미에서 '직무'는 '부대'보다는 더 넓은 의미가 된다.[3] 그리하여 직무 이외에 부대를 따로 구성요건요소로 할 필요가 없다는 견해[4]도 주장된다. 본죄는 이탈을 그 요건으로 하고 있으므로 '직무'란 물리적인 개념으로서 직무장소를 말한다.

'이탈'이란 현실적으로 자신이 맡은 바 군무를 수행할 수 없는 상태에 도달함으로써 완성된다. 따라서 부대나 직무를 이탈함이 없이 단순히 직무집행을 하지 않거나 기피하는 것은 직무유기죄 등이 성립될지언정 군무이탈죄는 성립하지 아니한다. 한편 군무기피의 목적으로 영내에 은거하고 있는 경우가 과연 본죄에 해당하는지 여부가 문제될 수 있다. 이에 대하여 군무이탈죄가 성립한다는 견해[5]와

---

1) 육군 1970. 12. 15. 선고 70고군형항1045 판결(원심판결문을 보면 피고인이 육군 간부후보생 합격자로서 제2훈련소에 입소하여 제16육군병원에서 신체검사 대기 중 동 병원을 이탈한 사실을 인정하고 이에 대하여 군형법 제30조 제1항 제3호를 적용하여 피고인을 군무이탈죄로 처단한 사실을 인정할 수 있는바 간부후보생지원자로서 시험에 합격 응소하였다하더라도 아직 최종적인 입영 신체검사를 필하지 않은 자는 그 신분이 민간인으로서 군법회의에 재판권이 없다).

2) 육군 1974. 4. 16. 선고 74고군형항69 판결(군형법 제30조에서 '부대'라고 함은 비단 우리 국군부대뿐만 아니라 우리 국군이 파견되어 근무 중에 있는 외국군 부대도 포함한다).

3) 이에 대하여 본죄의 행위가 이탈을 내용으로 하고 있으므로 이탈의 객체인 직무도 물리적 개념으로서 직무장소를 의미한다는 견해로는 육군종합행정학교, 79면.

4) 이상철, 152면.

5) 이경훈, "군무이탈의 죄", 군사법논문집 제5권, 공군본부 법무감실, 1986. 1, 147면; 이상철, 152면.

성립하지 않는다는 견해의 대립이 있으나, 후자의 견해가 타당하다. 왜냐하면 군무이탈은 군형법상 다른 범죄행위와 달리 군에서 이탈하여 민간사회에 은신하는 것을 통상의 행위내용으로 하는 것이기 때문이다. 이탈기간의 장단은 본죄의 기수 여부와는 상관이 없고, 양형상의 중요한 고려대상이 된다. 왜냐하면 본죄는 즉시범의 성질을 가지고 있어서, 이탈 즉시 범죄의 기수가 되기 때문이다.

병사의 경우에는 휴가·외출·외박 등의 복귀일시를 지나게 되면 곧바로 본죄가 성립한다. 문제는 복귀시간이 언제인가 하는 점인데, 실제 휴가명령서 등을 살펴보면 복귀날짜만 기재되어 있지 복귀시간은 기재되어 있지 않다. 즉 휴가 등의 인원이 발생하여 부대 외부로의 외출을 허락하는 경우 소속 부대의 중대장 내지 주임원사 등이 복귀시간을 개별적으로 알려주고 있는데, 대체로 저녁 8시로 정하고 있는 것이 관례로 되어 있다. 이 경우 만약 20:00 이후에 복귀하는 경우가 문제될 수 있는데, 이는 적어도 '복귀하지 아니한 자'에는 해당할 수 없다. 왜냐하면 밤 12시 이전이라면 복귀날짜에는 저촉되지 않기 때문이다. 이 경우에는 직속상관의 구체적인 명령을 위반한 경우에 해당하여 항명죄의 성립 여부가 문제될 뿐이다. 다만 부대에서 정한 복귀시한(20:00) 당시에 군무를 기피할 목적으로 부대에의 복귀가 물리적으로 불가능한 장소에 있는 경우와 같이 복귀일 만료 이전이라도 본죄의 실행의 착수는 인정될 수 있다. 이 경우에도 복귀일 만료 이전에 부대로 복귀하거나 자수하였다면 군무이탈의 결과가 발생하지 않았으므로 미수범으로 처벌될 뿐이다. 한편 장교·부사관·군무원 등이 군무기피의 목적으로 결근하는 경우에는 출근시간을 넘기는 그 순간에 본죄가 성립한다.

(3) 주관적 구성요건

1) 군무를 기피할 목적

본죄는 군무를 기피할 목적이 있어야 성립하는 목적범에 해당한다.[1] 여기서 '군무를 기피할 목적'이란 군이라는 특별권력관계상의 질서에 순응할 것이 법률상 강제되어 있는 신분적 규율관계로부터 불법적[2]으로 사실상 이탈하려는 의욕을 말

---

1) 육군 1970. 11. 10. 선고 70고군형항927 판결(원심은 본건 피고인의 범죄 사실에 관하여 군형법 제30조 제1항 제3호를 적용하여 유죄를 논단하면서도 그 판결이유 중 범죄사실에는 피고인이 본건 범행 당시 군무기피 목적이 있었음을 판시하지 아니하고 있는바, 군형법 제30조 제1항 소정의 범죄는 소위 목적범으로서 군무기피의 목적이 인정되지 아니한 때에는 범죄가 성립하지 아니하는 것으로 위 법조를 적용할 수 없는 것이 명백한 것이므로 원심이 위와 같이 군무기피의 목적 유무에 대한 판단 없이 군형법 제30조 제1항 제3호를 적용한 것은 판결에 영향을 미친 법률위반이 있다).

2) 고등군사법원 1995. 7. 13. 선고 95노322 판결(피고인은 군사법경찰관 이래 당심 법정에 이르기까지 "가족면회로 인한 외박을 얻어 친구 등과 성남 등지에서 지내다가 부대 복귀일 1994. 10. 23. 22:00까지 부대복귀하기 위해 위 귀대시간에 임박하여 소속대인 국군원주병원 정 문 앞에 도착은

한다.[1] 이와 같은 목적에는 영원히 부대로 복귀하지 않겠다는 의도뿐만 아니라 일시 이탈하였더라도 자의로 복귀하지 않겠다는 생각까지를 포함한다. '군무'란 군형법상 이와 유사한 용어로 사용되고 있는 임무(제31조), 근무(제41조) 등을 포함하는 개념인데, 군무기피의 목적에는 병역을 기피하려는 목적은 물론이고 구체적 직무를 기피하거나 특정임무를 기피하려는 의사도 포함된다. 즉 본죄에 있어서 군무란 직무·근무·용무 등을 포함한 일체의 군에 대한 복무로서, 특정한 군무이거나 불특정한 것이거나 불문하지만, 적어도 군인으로서 자기에게 부여된 의무를 말한다.[2] 이에 따라 육군에서 이탈하여 타군에 입대하여 군무에 종사하고 있는 경우에도 군무이탈의 목적이 인정되어 본죄가 성립한다.[3] 한편 군무이탈의 다음날이 근무일이 아니더라도 군무이탈죄의 성립에는 영향이 없다.[4]

하였으나 외박기간 중 친구와 같이 음주한 것으로 인하여 입에서 술 냄새가 나자 잠시 쉬면서 취기를 없앤 후에 부대에 들어 가려고 부대 정문 근처 상가 계단에 앉아 쉬고 있다가 피로로 인하여 쏟아지는 잠을 이기지 못해 깜빡 잠이 들어 위 복귀 시간을 넘긴 것이다."라고 일관되게 주장하고 있다. 원심에서 적법하게 채택한 증거들과 피고인의 당심 법정에서의 진술을 일건기록에 의하여 살펴보면, 피고인은 1994. 10. 22.부터 같은 달 23일까지 외박을 얻어 성남 등지에서 지내다가 복귀시간인 23. 22:00까지 부대로 복귀하기 위해 23. 17:30경 원주행 직행버스를 타고 같은 날 19:40경 원주에 도착한 사실, 원주 도착 직후 병원등록과장인 성명불상자에게 부대에 바로 복귀하겠다고 전화를 한 후 그 시경 부대 정문 앞에 도착한 사실 및 피고인은 위 정문근처 상가 계단에서 잠을 자다가 다음날인 같은 달 24일 7:40경 잠을 깨서 바로 부대에 복귀한 사실을 각 인정할 수 있어 피고인의 위 변소내용과 부합하고 달리 반증이 없다. 그렇다면 외박 종료 후 부대에 정상 복귀하여야 할 피고인에게 음주취기로 인하여 지연복귀한 점에 대한 비난은 없을 수 없겠으나, 소속부대에 정상적으로 복귀하기 위해 가능한 모든 노력을 다하고 다만 쏟아지는 잠으로 인하여 11시간 정도 지연복귀 한 피고인에게 이 사건 범행 당시 군무기피의 목적이 있었다거나 또는 있었던 것으로 추정할 만한 사정이 있다고 볼 수는 없다); 육군 1988. 11. 23. 선고 88고군형항216 판결(피고인은 1988. 6. 9.부터 같은 달 18.까지 정기 휴가명령을 받아 휴가증까지 나왔으나 이미 종결처리 된 같은 해 5. 16.자의 외박미귀 사실을 들어 소속대 인사계 중사 김○○의 제지로 다른 동료들만 출발시키고 무조건 내무반 대기를 지시하여 휴가 출발을 하지 못하던 중 휴가명령 당일 부대 후문초병에게 잠시 심부름 차 밖에 나갔다 오겠다고 속여 부대를 나온 후 휴가기간 중인 같은 해 6. 12. 부대에 복귀하게 된 사실을 인정할 수 있다. 생각건대 군무이탈죄에서 말하는 이탈행위란 정당한 허가가 없는 불법적 이탈을 의미한다 할 것이고, 상관의 휴가명령에 의한 경우에는 정당한 이탈로서 군무이탈죄를 구성하지 아니한다고 보아야 할 것이며, 연대장의 휴가명령을 위 인사계가 이미 종결 처리된 피고인의 잘못을 들어 그 사유로서 임의로 취소, 변경할 수 없다 할 것이고, 휴가명령이 있은 이상 비록 그 출발신고를 하지 아니하였다던가, 부대 후문초병에게 심부름 나간다고 속여 부대를 나왔다고 하여 군무이탈죄가 성립된다고는 볼 수 없다).

1) 육군 1979. 6. 15. 선고 79고군형항180 판결.
2) 육군 1990. 2. 15. 선고 89노401 판결(출퇴근 방위병의 경우에 지휘관의 허락 없이 부대 뒤 산길로 빠져나가 17:00 이후 퇴근하는 행위는 군무이탈죄에서 보호하고자 하는 군무를 기피하는 것이 아니므로 따로 피고인이 이 사건 당시 야간 대기조라는 증거가 없는 본 건에 있어서 군무이탈죄를 구성하지 아니한다고 보아야 할 것이며, 비록 피고인이 퇴근신고를 하지 아니하였다던가, 통상의 퇴근경로가 아닌 부대 뒷산으로 부대를 나왔다고 하여 군무이탈죄가 성립된다고는 볼 수 없다).
3) 이에 대하여 이 경우 범인이 국가에 대한 추상적인 군무로부터 기피한 것은 아닐지라도 군무이탈죄가 성립한다는 견해로는 육군본부, 97면; 육군종합행정학교, 78면; 이상철, 150면.
4) 대법원 1986. 2. 11. 선고 85도2674 판결(방위병인 피고인이 군무를 기피할 목적으로 1985. 5. 12.

군무이탈죄는 군무를 기피할 목적이 있음을 요하는 목적범이지만, 군인이 소속 부대에서 무단이탈하였거나 정당한 이유 없이 공용외출 후 귀대하지 아니한 경우에는 다른 사정[1]이 없는 한 그에게 군무기피의 목적이 있었던 것으로 추정된다.[2] 또한 처음부터 군무이탈의 목적으로 이탈한 경우에는 즉시범이라고 하는데

17:00경 소속부대에 출근하지 아니하고 자수시까지 3일간 부대를 이탈하였다는 사실을 인정하고 … 피고인이 당일 20:00까지 출근하겠다는 당해 부대장의 허락이 있었다고 볼 자료는 기록상 보이지 아니하고 또한 부대에 미귀한 다음날인 13일이 근무일이 아니라 하더라도 이는 군무이탈죄의 완성 이후의 사정에 불과할 것이므로 피고인에게 군무이탈의 목적이 없었다고 할 수 없다).

1) 육군 1970. 10. 23. 선고 70고군형항314 판결(피고인은 본건 당시 휴일임을 기하여 선임하사의 가(家)에 갔다가 음주를 하고 7시간 만에 귀대 도중 검거된 것을 인정할 수 있으므로 군무기피의 목적이 없었다고 할 수 있다); 육군 1970. 7. 7. 선고 70고군형항512 판결(피고인은 1970. 3. 1.부터 3. 10.까지 청원휴가를 갔던 사실, 피고인이 3. 10. 부대로 미귀사실을 연락하여 피고인을 대대 부관이 데리고 부대로 귀대한 사실과 귀대 중 소속대에서 약 1km 떨어진 지점에서 대대 부관과 같이 가다가 헌병에게 적발된 사실을 인정할 수 있는바, 이와 같은 경우에 있어서는 피고인에게 군무를 기피할 목적이 없었다고 할 것이다); 육군 1966. 8. 18. 선고 66고군형항440 판결(피고인은 의무복무기간을 거의 마치고 예비사단에 전입신고 명을 받은 후 잠시 귀가하여 기동이 불가능하게 되자 신고 일시에 피고인의 친형으로부터 부대에서 연락이 있을 때까지 기다리라고 하였다는 말을 듣고 귀대치 못한 사실 등을 인정할 수 있다. 그렇다면 피고인에게 군무기피 목적이 있었다고 볼 수 없으므로 군무이탈죄가 성립될 수 없고 무단이탈죄로 문책하여야 한다).

2) 고등군사법원 2018. 1. 24. 선고 2017노351 판결(피고인은 2017. 7. 29. 동료 병사 H, I과 함께 1박 2일 외박을 나온 후, 같은 날 14:00경부터 이들과 헤어진 다음 혼자 PC방을 옮겨 다니며 게임을 하였다. 피고인은 2017. 7. 30. 저녁 무렵 H, I을 만나 부대에 복귀하기로 약속하였으나, 약속장소에 가지 않고 공소사실 기재 F PC방에 계속 머물며 게임을 하였다. 피고인의 중대장 중위 J은 2017. 7. 30. 19:35경 페이스북 메신저를 통하여 피고인에게 어디에 있냐고 물었고, 피고인은 차비가 없어서 부대에 갈 수 없다고 답하였다. J은 다시 23:18경 어디냐고 물으며 피고인을 데리러 간다고 메시지를 보내었고, 피고인은 23:53경 군생활이 너무 하기 싫다는 취지로 답하였다. 그러자 J은 "진짜 걱정하지 말고 아무 탈 없이 복귀만하면 내가 다 처리했으니 빨리 전역할 수 있게 도와줄게", "밥 먹었냐"라는 메시지를 보내었는데, 이를 보고 피고인은 PC방 계산대로 가서 PC방 주소를 묻고, 2017. 7. 31. 00:02경 J에게 그 주소를 보내주었다. 근처에서 피고인을 찾고 있던 소속부대 군수보급관 상사 G은 연락을 받고 00:08경 위 PC방에 도착하여 피고인과 함께 00:17경 부대에 복귀하였다. 위 인정사실 및 피고인의 진술을 종합하여 보면, 피고인이 J에게 설득되어 2017. 7. 30. 24:00 이전에 부대에 복귀하기로 결심한 다음 2017. 7. 31. 00:02경 J에게 자신의 위치를 알려주었을 가능성이 충분히 인정되므로 이 사건 군무이탈죄가 성립하는 시점인 2017. 7. 30. 24:00 정각에 피고인에게 군무기피의 목적이 있었는지에 대하여 합리적인 의심을 배제하기 어려워 보인다. 나아가 피고인이 J에게 PC방 주소를 알려주고 난 뒤 곧바로 피고인을 데리러 온 간부와 함께 부대에 복귀한 이상 달리 군무기피의 목적이 있었던 것으로 추정할 만한 사정 변경이 있었다고 보기도 어렵다); 고등군사법원 2007. 6. 4. 선고 2006노270 판결(피고인이 2006. 6. 14.에 같은 해 7. 30.을 희망전역일로 기재한 전역지원서를 제출하였고, 같은 달 10일부터 30일 까지 전역 전 휴가명령이 나온 사실은 인정할 수 있으나, 피고인에 대한 범죄혐의 수사문제로 인해 전역명령이 발령되지 않았던바, 의무복무를 마친 장기복무 군인은 원칙적으로 전역희망일을 정하여 법정절차에 따라 전역지원서를 제출하면 특별한 사정이 없는 한 본인의 희망전역일에 전역명령이 나오지만, 전역명령상 전역일은 반드시 희망전역일에 구속되는 것은 아니다. 따라서 적법한 전역명령이 나지 않은 이상 군인인 피고인은 그 신분에서 벗어날 수 없고, 직무에 임하여야 할 의무에서 해제되었다고 볼 수는 없으며, 현역 장교신분인 피고인으로서는 전역명령이 발령되었는지 여부에 대하여 당연히 확인을 하고, 그에 따라 전역신고 등 군인사법령에 따른 행동을 하여야 할 의무가 있음을 잘 알고 있었을 것임에도 불구하고 전역휴가가 끝나는 7. 30.이 지나 8. 2.까지 전혀 전역명령 발령여부를 확인한 바가 없다. 또한

異論이 없다. 하지만 군무이탈의 경우 군무이탈의 목적을 객관적으로 확인하기란 쉽지가 않다.[1] 그래서 사후의 정황을 근거로 행위 당시의 의도를 소급적으로 추정하는 방법으로 범죄의 입증을 하고 있는 실정이다. 이러한 군무기피의 목적은 이탈행위 시에 존재하여야 한다. 군무를 기피할 목적은 군무기피를 적극적으로 의욕할 필요는 없고, 단순히 군무기피에 대한 인식만 있으면 족하다. 따라서 군무이탈 기간 중 수차례 소속 부대에 연락을 하였다고 할지라도 군무이탈의 인식이 있을 수 있다.[2] 하지만 근시간 안에 도래할 특정기간 내에 귀대할 것을 결심하고 이탈한 경우에는 군무이탈죄가 성립하지 아니한다. 또한 이러한 목적은 반드시 부대 또는 직무를 영구히 이탈할 목적일 필요는 없으며, 부대 또는 직무를 이탈하여 다시는 자의로 돌아가지 않을 생각이면 족하다.[3] 즉 일시적으로 기피할 것을 목적으

검찰관 작성의 피고인신문조서 진술기재에 의하면 피고인은 7. 30.에 전역명령이 나지 않을 수 있고, 게다가 피고인이 전역명령 발령여부에 대하여 확인하지 않은 것은 잘못된 것임을 스스로 인정하고 있는 점 등을 종합하면 위 법리에 비추어 피고인에게 군무이탈에 대한 인식과 목적이 인정된다고 할 것이고, 군 수사기관의 조사가 두려워 연락을 두절한 상태로 전역명령이 날 것으로 기대하여 출근하지 않았다는 사유는 본 건 범행의 동기에 불과하다고 할 것이며, 그 외에 군무를 기피함에 있어 불가피하게 임무가 지연되거나 기동이 불가능하여 부대로 복귀할 수 없는 경우 등과 같은 군무수행이 불가능한 정당한 사유를 인정할 수 없으므로 피고인이 주장하는 사정만으로는 피고인에게 군무기피 목적이 없었다고 인정하기 부족하다); 고등군사법원 1999. 8. 24. 선고 99노320 판결; 대법원 1997. 5. 30. 선고 96도2067 판결; 대법원 1995. 7. 11. 선고 95도910 판결; 대법원 1986. 2. 11. 선고 85도2674 판결; 대법원 1968. 9. 6. 68도954 판결(군인이 소속부대에 이탈하였을 경우에는 별반의 사정이 없는 한 그에게 군무기피의 목적이 있었던 것으로 추정할 것이고, 또 군인이 상관의 명령이나 승낙 없이 일정한 기간 그가 소속하는 부대로부터 이탈하였다는 사실 자체가 그 무단이탈에 대한 그의 자백에 관한 보강증거가 된다).

1) 고등군사법원 1995. 5. 23. 선고 95노161 판결(이 사건 범행 당시 정신분열증의 잠재기적 증상이 존재했을 가능성을 부정하기가 쉽지 않고 위 증상이 이 사건 범행 당시 피고인의 판단과 행동에 중요한 영향을 주었을 것임은 경험칙상 넉넉히 인정할 수 있다. … 피고인이 3년 가까운 군대 생활을 마치면서 마지막으로 얻은 정기휴가(말년휴가)기간 동안 군무를 기피할 목적으로 부대에 복귀하지 아니하였다고 인정하기가 쉽지 아니하고 달리 피고인에게 이 사건 군무이탈 당시 군무기피의 목적이 있었다거나 있었던 것으로 추정할만한 사정이 있다고 볼 수 없다); 대법원 1990. 4. 10. 선고 90도310 판결(피고인은 군검찰에서 이 사건 범행을 자백하고 있으나 제1심 이래 원심법정에 이르기까지 피고인은 소속부대 내에서 동료하사들의 구타행위가 있어 중대장이나 대대장에게 그 시정을 건의하였으나 확실한 조치가 되지 아니하여 수사기관인 헌병대에 신고하려고 군단헌병대에 가려 했을뿐 군무기피의 목적이 없었다고 변소하고 있는바 피고인이 30개월간의 병생활을 마치고 다시 입대한 동기와 입대후의 소속부대 내에서 근무태도, 피고인이 사건 전날밤 숙소에서 나온 이래 군복차림에 증명서없이 택시를 타고 위 검문소에 이르게 된 경위, 검문소에서 초소장과의 면담을 요구한 사실 등 기록에 의하여 알 수 있는 여러 가지 사정에 비추어보면 피고인이 군검찰에서 한 자백은 그 진실성이 의심스러워서 쉽사리 신빙할 것이 되지 못하고, 윤 종락의 법정에서의 진술과 군사법경찰관 작성의 검거보고서의 기재는 피고인이 위 일시, 장소에서 검문을 통하여 검거되었다는 사실을 인정할 수 있는 것에 관한 것일 뿐이어서 이들 증거만 가지고서는 피고인에게 군무를 기피할 목적이 있었다고 단정하기는 어렵다).

2) 해군 1972. 3. 12. 선고 72고군형항5 판결; 육군 1970. 12. 8. 선고 70고군형항1067 판결.

3) 대법원 1976. 3. 23. 선고 76도42 판결; 대법원 1969. 8. 26. 선고 69도1098 판결(피고인이 별거중인 처를 만나지 않기 위하여 약 9개월간 부대에 출근하지 않았다면 이는 군무를 이탈할 목적으로 직무

로 하여도 죄의 성립에는 영향이 없다.[1] 하지만 적어도 시간 또는 거리상으로 보아 용이하게 부대 또는 직무에 복귀할 수 없는 상태에 이를 정도로 부대 또는 직무를 떠난다는 확정적인 의사가 있어야 한다.[2]

특정 또는 불특정 기간 내에 귀대할 결심을 하고 이탈한 경우에도 본죄의 성립에는 영향이 없다. 만약 위와 같은 군무기피의 목적이 없으면 무단이탈죄로 처벌이 된다. 이러한 목적의 유무는 인간의 내심의 영역에 존재하는 극히 주관적인 것으로서 입증이 곤란한 경우가 많다. 따라서 본죄는 간접증거에 의하여 군무기피의 목적을 판단하는 경우가 대부분이다. 예를 들면 군무원이 무단결근한 경우는 군인이 소속 부대를 무단이탈하였거나 정당한 이유 없이 공용외출 후 귀대하지 아니한 경우와 동일시하여 별도의 사정이 없는 한 군무기피의 목적이 있었던 것으로 추정하기는 어렵다 할지라도, 군무이탈죄와 같은 이른바 목적범의 경우에 목적의 입증은 원칙적으로 피고인이 스스로 시인하지 않는 한, 행위자와 행위상황 등에 관한 간접증거에 의하여 입증할 수밖에 없다.[3]

를 이탈한 것이고 직무이탈의 동기가 위와 같더라도 군무나 직무를 이탈할 목적이 없었다고 할 수 없다); 대법원 1969. 8. 26. 선고 69도1105 판결; 대법원 1967. 6. 11. 선고 67도747 판결.

1) 이와는 달리 미국 군사통일법전(UCMJ) 제85조 (a)항 제1호에 의하면 '영구히'(permanently) 이탈할 의사를 요건으로 하고 있다.

2) 고등군사법원 2001. 6. 19. 선고 2001노136 판결(피고인은 GOP부소초장으로서 이건 범행 당시 소속대 0초소의 후반야 순찰근무자로 편성되어 있었고, 비록 충동적인 점이 엿보이지만 평소 소속대 중대장에 대한 불만이 원인이 되어 순찰근무 시간 내임에도 불구하고 지휘관계에 있는 위 소속대 중대장의 명령에 불응하여 순찰의무가 있는 근무지를 약 5km 정도 벗어난 것은 명백하다. 더욱이, 피고인은 병들의 신상을 관리하는 군 간부로써 그간의 근무경력에 비추어 보아 피고인이 이건 법정에 이르기까지 사실상 군무이탈을 자백하면서 사용하고 있는 '군무이탈', '탈영'이라고 하는 의미를 이해 못할 리 없다는 점에서 피고인의 군무이탈의 목적은 능히 추정된다 할 것이다. 나아가 부대 및 직무에의 이탈행위는 피고인의 위와 같은 군무이탈 목적의 외부적 발현이 되면 완성되는 것으로써, 피고인의 행위와 같이 근무지를 2시간여에 걸쳐 5km 정도를 벗어났다면 사실상 군의 지휘관계에서 이탈하고자 하는 의도가 온전히 발현된 것이라고 충분히 인정되는데 부족하지 아니하다); 육군 1973. 6. 8. 선고 73고군형항2354 판결(피고인들은 장교들로서 면회 차 찾아온 사병이 고량주 5흡을 사가지고 와서 분음하였기 때문에 장교들이 사병에게 얻어먹을 수만은 없다는 생각으로 일시 부대를 빠져 나와 가까운 마을 술집에서 같이 음주타가 2시간 만에 자진 귀대한 사실임을 인정할 수 있는 것으로서 이러한 행위과정에 있어 피고인들에게 과연 군무기피의 목적이 있었겠는지 심히 의심스러운 바 있음에도 불구하고, 원심이 하등 이에 관하여 심리하지도 않고 만연히 군무를 기피할 목적이 있었다고 속단하여 이를 군무이탈죄로 의율하여 유죄를 선고한 것은 결국 심리를 다하지 않음으로써 판결에 영향을 미친 위법을 범한 것이라고 아니할 수 없다).

3) 고등군사법원 2005. 11. 1. 선고 2005노145 판결(피고인은 2002. 초에 주식투자 실패, 과다한 은행 신용 대출 등으로 인하여 약 금 1억 원의 부채를 진 바 있는데, 이를 부친의 도움으로 해결한 후, 부모님에게 생활비 및 모친을 위한 의료비조로 피고인의 월급에서 월 금 200만 원을 지급하게 되자 이에 용돈이 부족하게 되었고, 그 부족한 자금은 농협중앙회 등 금융기관에서 대출을 받아쓰다가, 2004. 5. 경부터 카바레 출입을 하고, 같은 해 7월경부터는 소위 '스크린 경마'라는 도박도 시작하였으며, 게다가 2005. 1월경부터는 카바레에서 사귄 여자와 내연관계도 유지하여 이로 인해 늘어나는 소비를 감당하기 어려워 금융기관뿐만 아니라 ○○주식회사 등과 같은 사채 회사들로부터 월

3. 미귀이탈형 군무이탈죄

(1) 부대 또는 직무에서 이탈된 자

부대 또는 직무에서 이탈된 자로서 정당한 사유없이 상당한 기간 내에 복귀하지 아니한 경우에도 군무이탈죄로 처벌되는데, 군무기피의 목적이 없이 이탈하였으나 이탈 후 상당한 기간 내에 복귀하지 않은 경우에 본죄가 성립하는 것이다. 즉 본죄의 성립에는 제30조 제1항의 경우와 달리 군무기피의 목적이 별도로 요구되지 아니한다.

본죄에서의 이탈은 이탈기간이나 이탈상태가 이탈 당시에 모두 '불특정'되어야 한다. 그러므로 적법하고 특정된 이탈상태는 여기서 말하는 이탈이 될 수 없다. 이와 같이 이탈기간은 이탈 당시 불특정되어야 하고, 이탈 당시 특정되어 귀대의 의무가 구체화되어 있는 경우에는 제30조 제1항의 군무이탈죄가 된다. 예를 들면 외박허가를 얻어 부대에서 나간 경우는 부대에서 이탈되어 있는 자가 아니고, 외박 귀대일이 도과됨으로써 곧바로 위법한 이탈상태로 전환된다. 결국 본죄에서 말하는 직무 또는 부대에서 이탈된 자는 군무이탈자, 휴가·외출·외박·출장·전속 등의 사유로 인한 이탈자를 제외한 이탈자로 한정된다. 왜냐하면 제30조 제2항의 표현이 '지정된 일시에 복귀하지 아니한 자'라고 되어 있지 아니하고 '상당한 기간 내에 복귀하지 아니한 자'라고 되어 있기 때문이다.[1] 제30조 제2항 소정의 '부대 또는 직무에서 이탈된 자'라는 행위자 개념은 제30조 제1항의 경우와 비교하여 볼 때, 전투로 인한 병력의 현저한 감소 또는 군행정상의 부대 통합 등으로 인하여 해체되어 이미 피고인과 이탈 당시의 소속부대와의 사이에 신분적 규율관계가 종료한 경우, 천재지변 기타 법령에 의하여 일시 이탈이 허용된 경우, 전투행위 중 위급에 처하여 부대가 분산된 경우, 상관의 명에 의하여 이탈된 경우 등에 한정된

리 6~10%로 대출을 받아 급기야 부채가 총 9,400만 원에 이르게 되었다. 결국, 피고인은 이러한 부채를 해결하기가 곤란한 지경에 이르러 자포자기하는 심정으로 2005. 4. 11. 소속대로 아무런 연락도 취하지 아니한 채 출근하지 아니하고, 서울 소재 찜질방 등을 배회하다가 같은 달 22일 내연녀의 군무이탈 신고소식을 접하고 체포를 면하고자 달아나기도 하였으며, 같은 달 28일이 되어서야 소속대에 자수하여 17일간 무단결근 상태에 있었다는 사실을 인정할 수 있다. 그렇다면 이러한 사실관계에 비추어 볼 때, 비록 피고인이 소속대에 자수하였다고는 하나 무단결근, 즉 소속대로부터 이탈하게 된 동기가 피고인의 방탕한 생활로 인해 감당할 수 없게 된 부채로 인한 것이라는 점, 이탈 당시는 물론 이탈기간 중에도 소속대에 아무런 연락을 취하지 아니하였을 뿐만 아니라 소속대에서 피고인에게 전혀 연락이 닿지 않았다는 점, 17일간이라는 이탈기간을 결코 짧다고는 볼 수 없는 점 등을 감안할 때 피고인에게 이 사건 군무기피 목적이 있었음을 넉넉히 인정할 수 있다).
1) 육군 1985. 12. 19. 선고 85고군형항328 판결.

다.[1] 반면에 피고인이 출장 또는 휴가 등의 사유로 일시 잠정적으로 소속 부대의 영내를 떠난 상태로서 지정일시에 미귀한 경우는 군형법 제30조 제1항을 적용하여야 한다.[2]

휴가미귀인 경우에 미귀 당시 군무기피의 목적이 있었으면 제30조 제1항의 군무이탈죄가 성립하고, 미귀 당시 군무기피의 목적이 없었으면 두 가지의 경우로 나누어 살펴 보아야 한다. 우선 미귀가 일시적인 경우에는 무단이탈죄가 성립한다. 이 경우 무단이탈자가 군무기피의 목적이 생기면 그 때부터 제30조 제1항의 군무이탈죄로 바뀌게 된다. 다음으로 미귀가 (군무이탈의 목적이 없이) 장기간 지속될 경우에는 제30조 제2항의 군무이탈죄가 성립한다. 그러므로 무단이탈상태에 있는 자도 여기서의 이탈자가 될 수 있다. 즉 제30조 제2항의 군무이탈죄는 별도로 군무 기피의 목적을 요구하지 않는 대신에 장기간의 이탈로 인하여 이를 추정하고 있는 것이다. 하지만 실무상으로 무단이탈자가 장기간 미귀일 경우 군무기피의 목적이 없었다고 인정하기는 상당히 곤란할 것이다. 심지어 판례는 일시 미귀의 경우에도 정당한 이유가 없으면 군무기피의 목적이 있는 것으로 추정을 하기도 한다.

(2) 정당한 사유 없이

상당한 기간 내에 복귀하지 아니한 경우에도 정당한 사유가 있으면 본죄가 성립하지 아니한다. 여기서 말하는 정당한 사유란 군조직의 특수성으로 인하여 범위가 그리 크지는 않다.[3] 예를 들면 외출, 외박, 휴가, 출장, 불의의 사고로 귀대불능을 알린 경우, 교통기관의 불통, 직속상관[4]의 승인[5] 등이 이에 해당될 수 있다. 다만 허가권자의 허가에 중대하고 명백한 하자가 존재할 경우에는 정당한 허가로 판

---

1) 육군 1969. 7. 15. 선고 69고군형항416 판결.
2) 육군 1970. 12. 30. 선고 70고군형항1119 판결; 육군 1970. 10. 27. 선고 70고군형항928 판결.
3) 대법원 1973. 12. 11. 선고 73도2782 판결(군무를 이탈한 군인이 야간침입도난미수로 검거되자 자기 신분이 군인인 사실을 감추고 민간인인 양 가장하여 교도소에 수감된 기간을 군무이탈기간으로 본 것은 정당하다); 대법원 1969. 6. 10. 선고 69도690 판결(피고인의 모가 갑자기 기절을 하여 이를 치료하기 위하여 군무를 이탈하였더라도 이는 본조 범행의 동기에 불과하므로 이를 법률상 긴급피난에 해당한다고 할 수 없다); 대법원 1967. 6. 20. 선고 67도594 판결(귀대하지 않은 이유가 급성맹장염의 병으로 인하여 그것을 치료하기 위하여 4개월 간의 미귀대기간이 소요되었음에 있었다 할지라도 그 사유를 소속 중대장에게 통보하여 그의 허가를 받았던 사실을 인정할 자료가 없는 이상 군무이탈죄가 성립한다고 보아야 한다).
4) 육군 1964. 11. 27. 선고 64고군형항362 판결(중대장 아닌 자기의 직속 소대장의 허가만을 얻어 외출한 경우 이는 허가권이 없는 자의 허가에 기한 것으로 위법한 것일 뿐 아니라 피고인 스스로 소대장의 허가만을 얻고 외출할 수 없음을 알고 있었다는 점에서 군무이탈죄가 성립한다).
5) 육군 1967. 10. 5. 선고 67고군형항553 판결(적법허가는 아니지만 중대장의 승인하에 부대를 나온 사실이 인정되는 경우, 단순한 무단이탈로 보아야 하며 군무기피의 목적이 있다고 할 수는 없다).

단할 수 없다.[1] 한편 피고인이 서면화된 인사발령 없이 그 원소속부대로부터 서빙
고분실로 옮기게 되었다는 점과 피고인이 위 분실에서 이른바 "혁노맹"사건 수사
에 협력하게 된 사정만으로는 피고인의 위 이탈행위가 군무기피목적으로 부대 또
는 직무를 이탈한 데에 해당하지 아니한다고 할 수 없다.[2]

(3) 상당한 기간 내에

　　본죄와 무단이탈죄를 구분하는 결정적인 기준은 상당한 기간의 충족 여부이
다. 여기서의 상당한 기간이란 이탈된 상태에서 제반사정상 인정되는 복귀에 필요
한 최단의 시간을 의미한다. 천재지변, 부대해산 등으로 이탈 후 통신이나 방송 기
타 공고를 통하여 객관적으로 기간이 특정되는 경우에는 그 기간에 따라야 할 것
이다. 참고로 독일 군형법 제15조 제3항은 1개월, 중국 군형법 제93조는 3일, 이탈
리아 군사법전 제148조는 5일 등을 그 기간으로 규정하고 있다.

　　생각건대 제30조 제2항에서 규정하고 있는 '상당한 기간'은 행위상황의 특수성
을 감안하여 어느 정도 탄력적으로 해석될 필요가 있다. 미귀의 사유로 거론되는
천재지변이나 부대해산 등은 예상하지 못한 특수한 상황에 해당하므로, 이에 대한
복귀의 일시를 일률적으로 사전에 특정하기는 현실적으로 불가능하다. 결국 외국
의 입법례와 달리 구체적인 사안에 따라 이를 판단할 수 있도록 설정한 우리나라
의 태도는 타당하다.

---

1) 육군 1973. 6. 30. 선고 73고군형항298 판결(1회도 아닌 5회의 주민등록 확인을 구실로 한 출장,
　사유도 없는 청원휴가를 3회 실시하는 등의 허가는 육군규정 등 법규를 위배하였음은 물론 재량권
　범위를 명백히 일탈 내지는 재량권을 남용한 중대하고 명백한 하자 있는 행위로서 무효일 뿐만 아
　니라 위 허가는 (군무이탈)범죄를 명하는 것과 다름이 없는 명령이라 할 것이므로 위와 같은 허가
　를 받고 나온 피고인의 행위가 군무이탈죄를 구성함도 또한 명백하다); 육군 1964. 11. 27. 선고 64
　고군형항12 판결(중대급 부대에 있어 중대원의 휴가출장 및 외출에 관한 허가권자는 중대장이라는
　사실을 의심할 수 없는바 피고인이 중대장 아닌 자기의 직속 소대장의 허가만을 얻어 외출한 것은
　허가권 없는 자의 허가에 기한 것으로 위법한 것일 뿐 아니라 피고인은 소대장의 허가만을 얻고
　외출할 수 없음을 지실하였음이 인정되고 있으니 논지는 이유 없다).
2) 대법원 1993. 6. 8. 선고 93도766 판결(피고인의 위 이탈동기에 관하여 피고인이 위 분실에서 위
　"혁노맹"사건 수사에 협조하면서 현실과 타협해 가는 자신의 모습에 대한 인간적인 좌절감과 동료
　에 대한 배신감을 만회하여야겠다는 생각 등으로 개인적으로는 도저히 더 이상의 부대생활을 할
　수 없어 보안사의 민간인에 대한 정치사찰을 폭로한다는 명목으로 위 분실을 빠져 나가 부대를 이
　탈한 사실을 인정하고, 피고인이 이 사건 양심선언을 하기 위한 목적은 이 사건 군무이탈을 하게
　된 여러 동기 가운데 하나를 이루는 데 불과하다고 판단한 것은 수긍할 수 있는바, 피고인이 군무를
　기피할 목적으로 부대에서 이탈하였음이 위와 같이 인정되고 있는 이 사건에서 피고인의 군무이탈
　동기가 위 원심판시와 같다면 그 동기나 목적, 부대이탈 후의 피고인의 행적 등 기록에 나타난 제반
　사정에 비추어 볼 때 군무기피를 목적으로 한 피고인의 이 사건 부대이탈행위가 자기 또는 타인의
　법익에 대한 현재의 부당한 침해를 방위하기 위한 행위로서 사회적으로 상당하여 형법 제21조에
　정한 정당방위에 해당한다거나 같은 법 제20조에 정한 사회통념상 허용될 수 있는 정당행위에 해
　당한다고 볼 수는 없을 것이다).

(4) 복귀하지 아니한 자

본죄는 복귀하지 아니하는 부작위로 인하여 범죄가 성립한다. 따라서 현실적으로 미수범이 성립될 여지는 극히 희박하다. 또한 복귀는 현실적인 복귀를 의미하므로, 전화나 서신 등을 통한 발송은 이에 해당하지 아니한다. 그리고 원대의 지시가 없는 한 반드시 원대에 복귀하는 것을 요구하지는 아니한다. 예를 들면 인근부대나 헌병대 등에 지체없이 출두하게 되면 이탈이 되지 않을 수 있다.

4. 죄수 및 다른 범죄와의 관계

(1) 죄 수

이탈 후 소속부대에 복귀하였다가 복무 중 다시 이탈한 경우에는 군무이탈죄의 실체적 경합이 성립된다. 하지만 이탈 후 소속부대에 복귀하였다고 하여도, 그것이 군무이탈을 위한 수단으로서 행하여진 경우에는 하나의 군무이탈죄만 성립한다.[1]

(2) 다른 범죄와의 관계

1) 명령위반죄와의 관계

① 문제의 소재

군형법상 명령위반죄는 군의 특수성이나 입법기술상 형사법규에서 미처 규정하지 못했던 사항 중에서 형사처벌을 가할 필요가 있는 특수한 행위유형을 처벌하기 위한 것이다.[2] 군형법 제44조가 상관의 정당한 명령에 항거하거나 복종하지 아니한 행위를 항명죄로 처벌하도록 하여 특정인에게 발하여지는 개별적 명령의 불복행위에 대하여 별도의 처벌규정을 둔 점과 비교하여 볼 때, 명령위반죄는 불특정 다수인을 피적용자로 하여 발하여지는 규범으로서의 효력을 가지는 명령 또는 규칙을 위반한 경우에 적용되는 규정이라고 할 수 있다.

한편 각군 참모총장은 4년 11개월마다 정기적으로 군무이탈자에 대한 복귀명령을 발하고 있다.[3] 이와 같이 4년 11개월을 주기로 복귀명령을 내리는 이유는 명

---

1) 대법원 1973. 9. 25. 선고 73도2072 판결(시초부터 일관하여 군무를 이탈할 목적으로 2년 2개월여의 기간 중에 대부분을 군무를 이탈하고 전후 6차례에 걸쳐 1개월여를 각 소속부대에 나가기는 하였으나 이것은 군무이탈행위를 실행하는 수단방법의 하나로서 그 범죄의 흔적을 은폐하기 위하여 임시방편으로 그 부대에 나타난데 불과하여 그간에 실질적으로 일개의 군무이탈행위가 있었음에 불과하다); 육군 1970. 6. 2. 선고 70고군형항381 판결(군무이탈 후 소속대대에 전보를 쳐서 지연이유를 알린 경우에도 군무이탈죄가 성립한다).

2) 한위수, "군형법 제47조(명령위반)의 문제점과 판례동향에 대한 소고", 군사법연구 제2권, 육군본부, 1984. 4, 11면.

3) 군무이탈자복귀명령은 1964. 1. 25. 각군 참모총장에 의해 처음으로 발령되었다. 군형법은 1962.

령위반죄의 공소시효가 현재 5년으로 되어 있기 때문이다.[1] 동 명령은 군무이탈
자에 대한 조기 복귀의 권유를 하는 측면도 있겠으나, 다른 한편 군무이탈자가 군
무이탈죄의 공소시효인 10년[2]을 경과한 후에 체포[3]될 경우 처벌의 공백을 명령위
반죄로 메우려는 측면도 있다. 즉 이러한 경우에는 군무이탈죄의 공소시효가 완성
되어 처벌할 수 없지만, 군무이탈을 한 자에 대한 복귀명령을 위반한 죄(명령위반
죄)의 공소시효는 완성되지 않아 처벌을 할 수 있게 된다. 왜냐하면 군무이탈자에
대하여 자수하라는 명령은 군무이탈죄에 대한 공소시효가 완성된 자에 대하여도
정당한 명령이 되기 때문이다.[4] 이에 대하여 헌법재판소는 1995. 5. 25. 선고 91헌
바20 결정[5]을 통하여 명령위반죄 규정을 합헌으로 판시한 바 있다.[6]

② 죄형법정주의의 위배

죄형법정주의의 근본적인 관점에서 살피건대, 형사처벌의 대상이 되는 명령이
나 규칙의 범위는 법률에서 구체적인 범위나 대상이 정하여져서 위임되는 것이 원
칙이나, 명령위반죄는 이러한 구체성이 전혀 결여되어 있다.[7] 명령이나 규칙의 발

---

1. 20. 제정되었는데, 1961. 5. 16. 이전의 군무이탈자는 舊 병역법 부칙 제30조에 의하여 공소권이
소멸되었고, 1963. 12. 14.에는 일반사면령에 의하여 1963. 11. 30. 이전의 군무이탈자도 사면되었다.
그러던 중에 1964. 1. 25. 군무이탈자복귀명령이 발하여져 이에 위반한 자는 명령위반죄로 처벌되었
던 바, 이미 사면령에 의하여 사면된 자까지도 처벌되는 결과가 초래되었다. 즉 최초의 군무이탈자
복귀명령은 사면령의 입법상 불비를 복귀명령이라는 행정명령으로 보완하려는 의도가 있었으나 결
과적으로는 각군 참모총장의 명령으로써 대통령의 사면령을 취소한 모순이 발생하였다.

1) 한편 군검찰업무처리지침 제6절(군무이탈사범 처리지침) 제6조(장기군무이탈자의 처리) 제1호에
의하면, 40세를 초과한 군무이탈사범의 경우 관할 검찰청으로 이송하여야 하고, 동 제2호에 의하면,
45세를 초과한 군무이탈사범은 공소시효 만료를 조사한 이후 공소권 없음 종결 처분하여야 한다.
현역의 병역의무는 40세까지이므로 군무이탈 상태에 있는 자로서 복귀명령을 위반하여 명령위반죄
가 성립할 수 있는 것은 40세가 되는 해의 12월 31일까지이다. 결국 40세가 되는 해의 12월 31일이
지나면 민간의 수사기관으로 사건을 이송해야 하는 것이다. 그리고 그때부터 공소시효인 5년이 경
과하게 되면 불기소처분(공소권없음)을 할 수밖에 없다.

2) 기존에는 7년이었으나 이 역시 군사법원법의 개정으로 인하여 10년으로 연장되었다.

3) 이에 대하여 군사법경찰관리만으로 구성된 군무이탈 체포조가 긴급체포에 관한 권한을 전부 행사
하는 것은 정당화될 수 없다는 견해로는 육군종합행정학교, 94~98면.

4) 대법원 1969. 4. 15. 선고 68도1833 판결.

5) 하지만 동 결정에 대하여 재판관 정경식의 한정합헌의견, 재판관 조승형의 반대의견, 재판관 김진
우·재판관 김문희·재판관 황도연의 반대의견이 있는 것에 주목해야 한다.

6) 청구인은 육군 제71훈련단 512지단 3대대 소속 방위병으로 근무하던 중 1979. 9. 13. 군무이탈하였
다가, 육군참모총장이 1990. 5. 31.자로 발한 "1961. 5. 16. 이후 군무이탈자는 같은 해 6. 1.부터 30.
까지 자진복귀하여 신고하라"는 내용의 군무이탈자 복귀명령을 알고 있었음에도 불구하고 그 기간
내에 복귀하지 아니함으로써 정당한 명령을 위반하였다 하여, 육군 제37사단 보통군사법원(91고
35)에 군형법 제47조의 명령위반죄로 기소되어 1991. 7. 9. 징역 1년을 선고 받았다(그 후 7. 13.
관할관의 확인절차에서 징역 6월로 감형됨). 이에 청구인은 육군고등군사법원(91노264)에 항소하
고 군형법 제47조에 대한 위헌 여부의 심판제청신청(91초8)을 하였다가 10. 8. 그 제청신청이 기각
되자 10. 17. 헌법소원심판을 청구하였다.

7) 이에 대하여 대법원은 "군형법 제47조 소정의 "정당한 명령"은 통수권을 담당하는 기관이 입법기

령권자, 내용과 범위, 형식 및 발령조건 등을 특정하지 아니하여 위임입법의 한계를 벗어나고 명확성의 원칙에도 어긋나 죄형법정주의 원칙에 위배되는 것이다. 왜냐하면 명령위반죄는 "정당한 명령 또는 규칙을 준수할 의무가 있는 자가 이를 위반하거나 준수하지 아니한 때에는 2년 이하의 징역이나 금고에 처한다."라고 규정하여 형사처벌의 대상이 되는 구성요건의 내용을 명령이나 규칙에 백지위임하는 형식을 취하고 있기 때문이다. 이와 같이 백지위임의 형식을 취하고 있는 상태에서는 죄형법정주의 원칙이 요구하는 명확성의 요건을 충족하지 못한 것이고, 이는 위임입법의 한계도 벗어난 것이다.

③ 군무이탈자 복귀명령의 형식

성문법의 체계를 보면, 헌법을 정점으로 하위법규로써 법률, 명령, 규칙의 순으로 되어 있다. 여기서 명령의 제정권자는 대통령, 국무총리, 행정 각부의 장에 한정되어 있는데, 군무이탈자복귀명령의 경우에는 발령권자가 각군 참모총장이라는 점에 주목해야 한다. 즉 행정 각부의 장에 해당하는 국방부장관보다 하위 권력기관인 각군 참모총장은 명령권 발동의 주체가 될 수 없음에도 불구하고 복귀'명령'이라는 형식을 취하고 있는 것이다. 엄격히 말하자면 군무이탈자복귀'규칙' 정도에 해당한다고 보아야 한다. 명령의 하위규범인 규칙을 위반하는 경우에 곧바로 형사처벌을 하는 것 또한 죄형법정주의를 정면으로 위배하는 것이다.

④ 군무이탈자 복귀의 '반복적인' 명령

명령위반죄의 공소시효는 5년이다(군사법원법 제291조). 이러한 시효의 완성을 막기 위하여 군무이탈자 복귀명령을 반복적으로 행하는 것은 사후입법금지의 원칙에 반한다. 즉 군무이탈자에 대한 복귀명령은 군무이탈죄의 공소시효가 완성되기 전의 경우에만 정당한 명령이고, 군무이탈죄의 공소시효가 완성된 후의 경우에는 부당한 명령이라고 보아야 한다. 이러한 형태는 다음과 같은 두 가지의 문제점이 있을 수 있다.

먼저 군무이탈죄의 공소시효가 진행 중일 때라면, 한번의 군무이탈행위로 인하여 군형법 제30조 제1항 소정의 순수군무이탈죄로 처벌을 받게 되고, 정당한 사

___

관인 국회가 동조로서 위임한 통수작용상 필요한 중요하고도 구체성 있는 특정의 사항에 관하여 발하는 본질적으로는 입법사항인 형벌의 실질적 내용에 해당하는 사항에 관한 명령을 말하는 것이라 풀이된다"고 판시하였고(대법원 1971. 2. 11. 선고 69도113 전원합의체 판결), 이러한 기준에서 각 개별적 사건에 있어서 이에 해당하는 명령과 이에 해당하지 아니하는 명령을 개별적, 구체적으로 가리고 있다. 그러나 군형법 제47조의 "정당한 명령"에 관한 대법원의 해석론은 그 자체가 이미 법률전문가에게조차도 난해한 것일 뿐만 아니라 그 판시기준에 의한 구체적 판별에 관하여는 선뜻 이해가 되지 아니하는 것들도 없지 않다.

유없이 상당한 기간 내에 복귀하지 아니하면 동법 제30조 제2항 소정의 불복귀죄로 처벌을 받게 되며 복귀명령에 위반하면 계속 군무이탈상태에 있으면서도 동법 제47조 소정의 명령위반죄로 처벌받게 되므로, 1회의 범행으로 2중·3중의 처벌을 받을 위험이 있다.[1]

다음으로 군무이탈죄의 공소시효가 완성된 이후일 때에는, 군무이탈행위가 군사법원법 제291조와 헌법 제12조 제1항 소정의 적법절차규정에 의하여 처벌될 수 없음에도 불구하고 복귀명령이 이탈행위자의 이탈기간에 계속하여 발하여 진다면, 행위자는 비록 적어도 군무이탈죄로는 처벌을 받지 아니한다 하더라도 군무이탈의 군인이라는 신분은 존속하는 것이므로 명령위반의 주체가 되며, 그로 인하여 45세까지는 명령위반죄로 처벌을 받을 위험이 있다. 그렇다면 위 행위자와 같은 군무이탈자들은 위 명령으로 인하여 아무런 이유 없이 군무이탈죄에 대한 공소시효규정의 혜택을 사실상 박탈당하여 군사법원법 제291조 규정 중 위 군무이탈죄 부분에 관한 공소시효의 규정은 사실상 사문화가 되고 마는 결과를 초래함으로써 적법절차에 관한 헌법조항에 위반된다. 또한 군무이탈죄를 범한 자를, 군무이탈죄를 범하지 아니한 다른 군형법 위반 범죄 기타 군인의 일반 형사법률 위반범죄를 범한 자들과 아무런 합리적인 이유 없이 차별함으로써 군무이탈자의 평등권을 사실상 침해한 것이라고 할 수 있다.

⑤ 군무이탈자 복귀명령 인지의 추정 문제

군무이탈자 복귀명령의 내용을 확인하고 실제로 복귀하는 인원은 과연 얼마나 될까? 판례[2]에 의하면 군무이탈자 복귀명령이 매스컴(국방일보 등)을 통하여 전국에 알려졌다면 군무이탈자는 복귀명령의 존재 및 내용을 알았던 것으로 추정된다고 한다. 하지만 이는 어디까지나 번복이 가능한 추정에 불과할 뿐 모든 경우에 복귀명령의 존재를 인식하는 것으로 확장해석하는 것은 금물이다. 특히 명령위반죄의 구성요건요소인 '명령 또는 규칙'에 대한 인식은 위법성의 인식이 아니라 구성요건적 사실의 인식에 해당하는 고의의 한 내용이라는 점에서 고의를 추정하는 것은 이론상 타당하지 않다. 즉 고의는 추정의 대상이 아니라 직·간접적인 입증의 대상인 것이다. 또한 군무이탈자가 이탈 후에 군무이탈자 복귀명령을 인지하고 자수한 경우와 군무이탈자 복귀명령을 미인지하고 자수한 경우를 현실적으로 구분

---

1) 군무이탈자가 군무이탈죄의 공소시효기간 내에 체포된 경우에는 군무이탈죄와 명령위반죄 양자가 모두 성립되나, 이 둘의 관계는 상상적 경합의 관계이므로 군무이탈죄 일죄로 처벌하면 족하다.
2) 육군 1974. 12. 13. 선고 74고군형항669 판결.

할 수는 없다. 왜냐하면 전국에 알려진 사실이라도 행위자 본인이 인지하지 못한 경우는 충분히 있을 수 있기 때문이다. 특히 국방일보 등 한정된 일간지에 1~2회의 게재를 행위자의 인지로 연결하는 것도 문제가 될 수 있다.

2) 직무유기죄와의 관계

군무이탈죄와 형법 제122조의 직무유기죄를 비교하면, 전자가 주관적으로 직무의 특수형이라고 할 수 있는 군무를 기피할 인식을 가지고 객관적으로는 직무유기죄와 같이 부대 또는 직무를 이탈함으로써 성립하는 것으로서 양죄는 구성요건이 동질의 것이고 그 법정형을 대비하여 볼 때 군무이탈죄가 군무의 국가 안보적 기능에 주목하여 그 형을 직무유기죄보다 대폭 중하게 규정하고 있는 것을 알 수 있다. 따라서 두 죄의 관계는 군무이탈죄가 직무유기죄의 특별법적인 성격을 갖는 것이라고 할 것이므로 군인이 근무 수행을 포기하고 부대를 이탈한 경우에는 군인으로서의 직무유기의 사실은 군무이탈죄에 흡수되어 별개의 죄를 구성하지 아니한다.[1]

5. 처 벌

본죄에 대하여 적전인 경우에는 사형, 무기 또는 10년 이상의 징역, 전시·사변시·계엄지역인 경우에는 5년 이상의 유기징역, 그 밖의 경우에는 1년 이상 10년 이하의 징역에 처하고 있다. 본죄는 군형법 제정 당시부터 규정된 범죄로서, 그 동안 3차례의 개정이 있었는데, 특이하게도 모두 실질적으로 법정형의 변경과 관련된 것이었다. 1962. 1. 20. 제정 당시에는 '적전인 경우에는 사형, 무기 또는 7년 이상의 징역, 전시·사변 또는 계엄지역인 경우에는 1년 이상의 유기징역, 기타의 경우에는 3년 이하의 징역'에 처하고 있었지만, 1975. 4. 4. 개정에서 '적전인 경우에는 사형, 무기 또는 10년 이상의 징역, 전시·사변 또는 계엄지역인 경우에는 5년 이상의 유기징역, 기타의 경우에는 3년 이상 10년 이하의 징역'으로 하여 법정형을 각각 상향조정[2]하였고, 1994. 1. 5. 개정에서 '기타의 경우에는 2년 이상 10년 이하의 징역'으로 법정형을 하향조정[3]하였다. 이후 2009. 11. 2. 개정에서도 '기타의 경

---

1) 해군 1981. 10. 16. 선고 81고군형항18 판결.

2) 개정이유에 의하면, 형법 등 다른 처벌법규와의 균형을 유지하기 위한 것인데, 군무이탈자에 대하여 형량을 조정하였다.

3) 개정이유에 의하면, 사회민주화 및 군의 발전추세에 따라 군형법상 비현실적인 법정형을 합리적으로 조정하려는 것으로써 군무이탈죄의 법정형을 3년 이상 10년 이하의 징역에서 2년 이상 10년 이하의 징역으로 하향조정하였다.

우에는 1년 이상 10년 이하의 징역'으로 법정형을 다시 하향조정[1]하였다.[2]

군무이탈자는 군의 병력을 감소시키고 군의 사기를 저하시켜 지휘체계를 문란시키는 범죄일 뿐만 아니라 군무이탈 후 다른 범죄를 저지를 가능성이 높기 때문에 평시의 경우에는 1년 이상 10년 이하의 징역이라는 비교적 중한 형으로 처벌하고 있고, 전시의 경우에는 사형까지 가능하도록 규정하고 있다. 하지만 이탈기간이 짧고 가까운 시일 내에 자수하거나 재복무의사를 명확히 밝힌 경우 등에 있어는 정상을 참작할 만한 사유가 비교적 높으므로 관대한 처벌을 할 경우가 발생한다. 실제에 있어서도 기소유예 또는 집행유예 처분이 많이 행해지기 때문에 실형을 선고받는 경우는 극히 적다. 한편 벌금형의 도입 배제에 특별한 이유도 없으므로 적정한 수준의 벌금형 도입도 검토할 만하다.

〈군무이탈죄에 대한 사건처리 현황〉

	장교		준·부사관		병		군무원·기타		계	
	입건	기소	입건	기소	입건	기소	입건	기소	입건	기소
2013	12	7	86	37	542	213	3	1	643	258
2014	6	3	60	30	406	160	3	0	475	193
2015	11	2	48	21	250	110	0	0	309	133
2016	9	6	28	11	180	82	3	1	220	100
2017	10	4	24	14	130	61	2	0	166	79
2018	11	2	20	11	111	42	0	0	142	55

출처: 국방부, 「국방통계 연보」, 2014~2019.

II. 특수군무이탈죄

제31조(특수 군무 이탈) 위험하거나 중요한 임무를 회피할 목적으로 배치지 또는 직무를 이탈한 사람도 제30조의 예에 따른다.
제34조(미수범) 이 장의 미수범은 처벌한다.

---

1) 개정이유에 의하면, 군무이탈죄는 그 형태와 동기가 다양하고, 개인의 범죄적 소질보다는 주로 가정환경이나 외부적 요인에 의하여 발생되고 있음에도 불구하고 법정형이 과중한 문제점이 있어 법정형을 2년 이상 10년 이하의 징역에서 1년 이상 10년 이하의 징역으로 하향 조정하여 양형의 구체적 타당성을 기하도록 하였다.
2) 이는 형법 제1조 제2항의 '범죄 후 법률의 변경에 의하여 형이 구법보다 경한 때'에 해당한다(대법원 2010. 3. 25. 선고 2009도14994 판결).

1. 의 의

특수군무이탈죄는 위험하거나 중요한 임무를 회피할 목적으로 배치지 또는 직무를 이탈함으로써 성립하는 범죄이다.

2. 구성요건

본죄의 실행행위는 위험하거나 중요한 임무를 회피할 목적으로 배치지 또는 직무를 이탈하는 것이다. 일반적으로 '위험한 임무'란 생명이나 신체에 대한 침해를 야기할 가능성이 있는 임무를 말하는데, 이는 직무상의 위험을 의미하고, '중요한 임무'란 비대체적 작위의무 내지 군의 기능수행과 밀접한 관련이 있는 임무를 말한다. 예를 들면 전투 중의 근무, 위험지역에서의 근무, 해상이나 공중에서의 근무 등이 이에 해당한다. '배치지'는 임무에 따라 개별적으로 축소 또는 확장될 수 있다. 또한 배치지는 개인적으로 배치된 지역과 부대가 전체적으로 배치된 지역을 모두 포함한다. '직무'란 위험한 또는 중요한 직무에 국한된다.

'이탈'이란 위험한 임무 또는 중요한 임무를 회피할 목적으로 적어도 시간상 또는 거리상으로 보아 용이하게 배치지 또는 직무에 복귀할 수 없는 상태에 이를 정도로 떠난 경우를 말한다. 그러므로 단순히 직무이행을 하지 않거나 기피한 경우에는 본죄가 성립하지 아니한다.[1]

생각건대 현재와 같은 남북의 대치상황[2]에서 군인의 임무 중 위험한 임무와 위험하지 않은 임무 또는 중요한 임무와 중요하지 않은 임무를 구별하기란 불가능하다. 즉 본죄에서 말하는 위험 또는 중요한 임무의 개념은 매우 불확실하며, 본죄의 존재는 중요하지 않은 군인의 임무라는 것을 상정하는 꼴이 되고 말았다. 결국 제30조에 의해서도 충분히 해결할 수 있는 문제를 군이 별도의 규정을 두어 처벌

---

1) 육군 1977. 11. 30. 선고 77고군형항415 판결(피고인은 북괴군으로 보이는 적이 5발을 쏘아 상병 김○○을 살해하는 것을 보고 소속위치인 167번 호 좌측에서 각 약 5분과 3분간 엎드려 숨어 있었음을 인정할 수 있고 달리 이를 번복할만한 자료가 없다. 그렇다면 위 피고인들이 소속위치에서 엎드린 다음 공격 등의 조치를 취하지 않은 사실은 인정될지라도 그 외에 시간 또는 거리상으로 보아 그들의 배치지 또는 직무에서 이탈하였다고는 볼 수 없음이 건전한 경험칙에 비추어 합당함에도 불구하고 만연히 위 피고인들에 대하여 특수군무이탈죄를 적용하여 처단한 원심은 범죄가 되지 않는 사실을 범죄로 인정하여 판결에 영향을 미친 위법이 있다).

2) 1968. 1. 21. 청와대 기습사건, 1976. 8. 18. 판문점 도끼만행사건, 1983. 미얀마 아웅산 테러사건, 1987. KAL 858기 폭파사건, 1996. 강릉 잠수함 침투사건, 1999. 제1연평해전, 2002. 제2연평해전, 2009. 대청해전, 2010. 3. 26. 천안함 피격사건, 2010. 5. 17. 북한 경비정의 NLL침범사건 등은 휴전 후 남북간 정세를 여실히 보여주고 있다.

하는 것은 타당하지 않다. 결론적으로 본조는 삭제하는 것이 타당하다.[1]

Ⅲ. 이탈자비호죄

제32조(이탈자 비호) 제30조 또는 제31조의 죄를 범한 사람을 숨기거나 비호한 사람은 다음 각 호의 구분에 따라 처벌한다.
   1. 전시, 사변 시 또는 계엄지역인 경우: 5년 이하의 징역
   2. 그 밖의 경우: 3년 이하의 징역
제34조(미수범) 이 장의 미수범은 처벌한다.

1. 의 의

이탈자비호죄는 군무이탈자 또는 특수군무이탈자를 숨기거나 비호함으로써 성립하는 범죄이다. 군무이탈죄는 상태범에 해당하기 때문에 이탈행위 이후에 이에 가담한 경우 공범으로 처벌할 수 없는 불합리가 발생하게 된다. 이를 해결하기 위하여 본죄는 이탈이라는 위법상태에 가공하여 군의 조직에 대한 침해를 조장하는 이탈자비호행위를 처벌하기 위한 것이다. 또한 본죄는 행위의 주체 및 객체에 있어서 특수성을 가진다는 점에서 형법상 범인은닉죄에 대한 특별법적 성격을 지니고 있다. 그러므로 본죄가 성립하는 경우에는 형법상 범인은닉죄가 성립하지 아니한다. 한편 입법론적으로는 적전의 경우에 대한 법정형을 별도로 두는 것이 타당하다.[2] 왜냐하면 전시 등의 경우보다 행위상황이 중하다고 평가되는 적전의 경우에 대한 법정형이 없는 관계로 인하여 기타의 경우로 처벌될 수밖에 없기 때문이다.

2. 구성요건

(1) 주 체

본죄의 주체는 군인 또는 준군인이다. 그러므로 민간인이 본죄의 구성요건을 충족시킬 경우에는 본죄가 아니라 형법상의 범인은닉죄가 성립한다. 그런데 형법상 범인은닉죄의 경우 친족 또는 동거의 가족이 본인을 위하여 은닉·비호한 경우에는 처벌되지 아니하는데(형법 제151조 제2항), 본죄의 주체가 민간인인 경우에는

---

1) 同旨 박안서, 130면; 이상철, 156면; 이승호, 120면.
2) 이에 대하여 적전에서 비호한 경우에는 제32조 제1호가 적용된다는 견해로는 육군종합행정학교, 102면.

당연히 형법상 친족간의 특례규정이 적용된다. 반면에 본죄의 주체가 군형법의 피적용자인 경우에 민간인의 경우와 같이 친족간의 특례규정이 적용될 수 있는지 여부가 문제될 수 있는데, 그 적용을 부정하는 것이 타당하다.[1] 왜냐하면 본죄의 주체가 군형법의 피적용자인 경우에는 형법상의 범인은닉죄가 아니라 본죄가 성립하게 되는데, 본죄에 대한 친족간의 특례규정은 별도로 존재하지 않기 때문이다. 다만 구체적인 상황에 따라 일반적인 책임조각 또는 감경의 사유로 판단하거나 양형참작사유로 고려하는 것은 무방하다.

본죄는 이탈자를 은닉·비호한 경우에 성립할 수 있는데, 여기서 말하는 이탈자에는 공범도 포함되지만 범인 스스로 도피하는 행위는 처벌되지 아니한다. 또한 공범 중 1인이 그 범행에 관한 수사절차에서 참고인 또는 피의자로 조사받으면서 자기의 범행을 구성하는 사실관계에 관하여 허위로 진술하고 허위 자료를 제출하는 것은 자신의 범행에 대한 방어권 행사의 범위를 벗어난 것으로 볼 수 없다. 그러므로 이러한 행위가 다른 공범을 은닉·비호하게 하는 결과가 된다고 하더라도 본죄로 처벌할 수 없다. 이때 공범이 이러한 행위를 교사하였더라도 범죄가 될 수 없는 행위를 교사한 것에 불과하여 이탈자비호교사죄가 성립하지 아니한다.[2] 하지만 공동정범 중의 1인이 다른 공동정범을 도피하게 한 경우에는 본죄가 성립한다.[3]

(2) 객 체

본죄의 객체는 군무이탈죄 또는 특수군무이탈죄를 범한 사람이다. 여기서 '죄를 범한 사람'이란 정범뿐만 아니라 교사범·방조범·미수범 등을 모두 포함한다. 또한 '죄를 범한 자'란 반드시 공소제기가 되거나 유죄의 판결을 받은 자뿐만 아니라 범죄의 혐의를 받아 수사 중인 자도 포함되므로, 군무이탈하여 수배중인 자임을 인식하면서 동인을 투숙하게 하여 체포를 면하게 한 경우에는 본죄가 성립한다.[4]

---

[1] 이에 대하여 ① 형법상 범인은닉죄는 벌금 이상의 형에 해당하는 죄를 범한 자를 은닉하거나 도피하게 하는 경우에 성립하는 것으로서 군무이탈죄를 범한 자 역시 그 객체에 포함되며, ② 친족 간의 인적 처벌조각사유를 규정한 취지는 친족에게 범인은닉행위를 하지 않을 것이라고 기대하는 것이 사회통념상 불가능하다는 것인데, 군인 등이라고 해서 그 예외가 된다고 볼 수는 없으며, ③ 만약 소극설을 취하게 되면, 군무이탈죄 이외의 범죄에 대해서는 군인 등이 아무리 중대한 범죄를 범한 자를 은닉, 비호하더라도 처벌을 받지 아니하는 반면, 군무이탈의 경우에는 아무리 경미한 군무이탈인 경우에도 이탈자를 은닉, 비호하면 처벌을 받는다는 부당한 결과가 생기게 되므로 적극설이 타당하다는 견해로는 육군본부, 115면.
[2] 대법원 2018. 8. 1. 선고 2015도20396 판결.
[3] 대법원 1983. 11. 14. 선고 83도47 판결; 대법원 1958. 1. 14. 선고 4290형상393 판결.
[4] 대법원 1983. 8. 23. 선고 83도1486 판결.

나아가 (특수)군무이탈죄를 범한 자라는 것을 인식하면서도 은닉하게 한 경우에는
그 자가 당시에는 아직 수사대상이 되어 있지 않았다고 하더라도 본죄가 성립한
다.[1] 하지만 사실상 죄를 범한 경우라고 할지라도 무죄·면소의 판결이 확정된 자,
공소시효의 완성·형의 폐지·사면 등으로 처벌이 불가능한 자 등은 본죄의 객체가
될 수 없다.

한편 (특수)군무이탈죄를 범한 자가 진범임을 요하는지 여부와 관련하여, 판례
는 「죄를 범한 자'라고 함은 범죄의 혐의를 받아 수사대상이 되어 있는 자를 포함
한다. 따라서 구속수사의 대상이 된 소송외인이 그 후 무혐의로 석방되었다고 하
더라도 죄의 성립에 영향이 없다.」라고 판시[2]하거나 「죄를 범한 자'는 범죄의 혐
의를 받아 수사대상이 되어 있는 사람이면 그가 진범인지 여부를 묻지 않고 이에
해당한다.」라고 판시[3]하여, 소극설의 입장을 취하고 있다. 생각건대 적극설에 의
하면 아직 진범인지의 여부가 불확실한 피의자·피고인을 은닉시킨 경우에는 본죄
의 성립을 불가능하게 하는 문제가 있다는 점, 본범이 진범이 아니라고 오신하면
본죄의 고의가 항상 부정되는 불합리가 발생한다는 점 등을 논거로 하여, 진범일
필요는 없고 수사 또는 소추를 받고 있는 자이면 족하다는 소극설이 타당하다.

(3) 행 위

본죄의 실행행위는 숨기거나 비호하는 것이다. 여기서 숨긴다는 것은 은닉을
의미하는데, '은닉'이란 죄를 범한 자임을 인식하면서 장소를 제공하여 체포를 면
하게 하는 것을 말한다. 죄를 범한 자에게 장소를 제공한 후 동인에게 일정 기간
동안 수사기관에 출두하지 말라고 권유하는 언동을 하여야만 본죄가 성립하는 것
이 아니며, 그 권유에 따르지 않을 경우 강제력을 행사하여야만 한다거나 죄를 범
한 자가 은닉자의 말에 복종하는 관계에 있어야만 본죄가 성립하는 것도 아니다.[4]
은닉의 방법에는 제한이 없기 때문에 부작위에 의해서도 가능하다.

'비호'란 이탈자로 하여금 처벌을 면하게 하는 일체의 원조행위를 말하는데,
예를 들면 숙식 또는 금전의 제공, 허위의 신고, 도피의 권고, 자수의 저지 등이 이
에 해당한다. 그러므로 은닉도 일종의 비호에 해당한다. '도피'란 은닉 이외의 방법
으로 범인에 대한 수사·재판 및 형의 집행 등 형사사법의 작용을 곤란 또는 불가

---

1) 대법원 2003. 12. 12. 선고 2003도4533 판결.
2) 대법원 1982. 1. 26. 선고 81도1931 판결.
3) 대법원 2014. 3. 27. 선고 2013도152 판결; 대법원 2007. 2. 22. 선고 2006도9139 판결; 대법원 2003.
    12. 12. 선고 2003도45338 판결; 대법원 1960. 2. 24. 선고 4292형상555 판결.
4) 대법원 2002. 10. 11. 선고 2002도3332 판결.

능하게 하는 일체의 행위로서 그 수단과 방법에는 아무런 제한이 없다. 은닉이 일정한 장소적 관련성을 갖는 행위태양인 반면에, 도피는 장소적 관련성을 넘어 상황적 관련성을 갖는 행위태양이라는 점에서 구별된다. 또한 본죄는 위험범으로서 현실적으로 형사사법의 작용을 방해하는 결과를 초래할 필요는 없으나, 다른 한편 형사사법의 작용을 방해하는 모든 행위 내지 범인을 돕는 모든 행위가 본죄의 구성요건에 해당한다고 본다면 이는 행동의 자유를 지나치게 제한하는 것으로서 부당하므로, 적어도 함께 규정되어 있는 은닉행위에 비견될 정도로 수사기관으로 하여금 범인의 발견·체포를 곤란하게 하는 행위, 즉 직접 범인을 도피시키는 행위 또는 도피를 직접적으로 용이하게 하는 행위에 한정된다.[1] 그러므로 그 자체가 도피시키는 것을 직접의 목적으로 한 것이라고는 보기 어려운 행위로 말미암아 간접적으로 범인이 안심하여 도피할 수 있도록 하는 것과 같은 경우는 이에 포함되지 아니한다.[2] 나아가 어떤 행위가 본죄에 해당하는 것처럼 보이더라도 그것이 사회적으로 상당성이 있는 행위일 때에는 처벌할 수 없다.

판례에 의하면, ① 범인으로 혐의를 받아 수사기관으로부터 수사 중인 경우에 범인 아닌 다른 자로 하여금 범인으로 가장하게 하여 수사를 받도록 함으로써 범인체포에 지장을 초래하게 한 경우[3], ② 피고인이 수사기관에 적극적으로 범인임을 자처하고 허위사실을 진술함으로써 실제 범인을 도피하게 한 경우[4], ③ 범인이 기소중지자임을 알고도 범인의 부탁으로 다른 사람의 명의로 대신 임대차계약을 체결해 준 경우[5], ④ 피고인이 국방부 합동조사단장으로부터 공소외 1의 병무비리사건과 관련하여 뇌물수수 등의 혐의로 수배 중인 공소외 2를 체포하도록 구체적인 임무를 부여받아 그 직무를 수행함에 있어 공소외 2와 여러 차례에 걸쳐 전화통화를 하고, 나아가 공소외 2를 위하여 서류를 전달해주는 한편 그의 예금통장까지 개설해 준 경우[6], ⑤ 피고인이 검사로부터 범인을 검거하라는 지시를 받고서도 그 직무상의 의무에 따른 적절한 조치를 취하지 아니하고 오히려 범인에게 전화로 도피하라고 권유하여 그를 도피하게 한 경우[7], ⑥ 공범이 더 있다는 사실을 숨긴 채 허위보고를 하고 조사를 받고 있는 범인에게 다른 공범이 더 있음을 실토하지 못하도록 한 경우[8], ⑦

1) 대법원 2013. 1. 10. 선고 2012도13999 판결.
2) 대법원 1995. 3. 3. 선고 93도3080 판결.
3) 대법원 1967. 5. 23. 선고 67도366 판결.
4) 대법원 2000. 11. 24. 선고 2000도4078 판결; 대법원 1996. 6. 14. 선고 96도1016 판결; 대법원 1977. 2. 22. 선고 76도3685 판결.
5) 대법원 2004. 3. 26. 선고 2003도8226 판결.
6) 대법원 1999. 11. 26. 선고 99도1904 판결.
7) 대법원 1996. 5. 10. 선고 96도51 판결.
8) 대법원 1995. 12. 26. 선고 93도904 판결.

사제가 죄지은 자를 능동적으로 고발하지 않는 것에 그치지 아니하고 은신처마련, 도피자금 제공 등 범인을 적극적으로 은닉·도피하게 한 경우[1]), ⑧ 공소외인이 죄를 범한 자라는 것을 인식하면서도 외국으로 도피하게 한 경우[2]), ⑨ 변호인이 의뢰인의 요청에 따른 변론행위라는 명목으로 수사기관이나 법원에 대하여 적극적으로 허위의 진술을 하거나 피고인 또는 피의자로 하여금 허위진술을 하도록 하는 경우[3]) 등에 있어서는 본죄가 성립한다.

하지만 ① 참고인이 수사기관에서 범인에 관하여 조사를 받으면서 그가 알고 있는 사실을 묵비하거나 허위로 진술하였다고 하더라도, 그것이 적극적으로 수사기관을 기만하여 착오에 빠지게 함으로써 범인의 발견 또는 체포를 곤란 내지 불가능하게 할 정도의 것이 아닌 경우[4]), ② 단순히 안부를 묻거나 통상적인 인사말 등만으로는 범인을 도피하게 한 것이라고 할 수 없을 것인바, 주점 개업식 날 찾아 온 범인에게 '도망다니면서 이렇게 와 주니 고맙다. 항상 몸조심하고 주의하여 다녀라. 열심히 살면서 건강에 조심하라.'고 말한 경우[5]), ③ 피고인 3이 원심공동피고인으로부터 받은 돈 중 일부를 공소외 1의 자녀들의 생활비로 교부하고 일부는 원심공동피고인의 변호사 선임비로 사용하였으며, 피고인 3이 공소외 1의 부탁을 받고 공소외 1의 자녀들을 미국으로 보내기 위하여 김포공항까지 안내하여 주어 공소외 1을 도피하게 한 경우[6]) 등에 있어서는 본죄가 성립하지 아니한다.

3. 처 벌

본죄는 행위상황이 전시·사변 시 또는 계엄지역인 경우와 그 밖의 경우로 양분하여 법정형을 달리 규정하고 있다. 일반적으로 군형법에서 행위상황에 따라 법정형에 차등을 두는 방법은 ① 적전인 경우, ② 전시·사변 시 또는 계엄지역인 경우, ③ 그 밖의 경우 등과 같이 크게 삼분하는 것이 보통인데, 본죄와 위계로 인한 항행위험죄(제37조), 노적군용물방화죄(제67조)에서는 위와 같이 양분하고 있는 것이 특징이다. 이러한 입법취지는 적전이 언제나 전시를 전제로 하고 있다는 점을 반영한 것으로 판단되지만, 실제로 전시가 아니더라도 얼마든지 적전일 수가 있으므로 처벌의 공백이 발생할 수 있는 불합리한 점이 있다. 그러므로 행위상황을 양분하고 있는 군형법상 총 3개의 범죄는 다른 범죄와 동일하게 삼분하는 것이 타당하다.

---

1) 대법원 1983. 3. 8. 선고 82도3248 판결.
2) 대법원 2003. 12. 12. 선고 2003도4533 판결.
3) 대법원 2012. 8. 30. 선고 2012도6027 판결.
4) 대법원 2013. 1. 10. 선고 2012도13999 판결.
5) 대법원 1992. 6. 12. 선고 92도736 판결.
6) 대법원 1995. 3. 3. 선고 93도3080 판결.

Ⅳ. 적진도주죄

> 제33조(적진으로의 도주) 적진으로 도주한 사람은 사형에 처한다.
> 제34조(미수범) 이 장의 미수범은 처벌한다.

1. 의 의

적진도주죄는 적진으로 도주함으로써 성립하는 범죄이다. 본죄는 군인·준군인의 국가와 군에 대한 배신행위를 처벌하기 위한 규정이다. 그러한 점에서 비겁행위를 처벌하는 항복죄(제22조), 부대인솔도피죄(제23조)와 구별된다.

2. 구성요건

본죄의 실행행위는 적진으로 도주하는 것이다. 여기서 '적진'이란 적의 진영이나 진지를 말하며, 적이란 전시에 조직된 적의 부대나 교전단체 및 반도단체를 말한다. 국가보안법이 규정한 반국가단체가 지배하는 지역은 본죄에서 말하는 적보다 외연이 더 넓은 개념이므로, 반국가단체로 단순히 도주하는 것만으로는 본죄가 성립하지 아니한다. '도주'란 대한민국의 실력적 지배를 벗어나 적의 지배 아래로 들어가는 것을 말하며, 적과의 사전연락 여부는 본죄의 성립에 영향이 없다.

3. 다른 범죄와의 관계

(1) 국가보안법상 탈출죄와의 관계

군형법상 적진도주죄는 국가보안법상 탈출죄에 대한 특별법에 해당한다.[1] 국가의 존립·안전이나 자유민주적 기본질서를 위태롭게 한다는 정을 알면서 반국가단체의 지배하에 있는 지역으로 탈출한 자는 10년 이하의 징역에 처하고 있는데(국가보안법 제6조 제1항 후단), 민간인이 본죄의 행위를 할 경우에는 국가보안법이 적용되지만, 군인이 본죄의 행위를 할 경우에는 적진도주죄가 성립하는 것이다.

---

[1] 육군 1972. 4. 25. 선고 72고군형항26 판결(원심은 피고인이 남방 한계선의 철책을 넘어 월북하려다 체포된 사실에 대해 유죄를 인정하면서 초병의 수소이탈, 적진에의 도주미수 및 반공법 제6조 제1항, 동조 제5항(반국가 단체의 지배하에 있는 지역으로의 탈출 및 그 미수)을 각 적용하고 있는 바, 군형법 제33조 소정의 적진에의 도주죄와 반공법은 대한민국 국민 전체를 그 적용대상으로 하나 군형법은 군인의 신분이 있는 자에 한하여 적용될 뿐 아니라(군형법 제1조), 반공법 제6조 제1항의 '반국가 단체가 지배하는 지역'이라는 점 등을 미루어 보면 군형법 제33조의 적진에의 도주죄는 반공법 제6조 제1항의 탈출죄에 대한 특별법이라고 함이 정당할 것인바 원심이 이를 간과하여 피고인의 소위에 대해 적진에의 도주죄 이외에 다시 반공법 제6조 제1항에 문의하였음은 위 반공법 제6조 제1항의 법리를 오해한 위법이 있다).

(2) 군무이탈죄와의 관계

군무기피의 목적으로 적에게 도주하는 경우에는 적전군무이탈죄와 적진도주
죄가 성립하며, 양죄는 법조경합의 관계에 있으므로 적진도주죄만이 성립한다.[1]
하지만 군인이 군무기피의 목적으로 적진이 아닌 반국가단체의 지배 하에 있는 지
역으로 탈출한 경우에는 국가보안법상 탈출죄와 군형법상 군무이탈죄의 경합범이
성립한다.[2]

---

1) 육군 1978. 5. 13. 선고 78고군형항23 판결(적진도주죄와 적전군무이탈죄의 관계는 한 개의 행위가
  형식상 두 개의 법규에 해당할 뿐 실질상 1죄로서(적진도주의 경우에는 적전군무이탈죄를 당연히
  예상할 수 있음), 적진도주죄가 적전군무이탈죄에 대하여 우선하여 적용된다고 해석되므로 양죄의
  관계는 상상적 경합이 아닌 법조경합의 관계로 보여진다). 이에 대하여 양죄는 구성요건이 전혀
  다른 별개의 범죄이므로 행위의 단일성이 인정되는 경우에는 상상적 경합이 된다는 견해로는 육군
  본부, 117면; 육군종합행정학교, 104면.
2) 육군 1964. 4. 22. 선고 64고군형항35 판결.

제10장 군무태만의 죄

Ⅰ. 근무태만죄

제35조(근무 태만) 근무를 게을리하여 다음 각 호의 어느 하나에 해당하는 사람은 무기 또는 1년 이상의 징역에 처한다.
1. 지휘관 또는 이에 준하는 장교로서 그 임무를 수행하면서 적과의 교전이 예측되는 경우에 전투준비를 게을리한 사람
2. 장교로서 부대 또는 병원을 인솔하여 그 임무를 수행하면서 적을 만나거나 그 밖의 위난에 처하여 정당한 사유 없이 부대 또는 병원을 유기한 사람
3. 직무상 공격하여야 할 적을 정당한 사유 없이 공격하지 아니하거나 직무상 당연히 감당하여야 할 위난으로부터 이탈한 사람
4. 군사기밀인 문서 또는 물건을 보관하는 사람으로서 위급한 경우에 있어서 부득이한 사유 없이 적에게 이를 방임한 사람
5. 전시, 사변 시 또는 계엄지역에서 병기, 탄약, 식량, 피복 또는 그 밖에 군용에 공하는 물건을 운반 또는 공급하는 사람으로서 부득이한 사유 없이 이를 없애거나 모자라게 한 사람

1. 전투준비태만죄

(1) 의 의

전투준비태만죄는 지휘관 또는 이에 준하는 장교로서 그 임무를 수행하면서 적과의 교전이 예측되는 경우에 전투준비를 게을리함으로써 성립하는 범죄이다(제35조 제1호).

(2) 구성요건

1) 주 체

본죄의 주체는 지휘관 또는 이에 준하는 장교이다. 여기서 지휘관은 반드시 전투부대의 지휘관일 필요는 없다. '지휘관에 준하는 장교'란 지휘관 이외의 자로서 지휘관의 직무에 준하는 직무를 수행하는 자로서 전투준비를 할 수 있는 지위에 있는 장교를 말한다. 지휘관을 대리하여 부대를 지휘하는 장교도 이에 해당하므로, 구체적인 상황에 따라 소대장도 지휘관에 준하는 장교라고 할 수 있다.[1] 다

---

1) 대법원 1983. 10. 11. 선고 82도2108 판결; 육군 1969. 8. 21. 선고 69고군형항302 판결(소대장이 지휘관에 준하는가 라는 문제는 일률적으로 개념을 지울 수 없고 그 소대의 성격과 구체적인 행위

만 부사관이 본죄의 주체가 될 수 없음은 명문의 규정상 명백하다.

2) 행 위

본죄의 실행행위는 임무를 수행하면서 적과의 교전이 예측되는 경우에 전투준비를 게을리하는 것이다. 본죄는 작전에 실패하였다는 결과에 의하여 성립하는 것이 아니고, 통상적인 능력을 갖춘 지휘관으로서 마땅히 하여야 할 전투준비를 태만히 한 경우에 성립하는 것이므로, 불가능한 전투준비 또는 부적당한 전투준비를 태만히 한 경우에는 본죄가 성립되지 아니한다.[1]

상황에서만 제한적으로 논의될 수 있다고 하겠다. 그런데 일건기록에 나타난 모든 증거자료를 종합할 때 피고인이 소속된 부대는 독립되어 울진지구의 해안경계임무를 맡고 있는 독립대대이고 그 방어구역이 일반전술에 적용되는 기준구역보다 수배나 되며, 방어지역은 험할뿐 아니라 야간에 적이 내습할 수 있는 취약지점으로 선정되고 있다. 과연그렇다면 본 건과 같은 행위상황에서의 피고인의 직책은 부대지휘 직무에 준하는 직무를 수행하는 장교라고 인정함에 하등의 지장이 없고 피고인은 중대장의 하급자임을 이유로 지휘권이 없는 지휘관에 준하는 자가 아니라는 논지는 이유 없다).

1) 육군 1989. 11. 30. 선고 89고군형항193 판결(시간적 제약으로 위 경보기의 단선정비가 사실상 불가능하였거나 잦은 단선으로 인해 위 경보기가 전투준비로서의 효용이 거의 없다고 생각해 온 피고인이 제설작업 및 사단장 부대방문 준비로 연 3주간 격무에 시달려 온 소초원의 휴식보장 및 사기앙양이 위 단선정비보다 전투준비에 더욱 긴요한 조치라고 판단하여 그 정비에 이르지 아니한 것을 가리켜 고의로 전투준비를 태만히 하였다고 볼 수는 없다); 대법원 1980. 3. 11. 선고 80도141 판결(원심의 판단 중 (1) 피고인이 장애물인 크레모아, 견인줄, 배수로 차단시설을 설치 운용하지 아니 하므로써 전투준비를 태만히 하였다는 부분에 관하여 살피건대, 기록에 의하면 원심은 위와 같은 장애물의 설치 운용이 당시 전투준비행위의 일환으로써 무장공비의 탈출을 방지할 수 있는 성질의 것이었는가, 즉 당시의 상황으로 보아 위와 같은 장애물의 설치운용이 필요하였는가에 관하여 심리하지 아니한 채 이를 유죄로 판단(원심의 현장검증조서 및 감정인 편태조의 감정시는 당시의 지형 및 병력전개상황과 크레모아를 설치하였더라도 인근 민가에 위험이 없었을 것이라는 사실인정의 자료가 되는데 불과한 것이다)하였고 또한, (2) 피고인이 사주경계가 불가능한 1번 초소 유개호를 사전 확인하지 아니하고 방치하므로써 전투준비를 태만히 하였다는 부분에 관하여 살피건대, 기록에 의하면 1번 초소는 원래 무개호로 구축되었던 것이나 비때문에 붕괴되자 피고인 2, 3이 당일 18:30경 재구축한 것으로서 당시 작전지역내에 일몰시인 18:00 이후부터 모든 이동물체에 대한 사격명령이 하달되어 있어 피고인으로서는 1번 초소의 구축상황에 대한 확인순찰이 불가능하였던 사실이 인정되고 사실이 위와 같다면 특단의 사정이 없는 한 이 부분 전투준비는 불가능한 경우에 해당한다 할 것이나 원심은 이 점에 관하여도 심리하지 아니한 채 이를 유죄로 판단하였으며 따라서 피고인에 대한 원심판결은 군형법 제35조 제1호 전투준비태만죄의 법리를 오해하여 그 구성요건 사실에 대한 심리를 하지 아니하여 증거없이 사실을 인정한 위법이 있으므로 논지는 이유 있다. … 원심판결에 의하면 원심은, 피고인들이 수면을 취한 행동에 비난가능성이 없다는 주장에 대하여 피고인들에게는 1978. 12. 3. 및 4. 양일간에 걸쳐 08:00경부터 12:00경까지 수면이 허용되었고 식사시간 중 남는 시간을 이용하여 잠깐씩 수면을 취할 수도 있었으며 당일 14:00경부터 17:00경까지 자유시간이 허용되어 또한 수면을 취할 수 있었던 데다가 피고인들은 수일간 수면을 취하지 아니하는 천리행군훈련으로 단련되어 있어 수면부족을 극복할 수 있는 능력을 갖추고 있었다는 이유로 위 주장을 배척하였다. 그러나 기록에 의하면 피고인들은 1978. 11. 30. 18:00경 작전에 투입된 이래 주간에는 수색정찰, 야간에는 매복근무를 계속하여 수면을 취할 시간이 없었고 같은 해 12. 3 및 4. 양일간 08:00경부터 12:00경까지 각 4시간씩 8시간의 수면시간이 허용되었으나 장비수입 기타 사정 때문에 피고인 2는 4일에만 3시간 정도의 수면을, 피고인 3은 양일간 모두 5시간 정도의 수면을 각 취하였고, 위 작전 기간동안 병사에 따라서는 식사시간 및 비번기회 등을 틈타 더 많은

임무를 수행한다는 것은 지휘관이나 그에 준하는 장교의 임무수행을 의미하며, 임무수행 중이 아닌 경우에는 전투준비를 태만히 하더라도 본죄가 성립하지 아니한다.

'적과의 교전이 예측되는 경우'[1]란 객관적인 상황으로 판단하여 교전가능성이 있는 경우를 말한다. 반드시 적과 대치하여 교전할 수 있는 상태만을 가리키는 것이 아니고, 무장공비의 침투를 막기 위하여 병력을 배치하고, 공비가 나타나면 언제든지 교전할 수 있는 태세로서 경비를 하고 있는 경우도 포함된다.[2] 객관적으로 적과의 교전이 예측되는 상황이 존재해야 할 뿐만 아니라 주관적으로 이에 대한 인식이 요구되므로, 적과의 교전이 예측되는 상황이라고 할지라도 지휘관 등이 이에 대한 인식을 하지 못한 경우에는 본죄가 성립하지 아니한다.

'전투준비를 태만히 한다'는 것은 전투준비에 관하여 할 바를 다하지 아니하고, 이를 해태하는 것으로 고의·과실[3]을 불문한다.[4] 또한 전투준비를 전혀 하지

수면을 취하기도 하고 극도의 수면부족으로 매복근무 중 교대로 수면을 취하기도 하였으나 피고인들이 허용된 수면 이외의 수면을 취하였다고 인정할 만한 자료는 없으며, 천리행군훈련이 구체적으로 어떠한 상황아래에서 어떠한 방법으로 실시되는 훈련인지 기록상 명백치 않으나 그와 같은 훈련을 받았다고 하여 장기간의 수면부족을 극복할 수 있는 능력을 갖게 된다고도 볼 수 없는바, 사실이 위와 같다면 피고인들이 무장공비의 탈출시간으로 추정되는 1978. 12. 4. 24:00경까지 만 4일 6시간 동안 불과 3시간 또는 5시간의 수면을 취한 상태에서 2시간씩 교대로 수면을 취한 행위 자체에는 특단의 사정이 없는 한 비난가능성이 있다고 단정할 수는 없는 것이므로 원심판결은 이 점에 관하여 심리를 다하지 아니하고 판단하므로써 기대가능성에 관한 법리를 오해한 위법이 있어 논지는 이유 있다); 대법원 1979. 6. 26. 선고 79도1107 판결(초소간의 공간에 조명지뢰, 부비트랩, 경보기 등을 설치하지 않는 것이 그러한 장비가 지급되지 않았기 때문이며, 중대장의 재량사항인 크레모아는 민가가 근접하여 위험하다고 판단되어 이를 설치하지 않았다면 군형법 제35조 제1호에 해당되지 아니한다).

1) 육군 1979. 3. 28. 선고 79고군형항31 판결(간첩 소수인이 도주함에 이를 차단 사살하는 작전 임무수행 행위는 군형법상의 '적과의 교전이 예측되는 경우'의 임무수행행위라 할 수 없는 바는 아니고, 간첩 소수인을 차단 사살하기 위한 매복작전 임무 수행행위는 적전에서의 행위라고 볼 수 있다. … 설혹 2시간씩 교대로 가면을 취했다 할지라도 이는 고된 작전임무수행 중 수면부족 때문으로써 비난가능성이 없다고 할 수 없다).

2) 대법원 1970. 4. 14. 선고 69도1788 판결(피고인 1은 소속대 제1소대장으로서 적과의 교전이 예측되는 본건 경비책임구역내에서 제1, 제2초소만을 빼놓고 나머지 12개 초소에 초병을 배치할 때에 소속병사를 운동선수 등으로 이용하고 특히 공비가 침투하는 야간경비에 소홀히 한 것이 엿보이므로 설사 그 직속중대장인 피고인 2로부터 그 병력 배치에 대한 양해를 얻었고, 또 그 재량권이 있었다 하여도 위 제1, 제2초소로부터 3회에 걸쳐 야간에 무장공비 90여 명이 그 빈틈을 타서 상륙 침투를 한 이상, 근무태만 죄책을 면할 수 없다 할 것이고, 또 피고인 2도 위와 같이 피고인 1이 제1, 제2초소에 초병을 배치하지 않고 있음을 알면서 이를 방치한 이상 병력부족 따위의 이유로는 역시 같은 죄책을 벗어날 수 없을 것이다).

3) 이에 대하여 본죄는 고의범이므로 과실에 의한 경우에는 그 성립을 부정해야 한다는 견해로는 육군본부, 260면; 육군종합행정학교, 250면.

4) 대법원 1983. 10. 11. 선고 82도2108 판결(피고인은 적과 교전이 예측되는 휴전선 남방한계선 방책선 경계근무를 임무로 하는 소속대의 소대장으로서 1982. 1. 29. 18:00부터 그 다음날 01:00까지 방

않는 경우도 이에 해당한다. 왜냐하면 이러한 경우를 제외한다면 지휘관에 준하는 장교에 의한 방기(放棄)의 경우 형법상 직무유기죄로 의율될 수밖에 없어 처벌의 불균형이 발생하기 때문이다. 전투준비의 정도는 구체적인 상황에 따라 다르게 나타날 수 있으며, 전투준비는 직접적인 것은 물론 간접적인 전투지원행위도 포함하여 전투와 관련성이 있는 모든 행위를 의미한다.

(3) 다른 범죄와의 관계

정당한 명령에 위반하여 전투준비를 태만히 한 경우에는 전투준비태만죄와 명령위반죄가 성립하고, 이는 1개의 행위로서 2개의 죄명에 해당하는 상상적 경합범에 해당한다.[1]

2. 부대등유기죄

(1) 의 의

부대등유기죄는 장교로서 부대 또는 병원(兵員)을 인솔하여 그 임무를 수행하면서 적을 만나거나 그 밖의 위난에 처하여 정당한 사유 없이 부대 또는 병원을 유기함으로써 성립하는 범죄이다(제35조 제2호).

(2) 구성요건

1) 주 체

본죄의 주체는 부대 또는 병원을 인솔하여 그 임무를 수행하면서 적을 만나거나 그 밖의 위난에 처한 장교이다. 여기서 '병원'(兵員)이란 부대에 이르지 않는 군인의 집합체나 개별 군인을 말하는데, 그 수에는 제한이 없다. '그 임무를 수행하면서'란 부대 또는 병원을 인솔하는 도중을 말한다.[2] 여기서 말하는 임무는 특정한 임무를 의미하는 것이 아니라 포괄적으로 장교로서의 임무를 수행하는 것을 의미한다. '적을 만나거나 그 밖의 위난에 처한다'는 것은 현실적으로 그러한 사태가 발생하였을 경우에 한정된다. 다만 적과의 조우는 우연히 만난 경우에 한정되며,

---

책선 경계근무를 하게 되었으므로 근무병력의 군장검사, 암구호, 초소특별수칙, 정신교육 등을 확인 점검한 후 병력을 직접 인솔하여 각 초소에 배치하고 순찰, 감독하여야 함에도 불구하고 근무자 중 선임분대장인 하사 김순수에게 근무병력을 배치하도록 하고 동일 18:00경부터 19:15경까지 사이에 소속대 선임하사실에서 술을 마심으로써 전투준비를 태만히 한 사실을 인정할 수 있으므로 이는 군형법 제35조 제1호 소정의 전투준비태만죄에 해당한다 할 것이고, 방책선 경계근무에 우선적으로 임하여야 할 피고인이 소속대원들에 대한 정신교육을 실시한 사실만으로는 위 죄책을 면할 수 없다).

  1) 육군 1982. 1. 27. 선고 81고군형항602 판결.

  2) 이에 대하여 본죄에서 말하는 '그 임무를 수행하면서'라는 문구는 특별한 의미가 없다는 견해로는 육군본부, 261면.

이미 적과 만날 것이 예견되는 경우에는 일반이적죄에 해당할 뿐이다. 여기서의 적은 적군뿐만 아니라 적성민간인이나 이적행위자를 포함한다.

2) 행 위

본죄의 실행행위는 정당한 사유 없이 부대 또는 병원을 유기하는 것이다.[1] 유기(遺棄)는 '내다 버리다'의 의미를 지니고 있는데, 자신이 인솔하는 부대 또는 병원을 보호 없는 상태에 두는 것을 말한다. 유기의 방법으로는 적극적으로 부대 또는 병원을 보호받지 못하는 상태에 빠뜨리는 작위에 의한 유기와 소극적으로 부대 또는 병원에 필요한 보호를 제공하지 아니하는 부작위에 의한 유기로 구분할 수 있다. 여기서 '작위에 의한 유기'란 부대 또는 병원을 장소적으로 이전하는 경우뿐만 아니라 부대 또는 병원을 장소적으로 이전함이 없이 부대 또는 병원에게 접근하는 것을 차단하는 경우도 포함된다. 그러므로 유기에 있어서 장소적 이전이 반드시 필요한 것은 아니다. 본죄는 추상적 위험범이므로 유기행위가 있으면 바로 기수가 된다. 즉 유기행위만 있으면 부대 또는 병원의 생명·신체에 대한 위험의 발생과 상관 없이 본죄가 성립한다.

---

[1] 대법원 1970. 11. 24. 선고 70도1984 판결(피고인은 1970. 3. 2. 02:00경 경기도 연천군 중면 마거리 262,296 지점에서 전방철책선 순찰을 하고 있었는데 그때 순찰 나온 중대장 공소외 1 대위를 만났다 한다. 이때 공소외 1이 머리가 아프다면서 소대 본부로 향하여 가던중 전방 철책선 제15철문으로부터 남방 약 200미터 떨어진 지점에서 공소외 1이 갑자기 소총으로 피고인을 위협하여 피고인이 휴대중이던 칼빈 엠2를 뺐고 또 그 전방 2미터 앞에 걸어가던 공소외 2의 소총인 칼빈 엠2도 뺏은 다음 "월북하려고 하니 철문을 열라"고 소총으로 위협 강요하였다 한다. 이리하여 위의 제15철문을 향하여 공소외 1, 2 등과 앞서거니 뒷서거니 하면서 내려가던 중 위의 철문으로부터 남방 약 7미터 떨어진 엘엠지 잠복호 부근에 이르러 피고인이 공소외 1에게 대하여 철문을 못열겠다고 불응하였으나 공소외 1이 빨리 철문을 열라고 소총으로 계속 위협 강요하므로 이것에 이기지 못하여 위의 철문을 향하여 내려가다가 공소외 1과의 거리가 떨어지자 이때를 이용하여 피고인이 도망하면서 중대장이 월북하니 중대장을 사격하라는 취지의 공격지휘를 할 수 있었는데 다만 "연락하라"고만 두세 번 소리치고 여기서 약 400미터 떨어진 수색중대로 도주하였다는 것이다. 피고인의 행위가 위와 같다면 피고인의 행위는 군형법 제35조 제2호에서 말하는 장교로서 병원을 인솔하여 그 임무를 수행함에 있어서 위난에 처하여 정당한 사유없이 병원을 유기한 경우에 해당한다고 볼 수 있는 동시에 한편으로는 직무상 공격하여야 할 적에 대하여 정당한 사유없이 이를 공격하지 아니하거나 직무상 당면하여야 할 위난으로부터 이탈한 경우에 해당한다고 볼 수 있다. 이 사건의 경우처럼 피고인의 직속 중대장이 갑자기 월북을 기도한 것처럼 전혀 예상하지 아니하였던 적을 만나서 총기를 빼앗기고 월북에 협조하도록 총기로서 강요당한 상태에 있었고, 피고인이 이러한 긴박상태에서 위난을 벗어나기 위하여 위난 장소 주변의 병원에게 연락하라고만 지시하게 된 것이었으며, 피고인은 당시 의사결정이 전적으로 박탈당한 포로의 상태하에서 탈출하게된 사정(수색중대로 도주한 점)이 있었다손 치더라도 피고인의 이 사건 행위가 병원의 유기행위로 해석할 수 없다는 논지는 이유없다. 또 피고인이 월북하려는 소속 중대장의 의사에 따라 기계적으로 움직이는 포로의 상태하에 있었고 이러한 포로의 상태하에서의 탈출행위이었다 할지언정 피고인의 행위는 적에 대한 공격을 하지 아니하고 당면하여야 할 위난으로부터 이탈한 행위가 될 수 있다고 보는 것이 상당하다).

3. 공격기피죄

(1) 의 의

공격기피죄는 직무상 공격하여야 할 적을 정당한 사유 없이 공격하지 아니하
거나 직무상 당연히 감당하여야 할 위난으로부터 이탈함으로써 성립하는 범죄이
다(제35조 제3호).

(2) 구성요건

1) 주 체

본죄의 주체는 직무상 적을 공격하여야 하거나 직무상 당연히 감당하여야 할
위난을 피하지 못할 책임이 있는 사람이다. '직무상 적을 공격하여야 할 사람'이란
전투를 고유한 임무로 하는 사람뿐만 아니라 구체적인 상황 아래에서 적과 교전하
여야 할 책임이 있는 비전투원도 포함한다.[1] 그러므로 본죄에서 말하는 직무란 반
드시 특정한 공격명령을 받은 사람의 그것을 의미하는 것이 아니라 포괄적인 직무
를 의미한다.

'감당하여야 할 위난'이란 적의 침입으로부터 국민의 생명과 재산을 보호함을
그 직무로 하는 군인이 적의 침입·공격 등 군인의 직무수행 상 당면하여야 할 위
난을 말하는 것이므로, 이러한 위난은 군인이 생명의 위험을 무릅쓰고라도 당면하
여야 할 위난을 말한다.[2] 그러므로 직무상 당면하여야 할 '위난'이란 적과의 전투
행위 및 이에 유사한 위난만을 지칭하는 것으로 볼 수는 없다.[3] 결국 위난을 당면
한다는 것은 반드시 전투에 준하는 위난뿐만 아니라 천재지변이나 기타 인적·물
적 원인에 의한 모든 위험을 포함한다.

2) 행 위

본죄의 실행행위는 정당한 사유 없이 적을 공격하지 아니하거나 위난으로부

---

1) 이에 대하여 비전투원으로서 적을 공격하지 아니하였거나 직무 수행 외에서 위난을 당면하여 이
   를 피하는 것은 본죄를 구성하지 않는다는 견해로는 육군종합행정학교, 257면.
2) 육군 1984. 12. 28. 선고 84고군형항349 판결(피고인은 공소외 망 일병 이ㅇㅇ과 같이 1984. 6. 24.
   06:30부터 같은 날 12:30까지 소속 제553GP 고가초소 경계근무를 명받아 근무하던 중 같이 근무를
   서던 일병 이ㅇㅇ이 상황실에 전화를 하러 간 조금 후인 같은 날 09:05경 요란한 수류탄 폭발음을
   시작으로 약 10초 간격으로 3발의 폭음이 들리고 계속하여 소총사격 소리가 들리므로 피고인은 적
   의 기습공격으로 판단하고 GP 안에 급박한 위난이 발생한 사실을 알고 있었음에도 GP의 유일한
   눈 구실을 하고 있던 피고인이 다만 당황되고 두렵다는 이유만으로 위 고가초소 바닥에 약 3분간
   엎드려 있다가 위 고가초소를 내려와 약 2분간 방송실 벽에 붙어 숨어 있었던 사실을 인정할 수
   있다. 그렇다면 피고인의 위 행위는 군형법 제35조 제3호의 공격기피죄를 구성한다).
3) 육군 1982. 5. 14. 선고 82고군형항97 판결.

터 이탈하는 것이다. 여기서 말하는 적은 공격하여야 할 대상이 확정된 경우만을 의미하며[1], 적인지 여부를 판단할 수 없을 경우에는 본죄가 성립하지 아니한다.[2] 적은 적국 및 그 군대와 적성민간인·적진도주자 등을 포함한다. 그러므로 소속부대원이었다 하더라도 타인의 소총을 탈취하여 자기의 직속상관인 피고인에게 총을 쏘아 관통상을 가하고 계속 도주하여 피고인 소속대원들을 사살하거나 월북하려는 것을 넉넉히 추측할 수 있다면 이 역시 제35조 제3호 소정의 '공격하여야 할 적'으로 보아야 할 것이다.[3] 즉 아군도 등을 돌려 총부리를 대한민국이나 국민에게 향하게 하면 그때부터 적이 됨은 물론이다.

'공격'이란 전투나 교전을 말하는데, 방어를 위한 공격도 이에 해당한다. 공격

---

1) 대법원 1983. 10. 11. 선고 82도2108 판결(피고인의 소속대원인 상병 박홍석은 1982. 1. 29. 18:00경부터 소속대 내무반에서 소대장인 피고인과 면담을 하던 중 그 면담태도가 불손하다는 이유로 선임하사인 공소외 온기윤으로부터 주먹과 발로 구타를 당하고 순간적으로 흥분하여 내무반을 뛰쳐나와 북쪽 약 80미터 거리에 있는 방책선 제334초소에 가서 19:40경 그곳에 있는 하사 송명기의 총기를 탈취하여 난사하기 시작하자 피고인이 뒤쫓아가서 이를 만류하였으나 오히려 피고인을 향하여 1발 발사하여 피고인에게 좌전박부 관통상을 입히고 내무반쪽으로 달아나던중 내무반앞에서 하사 김순수, 병장 강내순을 만나자 이들에게 수발 난사한 후(위 김순수는 그 자리에서 사망하고 강내순은 그 다음날 17:20경 사망하였다) 다시 달아나다가 위 제334초소 서남방 약 25미터 지점의 비무장지대에 총기를 버린후 취사장에 들어와 숨어 있다가 그 다음날인 같은해 1. 30. 04:00경 취사장 동쪽 약 100미터 지점에 위치한 증가초소에서 무기를 탈취하려다가 동 초소에 근무중이던 상병 조병호, 일병 유시욱에 의하여 사살된 사실, 그런데 피고인은 위와 같이 총상을 입고도 소속 중대장에게 전화보고한 후 위 박홍석을 설득하여 총기난동을 그만두게 하기 위하여 계속하여 뒤쫓아 가면서 찾아 다니던중 20:20경 중대장에 의하여 106병원으로 후송된 사실을 인정할 수 있는바, 위 사실관계에 의하면 위 박홍석이 같은 소속대원을 사살하고 또한 월북하기 위하여 총기를 비무장지대로 던졌다 하더라도 피고인이 총상을 입은 직후부터 중대장에 의하여 후송될 때까지는 위와 같은 사실을 모르고 있었기 때문에 피고인으로서는 위 박홍석을 순간적인 흥분상태에서 총기난사 사고를 일으킨 단순한 범법자로 판단할 수밖에 없고 군형법 소정의 직무상 공격하여야 할 적에 해당한다고 인식할 수는 없었다 할 것이니 피고인이 위 박홍석을 군형법 소정의 직무상 공격하여야 할 적이라 인식하면서도 이를 공격하지 아니하였다고 판시한 원심판결은 이 점에서 군형법 제35조 제3호 소정의 직무상 공격하여야 할 적에 대한 공격기피죄의 법리를 오해하여 판결의 결과에 영향을 미친 위법을 범하였다); 해병대 1971. 3. 12. 선고 70고군형항36 판결(원심은 피고인들에 대해서 1970. 7. 12. 12:00경 포항 앞바다에 의아 선박이 나타났을 때 이러한 경우 해병 제○상륙사단장 특명(해안경계근무요강)에 의거해서 공격을 먼저하고 그 다음에 상부에 보고하도록 되어 있는데 공격을 하지 않았으므로 군형법 제35조 제3호 소정의 근무태만을 하였다고 판시하고 있으나, 앞(해안경계근무요강)의 조치(보고보다 조치가 선행되어야 한다)는 단순한 협의의 공격만을 의미하지 않고 적의 방어에 필요한 일체의 행위를 의미한다고 보아야 할 뿐만 아니라 군형법 제35조 제3호가 성립되려면 먼저 공격하여야 할 적이 확정되어야 한다. 일건기록을 검토하여 보면 피고인 조○○은 의아 선박을 발견하고 분초장 상피고인 지○○에게 조명탄 사격요청을 하였고 동 지○○도 상피고인 박○○에게 조명탄 사격요청을 하였고 당시 그 의아 선박이 적인 간첩선이냐 아니냐는 대대 작전장교조차 판단할 수 없었다는 점을 본다면 일개 분초원인 피고인들에게 공격하여야 할 적을 공격하지 않았다고 책임을 물을 수 없음에도 불구하고 만연히 원심이 피고인들을 유죄로 처단함은 사실을 오인하여 판결에 영향을 미쳤다고 아니 할 수 없다).

2) 해병대 1971. 3. 12. 선고 70고군형항36 판결.

3) 육군 1983. 12. 20. 선고 83고군형항385 판결.

을 하지 않는다는 것은 불이행뿐만 아니라 지체·불완전한 공격·공격 거부 등을 모두 포함한다. 왜냐하면 지휘관의 전투준비의 태만을 범죄로 규정하고 있으므로, 공격의 태만도 이에 준하여 처벌할 필요성이 있기 때문이다.[1)]

(3) 다른 범죄와의 관계

공격명령을 받은 자가 공격을 하지 않은 경우에는 본죄와 항명죄의 상상적 경합이 인정된다. 직무상 당면하여야 할 위난으로부터 이탈하는 경우에는 본죄와 특수군무이탈죄의 상상적 경합이 될 수 있다.

4. 기밀문건방임죄

(1) 의 의

기밀문건방임죄는 군사기밀인 문서 또는 물건을 보관하는 사람으로서 위급한 경우에 있어서 부득이한 사유 없이 적에게 이를 방임함으로써 성립하는 범죄이다 (제35조 제4호). 본죄는 직접적으로는 기밀문건을 보관하는 사람의 근무태만에 의한 보관의무위반을 처벌하기 위한 것임과 동시에 간접적으로는 군사기밀누설의 방지를 그 목적으로 하고 있다.

(2) 구성요건

1) 주 체

본죄의 주체는 군사기밀인 문서 또는 물건을 보관하는 사람이다. 본죄에서 말하는 군사기밀이란 적에게 정보가치가 있으면서 국방상 보호를 필요로 하는 협의의 군사기밀을 말한다. 왜냐하면 본죄의 행위는 기밀보관자의 행위이므로 보관자가 없는 군사기밀은 그 객체로 하고 있지 않기 때문이다. 여기서 협의의 군사기밀이란 「군사기밀 보호법」이 그 대상으로 하고 있는 군사기밀을 말한다.

보관하는 사람이란 기밀문건을 점유·소지하는 사람을 말하며, 그 취득의 원인은 불문한다. 다만 적법한 원인에 의하여야 하지만, 반드시 법령에 의하여 보관 및 취급에 대한 책임을 지는 사람일 필요는 없다. 그러므로 책임자나 그 이외의 권리자로부터 보관·전달을 위임받은 사람도 본죄의 주체가 될 수 있다. 왜냐하면 전투 등의 긴박한 상황에서 법령상 보관책임자 이외의 사람도 이를 보관하는 경우가 많기 때문이다.

---

1) 이에 대하여 불공격은 명백히 공격을 하지 아니하는 경우에 한정된다고 보는 것이 죄형법정주의에 부합한다는 견해로는 육군본부, 266면.

(2) 행 위

본죄의 실행행위는 위급한 경우에 있어서 부득이한 사유 없이 적에게 기밀문건을 방임하는 것이다. 여기서 '방임'이란 기밀문건에 대한 사실적 지배를 포기하고 떠나는 것을 말한다. 적에게 방임해야 하므로 적이 이에 대한 점유를 취득하게 된다는 것을 인식하고 방임하여야 하며, 그러한 인식이 전혀 없는 경우에는 본죄가 성립하지 아니한다. 방임의 원인은 분실·불완전한 파기 등 그 형태를 불문한다. 만약 기밀문건을 방임하지 않고 적에게 제공하는 경우에는 본죄가 아니라 제13조 제2항의 군사기밀누설죄, 제11조 제2항의 군대 및 군용시설제공죄, 제14조 제7호의 일반물건제공이적죄 등이 성립할 수 있다.

한편 본죄는 행위상황으로서 '위급한 경우에 있어서'를 요구하고 있으므로, 위급하지 않은 경우에 부득이한 사유 없이 적에게 기밀문건을 방임하는 것은 본죄에 해당하지 아니한다. 다만 제13조 제2항의 군사기밀누설죄, 제11조 제2항의 군대 및 군용시설제공죄, 제14조 제7호의 일반물건제공이적죄 등이 성립하여 가중처벌된다. 그러므로 본죄는 위급한 경우에 행하는 범죄를 그렇지 않은 경우와 비교하여 볼 때 상대적으로 감경하여 처벌하고 있는 것이다.

5. 군용물결핍죄

(1) 의 의

군용물결핍죄는 전시·사변 시 또는 계엄지역에서 병기·탄약·식량·피복 또는 그 밖에 군용에 공하는 물건을 운반 또는 공급하는 사람으로서 부득이한 사유 없이 이를 없애거나 모자라게 함으로써 성립하는 범죄이다(제35조 제5호).

(2) 구성요건

1) 주 체

본죄의 주체는 전시·사변 시 또는 계엄지역에서 병기·탄약·식량·피복 또는 그 밖에 군용에 공하는 물건을 운반 또는 공급하는 사람이다. 만약 군인·준군인이 아닌 사람이 본죄의 행위를 할 경우에는 형법 제117조의 전시공수계약불이행죄가 성립될 수 있다. 여기서 군용에 공하는 물건이란 현실적으로 군용에 공하고 있는 물건만을 말하며, 군용에 공할 수 있는 물건은 그 운반·공급자를 한정할 수 없으므로 본죄의 적용대상에서 제외된다. 운반·공급하는 사람은 반드시 그것을 고유의 임무로 하고 있는 사람에 국한되지 않고, 사실상 그러한 업무를 수행하는 사람도 당연히 포함된다.

2) 행 위

본죄의 실행행위는 전시·사변 시 또는 계엄지역에서 병기 등 군용에 공하는 물건을 부득이한 사유 없이 없애거나 모자라게 하는 것이다. 여기서 모자라게 한다는 것은 결핍하도록 하는 것을 말하는데, 이는 군용에 공하는 물건을 운반·공급함에 있어 군의 수요에 부족을 초래하는 일체의 행위를 의미한다. 예를 들면 고의로 운반이나 공급을 불이행하는 경우[1], 군용물을 부정처분하여 군의 수요에 지장을 초래하는 경우, 군용물을 손괴하여 결핍하도록 하는 경우 등이 이에 해당한다. 만약 결핍의 원인이 다른 재산범죄에 의하여 발생할 경우에는 본죄가 성립하지 아니하고 해당 재산범죄만이 성립할 뿐이다.[2]

Ⅱ. 비행군기문란죄

제36조(비행군기 문란) 비행에 관한 법규 또는 명령을 위반하여 항공기를 조종함으로써 비행군기를 문란하게 한 사람은 다음 각 호의 구분에 따라 처벌한다.
  1. 적전인 경우: 1년 이상의 유기징역 또는 유기금고
  2. 전시, 사변 시 또는 계엄지역인 경우: 3년 이하의 징역 또는 금고
  3. 그 밖의 경우: 1년 이하의 징역 또는 금고

---

1. 의 의

비행군기문란죄는 비행에 관한 법규 또는 명령을 위반하여 항공기를 조종함으로써 비행군기를 문란하게 함으로써 성립하는 범죄이다.

2. 구성요건

(1) 주 체

본죄의 주체는 항공기를 조종하는 사람이다. 다만 반드시 법률에 의한 자격이 있을 것임을 요하지 아니하고, 일반 군인이라고 할지라도 사실상 항공기를 조종하고 있는 경우에는 본죄가 성립할 수 있다.

(2) 행 위

본죄의 실행행위는 비행에 관한 법규 또는 명령을 위반하여 항공기를 조종함

---

1) 이에 대하여 과실로 불완전하게 이행함으로써 군의 수요에 부족을 초래하는 일체의 행위가 본죄의 본질이므로 본죄를 과실범이라고 해석하는 견해로는 육군본부, 271면. 하지만 '없애거나 모자라게 하는 행위'는 고의의 전형적인 행위태양이므로 본죄는 고의범으로 파악해야 한다.
2) 이에 대하여 본죄와 재산범죄의 상상적 경합이 된다는 견해로는 이상철, 169면.

으로써 비행군기를 문란하게 하는 것이다. 본죄에 있어서 비행에 관한 법규 또는 명령을 위반하는 것은 그 자체가 비행군기의 문란이 되므로, 별도로 비행군기의 문란이라는 결과의 발생이 요구되지 아니한다.

생각건대 우선 비행에 관한 법규가 형벌법규라고 한다면 해당 형벌법규에 따라 처벌하면 족하므로, 본죄로 굳이 의율할 필요는 없다. 그렇다고 비행에 관한 법규가 형벌법규가 아니라고 한다면 이를 근거로 형사처벌을 하는 것은 죄형법정주의에서 말하는 법률주의에 위배된다. 즉 '비행에 관한 법령'이란 비행기의 조종에 관한 법령을 말하며, 비행에 관련된 행정상의 법령은 포함되지 아니한다. 예를 들면 군용 1인승 비행기에 권한자의 지시 없이 2인의 여자를 태우고 비행기를 조종하면서 비행운항등록부에 이착륙사실을 기재하지 않은 경우에는 본죄에 해당하지 아니한다. 왜냐하면 위의 기재는 단순히 행정상의 확인을 위한 편의적인 것에 불과하며, 이를 위반하였다고 하여 비행에 하등의 위험을 초래할 가능성이 없기 때문이다. 또한 '법규'란 '법률'과 '규칙'을 말하는데, 이 가운데 규칙 위반에 대하여 형사처벌을 하는 것 역시 법률주의의 위배로 판단된다. 한편 '비행군기의 문란'이라는 구성요건은 명확성의 원칙에도 위배된다. 왜냐하면 '군기'(軍紀)의 '문란'(紊亂)은 군대의 풍기를 어지럽힌다는 의미인데, 이러한 행위가 과연 어떠한 것인지 예측하기가 매우 곤란하기 때문이다.

다음으로 '비행에 관한 명령'은 군의 일반적 명령을 의미하며, 편대장 등 상관의 비행작전에 대한 개별적이고 구체적인 명령을 위반하는 경우에는 본죄가 아니라 항명죄 등이 성립할 수 있다.[1] 그런데 비행에 관한 일반적 명령을 위반할 경우에는 본죄가 아니라 법정형이 더 중한 명령위반죄로 처벌하는 것이 가능하다. 결론적으로 본죄는 인정의 실익이 없으므로 폐지하는 것이 타당하다.

Ⅲ. 위계로 인한 항행위험죄

제37조(위계로 인한 항행 위험) 거짓 신호를 하거나 그 밖의 방법으로 군용에 공하는 함선 또는 항공기의 항행에 위험을 발생시킨 사람은 다음 각 호의 구분에 따라 처벌한다.
  1. 전시, 사변 시 또는 계엄지역인 경우: 사형, 무기 또는 5년 이상의 징역
  2. 그 밖의 경우: 무기 또는 2년 이상의 징역

---

1) 이에 대하여 여기서 말하는 명령은 문서상으로 말하는 일반적인 명령뿐만 아니라 지휘관의 개별적인 명령을 모두 포함한다는 견해로는 육군본부, 273면; 육군종합행정학교, 263면.

1. 의 의

위계로 인한 항행위험죄는 거짓 신호를 하거나 그 밖의 방법으로 군용에 공하는 함선 또는 항공기의 항행에 위험을 발생시킴으로써 성립하는 범죄이다. 만약 본죄의 행위를 이적의 목적으로 할 경우에는 제14조 제4호(적을 위하여 통로·교량·등대·표지 또는 그 밖의 교통시설을 손괴하거나 불통하게 하거나 그 밖의 방법으로 부대 또는 군용에 공하는 함선·항공기 또는 차량의 왕래를 방해한 사람)의 죄가 성립할 수 있다.

2. 구성요건

(1) 주 체

본죄의 주체는 군인 또는 준군인이다. 민간인이 본죄의 행위를 할 경우에는 형법 제186조에서 규정하고 있는 기차·선박등교통방해죄 또는 군형법 제71조에서 규정하고 있는 복물손괴죄의 미수범으로 처벌될 수 있다.

(2) 행 위

본죄의 실행행위는 거짓 신호를 하거나 그 밖의 방법으로 군용에 공하는 함선 또는 항공기의 항행에 위험을 발생하게 하는 것이다. 여기서 '거짓 신호'란 소정의 규칙에 의하지 않는 신호뿐만 아니라 진실에 반한 일체의 신호를 말한다. 이와 같은 거짓 신호는 그 밖의 방법에 대한 예시에 불과하고, 그 밖의 방법에는 등대·항공표지 등의 손괴, 이물질의 투입 등 일체의 작위나 부작위를 포함한다.

군용에 공하는 함선 또는 항공기는 현실적으로 군이 사용하고 있는 것을 의미하며, 반드시 군의 소유일 필요는 없다. '위험의 발생'은 항행에 부적당하고 위험한 곳으로 인도하는 추상적인 위험의 발생으로 족하다. 이와 같이 항행에 위험을 발생시키면 족하므로, 함선 또는 항공기가 충돌이나 좌초되어 손괴될 필요는 없다.

Ⅳ. 거짓명령·통보·보고죄

제38조(거짓 명령, 통보, 보고) ① 군사에 관하여 거짓 명령, 통보 또는 보고를 한 사람은 다음 각 호의 구분에 따라 처벌한다.
  1. 적전인 경우: 사형, 무기 또는 5년 이상의 징역
  2. 전시, 사변 시 또는 계엄지역인 경우: 7년 이하의 징역
  3. 그 밖의 경우: 1년 이하의 징역
② 군사에 관한 명령, 통보 또는 보고를 할 의무가 있는 사람이 제1항의 죄를 범한 경우에는

제1항 각 호에서 정한 형의 2분의 1까지 가중한다.

1. 의 의

거짓명령·통보·보고죄는 군사에 관하여 거짓 명령·통보 또는 보고를 함으로써 성립하는 범죄이다. 군사에 관한 명령·통보·보고를 할 의무가 있는 사람이 이를 범한 경우에는 형을 가중한다. 만약 본죄의 행위를 이적의 목적으로 할 경우에는 제14조 제5호(적을 위하여 암호 또는 신호를 사용하거나 명령, 통보 또는 보고의 내용을 고쳐서 전달하거나 전달을 게을리하거나 거짓 명령, 통보나 보고를 한 사람)의 죄가 성립할 수 있다.

2. 구성요건

(1) 주 체

본죄의 주체는 군인 또는 준군인이다. 다만 군사에 관한 명령·통보·보고를 할 의무가 있는 사람은 형을 가중한다. 여기서 의무가 있는 사람은 법령이나 구체적인 하명에 의하여 명령·통보·보고를 할 의무가 요구되는 사람뿐만 아니라 널리 관습이나 조리상의 의무가 있는 사람까지도 포함된다.

(2) 행 위

본죄의 실행행위는 군사에 관하여 거짓 명령·통보 또는 보고를 하는 것이다. 여기서 '군사에 관한 것'이란 군의 전투력의 유지·증강에 관계되는 모든 사항을 말한다.[1] 그러므로 군정·군령에 관한 사항 중 직접·간접으로 작전(전투 및 교육훈련)에 영향을 미칠 사항만을 의미하는 것이라고 제한적으로 해석할 수는 없다.[2]

---

[1] 육군 1972. 8. 8. 선고 72고군형항391 판결(피고인이 한 보고내용이 병력 손실에 관한 것이고 이러한 보고에 의하여 신속한 병력의 보충은 물론 병력 손실의 원인을 분석하여 그 손실 원인을 제거하거나 시정방안을 강구함으로써 전투력을 증강케 할 수 있다 할 것이므로 병력손실에 관한 허위보고를 한 피고인의 소위를 군형법 제38조의 허위보고에 의율한 원심판결은 정당하다).

[2] 대법원 2006. 8. 25. 선고 2006도620 판결(피고인과 피해자들이 자신들의 담당업무라 할 수 있는 군악지원 업무를 마치고 순수히 개인적인 모임을 가지다가 피고인이 술을 많이 마신 결과로 별다른 이유도 없이 위 공소외 1 등을 구타하여 공소외 1 등에게 2주간의 치료를 요하는 비골골절상을 가하고 2005. 6. 19. 부대로 복귀 후 위 공소외 1이 통증을 호소하기는 하였으나 당일 오후 국군계룡대 지구병원에서 진찰을 받은 결과 별다른 이상이 없다는 결과를 통보받고, 공소외 1에게 부탁하여 상해의 원인을 피고인의 구타에 의한 것이 아니라 보면대(악보거치대)에 부딪혀 발생한 것으로 하여 공소사실과 같이 업무상 상관인 해군본부 문화홍보과장 중령 공소외 2에게 사실과 다르게 보고하였다. … 군형법 제38조의 구성요건에 대하여 그 규정 취지나 죄형법정주의의 원칙상 엄격하게 해석하여야 한다는 원심의 설시는 옳다 할 것이나, 그렇다 하더라도 별다른 구체적인 근거의 설시도 없이 위 조항에서 규정한 '군사에 관하여'의 의미를 '전투·작전·교육훈련 등 군 본연의 임무수행에 관련된 사항 중 허위 보고의 내용에 따라 중대한 장애가 초래되거나 이를 예견할 수 있는 사

　‘명령’이란 상관이 부하에게 지시하는 의사표시, 즉 상관의 직무상 명령을 의미하는 개별적 명령을 말한다. ‘통보’란 대등한 당사자 간에 인지한 내용을 전달하는 것 또는 명령복종관계에 있는 사이에서 명령적 성격을 갖지 아니한 사항을 전달하는 것을 말한다. ‘보고’란 지휘감독을 받는 자가 지휘감독을 하는 자에게 인지한 내용을 전달하는 것을 말한다. 예를 들면 사단장은 사단의 업무를 총괄하고, 건제부대와 사단에 예속되거나 배속된 부대, 즉 관할부대를 지휘·감독한다. 그러나 이러한 지휘·감독은 반드시 사단장이 직접 행사하여야 하는 것이 아니고 위임전결 또는 내부위임에 의하여서도 행하여질 수 있다. 따라서 본죄의 허위보고죄에 있어서 그 보고의 대상은 반드시 사단장이 아니더라도 위와 같은 위임전결관계 또는 내부위임을 받은 자에 대하여 하는 것도 포함한다.[1] 즉 허위보고의 상대방이 순정상관이 아니라고 할지라도 경우에 따라 본죄가 성립할 수 있는 것이다.

　거짓명령·통보·보고에서 말하는 ‘거짓’이란 진실에 반하는 것을 말하며, 이는 내용에 대한 허위와 형식에 대한 허위의 형태로 나타날 수 있다. 특히 ‘거짓 보고’란 지휘감독을 받는 자가 지휘감독을 하는 자에게 인지한 사실과는 다른 내용을 전달하는 것을 말하므로, 단순한 보고 누락은 제외된다.[2] 여기서 중요한 문제는

안에 관한 것’만으로 제한하여 해석할 수는 없다 할 것일 뿐만 아니라 원심의 해석에 의하더라도 피고인의 허위보고는 병력에 결원이 발생한 원인을 허위로 보고하고 군인 사이에 발생한 구타사고를 은폐함으로써 지휘관의 징계권 및 군사법권의 행사를 비롯하여 구타 사고에 대한 재발방지를 위한 조치 등 병력에 대한 관리 작용에 해당하는 군행정절차를 방해하는 결과를 초래한 것으로서 군 본연의 임무수행에 중대한 장애가 초래되거나 이를 예견할 수 있는 사안에 관한 것이라고 봄이 상당하다).

1) 고등군사법원 2014. 4. 16. 2013노88 판결(노크귀순사건)(① 판시 귀순사건이 발생한 후 같은 달 8일 합참 국정감사 시에 합참의장이 CCTV를 보고 나가 귀순자를 데리고 왔다고 보고하면서 이 문제가 부각되기 시작하였다는 사실, ② 판시 귀순사건이 발생한 부대인 제○○사단 사단장은 같은 달 9일 참모들과 결산을 마치고 이것이 일파만파 커지기 때문에 도대체 왜 그러면 CCTV라는 얘기가 나왔는지 확인해 볼 것을 참모장 김○○에게 지시하였다는 사실, ③ 제○○사단장의 위 지시를 받은 김○○은 10. 9. 20:00경에 ○소초로 전화를 걸어 처음 전화를 받은 사람에게 “사단에서 왜 CCTV가 되었는지 궁금하다. 그래서 부소초장하고 통화를 하고 싶다. 부소초장을 바꿔 달라.”라는 취지의 말을 하였다는 사실 등을 종합하면, 참모장은 연대장의 정당한 지휘·감독자인 사단장으로부터 내부위임을 받아 위 ○소초에 전화한 것으로 인정할 수 있고, 이에 대하여 판시와 같이 피고인이 보고한 행위는 대등한 당사자 간에 인지한 내용을 전달하는 ‘통보’가 아니라 허위보고죄의 ‘보고’에 해당하는 것이 명백하다).

2) 고등군사법원 2019. 6. 20. 선고 2019노6 판결(군형법 제38조 제1항의 ‘거짓 보고’의 의미를 이 사안에서와 같이 피고인이 찜질방 사건을 보고하지 않았을 뿐이고 더 나아가 마치 찜질방 사건이 없거나 다른 사건으로 오인할 수 있는 것처럼 보고하지 않은 단순한 ‘보고 누락’의 경우도 포함하는 것으로 해석하는 것은 형벌법규의 의미를 피고인에게 불리한 방향으로 지나치게 확장하거나 유추하여 해석하는 것으로 죄형법정주의 원칙에 어긋나서 허용되지 않는다); 육군 1969. 8. 21. 선고 69고 군형항302 판결(피고인이 정당한 사유없이 수소를 이탈하였을 뿐만 아니라 사실에 반하는 내용을 소대장에게 보고하였음을 인정하기에 넉넉하고 … 가사 피고인의 주장 내용대로 상급자의 지시에 의하여 허위보고를 하였다고 하더라도 그 지시가 정당한 것이 아닌 이상 이 지시가 있었다고 피고

본죄에서 말하는 '허위'의 판단기준이라고 할 수 있는데, 이는 주관설에 따라 행위자의 기억에 반하는 것을 의미한다고 보아야 한다. 그러므로 그 내용이 객관적 진실에 부합하지 않더라도 행위자의 기억에 반하지 않는다면 본죄가 성립하지 아니한다.

3. 다른 범죄와의 관계

본죄의 행위가 문서의 위조 또는 변조의 방법으로 행해진 경우에는 본죄와 문서에 관한 범죄가 모두 성립하고, 양자는 상상적 경합의 관계에 있다.

V. 명령등 거짓전달죄

> 제39조(명령 등의 거짓 전달) 전시, 사변 시 또는 계엄지역에서 군사에 관한 명령, 통보 또는 보고를 전달하는 사람이 거짓으로 전달하거나 전달하지 아니한 경우에는 제38조의 예에 따른다.

1. 의 의

명령등 거짓전달죄는 전시·사변 시 또는 계엄지역에서 군사에 관한 명령·통보 또는 보고를 전달하는 사람이 거짓으로 전달하거나 전달하지 아니함으로써 성립하는 범죄이다. 본죄는 진정한 명령·통보 또는 보고를 전제로 하여, 이를 전달하는 사람의 내용조작이나 전달불이행을 처벌하기 위한 것이다.

2. 구성요건

(1) 주 체

본죄의 주체는 군사에 관한 명령·통보 또는 보고를 전달하는 사람이다. 이에는 법령이나 상관의 명령에 의하여 전달의무를 받은 사람뿐만 아니라 조리나 관습 기타의 사유로 전달을 하는 사람도 사실상 전달을 수행하는 사람에 포함된다.

(2) 행 위

본죄의 실행행위는 전시·사변 시 또는 계엄지역에서 군사에 관한 명령·통보 또는 보고를 전달하는 사람이 거짓으로 전달하거나 전달하지 아니하는 것이다. 본죄는 행위상황을 '전시·사변 시 또는 계엄지역'으로 국한하고 있지만, 적전의 경우

인의 죄책에 어떤 영향을 미칠 수는 없는 것이다).

및 평시의 경우에도 이를 처벌할 필요성이 있으므로 제38조의 경우와 같이 행위상황에 대한 제한을 두지 않는 것이 타당하다.

거짓 전달이란 진실한 명령 등에 대하여 내용을 변경하여 진실에 반하는 명령 등으로 전달하거나 전달방식이 진실에 반하는 경우를 말한다. 또한 전달내용의 전부에 대한 조작뿐만 아니라 일부에 대한 조작이나 삭제도 포함된다.

전달하지 아니한다는 것은 명령 등을 전달하는 사람이 전달을 기피하거나 방기하는 것을 말한다. 일부만 전달하고 일부는 전달하지 않은 경우에는 형식상의 거짓 전달에 해당하며, 전달의 지체나 태만도 해당 사항의 내용에 따라 지나치게 늦어 전달이 무의미해지는 경우에는 전달불이행에 해당한다.[1]

3. 처 벌

본죄의 처벌은 제38조의 예에 따른다고 규정되어 있지만, 제38조에서는 적전인 경우과 그 밖의 경우도 동시에 규정하고 있으므로, 위와 같은 입법방식은 타당하지 않다. 결국 '제38조의 예'는 제38조 제1항 제2호를 의미하는 것인데, 이럴바에는 차라리 본죄에서 독립적인 형태의 법정형을 설정하는 것이 보다 바람직하다. 또한 제38조의 예에 따르는 것은 처벌에 관한 것이지 성립에 관한 것이 아니므로, 본죄의 구성요건이 의무자에 대한 형의 가중을 별도로 규정하고 있지 않는 한 전달의무자에 대하여 제38조 제2항에 따른 가중을 할 수는 없다.

Ⅵ. 초령위반죄

> 제40조(초령 위반) ① 정당한 사유 없이 정하여진 규칙에 따르지 아니하고 초병을 교체하게 하거나 교체한 사람은 다음 각 호의 구분에 따라 처벌한다.
>   1. 적전인 경우: 사형, 무기 또는 2년 이상의 징역
>   2. 전시, 사변 시 또는 계엄지역인 경우: 5년 이하의 징역
>   3. 그 밖의 경우: 2년 이하의 징역
> ② 초병이 잠을 자거나 술을 마신 경우에도 제1항의 형에 처한다.

1. 의 의

초령위반죄는 정당한 사유 없이 정하여진 규칙에 따르지 아니하고 초병을 교

---

[1] 이에 대하여 전달을 태만히 하는 정도에 그치는 경우에는 본죄가 성립하지 않는다는 견해로는 육군본부, 283면.

체하게 하거나 교체하거나(제1항) 초병이 잠을 자거나 술을 마심으로써(제2항) 성립하는 범죄이다. 본죄의 보호법익은 경계근무의 안전성이다.

2. 구성요건

(1) 정당한 사유 없이 정하여진 규칙에 따르지 아니하고 초병을 교체하게 하거나 교체하는 경우

본죄의 주체는 군인·준군인이다. '정당한 사유'란 규칙에 의거하여 근무중인 초병이 갑작스러운 발병 등으로 근무를 계속할 수 없어서 후번근무자로 대체시키는 경우와 같이 규칙을 무시하고 초병을 교체시키는 것을 정당화할 말한 사유를 말한다. 여기서 말하는 소정의 규칙은 초병의 직무에 관한 규칙으로서, 근무나 교대시간에 관한 것뿐만 아니라 교체방식에 관한 것도 포함한다.

초병을 교체하는 행위는 이미 확정되어 있는 규칙을 전제로 하여, 이를 위반하여 사실상 교체하는 것을 의미한다. 그러므로 지휘관의 근무편성행위는 규칙에 위반되어도 본죄에서 말하는 교체행위에는 포함되지 아니한다.[1]

(2) 초병이 잠을 자거나 술을 마시는 경우

본죄는 초병의 신분에 있는 자가 수면 또는 음주한 경우에 성립하는 범죄이므로, 피고인이 초병의 신분을 갖기 전에 음주한 후 주취상태에서 초병으로 근무한 경우에는 본죄에 해당하지 아니한다.[2] 하지만 음주한 상태에서 초병의 임무를 수

---

1) 육군 1979. 7. 9. 선고 79고군형항203 판결(원심판결에 의하면 피고인은 1978. 11. 30.경 소속대 대대장으로부터 혹한기 동계경계근무 계획에 의거 야간경계근무를 밀어내기식으로 세우라는 지시를 받았음에도 불구하고 정당한 사유 없이 1979. 2. 초순경부터 같은 해 3. 4.까지 맞교대식으로 세움으로써 초령을 위반하였으며, 이는 군형법 제40조에 해당한다고 판단하였는바, … 동조에서 말하는 초병을 교체시키는 행위란 이미 확정되어 있는 규칙에 의하지 아니하고 초병을 교체시킨 경우만을 말하고 초병을 교체시키는 규칙 자체를 변경한 행위(즉, 근무편성행위)는 지시에 위반되어도 동조의 교체행위에는 포함되지 아니한다); 대법원 1978. 2. 14. 선고 77도2978 판결(군인복무규율 제118조 제2항에 의하여 한 사람의 보초근무시간을 1회 1시간 기준으로 하여 1일 총 8시간을 초과하지 아니하도록 하여야 함에도 피고인은 1977. 2. 24경 병기계 조수인 김기형에게 2. 25. 06:00경부터 22:00경까지 계속하여 위 포대 소화기탄약고의 보초경계 근무를 서게 한 행위가 초병을 교체시킨 행위에 해당하여야만 피고인을 동조에 의하여 처벌할 수 있다 할 것인바, 동법에 규정된 초병을 교체시키는 행위란 이미 확정되어 있는 규칙에 의하지 아니하고 초병을 교체시킨 경우만을 말하는 것이고, 지휘관의 근무편성행위는 규칙에 위반되어도 본조의 교체행위에는 포함되지 아니한다).
2) 대법원 1998. 11. 27. 선고 98도2505 판결; 고등군사법원 1998. 6. 30. 선고 98노282 판결(본 건의 경우 피고인은 이 사건 당일 23:00부터 24:00까지 위병근무를 서게 되어 있었음에도 같은 날 20:30경부터 22:30경까지 음주 후 위병근무를 서게 되었다는 것인데 초령위반죄의 구성요건상 '초병의 신분에 있는 자'가 '수면 또는 음주'한 경우에 초령위반죄에 해당함은 의문의 여지가 없으나 초병의 신분을 취하기 전에 음주하여 술이 취한 상태에서 경계근무를 서게 된 경우에도 본죄가 성립하는지 여부에 대하여 살펴보면, 군형법 제40조(초령위반죄)는 1993. 12. 31. 전면 개정에 의하여 종래 '초병이 수면(睡眠)·주취(酒臭)하여 근무를 태만히 한 경우'에 성립한다고 규정되어 있던 법문을

행하는 경우는 초병인 상태에서 음주하는 경우와 비교하여 위험성의 측면에서 결코 불법성이 적다고 볼 수 없으므로, 이에 대한 처벌규정을 신설할 필요성이 있다.[1] 또한 입법적인 보완이 이루어지기 전이라도 부대 내규 등을 통하여 초병의 신분을 취득하기 일정한 시간 이전에는 음주를 원천적으로 금지하는 방안을 모색해야 할 것이다.

　　본죄가 성립함에 있어서 수면의 장단, 음주의 정도 등은 불문한다. 그러므로 초병이 취하지 아니하는 정도의 음주를 하였더라도 그로 인한 근무태만의 결과발생과 관계 없이 본죄가 성립한다.[2] 또한 초병으로서 초소 내에 있으면서 수면 또는 음주하는 경우에만 성립하고, 초소를 떠난 경우에는 본죄가 성립하지 아니한다.[3]

Ⅶ. 근무기피목적상해죄

> **제41조(근무 기피 목적의 사술)** ① 근무를 기피할 목적으로 신체를 상해한 사람은 다음 각 호의 구분에 따라 처벌한다.
>
>　　1. 적전인 경우: 사형, 무기 또는 5년 이상의 징역
>　　2. 그 밖의 경우: 3년 이하의 징역

　　'초병이 수면 또는 음주(飮酒)한 경우'로 변경하였는바 종래 주취로 되어 있던 내용을 음주한 경우로 개정하였기 때문에 술이 취한 상태에서 근무를 서는 것은 포함하기 어렵고 술을 먹는 행위만 처벌한다는 것으로 보아야 할 것이므로 초병으로서 신분을 취득하기 전에 음주한 후 술이 취한 상태에서 위병근무를 서게 된 경우에까지 초령위반죄를 확대 해석하는 것은 죄형법정주의 원리에 어긋난다고 보아야 할 것이다. 따라서 일건기록에 의하면 피고인이 비록 술을 먹고 위병근무를 서게 된 것은 사실이나 이로 인하여 피고인이 졸았다는 등 경계근무를 태만히 함으로써 본죄의 보호법익인 경계근무의 안전성을 해하였다고 인정할 아무런 자료가 없으므로 피고인이 주취상태에서 위병근무를 서게 되었다고 하더라도 이는 군인복무규율 위반으로서 징계 사유에 해당함은 별론으로 하고, 군형법 제40조 소정의 초령위반죄에는 해당한다고 보기 어렵다).

1) 이에 대하여 '초병이 잠을 자거나 술을 마시거나 술에 취한 경우'로 규정하는 것이 타당하다는 견해로는 이상철, 177면.

2) 육군 1985. 2. 19. 선고 84고군형항151 판결(군형법 제40조 소정의 초령위반죄에 있어서 초병이 주취하여 그 직무를 태만히 하는 경우에는 주취의 정도를 불문하며, 초병으로서 주취하는 행위 자체가 곧 직무를 태만히 하는 것이라 할 것이다); 대법원 1984. 7. 10. 선고 84도1161 판결.

3) 육군 1983. 12. 27. 선고 83고군형항393 판결; 해병대 1971. 3. 12. 선고 70고군형항36 판결(원심에 의하면 피고인들은 소속대 28분초원으로서 해안방어에 임하던 중 소속 분초를 떠나서 피고인 甲, 乙은 인근 민가에서 음주명정되어 소속 분초 부근 향군초소에서 잠자고 피고인 丙은 민가에서 자고 있었던 사안을 만연히 군형법 제40조 제1항 소정의 초령위반죄에 문의하였는바, 이 초령위반이 성립되기 위해서는 정당한 사유 없이 소정의 규칙에 의하지 아니하고 초병을 교체시키거나 초병으로서 수면 또는 주취하여 그 직무를 태만히 하는 경우 성립된다고 할 것이고 특히 후단의 경우는 초병으로서 초소 내에 있으면서 수면 또는 주취하는 경우에만 성립되고 초소를 떠난 경우에는 성립되지 않는다고 봄이 정당함에도 불구하고 원심은 초소를 떠난 피고인들에게 초령위반의 죄로 문의함은 판결에 영향을 미친 위법이 있다).

1. 의 의

근무기피목적상해죄는 근무를 기피할 목적으로 신체를 상해함으로써 성립하는 범죄이다. 본죄는 생명을 위협하지 않는 방법으로 정당한 이유 없이 자신의 신체를 훼손하여 일시적으로 또는 영구히 군복무를 면하려는 사람을 처벌하여 군의 인적 요소의 완전을 기하고 나아가 근무기강을 확고히 하는 데 그 목적이 있다. 이와 같이 본죄는 병력자원의 부당한 손실을 억제함으로써 군의 인력 그 자체 및 근무에 있어서의 성실성을 보장하기 위함에 그 존재의의가 있는 것이다.

2. 구성요건

(1) 근무를 기피할 목적

'근무를 기피할 목적'이란 군인·준군인으로서의 일반적인 직무를 기피할 목적을 말한다.[1] 이러한 목적은 그 행위에 대한 적극적 의욕이나 확정적 인식까지는 필요 없고 미필적 인식으로 족하다.[2]

(2) 상 해

신체를 상해한다는 것은 자상(自傷)을 의미하는데, 여기서의 '상해'란 신체의 온전성이 손상되고 생활기능에 장애가 왔다거나 건강상태가 불량하게 변경된 경

---

[1] 고등군사법원 1998. 4. 28. 선고 98노123 판결(피고인이 문구용 커터 칼로 자신의 왼쪽 손목 부위를 그어 약 2주간의 치료를 요하는 좌측전완부열상을 가한 사실을 인정할 수 있으나, 피고인이 근무를 기피할 목적으로 이러한 자해행위를 한 사실이 있는지 여부에 관하여 보면, 피고인은 평소 상관들이 전화사용을 지나치게 통제하거나 또는 면회 나갈 때 다른 병사들에게는 그러지 않으면서 피고인에게만 서약서를 작성하게 하는 등 부당한 대우를 한다는 피해의식에 젖어 있었던 사실, 그러던 중 이건 공소사실 기재 일시, 장소에서 피고인이 중대장 대위 황○○와의 면담 도중에 위와 같이 부당하다고 생각되는 처우에 관하여 항의하면서 "이렇게 부당한 대우를 받느니 차라리 죽어버리겠습니다. 영창에 보내주십시오."라고 말하자 그 옆에 있던 소대장 김○○ 중위가 "너가 죽고 싶어 그러는 구나 죽으려면 죽어 보아라."라고 말하였고, 이에 피고인이 분을 참지 못하고 순간적인 충동에 의하여 야전상의 주머니에서 위 카터 칼을 꺼내어 자신의 손목을 긋고 나서 "저 죽으라면 죽을 수 있습니다."라며 자해행위를 더 하려는 것을 위 중대장이 제지한 사실들을 인정할 수 있을 뿐이고 이러한 사실만으로는 피고인이 근무기피의 목적으로 자해행위를 하였다는 것을 인정하기에 부족하다).
[2] 고등군사법원 2003. 12. 2. 선고 2003노384 판결(피고인이 2003. 2. 20.경 상병 송○○에게 "도저히 군생활을 못하겠다. 탈영을 하여 숨어 살거나 어떻게든 구속되어 독방에서 혼자 지내고 싶다."라는 취지로 말을 한 점, 피고인이 앰뷸런스를 타고 후송 중 소대장 가○○에게 "예전부터 총기로 자해할 마음이 있었고 탈영할 마음도 있었다. 죽을 생각은 아니고 단지 부대에서 벗어날 마음으로 자해를 생각하였다."라는 취지로 말을 한 점, 피고인이 스스로 안경을 벗어 놓고, 휴대하고 있던 K-1 소총의 총구마개를 빼고 소총의 안전장치를 해제하고 총구를 왼쪽 눈에 대고 공포탄 1발을 발사한 점이 인정되며, 위 인정사실들을 종합하면 피고인에게 근무기피 목적과 상해의 고의가 있었다고 인정하기에 넉넉하다).

우를 말한다.[1] 상해의 결과가 발생함으로써 기수에 달하는 것이고, 그 상해의 정도가 근무기피 목적을 달성하기에 충분할 정도일 필요도 없다.[2] 본죄는 소위 추상적 위험범으로서 자해로 인하여 상해의 결과가 발생한 이상 그 상해를 치료하기 위하여 입원이나 안정가료 등을 요하지 않는 경우에도 그 성립에 아무런 지장이 없다. 그러므로 가벼운 질병이 생기거나 기왕증이 악화된 경우에도 본죄에서 말하는 상해에 해당한다.[3]

한편 행위자가 자살을 기도하였다가 자신의 신체에 상해만을 남기고 자살이 실패한 경우[4]에는 그에게 근무기피의 목적이 있었다고 하더라도 그것이 상해의 고의로 행하여진 것이 아니므로 이를 본죄로 처벌할 수 없다.[5] 하지만 자신의 신

---

1) 고등군사법원 1999. 12. 28. 선고 99노652 판결(피고인이 조그마한 돌멩이로 피고인의 오른손 검지 손가락 부분을 수회 찢어 살갗이 벗겨지고 피가 약간 나도록 한 상태가 되어 소속대 의무병으로부터 연고를 바르고 거즈를 두른 후 그 위에 반창고를 붙이는 치료를 받고 약 3일 내지 5일 후에 반창고를 풀었던 사실은 인정된다. … 피고인의 본 건 상처로 인하여 신체의 완전성이 손상되고 생활기능에 장애가 왔다거나 건강상태가 불량하게 변경되었다고 보기는 어려워 근무기피목적상해죄의 상해의 정도에까지는 이르렀다고 할 수 없다).

2) 대법원 1997. 12. 9. 선고 97도2644 판결. 이에 대하여 본죄는 신체를 보호하기 위한 범죄가 아니라 군인으로서 수행하여야 할 직무를 보호하고자 하는 범죄이므로, 형법상의 상해에는 해당한다고 하더라도 근무에 전혀 지장을 주지 않는 정도의 경미한 상해라면 본죄의 상해에는 포함되지 않는다는 견해로는 육군종합행정학교, 274면.

3) 고등군사법원 1999. 3. 23. 선고 99노1 판결(피고인이 본 건 범행으로 하안검찰과상 등의 상처를 입었을 뿐만 아니라 평소 앓던 편도선염이 더 악화되었으므로 근무기피목적상해의 결과가 발생되었다고 할 수 있다). 이에 대하여 형법과 달리 경미한 상처로 일상생활에서 발생할 수 있는 정도에 불과하더라도 근무를 기피할 목적이 있으면 본죄의 상해를 인정해야 한다는 견해로는 김동진, "근무기피목적상해죄의 상해 개념", 공군법률논집 제15집 제1권, 공군본부 법무실, 2011. 3, 91면.

4) 이에 대하여 자살동기에 따라 충분히 근무기피의 목적을 인정할 수 있을 뿐만 아니라 근무기피의 목적은 근무기피에 대한 단순한 인식으로 족하다는 판례의 태도에 비추어 보더라도 자살을 시도하는 자는 근무기피에 대한 인식이 있으므로 근무기피의 목적 또한 충분히 인정될 수 있으며, 자살의 고의는 상해에 대한 고의를 당연히 포함하는 것으로서 자살기도의 경우 상해의 고의가 없다고 볼 수는 없다는 이유로 진실로 자살을 기도하였다가 실패한 경우에도 본죄가 성립한다고 보아야 한다는 견해로는 육군종합행정학교, 275면.

5) 고등군사법원 1997. 9. 11. 선고 97노441 판결(피고인의 성격은 매우 내성적이고. 평소 군에서의 각종 훈련과 조직적인 생활에 대하여 두려움을 갖고 있는데다가 피고인은 자신이 군무이탈죄를 저질러 징역 1년에 집행유예 2년의 형을 선고받자 전과자로서의 자신의 장래에 대하여 불안을 느끼게 되었고, 이 사실이 자신의 애인에게 알려진 것을 알고는 더욱 절망하여 매사에 의욕을 잃고 정신적으로 방황하였던 점, 피고인이 먹고 죽기 위하여 100알을 구입한 호박산 독시라민 25mg이 주성분인 사라인정은 수면제라기보다는 그 효과가 약한 수면유도제이고 수면제는 약국에서도 함부로 한 번에 다량을 판매하지 않는 약품이지만, 피고인이 이를 구입할 당시에는 수면제를 달라고 하였고 이를 판매한 약사는 수면제가 아니라는 설명 대신 한 번에 2알 이상 먹지 말라고 주의를 주었던 점, 피고인은 그것을 한 번에 다량 복용하면 죽을 수 있다고 믿은 점, 위 수면유도제 50알을 맥주와 함께 먹었으나 별다른 반응이 없자 재차 수면제 50알을 구입하여 그 가운데 40알을 먹은 후 정신이 몽롱해지고 환각 등의 증세가 오자 죽음에 대한 두려움으로 부대에 전화를 걸어 수면제 먹은 사실을 알렸다가 출동한 소속 부대원들에 의하여 구조된 점 등을 각 인정할 수 있다. 이들을 종합하면 피고인은 비록 그 수단이 죽음의 결과를 가져오기에는 부족한 방법을 택하였고, 약을 먹은 후 겁이

체의 일부를 불구로 만들어 영원히 군복무를 할 수 없게 되는 경우뿐만 아니라 상해로 인하여 일시적으로 군복무를 할 수 없게 되는 경우에도 본죄가 성립한다고 볼 것이고, 특단의 사유가 없는 한 자해행위로 행위자의 근무기피의 목적은 추정된다.[1]

나 부대에 사실을 알리기는 하였으나 진정 죽을 생각으로 이 사건 수면제를 먹었다고 인정되고 달리 이를 뒤집을 만한 증거가 없다); 육군 1989. 7. 27. 선고 89고군형항86 판결(피고인이 1989. 1. 30. 05:40경 소속대 화장실에서 미리 가지고 있던 도루코 카터 칼로 우측손목을 5회 그어 요치 약 2주간의 우측완관절부 자상을 입은 사실은 이를 인정할 수 있으나, 피고인이 근무기피의 목적으로 자해행위를 한 사실이 있는지 여부에 관하여 보건대, 위 증거들에 의하면 평소 피고인은 뇌암으로 사망한 여자 친구의 현몽으로 인하여 깊은 우울증이 있는 사실, 피고인이 1989. 1. 18. 동월 23일, 동월 29일 일자미상경 등에 각 작성한 유서에 자살 의지가 뚜렷이 노출되어 있는 사실, 이건 범행에 앞서 세 차례에 걸친 자해의 시도가 있었던 사실들을 인정할 수 있을 뿐이고 달리 피고인이 근무기피의 목적으로 자해행위를 하였다는 공소사실을 인정하기에 족한 증거가 없고, 오히려 피고인의 자해가 동료전우들이 취침 중인 새벽 05:40경에 화장실의 대변실 안쪽에서 행해져 그 시각과 장소가 은밀한 사실, 예리한 연필깎이 칼로 손목의 동맥부위를 5회 그어 그 도구와 부위가 치명적인 사실이 인정된다. 이를 미루어 살피면 피고인의 이건 행위는 자살행위로 추단됨에도 원심이 피고인에게 근무기피의 목적이 있었다고 인정한 것은 경험칙에 반한 사실인정이라 아니할 수 없다).

1) 고등군사법원 2019. 11. 21. 선고 2019노192 판결(① 피고인은 자해행위를 계획하고 시도할 무렵 선임인 일병 B와 마찰이 있었고, 위병조장 근무를 희망하였으나 받아들여지지 않아 스트레스를 지속적으로 받고 있었으며, 그로 인하여 타대 전출을 희망하고 있었던 것으로 보이는 점, ② 피고인은 죽으려고 손목을 그었다고 하면서도 자해행위 이전부터 세운 구체적인 자해계획을 수차례에 걸쳐 일병 C과 일병 D에게 알려 도와줄 것을 요청하였고, 해당 도움의 내용 역시 피를 닦고 상처를 지혈할 수건을 가져다주고 신고하여 포상을 받으라는 것으로, 피고인이 주장하는 자살 의도와는 배치되는 도움 요청이었던 점, ③ 피고인은 자해행위 직전 "화장실에 간다."고 자해행위 장소를 일병 D에게 알려준 사실이 있고, "일병 D이 그 시간 쯤 찾아올 것이라고 대충 알고 있었다."고 진술한 바 있어, 이는 자해행위 당시 피고인에게 죽고자 하는 의도가 있었다기보다는 본인의 계획된 자해행위를 일병 D이 발견하여 보고하여 줄 것으로 내심 기대하고 위와 같이 자해를 한 것으로 보이는 점, ④ 피고인은 과거에도 일병 C에게 위와 같은 도움을 요청한 후 C이 보는 앞에서 관물대에서 커터칼을 꺼내 화장실로 향하다가 C의 제지를 받아 자살에 실패하였음에도 불구하고 위와 같이 본인의 자살 목적 달성에 방해가 될 수 있는 행동을 하였다는 점에서 진정한 자살 의도가 있었다고 볼 수 있는지 매우 의문스러운 점, ⑤ 피고인은 화장실 대변기 칸에 들어가 자해를 하면서도 문을 완전히 잠그지 않았던 것으로 보이고, 이후 당직사관 중위(진) E이 문을 열려고 하자 별다른 반항이나 거부 행동 없이 이를 순순히 따른 것으로 보이는 점, ⑥ 피고인의 상처는 생명에 지장이 없는 매우 경미한 상처로 보이는 점, ⑦ 피고인은 자해행위 직후 입소한 그린캠프에서 복무의지는 없으면서도 평소와 다를 것 없이 운동을 하거나 웃으면서 생활하였던 것으로 보이고, 이와 같은 행동은 오랜 시간 자살을 계획하고 실행한 직후의 모습으로는 매우 이례적인 것으로 보이는 점, ⑧ 피고인은 자신의 계획된 자해행위가 알려질 경우 처벌을 받는다는 사실을 알고 있었던 것으로 보이고, 이러한 처벌의 두려움으로 위와 같은 사실을 숨기려고 하였던 사정이 인정되는 점 등을 종합하여 볼 때, 피고인에게 진정으로 죽고자 하는 의도가 있었다고 보기 어렵고 피고인은 군생활에 대한 염증으로 상해를 가한 것으로 보이며 군인으로서의 일반적인 직무를 기피하고자 하는 고의 또는 최소한 이에 대한 미필적 인식이 존재하므로 피고인에게 근무를 기피할 목적이 인정된다); 고등군사법원 2012. 2. 15. 선고 2011노246 판결.

Ⅷ. 근무기피목적위계죄

> 제41조(근무 기피 목적의 사술) ② 근무를 기피할 목적으로 질병을 가장하거나 그 밖의 위계를 한 사람은 다음 각 호의 구분에 따라 처벌한다.
> 1. 적전인 경우: 10년 이하의 징역
> 2. 그 밖의 경우: 1년 이하의 징역

1. 의 의

근무기피목적위계죄는 근무를 기피할 목적으로 질병을 가장하거나 그 밖의 위계를 함으로써 성립하는 범죄이다. 본죄의 보호법익은 군병력의 유지 및 성실한 근무의 확보이다. 본죄의 법적 성격은 근무기피목적과 위계만으로 성립하는 추상적 위험범이므로, 위계를 당한 상대방의 심사를 통하여 군병력의 유지 등에 관한 구체적인 위험의 발생을 요하지 아니한다.[1] 그러므로 위계와 직무집행에 관하여 인과관계를 요구하거나 구체적이고 현실적인 직무집행의 방해가 발생하는 등의 요건이 별도로 요구되지 아니한다.

2. 구성요건

(1) 행 위

본죄의 실행행위는 근무를 기피할 목적으로 질병을 가장하거나 그 밖의 위계를 하는 것이다.[2] 여기서 '위계'란 근무기피의 목적을 달성하기 위하여 상대방에게 오인·착각 또는 부지를 일으키게 하여 이를 이용하는 것을 말하며[3], 적극적으로

---

1) 육군 1979. 5. 25. 선고 79고군형항104 판결.
2) 대법원 1992. 12. 24. 선고 92도2346 판결(B는 1990. 7. 10. 의정부시 소재 육군 제306보충대에 입영하였다가 7. 12. 국군창동병원에서 실시된 신체검사결과 귀향조치된 사실을 알 수 있다. 따라서 위 B는 위 보충대에 입영함으로써 군인으로서의 신분을 취득하였다가 귀향조치를 받음으로 인하여 현역입영대상자의 신분으로 복귀하였다고 할 수 있다. 이 사건 공소사실은 피고인들이 위 B와 공모하여 피고인 C가 피고인 A, 위 B에게 알려준대로 위 B가 국군창동병원에서 실시한 신체검사장에서 일부러 줄을 잘못 서고 다른 행동을 하는 등 정신이상자 행세를 함으로써 담당군의관으로부터 3개월 후 재검을 받으라는 판정을 받고 일단 귀향조치된 후, 위 B의 행동이 불량하고 정신이상증세가 있음을 보증한다는 6인의 인우보증서를 작성받아 광주시 소재 광주지방병무청에 제출하고, 1990. 10. 18. 실시된 재검에서 또 다시 같은 방법으로 정신이상자 행세를 함으로써 같은 날 5급(제2국민역) 판정을 받음으로써 군무를 기피할 목적으로 위계한 것이라는 내용인바, 위 B가 귀향조치 후 병무청에서 실시한 신체재검사 당시는 군인으로서의 신분을 가지고 있지 아니하여 군형법 제41조 위반 행위의 주체가 될 수 없는 것이고, 따라서 귀향조치 후의 행위는 병역법 제75조 위반의 죄가 됨은 몰라도 위 군형법 위반죄는 구성하지 아니한다).
3) 고등군사법원 2000. 3. 21. 선고 2000노50 판결(피고인이 변심한 애인을 찾는다는 명목 하에 근무

착오 또는 부지를 일으키게 하는 경우에 한하지 않고 이미 착오 등에 빠져 있는 자를 이용하는 경우도 포함한다. 예를 들면 경조사를 가장하여 청원휴가를 요청하는 경우가 이에 해당한다. 본죄는 추상적 위험범이므로, 위계를 당한 상대방이 착오 등으로 인하여 실제로 군의 인력이 부당하게 손실되게 하는 구체적인 결과의 발생까지 요구하지는 아니한다.[1]

(2) 주관적 구성요건

'근무를 기피할 목적'이란 군인·준군인으로서의 일반적인 직무를 기피할 목적을 말한다. 이러한 목적은 그 행위에 대한 적극적 의욕이나 확정적 인식까지는 필요 없고 미필적 인식으로 족하다.[2] 이러한 목적이 있었는지 여부는 피고인의 사회적 지위, 그 위계를 사용한 동기와 경위 및 수단과 방법, 위계의 내용과 태양, 행위 당시의 사회적 상황 등 여러 사정을 종합하여 사회통념에 비추어 합리적으로 판단하여야 하고, 더욱이 형사책임의 범위가 자칫 확대될 우려가 있는 점을 고려할 때, 그 근무기피목적을 인정함에 있어서 위와 같은 요소에 대하여 신중한 판단이 필요하다. 그렇지 아니하고 만약 근무기피목적을 쉽게 인정한다면 가령 군인이 사적인 업무(예를 들면 은행업무, 친구와의 일시적인 만남 등)를 보기 위하여 상관에게 업무목적으로 근무지를 잠시 이탈하겠다고 거짓보고를 하고 부대에 다시 복귀하였다고

를 기피할 목적으로 조부가 사망한 사실이 없음에도 친구인 공소외 백0로 하여금 조부가 사망하였으니 청원휴가를 보내달라는 내용의 전화를 소속부대에 하게 한 사실, 이와 같은 허위내용의 전화를 받은 소속대에서 이를 믿고 피고인에게 3박 4일간의 청원휴가를 내주고 피고인은 실제로 청원휴가를 나가게 된 사실, 그 후 청원휴가기간이 지나고서도 부대에 복귀하지 아니하고 군무를 이탈한 사실 등을 인정할 수 있는바, 그렇다면 피고인은 적어도 3박 4일간 근무를 기피할 목적으로 위계를 범하였고 그 뿐만 아니라 그 결과까지도 발생되었다고 볼 것이다).

1) 고등군사법원 2019. 1. 24. 선고 2018노238 판결(비록 피고인이 행정보급관 상사 D, 원사 F에게 휴가사유에 대해 거짓말을 할 당시 휴가의 종류를 분명히 밝히지 않은 사정이 있다고 하더라도, 피고인의 당시 내심적 의사는 연가가 아닌 청원휴가 등을 신청한 것으로 봄이 상당하며, 그렇다면 피고인이 근무기피의 목적을 가지고 이 부분 각 공소사실 기재와 같이 위 행정보급관들에 대하여 "어머니가 몸이 많이 아파서 휴가를 나가야 할 것 같습니다." 등의 취지로 청원휴가 사유에 대하여 거짓말을 한 행위는 모두 자신의 근무기피 목적을 달성하기 위하여 상대방으로 하여금 오인·착각 또는 부지를 일으키게 한 후 이를 이용하는 근무기피목적위계죄의 '위계'에 해당한다고 평가할 수 있다).

2) 고등군사법원 2003. 12. 2. 선고 2003노384 판결(피고인이 2003. 2. 20.경 상병 송○○에게 "도저히 군생활을 못하겠다. 탈영을 하여 숨어 살거나 어떻게든 구속되어 독방에서 혼자 지내고 싶다."라는 취지로 말을 한 점, 피고인이 앰뷸런스를 타고 후송 중 소대장 가○○에게 "예전부터 총기로 자해할 마음이 있었고 탈영할 마음도 있었다. 죽을 생각은 아니고 단지 부대에서 벗어날 마음으로 자해를 생각하였다."라는 취지로 말을 한 점, 피고인이 스스로 안경을 벗어 놓고, 휴대하고 있던 K-1 소총의 총구마개를 빼고 소총의 안전장치를 해제하고 총구를 왼쪽 눈에 대고 공포탄 1발을 발사한 점이 인정되며, 위 인정사실들을 종합하면 피고인에게 근무기피 목적과 상해의 고의가 있었다고 인정하기에 넉넉하다).

하더라도 법률상으로 그러한 거짓보고를 한 시점에 근무기피목적위계죄가 성립할 수밖에 없게 되어 그 결론에서 부당하게 된다. 이와 같은 경우라면 불성실한 근무로 인한 징계처분이 성립함은 별론으로 하더라도 형사책임을 묻기에는 힘들다고 할 것이다.[1] 하지만 간접증거 및 정황증거로 본죄의 성립을 충분히 인정할 수 있음은 물론이다.[2]

한편 행위자가 주관적으로 근무기피의 목적을 가지고서 위계를 한다는 인식이 있으면 객관적으로 위계의 행위를 하여 그 행위가 외부에 표현됨으로써 본죄가 성립한다. 그러므로 행위자가 가졌던 소기의 목적이나 의도의 실현 여부는 본죄의 성립에 아무런 영향을 미치지 아니한다.[3]

---

[1] 고등군사법원 2009. 11. 6. 선고 2006노20 판결(피고인이 골프를 치기 위해 '외삼촌 출국배웅' 또는 '병원검진' 등의 사유를 들어 청원휴가를 신청한 사실은 인정되나 법적으로 군무원에게는 청원휴가 자체가 없는 점, 휴가실무상으로 휴가명령을 발령하는 경우 휴가의 종류는 구분하나 휴가목적이나 사유를 기재하지 않는 점, 군무원에게 청원휴가제도가 없음에도 불구하고 휴가실무상 수시로 또는 부정기적으로 사용하는 휴가를 청원휴가 형태로 신청하고 그에 따른 휴가명령을 발령한 점, 휴가업무를 담당하는 행정병과 관련 인사담당 장교들조차 군인과 군무원의 휴가제도에 대한 정확한 이해를 하지 못하고 연가를 정기적·계획적인 것으로 청원휴가를 비정기적·수시적 휴가로 이해하고 휴가실무를 수행하고 있었던 점 등을 고려하면 원심의 판단은 청원휴가의 법적 근거에 관하여 상위 법령의 체계와 행정규칙인 구 병영생활규정 등에 있어서 군무원의 휴가에 대한 일부 잘못된 판단이 존재하기는 하지만 결론에 있어서 이 사건 피고인의 청원휴가는 연가에 해당함이 분명하고 그 사유를 사실과 달리 기재한 신청서를 작성하였다고 하여 이를 두고 휴가명령권자의 정당한 휴가심사 권한을 방해하거나 속이기 위한 행위로 군형법 제41조 근무기피목적위계죄의 위계에 해당한다고 보기는 힘들다).

[2] 고등군사법원 2002. 2. 5. 선고 2001노577 판결(2001. 5. 중순경 피고인의 소속대에서 식중독에 의하여 피고인을 포함하여 수명의 환자가 발생하여 소속대 의무실에서 진료를 받았는바, 다른 환자들은 모두 2~3일 만에 정상적으로 완치되어 더 이상 의무실의 진료를 받지 않았으나, 유독 피고인만 한 달 가까이 거의 매일 의무실 진료를 받은 사실, 또한 피고인이 ○○병원에 입원하기 이전에 소속대에 근무할 당시 계속적인 복통 등을 호소하여 위 병원의 진료를 받고 치료약을 처방받았으나, 약의 대부분을 먹지 않고 자신의 관물대에 보관하고 있다가 압수된 사실(이 점에 대하여 피고인은 약이 맛이 없어 먹지 않았다고 진술하고 있다), 위 병원에 입원 중인 때에는 피고인이 계속 복통을 호소하자 군의관이 금식 또는 경식(죽만 먹는 것)의 처방을 하였으나 피고인은 병원 구내매점에서 피자 등의 패스트푸드 음식을 구매하여 취식한 사실, 피고인이 호소하는 복통에 따라 위 병원에서 각종 검사를 실시하였으나 모두 정상으로 판명된 사실, 피고인은 위 복통 외에도 청력, 야맹증 등을 호소하였으나, 이 부분에 대한 검사에서도 모두 특별한 이상이 없다는 판정을 받은 사실 등을 인정할 수 있다. 그렇다면 위와 같은 사실들은 모두 본 건 공소사실에 대한 간접증거가 되는 것으로서 피고인의 자백과 보강증거로서 위와 같은 간접증거들을 종합하면, 피고인이 근무를 기피하기 위하여 가병을 하였다는 점을 입증함에 부족함이 없다).

[3] 고등군사법원 2005. 12. 1. 선고 2005노189 판결(피고인이 군복무가 불가능할 정도의 동성애적 기질을 갖고 있지 아니하였음에도 불구하고 군복무를 기피하기 위하여 동성애를 가장함으로써 이를 달성할 수 있으리라고 믿고, 선임병이나 간부들에게 자신이 동성애적 기질을 갖고 있음을 거짓으로 호소하고, 휴가 중 친구의 도움으로 연출된 동성애 사진을 촬영하여 피고인의 어머니를 통하여 상관인 대대장에서 제출한 경우, 피고인의 이 사건 동성애 주장과 사진 제출은 피고인의 이 사건 상관들 및 선임의 오인 또는 착각을 불러일으키기에 충분하며, 그들이 실제로 오인 또는 착각하여 어떠한 잘못된 조치를 하였는지 여부에 따라 근무기피목적위계죄의 성립 여부에 영향을 주는 것도 아

3. 다른 범죄와의 관계

본죄는 비록 근무기피목적상해죄와 같은 법조문에 규정되어 있지만 그와는 그 법익침해의 형태와 결과가 전혀 다른 모습을 하고 있으므로 설사 근무기피목적 상해죄를 범하기 위하여 근무기피목적위계죄를 저질렀다고 하더라도 위 두 죄는 각각 별개의 죄를 이룬다.[1]

4. 처 벌

군형법상 '적전'의 개념의 전반적인 취지는 전시상태를 염두하여 적과 직접 대치한 상태를 일컫는 것이라고 할 것이므로, GOP에 근무한다는 사실만으로는 특별한 사정이 없는 한 '적전근무기피목적위계'의 '적전'이라고 할 수 없다. '적전'의 개념에 ① 시간적인 제한을 가하지 않는다면 적전과 그렇지 않은 경우의 구별이 불가능하므로 시간적으로는 적에 대하여 전투행동을 개시하기 직전부터 전투행동 개시 후 종료할 때까지를 말하는 것으로 해석되고, ② 공간적 범위를 구체적으로 정의하지 않는다면 전투지역의 확대 및 공격수단의 발달 등을 고려해 볼 때 GOP뿐만 아니라 해안·해상·공중 등 적전의 범위가 지나치게 확대되거나 축소될 수 있으므로 단순한 물리적·지역적 대치가 아닌 전술적 목적에서의 대치를 말하는 것으로 해석된다. 만약 이러한 제한 없이 GOP 근무 자체만으로 적전임을 당연히 인정한다면 GOP의 지휘관이 직무유기를 하는 경우 반드시 사형에 처하여야 하며(제24조 제1호), GOP에서 군무이탈을 하는 경우에는 사형·무기·10년 이상의 징역에 처하여야 하므로(제30조 제1항 제1호) 선뜻 납득하기 어려운 해석에 이르게 된다. 따라서 군검사로서는 GOP에 근무한다는 사실 이외에 시간적으로, 공간적으로 적전에 해당한다는 사실을 입증할 책임이 있다.

이에 따라 군인인 피고인이 남방한계선 철책에 있는 일반초소(GOP)의 경계근무에 투입되었다가 근무를 기피할 목적으로 위계를 행하였다고 하여 군형법 제41조 제2항 제1호에서 정한 '적전 근무 기피 목적 위계'로 기소된 사안에서, 위 일반초소(GOP)에 근무한다는 사실만으로 '적전'에 해당한다고 할 수 없으므로, '적전 근

니다); 육군 1979. 5. 25. 선고 79고군형항104 판결.
1) 고등군사법원 1997. 9. 11. 선고 97노441 판결(피고인은 부모님의 연말선물을 사러간다고 거짓말하여 헌병대 보좌관으로부터 외출허가를 받아 부대를 나갔는바, 이로써 피고인의 근무기피목적위계죄는 성립하는 것이고, 피고인이 그 이후에 수면제를 먹고 자살을 기도하였다고 하여 이로 인하여 이 죄의 성립이 영향을 받는 것은 아니다).

무 기피 목적 위계' 공소사실에 대하여는 무죄를 선고해야 한다.[1]

Ⅸ. 유독음식물공급등죄

제42조(유해 음식물 공급) ① 독성이 있는 음식물을 군에 공급한 사람은 10년 이하의 징역에 처한다.
② 제1항의 죄를 범하여 사람을 사망 또는 상해에 이르게 한 사람은 사형, 무기 또는 5년 이상의 징역에 처한다.
③ 과실로 인하여 제1항의 죄를 범한 사람은 5년 이하의 징역이나 금고에 처한다.
④ 적을 이롭게 하기 위하여 제1항의 죄를 범한 사람은 사형, 무기 또는 5년 이상의 징역에 처한다.

---

1. 의 의

유독음식물공급죄는 독성이 있는 음식물을 군에 공급함으로써 성립하는 범죄이다(제1항). 법문상으로는 '유해'음식물공급죄로 되어 있으나, 독성이 있는 음식물이 아닌 단순한 유해음식물은 본죄의 객체가 되지 않는다는 점에서 유독음식물공급죄로 죄명을 칭하는 것이 타당하다. 특히 헌법 제27조 제2항에서도 "군인 또는 군무원이 아닌 국민은 대한민국의 영역안에서는 중대한 군사상 기밀·초병·초소·유독음식물공급·포로·군용물에 관한 죄중 법률이 정한 경우와 비상계엄이 선포된 경우를 제외하고는 군사법원의 재판을 받지 아니한다."라고 하여, '유독'음식물공급이라고 칭하고 있는 점을 참고할 필요가 있다. 유독음식물공급치사상죄는 유

---

1) 대법원 2014. 9. 4. 선고 2014도5033 판결(피고인은 2013. 8. 2.경부터 경기 ○○군 ○○면 ○○리에 있는 GOP경계근무에 투입되었다. 피고인은 2013. 8.말 경 소속대 6소초에서 신체적으로 버티기 힘들다는 이유로 소속대 8소초에서 발생한 수류탄 사망사고를 이용하여 근무를 기피하기로 마음먹었다. 그리하여 피고인은, 2013. 8. 22.경 위 6소초에서 설문조사지에 "요즘들어 정말 GOP생활이 힘듭니다. 정말 내려가고 싶습니다. 몸과 정신적으로 힘이 듭니다. 상담받고 싶습니다."라고 작성하고, 2013. 8. 29.경 위 6소초에서 부소대장 중사 김○○에게 "GOP생활이 힘들고 실탄과 수류탄을 지급받는 것이 긴장되고 두렵다."는 취지로 말하고, 2013. 8. 30.경 위 6소초에서 행정보급관 상사 임○○에게 "경계작전간 탄을 휴대하는 것이 매우 불안하다."는 취지로 말하고, 2013. 8. 31.경 소속대 7-1소초에서 중대장 대위 김○○에게 "탄약휴대에 대한 강한 부정감과 불안감이 든다."는 취지로 말하고, 2013. 8. 31.경 위 7-1소초에서 대대장 중령 안○○에게 "너무 힘들고 지쳐서 수류탄을 계속 만지작거린 적이 하루 이틀이 아닙니다, 북한군이 무서운 게 아니라 이젠 제 자신이 무섭습니다."라는 내용의 마음의 편지를 작성하고, 2013. 9. 2.경 소속대 후방CP에서 대대장 중령 안○○에게 수류탄, 실탄에 대한 기피증과 자살가능성을 호소하였다. 피고인은 이에 속은 위 대대장으로 하여금 피고인을 관심병사로 지정하게 한 후 GOP경계근무에 투입되지 않는 후방CP로 보직을 변경하게 하였다. 이로써 피고인은 GOP에서 근무를 기피할 목적으로 위계를 하였다는 사유로 공소가 제기된 사안이다).

독음식물공급죄를 범하여 사람을 사망 또는 상해에 이르게 함으로써 성립하는 범죄이고(제2항), 과실유독음식물공급죄는 과실로 인하여 독성음식물을 공급함으로써 성립하는 범죄이다(제3항). 그리고 이적유독음식물공급죄는 적을 이롭게 하기 위하여 독성음식물을 공급함으로써 성립하는 범죄이다(제4항).

2. 구성요건

(1) 주 체

본죄의 주체는 군인·준군인뿐만 아니라 내·외국 민간인도 포함된다. 또한 군에 음식물을 공급하는 것을 고유의 임무로 하는 사람뿐만 아니라 사실상의 공급을 하는 사람 또는 그를 보조하는 사람도 본죄의 주체가 될 수 있다.

(2) 행 위

본죄의 실행행위는 독성이 있는 음식물을 군에 공급하는 것이다. 여기서 '독성이 있는 음식물'이란 반드시 독이 함유되어 있는 음식물에 한정된다. 왜냐하면 사람에게 단순히 유해한 영향을 미치는 음식물로 해석할 경우에는 처벌의 범위가 지나치게 확장될 위험성이 있기 때문이다.[1]

본죄가 성립하기 위해서는 독성음식물을 군에 공급해야 하므로, 개별적인 군인에 대하여 공급하는 경우는 이에 해당하지 아니한다. 공급의 원인은 계약에 의하든 강제적인 징수에 의하든 불문한다. 공급자의 현실적 제공으로 인하여 독성음식물이 군의 지배 아래로 들어가게 된 때에 기수가 된다.

Ⅹ. 출병거부죄

제43조(출병 거부) 지휘관이 출병을 요구할 수 있는 권한을 가진 사람으로부터 그 요구를 받고 상당한 이유 없이 이에 응하지 아니한 경우에는 7년 이하의 징역이나 금고에 처한다.

1. 의 의

출병거부죄는 지휘관이 출병을 요구할 수 있는 권한을 가진 사람으로부터 그

---

1) 이에 대하여 본죄에서 말하는 독성이 있는 음식물은 반드시 어떠한 독극물이 포함되었을 필요는 없고, 단순히 부패, 변질되어 사람이 먹고 건강을 해할 정도의 것이면 모두 이에 포함된다는 견해로는 육군본부, 295면; 육군종합행정학교, 283면. 또한 입법론으로는 유독하지 않더라도 부패, 변질, 미숙한 것, 유해물질이 함유되어 있는 것, 병원미생물에 의하여 오염되어 있는 것 등과 같이 군의 전투력을 손상시킬 수 있는 유해음식물도 포함시키는 것이 바람직하다는 견해로는 이상철, 179면.

요구를 받고 상당한 이유 없이 이에 응하지 아니함으로써 성립하는 범죄이다. 본죄는 법률상 출병요구를 할 수 있는 자와의 협조의무를 위반하는 것을 그 내용으로 한다. 이와 같이 출병은 자신의 고유한 임무로서가 아니라 출병요구권자를 원조하는 직무로서 이행하는 것이므로, 작전명령에 의한 상관의 출동명령을 거부하거나 자신의 고유한 직무로서 출병의무를 이행하지 않는 경우에는 항명죄나 직무유기죄가 성립할 뿐이다.

2. 구성요건

본죄의 실행행위는 지휘관이 출병을 요구할 수 있는 권한을 가진 사람으로부터 그 요구를 받고 상당한 이유 없이 이에 응하지 아니하는 것이다. '출병'이란 지휘관이 자신의 지휘 아래 있는 부대나 병력을 임무수행이 가능한 상태로 적법하게 출병요구된 일시 및 장소에 출동시키는 것을 말한다. '권한을 가진 사람'이란 지휘계통상 상하로 연결되어 있는 사람으로서 명령권자가 아니라 지휘관과 횡적으로 연결되어 상호협조를 요구할 수 있는 사람을 말한다. 즉 요구는 명령이 아니므로 상관의 출동명령을 거부하는 경우에는 본죄가 아니라 항명죄 등이 성립할 뿐이다. 본죄에서 말하는 출병요구권자는 위수사령관 등과 같은 군인일 수도 있으나, 서울특별시장·경기도지사 등과 같은 민간인이 될 수도 있다.

상당한 이유란 출병거부를 정당화할 수 있는 사유를 말하며, 출병에 응하지 아니하는 것은 출병거부뿐만 아니라 출병요구의 내용과 일치하지 않는 불완전한 이행도 포함한다.[1]

---

1) 이에 대하여 법문에 명시적으로 '응하지 아니한 경우'라고 규정된 이상, 출병요구를 정면으로 거절하거나 출병요구를 수락한 후 아예 출병하지 않는 행위만 처벌된다고 파악하는 견해로는 육군본부, 298면.

제11장 항명의 죄

I. 항명죄

> **제44조(항명)** 상관의 정당한 명령에 반항하거나 복종하지 아니한 사람은 다음 각 호의 구분에 따라 처벌한다.
> 1. 적전인 경우: 사형, 무기 또는 10년 이상의 징역
> 2. 전시, 사변 시 또는 계엄지역인 경우: 1년 이상 7년 이하의 징역
> 3. 그 밖의 경우: 3년 이하의 징역

1. 의 의

항명죄는 상관의 정당한 명령에 반항하거나 복종하지 아니함으로써 성립하는 범죄이다. 군은 궁극적으로 무력에 의하여 국가를 수호하고 국토를 방위하여 국민의 생명과 재산을 보전함을 그 사명으로 하므로 이러한 군 본연의 사명을 다하기 위해서는 그에 상응하는 특수한 조직과 고도의 질서 및 규율을 필요로 한다. 군에서 직책과 계급은 군의 엄정한 지휘체계 및 질서를 유지하는 근간으로서 군인은 각자 자신에게 부여된 직책과 계급에 맞는 권한과 책임을 가지며, 그에 따른 상관의 명령을 존중하고 따라야 할 의무가 있다. 결국 국가와의 특별권력관계 아래 상명하복의 엄격한 군규에 따라 국토방위의 사명을 위한 무정량의 충성으로써 군무에 종사할 의무를 지니고 군대생활을 하는 군법피적용자들에 대하여는 명령복종이란 그 생활에 있어서의 가장 중요한 규범이 된다.

한편 군형법 제8장에 규정된 '항명의 죄'에 대한 사건처리 현황을 살펴 보면 다음과 같다.

〈항명의 죄에 대한 사건처리 현황〉

	장교		준·부사관		병		군무원·기타		계	
	입건	기소	입건	기소	입건	기소	입건	기소	입건	기소
2013	7	0	1	0	19	10	0	0	27	10
2014	0	0	2	0	9	9	0	0	11	9

	장교		준·부사관		병		군무원·기타		계	
	입건	기소	입건	기소	입건	기소	입건	기소	입건	기소
2015	1	0	1	0	7	7	1	0	10	7
2016	1	0	0	0	6	4	0	0	7	4
2017	1	0	2	0	4	4	0	0	7	4
2018	1	0	0	0	6	0	0	0	7	0

출처: 국방부, 「국방통계 연보」, 2014~2019.

2. 구성요건

(1) 객 체

1) 상 관

본죄의 객체는 상관의 정당한 명령이다. 여기서 말하는 상관이란 정당한 명령을 할 수 있는 위치에 있어야 하므로 순정상관에 한한다.[1] 다만 명령복종관계는

---

1) 고등군사법원 2000. 5. 16. 선고 2000노95 판결(위 소초는 동해안의 해안 경계작전을 주 임무로 하는 소대로서 주·야간에 걸쳐 실탄과 수류탄으로 무장을 하여 경계를 하고, 간부들은 출퇴근이 없이 24시간 부대에서 생활을 하며 소대병력을 통제하고 적의 침투를 발견하면 즉각 군사적전을 수행하는 임무가 있는 사실, 소대장은 1999. 7.경 위 소대로 전입한 이래 작업, 순찰 등으로 식사시간보다 늦게 복귀하는 경우가 많았는데 소대원들이 식사를 하고 소대장의 식사를 남겨두지 않아 소대장이 밥을 굶는 경우가 많았던 사실, 부소대장이 늦으니 식당에서 밥을 타 놓으라고 지시를 한 사실, 이에 피고인이 자기 밥은 자기가 타서 먹는 것이라고 한 사실, 피고인은 재차 부소대장으로부터 지시를 받자 앞으로 식사를 준비하겠다고 하고 식사준비를 하지 아니한 사실 등을 인정할 수 있다. 위 인정된 사실을 종합하면 경계작전을 주 임무로 하는 부대의 식사는 작전에 준하여 준비되어야 하는 것으로서 부소대장으로서는 소대장의 부재 시 소대병력을 지휘하는 권한이 있다 할 것이므로 부소대장의 식사를 준비하라는 지시는 경계 전투력을 유지하는 것이며, 군의 질서유지에 직접적으로 연관된 것으로 군기 및 사기를 유지 또는 증진시켜 전투력을 발휘함을 임무로 하고 있는 자신의 권한 범위 내에서 발한 것으로서, 군의 사기, 군기 및 피지휘자의 유용성을 보호 내지 증진하기 위해 적합하고 필요하며 군의 질서를 유지하는데 직접적으로 연관된 행동 즉, 군사상의 의무를 부과하는 것을 내용으로 하고 있고 달리 그 명령이 군사상의 필요성을 따르지 아니한 후에 소대장으로부터 식사를 준비하지 않아도 된다는 허락으로 받았다 하더라도 죄의 성립에 영향이 없다); 고등군사법원 1999. 2. 2. 선고 98노757 판결(이 사건에서 심○○ 중위는 소속대 통신장교였고, 피고인(중사)은 통신담당관이었으므로 양자 간에 직무상 명령복종관계가 존재하고 따라서 위 심○○은 피고인의 순정상관이었음이 명백하며, 위 심○○은 소속대 통신장교로서 육군규정 제○○○ 편성부대 보급규정 제3조 제2호의 물품출납공무원에 해당하므로 군수품인 야전선의 불출업무는 당연히 그의 직무권한범위에 속하는 점, 이미 이 사건 야전선 불출명령 전에 포대의 야전선 보급상황을 조사한 위 심○○이 훈련에 필요하니 야전선을 불출하라고 피고인에게 누차 지시한 것은 어느 모로 보나 위 심○○이 자신의 직무권한 범위 내에서 발한 적법한, 구체적이고도 개별적인 명령이고 그 명령의 내용이 피고인의 직무범위 내의 것으로서 수행 가능한 것인 점 등이 인정된다); 헌법재판소 1989. 10. 27. 선고 89헌마56 결정(배○열이 청구인에 대하여 얼차려의 명령권을 가진 상관인가를 검토하여 보건대, 이 사건에 있어서 하명자인 하사 배○열은 육군 보병 제2사단 제3대대 제9중대 제3소대 제3분대장임은 앞서 인정한 바인데, 그 지휘권의 당연한 내용으로서 자신의 지휘하에 있는 소속분대원들에 대하여서는 직무상의 포괄적인 명령권을 가진다고 할 것이지만, 자신과는 다른 동 소대 제1분대 소속 대원인 청구인에 대하여는 이러한 포괄적인 명령권을 당연히

반드시 군의 편제상 지휘계통에 의한 경우뿐만 아니라 특별한 법령에 의한 경우에도 포함된다. 예를 들면 군판사의 재판에 관한 명령, 군검사의 군사법경찰관에 대한 수사에 관한 명령, 군의관의 간호장교에 대한 의료행위에 관한 명령 등이 이에 해당한다. 또한 본죄의 상관은 직근 상관뿐만 아니라 명령복종관계에 있는 모든 상관을 의미한다.

2) 정당한 명령

정당한 명령은 문언의 의미 그대로 '정당한' 명령으로 파악해서는 안 되고, '적법한' 명령으로 파악해야 한다.[1] 왜냐하면 군사상의 명령은 신속하게 수행될 것을 생명으로 하므로 수령자는 그 명령이 명백히 위법[2]이 아닌 한 그 적법성에 의문을 제기함이 없이 절대적으로 복종해야할 의무가 있기 때문이다. 또한 일반적으로 엄격한 상명하복 관계에 있는 군대 조직에 있어서 상관으로부터 명령을 받았을 경우에 그 명령이 약간의 변칙적인 행위를 요구하는 것이라고 할지라도 그 변칙적인 행위가 명령자인 상관의 명령에 복종하지 않을 것을 기대한다는 것은 군대조직에

갖고 있을 관계가 아니다. 다만 앞서 본 바와 같이 중대 총검술교관인 하사 정○철에 의하여 소속대원들의 총검술교육 실시에 관한 명령권이 일단 하사 조○오에게 위임되었다가 위 조○오에 의하여 다시 위 배○열에게 재위임되었다면 총검술교육 훈련에 관한 한도내에서는 비록 자신의 분대원이 아니더라도 청구인을 비롯한 소대원 전체에 대한 상관의 지위에 서게 된다고 할 것이나, 그렇다고 얼차려 교육실시에까지 당연히 확대되어 이들에 대한 명령을 발할 지위에 있다고는 할 수 없다. 더구나 위에서 본 바, 얼차려 규정에 의하면 얼차려 실시권이 하사관에게 당연히 귀속되는 권한도 아니고 반드시 그 실시기간 및 장소, 방법에 관하여 결재권자의 승인을 요하게 되어 있는데 하사 배○열에게 총검술교육 실시에 관한 권한을 위임했던 하사 정○철, 조○오가 얼차려 실시에 관하여 미리 결재권자의 승인을 받아두었다는 특단의 사정도 발견되지 아니하는 터이므로 위 배○열의 명령권은 그 위임받은 총검술실시의 범위내에 한정될 수밖에 없을 것이고, 얼차려 교육 권한까지 확대될 성질이 될 수 없을 것이다. … 얼차려 교육은 "법적 제재조치 이전에 정신적, 육체적 특수훈련을 가하여 해이되고 이완된 군인정신을 바로 잡아 잘못을 스스로 깨우치게 하는데" 그 목적을 두고 있어 총검술교육 훈련 목적과는 그 목적을 달리하고 있고, 그 구체적 방침으로 집행권자를 명확히 임명하여 집행하며 얼차려의 방법을 변형하여 악용하는 것을 금지하고 얼차려에 규정된 종목 이외의 변칙적용은 구타 및 가혹행위로 간주한다고 되어 있다. 이에 따른 세부지침으로 중대장급 이상의 지휘관 및 대위급 이상 장교만이 결재없이 얼차려 교육을 시행할 수 있고 모든 소대장 이하 분대장등은 병사에 대하여 얼차려를 실시하려면 반드시 얼차려의 실시시간 및 장소, 방법등에 관하여 결재권자의 승인 후에 실시하도록 되어 있으며, 집행시기도 일과시간 내의 개인 자유시간이나 일과시간 외의 개인 자유시간으로 제한되어 있다. 그렇다면 하사 배○열이 결재권자의 승인을 받지 않은 채, 더구나 총검술교육 실시를 하던 일과시간으로서 개인 자유시간이 아닌 때에 청구인에 대하여 얼차려 명령을 하였다면 이는 적법절차를 무시한 명령으로서 결코 상관의 정당한 명령이 될 수 없다).

1) 대법원 1967. 3. 21. 선고 63도4 판결; 대법원 1963. 9. 26. 선고 63도225 판결. 同旨 육군본부, 128면; 육군종합행정학교, 119면.
2) 고등군사법원 2002. 5. 14. 선고 2002노72 판결(병사들의 훈련에 사용하기 위하여 만든 수류탄장약을 야산에 버리거나 불에 태워 효용을 해하라고 지시하는 것과 같이 명백히 위법하거나 불법한 명령은 이미 직무상의 명령이라 할 수 없다).

있어 보통의 경우 도저히 불가능하다.[1] 그러므로 상관의 위법한 명령에는 복종할 의무가 없지만, 적법한 명령인 경우에는 그것이 부당하든 정당하든 불문하고 일단은 복종해야 한다.[2] 만약 상관의 정당한 명령에 한해서만 복종의무를 부과할 경우에는, 부하의 입장에서 해당 명령의 당·부당을 실질적으로 심사해야 하는데, 이를 인정하는 것은 군의 지휘계통에 혼란을 초래할 수 있다. 결국 수령자는 명령에 대한 정당·부당의 심사권이 없으며, 수령자는 증거에 의하여 문제를 제기하지 않는 한, 일응 그 명령이 적법한 것으로 추정하여야 한다.[3]

3) 적법한 명령

'적법한 명령'이란 법규에 위반되지 아니하는 명령[4]을 말하는데[5], 내용이 특정되어 복종이 요구되는 것이어야 하고, 그 내용이 부하의 직무범위 내의 것으로서 수행이 가능한 것이어야 한다.[6] 즉 '상관의 정당한 명령'이란 해당 명령을 할 수 있는 직권을 가진 장교인 상관이 특정의 군법피적용자(개인 또는 특정할 수 있는 다수인)에 대하여 군무에 속하는 특정사항에 관하여 하명(구두·서면·전화·전산 등의 방법으로 직접 또는 제3자를 통하여 전달하는 명령)된 명백히 불법한 내용이라고는 보여지지 않는 명령(작위 또는 부작위를 요구하는 명확하고 구체적인 의사표시)을 말한다.[7]

---

1) 육군 1970. 12. 1. 선고 70고군형항967 판결.
2) 이에 대하여 명령이 형식적 요건을 갖추고 있다고 할지라도 명령의 내용이 중대하고 현저히 부당한 내용으로 그것이 외관상 명백한 경우에는 정당한 명령이 될 수 없다는 견해로는 송문호, "군형법과 '제복을 입은 시민'", 형사법연구 제21권 제4호, 한국형사법학회, 2009. 12, 383면.
3) 고등군사법원 1996. 7. 23. 선고 96노145 판결.
4) UCMJ 제90조 제2항에 의하면, 의도적으로 상관인 장교의 적법한 명령(a lawful command)에 따르지 아니한 자를 처벌하고 있으며, UCMJ 제91조 제2항에서도 준사관이나 부사관 등의 적법한 명령(a lawful order)에 따르지 아니한 자를 처벌하고 있다.
5) 대법원 1977. 7. 12. 선고 77도1457 판결(군행형법 시행령 제97조의 규정에 의하면 수형자의 훈련에는 참모총장이 필요하다고 인정할 때를 제외하고는 집총 기타 무기에 의한 훈련은 이를 과하지 못하게 되어 있음이 분명하니, 그렇다면 원심 판시와 같이 피고인들이 그 판시 교관들의 집총명령에 반항하였다고 하여 처벌하려면, 동 집총명령이 위 군행형법 시행령에서 정한 참모총장의 필요성 인정에 따른 정당한 명령이라야 할 것이다. 따라서 원심으로서는 마땅히 수형자인 피고인들에 대한 집총훈련에 대한참모총장의 필요성 인정사실의 유무를 가려 피고인들이 군형법 제44조 위반자인지의 여부를 판단하였어야 할 것이거늘 기록상 그러한 사실이 있었다고 볼만한 자료가 있음을 찾아볼 수 없는 이 사건에 있어서 피고인들에 대하여 집총을 명령한 상관의 명령에 반항하였다는 사실만 가지고 군형법 제44조 제3호에 해당한다고 하여 처단한 제1심 판결을 그대로 유지하였음은 필경 군행형법 시행령 제97조의 법리를 오해하였거나 심리를 다하지 아니함으로써 판결에 영향을 미친 위법을 범하였다는 비난을 면하기 어렵다).
6) 대법원 1963. 8. 31. 선고 63도165 판결(피고인의 본건 소위는 상명하복 관계가 엄중한 군대 특유의 조직생활에 있어서 본건과 같이 직속상관인 장교와 사병간이고 상호간에 상당한 이해관계가 있는 경우에 피고인뿐만 아니라 일반적으로 다른 사병도 본건과 같이 경미한 위법의 상관지시는 응하지 않을 수 없는 것이 군대조직의 특수성에 비추어 명백하므로 피고인에게는 본건 소위에 이르지 않을 기대가능성이 없었다는 취지의 주장을 하여 …).
7) 대법원 1967. 3. 21. 선고 63오4 판결.

또한 이러한 명령의 내용은 군사에 관한 의무를 부과하는 것이어야 한다. 여기서 '군사에 관한 의무'란 군사상의 필요에 의하여 발하여지는 작전 또는 교육훈련 및 이와 직접적인 관련이 있는 병력통솔사항 등에 관한 것을 말하는데[1], 군사상의 임무에 관한 것인지 여부는 그 명령이 발하여진 구체적인 상황, 그 명령의 군사적 필요성, 이를 거부하였을 경우에 군의 위계질서에 미치는 영향 및 개인의 기본적 인권보장과 비교·형량하여 개별적으로 판단해야 한다. 예를 들면 군사상의 의무와 전혀 무관한 일상적인 심부름을 시키거나 오로지 개인적 목적을 위한 명령의 경우에는 복종할 필요가 없다. 하지만 개별적인 명령이 있다고 할지라도 이에 대한 불복종이 직무수행행위의 범위 내에서 행해지면 항명죄가 성립하지 아니한다.[2]

명령은 복종을 요구하는 것이므로 단순한 충고·희망·요구 등과 구별되어야 하고[3], 그 형식은 수명자에게 전달되어 수명자가 이행할 것을 인식한 이상 문서이든 구두이든 불문한다. 다만 명령은 반드시 수명자에게 개별적으로 표시되어야 한다. 여기서 개별적 명령이란 상관이 부하에게 직접 또는 제3자를 통하여 개별적으로 하달한 특정한 명령을 말하는데, 이로써 수명자에게 특정사항에 관한 구체적 의무가 부과되는 것이다. 이와 같이 명령의 개별성 또는 일반성이 항명죄와 명령위반죄를 구별하는 중요한 기준이 된다.

---

[1] 육군 1985. 2. 26. 선고 84고군형항337 판결.

[2] 대법원 2005. 9. 9. 선고 2005도3385 판결(평소에 총기를 사용할 필요가 없는 취사병으로 복무하는 피고인에게 집총명령을 하였다고 하여 이 명령을 부당한 명령이라고 볼 수는 없다); 육군 1978. 5. 19. 선고 78고군형항280 판결(주번사관이 그의 재량범위 내에서 직무수행으로서 한 행위는 중대장의 인원장악명령에 반한 경우에 대하여 항명죄가 성립하지 아니한다); 육군 1977. 7. 20. 선고 77고군형항29 판결(원심은 피고인 김○○은 1976. 11. 1. 18:00부터 같은 달 5. 08:00까지 중대 주번사관 근무명을 받은 자로서 같은 해 10. 25.경을 비롯하여 수차에 걸쳐 중대장 대위 강○○으로부터 인원장악을 제대로 하라는 내용의 명령을 받고도 같은 해 11. 3. 13:00경 외출시간이 지나 외출을 허가할 수 없음에도 불구하고 하사 이○○, 하사 김○○ 등을 외출시켜 위 명령에 복종하지 아니하였다는 사실을 인정하였다. 생각하건대, 위와 같이 인원 장악을 제대로 하라는 중대장의 명령이 있은 후 상피고인 이○○ 등으로부터 영외에 나가서 라면 한 그릇씩 사먹고 오겠다는 외출허락 요청을 받고 피고인이 이를 허락하여 준 것은 주번사관으로서의 재량범위 내에 속하는 하나의 직무수행이라 할 것이며 단지 22:00 이후에 외출 허락을 한 사실만을 가지고는 상관의 정당한 명령에 반항하거나 복종하지 아니하였다고 보기 어렵다).

[3] 육군 1988. 7. 20. 선고 88고군형항122 판결(1988. 2. 25. 08:30부터 약 한 시간 동안 구타사고 사례(사례집 인용) 및 경험담을 이야기하면서 구타 및 가혹행위는 중대에서 없어야 한다고 전 중대원을 대상으로 내무반에서 교육하였다는 사실은 인정할 수 있으나, 위와 같은 교육은 그 교육시간, 교육대상, 교육내용 등에 비추어 위와 같은 항명죄의 개별적으로 하달된 군사에 관한 의무를 부과하는 내용의 복종을 요구하는 것으로서의 명령이라고 보기는 어렵다). 즉 본건에 있어서의 구타금지 명령은 군사상의 의무와 무관한 일상적 의무에 관한 명령이라고 할 것이다.

4) 양심적 집총(병역)거부와 항명죄의 성립 여부에 대한 변천

종교의 교리를 내세워 집총거부 및 병역거부를 하는 것과 같은 이른바 '양심
상의 결정'은 헌법에서 보장한 종교와 양심의 자유에 속하는 것이 아니므로 항명
죄에 해당한다[1]는 과거의 판결[2]이 있었으나, 현재에는 판례의 변경으로 인하여
항명죄가 성립하지 아니한다.[3] 즉 병역법 제88조 제1항은 본문에서 "현역입영 또
는 소집 통지서(모집에 의한 입영 통지서를 포함한다)를 받은 사람이 정당한 사유 없이
입영일이나 소집일부터 다음 각호의 기간이 지나도 입영하지 아니하거나 소집에
응하지 아니한 경우에는 3년 이하의 징역에 처한다."라고 정하면서, 제1호에서 '현
역입영은 3일'이라고 정하고 있다. 병역의무의 부과와 구체적 병역처분 과정에서
고려되지 않은 사정이라 하더라도, 입영하지 않은 병역의무자가 처한 구체적이고
개별적인 사정이 그로 하여금 병역의 이행을 감당하지 못하도록 한다면 병역법 제
88조 제1항의 '정당한 사유'에 해당할 수 있다고 보아야 한다. 설령 그 사정이 단순
히 일시적이지 않다거나 다른 이들에게는 일어나지 않는 일이라 하더라도 마찬가
지이다.

여기서 '양심적 병역거부'란 종교적·윤리적·도덕적·철학적 또는 이와 유사한
동기에서 형성된 양심상 결정을 이유로 집총이나 군사훈련을 수반하는 병역의무
의 이행을 거부하는 행위를 말한다. 양심적 병역거부자에게 병역의무의 이행을 일
률적으로 강제하고 그 불이행에 대하여 형사처벌 등 제재를 하는 것은 양심의 자
유를 비롯한 헌법상 기본권 보장체계와 전체 법질서에 비추어 타당하지 않을 뿐만
아니라 소수자에 대한 관용과 포용이라는 자유민주주의 정신에도 위배된다.[4] 따

---

1) 1994. 1. 5. 개정 군형법은 제44조(항명죄) 제3호(기타의 경우)의 법정형을 기존 2년 이하의 징역에
   서 3년 이하의 징역으로 상향조정한 바 있는데, 이는 기존의 실무상 항명죄의 많은 사례가 종교나
   양심상의 이유를 들어 집총을 거부하는 경우였기 때문이다. 입대 전 병역기피에 대해서는 병역법
   제88조에 의하여 규율되는데, 해당 규정의 법정형이 3년 이하의 징역으로 되어 있어, 병역기피자가
   일단 입대하여 집총을 거부함으로써 군형법상 항명죄의 법정형인 2년 이하의 징역으로 처벌되는
   불합리를 시정하기 위한 조치로 평가된다.
2) 대법원 2007. 12. 27. 선고 2007도7941 판결; 대법원 1992. 9. 14. 선고 92도1534 판결; 대법원 1985.
   7. 23. 선고 85도1094 판결; 대법원 1969. 7. 22. 선고 69도934 판결; 대법원 1965. 12. 21. 선고 65도
   894 판결.
3) 이에 대하여 보다 자세한 내용으로는 박찬걸, "양심적 병역거부자에 대한 형사처벌의 타당성 여
   부", 한양법학 제23권 제2호, 한양법학회, 2012. 5, 61면 이하 참조.
4) 대법원 2020. 7. 9. 선고 2019도17322 판결(이 사건 공소사실의 유무죄를 가림에 있어서는 피고인
   으로부터 병역거부에 이르게 된 그의 양심이 깊고 확고하며 진실한 것이라는 사실의 존재를 수긍
   할 만한 구체적인 소명자료를 제출받아 이를 자세히 심리할 필요가 있다. 모든 종교는 각각의 교리
   에 맞는 고유한 의식을 가지기 마련이고, 이러한 의식은 어느 한 종교를 다른 종교들과 구분하는
   기준이 되거나 그 종교만의 독자적인 정체성을 형성하는 요소 중의 하나인 것이며, 신도들로 이루
   어진 공동체에 의하여 대대로 유지·계승된다는 특징을 갖는다. 따라서 어느 종교의 신도들이 그

라서 진정한 양심에 따른 병역거부라면[1], 이는 병역법 제88조 제1항의 '정당한 사유'에 해당한다.[2]

한편 정당한 사유가 없다는 사실은 범죄구성요건이므로 검사가 증명하여야 한다. 다만 진정한 양심의 부존재를 증명한다는 것은 마치 특정되지 않은 기간과 공간에서 구체화되지 않은 사실의 부존재를 증명하는 것과 유사하다. 위와 같은 불명확한 사실의 부존재를 증명하는 것은 사회통념상 불가능한 반면 그 존재를 주

고유의 의식에 참여한다는 것은 종교생활에서 적지 않은 비중을 차지하고, 이는 여호와의 증인의 경우도 마찬가지라고 볼 수 있다. 피고인은 자신이 이른바 '모태신앙'으로서 여호와의 증인의 신도인 어머니의 영향 하에 어렸을 때부터 해당 종교를 신봉하여 왔다고 주장하면서도, 위 종교의 공적 모임에서 자신의 신앙을 고백하고 그 종교의 다른 신도들로부터 공동체 구성원으로 받아들여지는 중요한 의식인 침례를 병역거부 당시는 물론이고 원심 변론종결 당시까지도 받지 아니하였다. 비록 침례를 받았는지 여부 자체가 피고인이 주장하는 양심이 그의 내면에 실재하는지를 결정적으로 좌우하는 사항은 아닐지라도, 종교적인 신념에 따른 양심적 병역거부를 주장하고 있는 이 사건의 특성상 피고인이 밝히는 양심과 불가분적으로 연계된 종교적 신념이 얼마만큼 피고인에게 내면화·공고화되었는지를 판단하는 과정에서 하나의 단초로 삼기에는 충분하다. 더욱이 피고인은 여호와의 증인에 정식으로 입문하는 의식인 침례를 아직까지 받지 않은 경위와 이유는 물론이고, 향후의 계획 등에 대하여도 구체적으로 밝히거나 이를 뒷받침할 자료를 제시한 바가 없다. 또한 이 사건 기록에는 피고인이 자신이 여호와의 증인의 신도로서 봉사활동을 한 자료라면서 제출한 사진 몇 장과 학교생활에 관한 자료로 제출한 초·중·고등학교 생활기록부가 편철되어 있을 뿐, 위 종교에서 피고인을 정식 신도로 인정하고 있는지, 피고인이 교리 일반을 숙지하고 철저하게 따르고 있는지, 피고인의 신앙 기간과 실제 종교적 활동이 어떠하였는지 등을 보여주는 위 종교단체 명의의 사실확인서나 그 밖에 이에 관하여 알 수 있는 다른 자료들은 제출되지 않았다. 피고인이 제출한 사진들이나 학교 생활기록부를 보아도 피고인이 어떠한 종교적 신념을 가지고 있는지, 어떠한 종교적 활동을 하였는지를 구체적으로 알기 어렵다. 이처럼 피고인이 여호와의 증인의 신도라고 하면서도 아직 침례를 받지 않고 있을 뿐 아니라 종교적 신념의 형성 여부 및 그 과정 등에 관하여 구체성을 갖춘 자료를 제대로 제출하지 않고 있어, 피고인의 주장과 달리 가정환경 및 성장과정 등 삶의 전반에서 해당 종교의 교리 및 가르침이 피고인의 신념 및 사유체계에 심대한 영향을 미칠 만큼 지속적이면서 공고하게 자리 잡았다고 보기 어려운 것은 아닌지 의문이 든다. 나아가 설령 피고인이 그 주장대로 침례를 받지 않고도 지금까지 종교적 활동을 하여 온 것이 맞다 하더라도, 이러한 종교적 활동은 여호와의 증인의 교리 내지 신앙에 관하여 확신에 이르거나 그 종교적 신념이 내면의 양심으로까지 자리 잡게 된 상태가 아니더라도 얼마든지 행해질 수 있다. 그러므로 피고인이 병역거부에 이르게 된 원인으로 주장하는 '양심'이 과연 그 주장에 상응하는 만큼 깊고 확고하며 진실한 것인지, 종교적 신념에 의한 것이라는 피고인의 병역거부가 실제로도 그에 따라 행동하지 않고서는 인격적 존재가치가 파멸되고 말 것이라는 절박하고 구체적인 양심에 따른 것으로서 병역법 제88조 제1항의 정당한 사유에 해당하는지에 대하여는 여전히 의문이 남는다. 그런데도 원심은 위에서 본 의문점들을 비롯하여 피고인이 주장하는 종교적 신념의 형성 여부 및 그 과정 등에 관하여 피고인에게 구체적인 소명자료를 제시하도록 석명을 구한 다음 이에 따라 추가로 심리·판단하지 아니한 채 판시와 같은 사정만으로 피고인에게 병역법 제88조 제1항의 정당한 사유가 인정된다고 보아 이 사건 공소사실을 무죄라고 판단하였다. 이러한 원심의 판단에는 필요한 심리를 다하지 아니한 채 논리와 경험의 법칙을 위반하여 자유심증주의의 한계를 벗어나거나 병역법 제88조 제1항의 정당한 사유에 관한 법리를 오해하여 판결에 영향을 미친 잘못이 있다).

1) 대법원 2020. 7. 23. 선고 2018도14415 판결.
2) 대법원 2018. 11. 29. 선고 2016도11841 판결; 대법원 2018. 11. 1. 선고 2016도10912 전원합의체 판결.

장·증명하는 것이 좀 더 쉬우므로, 이러한 사정은 검사가 증명책임을 다하였는지를 판단할 때 고려하여야 한다. 따라서 양심적 병역거부를 주장하는 피고인은 자신의 병역거부가 그에 따라 행동하지 않고서는 인격적 존재가치가 파멸되고 말 것이라는 절박하고 구체적인 양심에 따른 것이며 그 양심이 깊고 확고하며 진실한 것이라는 사실의 존재를 수긍할 만한 소명자료를 제시하고, 검사는 제시된 자료의 신빙성을 탄핵하는 방법으로 진정한 양심의 부존재를 증명할 수 있다. 이때 병역거부자가 제시하여야 할 소명자료는 적어도 검사가 그에 기초하여 정당한 사유가 없다는 것을 증명하는 것이 가능할 정도로 구체성을 갖추어야 한다.[1]

(2) 행 위

본죄의 실행행위는 상관의 정당한 명령에 반항하거나 복종하지 아니하는 것이다. '반항'이란 적극적이고 명시적으로 항거하는 것을 말하고, '불복종'이란 소극적이고 묵시적으로 거부하는 것을 말한다. 경우에 따라서는 침묵도 항명에 해당할 수 있다.[2] 본죄는 고의범이므로 수명자에게 태만·분망·착각·무사려·부주의 등의 사유가 있어 불복종한 경우에는 성립하지 아니한다.[3] 즉 하명을 받은 군법피적용자가 그 명령의 내용을 인식하였음에도 불구하고 고의적으로 이에 복종하지 아

---

[1] 대법원 2020. 9. 3. 선고 2020도8055 판결(피고인은 2006. 8. 2. 침례를 받아 정식으로 여호와의 증인 신도가 되었으나, 2009. 6.경부터 종교 활동을 중단하여 9년간 활동하지 않는 상태였다가, 2018. 9.경부터 다시 성서연구를 시작하면서 여호와의 증인으로서 종교 활동을 재개하였다. 피고인은 2012. 10. 25. 현역병 입영대상자로 선정되었는데, 2017. 12. 6.경까지 추후 입영예정임을 전제로 중고등학교 복학예정, 자격시험 응시, 자기계발 등을 이유로 입영연기를 신청하였을 뿐 여호와의 증인이라는 등의 사유를 제시하며 연기신청을 하거나 병역거부 의사를 명시적으로 표시하지 않았다. 헌법재판소는 2018. 6. 28. 양심적 병역거부자에 대해서 대체복무제를 규정하지 않는 병역종류조항이 양심의 자유를 침해하여 헌법에 합치되지 않는다는 결정(헌법재판소 2018. 6. 28. 선고 2011헌바 379 등 결정)을 했다. 피고인은 검찰에서 입영 직전만 해도 정상적으로 군에 입대해 복무할 생각이었으나, 입영 바로 전날인 2018. 8. 12.에야 종교적 신념에 따라 입영을 거부하기로 마음을 먹고 입영을 거부한 후 종교 활동을 재개하였다고 진술했다. 피고인은 2008년경 폭력행위 등 처벌에 관한 법률 위반(공동공갈), 특수절도 등 사건으로 소년보호 처분을, 2014년 자동차 허위 매물과 관련된 자동차관리법 위반 사건으로 기소유예 처분을, 2015년경 범인도피죄, 자동차관리법 위반죄로 벌금형을, 2018년경 사기죄로 벌금형을 받은 전력이 있다. 그 밖에도 무면허운전과 음주운전으로 7차례에 걸쳐 입건되어 처벌을 받은 전력도 있다. … 위와 같은 사정에 비추어 보면, 병역거부 당시 피고인의 종교적 신념이 깊거나 확고하다고 볼 수 없고, 진정한 양심에 따른 병역거부로 보기 어렵다).

[2] 육군 1982. 2. 25. 선고 82고군형항13 판결.

[3] 육군 1978. 6. 8. 선고 78고군형항256 판결(원심판결은 피고인이 1977. 11. 6. 19:00경 소속중대 제2소대 제2내무반에서 소대장 소위 박○○으로부터 익일 08:00경부터 11:45까지 소속 분대원들의 태권도 총검술 교육을 실시하라는 명령을 받고도 익일 08:00경부터 11:45까지 위 교육을 실시하지 않음으로써 소대장의 정당한 명령에 복종하지 아니 하였다는 사실을 인정하여 군형법 제44조의 항명죄를 적용하였으나, 기록에 의하면 피고인은 위 1977. 11. 7. 08:00경부터는 소속대 인사계로부터의 환경 정리지시를 받고 환경정리를 하느라고 태권도 등을 실시하지 못하였다는 것이다. … 원심이 이를 항명죄로 단정한 것은 필시 사실을 오인한 것이 아니면 법령 해석을 그릇한 위법을 범하였다).

니하는 행위를 말하는 것이라고 제한적으로 해석하여야 한다.[1] 또한 명령에 대한 단순한 시정사항 건의, 애로사항 건의 등은 비록 그 표현방법이 반항적이거나 불량하다고 하더라도 본죄에 해당하지 아니한다.[2]

한편 명령이 내려질 당시에는 이에 대하여 항거한 이후에 사정변경으로 인하여 명령을 실제로 이행한 경우에도 본죄가 성립하는지 여부가 문제된다. 즉각적인 복종을 요구하는 명령에 있어서 반항 또는 불복종은 명령에 복종하지 않겠다는 의사표시 이외에 결과적으로 명령의 내용인 작위 또는 부작위를 실행하지 않을 것을 요하지 않지만, 즉각적인 복종을 요구하지 않는 명령에 있어서 명령에 복종하지 않겠다는 의사표시 이외에 결과적으로 명령의 내용인 작위 또는 부작위를 실행하지 않을 것, 즉 구체적인 항명행위가 필요하다.[3]

---

[1] 대법원 1967. 3. 21. 선고 63오4 판결(피고인들의 각 소위가 그들이 소속되어 있던 육군보병학교장의 교육 명령(전술한 바와 같이 위 명령은 항명죄의 객체가 아니다)에 속하는 동시험의 응시를 고의적으로 불복종한 행위(그 행위도 응시에 대한 불복종이라고 단정하기 어렵다)에 해당된다하여 그것을 행위시법인 국방경비법 제16조 제1항에, 재판시법인 군형법 제44조 제2항에, 각 해당되는 것이라고 단정함으로써 그 각 소정형의 경중을 비교한 끝에 결국 그 형이 경한 국방경비법 제16조 제1항을 적용하여 처단하였음은 항명죄의 「정당한 상관의 명령」과 「고의로 불복종」이란 요건에 관한 해석을 그릇한 위법을 면치 못할 것이다).

[2] 고등군사법원 1996. 5. 7. 선고 96노166 판결(피고인의 보직에 대한 불만을 현실적으로는 그 직무를 수행하면서 지휘관에게 표시하였다면 이는 지휘관에 대한 애로사항의 건의 내지 신상상담으로 볼 수밖에 없으며 단순한 애로사항의 건의 내지 신상상담에 불과한 것이라면 그 표현방법에 있어서 과격한 면이 있더라도 항명죄에서 말하는 반항 내지 불복종으로는 볼 수 없다); 육군 1972. 1. 11. 선고 71고군형634 판결(피고인은 1971. 7. 14. 17:40경 소속 중대장의 "소속중대 분대장 및 향도는 각기 담당 교육과목(피고인은 제식훈련을 담당함)에 대하여 동년 7. 17. 연구 발표할 것 및 경계 강화를 위하여 하사관으로 순찰조를 편성하여 외곽선 경계보초를 순찰하라."라는 명령사항을 전달하는 선임하사 한○○ 중사에 대하여 "7. 17.은 공휴일이 아니냐?, 그리고 주 4회의 야간순찰은 과하지 아니 하느냐?, 7. 17.에는 출근할 수 없다."라는 등의 불만을 토로한 사실을 인정할 수 있고, 이 언사가 불손하여 위 한○○ 중사로부터 "그런 얘기는 나에게 할 것이 아니고 중대장에게 하라, 나는 전달할 뿐인데 왜 나에게 대어 드느냐?"라고 말하면서 피고인을 태도가 불량하다는 이유로 몇 차례 구타한 사실도 인정할 수 있다. 따라서 위에서 본 바와 같은 피고인의 소위는 전달된 중대장 명령에 대한 단순한 시정건의 또는 애로사항의 건의로서 볼 것이며, 다만 표현방법이 반항적이고 불량하였음은 인정되나 그렇다고 하여 위 행위가 군형법 제44조 소정의 항명행위에 해당된다고 할 수 없다).

[3] 고등군사법원 1996. 5. 7. 선고 96노166 판결(피고인이 그와 같은 행동을 하게 된 배경, 동기 등을 고려하여 일련의 행동과정을 전체적으로 판단해야 함에도 피고인이 소대장직을 수행하지 못하겠다는 면담과정에서의 의사표시를 문제삼아 이를 소대장 직무수행을 거부한 것으로 보는 것은 실제 위에서 본 바와 같이 피고인이 중대장과의 면담 후에도 매복조 철수시 통문출입업무에 관해 전임 소대장과 합동근무를 하여 계속 그 직무수행을 한 점, 연대후송 이후 그 의사를 번복한 점 등에 비추어 보아 수긍하게 어렵다). 이에 대하여 군형법의 법문상 반항을 불복종과 동일한 행위유형으로 규정하고 있으므로, 이를 문리해석한다면 반항행위가 있으면 다시 불복종의 결과가 발생하지 않더라도 바로 항명죄가 성립한다는 견해로는 이상철, 185면.

판례에 의하면, ① 사관학교 생도가 임관식 연습에 참가하여 임관식을 하고 소위로 임관
하라는 훈육대장의 명령을 대한민국 육군 장교의 가치관과 자신의 가치관이 맞지 않다는
이유로 거부하고 임관식 연습에 참가하지 않은 행위1), ② 피고인들의 훈육관인 중위 정○
○이 소속대 2학년 학생에 대한 폭행사건의 보고를 받고 피고인들에게 지휘계통에 보고하
여 적법하게 처리할테니 피고인들은 군학교 학생의 신분으로서 집단적인 행동을 해서는 아
니 되므로 하사관 후보생 내무반에 몰려가서 항의하는 행동을 하지 말라는 취지의 명령을
하였음에도 불구하고 피고인들이 위 명령에 위반하여 피고인들의 내무반을 이탈하여 하사
관 내무반으로 몰려간 행위2), ③ 피고인이 중대장으로부터 1/20의 병력으로 매복근무 하라
는 명령을 받았음에도 불구하고 소대장조와 선임하사조로 나누어 매복근무에 임한 것이 전
임자의 예에 따른 것이라 할지라도 사실상의 편의를 위하여 수명자의 임의로 편성·운행한
행위3), ④ 관등성명을 대라는 소대장의 지시를 이행하지 않은 행위4), ⑤ 식사를 하라는 소
대장의 지시를 이행하지 않은 행위5), ⑥ 국군벽제병원장이 그 병원에 입원한 사병인 피고

---

1) 고등군사법원 2004. 5. 25. 선고 2004노132 판결. 이에 대하여 임관식 연습에 관한 명령이 군사에
   관한 의무를 부여하는 명령에 해당하는지 의문이라는 견해로는 육군본부, 129면.
2) 공군 1986. 2. 3. 선고 85고군형항21 판결.
3) 국방부 1972. 9. 19. 선고 72고군형항16－1, 2 판결.
4) 고등군사법원 2000. 5. 16. 선고 2000노95 판결(피고인들이 속한 1대대 9초소는 고참병들의 교육으
   로 간부들에게 관등성명을 하거나 간부와 친근하게 하면 고참병들이 후임병들을 사사로이 교육시
   키거나 집단 따돌림(일명 '왕따')을 주는 사실, 반대로 병 상호간에는 계급에 따라 만날 때마다 거수
   경례를 하도록 한 사실, 피해자인 소대장 및 부소대장은 소속 병사들로부터 부대 지휘자로서의 대
   우를 받은 사실이 없는 사실, 관등성명을 대는 것은 부하가 자신의 계급과 성명을 상관에게 알려주
   어 상관으로부터 발령될 명령에 따를 수명자세가 되었음을 보여주는 군인의 기본자세인 사실, 소대
   장이 같은 날 아침에 신병으로부터 간부들에게 경례 등을 하지 못하게 하여 소초생활에 적응하기
   힘들다며 부대전출을 건의한 사실, 이에 소대장이 아침 점호시간에 간부들에 대한 경례 등을 할
   것과 부대 내 고참병들의 횡포를 하지 말라고 교육을 하고 난 후 피고인들을 호명하니 피고인들이
   관등성명을 하지 아니한 사실, 이에 소대장이 재차 피고인들에게 관등성명을 댈 것을 지시한 후
   호명하였는데 관등성명을 대지 아니하여 엎드리기와 질책을 한 다음 다시 호명을 하였으나 피고인
   들이 관등성명을 대지 아니한 사실 등을 인정할 수 있다. 위 인정된 사실을 종합하면, 관등성명을
   대는 것은 군인의 기본자세로서 군의 질서유지에 직접적으로 연관된 것으로 관등성명을 대라는 소
   대장의 지시는 소대장으로서 소대 내의 간부에 대한 예의를 지키고, 신병들에 대한 자유로운 병영
   생활을 보장하여 군기 및 사기를 유지 또는 증진시켜 전투력을 발휘함을 임무로 하고 있는 자신의
   권한 범위 내에서 발한 것으로서, 군의 사기, 군기 및 피지휘자의 유용성을 보호 내지 증진하기 위
   해 적합하고 필요하며, 군의 질서를 유지하는데 직접적으로 연관된 행동 즉, 군사상의 의무를 부과
   하는 것을 내용으로 하고 있고 달리 그 명령이 군사상의 필요성을 넘어 지나치게 개인의 기본권을
   침해하는 것이라 볼 수 없다).
5) 고등군사법원 2014. 9. 23. 선고 2014노146 판결(2013. 12. 14. 12시경 병영식당에서 식사를 거부하
   는 피고인에게 소속대 소대장이 '군인은 밥을 먹어야 한다'며 취식을 지시하자 피고인이 이에 대하
   여 '굶어 죽을랍니다'라고 말하고 식당 문을 오른 주먹으로 치며 식당 밖으로 나간 사실, 당시 병영
   식당에서는 피고인뿐만 아니라 다른 소대원들이 함께 식사를 하였던 사실, 피고인은 당시 배가 아
   파 식사를 할 수 없었다는 취지로 주장하지만 소대장에게 이를 말한 적이 없고 단지 '입맛이 없다'
   고 얘기한 사실 등을 인정할 수 있는데, 영내생활을 하는 군인에게 있어 규칙적인 식사는 개인의
   건강을 보호하고 체력을 유지시켜 전투력을 최고도로 발휘하기 위한 필수불가결한 전제가 되는 것
   으로 식사를 하라는 소대장의 지시는 소대장으로서 소대원들의 전투력 유지 및 보존을 주임무로
   하는 자신의 권한 내에서 발한 것이어서 군사상의 의무를 부과하는 것을 내용으로 하고 있고 달리

인에게 한 골종을 제거하는 수술을 받으라는 명령을 이행하지 않은 행위[1] 등에 있어서는 항명죄의 성립을 인정하고 있다.

　반면에 ① 총검술 훈련의 휴식시간 중 깍지 끼고 팔굽혀펴기, 브리지(일명 한강철교) 등과 함께 선착순구보를 시킨 것은 가혹행위를 강요한 것이므로 그 선착순 구보명령에 따르지 않은 행위[2], ② 소대장의 일어나라는 지시를 이행하지 않은 행위[3], ③ 지각금지명령을 이행하지 않은 행위[4], ④ 소초장의 음주제한명령을 이행하지 않은 행위[5], ⑤ 참모총장의 지시 내지는 위임이 없이 군교도소장이 한 수형자에 대한 집총훈련명령을 이행하지 않은 행위[6] 등에 있어서는 항명죄의 성립을 부정하고 있다.

3. 죄수 및 다른 범죄와의 관계

(1) 죄 수

　상관으로부터 군사교육을 받으라는 명령을 수회 받고도 그때마다 이를 거부한 경우에는 그 명령 횟수 만큼의 항명죄가 즉시 성립하는 것이지, 명령거부의 의사가 단일하고 계속된 것이며 피해법익이 동일하다고 하여 수회의 명령거부행위에 대하여 하나의 항명죄만 성립한다고 할 수는 없으며, 결국 2회의 집총거부행위

　그 명령이 군사상 필요성을 넘어 개인의 기본권을 침해하거나 군사상의 의무와 무관한 일상적 의무에 관한 명령이라고 할 수 없으므로 항명죄가 성립한다).

1) 대법원 1996. 10. 25. 선고 96도2233 판결(국군벽제병원장이 그 병원에 입원한 사병인 피고인에게 한 골종을 제거하는 수술을 받으라는 명령은, 피고인이 그 수술 없이도 군복무를 지장 없이 수행할 수 있다는 특단의 사정이 없는 한, 소속대 지휘관인 병원장이 질병이 있거나 부상당한 군인을 치료하여 원대로 복귀시킴으로써 군의 전투력을 보호함을 임무로 하고 있는 자신의 권한 범위 내에서 발한 것으로서, 군의 사기, 군기 및 피지휘자의 유용성을 보호 내지 증진하기 위해 적합하고 필요하며 군의 질서를 유지하는데 직접적으로 연관된 행동, 즉 군사상의 의무를 부과하는 것을 내용으로 하고 있는 명령으로서, 그 명령이 군사상의 필요성을 넘어 지나치게 개인의 기본권을 침해하는 것이라고 볼 수 없으므로, 이는 군형법 제44조 소정의 상관의 정당한 명령에 해당한다).

2) 육군 1989. 2. 10. 선고 88고군형항346 판결.

3) 육군 1986. 12. 9 선고 86고군형항280 판결.

4) 고등군사법원 2013. 5. 21. 선고 2012노273 판결(공군규정 2–44 복무 및 병영생활 제68조 제5항에 의하면, "간부일과는 08:00(동계 08:30)에 시작하고 17:00(동계 17:30)에 종료함을 원칙으로 한다." 라고 규정하고 있는 점, 소령 ○○○이 피고인에게 한 "정상적으로 출근하라!"라는 지시는 위와 같은 법령 및 규정을 준수해야 하는 것을 피고인에게 강조하며, 주의를 당부한 것으로 보이는 점, 출근은 일과의 시작을 위한 것으로 출퇴근하는 공무원들의 당연한 의무 수행이라는 점 등을 종합하면, 지각금지명령은 법령을 준수하라는 일상적 의무에 관한 명령에 불과하고, 무단이탈죄(군형법 제79조) 등 법령위반이 되는지 여부는 별론으로 하더라도 항명죄에서 말하는 명령에 해당한다고 볼 수 없다).

5) 육군 1985. 2. 26. 선고 84고군형항337 판결.

6) 대법원 1987. 11. 14. 선고 87도380 판결(군형법 시행령 제97조는 "수형자의 훈련에는 집총 기타 무기에 의한 훈련을 과하지 아니한다. 그러나 참모총장이 필요하다고 인정할 때에는 예외로 한다." 라고 규정하고 있다).

는 경합범 관계에 있다.[1] 또한 상관의 정당한 명령을 고의로 불복종하는 경우에 비록 동일한 범의 하에 행위가 시간적·장소적으로 다소 접속하고 있다고 하더라도 그 명령의 내용이 다르면 항명죄가 지휘명령 체계의 확립과 군기유지를 보호법익으로 하고 있음에 비추어 경합범으로 봄이 상당하다.[2] 다만 조·중·석식에 관한 식사집합 명령은 포괄적 일죄로 파악하는 것이 타당하다.

(2) 다른 범죄와의 관계

군형법에는 상관의 명령에 위반하는 경우를 대비하여 명령위반죄와 항명죄를 동시에 규정하고 있는데, 양죄에서 말하는 명령의 개념은 동일하지 않다. 즉 제44조의 항명죄는 상관의 정당한 명령에 항거하거나 복종하지 아니한 행위를 처벌하도록 하여 특정인에게 발하여지는 개별적 명령의 불복행위에 대한 처벌규정임에 반하여, 제47조의 명령위반죄는 불특정 다수인을 피적용자로 하여 발하여지는 규범으로서의 효력을 가지는 명령 또는 규칙을 위반한 경우에 적용되는 규정이다. 그리하여 항명죄에서의 명령은 개별성을 띠고 있기 때문에 직접 또는 제3자를 통하여 반드시 수명자(개인 또는 특정할 수 있는 다수인)에게 개별적으로 하달되어야 하는 특정명령을 말하는 반면에, 명령위반죄에서의 명령은 불특정(이면서) 다수인을 피적용자로 하여 발하여지는 규범으로서의 효력을 가지는 명령이나 규칙을 말하므로 불특정(이면서) 다수인에게 일반적으로 하달되어야 하는 일반명령을 말한다.

Ⅱ. 집단항명죄

> 제45조(집단 항명) 집단을 이루어 제44조의 죄를 범한 사람은 다음 각 호의 구분에 따라 처벌한다.
> 1. 적전인 경우: 수괴는 사형, 그 밖의 사람은 사형 또는 무기징역
> 2. 전시, 사변 시 또는 계엄지역인 경우: 수괴는 무기 또는 7년 이상의 징역, 그 밖의 사람

---

1) 대법원 1992. 9. 14. 선고 92도1534 판결.
2) 공군 1986. 11. 10. 선고 86고군형항19 판결(피고인은 1986. 7. 7. 공군본부 본부사령실 86−7차 방위병으로 소집되어 그 훈련 중에 있는 자인 바, 같은 날 17:00경 공군본부 제2연병장에서 피고인의 상관인 방위병 교육 중대중대장 대위 안○○으로부터 군복을 착용하라는 명령을 받았음에도 불구하고 피고인이 신봉하는 종교인 여호와의 증인의 교리에 반한다는 이유로 이에 따르지 아니하고, 같은 달 8. 조식 때인 07:00경, 중식 때인 12:00경, 석식 때인 17:00경 교육중대 내무반 앞에서 위 대위 안○○으로부터 식사집합 명령을 각 받았음에도 불구하고 같은 이유로 이에 각 따르지 아니하고, 같은 달 9. 08:00경 공군본부 제2연병장에서 위 대위 안○○으로부터 도수체조 교육명령을 받았음에도 불구하고 같은 이유로 이에 따르지 아니함으로써, 상관인 위 대위 김○○의 정당한 명령에 각 복종하지 아니한 것이다).

> 은 1년 이상의 유기징역
> 3. 그 밖의 경우: 수괴는 3년 이상의 유기징역, 그 밖의 사람은 7년 이하의 징역

1. 의 의

집단항명죄는 집단을 이루어 항명을 함으로써 성립하는 범죄이다.

2. 구성요건

본죄의 실행행위는 집단을 이루어 항명하는 것이다. 여기서 집단은 다중(多衆)과 구별되는 개념인데, 다수인의 공동의사 아래 조직된 집합체를 말한다.

Ⅲ. 상관제지불복종죄

> 제46조(상관의 제지 불복종) 폭행을 하는 사람이 상관의 제지에 복종하지 아니한 경우에는 3년 이하의 징역에 처한다.

1. 의 의

상관제지불복종죄는 폭행을 하는 사람이 상관의 제지에 복종하지 아니함으로써 성립하는 범죄이다. 군형법이 항명죄를 규정하고 있음에도 불구하고 본죄를 별도로 규정하고 있는 이유는, 항명죄의 경우 정당한 명령을 내릴 수 있는 상관은 순정상관에 한하므로 준상관이 폭행제지의 명령을 한 경우에는 이에 복종하지 않더라도 항명죄가 성립하지 않게 되므로 이를 별도로 처벌하기 위한 것이다. 이에 따라 순정상관의 폭행제지명령에 불복한 경우에는 항명죄가 성립하고, 준상관의 폭행제지명령에 불복한 경우에는 본죄가 성립한다.[1]

2. 구성요건

(1) 주 체

본죄의 주체는 폭행을 하는 사람이다. 다만 여기서 말하는 폭행은 폭행죄에서 규정하고 있는 폭행에 한정되는 것이 아니라 상해도 포함하는 것으로 보아야 한다. 왜냐하면 행위 당시에 해당 행위가 폭행인지 상해인지를 구별하기가 쉽지 않

---

1) 이에 대하여 본죄에서 말하는 상관은 순정상관 및 준상관을 모두 포함한다는 견해로는 육군종합행정학교, 135면.

기 때문이다. 하지만 폭행 이외의 범죄를 실행 중인 사람은 본죄의 주체가 되지 아니한다. 한편 폭행을 '하는' 사람만이 본죄의 주체가 되므로, 적어도 폭행의 실행의 착수가 인정되어야 한다.[1]

(2) 행 위

본죄의 실행행위는 상관의 제지에 복종하지 아니하는 것이다. 이러한 상관의 제지는 반드시 행동에 의할 필요는 없고, 제지명령으로써 족하다. 상관의 제지에도 불구하고 계속해서 폭행으로 나아가거나 상관에게 반항하면 본죄가 성립하며, 폭행의 기수·미수 여부는 불문한다. 만약 상관의 제지에 대한 불복의 과정에서 상관에 대한 폭행이나 모욕 등의 행위가 있을 경우에는 별죄를 구성할 수 있다. 다만 폭행의 상대방이 상관인 경우에 있어서 상관의 제지는 방어행위의 일종에 해당하기 때문에 본죄는 성립하지 아니하고 상관폭행죄만이 성립한다.

Ⅳ. 명령위반죄

> 제47조(명령 위반) 정당한 명령 또는 규칙을 준수할 의무가 있는 사람이 이를 위반하거나 준수하지 아니한 경우에는 2년 이하의 징역이나 금고에 처한다.

1. 의 의

명령위반죄는 정당한 명령 또는 규칙을 준수할 의무가 있는 사람이 이를 위반하거나 준수하지 아니함으로써 성립하는 범죄이다.[2] 군은 국가안전보장과 국토방위의 의무를 수행하는 조직으로서 계급제도를 바탕으로 엄격한 상명하복 관계에 의하여 유지된다. 따라서 군에서 명령에 불복하는 행위는 군의 지휘통솔을 불가능하게 하고 나아가 군의 존립 자체에 대한 중대한 위협이 될 수 있으므로 군의 통수권 확립을 위하여 군 내부에서의 명령에 대한 복종관계는 절대적으로 유지되어야 한다. 이에 정당한 명령 또는 규칙을 준수할 의무가 있는 자가 이를 위반하거나 준수하지 아니하는 행위를 명령위반죄로 형사처벌하도록 한 것으로서, 명령 또

---

1) 이에 대하여 본죄는 행위자의 폭행행위 자체보다는 상관의 제지에 불복종한다는 점을 중시하는 죄이고, 그러한 상관의 제지는 폭행의 직전 단계에서도 가능한 것이므로 폭행을 기도하거나 실행하기 직전의 사람 역시 본죄의 주체가 된다는 견해로는 육군본부, 139면. 하지만 이와 같은 해석은 피고인에게 불리하게 처벌의 범위를 확장하는 것으로서 죄형법정주의에 위배되는 해석으로 판단된다.
2) 이에 대하여 보다 자세한 내용으로는 박찬걸, "군형법상 명령위반죄의 문제점과 개선방안", 형사법연구 제23권 제3호, 한국형사법학회, 2011. 9, 285면 이하 참조.

는 규칙의 위반이나 불준수에 대하여 엄격한 제재를 가함으로써 군의 조직과 운영에 있어서 필수불가결한 계급제도와 그에 따른 명령의 강제적 실현을 통한 명령복종관계를 유지하여 군의 통수권을 확립하는 것을 목적으로 하는 규정이다.

한편 미국통일군사법전(Uniform Code of Military Justice) 제92조는 명령 또는 규칙의 불이행(Failure to obey order or regulation)이라는 제목 아래 합법적인 일반 명령이나 규칙을 위반하거나 준수하지 않은 자(violates or fails to obey any lawful general order or regulation)를 처벌하도록 하고 있고, 미국 연방대법원은 위 제92조가 명확성의 원칙을 위반한 것이 아니라고 판단하고 있다.[1] 또한 영국 군사법(The Army Act) 제36조도 일반적·추상적 명령에 대한 위반행위를 처벌하도록 하고 있으며, 프랑스의 '육군 군법 개정에 관한 1928. 3. 9. 법률' 역시 개별적·구체적 명령에 대한 위반과 일반적·추상적 명령에 대한 위반의 경우를 나누어 처벌하고 있다.

〈명령위반죄에 대한 사건처리 현황〉

구분	입건	불기소	타관 송치/ 수사중	기소					
				자유형	집행 유예	선고 유예	재산형	무죄	재판중/ 이송
2013	3	2	1						
2014	5	3	1			1			
2015	5		2		2	1			
2016	5	1	3			1			
2017	6	1	2		1		1		1
2018	9	9							
2019	0								

출처: 국방부, 정보공개청구(청구번호: 7128094), 2020. 10. 26.

2. 구성요건

(1) 정당한 명령 또는 규칙

1) '정당한'의 의미

본죄에서 말하는 '명령 또는 규칙'을 수식하는 '정당한'의 의미에 대하여는 적법성설과 정당성설의 대립이 있다. 먼저 적법성설은 명령 또는 규칙이 위법한 경우에는 이에 따르지 않아도 본죄는 성립하지 않지만, 적법한 경우에는 그것의 정당 또는 부당을 불문하고 따르지 않을 경우 본죄가 성립한다는 견해[2]이다. 그러므

---

1) Scott v. Schledinger, 498 F.2d 1093.
2) 권기훈, "명령위반죄 적용상의 문제점에 관한 소고 — 특히 군무이탈자 복귀명령과 관련하여 —",

로 수범자는 명령 또는 규칙이 법규에 합치하는가 여부에 대한 심사권만을 가진다. 적법성설은 ① 부당한 명령 또는 규칙에 대해 불복하는 경우에도 본죄의 성립을 부정하는 것은 군에 있어서의 특수성에 비추어 수범자에게 명령·규칙의 실질적 합리성에 대한 심사권을 부여하기 때문에 부당하다는 점[1], ② 명백히 위법한 명령·규칙까지 강제할 수는 없다는 점, ③ 우리나라 군형법의 모태가 된 미국 통일군사법전 제90조 제2항이 적법한 명령(Lawful command)이라고 규정하고 있다는 점 등을 그 논거로 하고 있다.

반면에 정당성설은 명령 또는 규칙이 위법한 경우에는 이에 따르지 않아도 본죄가 성립하지 않을 뿐만 아니라 부당한 경우에도 이를 따를 의무가 없다는 견해[2]이다. 그러므로 명령이나 규칙이 정당하지 않은 경우에는 이를 위반하여도 형사처벌을 받지 아니한다. 정당성설은 ① 본죄의 법문이 명시적으로 '정당한'이라고 규정하고 있다는 점, ② 부당한 명령이나 규칙도 그 하자가 중대하고 명백한 경우에는 당연무효이므로 이에 복종할 필요가 없다는 점, ③ 부당한 명령 또는 규칙에 대한 불복도 법원이 타당하다고 판단한 경우에는 본죄가 성립하지 않을 것이라는 점 등을 그 논거로 하고 있다.

생각건대 '명령 또는 규칙'을 수식하는 '정당한'의 개념은 불필요한 것으로 판단된다. 먼저 명령 또는 규칙이 위법한 경우에는 수범자가 이를 준수해야 할 의무가 발생하지 않기 때문에 당연히 적법한 것임이 요구된다고 하겠다. 문제는 정당한 것과 부당한 것의 구별인데, 적법성설에 의하면 다소 부당한 것이더라도 이를 이행해야만 한다고 하고 있다. 하지만 이는 항명죄와 명령위반죄에서 말하는 명령의 의미를 혼동하는 해석이라고 할 수 있다. 즉 구체적·직접적인 명령을 의미하는 항명죄에서의 명령은 구두에 의한 것도 당연히 포함하고 있는데, 이는 엄격한 정형성이 보장되지 않고 개별적인 상황에 따라 해당 명령의 성격이 달라질 수 있기 때문에 다소 부당하더라도 일단 이행해야 할 의무가 생긴다. 하지만 불특정하면서 동시에 다수인에게 발하여지는 명령위반죄에서의 명령은 일반적·간접적인 명령

군사법논문집 제9권, 공군본부, 1990. 1, 40면; 김이수, "명령위반죄의 유형별 연구", 군사법논집 제1집, 육군본부, 1983, 98면; 박상열, "항명죄와 명령위반죄의 구별", 군사법연구 제1권, 육군본부, 1982. 11, 32면; 이만종, "군 형법상 명령의 정당성에 관한 고찰", 한국부패학회보 제12권 제2호, 한국부패학회, 2007, 46면; 한위수, "군형법 제47조(명령위반)의 문제점과 판례동향에 대한 소고", 군사법연구 제2권, 육군본부, 1984. 4, 25면.

1) 즉 수명자인 부하에게는 상관의 명령이 명백히 위법이 아닌 한 그 명령을 심사할 권한을 부여하지 않는다. 이는 법적 형평성에 어긋난 것이라는 비판이 제기될 수도 있겠지만, 부하에게 완전한 명령 심사권이 부여되었을 때 이는 군의 규율이 붕괴될 위험에 처하게 되는 딜레마에 빠지게 될 것이다.

2) 육군본부, 144면; 이상철, 190면.

을 의미하기 때문에 성문의 형식으로 존재해야만 한다. 그러므로 상황에 따른 개별화가 인정되지 않고 일반적인 성격을 띠게 되므로, 부당한 명령 또는 규칙이란 처음부터 존재할 수 없는 것이다. 명령위반죄에서의 명령 또는 규칙은 법령의 형식으로 존재하기 때문에 부당한 규정이 있다면 법정절차에 따른 개정의 문제만이 발생할 뿐, 일단 존재하는 규정 자체는 정당한 것이라고 보아야 한다. 그러므로 '정당한'이라는 수식어는 삭제가 되어야 마땅하며, 단순히 '명령 또는 규칙'이라고 규정하여도 무방하다.

2) 정당한 명령 또는 규칙

① '명령 또는 규칙'의 개념

일반적으로 '명령'이란 헌법 제107조 제2항의 '명령'과 같이 법규명령, 즉 대통령령, 총리령, 부령 등 행정권이 정립하는 일반적·추상적 규정으로서 법규의 성질을 가지는 것을 말한다. 또한 '규칙'이란 헌법 제107조 제2항의 '규칙'과 같이 행정권이 정립하는 일반적·추상적 규정으로서 대외적 구속력을 갖는 행정규칙, 즉 법령보충적 행정규칙과 같이 상위법령의 위임한계를 벗어나지 아니하는 한 법규명령적 효력을 갖는 것 또는 재량권 행사의 준칙으로서 자기구속적 행정관행을 이루게 되어 대외적인 구속력을 갖게 되는 것을 말한다. 논란이 되는 것은 하명(下命)과 같이 명령적 행정행위로서 개별 법규정에 명시적·구체적으로 '명령'이라고 규정되어 있는 것과 단순히 행정기관 내부관계를 위하여 제정된 일반적·추상적 규정으로서 대외적 구속력이 없는 규칙도 명령위반죄에서 말하는 '명령 또는 규칙'에 포함되는지 여부이다.

이에 대하여 명령위반죄에서의 명령은 대통령령·총리령·부령 등 행정권이 정립하는 일반적·추상적 규정으로 법규의 성질을 가지고 있는 법규명령, 규칙은 행정권이 정립하는 일반적·추상적 규정으로 대외적 구속력을 가지고 있는 행정규칙으로 파악하는 견해[1], 명령위반죄는 특별권력관계내에서만 문제되므로 국가와 국민간의 일반적 효력을 가지는 법규명령은 동조의 명령에 포함되지 않으며 순수한 의미에서의 행정규칙만을 의미한다는 견해[2], 행정법상 명령이나 규칙과 같은 법률적 개념이 아니라 형사법상 구성요건이 되는 사실적 개념으로 파악하여 군에서 발동하는 다양한 형태로 존재하는 일반적·추상적 규범의 총체로 파악하는 견

---

1) 김이수, "명령위반죄의 유형별 연구", 군사법논집 제1집, 육군본부, 1983, 95면; 정승환/김현주, "군형법에서 명령위반행위에 대한 구성요건의 개정방안", 형사정책 제29권 제3호, 한국형사정책학회, 2017. 12, 202면.
2) 김오원, "군형법상 명령위반죄에 관한 판례연구", 연세대학교 행정대학원 석사학위논문, 1975, 68면.

해[1] 등이 대립하고 있다.

판례는 '명령 또는 규칙'의 해당성 여부를 함께 판단하는 것으로 보아 명령과 규칙을 엄격하게 구분하고 있지는 않다. 이는 본죄가 명령을 위반한 것이냐 아니면 규칙을 위반한 것이냐에 따른 차이를 인정하지 않기 때문인 것으로 보이는바, 실무에 의하면 명령과 규칙의 구분은 별다른 실익이 없는 것이다. 또한 여기서 말하는 명령이란 대통령령, 총리령, 부령 등의 법규명령만을 의미하는 것이 아님은 분명하다. 왜냐하면 명령위반죄의 위반 여부가 문제되는 대부분의 사안에서 '명령 또는 규칙'의 발령권자는 대통령, 국무총리, 행정각부의 장관 등이 아닌 각군 참모총장, 군단장, 사단장 등이기 때문이다. 헌법재판소와 대법원의 견해와 같이 명령 또는 규칙의 범위를 확장하는 해석은 행정법의 영역에서는 받아들일 수 있을지 모르겠지만, 적어도 형사처벌의 영역에서는 수용할 수 없는 것으로 판단된다.

하지만 이보다 더 본질적인 문제는 '명령 또는 규칙'이 '개별 법규정에 명시적·구체적으로 '명령'이라고 규정된 것'(명령의 경우) 또는 '제정된 것'(규칙의 경우)이 아닐지라도 인정되는 것이 있다는 점이다. 즉 성문의 형식으로 제정된 것이 아닌 불문의 형식으로 존재하는 구두의 명령도 포함[2]하고 있는 것이다. 대표적으로 1983. 3. 12. '구두지시'인 GOP 및 선점(추진포대)지역 내에서의 병력이동은 규정된 무장을 하여 4인 이상 단체행동(전술대형유지)하라는 명령[3]위반을 명령위반죄로 인정하여 유죄판결을 내린 사안이 그 예이다. 이와 같이 개별적인 구두명령도 명령위반죄로 처리하는 것은 항명죄 위반 사안과의 구분을 모호하게 만드는 결과를 초래한다. 이러한 혼란의 원인은 법령상에서 명령 또는 규칙의 성격, 내용[4], 범위 등

---

1) 권기훈, "명령위반죄 적용상의 문제점에 관한 소고 — 특히 군무이탈자 복귀명령과 관련하여 — ", 군사법논문집 제9권, 공군본부, 1990. 1, 39~40면; 박상열, "항명죄와 명령위반죄의 구별", 군사법연구 제1권, 육군본부, 1982. 11, 28~30면; 이상석, "군 형법상 항명죄에 있어서 명령의 의미", 군사법연구 제10권, 육군본부, 1992. 11, 93면; 한위수, "군형법 제47조(명령위반)의 문제점과 판례동향에 대한 소고", 군사법연구 제2권, 육군본부, 1984. 4, 21~22면(행정법학상의 명령은 국가와 국민간의 일반권력관계를 전제로 한 것이므로 군이라는 특별권력관계 내에서는 그 개념을 유지할 수 없을 것이며, 행정법학상의 행정규칙은 법규명령과의 대비에서 발령기관을 구속하지 않는다는 일면적 구속성과 수명기관이 이를 위반하여도 위법이 되지 않으며 징계책임만을 진다는 점을 본질적 특성으로 하고 있음에 비추어 그 위반에 형사벌까지 가하는 군형법 제47조의 명령·규칙은 행정법학상의 법규명령 내지 행정규칙과는 양립될 수 없다); 헌법재판소 2011. 3. 31. 선고 2009헌가12 결정 중 위헌의견.
2) 육군 1964. 12. 4. 선고 육군64고군형항374 판결.
3) 대법원 1984. 3. 13. 선고 84도95 판결.
4) 영국의 경우 The Army Act §36(2)에 의하면 "This section applies to standing orders or other routine orders of continuing nature made for any formation or unit or body of troops, or for any command or other area, garrison or place, or for any ship, train or aircraft"라고 규정하여 명령의 내용에 일정

에 대한 구체적인 제한이 없기 때문이다.

② 판례가 제시하고 있는 명령위반죄의 판단기준 및 구체적인 유형

판례에 의하면 '정당한 명령 또는 규칙'은 군의 특성상 그 내용을 일일이 법률로 정할 수 없어 법률의 위임에 따라 군통수기관이 불특정 다수인을 대상으로 발하는 일반적 효력이 있는 명령이나 규칙 중 그 위반에 대하여 형사처벌의 필요가 있는 것, 즉 법령의 범위 내에서 발해지는 군통수작용상 필요한 중요하고도 구체성 있는 특정한 사항에 관한 것을 의미한다[1]고 일관되게 판시[2]하여 왔다. 또한 '정당한 명령'이란 죄형법정주의와 군통수권의 특수성에 비추어 통수권을 담당하는 기관이 입법기관인 국회가 군형법 제47조로 위임한 것을 말하는데, 본질적으로는 입법사항인 형벌의 실질적 내용에 해당하는 사항에 관한 명령을 뜻하여 군인의 일상행동의 준칙을 정하는 사항 등은 이에 해당하지 아니한다.[3] 한편 본죄에서 말하는 명령 또는 규칙은, 특정 지역에 있는 일정한 범위의 자에 대하여 특정 상황하에서 당해 군부대의 명령권자가 특정 사항을 내용으로 하는 작위 또는 부작위 명령을 내린 것과 동일시할 수 있어야 이에 대한 위반행위를 형법법규인 명령위반죄에 포섭하여 처벌할 수 있다고 극히 한정하여 해석하여야 한다.[4]

한 한계를 두고 있다.

1) 군복무는 헌법 제39조와 병역법에서 정한 국방의 의무와 병역의무에 바탕을 두어 이루어지는 것이므로 명령복종관계가 반드시 구성원의 자발적인 의사에 의하여 형성되지는 아니하며, 군에서는 명령복종관계의 유지가 절대적으로 필요하고 특히 우리의 특수한 안보현실에 비추어 구체적으로 법률로 정할 수는 없으나 군통수작용상 중요한 사항이 있을 수 있는데, 이러한 사항에 관한 명령의 위반행위에 대하여 단순히 징계벌을 과하여서는 명령의 강제적 실현을 위한 제재의 효과가 불충분하게 될 수 있다.

2) 헌법재판소 2011. 3. 31. 선고 2009헌가12 결정; 헌법재판소 1995. 5. 25. 선고 91헌바20 결정.

3) 대법원 1984. 9. 25. 선고 84도1329 판결; 대법원 1982. 7. 27. 선고 82도399 판결; 대법원 1971. 2. 11. 선고 69도113 전원합의체 판결; 대법원 1971. 2. 9. 선고 70도2540 판결; 대법원 1969. 3. 11. 선고 69도161 판결; 대법원 1969. 2. 18. 선고 68도1846 판결.

4) 대법원 2002. 6. 14. 선고 2002도1282 판결(원심은, 피고인이 휴전선 이남 20km 이내에 위치해 있는 소속 부대 내에서 개인 이동전화를 무단으로 소지·사용하여 동 행위를 금지하고 있는 군사보안업무시행규칙(1999. 8. 23. 국방부훈령 제633호) 제102조 제6항 제3호에 위반함으로써 국방부장관의 정당한 명령을 위반한 것이라는 이 사건 공소사실에 대하여, 군형법상 명령위반죄 소정의 명령 또는 규칙은, 특정 지역에 있는 일정한 범위의 자에 대하여 특정 상황하에서 당해 군부대의 명령권자가 특정 사항을 내용으로 하는 작위 또는 부작위 명령을 내린 것과 동일시할 수 있어야 이에 대한 위반행위를 형법법규인 명령위반죄에 포섭하여 처벌할 수 있다고 극히 한정하여 해석하여야 할 것이므로 군인의 일상생활을 전반적으로 규율하는 명령이나 준칙은 이에 해당하지 않는다고 전제한 다음, 위 군사보안업무시행규칙은 국방부훈령의 형식을 띠고 있고, 그 적용대상은 군에 몸담고 있는 자 전체를 아우르고 있으며, 그 내용에 있어서도 총 214개에 이르는 방대한 조문에 걸쳐 사실상 보안에 관련되어 있다고 판단되는 모든 행위를 직접적으로 규율하고 있다는 점에서 위 보안업무시행규칙을 명령위반죄의 적용대상이 되는 명령이나 규칙으로 볼 수 없다고 판단하여 무죄를 선고하였다); 대법원 1984. 9. 25. 선고 84도1329 판결.

이와 같은 판단기준[1]에 따라 정당한 명령 또는 규칙의 종류는 그 동안 판례를 통하여 상당수 축적되어 왔는데, ① 군무이탈자 복귀명령[2], ② 참모총장 및 군단장의 지휘각서로 된 음주통제명령이나 군인 출입금지구역에 관한 군인복무규율[3], ③ 육군 제1군단이 휘하 장병에게 준수하게 하기 위하여 제정한 DMZ관리운용예규 제47조('비무장지대에서 근무하는 장병에 대하여 심리전 교육을 받은 허가된 장병 이외에는 적과의 접촉을 금하는 규정')[4], ④ 통문은 여하한 인원과 상황하에서도 사단장 발행의 출입증과 허가 없이는 개폐할 수 없다고 규정한 통문개폐에 관한 GOP 근무지침[5], ⑤ 3군경계근무지침 및 보병 제27연대 GOP 초급간부지침서의 순찰근무

---

1) 헌법재판소는 대법원이 명령위반죄를 이와 같이 해석·적용하여 옴으로써 '정당한 명령 또는 규칙'의 범위에 관하여 자의적인 확대해석에 의한 법집행을 방지하고 있다고 한다(헌법재판소 2011. 3. 31. 선고 2009헌가12 결정).

2) 대법원 1969. 10. 28. 선고 68도1834 판결; 대법원 1969. 4. 15. 선고 68도1833 판결(원심판결 이유를 보면, 원심이 1967. 2. 1.부터 같은 달 28까지 각지구 가장 가까운 헌병부대에 자수하라는 육군 참모총장의 명령은, 이 사건에 있어서와 같이 군무이탈자가 군무이탈죄에 대한 공소시효가 만료되어 처벌할 수 없는 자도 위 복귀 명령에 의하여 복귀치 아니 하였다고 하여 처벌될 수도 있을뿐 아니라, 군무이탈자 또는 타범죄를 범하여 부대를 이탈한 자에 대하여 위와같은 복귀명령을 수시 발한다면 군무이탈의 조 또는 타 범죄를 범하여 부대를 이탈한 자에 대한 공소 시효가 만료되었다 하더라도 그 시효에 관계없이 처벌을 불면하게 될 수도 있을 것인 즉, 이는 명령으로써 공소시효 제도를 규정한 군법회의법 제248조의 효과를 중단시키는 결과가 되므로, 위 복귀명령은 그 명령 자체의 정당성 문제는 별론으로 하더라도 군형법 제47조 소정의 "정당한 명령"이라고 볼 수 없다는 이유로 피고인에게 무죄를 선고하였다. 그러나 일건 기록에 의하면, 육군참모 총장이 앞에서 말한 소위 복귀명령을 공포한 1967. 1. 26 당시 현역병의 신분을 가지고 있었으니, 위 명령은 그 내용에 비추어 볼 때 피고인과 같은 군무이탈 현역병을 수령자로 하는 그 직속상관이 내린 군형법 제47조 소정의 정당한 명령이라 함이 본원의 판례이므로, 원심은 필경 대법원의 판례에 상반되는 판단을 하여 판결에 영향을 미침이 명백하므로, 파기를 면치 못한다 할 것이다); 대법원 1969. 3. 18. 선고 68도1836 판결; 대법원 1969. 2. 18. 선고 68도1846 판결; 대법원 1968. 7. 16. 선고 68도660 판결(병역법 제26조 및 같은법 부칙 제30조와 군복무 이탈자의 복무규정 제1조 및 제2조의 규정에 의하면, 현역병으로서 1961. 5. 17.이후에 그 복무에서 이탈한 자는 그 이탈기간중에도 현역병의 신분을 상실하는 것이 아니라 할 것인바, 원판결에 의하면 원심은 육군현역 일등병인 피고인이 위 일자 이후에 군무로부터 이탈한 자인 사실을 인정하면서도 이 사건에서 문제로 되어있는 육군참모총장의 「군무이탈병은 1967. 2. 1.부터 1967. 2. 28.까지의 사이에 헌병대에 자수하라」는 취지의 명령이 공포된 당시(1967. 1. 26.)는 피고인은 이미 군무이탈상태에 있었으니, 위 명령을 준수할 의무가 없는 자라고 보아야 한다고 시하고 있다. 그러나 이미 위에서 본바에 의하면, 피고인은 위 명령공포당시 비록 군무로부터 이탈한 상태에는 있었으나 현역병의 신분을 유지하고 있었다 할 것이며, 위 명령은 그 내용에 비추어 볼 때 피고인과 같은 군무이탈현역병을 수령자로 하는 그 직속상관이 내린 군형법 제47조 소정의 정당한 명령이라 할 것이니, 피고인은 이를 준수할 의무가 있는 것이라 할 것이다); 대법원 1968. 5. 28. 선고 68도372 판결.

3) 대법원 1970. 11. 24. 선고 70도1839 판결(피고인이 참모총장 및 군단장의 지휘각서로 된 음주통제명령이나 군인 출입금지구역에 관한 군인복무규율의 규정있음을 알면서 이에 위반하여 음주하고 출입금지구역인 사창가에 가서 창녀와 성교행위를 한 사실을 넉넉히 인정할 수 있고, 위와 같은 명령이나 규정에 위반한 행위는 군형법 제47조 명령위반죄를 구성하는 것이라 할 것이다).

4) 대법원 1967. 7. 25. 선고 67도734 판결.

5) 대법원 1984. 10. 10. 선고 84도239 판결(통문개폐에 관한 지.오.피(G.O.P) 근무지침은 적과 대치하고 있는 상황하에서 통문개폐관리를 신중히 하고 엄격히 하여 적의 침투와 아군의 병력손실을 예

및 철책점검에 관한 규정[1], ⑥ DMZ 지대의 혹한기 동계근무계획에 따른 GP 초소의 야간경계근무는 밀어내기식으로 한다는 군 내규 및 GP 소대장 및 선임하사관은 야간순찰근무를 수행하여야 한다는 DMZ 운영내규(7사 정보 78. 7. 2.)[2], ⑦ DMZ 및 GOP에 관한 규정 중 사단장의 사격장출입통제에 관한 지시, 휴전선 접적지역에서의 통제초소근무·DMZ근무·GOP근무 등 군작전상의 근무명령인 보병 제○사단 GP 및 GOP근무내규[3], ⑧ 해안경계순찰근무자는 소총과 실탄을 휴대하여야 한다는 육군 제○사단장의 해안경계실무지침 제3장 제16절 제8항[4], ⑨ 보병 제○사단장의 1982. 3. 28. 근무지침 및 1983. 3. 12. 구두지시인 GOP 및 선점(추진포대)지역 내에서의 병력이동은 규정된 무장을 하여 4인 이상 단체행동(전술대형유지)하라는 명령[5], ⑩ 제○사단 야전예규 별지 1(비무장지대감시)에 규정된 비무장지대의 북진문 및 전진문 초소편성은 반드시 장교를 포함 건재 1개 분대 이상으로 하도록 한 규정[6], ⑪ 제28보병사단장에 의하여 GP/GOP 경계작전근무지침서의 형식으로

방하기 위한 군통수 작전상 중요하고도 구체성있는 특정상황에 관한 것으로서 군형법 제47조 소정의 정당한 명령에 해당한다).

1) 대법원 1984. 2. 28. 선고 83도3362 판결.

2) 대법원 1979. 11. 13. 선고 79도2270 판결(피고인 1은 소속대대 제610 지.피의 소대장으로 근무하던 자로서 (1) 1978.11.30 소속 대대장 중령 신영철로부터 혹한기 동계 경계근무계획에 의거 동 지.피 소대의 야간경계근무를 밀어내기 식으로 수행하라는 명령을 받고도 1979. 2. 초순경부터 같은 해 3. 4.까지 맞교대식으로 변경함으로써 정당한 명령을 위반하고, (2) 디.엠.지 운영내규(7사 정보 78.7.2)에 의하여 지.피 소대장으로서 순찰근무를 수행할 의무가 있음을 알면서도 1979. 3. 4. 00:30부터 06:30까지(3. 4. 18:30부터 익일 00:30까지는 오기다) 위 순찰근무를 수행하지 아니함으로써 정당한 명령을 위반한 것이라는 사실을 인정하고 위 각 소위를 군형법 제47조에 문죄하였다. 기록에 의하여 원심증인 신영철의 증언을 살펴보면 디.엠.지 지대의 혹한기 동계근무계획에 따른 지.피 초소의 야간경계근무는 밀어내기식으로 한다는 것은 군 내규에 규정된 것으로 소속 대대장도 이를 변경할 수 없음을 알 수 있을 뿐 아니라 또 그 내규는 군의 통수작전상 필요한 중요하고도 구체성 있는 특정사항에 관하여 발하여진 것이라 할 것이며 그리고 디.엠.지 운영내규에 지.피 소대장 및 선임하사관은 야간순찰근무를 수행하여야 한다는 규정 역시 위와 같은 군의 통수작전상의 필요에 의하여 발부된 중요하고도 구체성 있는 특정사항에 관한 것임을 알 수 있으니 위 규정들은 모두 군형법 제47조에서 말하는 정당한 명령이라고 할 것이다).

3) 대법원 1984. 9. 25. 선고 84도1329 판결.

4) 대법원 1989. 9. 12. 선고 88도1667 판결.

5) 대법원 1984. 3. 13. 선고 84도95 판결.

6) 대법원 1982. 7. 27. 선고 82도399 판결(피고인은 소속대 대대장직에 있어 관내 비무장지대에 출입하는 북진문과 전진문의 관리 유지 및 열쇠관리상태와 근무규정이행 상태를 감독하고 책임지역인 지.오.피(G.O.P) 및 비무장지대의 모든 작전을 계획, 명령, 실시, 감독하여 중대장을 지휘감독하는 임무가 있는 자인바 제1사단 야전예규 별지 1(비무장지대감시)에 규정된 비무장지대의 북진문 및 전진문 초소편성은 반드시 장교를 포함 건재 1개분대 이상으로 하여야 하도록 규정되어있어 관하 북진문 초소책임자인 중위 김능곤이 1981. 8. 12부터 동월 18까지 산업시찰에 참가하게 되어 동 초소책임자로서의 근무를 못하게 된 사정을 알았으면 다른 장교로 배치 근무토록 예하 중대장에 지시하는 등 조치를 취하여야 할 것임에도 불구하고 이런 조치를 취하지 아니하여 위 야전예규에 규정된명령에 위반하였다).

발하여진 GP경계임무에 관한 명령[1], ⑫ GOP에서 소재가 확인되지 않은 인원이 발생하였을 경우의 즉시보고에 관한 1983. 9. 8.자 지휘보고 시 발한 중대장의 유선명령[2], ⑬ 군수품관리법 제15조(전조[3]의 규정은 군수품을 국가 이외의 자에게 무상으로 양도하는 경우에는 이를 준용한다)의 규정[4], ⑭ 사격장 통제규정[5], ⑮ 철책통문·소문의 관리책임자·열쇠보관·개폐절차 등을 규정하고 있는 보병 제○○사단 GOP 근무내규 제29조와 보병 제○○연대 초급간부 근무지침서 제11항[6], ⑯ 사단장 명의의 GOP 경계근무지침서[7], ⑰ 북한군과의 접촉 등을 금지하고 있는 판문점 공

---

1) 제3군사령부 보통군사법원 2005. 9. 14. 선고 2005고12 판결(EENT−30분경부터 EENT+30분경까지 1차, 23:45경부터 00:15경까지 2차, BMNT−30분경부터 BMNT+30분경까지 3차의 각 전원감시 근무시 GP장과 부GP장으로서 매 전원감시 근무에 참가하여야 하나 위 기간 동안 2차 전원감시 근무에 모두 참가하지 아니하여 총 35회에 걸쳐 이를 위반하고, 야간 경계근무는 4개조 근무자들이 B형 또는 C형 밀어내기식으로 수행하여야 하나 피고인이 전반야 야간근무 투입 전 GP장에게 2개 초소에서 고정식으로 수행할 것을 건의하고 GP장이 이를 수용하는 방법으로 총 16회에 걸쳐 2개조 근무자들로 하여금 전, 후방초소에서 고정근무를 서도록 지시하고, GP경계작전 지침에 의하면 GP장, 부GP장이 상황실에서 잠금장치된 간이탄약고를 직접 개봉하여 경계용 탄약을 수불하여야 하나 총 5회에 걸쳐 근무자 투입 및 철수시 상황인인 상병 甲, 일병 乙 등이 직접 수불하도록 지시하여, 각 정당한 명령을 위반한 것이다).
2) 대법원 1984. 9. 25. 선고 84도1329 판결(휴전선 접적 지역에 있는 지오피(GOP) 근무의 특수성으로 인하여 소재가 확인되지 않은 근무인원이 발견되었을 경우 이는 적진으로의 도주(월북)나 후방지역으로의 탈영 등 인원보안사고임이 당연히 예상되므로 소대규모의 병력으로서는 감당하기 어려운 도주로의 차단의 조치가 신속히 취하여질 수 있도록 하기 위한 것이므로 먼저 수색 등 조치를 취하고 뒤에 보고한 것으로 죄가 되지 않는다는 소론 논지는 독자적 견해에 불과하여 받아들일 수 없다).
3) 군수품관리법 제14조(대여) ② 국방부장관 외의 국방관서의 장, 각 군 참모총장 또는 물품관리관은 전항의 규정에 의해 군수품을 대여하려면 각령이 정하는 경우에는 미리 국방부장관의 승인을 얻어야 한다.
4) 대법원 1967. 4. 25. 선고 67도419 판결.
5) 대법원 1968. 3. 19. 선고 68도21 판결(피고인은 제2사단 17연대 7중대 선임 하사직에 있는 자로 제2사단장으로부터 사격장에서는 통제관의 명령 없이는 탄착지점에 들어가지 못하며 고철수집도 하지 못하도록 명령하였음에도 불구하고 피고인은 1967. 7. 11. 17:00경 종합사격장에서 사격 후 위 명령을 준수하지 아니하고 통제관의 명령 없이 고철수집의 목적으로 출입이 금지된 57미리 무반동총 탄착지점에 소대원을 인솔하고 들어감으로써 명령을 위반하였다).
6) 육군 1983. 12. 27. 선고 83고군형항202 판결.
7) 고등군사법원 1997. 8. 26. 선고 96노855 판결(1996. 3. 2. 제21사단장에 의하여 'GOP경계근무'라는 제목으로 발간된 책자는 합참예규, 육군 경계근무지침서, 군사령부 경계근무지침, 군단DMZ경계근무지침을 기준으로 GP/GOP 즉각상황조치, 교육훈련 등을 그 세부 내용으로 하여 동 사단의 임무와 작전 환경에 부합된 경계근무 방법의 지침을 규정하고 있다. 그렇다면 그 책자에 적힌 내용은 동 사단의 경계근무·작전·교육훈련의 기본세부지침으로서 그 내용을 수정할 권한이 있는 자에 의하여 수정되기 전에는 수명자들이 이를 준수할 의무가 있는 것이고 그 내용 중 일출을 전후하여 경계근무자를 교체할 때에는 소초장과 부소초장이 소초원 전원을 인솔하여 약 1시간 동안 철책선 감시근무를 하라는 취지의 규정은 군의 통수작용 상 필요한 중요하고도 구체성 있는 특정사항에 관하여 발하여진 것으로서 군형법 제47조 소정의 명령이라고 인정하기에 부족함이 없다. 한편 전원감시에 관한 규정을 보건대 위 지침서 제4장 제3절 1. 가항에 의하면 전반적인 이상 유무를 확인하고 적에게 실 병력 배치규모를 기만하기 위하여 투입 및 철수 시 1시간 범위 내에서 전원감시를

동경비구역 경비대대 경비중대장의 명령[1] 등은 명령위반죄에서 말하는 명령 또는 규칙에 해당한다고 판시하고 있다. 심지어 명령위반죄보다 형벌이 가벼운 경범죄 처벌법 위반행위를 명령위반죄 위반으로 처벌한 경우[2], 범죄가 되지 아니하는 자살미수행위를 명령위반으로 처벌한 경우[3], 상관에 대한 결례를 명령위반죄로 처벌한 경우[4], 주번사관 근무시 발생한 사고에 대해 주번사관의 직무상 과실조차 인정할 수 없을 때 무과실 책임을 묻기 위하여 명령위반죄로 처벌한 경우[5] 등도 있다.

반면에 ① '음주를 함에는 소속 중대장의 사전 허가를 받고 음주허가증을 소지하여야 한다'는 사단장의 음주통제명령[6], ② 육군참모총장이 구타행위에 관한 육군의 공론을 통일하여 이를 금할 것을 강조하면서 구타 및 가혹행위를 한 자의

실시하도록 규정되어 있고, 같은 절 2. 가. (4)항에 의하면 소초장과 부소초장은 책임지역을 양분하여 철책선 이상 유무를 최종 점검한다고 규정되어 있다. 당심 각 증인과 피고인의 진술에 의하면, 이 사건 당시의 근무형태는 근무지침서 제4장 제1절 제1항 규정의 C형이고, 동 지침서에 의하면 C형 근무의 경우 조간과 석간 근무교대 시에 전원근무를 하도록 되어 있어, 당시의 일출 및 일몰을 전후한 매일 04:40경과 18:30경부터 각 1시간가량씩을 피고인의 지휘 하에 소대원 전원이 진지에 투입되어 경계근무를 행하여야 하였다. 위와 같은 근무지침은 특히 전·중반야 근무 후 취침하였다가 조간 합동 근무를 위하여 취침도중에 일어나야 하는 소초장 또는 부소초장에게 수면 시간의 부족으로 인하여 상당히 부담이 가는 것으로는 보이나 적전의 전방 소초의 경계임무를 완수하기 위해서는 불가피한 것이고 달리 부족한 수면을 보충할 방법이 전혀 없는 것도 아니고, 어려운 가운데 그 규정대로 경계근무를 행하였던 인근 소초장들도 다수 있었으며 특히 피고인도 1996. 9. 11.부터 21.까지는 위 경계지침서의 규정대로 근무한 사실을 볼 때 수행이 전혀 불가능한 명령이라 할 수 없으므로 이에 관한 변호인의 주장은 이유 없다).
1) 고등군사법원 1999. 8. 31. 선고 99노412 판결(판문점 공동경비구역 경비대대 경비 중대장 대위 김○○은 피고인의 상관인 사실, 위 중대장은 1997. 3. 중순경 피고인에게 에스오피(SOP, 부대내규)에 규정되어 있는 북괴군과의 접촉 및 대화금지, 북괴군으로부터의 물품반입금지, 군사분계선 월경금지, 북괴군과의 접촉 또는 특이사항 발생 시 즉각 보고하라는 내용을 명령하고 또한 수시로 교육 및 지시를 하였던 사실, 피고인 역시 위 명령받은 내용을 소대원들에게 교육시켜야 할 지위에 있어 그 내용을 잘 알고 있었던 사실, 피고인이 근무한 판문점 공동경비구역은 북괴군과 근접한 지역으로서 북괴의 적 공작이 진행되고 있고, 그 지역은 접전가능성, 월북을 시도할 경우 막을 만한 장치가 없는 점 등 항상 위험이 상존하고 있는 사실 등을 인정할 수 있으므로 위 중대장의 명령은 군작전상 근무명령으로서 군통수작용상 중요하고도 구체성 있는 특정의 사항에 관한 정당한 명령이라 할 수 있다).
2) 육군 수도경비사 보통군사법원 64형제94 판결(공무원 자격을 사칭한 경범죄처벌법 제1조 제8호 위반행위를 명령위반죄로 처벌함).
3) 공군 10 전투비행단 보통군사법원 64형제21 판결.
4) 육군 제27사 보통군사법원 1964. 5. 15. 선고 64형제38 판결.
5) 군 수사당국에서는 명령위반죄를 남용하는 경우가 많은데, 범죄의 혐의가 명백하지 않더라도 일단 구속해 놓고 일반범죄가 성립되지 않을 때에는 명령위반죄로 수사하는 경우가 그것이다. 또한 기소할 때에도 일반범죄의 성립여부에 대해 자신이 없을 때에는 일반범죄와 명령위반죄의 경합범으로 기소하거나 명령위반죄를 예비적 죄명으로 기소하는 예도 있다(박상열, "항명죄와 명령위반죄의 구별", 군사법연구 제1권, 육군본부, 1982. 11, 24면).
6) 대법원 1970. 12. 22. 선고 70도2130 판결.

계급에 따라 가할 제재조치에 관하여 일반적 지침을 시달한 일반명령 제37호(1979. 12. 22.자)[1], ③ 1967. 11. 10.자 육군참모총장이 발한 지휘각서 제13호의 음주에 관한 명령[2], ④ 군인복무규율[3] 제27조 각호의 사항[4], ⑤ 군인은 안전을 위하여 제반 규정을 준수하고, 항상 조심하고 확인 점검할 것이라는 안전준수사항을 규정하고 있는 군인복무규율 제153조[5], ⑥ 예비군 보급지원규정(육군규정 403-10) 제26조·총기안전관리규정(육군규정 141-1)·예비군교육 및 훈련장관리내규(수도군단 내규 5-19) 제19조·안전규정(제701지단 내규) 제6장 제3조[6], ⑦ 금전대차금지·유언비어 유포금지·도박행위금지·금품수수금지·참모총장의 보직 및 인사청탁을 금지한다는 명령, 후문에는 일정한 인원 및 차량을 제외하고는 출입을 금한다는 특별수칙 제3호(부근 고모지역에 거주하는 장교 및 하사관이나 기타 장교가 탑승한 차량의 출입 및 고모역에서 하차된 물자나 삼종창고관계물자의 작업인원의 출입에 편의를 도모하는 한편 이를 제외한 다른 출입을 금한다)[7], ⑧ 휴전선 이남 20km 이내에 위치해 있는 소속 부대 내에서 개인 이동전화를 무단으로 소지·사용하여 동 행위를 금지하고 있는 군사보안업무시행규칙(1999. 8. 23. 국방부훈령 제633호) 제102조 제6항 제3호[8], ⑨ 국방

1) 대법원 1984. 7. 24. 선고 84도265 판결(피고인은 소속대 내무반장 겸 조교로서 구타행위 엄금에 관한 육군참모총장의 일반명령 제37호를 알고 있음에도 불구하고 이에 위반하여 1983. 8. 15. 12:00 경 소속대 내무반에서 지시없이 배식하였다는 이유로 오른쪽 군화발로 식사당번인 이병 공소외 1의 왼쪽 가슴부분을 한번 차고 같은 공소외 2의 왼쪽 팔부분을 한번 차서 위 참모총장의 일반명령을 위반하였다는 것인 바 위 육군참모총장의 일반명령 제37호(1979.12.22자)는 육군참모총장이 구타행위에 관한 육군의 공론을 통일하여 이를 금할 것을 강조하면서 구타 및 가혹행위를 한 자의 계급에 따라 가할 제재조치에 관하여 일반적 지침을 시달한 것에 불과하므로 군형법 제47조 소정의 정당한 명령에 해당한다고 할 수 없다); 대법원 1984. 5. 15. 선고 84도250 판결(육군참모총장의 일반명령 제37호(1979.12.22자)는 육군참모총장이 구타행위에 관한 육군의 공론을 통일하여 이를 금할 것을 강조하면서 구타 및 가혹행위를 한 자의 계급에 따라 가할 제재조치에 관하여 일반적 지침을 시달한 것에 불과하므로 이는 위에서 본 바와 같은 군형법 제47조 소정의 정당한 명령에 해당한다고 볼 수 없다).
2) 대법원 1971. 3. 23. 선고 70도2735 판결.
3) 「군인의 지위 및 복무에 관한 기본법 시행령」이 대통령령 제27263호로 2016. 6. 30. 시행됨에 따라 기존의 군인복무규율은 폐지되었다.
4) 대법원 1971. 2. 11. 선고 69도113 전원합의체 판결.
5) 대법원 1971. 2. 9. 선고 70도2540 판결.
6) 대법원 1984. 3. 27. 선고 83도3260 판결.
7) 대법원 1976. 3. 9. 선고 75도3294 판결.
8) 대법원 2002. 6. 14. 선고 2002도1282 판결(군형법상 명령위반죄 소정의 명령 또는 규칙은, 특정지역에 있는 일정한 범위의 자에 대하여 특정상황 하에서 당해 군부대의 명령권자가 특정사항을 내용으로 하는 작위 또는 부작위 명령을 내린 것과 동일시 할 수 있어야 이에 대한 위반행위를 형벌법규인 명령위반죄에 포섭하여 처벌할 수 있다고 극히 한정하여 해석하여야 할 것이므로 군인의 일상생활을 전반적으로 규율하는 명령이나 준칙은 이에 해당하지 않는다고 전제한 다음, 위 군사보안업무시행규칙은 국방부훈령의 형식을 띠고 있고, 그 적용대상은 군에 몸담고 있는 자 전체를 아우르고 있으며, 그 내용에 있어서도 총 214개에 이르는 방대한 조문에 걸쳐 사실상 보안에 관련되

부장관의 허가 없이 군무 이외의 집단행위[1]를 금지하고 있는 (구) 군인복무규율 제38조[2], ⑩ 제2훈련소 소장이 전 부대장에게 금전거래 근절이라는 제목으로 금전 거래를 금하는 명령[3], ⑪ 중대장의 실탄발사금지나 음주금지지시[4], ⑫ 사단 경계지침은 비록 그 전체 내용이 군통수작용상 필요하고도 구체성있는 특정의 사항에 관하여 발하는 입법사항에 해당된다고 할지라도, 이건 공소사실과 관련된 '소초별 기동정비팀(2명)운용, 단선 방지'라고만 규정되어 있는 위 지침의 충성경보기 운용에 관한 부분[5], ⑬ 군인복무규율 제12조[6], ⑭ 육군규정 141−5의 제6조(탄약

어 있다고 판단되는 모든 행위를 직접적으로 규율하고 있다는 점에서 위 보안업무시행규칙을 명령 위반죄의 적용대상이 되는 명령이나 규칙으로 볼 수 없다).

1) 대법원 2018. 3. 22. 선고 2012두26401 전원합의체 판결("군인은 군무 외의 일을 위한 집단행위를 하여서는 아니 된다."라고 규정하고 있다. 여기에서 '군무 외의 일을 위한 집단행위'란 군인으로서 군복무에 관한 기강을 저해하거나 기타 본분에 배치되는 등 군무의 본질을 해치는 특정 목적을 위한 다수인의 행위를 말한다. 법령에 군인의 기본권 행사에 해당하는 행위를 금지하거나 제한하는 규정이 없는 이상, 그러한 행위가 군인으로서 군복무에 관한 기강을 저해하거나 기타 본분에 배치되는 등 군무의 본질을 해치는 특정 목적이 있다고 하기 위해서는 권리행사로서의 실질을 부인하고 이를 규범위반행위로 보기에 충분한 구체적·객관적 사정이 인정되어야 한다. 즉 군인으로서 허용된 권리행사를 함부로 집단행위에 해당하는 것이라고 단정하여서는 아니 된다).

2) 대법원 1971. 7. 27. 선고 71도936 판결.

3) 대법원 1971. 3. 9. 선고 70도2526 판결.

4) 광주고등법원 1974. 11. 13. 선고 74노184 판결(피고인에 대한 군법회의 검찰관의 공소사실의 요지는, 피고인은 소속대 문서취급소 전령반장직에 근무중 1968. 6. 21.부터 같은달 27.까지 충북 제천군 백운면 모두리에서 대간첩작전(솔개미 작전) 수행임무를 띠고 파견근무를 한 자인바, 일정한 경우 외는 실탄발사를 엄금하는지의 같은달 21.자 소속중대장 대위 공소외인의 지시를 받고도 위 작전기간중 위 작전지역등에서 전후 5회에 걸쳐 피고인 소지의 칼빈소총에 실탄 31발을 장진 까치를 잡는다는 구실하에 무단히 난사하므로서 정당한 명령인 중대장의 명령을 위반하고, 또한 작전임무중에는 일정량이외의 음주를 금하는지의 전시 중대장의 명령에 반하여 위 작전기간중인 같은달 25. 11:00경 같은 리 번지미상 소재 뻐스정차장내에 있는 명 미상 구멍가게에서 한 정량 이상인 삼학소주 3홉을 음주하므로써 정당한 명령인 전시 중대장의 명령을 위반한 것이다. 라고 함에 있는바, 살피건대, 위 중대장의 실탄발사금지나 음주 금지지시가 군형법 제47조 소정의 정당한 명령이라 할 수 없다는 것은 위 파기사유에서 지적한 바와 같다).

5) 육군 1989. 11. 30. 선고 89고군형항193 판결(이는 수명자 및 행위의 특정을 결하고 있는 등 내용의 명료성과 형식의 명정성을 구비하지 못한 명령 또는 규칙이다).

6) 육군 1972. 2. 28. 선고 71고군형항735 판결(군인복무규율은 1966. 3. 15.자로 공포 시행된 대통령령 제2465호로서 내무 생활 기타 군인의 복무규율에 관한 사항을 규정함을 목적으로 하며 제1장 총칙, 제2장 강령, 제3장 명령보고 및 신고, 제4장 호칭 및 태도, 제5장 내무 생활, 제6장 근무, 제7장 건강 관리, 제8장 안전 및 비상대책, 제9장 군사보안, 제10장 보칙의 전 10장 182개조 및 부칙으로 구성되어 있는바, 그 제3장은 제1절 '명령과 복종'이라는 제하에 명령의 개념, 발령자의 책임, 명령의 하달, 명령계통, 감독 및 확인, 복종 및 실행, 의견의 상신 등에 관한 규정을 두고 있고 그 제3절에서는 '신고'라는 제하에 신고의 의의와 종류, 시기 및 방법 등에 관한 규정을 두는 한편 제2절에서는 '보고 및 통보'라는 제하에 제12조(보고 및 통보) "보고는 상관에게, 통보는 관계관에게 필요한 사항을 시기에 알려줌을 말한다. 따라서 모든 보고 및 통보는 정확하고 신속하게 이루어져야 하며 형식에 치우치거나 헛되이 시간을 보내어 시기를 놓치는 일이 없도록 하여야 한다.", 제13조(보고 및 통보의 방법) "보고 및 통보는 구술, 문서 또는 신호에 의하여 이루어지며 시간의 절약과 사무의 간소화를 기하여야 한다."라는 두 개의 조문을 두고 있다. 위 규정의 성질과 내용을 검토하건대,

및 폭발물취급) 및 동 410의 제6조(탄약처리안전)[1], ⑮ 해군규정 제230호 보안업무규정(전·평시용) 제27조 제4호의 규정[2], ⑯ 사단장, 중대장 및 소대장의 야외훈련장에서의 화기단속에 관한 명령[3], ⑰ 대대장 중령 강○○가 단위대장 회의석상에서 디엠지 지대에서는 작전상 필요한 수색, 매복, 작전도로 정찰 및 방책보수작전 외에는 화목이나 모래 등의 채취 등을 일체 엄금한다는 명령[4] 등은 명령위반죄에서 말하는 명령 또는 규칙에 해당하지 않는다고 판시하고 있다.

(2) 정당한 명령 또는 규칙을 위반하거나 준수하지 아니한 경우

본죄는 그 행위태양을 정당한 명령 또는 규칙을 위반하는 경우와 정당한 명령 또는 규칙을 준수하지 아니하는 경우로 나누어 규정하고 있다. 이에 대하여 위반한다는 것은 적극적으로 명령 또는 규칙에 위배된 행위를 하는 것이고, 준수하지 않는다는 것은 소극적으로 명령 또는 규칙이 요구하는 규범내용을 그대로 실현하지 않는 것을 의미한다고 한다.[5] 하지만 위반하는 경우와 준수하지 아니하는 경우의 구별은 무의미한 것으로 판단된다. 범죄행위는 구별기준에 따라 여러 가지로 분류될 수 있는데, 작위행위와 부작위행위에 따른 구분도 가능하다. 이를 명령위

첫째 군인복무규율 자체가 군인의 직무뿐만 아니라 나아가서는 일상생활 일반의 영역까지 미치는 광범한 사상에 관하여 규정하고 있고 따라서 용어의 정의 및 복무에 관한 일반적인 기준을 정하는 규정 외에는 대부분이 성질상 윤리성이 강하게 나타나는 규정들로 구성되어 있음을 보아서 알 수 있으며, 둘째 위에 말한 제3장 제2절 보고 및 통보에 관한 규정을 살펴보더라도 우선 보고 및 통보의 개념을 규정한 후 모든 보고 및 통보는 정확성과 신속성의 요구를 동시에 충족시킬 것을 요구하였을 뿐만 아니라 "형식에 치우치거나 헛되이 시간을 보내어 시기를 놓치는 일이 없도록 하여야 한다."라고 하여 이 규정이 군복무에 있어서 보고의 의의와 중요성을 강조하고 이를 일깨워 주기 위한 일반규정이라는 성격을 강하게 나타내고 있다. 이러한 내용적인 일반성과 성질상의 윤리성은 같은 절 제13조 보고에 있어서의 시간의 절약과 사무의 간소화라는 요구규정 및 제10장 보칙의 규정 내용에 비추어 볼 때 좀 더 선명하게 드러난다). 원심판결은 피고인이 군인복무규율 제12조에 의하여 보고는 신속하고 정확하게 이루어져야 하며 형식에 치우치거나 헛되이 시간을 보내어 시기를 놓치는 일이 없도록 하여야 함에도 불구하고 소속대 제○중대장으로 근무할 당시인 1971. 8. 23. 12:45경 중대본부에서 소속대 당시 상황병 이○○를 통하여 예하 제○소대장 소위 이○○로부터 "향토예비군 복장으로 무기를 휴대한 공수특전단원을 자칭하는 약 20여 명의 괴한이 출현하여 제○○○초소 앞을 통과한 후 ○○고개 방면으로 갔다."라는 내용의 보고를 받고 위 소대장에게 즉시 병력을 출동시켜 신원을 확인하라고 지시하고 다시 보고를 기다리다가 약 15분경과 후 위와 같은 사실을 즉시 상관에게 보고하지 않은 채 상황판단을 구실로 혼자 현장으로 출동하여 ○○시 ○구 ○○동 로타리 지점에서 위 소대장을 만나 당시 상황을 보고 작전지시를 한 후 상황보고를 위하여 소속대에 같은 날 14:20경 중대본부에 도착하여 대대상황실로 위 보고받은 상황과 당시 상황을 보고함으로써 위 정당한 명령을 준수할 의무가 있는 자가 이를 준수하지 아니한 것이라고 판시하고 이에 군형법 제47조에 정한 명령위반죄를 적용 피고인에게 유죄라 인정하고 있다.

1) 육군 1987. 7. 30. 선고 87고군형항123 판결.
2) 해군 1981. 6. 30. 선고 81고군형항7 판결.
3) 육군 1978. 6. 8. 선고 78고군형항356 판결.
4) 육군 1973. 4. 12. 선고 72고군형항508 판결.
5) 이상철, 191면.

반죄의 행위태양에 접목시켜 보면, 위반한 경우는 작위행위를 상정한 것이고, 준수하지 아니한 경우는 부작위행위를 상정한 것으로 판단된다. 하지만 이러한 상정은 불필요한 것으로 보이는바, '위반한 경우'만을 규정하더라도 작위와 부작위를 모두 포함하고 있는 것이기 때문이다. 일반적으로 형벌법규는 진정부작위범이 아닌 이상 작위의 형태와 부작위의 형태를 모두 함축하고 있는 것으로 보아야 한다. 이러한 측면에서 명령위반죄의 두 행위태양은 불필요하게 두 가지의 경우로 나누어서 규정하고 있는 것이므로 조문의 정리가 필요하다. 만약 준수하지 아니한 경우(부작위)의 형벌을 위반한 경우(작위)의 형벌보다 감경할 수 있도록 규정한다면 이러한 구분의 필요성이 있다고 하겠지만, 그렇지 않은 이상 별도의 구분은 불필요한 것이다. 한편 항명죄와 달리 명령 또는 규칙에 의하여 수범자로 되어 있는 한 명령 또는 규칙을 발령한 자도 본죄의 주체가 된다.

(3) 주관적 구성요건

본죄가 성립하기 위해서는 행위자가 명령·규칙의 존재와 그 내용에 관하여 인식하고 이를 위반한다는 의욕이 있을 것이 요구된다.[1] 하지만 실무에서는 고의의 성립요건을 다소 완화시키고 있는데, 주관적 구성요건인 명령의 존재사실에 대한 인식을 놓고 항명죄와 명령위반죄 사이에 미묘한 차이가 존재한다. 즉 항명죄의 경우에는 수명자가 명령이 자신에게 발령되었다는 것을 명확하게 인식하여야 하는 반면, 명령위반죄에서는 소정의 절차를 거쳐 명령이 공고되기만 하면 수명자가 그러한 명령이 발령되었음을 구체적으로 인식하지 못하였다고 하더라도 그 인식의 가능성만으로도 고의가 존재하는 것으로 취급하는 것이다.[2] 하지만 명령·규칙의 범위가 참모총장이 제정하는 것으로부터 중대장이 제정하는 것에 이르기까지 매우 다양하다는 점, 이러한 명령·규칙이 일반적인 법률의 공포와 같은 절차를 거치지 않고 있다는 점, 군의 거의 모든 분야에 걸쳐 규제를 가하고 있는 명령·규칙 중 어느 것이 대법원 선례가 설시하는 명령·규칙에 해당하는지에 대하여 그 수범자인 군인·군무원은 물론 법률전문가조차 예측하기 힘들다는 점 등으로 인하

---

1) 육군 1973. 3. 21. 선고 72고군형항643 판결(본 건 사고당시 피고인이 ◇, ▢, △ 초소를 단초로 운영한 사실은 인정되나 피고인이 경계하는 DMZ 내의 초소는 모두 8개이고, 피고인의 소대병력은 12명인바, 실제로 야간에 초소에 배치할 수 있는 병력은 상황병 ○명, 취사병 ○명, 주간 ○개 초소 ○명, 관망대 ○명을 제외한 ○○명에 불과하고 이 12명을 8개 초소에 모두 보초로 운용할 수 없다는 것은 숫자상 명백한 것임을 간취할 수 있고, 이러한 사정을 피고인이 중대장에게 보고하여 인원보충을 요구한 사실을 인정할 수 있다. 이러한 경우 피고인에게 위 명령을 준수할 것을 기대한다는 것은 오인의 경험법칙상 도저히 불가능하다).
2) 육군종합행정학교, 141면.

여 수범자가 명령·규칙의 발동 여부와 그 내용에 대하여 충분히 인식하지 못하고 있는 경우가 많다는 문제점이 있다. 즉 이러한 경우는 판례와 학설이 말하는 '위법성의 인식가능성'조차도 없는 상황일 가능성이 상당히 크다고 할 수 있다.

이와 관련하여 판례에 의하면 참모총장의 군무이탈자 복귀명령[1]이 각종 매스컴(국방일보 등)을 통하여 전국에 알려졌다면 특별한 사정[2]이 없는 한 군무이탈자는 복귀명령의 존재 및 내용을 알았던 것으로 추정된다고 한다.[3] 하지만 이는 어디까지나 번복이 가능한 추정에 불과할 뿐 모든 경우에 복귀명령의 존재를 인식하는 것으로 확장해석하는 것은 금물이다. 또한 군무이탈자가 이탈 후에 군무이탈자 복귀명령을 인지하고 자수한 경우와 군무이탈자 복귀명령을 미인지하고 자수한 경우를 현실적으로 구분할 수는 없다. 왜냐하면 전국에 알려진 사실이라도 행위자 본인이 인지하지 못한 경우가 충분히 발생할 수 있기 때문이다.

---

1) 기존에 각군 참모총장은 2년 11개월마다 정기적으로 군무이탈자에 대한 복귀명령을 발하여 왔는데, 그 내용은 통상 "1963. 12. 1. 이후 현재까지 육·해·공군에서 근무 중 군무이탈 중인 자"는 복귀기간(통상 1개월) 내에 "가까운 헌병대 및 경찰관서에 자수할 것"이라고 되어 있다. 2년 11개월을 주기로 복귀명령을 내리는 이유는 명령위반죄의 공소시효가 기존에 3년으로 되어 있었던 것이 그 이유인바, 군사법원법 제291조의 개정으로 명령위반죄의 공소시효가 기존 3년에서 5년으로 연장되었으므로 이제는 4년 11개월을 주기로 복귀명령을 내리게 될 것이다. 군무이탈자복귀명령은 군무이탈자에 대한 조기 복귀의 권유를 하는 측면도 있겠으나, 다른 한편 군무이탈자가 군무이탈죄의 공소시효인 10년을 경과한 후에 체포될 경우 처벌의 공백을 명령위반죄로 메우려는 측면도 없지 않다. 즉 이러한 경우에는 군무이탈죄의 공소시효가 완성되어 처벌할 수 없지만, 군무이탈을 한 자에 대한 복귀명령을 위반한 죄(명령위반죄)의 공소시효는 완성되지 않아 처벌을 할 수 있게 된다. 군무이탈자에 대하여 자수하라는 명령은 군무이탈죄에 대한 공소시효가 완성된 자에 대하여도 정당한 명령이 되기 때문이다(대법원 1969. 4. 15. 선고 68도1833 판결). 군무이탈자 복귀명령의 내용 및 문제점에 대한 보다 자세한 내용으로는 박찬걸, "군형법상 군무이탈죄와 관련된 문제점과 개선방안", 형사정책 제22권 제1호, 한국형사정책학회, 2010. 6, 209면 이하 참조.
2) 육군 1978. 3. 8. 선고 77고군형항822 판결(피고인은 이 건 복귀명령이 발부되었을 당시 교도소 안에서 수형생활을 하였던 점을 인정할 수 있고, 이러한 상태 하에서 복귀명령을 알았다고 주장하기 어려우며 또한 명령을 복종할 상태에 있었다고도 보이지 아니한다); 대법원 1977. 7. 26. 선고 77도2058 판결(육군참모총장의 복귀명령이 있을 당시 피고인은 미국에서 체류하고 있었음이 분명하고 달리 피고인이 동 명령이 있었음을 알았다고 볼만한 아무런 자료도 찾아볼 수 없다); 육군 1974. 12. 13. 선고 74고군형항669 판결; 공군 1973. 9. 18. 선고 73고군형항23 판결(매 3년마다 각군 참모총장은 군무이탈자에 대해서 복귀명령을 발하고 있는 사실은 당 군법회의에 현저한 사실인데 위 명령이 각종 통신수단에 의하여 전국 각 지역에 보도되어지는 경우라면 특별한 사정이 없는 한(예컨대 해외거주, 절해고도에서의 은거생활 등) 피고인은 위와 같은 명령사실을 알았다고 추정한 것이 경험법칙상 온당하다); 대법원 1972. 11. 28. 선고 72도2164 판결.
3) 고의의 입증에 있어서 우회적인 방법(정황증거)에 의하여 명령·규칙에 대한 인식을 요한다고 보는 견해는 타당하다고 할 수 없으며, 오히려 미 군법과 같이 추정적 인식만으로도 가능하다고 보아야 한다는 견해(이상철, 191면)가 있다. 즉 일반명령이나 이와 동등한 고급지휘관에 의하여 공포된 그 명령이나 규칙은 수범자에게 인식된 것으로 추정할 수 있는 것이라고 한다.

3. 입법론

(1) 명령위반죄에서 말하는 '명령 또는 규칙'의 모호성

명령위반죄의 구성요건상에는 명령 또는 규칙의 내용에 대한 아무런 제한이 없음에도 불구하고[1], 판례가 명령 또는 규칙의 내용을 다소 제한하고 있는 이유는 본죄의 성립범위를 줄이기 위한 시도로 평가된다. 이는 본죄의 구성요건이 추상적이어서 명확성의 원칙과 조화를 이룰 수 없다는 점을 나타내는 것이기도 하다. 하지만 이러한 해석으로 군형법의 피적용자가 충분히 예측할 만큼 구체적 기준이 제시되었다고 볼 수는 없다. 또한 이러한 해석을 도출하는 것이 누구에게나 용이하지는 아니하므로 군내에서 명령위반죄의 운용이 판례와 같이 이루어지리라고 확실히 보장할 수 없으며, 특히 피적용자가 개개의 명령에 대하여 그것이 명령위반죄의 형사책임을 지는 명령인지 여부를 사전에 예측하는 것은 불가능하다.[2] 판례가 일반적으로 제시하고 있는 명령 또는 규칙의 개념에서 파생되는 문제점을 분설하여 살펴보면 다음과 같다.

1) 위임입법의 필요성

명령위반죄는 법률에서 구체적인 '명령 또는 규칙'을 규정하지 않고 하위법령에 그 내용을 위임하고 있는데, 과연 군의 특성상 그 내용을 일일이 법률로 정할 수 없어 위임의 필요성이 존재하는지 여부가 문제된다. 위임은 반드시 구체적이고 개별적으로 한정된 사항에 대하여 행해져야 하며, 그렇지 아니하고 일반적이고 포괄적인 위임을 한다면 이는 사실상 입법권을 백지위임하는 것이나 다름이 없어 의회입법의 원칙이나 법치주의를 부인하는 것이 된다. 특히 명령위반죄와 같은 처벌법규의 위임은, 그 요건과 범위가 보다 엄격하게 제한적으로 적용되어야 한다.[3]

---

1) 명령위반죄는 군형법 제정 이전의 국방경비법 제47조에서 규정하고 있는 개괄범(概括犯) 규정과 유사한데, 이에 의하면 '본법 조항에 죄로서 규정되어 있지 아니하여도 안녕질서와 군기에 유해로운 일체의 질서문란과 부주의적 행위, 군무에 불신임을 초래하는 성질의 일체의 행위 및 사형에 처할 수 있는 범죄를 제외한 일체의 범죄행위가 있는 군법피적용자는 그 범죄의 죄질과 정도에 따라 군법회의에서 판결에 의하여 처벌함'이라고 규정하고 있었다.

2) 헌법재판소 1995. 5. 25. 선고 91헌바20 결정 중 재판관 정경식의 한정합헌의견.

3) 육군 1989. 11. 30. 선고 89고군형항193 판결(일사불란한 지휘체계를 필요로 하는 군조직에서 군통수작용상 중요한 사항이 각급 지침마다 상호 달리 규정될 시 지휘 상의 혼란이 예상되는 점, 위 지침의 월책보조물의 보관책임자 및 그 장소(그 보관 방법과 더불어 월책보조물 관리에 관하여 가장 핵심적인 사항임)에 관하여 군단작전지침의 그것과 전혀 상이하게 규정하고 있어 위임범위 내로 보기 어려운 점 및 이건 발생 후 ○군단장이 월책보조물을 군단작전지침대로 관리하도록 지시하고 있는 점 등에 비추어 보면 위 지침의 위해도구 관리 및 통제규정은 군단작전지침의 월책도구 관리규정에 위배하여 그 효력이 없다).

따라서 처벌법규의 위임은 특히 긴급한 필요가 있거나 미리 법률로써 자세히 정할 수 없는 부득이한 사정이 있는 경우에 한정되어야 하며 이러한 경우라도 법률에서 범죄의 구성요건은 처벌대상행위가 어떠한 것일 것이라고 예측할 수 있을 정도로 구체적으로 규정하여야 한다.

이에 대하여 합헌의견[1]은 다음과 같은 3가지의 이유에서 명령위반죄가 위임입법의 일반원칙을 준수하였다고 판단하고 있다. 첫째, 군통수를 위하여 일정한 행위의무를 부과하는 명령은 특정되어 존재하는 한 그 형식에 관계없이 준수되어야 하며, 명령의 구체적 내용이나 발령조건을 미리 법률로 정하는 것은 거의 불가능하다. 둘째, 군에서의 명령은 지휘계통에 따라 군통수권을 담당하는 기관이 그에게 부여된 권한범위 내에서 발할 수 있는 것이므로, 명령을 제정할 수 있는 통수권 담당자는 대통령이 국군의 통수권자임을 규정한 헌법 제74조와 국군의 조직 및 편성에 관한 사항을 정한 국군조직법의 규정 등에 의하여 결정되나, 구체적인 명령의 제정권자[2]를 일일이 법률로 정할 수도 없다. 셋째, 명령위반죄의 취지는 군 내부에서 명령의 절대성을 보호하기 위한 것으로서 명령위반행위에 대한 형벌의 종류와 내용이 법률에 구체적으로 정해져 있으므로 그 피적용자들이 동 규정에 의하여 금지된 행위와 처벌의 정도를 예측할 수 없는 것도 아니다.

하지만 합헌의견이 제시하고 있는 논거는 다음의 점에서 타당하지 않다. 첫째, 명령이나 규칙 자체는 그 위반에 대하여 형벌을 규정할 수 없다는 것을 인정하면서도 명령위반죄처럼 다른 법률로써 모든 명령과 규칙위반에 대하여 형벌을 부과한다고 하는 것은 실질적으로 볼 때 명령·규칙에 형벌권을 인정하는 것과 다름이 없다. 즉 형식적인 면에서 본다면 군형법 제47조라는 법률위반에 대하여 형벌을 가하는 것이므로 죄형법정주의와 부합하는 것처럼 보이나, 실질적으로 명령위반죄는 백지형법의 형태를 띠고 있는 것이다. 합헌의견과 같이 '특정되어 존재하는 한 그 형식에 관계없이 준수되어야' 한다는 명제는 적어도 형사처벌을 대상으로 하는 법규에서는 불가능한 것이다. 또한 명령의 구체적 내용이나 발령조건을 미리

---

1) 명령위반죄가 죄형법정주의의 내용 중 명확성의 원칙과 포괄적 위임입법금지의 원칙에 부합하는지와 관련하여 헌법재판소의 제2차 결정은 제1차 결정의 내용을 그대로 반복하여 제시하고 있을 뿐 더 이상 구체화하려고 하는 시도는 엿보이지 않는다.

2) 미국의 경우 UCMJ의 시행령이라고 할 수 있는 군사법원 교범(Manual for Courts-Martial United States(1969, MCM))에 의하면 군일반에 적용되는 일반적 명령 또는 규칙의 제정권자로서 대통령, 국방장관, 각군성장관을, 각 지휘부대에 적용되는 일반적 명령 또는 규칙의 제정권자로서 일반 군법회의 설치권자(이는 대통령, 각군성장관, 관구사령관, 군사령관, 함대사령관을 말한다(UCMJ §22)), 장관급 지휘관 및 그 이상의 지휘관으로 각각 규정하고 있다.

법률로 정하는 것이 불가능한 것도 아니다. 판례에 등장하고 있는 명령위반죄 위반사안은 모두 행위 이전에 미리 법규로써 정립되어 있는 것이었고, 다만 당해 법규가 법률이 아니었을 뿐이다.

둘째, 국군조직법 제6조는 대통령이 군통수권자임을 선언하면서, 국방부장관, 합동참모의장, 각군 참모총장, 각군의 부대 또는 기관의 장의 순서로 지휘·감독권을 부여하고 있을 뿐(동법 제7조 내지 제11조), 누가 명령·규칙을 제정할 수 있는지에 관하여는 명문의 규정을 두고 있지 않다.

셋째, 명령위반죄는 '형벌구성요건'의 종류와 내용만이 구체화되어 있지 '범죄구성요건'의 종류와 내용에 대하여는 전혀 언급이 없다. 그러므로 피적용자들이 동 규정에 의하여 금지된 행위를 전혀 예측할 수 없는 것이다.

넷째, 명령위반죄의 '명령·규칙'은 불특정 다수인을 피적용자로 하여 발하여지는 규범이고, 구체적 상황에서 특정인에게 발하여지는 개별적 명령을 말하는 것이 아니다. 즉, 군통수 및 지휘·감독에 있어서 탄력성·유동성·긴급성·기밀성 등의 필요성은 구체적인 상황에서 개별적 명령이 발령될 때 요구되는 것이고 이를 규율하는 것은 항명죄이므로, 명령위반죄가 규율하는 것과 같이 군이 불특정다수인을 상대로 일반적·추상적 규범을 제정할 경우에는 탄력성·유동성·긴급성·기밀성 등이 절실히 요구되는 상황이 아니다. 그러므로 명령위반죄가 범죄구성요건을 실질적으로 명령·규칙에 위임할 수밖에 없는 부득이한 사정이 존재한다고 볼 수 없다.[1]

2) 형사처벌의 필요성

명령위반죄의 내용은 그 위반에 대하여 형사처벌의 필요가 있는 사항에 한정되어야 한다. 이는 본질적으로 입법사항인 형벌의 실질적 내용에 해당하는 사항에 관한 명령을 뜻한다. 그러므로 군인의 일상행동의 준칙을 정하는 사항 등은 이에 해당하지 아니한다. 하지만 '본질적으로 입법사항인 형벌의 실질적 내용에 해당하는 사항'을 법규명령인 대통령령, 총리령, 부령 이외에 다른 군지휘권자가 발령하는 명령·규칙에 의하여 규율할 수 있는지는 의문이다. 일반적으로 일정한 범위 내에서 인정되고 있는 백지형법은 (법규)명령에 법률의 내용을 위임한 것이지, 그보다 하위의 규범에 위임한 것은 아니다. 특히 형벌법규의 내용은 더욱 엄격하게 위임되는 태도에서 보면 문제의 심각성은 매우 크다고 할 수 있다.

---

[1] 헌법재판소 2011. 3. 31. 선고 2009헌가12 결정 중 위헌의견.

3) 군통수작용상의 필요성

명령위반죄의 내용은 법령의 범위 내에서 발해지는 군통수작용상 필요한 중요하고도 구체성 있는 특정한 사항에 관한 것이어야 한다. 먼저 명령위반죄에 해당하는 명령 또는 규칙은 대부분 상위법령에 위배되지 않기 때문에 모법에 저촉되지는 아니한다. 문제는 과연 명령의 범위가 군통수작용상 필요한 중요하고도 군사상 의무에 관한 구체적 사항으로 한정되어 있는지 여부에 있다. 군통수작용상의 필요성, 중요성, 군사상 의무의 적합성, 구체성 등의 모든 요건이 부합하여야만 하는데, 이를 판단하기가 쉽지 않다. 예를 들면 군인복무규율[1]이나 음주통제명령의 경우에는 군인의 일상 행동의 준칙을 규정한 데 불과한 것이기 때문에 원칙적으로 그 명령내용인 사항의 성질상 군통수작용상 필요하고도 중요한 사항에 관한 것이 아니므로 이를 위반하였다고 하더라도 명령위반죄로 의율할 수는 없다고 한다. 하지만 70도1839 판결은 명령위반죄와 관련하여 '피고인이 참모총장 및 군단장의 지휘각서로 된 음주통제명령이나 군인 출입금지구역에 관한 군인복무규율의 규정있음을 알면서 이에 위반하여 음주하고 출입금지구역인 사창가에 가서 창녀와 성교행위를 한 사실을 넉넉히 인정할 수 있고, 위와 같은 명령이나 규정에 위반한 행위는 군형법 제47조 명령위반죄를 구성하는 것이라 할 것이다'라고 하여, 원칙적인 입장에서 다소 어긋나는 판단을 하고 있다. 동 사안에서 참모총장 및 군단장의 음주통제명령의 경우에는 70도2130 판결(사단장의 음주통제명령)과 비교해야 하고, 군인복무규율의 경우에는 69도113 판결과 비교해야 한다. 먼저 70도2130 판결은 그 대상이 '음주를 함에는 소속 중대장의 사전 허가를 받고 음주허가증을 소지하여야 한다'는 사단장의 음주통제명령인 반면에 70도1839 판결의 대상은 참모총장 및 군단장의 지휘각서로 된 음주통제명령인 점에서 명령의 발동주체가 다른 점에서 차이가 있지만 명령의 내용은 동일하다고 할 수 있다. 이와 같이 단지 명령의 발동주체가 상위 지휘관이라는 이유로 동죄의 위반 여부가 상이하다는 결론을 도출하는 것은 문제가 있다. 왜냐하면 사단장과 군단장이라는 지위가 당해 명령의 범죄 성립여부를 판가름 할 수 있는 결정적인 기준이 된다고 보는 것은 받아들이기 힘들기 때문이다. 사단장과 군단장의 동일한 명령에 대하여는 결론을 동일하게 이끌어 내는 것이 보다 합리적인 대처로 보이는바, 이러한 문제점은 명령권의 발동주체에 대하여 명문의 규정이 없어 개별적인 해석에 맡기고 있는 불합리에 기인

---

1) 군인복무규율(대통령령 제21750호. 일부개정 2009. 9. 29.)은 군인사법 제47조의2에 따라 군인의 복무 기타 병영생활에 관한 기본사항을 규정함을 목적으로 한다.

하는 것이다. 다음으로 69도113 판결과 70도1839 판결의 명령은 군인복무규율(1966. 3. 15. 제정; 대통령령 제2465호) 제27조 제5호(군인의 출입을 금지하는 구역에 출입하여서는 아니된다)가 그 대상인데, 동일한 적용법조를 위반내용에 따라 개별적으로 달리 판단하고 있다. 그야말로 이현령비현령(耳懸鈴鼻懸鈴)의 전형적인 예라고 할 수 있다. 대법원에 의하면 군인복무규율의 내용은 군인의 일상행동의 준칙을 정하는 사항이기 때문에 명령위반죄의 적용대상이 아니라고 일반적으로 판시하고 있는데, 70도1839 판결은 이러한 선례도 무시하고 있다. 만약 군인복무규율도 정당한 명령의 대상이라고 한다면, 수많은 규정(1966년 제정 당시에는 182개)으로 채워진 올가미로 군인의 일상생활에 대한 경미한 위반을 모두 형사처벌하게 되는 우를 범할 것이다.

(2) 형사처벌 위임입법의 2가지 한계사유

헌법상 국회입법의 원칙에 따라 입법권은 법률의 유보가 적용되는 범위 내에서 국회의 배타적인 권한이므로 위임입법에는 일정한 한계가 있다. 이러한 한계를 지키지 아니하고 포괄적인 위임을 허용한다면 사실상 입법권을 백지위임하는 것과 다를 바가 없으며, 행정권의 부당하고 자의적인 행사와 더불어 기본권의 무제한적인 침해를 야기할 수도 있다. 특히 법률에 의한 처벌법규의 위임은, 헌법이 특히 인권을 최대한으로 보장하기 위하여 죄형법정주의와 적법절차를 규정하고 있는 점, 법률에 의한 형사처벌을 특별히 강조하고 있는 의회입법의 원칙이나 법치주의가 관철되어야 한다는 점, 의회민주주의의 원칙과 권력분립의 원칙 등에 비추어 그 요건과 범위가 보다 엄격하게 제한적으로 적용되어야 한다. 이러한 제한원리에 의해서 형사처벌 법규의 위임은 2가지의 구체적인 한계가 파생되는데, 첫 번째 한계는 특히 긴급한 필요가 있거나 미리 법률로써 자세히 정할 수 없는 부득이한 사정이 있는 경우에 한정되어야 한다는 것(제1한계 사유 내지 필요성)이고, 두 번째 한계는 법률에서 범죄의 구성요건은 처벌대상인 행위가 어떠한 것일 것이라고 이를 예측할 수 있을 정도로 구체적으로 규정하여야 한다는 것(제2한계 사유 내지 구체성)이다. 여기서 한 가지 주의할 점은 형사처벌 법규의 위임형태가 한계범위 내에 속해 있는지 여부를 판단하기 위한 순서는, 제1한계 사유 → 제2한계 사유로 순차적으로 이루어져야 한다는 것이다. 만약 제1한계 사유를 충족시키지 못한다면 제2한계 사유를 검토할 필요 없이 당해 입법은 위임입법의 한계를 일탈한 것으로 평가할 수 있다.

(3) 명령위반죄에 있어서 제1한계 사유와 제2한계 사유의 구별실익

군형법상 명령위반죄는 명령 또는 규칙의 발령권자가 정한 바에 의하여 부과된 명령 또는 규칙에 위반한 경우 처벌할 수 있도록 하는 수권규정으로서, 처벌의 대상이 되는 구성요건적 행위에 대하여 행정입법에 위임하고 있는 형식을 취하고 있다. 하지만 처벌법규의 구성요건적 내용에 대하여 아무런 규정을 하지 않은 채 그 구체적인 내용을 포괄적·전면적으로 하위법령에 위임하고 있어서, 수권조항에서는 하위법령에 규정될 구성요건적 요소가 어떠한 것인지를 전혀 예측할 수 없다는 점에서 논란이 있다. 이러한 논란은 앞에서 살펴 본 형사처벌 법규의 위임에 있어서 제2한계 사유를 충족시키지 못하는 것에서 비롯된다.

하지만 제2한계 사유의 충족 여부에 대한 논의에 앞서 제1한계 사유의 충족이 선행되어야 하는데, 명령위반죄와 관련하여 이를 살펴보면 다음과 같다. 먼저 제1한계 사유를 판단하는 경우, 제1한계 사유가 충족된다면 제47조는 존치하되 제2한계 사유 충족 여부에 대한 판단에서 세부적인 개정의 여부가 문제될 수 있고, 제1한계 사유가 충족되지 않는다면 별도의 제2한계 사유에 대한 판단 없이 제47조는 곧바로 삭제가 요망된다고 하겠다. 다음으로 제1한계 사유가 충족된 것을 전제로 제2한계 사유를 판단하는 경우, 제2한계 사유가 충족된다면 제47조는 그대로 존치하게 되고, 제2한계 사유가 충족되지 않는다면 제47조는 개정된 형태로 존치하게 된다. 이는 제2한계 사유의 충족 여부와 관계없이 제47조가 존치하게 된다는 것을 의미한다. 이상에서 살펴본 바와 같이 제1한계 사유의 충족 여부에 따라서는 명령위반죄 그 자체의 존폐문제가 대두되고, 제2한계 사유의 충족 여부에 따라서는 명령위반죄의 구성요건에 대한 개정문제가 대두된다고 할 수 있다. 그러므로 명령위반죄가 제1한계 사유를 충족시키지 못하면 제47조는 폐지되어야 한다는 결론을 도출할 수 있다.

(4) 명령위반죄가 제1한계 사유를 충족하는지 여부

형사처벌법규 위임의 2가지 한계 중 제1한계 사유는, 처벌법규의 위임이 특히 긴급한 필요가 있거나 미리 법률로써 자세히 정할 수 없는 부득이한 사정이 있는 경우에 한정되어야 한다는 것인데, 명령위반죄에서의 '명령 또는 규칙'은 이 사유를 모두 충족시키지 못하고 있다. 이를 자세히 살펴보면 다음과 같다.

첫째, 명령위반죄에서 말하는 명령 중 가장 대표적인 유형이라고 할 수 있는 군무이탈자 복귀명령의 경우, 1964. 1. 26. 처음 발령된 이후 현재까지 일정한 주기에 따라 반복되고 있으며(긴급성의 결여), 그 내용도 발령 당시의 것과 동일하게 유지되고 있다(법률로써 자세히 정할 수 없는 부득이한 사정의 결여). 이러한 현상은 다른 유형에서도 흔히 찾아 볼 수 있는데, DMZ관리운용예규, GOP 근무지침, GOP 초급간부지침서, 해안경계실무지침 등은 수범자의 행위 훨씬 이전에 이미 성문의 형식으로 제정되어 있었고, 그 내용도 대동소이하게 유지되었던 것이다. 이와 비교할 수 있는 조항으로 형법 제112조의 중립명령위반죄('외국간의 교전에 있어서 중립에 관한 명령에 위반한 자')와 동법 제145조 제2항의 집합명령위반죄('전항의 구금된 자가 천재, 사변 기타 법령에 의하여 잠시해금된 경우에 정당한 이유없이 그 집합명령에 위반한 때')를 들 수 있다. 형법상의 범죄의 경우 형법 제정 당시 중립명령 또는 집합명령이 선포되어 있지 않았으므로 미리 법률에서 그 내용을 규정할 수 없어 명령에 위임하는 것이 부득이하다고 판단되기 때문에 죄형법정주의와 양립할 수 있다(제1한계 사유에 부합). 또한 법률을 보충하는 명령이 구성요건상 어떠한 내용의 명령이며 누구에 의하여 어떠한 경우에 발하여져 보충되어야 할 것인지가 명백하게 나타나 있다(제2한계 사유에 부합). 하지만 군형법상의 명령위반죄는 처벌법규의 위임에 있어서 특히 긴급한 필요가 전혀 없고, 미리 법률로써 자세히 정할 수 없는 부득이한 사정이 없음에도 불구하고 수권법률의 형식으로 존재하고 있는 것이다.

둘째, 명령위반죄는 군형법 제2편(각칙) 제8장 '항명의 죄' 부분에서 항명죄(제44조), 집단항명죄(제45조), 상관제지불복종죄(제46조) 등과 더불어 규정되어 있다. 그런데 동일한 장에 규정되어 있는 항명죄와 집단항명죄의 경우에는 그 처벌을 적전인 경우, 전시·사변시 또는 계엄지역인 경우, 그 밖의 경우 등으로 나누어서 상황에 따른 차등을 두고 있는 반면에 명령위반죄는 위의 3가지 상황과 관계없이 동일한 형으로 처벌하고 있는 차이점을 보이고 있다. 즉 군형법에 규정되어 있는 범죄의 처벌조항은 상황에 따른 차등적인 처벌이 원칙적인 형태인데, 명령위반죄는 그렇지 못한 것이다. 이와 같이 명령위반죄가 군형법상의 다른 범죄와 달리 취급되고 있는 이유는, 긴급성이라는 행위상황과 관계없이 규율되고 있는 범죄이기 때문이다. 즉 항명죄는 명령이 직접적이면서 명령과 그 이행 사이의 시간적인 간격이 좁은 반면에, 명령위반죄는 명령이 간접적이면서 명령과 그 이행 사이의 시간적인 간격이 넓은 편이다. 또한 항명죄의 경우에는 그것이 상관에 대한 대인적 범죄로서의 성격을 가지기 때문에 직접적으로 군의 상명하복관계를 침해하게 되어 형사처벌의 필요성이 쉽게 인정됨에 반하여, 명령위반죄의 경우에는 직접적인 침해를 쉽게 확인할 수 없다. 특히 명령위반죄의 경우에는 명령이 제정된 후 폐지가 되지 않는다면 제정 당시의 수범자뿐만 아니라 이후에 군형법 피적용자의 신분을 취득한 자에게도 당연히 적용되는 성질을 지니고 있다. 이와 같이 명령위반죄는 행위상황에 따른 긴급성이 요구되지 않기 때문에 군형법의 대표적인 특징이라고 할 수 있는 상황에 따른 형벌의 차등적용이 불가능한 것이다.

(5) 명령위반죄의 삭제와 항명죄의 적절한 대체 운용

명령위반죄는 법률주의, 명확성의 원칙, 적정성의 원칙 등 죄형법정주의의 기본원칙에 정면으로 위배되기 때문에 법조문 자체가 삭제되어야 하며[1], 그 동안 판례를 통하여 규율되어 왔던 명령위반죄 사안의 '명령 또는 규칙'은 국회의 입법작용을 통하여 법률의 형식을 갖추어야만 한다. 명령위반죄를 개정해야 한다는 견해[2]가 절대 다수에 이르고 있으며, 군형법이 제·개정될 당시에도 국방부나 三軍의 법무감실이 모두 본조의 삭제를 강력히 주장하기도 하였다. 위임내용을 보다 구체화하는 방법으로 명령위반죄의 존치를 주장할 수도 있겠으나, 구체화 작업의 어려움으로 인하여 폐지가 보다 타당하다. 명령위반죄의 폐지 후 당해 '명령 또는 규칙'의 대부분은 현행 군형법의 한 부분으로 편입될 수 있는데, 이와 같이 국회가 제정한 법률의 형식을 취할 경우, 그 적용대상은 군에 몸담고 있는 자 전체를 아우르게 될 것이다.[3] 예를 들면 군무이탈자 복귀명령을 군형법에 편입시킨다면, 제30조(군무이탈죄) 다음에 제30조의2(군무이탈자복귀명령위반죄)를 신설하여 "전조의 군무이탈자에 대하여 자진복귀를 내용으로 하는 각군 참모총장의 명령을 위반한 자는 ○년 이하의 징역에 처한다."라고 하는 방식이 될 것이다.

---

1) 同旨 도중진, "군형법상 명령위반죄의 효율적 개선방안", 아주법학 제10권 제2호, 아주대학교 법학연구소, 2016. 8, 205면; 박달현, "군형법상 명령위반죄에 관한 형법이론적 검토", 형사정책연구 제23권 제1호, 한국형사정책연구원, 2012. 3, 255면; 박안서, 73면; 오병두, "군형법의 문제점과 개정방향", 형사정책 제20권 제1호, 한국형사정책학회, 2008. 6, 28면; 이상석, "군 형법상 항명죄에 있어서 명령의 의미", 군사법연구 제10권, 육군본부, 1992. 11, 90면; 이상철, 192면; 이승호, 93면; 정승환/김현주, "군형법에서 명령위반행위에 대한 구성요건의 개정방안", 형사정책 제29권 제3호, 한국형사정책학회, 2017. 12, 206면; 한위수, "군형법 제47조(명령위반)의 문제점과 판례동향에 대한 소고", 군사법연구 제2집, 육군본부, 1984. 4, 20면.

2) 육군종합행정학교, 143면; 권기훈, "명령위반죄 적용상의 문제점에 관한 소고 — 특히 군무이탈자 복귀명령과 관련하여 —", 군사법논문집 제9권, 공군본부, 1990. 1, 45면; 김석영, "군형법 제47조(명령위반죄)는 위헌인가", 군사법논문집 제13권, 공군본부, 1994. 4, 20면; 송문일, "군형법 제47조를 비판한다", 군사법논집 제1집, 육군본부, 1983, 86면; 이진우, "입법론적 견지에서 본 군형법상의 문제점", 검찰 제52호, 대검찰청, 1973. 12, 149면; 조 윤, "군형법개정론", 사법논집 제2집, 법원행정처, 1972. 2, 448면; 최관호, 128면. 반면에 (필자가 파악하기로는) 명령위반죄에 대하여 유일하게 합헌성을 주장하는 문헌으로는 박상열, "항명죄와 명령위반죄의 구별", 군사법연구 제1권, 육군본부, 1982. 11, 27면.

3) 이러한 점에서 명령위반죄의 적용대상을 '군에 몸담고 있는 자 전체'가 아닌 '특정 지역에 있는 일정한 범위의 자'에 한정시키고 있는 대법원 2002. 6. 14. 선고 2002도1282 판결은 비판받아 마땅하다.

한편 이와 같은 입법방식은 기존에 대법원이 판시하고 있는 명령위반죄의 규율대상을 모두 포섭할 수 없다는 문제점이 있다. 즉 DMZ관리운용예규, GOP 근무지침, GOP 초급간부지침서, 해안경계실무지침 등의 모든 내용을 군형법에 편입시킨다는 것은 사실상 불가능한 일이다. 그러나 이러한 미비점은 명령위반죄에 대한 보충적 역할을 하고 있는 항명죄를 활용하여 충분히 규제할 수 있다. 위에서 제시한 내규 또는 지침들 중에서 군통수작용상 필수불가결하고, 본질적으로 입법사항인 형벌의 실질적 내용에 해당하는 사항에 관한 조항들은 군형법에 편입시키되, 그 성격이 애매모호하거나 상황에 따라 명령의 내용이 구체적으로 변경될 가능성이 있는 조항들은 내규 또는 지침에 그대로 규정하는 것이다. 이 경우 후자의 조항들도 군통수작용상 필요한 것임에는 변함이 없기 때문에 동 내용은 각급 부대의 지휘관 또는 상관들에 의하여 반복적인 교육 및 구두지시가 내려질 것이다. 이는 법규범이 수범자에게 법규의 의미내용을 알 수 있도록 공정한 고지를 하여 예측가능성을 담보할 수 있는 것으로 평가될 수 있으며, 동시에 수범자가 당해 명령을 위반할 경우에는 항명죄로의 처벌을 가능하게 해 준다. 또한 수범자의 구체적인 인식가능성을 바탕으로 하기 때문에 상황에 따른 형벌의 차등적용도 가능하다.

마지막으로 명령위반죄로 인하여 달성하고자 하는 목적은 항명죄 이외에 파면·해임·강등·정직·감봉·근신·견책(이상 간부의 경우), 강등·군기교육·감봉·휴가단축·근신·견책(이상 병의 경우)을 위시한 징계벌로써도 충분히 달성할 수 있다. 특별권력관계인 군 내부의 질서는 징계벌로 규제하는 것이 바람직한데[1], 명령위반죄는 징계벌로 규제할 명령이나 규칙 위반행위에 대하여도 형사처벌(2년 이하의 징역이나 금고)을 하도록 규정하고 있으므로 과잉금지 원칙의 위배가 문제될 수 있

---

1) 외국의 경우를 살펴보면, 미국의 통일군사법전(Uniform Code of Military Justice) 제92조에서는 "명령 또는 규칙의 불이행(Failure to obey order or regulation)"이라는 제목으로 "(1) 적법한 일반 명령 또는 규칙을 위반하거나 준수하지 않은 자(violates or fails to obey any lawful general order or regulation), (2) 군인에 의해 내려진 것으로 이에 복종할 의무가 있는 적법하 기타의 명령을 알면서 준수하지 않은 자 또는 (3) 직무를 태만히 한 자는 군사법원이 결정하는 처벌을 받는다."라고 규정하고 있으며, 처벌의 내용에 대해서는 군사법원지침(Manual for Courts-Martial; MCM) 16.e에서 "(1) 적법한 일반명령 또는 규칙에 대한 위반의 경우 불명예제대(Dishonorable discharge), 월급 및 수당의 전부 몰수, 2년의 금고, (2) 기타의 명령위반은 불명예제대(Bad-conduct discharge), 월급 및 수당의 전부 몰수, 6개월의 금고"를 각각 규정하고 있다. 이에 대하여 미국 연방대법원은 UCMJ 제92조 제1항이 명확성의 원칙을 위반한 것이 아니라고 판단한 바 있다(Scott v. Schledinger, 498 F.2d 1093). 또한 영국의 육군법(The Army Act 1955) 제36조 제1항과 이를 계수한 군법(The Armed Forces Act 2006) 제13조에서도 개별적이고 구체적인 명령에 대한 위반과 일반적이고 추상적인 명령에 대한 위반의 경우를 나누어 처벌하도록 규정하고 있다. 이와 같이 상관의 개별적인 명령에 대한 불복종행위를 처벌하는 규정은 세계적으로 공통적인 현상이지만 군의 일반적인 명령이나 규칙 위반에 대하여 형사처벌로 제재하는 국가는 미국과 영국 이외에는 찾아보기 힘들다.

다. 이는 명령이나 규칙의 종류와 내용에 따라서는 형사처벌로써 다루어야 할 것
도 있겠지만, 그렇지 않은 경우도 엄연히 존재하는 현실을 반영하지 못한 것이다.
그러므로 명령위반죄는 명백히 징계벌의 대상인 행위에 대해서도 형사벌을 과할
수 있는 모순을 범하고 있는데, 이는 미국의 군사법제도와 우리의 군사법제도의
차이를 간과한 채[1], UCMJ 제92조 제1항의 규정을 그대로 도입함으로써 초래된 혼
란이라고 판단된다. 즉 일반적으로 명령이나 규칙에 대한 위반은 징계사유가 될
뿐이지만, 군형법은 명령위반에 대해 형벌을 부과함으로써 명령이나 규칙에 형벌
권을 인정하고 있는 것이다. 특히 군인사법 제56조(징계 사유)에 의하면, 징계권자
는 군인이 "1. 이 법 또는 이 법에 따른 명령을 위반한 경우 2. 품위를 손상하는 행
위를 한 경우 3. 직무상의 의무를 위반하거나 직무를 게을리한 경우"에는 징계위
원회에 징계의결을 요구하고, 그 징계의결의 결과에 따라 징계처분을 하여야 하는
데, 이로 인하여 군형법상 명령위반죄에 의한 제재와 군인사법상 징계처분에 의한
제재가 모두 또는 선택적으로 부과될 수 있는 상황이다.[2] 결국 징계사유와 형벌사
유의 명확한 구별기준의 정립 및 이에 대한 개별적인 처리가 요구된다.

---

1) 영미의 군사법은 징계벌과 형사벌이 혼합규정되어 있고, 군사법원의 판결로 형사처벌만이 아니라
징계처벌도 할 수 있으며, 그 중점도 오히려 후자에 두어져 있는바, 이러한 법체계 아래에서는 징계
벌의 성격을 띤 명령위반죄를 군사법상의 범죄로 규정하고, 이를 군사법원의 판결에 의하여 처벌하
여도 아무런 무리가 없다. 하지만 우리나라 군형법은 순수한 군사범만을 규정하고 있고, 군사법원
의 판결은 형사처분만을 목적으로 하고 있기 때문에 이러한 법제하에서 명령이나 규칙 위반을 형
사범으로 처벌한다는 것은 법체계상의 차이를 간과한 무분별한 계수에 기인한 것이라고 할 수 있
다(송문일, "군형법 제47조를 비판한다", 군사법논집 제1집, 육군본부, 1983, 84면). 결국 형사처벌
을 하기 위한 목적으로 명령위반죄를 군형법에 두고 있는 국가는 우리나라가 유일하다고 할 수 있
는 것이다.
2) 이에 대하여 명령위반죄의 구성요건이 모호하고 군인사법의 징계사유와 구별되지 않기 때문에 법
적용자의 자의에 따라 형사처벌 여부가 좌우될 수 있다는 불명확성을 드러내고 있다는 견해로는
정승환/김현주, "군형법에서 명령위반행위에 대한 구성요건의 개정방안", 형사정책 제29권 제3호,
한국형사정책학회, 2017. 12, 199면.

제12장 상관폭행·협박·상해 및 살인의 죄

Ⅰ. 상관폭행·협박죄

> 제48조(상관에 대한 폭행, 협박) 상관을 폭행하거나 협박한 사람은 다음 각 호의 구분에 따라 처벌한다.
> 1. 적전인 경우: 1년 이상 10년 이하의 징역
> 2. 그 밖의 경우: 5년 이하의 징역

1. 의 의

상관폭행·협박죄는 상관을 폭행하거나 협박함으로써 성립하는 범죄이다. 형법에 폭행·협박죄에 관한 규정이 존재함에도 불구하고 군형법에 상관폭행·협박죄를 별도로 둔 것은, 군의 존립목적과 그 임무의 특수성에서 그 이유를 찾을 수 있다. 즉, 군은 특수한 계급적 구조와 직책을 통한 공고한 조직과 군기를 바탕으로 전투력을 확보하고 이를 통해 군의 궁극적인 존립목적인 전투에서의 승리를 쟁취하게 되는데, 그와 같은 군조직의 특성상 상관을 폭행·협박하는 행위는 상관 개인의 신체적 법익에 대한 침해를 넘어 군기를 문란케 하는 행위로서 그로 인하여 군조직의 위계질서와 통수체계가 파괴될 위험성이 있다. 그렇기 때문에 군형법에서는 형법과는 별도의 규정을 두어 상관에 대한 폭행·협박행위를 보다 엄하게 처벌하고, 상관 개인이 처벌을 원하지 않더라도 공소를 제기할 수 있도록 규정하고 있는 것이다. 즉 본죄는 형법과 달리 명문의 규정이 없으므로 반의사불벌죄에 해당하지 아니한다.

형법상의 폭행·협박죄는 '신체의 안전'을 보호법익으로 하는 반면, 상관폭행·협박죄는 상관의 신체의 안전도 보호법익으로 하지만 군조직의 질서 및 통수체계를 확립하여 군의 전투력을 유지·강화하는 것을 그 주된 보호법익으로 한다. 한편 초병이나 직무수행자에 대한 폭행·협박은 행위객체의 특수성으로 인한 위법성의 가중이라고 평가할 수 있지만, 상관에 대한 폭행·협박은 가해자와 피해자 사이의 특수한 신분관계에 의한 책임의 가중이라고 파악해야 한다. 그러므로 본죄에 가담한 공범이 피해자의 상관이라면 형법상 폭행·협박죄의 공범이 되고, 피해자의 하관이라면 본죄의 공범이 되는 것이다.

2. 구성요건

(1) 객 체

본죄의 객체는 상관이다. 여기서의 상관은 순정상관과 준상관을 모두 포함한다. 군인의 서열은 계급의 순위에 따르며, 계급이 같은 경우의 서열은 군인사법 시행령 제3조에 따라 정해진다. 이에 따라 계급이 서로 다른 경우에 하위 계급자가 상위 계급자를 폭행하면 상관폭행죄가 성립하며, 계급이 같아도 군인사법에 따라 진급일·임용일 등의 순에 의해 서열이 정해지는 경우에는 하위 서열자가 상위 서열자를 폭행하면 마찬가지로 상관폭행죄가 성립한다.[1]

(2) 행 위

1) 폭 행

본죄에서의 '폭행'이란 상관의 신체에 대하여 물리적 유형력을 행사하는 것을 말한다(협의의 폭행). 반드시 상관의 신체에 접촉함을 필요로 하는 것은 아니므로 상관에게 근접하여 욕설을 하면서 때릴 듯이 손·발이나 물건을 휘두르거나 던지는 행위를 한 경우에 직접 상관의 신체에 접촉하지 않았다고 하여도 상관에 대한 불법한 유형력의 행사로서 폭행에 해당한다.[2] 또한 자신의 차를 가로막는 피해자를 부딪친 것은 아니라고 하더라도, 피해자를 부딪칠 듯이 차를 조금씩 전진시키는 것을 반복하는 행위 역시 피해자에 대해 위법한 유형력을 행사한 것이라고 보아야 한다.[3]

유형력에는 역학적 작용(구타, 발로 차는 행위, 밀치는 행위, 잡아당기는 행위, 얼굴에 침을 뱉는 행위, 좁은 공간에서 흉기를 휘두르는 행위, 돌을 던지는 행위, 모발이나 수염의 절단, 억지로 약을 먹이는 행위, 일시적인 자유의 구속 등), 화학적·생리학적 작용(심한 소음을 내는 행위, 계속 전화를 걸어 벨을 울리게 하는 행위, 폭언의 수차 반복[4], 고함을 질러 놀라게 하는 행위, 상대방의 의사에 반하여 최면술을 거는 행위, 거짓 소식으로 사람을 놀라게 하는 행위, 사람을 기망하여 수면제를 먹이는 행위, 빛·열·전기·냄새 등을 이용해서 알레르기 작용을 일으키는 행위 등) 등이 있다. 한편 본죄는 거동범이기 때문에 폭행으로 인한 신체적·정신적 고통의 여부는 죄의 성립 여부에 영향을 미치지 아니한다.

---

1) 대법원 1976. 2. 10. 선고 75도3608 판결.
2) 대법원 1990. 2. 13. 선고 89도1406 판결.
3) 대법원 2016. 10. 27. 선고 2016도9302 판결.
4) 대법원 1956. 12. 12. 선고 4289형상297 판결.

하지만 신체에 대한 물리력의 행사가 아니라 정신적 고통을 가하거나(심리적 폭력) 생리적 기능을 훼손하는 행위는 폭행이 될 수 없고, 경우에 따라 상해에는 해당할 수가 있다. 예를 들면 성희롱·스토킹[1]·집단따돌림[2] 등은 심리적 폭력에 불과하여 폭행죄에 해당하지 아니한다. 그리고 언어에 의하여 사람에게 공포심을 일으키는 무형력의 행사는 폭행이 아니라 협박에 해당한다.

> 판례에 의하면, ① 단순히 눈을 부릅뜨고 '이 십팔놈아 가면 될 것 아니냐'라고 욕설을 한 경우[3], ② 단지 피고인이 피해자의 시비를 만류하면서 조용히 이야기나 하자며 그의 팔을 잡아 2, 3회 끈 경우[4], ③ 단순히 방문을 발로 몇 번 찬 경우[5], ④ 홧김에 피해자의 집 대문을 발로 찬 경우[6], ⑤ 비닐봉지에 넣어 둔 인분을 타인가의 앞마당에 던진 경우[7], ⑥ 상대방이 먼저 공격하여 부둥켜 안은 경우[8], ⑦ 특수한 방법으로 수화자의 청각기관을 자극하여 그 수화자로 하여금 고통스럽게 느끼게 할 정도의 음향을 이용하였다는 등의 특별한 사정이 없는 상황에서 거리상 멀리 떨어져 있는 사람에게 전화기를 이용하여 전화하면서 고성을 내거나 그 전화대화를 녹음 후 듣게 하는 경우[9] 등에 있어서는 폭행죄에서 말하는 폭행에 해당하지 아니한다.

한편 본죄는 범인이 폭행의 상대방이 자신의 상관이라는 점을 알고 이에 대하여 폭행을 가함으로써 성립되는 것이고, 그 폭행의 장소가 공무집행의 장소임을 필요로 하지 아니하며, 폭행의 동기가 공무집행에 관련된 여부는 이를 문제로 삼을 필요가 없다.[10] 그러므로 다른 부대 등에 속하여 상위 계급자 또는 상위 서열자

---

1) 스토킹에 대하여 보다 자세한 내용으로는 박찬걸, "스토킹의 개념 정립 및 피해자 보호방안에 관한 연구 —'지속적 괴롭힘죄'의 신설에 즈음하여 —", 가천법학 제5권 제2호, 가천대학교 법학연구소, 2012. 8, 313면 이하 참조.
2) 집단따돌림에 대하여 보다 자세한 내용으로는 박찬걸, "학교폭력대책법에 대한 비판적 검토", 소년보호연구 제15호, 한국소년정책학회, 2010. 12, 91면 이하 참조.
3) 대법원 2001. 3. 9. 선고 2001도277 판결.
4) 대법원 1986. 10. 14. 선고 86도1796 판결.
5) 대법원 1984. 2. 14. 선고 83도3186 판결(공소외인(다방 종업원)이 피고인을 만나주지 않는다는 이유로 녹원다방 종업원 숙소에 이르러 시정된 탁구장문과 주방문을 부수고 주방으로 들어가 '방문을 열어주지 않으면 모두 죽여버린다'고 폭언하면서 시정된 방문을 수회 발로 찬 피고인의 행위는 재물손괴죄 또는 숙소 안의 자에게 해악을 고지하여 외포하게 하는 협박죄에 해당함은 별론으로 하고, 단순히 방문을 발로 몇 번 찼다고 하여 그것이 피해자들의 신체에 대한 유형력의 행사로는 볼 수 없어 폭행죄에 해당한다고 할 수 없다).
6) 대법원 1991. 1. 29. 선고 90도2153 판결.
7) 대법원 1977. 2. 8. 선고 75도2673 판결(인분투척사건).
8) 대법원 1985. 10. 8. 선고 85도1915 판결; 대법원 1977. 2. 8. 선고 76도3758 판결.
9) 대법원 2003. 1. 10. 선고 2000도5716 판결.
10) 대법원 1970. 11. 30. 선고 70도2034 판결.

임을 인식하지 못하고 상관을 폭행한 경우에는 고의 자체가 부정되어 본죄가 성립
하지 아니한다. 반면에 다른 부대 등에 속하였다고 하더라도 상위 계급자 또는 상
위 서열자임을 인식하고 상관을 폭행한 경우에는 군조직의 위계질서와 통수체계
에 위해가 미치지 않는다고 할 수 없으며, 폭행이 사적인 자리에서 발생한 것인지,
직무 수행 중에 발생한 것인지 등과 같은 폭행이 발생한 정황, 폭행을 당한 상관
과 폭행을 한 사람이 같은 부대 등에 속하는지, 그렇지 않은지의 사정 등은 법원
의 재판과정에서 모두 반영될 수 있다. 다만 대상관범죄가 직무수행 중이 아닌 사
적인 영역에서 발생할 경우에는 양형에서 충분히 고려될 수 있다.

2) 협 박

본죄에서의 '협박'이란 일반적으로 보아 사람으로 하여금 공포심을 일으킬 수
있는 정도의 해악을 고지하는 것을 말한다. 폭행이 유형력의 행사를 의미하는 반
면에, 협박은 무형력의 행사를 의미한다고 볼 수 있다. 본죄가 성립하기 위해서는
적어도 발생 가능한 것으로 생각될 수 있는 정도의 구체적인 해악의 고지가 있어
야 한다.[1] 또한 해악의 고지가 있다고 하더라도 그것이 사회의 관습이나 윤리관념
등에 비추어 볼 때에 사회통념상 용인할 수 있을 정도의 것이라면 본죄가 성립하
지 아니한다.[2]

고지되는 해악에는 인위적인 것뿐만 아니라 천재지변 또는 신력이나 길흉화
복에 관한 것도 포함될 수 있다. 다만 천재지변 또는 신력이나 길흉화복을 해악으
로 고지하는 경우에는 상대방으로 하여금 행위자 자신이 그 천재지변 또는 신력이
나 길흉화복을 사실상 지배하거나 그에 영향을 미칠 수 있는 것으로 믿게 하는 명
시적 또는 묵시적 행위가 있어야 한다.[3] 한편 단순한 감정적인 욕설이나 폭언에
불과한 것은 피해자에게 해악을 가할 것을 고지한 행위라고 볼 수 없어 협박에 해

---

1) 대법원 1985. 7. 5. 선고 85도638 판결(자신있나사건)(전화를 통하여 '한번 만나자. 나한테 자신 있
   나'라고 말한 경우에는 협박이 되지 아니한다); 대법원 1974. 10. 8. 선고 74도1892 판결(이장두고보
   자사건)(같은 동네에 사는 동년배끼리 이장선거에서 낙선하자 상대방에 대한 불만으로 '두고보자'
   라고 말한 경우에는 협박에 해당하지 아니한다). 한편 검찰에서 공소외 회사의 직원들을 증인으로
   신청하지도 않았는데도 그 직원들이 자진하여 나왔으니 공소외 회사에 대하여 다시 광고중단 압박
   을 하겠다는 취지로 이야기하면서 피해자에게 '두고보자'라고 말한 경우에는 협박에 해당한다(대법
   원 2013. 6. 14. 선고 2009도12055 판결)(광고주두고보자사건).
2) 대법원 1998. 3. 10. 선고 98도70 판결; 대법원 1995. 9. 29. 선고 94도2187 판결(앞으로수박이없어
   지면네책임사건).
3) 대법원 2002. 2. 8. 선고 2000도3245 판결(조상천도제사건)(조상천도제를 지내지 아니하면 좋지 않
   은 일이 생긴다는 취지의 해악의 고지는 길흉화복이나 천재지변의 예고로서 행위자에 의하여 직접,
   간접적으로 좌우될 수 없는 것이고 가해자가 현실적으로 특정되어 있지도 않으며 해악의 발생가능
   성이 합리적으로 예견될 수 있는 것이 아니므로 협박으로 평가될 수 없다).

당하지 아니한다.[1]

　　해악을 가할 것을 고지하는 행위는 통상 언어에 의하는 것이나 경우에 따라서는 한마디 말도 없이 거동에 의하여 고지할 수도 있는 것이며[2], 고지되는 해악의 내용, 즉 침해하겠다는 법익의 종류나 법익의 향유 주체 등에는 아무런 제한이 없다. 여기서의 '해악'이란 법익을 침해하는 것을 가리키는데, 그 해악이 반드시 피해자 본인이 아니라 그 친족 그 밖의 제3자의 법익을 침해하는 것을 내용으로 하더라도 피해자 본인과 제3자가 밀접한 관계에 있어서 그 해악의 내용이 피해자 본인에게 공포심을 일으킬 만한 것이라면 본죄가 성립할 수 있다.[3] 이때 제3자에는 자연인뿐만 아니라 법인도 포함된다.[4]

　　또한 행위자가 직접 해악을 가하겠다고 고지하는 것은 물론, 제3자로 하여금 해악을 가하도록 하겠다는 방식으로도 해악의 고지는 얼마든지 가능하지만[5], 이 경우 고지자가 제3자의 행위를 사실상 지배하거나 제3자에게 영향을 미칠 수 있는 지위에 있는 것으로 믿게 하는 명시적·묵시적 언동을 하였거나 제3자의 행위가

---

1) 대법원 2006. 8. 25. 선고 2006도546 판결(파묻어버리겠다사건)(피고인이 자신의 동거남과 성관계를 가진 바 있던 피해자에게 '사람을 사서 쥐도 새도 모르게 파묻어버리겠다. 너까지 것 쉽게 죽일 수 있다.'라고 한 말에 관하여 이는 언성을 높이면서 말다툼으로 흥분한 나머지 단순히 감정적인 욕설 내지 일시적 분노의 표시를 한 것에 불과하고 해악을 고지한다는 인식을 갖고 한 것이라고 보기 어렵다); 대법원 1986. 7. 22. 선고 86도1140 판결(입을찢어버릴라사건)(피해자와 언쟁 중 '입을 찢어 버릴라'라고 한 말은 당시의 주위사정 등에 비추어 단순한 감정적인 욕설에 불과하고 피해자에게 해악을 가할 것을 고지한 행위라고 볼 수 없어 협박에 해당하지 않는다).

2) 대법원 1975. 10. 7. 선고 74도2727 판결(목겨눈사건)(피고인은 피고인의 집 앞에서 피해자와 사소한 문제로 시비하다가 동인이 자기 집으로 돌아가자 동인을 따라서 그 집 마당까지 가서 그곳에서 소지 중이던 위험한 물건인 가위를 동인의 목에 겨누면서 찌를 것처럼 하여 동인을 협박하였다).

3) 대법원 2012. 8. 17. 선고 2011도10451 판결(경기도당폭파하겠다사건)(피고인은 혼자서 술을 마시던 중 공소외 정당이 국회에서 예산안을 강행처리하였다는 것에 화가 나서 공중전화를 이용하여 수원중부경찰서 지령실에 여러 차례에 걸쳐 전화를 한 사실, 그리하여 피고인은 전화를 할 때마다 위 지령실에서 근무하면서 그 전화를 받은 각 경찰관에게 위 경찰서의 관할구역 내에 있는 공소외 정당 경기도당 당사를 폭파하겠다는 말을 한 사실을 알 수 있다. 그렇다면 피고인은 공소외 정당에 관한 해악을 고지한 것으로서 이 사건 공소사실에서 피해자로 일컫고 있는 각 경찰관 개인에 관한 해악을 고지하였다고 할 수 없다. 그리고 이들 경찰관은 수원중부경찰서 지령실에서 근무하던 공무원으로서, 그들이 공공의 안녕과 질서유지의 임무를 수행하고 있어서 피고인의 행위가 직무상 그에 따른 경비조치 등을 불필요하게 취하도록 하는 결과를 초래한다고 하더라도, 그것이 사안에 따라 공무집행방해 등의 죄책에 해당하는 경우가 있을 수 있음은 별론으로 하고, 다른 특별한 사정이 없는 한 일반적으로 공소외 정당에 대한 해악의 고지가 그들 개인에게 공포심을 일으킬 만큼 그와 밀접한 관계에 있다고 보기는 어렵다).

4) 대법원 2010. 7. 15. 선고 2010도1017 판결.

5) 대법원 2007. 6. 1. 선고 2006도1125 판결(장모협박사건)(피고인이 피해자의 장모가 있는 자리에서 서류를 보이면서 '피고인의 요구를 들어주지 않으면 서류를 세무서로 보내 세무조사를 받게 하여 피해자를 망하게 하겠다'라고 말하여 피해자의 장모로 하여금 피해자에게 위와 같은 사실을 전하게 하고, 그 다음날 피해자의 처에게 전화를 하여 '며칠 있으면 국세청에서 조사가 나올 것이니 그렇게 아시오'라고 말한 경우, 위 각 행위는 협박죄에 있어서 해악의 고지에 해당한다).

고지자의 의사에 의하여 좌우될 수 있는 것으로 상대방이 인식한 경우에 한하여 비로소 고지자가 직접 해악을 가하겠다고 고지한 것과 마찬가지의 행위로 평가할 수 있다. 만약 고지자가 이와 같은 명시적·묵시적 언동을 하거나 상대방이 위와 같이 인식을 한 적이 없다면 비록 상대방이 현실적으로 외포심을 느꼈다고 하더라도 이러한 고지자의 행위가 본죄를 구성한다고 볼 수는 없다.[1]

본죄가 성립되려면 고지된 해악의 내용이 행위자와 상대방의 성향, 고지 당시의 주변 상황, 행위자와 상대방 사이의 친숙의 정도 및 지위 등의 상호관계, 제3자에 의한 해악을 고지한 경우에는 그에 포함되거나 암시된 제3자와 행위자 사이의 관계 등 행위 전후의 여러 사정을 종합하여 볼 때에 일반적으로 사람으로 하여금 공포심을 일으키게 하기에 충분한 것이어야 할 것이지만, 상대방이 그에 의하여 현실적으로 공포심을 일으킬 것까지 요구되는 것은 아니며, 그와 같은 정도의 해악을 고지함으로써 상대방이 그 의미를 인식한 이상, 상대방이 현실적으로 공포심을 일으켰는지 여부와 관계없이 그로써 구성요건은 충족되어 본죄의 기수에 이르는 것으로 해석하여야 한다.[2] 주의할 점은 형법과 달리 본죄의 미수범 처벌규정은 존재하지 않는다는 것이다.

---

1) 대법원 2006. 12. 8. 선고 2006도6155 판결(대전역폭파문자사건)(피고인의 휴대전화로 112신고센터에 전화를 하여 신고접수를 받은 경찰관에게 '휴대폰으로 대전역을 폭파시키겠다는 문자를 받았는데 발신자 전화번호는 … 이다. 알아봐 달라.'고 말한 경우는 해악의 발생이 피고인의 의사에 의해 좌우될 수 있다는 취지가 아니므로 협박으로 볼 수 없다).

2) 대법원 2008. 12. 11. 선고 2008도8922 판결(피고인이 피해자 공소외 3의 비위 등을 기록한 내용을 피해자에게 제시하면서 피해자가 피고인에게 폭언한 사실을 인정하지 아니하면 그 내용을 상부기관에 제출하겠다고 한 행위는 객관적으로 보아 사람으로 하여금 공포심을 일으키게 하기에 충분한 정도의 해악의 고지에 해당한다고 할 것이므로, 피해자가 그 취지를 인식하였음이 명백한 이상 설령 피해자가 현실적으로 공포심을 느끼지 못하였다 하더라도 그와는 무관하게 상관협박죄의 기수에 이르렀다고 보아야 한다); 대법원 2008. 5. 29. 선고 2006도6347 판결(파렴치목록사건)(파렴치목록은 피고인이 2002. 12. 3.경 피해자로부터 욕설을 듣고 피해자를 고발할 목적으로 작성한 것이고, 그 기재 내용 또한 피해자가 군대 내 미술작품전시회에 출품하고자 하는 군인들에게 미술작품을 구해주는 브로커 역할을 하였으며, 공금을 횡령하였고, 장병들에게 욕설과 폭언을 일삼았다는 등의 내용으로서 비망록 수준의 것이 아닐 뿐 아니라, 이 사건 피해자에 대한 고소사건과는 무관한 것임이 명백한바, 위 파렴치 목록을 비망록 수준에 불과하다거나 피해자에 대한 고소사건의 증빙자료에 불과하다고 본 원심의 판단은 잘못이라고 할 것이다. … 파렴치 목록의 내용은 상당부분 사실이었음을 알 수 있는바, 이러한 상황에서 위 파렴치목록이 수사기관 등에 제출될 경우 군 간부이던 피해자로서는 형사처벌 또는 징계를 받거나 적어도 군 간부로서의 명예에 상당한 타격을 입을 우려가 있었다고 보지 않을 수 없으므로, 피고인이 피해자에 대한 고소사건으로 대립하고 있던 피해자에게 욕설 사실을 시인하지 아니하면 위 파렴치목록을 수사관서 등에 신고하겠다는 취지로 말한 것은, 원심이 판시한 나머지 사정들을 고려하여 보더라도, 상대방으로 하여금 공포심을 일으키게 하기에 충분한 것으로서 협박에 해당한다); 대법원 2007. 9. 28. 선고 2007도606 전원합의체 판결.

3. 처 벌

군형법 제48조에서는 상관에 대한 폭행을 '적전인 경우'와 '그 밖의 경우'로 구분하여 전자의 경우에는 1년 이상 10년 이하의 징역, 그 밖의 경우에는 5년 이하의 징역으로 처벌하고 있다.[1] 군조직의 특성상 상관을 폭행하는 행위는 상관 개인의 신체적 법익에 대한 침해를 넘어 군기를 문란케 하는 행위로서 그로 인하여 군조직의 위계질서와 통수체계가 파괴될 위험이 있기 때문에, 형법상의 폭행죄를 저지른 사람보다 엄하게 처벌할 필요성이 있고 그리하여 상관을 폭행한 사람을 5년 이하의 징역에 처하도록 하고 있다. 이에 의하면 비록 벌금형을 선택할 수는 없지만, 징역형의 하한에 제한을 두지 않아 1월부터 5년까지 다양한 기간의 징역형을 선고하는 것이 가능하며, 작량감경을 하지 않더라도 집행유예 기간 중에 있는 등 결격사유가 있는 경우가 아니라면 징역형의 집행유예나 선고유예를 선고할 수 있다.[2]

한편 상관폭행죄는 군영 외부의 사적인 자리에서 다른 부대나 다른 군(軍)에 속한 준상관을 폭행한 범죄에서부터, 명령권을 가지고 직무 수행 중인 순정상관을 폭행한 범죄까지 매우 다양한 상황에서 발생할 수 있으며, 그 상황의 다양성만큼 죄질과 행위자의 책임이 다르고, 군조직의 위계질서와 통수체계에 미치는 위해의 정도가 거의 없어서 형법의 단순 폭행죄와 다름없는 것에서부터 매우 높은 것에 이르기까지 다양하게 평가될 수 있다. 병 사이에서도 계급, 서열이 존재하여 준상관 개념을 상정할 수 있음에도 불구하고, 군사법 실무에서는 병 사이에서 발생한 폭행은 원칙적으로 상관폭행죄로 의율하지 않고 있는데, 이는 상관의 범위는 넓고 범죄가 발생할 상황은 매우 다양한 반면에 법정형은 징역형만 정해져 있어 상관폭행죄로 의율하여 처벌하는 경우 가혹할 수 있다는 반성적 고려에서 비롯된

---

[1] 헌법재판소 2016. 6. 30. 선고 2015헌바132 결정(본죄가 형법상의 폭행죄 등과 달리 징역형만을 법정형으로 정한 것은 보호법익 및 죄질의 차이를 고려한 입법자의 결단이며, 형법상의 폭행죄 및 존속폭행죄와 달리 반의사불벌죄로 규정하지 아니한 것 또한 이러한 차이에서 기인한다).

[2] 2011년부터 2015년까지 5년간 군검찰에 의해 상관폭행죄로만 기소된 사건이 12건 정도에 불과한데, 이 중 2건에 대해서는 실형, 4건에 대해서는 집행유예, 6건에 대해서는 선고유예가 각각 선고되었다. 기소된 사건 외에도 많은 상관폭행 사건이 발생하였을 것임은 능히 짐작할 수 있고, 이 중 상당수에 대해 불기소처분이 이루어졌을 것이다. 만약 상관폭행죄에 대해서 법정형으로 벌금형이 규정된다면 죄질 및 행위자의 책임에 맞는 기소와 형벌 부과가 가능해질 것이며, 벌금형을 부과하는 것이 적절한 사람에 대해서 기소유예처분을 하거나 선고유예를 선고하는 경우가 줄어들게 될 것이다. 이와 같이 상관폭행죄는 폭행의 대상이 상관이라는 것 외에는 다른 가중적 구성요건을 두고 있지 않고, 상관의 범위마저 넓어, 행위태양이 광범위하므로 그 죄질과 행위자의 책임이 매우 다양할 수 있다. 그럼에도 불구하고 준상관 등 상관을 폭행하기만 하면 일률적으로 징역형으로만 처벌하도록 규정한 것은 과잉한 형벌로서 형벌과 책임 간의 비례원칙에 위배된다.

것이다.

Ⅱ. 상관집단폭행·협박죄

제49조(상관에 대한 집단 폭행, 협박 등) ① 집단을 이루어 제48조의 죄를 범한 사람은 다음 각 호의 구분에 따라 처벌한다.
 1. 적전인 경우: 수괴는 무기 또는 10년 이상의 징역, 그 밖의 사람은 3년 이상의 유기징역
 2. 그 밖의 경우: 수괴는 무기 또는 5년 이상의 징역, 그 밖의 사람은 1년 이상의 유기징역
 ② 집단을 이루지 아니하고 2명 이상이 공동하여 제48조의 죄를 범한 경우에는 제48조에서 정한 형의 2분의 1까지 가중한다.

1. 의 의

상관집단폭행·협박죄는 집단을 이루어 상관을 폭행하거나 협박함으로써 성립하는 범죄이다. 특히 본죄는 집단을 이루지 아니하고 2명 이상이 공동하여 상관을 폭행하거나 협박함으로써도 성립한다. 이는 상관폭행·협박죄와 비교하여 집단을 이루거나 2명 이상이 공동하여 범죄를 행함으로써 행위방법의 위험성이 증가하여 불법이 가중된 구성요건이다.

2. 구성요건

본죄의 실행행위는 집단을 이루어 상관을 폭행하거나 협박하는 경우 또는 집단을 이루지 아니하고 2명 이상이 공동하여 상관을 폭행하거나 협박하는 경우로 나누어 볼 수 있다. '집단'이란 다수인이 의사공동 아래 공동목적으로 결합되어 있는 집합체로서[1] 상하관계의 조직을 이루고 수괴와 기타 임무수행자 등 일정한 역할 분담이 있는 것을 말한다.[2] 이와 같이 본죄가 수괴와 기타의 자를 법정형에 있

---

1) 육군 1965. 12. 15. 선고 65고군형항741 판결(피고인은 당시 김ㅇㅇ 중위를 집단적으로 폭행하는 분위기 속에서 동 폭행행위를 가세하려는 의도에서 "죽여라" 하는 함성을 질렀다는 것을 인정할 수 있는바 과연 그러하다면 피고인은 직접 유형력을 행사하지 않았다 할지라도 김ㅇㅇ 중위를 집단폭행한다는 범행의 인식으로 수십 명이 상호간 타인의 행위를 이용하여 전원 협력하여 범죄를 실현한 것이라고 볼 것이다).
2) 육군 1993. 5. 25. 선고 93노96 판결(피고인들이 상관인 피해자 이ㅇㅇ, 이ㅇㅇ을 폭행하게 된 동기는 공소외 병장 이ㅇㅇ이 위 피해자들이 불손하다는 이유로 위 피고인들을 포함한 하급자들에게 교육을 시키라고 넌지시 지시하여 본건에 이르게 되었고, 폭행일시 장소에서도 피고인 권ㅇㅇ, 같은 유ㅇㅇ이 먼저 위 이ㅇㅇ을 폭행하고, 나머지 피고인들은 늦게 한 사람씩 도착하여 옆에서 위력을 과시하는 등하여 폭행을 용이하게 한 사실이 인정된다고 할 것이므로 그렇다면 이러한 사실만 가지고는 집단성을 인정하기에는 부족하다고 할 것이고 달리 이 점을 인정할 만한 아무런 증거가 없으므로 단순상관폭행죄의 공동정범으로 의율하여야 할 것이다).

어서 차이를 두고 있으므로 집단에는 상하관계의 조직이 있어야 함은 당연하다.[1] 여기서의 공동목적은 적법한 것이든 불법한 것이든 불문하고, 집단의 구성원의 수에 대해서도 제한이 없으며, 다만 다중의 위력을 보일 수 있는 정도임을 요한다.[2] 특히 본죄는 집단을 이루지 않더라도 2명 이상이 공동하여 실행행위를 하는 경우에도 성립한다. 여기서 '2명 이상이 공동하여'라는 것은 수인이 동일한 장소에서 동일한 기회에 서로 다른 사람의 범행을 인식하고 이를 이용하는 것을 의미한다.

Ⅲ. 상관특수폭행·협박죄

> 제50조(상관에 대한 특수 폭행, 협박) 흉기나 그 밖의 위험한 물건을 휴대하고 제48조의 죄를 범한 사람은 다음 각 호의 구분에 따라 처벌한다.
> 1. 적전인 경우: 사형, 무기 또는 5년 이상의 징역
> 2. 그 밖의 경우: 무기 또는 2년 이상의 징역

1. 의 의

상관특수폭행·협박죄는 흉기나 그 밖의 위험한 물건을 휴대하고 상관을 폭행하거나 협박함으로써 성립하는 범죄이다. 형법은 특수폭행죄에서 단체 또는 다중의 위력을 보이는 경우와 위험한 물건을 휴대한 경우를 동일하게 처벌하고 있지만, 군형법은 이를 분리하여 규정하고 있다. 왜냐하면 군대사회에서는 다수인의 결합에 의한 폭행·협박보다 병기 등 위험한 물건을 휴대한 상태에서의 폭행·협박이 훨씬 위험성이 높은 행위이기 때문이다.

2. 구성요건

(1) 흉 기

흉기의 개념에 대해서는 사람의 살상이나 재물의 손괴를 목적으로 제작되고 그 목적을 달성하는데 적합한 물건을 의미한다고 보는 것이 일반적이다. 이에 따르면 흉기에 해당하는 물건은 모두 위험한 물건에도 해당한다. 생각건대 판례에 등장하는 대표적인 흉기가 칼(과도, 식칼, 횟감용(사시미) 칼 등)이다. 하지만 칼의 본래의 용도나 제조목적이 사람의 생명이나 신체를 침해하는 것이라고 말할 수는 없

---

1) 국방부 1973. 1. 16. 선고 72고군형항53 판결.
2) 대법원 1961. 1. 18. 선고 4293형상896 판결.

다. 칼은 그저 위험한 물건일 뿐이다. 그렇다면 본래의 용도나 제조목적이 사람의 생명이나 신체를 침해하는 것인 흉기(凶器)란 전혀 없는 것인가? 대표적으로 총을 흉기로 볼 수 있겠지만, 이것도 정확한 표현은 아니다. 군인이 사용하는 총은 적에 대한 살상용이기 때문에 전형적인 흉기라고 할 수 있지만, 민간인이 사용하는 총은 그렇지 않다. 살상용으로 민간인이 총을 소지하는 것은 적어도 우리나라에서는 허용되지 않는 불법이다. 민간인이 총을 소지하는 대부분의 경우는 수렵용이다. 이와 같이 동일한 총이라고 하더라도 총의 소지인이 누구인가에 따라 그 본래의 용도가 상이하다는 점을 알 수 있다. 비슷한 예가 군인용 대검(칼)이다. 군인이 소지한 칼은 흉기이지만, 민간인이 소지한 칼은 흉기가 아니다. 결론적으로 본죄에 있어서 흉기인지의 여부는 중요하지 않은데, 그 이유는 다음과 같다.

첫째, 군형법 제50조, 성폭력특례법 제4조 등에서는 '흉기 기타 위험한 물건을 휴대하여' 또는 '흉기나 그 밖의 위험한 물건을 지닌 채'라고 규정하고 있기 때문에 '흉기가 아닌' 위험한 물건도 동일한 처벌의 대상이 된다. '흉기 기타 위험한 물건을 휴대하여'라는 문구의 체계적인 의미는 흉기를 위험한 물건의 한 예시로 보고 있는 것이다. 즉 위험한 물건이 일반개념이고 흉기는 특수개념인 셈이다.

둘째, 기존에는 위험한 물건을 휴대하여 폭행하는 경우에는 형법이 아닌 (구) 폭력행위처벌법 제3조 제1항으로 해결하였다. 하지만 2016. 1. 6. 폭력행위처벌법 제3조 제1항을 삭제하며, 형법으로 해결하고자 하는 입장을 취하면서도 '흉기'에 대해서는 이를 형법에 편입하지 아니하고, 형법에 규정되어 있는 '위험한 물건'만으로 대처하고 있는데, 이는 '흉기' 자체의 필요성이 없다고 판단한 것이다.

결론적으로 형법 및 각종 형사특별법에서 사용되고 있는 흉기와 위험한 물건은 동의어에 지나지 아니한다. 따라서 흉기나 위험한 물건 중 하나의 용어만을 사용하는 것이 바람직한데, '위험한 물건'이라는 용어의 사용이 타당하다.

(2) 위험한 물건

'위험한 물건'[1]이란 흉기는 아니라고 하더라도 그 물건의 객관적인 성질이나 사용방법에 따라 널리 사람의 생명 · 신체에 해를 가하는 데 사용할 수 있는 일체의 물건을 말한다.[2] 본래 살상용 · 파괴용으로 만들어진 것뿐만 아니라 다른 목적

---

1) 위험한 물건에 대하여 보다 자세한 내용으로는 박찬걸, "'흉기 기타 위험한 물건을 휴대하여'의 개정방안", 법학논총 제17권 제3호, 조선대학교 법학연구원, 2010. 12, 283면 이하 참조.
2) 대법원 2003. 1. 24. 선고 2002도5783 판결(자동차는 원래 살상용이나 파괴용으로 만들어진 것이 아니지만 사람의 생명 또는 신체에 위해를 가하거나 다른 사람의 재물을 손괴하는 데 사용되었다면 폭력행위처벌법 제3조 제1항의 '위험한 물건'에 해당한다); 대법원 2002. 9. 6. 선고 2002도2812

으로 만들어진 것이라고 하더라도 용법에 따라 일반인이 사실상 위험을 느낄 수 있는 물건도 그것이 사람의 생명 · 신체에 해를 가하는 데 사용되었다면 위험한 물건에 해당한다.

판례에 의하면, 드라이버[1]), 안전면도용칼날[2]), 가위[3]), 쪽가위[4]), 조각도[5]), 파리약 유리병[6]), 마이오네즈병[7]), 빈양주병[8]), 깨어지지 아니한 상태의 맥주병[9]), 500cc 맥주잔[10]), 깨어진 병[11]), 깨뜨린 2홉들이 소주병 조각[12]), 깨어진 유리조각[13]), 의자 · 당구큐대[14]), 알루미늄 야구방망이[15]), 사주된 동물[16]), 항아리조각 · 부러뜨린 걸레자루[17]), 곡괭이자루[18]), 세멘벽돌[19]), 직경 10cm 가량의 돌[20]), 쌀가마 등을 운반하는데 사용되는 갈쿠리[21]), 삽날 길이 21cm 가량의 야전삽[22]), 전자충격기[23]), 실탄이 장전되지 않은 공기총[24]), 공포탄을 발사한 행위[25]), 30cm의

판결; 대법원 1997. 5. 30. 선고 97도597 판결; 대법원 1984. 10. 23. 선고 84도2001 판결 등 다수.
1) 대법원 1973. 5. 22. 선고 73도837 판결(피고인이 드라이버를 상관인 강대위의 배에 대면서 "사람을 왜 치느냐"라고 폭언하고 이어서 1심 피고인들과 합세하여 강대위에 달려들고 또 책상위에 있는 명패를 집어 들고 자기의 손을 찍으며 강대위에 대하여 "나를 다시는 안 볼테냐?"라고 말했으며 다른 상피고인들과 합세하여 상관인 신대위에게 "몸으로 한 번 해 볼 테냐" 하면서 덤빌 자세를 취했다는 따위의 행동은 위 상관들의 신체에 위해를 가할 것을 표시 즉 상대방에 알아차리게 한 것이라고 인정함이 상당하다).
2) 대법원 1971. 4. 30. 선고 71도430 판결.
3) 대법원 1985. 3. 26. 선고 85도157 판결.
4) 대법원 1984. 1. 17. 선고 83도2900 판결.
5) 대법원 1992. 5. 12. 선고 92도381 판결.
6) 대법원 1961. 1. 18. 선고 4293형상896 판결.
7) 대법원 1984. 6. 12. 선고 84도647 판결.
8) 대법원 1997. 2. 25. 선고 96도3411 판결.
9) 대법원 1991. 12. 27. 선고 91도2527 판결.
10) 대법원 2010. 8. 19. 선고 2010도8135 판결.
11) 대법원 1991. 5. 28. 선고 91도80 판결.
12) 대법원 1986. 6. 24. 선고 86도947 판결.
13) 대법원 1982. 2. 23. 선고 81도3074 판결.
14) 대법원 1997. 2. 25. 선고 96도3346 판결.
15) 대법원 2005. 4. 28. 선고 2005도547 판결.
16) 대법원 2002. 9. 6. 선고 2002도2812 판결.
17) 대법원 1990. 6. 12. 선고 90도859 판결.
18) 대법원 1990. 1. 25. 선고 89도2245 판결.
19) 대법원 1990. 1. 23. 선고 89도2273 판결.
20) 대법원 1995. 11. 24. 선고 95도2282 판결.
21) 대법원 1986. 8. 19. 선고 86도960 판결.
22) 대법원 2001. 11. 30. 선고 2001도5268 판결.
23) 대법원 2008. 4. 24. 선고 2007도10058 판결.
24) 대법원 2002. 11. 26. 선고 2002도4586 판결(피고인이 피고인의 승용차 트렁크에서 공기총(구경 4.5㎜로 독일제인 다이아나 54)을 꺼내어 피해자를 향해 들이대고 피해자를 협박한 사실, 그 무렵 피고인은 승용차 트렁크에 공기총 실탄 474개를 공기총과 함께 보관하고 있었던 사실을 인정하고 나서, 비록 피고인이 공기총에 실탄을 장전하지 아니하였다고 하더라도 피고인은 범행 현장에서 공기총과 함께 실탄을 소지하고 있었고 피고인으로서는 언제든지 실탄을 장전하여 발사할 수도 있었

공구1), 길이 약 35cm이고 너비 약 9cm의 각목2), 자동차3), 샤프펜슬4), 바스타액제(제초제)5), 최루탄과 최루분말6) 등이 위험한 물건에 해당한다.

　　생각건대 위험한 물건을 해석함에 있어서 위험성에 대한 판단에 앞서 물건의 인정 여부를 판단하는 것이 보다 효율적이라고 할 수 있다. 왜냐하면 위험성의 개념은 물건의 개념과 비교했을 때 상대적으로 규범적이기 때문이다. 따라서 구체적인 물건의 개념을 파악한 이후에 이에 포섭되지 아니한 것은 위험성의 판단도 거칠 필요가 없다. 물건의 개념은 민법 제98조에 규정되어 있는데, '물건'이란 유체물 및 전기 기타 관리할 수 있는 자연력을 말한다. 이와 같이 물건은 원칙적으로 유체물이어야 하므로 사람의 신체 일부인 주먹이나 발은 물건이라고 할 수 없다. 그러므로 권투선수가 자신의 주먹으로 상대방의 안면부를 강타하는 행위는 단순폭행죄에 해당된다. 하지만 큰 반지를 낀 상태에 있는 자가 큰 반지로 상대방을 가격할 의도로 주먹을 휘두른 경우, 신발의 앞부분이 단단한 축구화·군화·하이힐 등으로 상대방을 가격할 의도로 발목을 찬 경우 등에서는 물건을 휴대 내지 이용하여 폭행했다고도 볼 수 있다. 즉 형식적으로는 신체의 일부를 사용한 것처럼 보이는 사안일지라도 경우에 따라 가해자의 신체의 일부와 피해자의 신체 사이에 위험한 매개물이 접합되어 있다면 실질적으로 위험한 물건을 휴대하여 범죄를 저지른 것으로 보아야 한다. 또한 물건인 이상 고체뿐만 아니라 액체7)나 기체도 이에

던 것이므로 위 공기총이 폭력행위처벌법 제3조 제1항 소정의 '흉기 기타 위험한 물건'에 해당한다). 하지만 대법원이 공기총과 함께 주위에 실탄이 있어 언제든지 실탄을 장전하여 발사할 수도 있었다는 이유로 실탄이 장전되지 않은 공기총도 위험한 물건에 해당한다고 판시한 것은 논리적으로 문제가 있다. 만약 주위에 실탄이 없었다면 피고인이 절대적으로 총을 발사할 수 없었을 것인데, 이와 같이 실탄의 존재 여부를 기준으로 위험한 물건을 판단하는 것은 타당하지 않기 때문이다.

25) 부산고등법원 2016. 9. 22. 선고 2016노417 판결.
 1) 대법원 1984. 2. 14. 선고 83도3165 판결.
 2) 대법원 1985. 10. 8. 선고 85도1717 판결.
 3) 대법원 2010. 11. 11. 선고 2010도10256 판결(피고인이 甲과 운전 중 발생한 시비로 한차례 다툼이 벌어진 직후 甲이 계속하여 피고인이 운전하던 자동차를 뒤따라온다고 보고 순간적으로 화가 나 甲에게 겁을 주기 위하여 자동차를 정차한 후 4 내지 5m 후진하여 甲이 승차하고 있던 자동차와 충돌한 사안에서, 본래 자동차 자체는 살상용, 파괴용 물건이 아닌 점 등을 감안하더라도, 위 충돌 당시와 같은 상황하에서는 甲은 물론 제3자라도 피고인의 자동차와 충돌하면 생명 또는 신체에 살상의 위험을 느꼈을 것이므로, 피고인이 자동차를 이용하여 甲에게 상해를 가하고, 甲의 자동차를 손괴한 행위는 폭력행위처벌법 제3조 제1항이 정한 '위험한 물건'을 휴대하여 이루어진 범죄라고 봄이 상당하다); 대법원 2001. 2. 23. 선고 2001도271 판결.
 4) 대법원 2010. 6. 10. 선고 2010도4040 판결.
 5) 대법원 2002. 9. 6. 선고 2002도2812 판결.
 6) 대법원 2014. 6. 12. 선고 2014도1894 판결.
 7) 대법원 2002. 9. 6. 선고 2002도2812 판결.

해당한다. 예를 들면 끓는 물을 타인에게 퍼붓는 경우, 스프레이나 가스분사기를 얼굴에 뿌리는 경우 등이 이에 해당한다.

한편 물건의 개념을 해석할 때 주의해야 할 점은 물건을 수식하는 '휴대'라는 개념과의 연관성이다. 휴대라는 용어가 사용된다는 점은 물건이 휴대가능한 것에 한정된다는 것을 의미하기 때문에, 위험한 물건에서 말하는 '물건'이란 부동산을 제외한 동산에 국한된다. 이러한 해석에 의하면 사람의 머리를 건물의 벽이나 바위에 부딪치게 하는 행위는 물건을 휴대하였다고 할 수 없기 때문에 특수폭행죄가 아니라 단순폭행죄가 될 뿐이다. 하지만 '휴대'가 아니라 '이용'이라는 용어가 물건을 수식할 때에는 이러한 경우에도 특수폭행죄가 성립할 수 있다.

하지만 위험한 물건을 해석함에 있어서 가장 중요한 문제는 위험성 유무를 어떻게 판단하는 것인가에 있다.[1] 원칙적으로 위험한 물건은 객관적인 성질에 따라 결정할 일이기 때문에 행위자의 주관적인 의도는 고려의 여지가 없다. 이에 대하여 판례[2]는 위험한 물건의 위험성 여부는 구체적인 사안에 따라 사회통념에 비추어 그 물건을 사용하면 그 상대방이나 제3자[3]가 곧 위험성을 느낄 수 있으리라고 인정되는 물건인가의 여부에 따라 이를 판단하여야 한다고 하면서 위험한 물건을 사용하게 된 동기를 고려하는 태도를 보이고 있다. 즉 동일한 물건이라도 사용자의 의도·사용방법·상대방의 인식 등이 어떠한 것인가에 따라 위험한 물건의 해당 여부가 달라질 수 있다는 것이다.

판례에 의하면, ① 당구공으로 피해자의 머리를 툭툭 건드린 정도에 불과한 경우[4], ② 피

---

1) 이에 대하여 실무에서는 위험성 여부를 판단함에 있어서 형의 가중이유, 물건의 객관적 상태, 물건에 대한 주관적 인식, 사용동기 및 사용경위, 사용방법, 가해자와 피해자와의 상대적 관계, 피해부위 및 정도, 기타 요소 등을 제시한다.

2) 대법원 2009. 3. 26. 선고 2007도3520 판결; 대법원 2008. 5. 15. 선고 2008도2074 판결; 대법원 2003. 1. 24. 선고 2002도5783 판결; 대법원 1981. 7. 28. 선고 81도1046 판결.

3) 상대방 또는 제3자 중 위험성을 느끼는 기준이 누구이냐 하는 것이 문제될 수 있다. 판례는 상대방이나 제3자 모두가 위험성을 느끼는 기준으로 파악하고 있는데, 만약 일반인(제3자)은 위험성을 느끼지 않지만 피해자(상대방)가 소심하여 위험성을 느끼는 경우 또는 일반인은 위험성을 느끼지만 피해자가 대담하여 위험성을 느끼지 못하는 경우 등과 같이 상대방과 제3자가 느끼는 위험성의 정도가 상이할 경우 과연 누구를 기준으로 위험성의 판단을 할 것인가가 문제된다. 범행 당시에 피해자가 실제로 위험성을 느꼈는지 여부는 위험성 판단의 한 요소일 뿐 결정적 요소는 아니다. 그러므로 위험성의 유무는 피해자가 실제로 처하였던 구체적 상황을 기초로 하여 일반인의 입장에서 판단하여야 한다.

4) 대법원 2008. 1. 17. 선고 2007도9624 판결(피고인이 2006. 12. 21. 02:00경 당구장에서 피해자가 시끄럽게 떠든다는 이유로, 주먹으로 피해자의 얼굴 부위를 1회 때리고 그곳 당구대 위에 놓여있던 당구공으로 피해자의 머리 부위를 수회 때려, 피해자에게 치료일수 불상의 입술 부위가 터지고 머리부위가 부어오르는 상해를 가하였다는 이 사건 공소사실에 대하여, 피고인이 피해자의 얼굴을

해자가 거짓말을 하였다는 이유로 당구큐대로 피해자의 머리 부위를 3~4회 가볍게 톡톡 때린 경우[1], ③ 피해자가 먼저 식칼을 들고 나와 피고인을 찌르려다가 피고인이 이를 저지하기 위하여 그 칼을 뺏은 다음 피해자를 훈계하면서 칼의 칼자루 부분으로 피해자의 머리를 가볍게 친 경우[2], ④ 쇠파이프(길이 2m, 직경 5cm)로 머리를 구타당하면서 이에 대항하여 그 곳에 있던 각목(길이 1m, 직경 5cm)으로 상대방의 허리를 구타하여 전치 2주의 상해를 입힌 경우[3], ⑤ 피고인이 이혼 분쟁 과정에서 자신의 아들을 승낙 없이 자동차에 태우고 떠나려고 하는 피해자들 일행을 상대로 급하게 추격 또는 제지하는 과정에서 속도가 빠르지 않은 상황에서 소형자동차로 중형자동차를 충격한 경우[4], ⑥ 피고인이 술에 취하여 다수의 사람이 있는 상태에서 소화기를 던지며 소란을 피운 경우[5], ⑦ 대검집으로 방탄헬멧을 쓰고 있는 피해자의 머리를 1회 때린 경우[6] 등에 있어서는 특수폭행죄의 성립을 인정하지 아니한다.

주먹으로 가격하여 생긴 상처가 주된 상처로 보이고, 당구공으로는 피해자의 머리를 툭툭 건드린 정도에 불과한 것으로 보이는 사실을 인정한 다음, 위와 같은 사정 아래에서는 피고인이 당구공으로 피해자의 머리를 때린 행위로 인하여 사회통념상 피해자나 제3자에게 생명 또는 신체에 위험을 느끼게 하였으리라고 보여지지 아니하므로 위 당구공은 폭력행위처벌법 제3조 제1항의 '위험한 물건'에는 해당하지 아니한다).
1) 대법원 2004. 5. 14. 선고 2004도176 판결.
2) 대법원 1989. 12. 22. 선고 89도1570 판결(그와 같은 사정 아래서는 피해자가 (위와 같은 피고인의 행위에) 위험성을 느꼈으리라고는 할 수 없다).
3) 대법원 1981. 7. 28. 선고 81도1046 판결(위 각목은 그 성질상 위험한 물건이라고는 볼 수 없을 뿐만 아니라 피고인이 이를 사용하게 된 경위를 보면 그 상대방인 원심상피고인이나 일반 제3자가 그 위험성을 느낄 수 있는 정도의 물건이었다고 보여 지지 아니하므로 위 각목을 같은 법률 제3조 제1항 소정의 위험한 물건이라고는 할 수 없을 것이다). 하지만 각목은 성질상 위험한 물건임에 분명하다. 보다 정확하게 표현하자면 위험한 물건(각목)을 위험하지 않게 사용한 것이라고 보아야 할 것이다.
4) 대법원 2009. 3. 26. 선고 2007도3520 판결(피고인이 이혼 분쟁 과정에서 자신의 아들을 승낙 없이 자동차에 태우고 떠나려고 하는 피해자들 일행을 상대로 급하게 추격 또는 제지하는 과정에서 이 사건 자동차를 사용하게 된 점, 이 사건 범행은 소형승용차(라노스)로 중형승용차(쏘나타)를 충격한 것이고, 충격할 당시 두 차량 모두 정차하여 있다가 막 출발하는 상태로서 차량 속도가 빠르지 않았으며 상대방 차량의 손괴 정도가 그다지 심하지 아니한 점, 이 사건 자동차의 충격으로 피해자들이 입은 상해의 정도가 비교적 경미한 점 등의 여러 사정을 종합하면, 피고인의 이 사건 자동차 운행으로 인하여 사회통념상 상대방이나 제3자가 생명 또는 신체에 위험을 느꼈다고 보기 어렵다). 동 사건에서 피고인은 손괴죄와 상해죄의 상상적 경합범으로 처벌되었다.
5) 대법원 2010. 4. 29. 선고 2010도930 판결(소화기소란사건)(피고인이 술에 취하여 경륜장 매표소에서 행패를 부리자 피해자들을 비롯한 다수의 경륜장 직원들이 피고인을 제지하였고 이에 피고인이 경륜장 사무실로 들어가자 위 직원들이 따라 들어간 점, 피고인은 사무실 안에서도 위 직원들 5~6명이 있는 상태에서 소화기들을 던지며 소란을 피웠는데 특정인을 겨냥하여 던진 것으로는 보이지 아니하는 점, 피해자들이 상해를 입지 않은 점 등의 여러 사정을 종합하면, 피고인이 위 소화기들을 던진 행위로 인하여 사회통념상 피해자들이나 제3자가 생명 또는 신체에 위험을 느꼈던 것으로는 보기 어렵다고 판단하여 피고인에 대한 폭력행위처벌법 제3조 제1항 위반죄가 성립하지 아니한다).
6) 고등군사법원 2010. 4. 13. 선고 2009노335 판결(대검집폭행사건)(초병특수폭행죄의 공소사실의 요지는 "피고인은 2009. 9. 26. 위병소에서 피해자 최○○와 경계근무를 서던 중, 대대간부 차량이 출입하는 데 있어 수하 및 보고를 제대로 못하자, 대검집으로 방탄헬멧을 쓰고 있는 피해자의 머리를 1회 때리고 발과 손으로 초병인 피해자를 폭행하고, 2009. 9. 29. 소속대 탄약고 앞에서 경계근무를 서고 있던 피해자 최○○에게 근무지 인수인계 과정에서 피해자가 말도 없이 자신의 총기를 가지고 근무를 나간 것으로 인해 간부에게 질책 받은 것에 화가 나 휴대하고 있던 대검집으로 방탄헬

위의 판례에서 제시된 당구공·당구큐대·식칼·각목·자동차·소화기 등은 다른 판례사안의 경우에서 위험한 물건에 해당하는 것들이다. 하지만 특수한 사안에 있어서는 위험한 물건이 안 된다고 하는 판례의 취지는 객관적인 물건의 형상이나 용법이 동일하다고 하더라도 그 물건의 실제 사용방법이나 사용하게 된 동기 및 배경 등을 개별적으로 판단하고 있는 것이다. 위험한 물건의 위험성 여부는 당해 물건 자체의 성질과 형상뿐만 아니라 그 물건을 사용하여 한 폭행의 방법, 부위와 정도 및 결과, 행위자와 피해자의 관계, 행위 당시의 정황 등 여러 사정을 고려하여 사회통념에 비추어 그 물건을 사용하면 상대방이나 제3자가 곧 살상의 위험을 느낄 수 있는지 여부에 따라 판단하여야 한다는 점에서 하급심의 판단과 상급심의 판단이 상반된 결론이 나오기도 하였다.[1] 이러한 특수한 사안의 가장 대표적인 예가 피해상대방에게 일정 부분 책임이 있는 경우라고 할 수 있다. 예를 들면 피해자가 먼저 가격을 한 경우 또는 문제를 일으킨 경우에 가해자가 이를 저지하거나 문제를 해결하려고 하는 과정에서 폭행이 발생한 경우에는 위험한 물건의 휴대 내지 이용을 인정하지 않는 반면에, 가해자가 먼저 가격을 한 경우에 있어서는 대체로 위험한 물건의 휴대 내지 이용을 인정하고 있다.

이상의 점에 비추어 볼 때 판례의 입장은 '위험한 물건'을 해석함에 있어서 구성요건을 제한적으로 해석하고 있음을 알 수 있다. 즉 위험한 물건을 휴대하는 것만으로는 물건휴대폭행죄가 성립하지 않고, 위험한 물건을 '위험하게' 휴대하는 정도에 이르러야만 물건휴대폭행죄가 성립한다는 것이다. 이와 같이 위험성의 판단을 이중으로 하게 되는데, 제1단계의 위험성 판단은 위험한 '물건'이다. 여기서의 위험성은 물건을 수식하는 것으로서, 물건 그 자체가 가지고 있는 객관적인 성질

멧을 쓴 피해자의 머리를 3회, 전투화 신은 발로 피해자 정강이 2회 차는 등 초병을 폭행한 것이다." 라고 함에 있다. 판단컨대, 대검집이 플라스틱으로 만들어진 점, 당시 대검집 안에는 대검이 없었던 점, 피해자가 쓰고 있던 방탄헬멧 위로 플라스틱으로 된 대검집으로 때렸던 점, 피고인이 피해자를 폭행하게 된 정황에 비추어 보아도 본 건 대검집을 위험한 물건으로 판단할 수 없으므로 검찰관의 항소는 이유 없다).

1) 대법원 1999. 11. 9. 선고 99도4146 판결(조폭금주령위반사건)(피고인이 폭행에 사용한 쇠파이프는 길이가 150cm, 지름이 7cm이고, 각목은 길이가 100cm, 굵기가 4cm 내지 5cm로서 사용방법에 따라서는 위험한 물건이 될 수도 있으나, 폭력조직의 선배가 금주령을 어긴 채 술을 마시고 길거리를 돌아다니는 후배들을 훈계한다는 명목 아래 폭행에 이른 사정, 피해자들을 엎드리게 한 다음 피해자 1인당 쇠파이프로 10대씩, 각목으로 60대씩 때리기는 하였으나 때린 부위가 엉덩이와 허벅지 사이로 한정되었고 피해자들이 특별히 반항하지 않아 다른 신체부위를 가격할 가능성도 거의 없었던 사정, 피해자들은 위와 같이 폭행당하여 피멍이 들기는 하였으나 바로 걸을 수 있었고, 2일 내지 3일 정도 약을 바르거나 약도 바르지 않은 채 일주일 또는 보름 정도 후에 자연적으로 치유된 사정 등을 참작하면, 쇠파이프나 각목은 폭행의 상대방이나 제3자가 바로 살상의 위험을 느낄 수 있을 정도의 물건으로 볼 수 없어 위 법조 소정의 '위험한 물건'에 해당하지 않는다).

의 관점에서 위험성 여부를 판단한다. 예를 들어 뿅망치, 솜방망이 등은 그 자체가 객관적으로 타인에게 살상의 결과를 발생시킬 수 없기 때문에 제1단계의 위험성 판단에서 탈락하게 된다. 다음으로 제2단계의 위험성 판단은 위험한 '휴대'이다. 여기서의 위험성은 휴대를 수식하는 것으로서, 비록 객관적으로 위험한 물건일지라도 사용의 방법, 침해의 부위, 사용의 동기, 상대방의 인식 등 여러 가지 가변요소들을 고려하여 위험성 여부를 다시 판단하게 된다. 이러한 해석은 피고인에게 유리한 것이므로 죄형법정주의에 어긋나는 해석이라고 할 수는 없다.

(3) 휴 대

'휴대하여'의 의미와 관련하여, 과거의 판례는 「휴대라고 함은 범행현장에서 사용할 의도 아래 위험한 물건을 몸 또는 몸 가까이에 소지하는 것을 말한다.」라고 판시[1]하여, 소지설의 입장을 취한 적도 있었지만, 최근에는 「위험한 물건을 '휴대하여'라는 말은 소지뿐만 아니라 널리 이용한다는 뜻도 포함하고 있다.」라고 판시[2]하여, 이용설의 입장을 취하고 있다.

생각건대 휴대의 사전적 의미는 '손에 들거나 몸에 지니고 다니는' 것이다.[3]

---

1) 대법원 1992. 5. 12. 선고 92도381 판결(자기가 기거하는 장소에 보관하였다는 것만으로는 위험한 물건의 휴대라고 할 수 없는 것이므로 …); 대법원 1990. 11. 13. 선고 90도2170 판결(장칼 2개 등 위험한 물건들을 피고인의 아파트에 보관하였다는 것만으로는 위험한 물건의 휴대라고 할 수는 없을 것이다); 대법원 1984. 1. 31. 선고 83도2959 판결; 대법원 1982. 2. 23. 선고 81도3074 판결(위험한 물건의 휴대라고 함은 손에 드는 등 몸에 지닌 것을 말하나 이 휴대라 함은 반드시 몸에 지니고 다니는 것을 뜻한다고는 할 수 없으니 범행 현장에서 범행에서 사용할 의도 아래 이를 소지하거나 몸에 지니는 경우도 휴대라고 볼 것이므로 본건에서 피고인이 깨어진 유리조각을 들고 피해자의 얼굴에 던졌다면 이는 위험한 물건을 휴대하였다고 볼 것이다).

2) 대법원 2002. 9. 6. 선고 2002도2812 판결; 대법원 1998. 5. 29. 선고 98도1086 판결(피고인이 주유소에서 유류대금을 내지 않고 도망하려 하자 주유소 직원이 차의 창문을 잡고 차를 세우라고 소리치는데도 동인을 매단 채 약 30m 진행하다가 땅에 넘어뜨려 상해를 가한 경우 자동차도 위험한 물건에 해당하기 때문에 폭력행위처벌법 제3조 제1항이 적용된다); 대법원 1997. 5. 30. 선고 97도597 판결(위험한 물건을 '휴대하여'라는 말은 소지뿐만 아니라 널리 이용한다는 뜻도 포함하고 있다고 할 것인데, 피고인은 견인료납부를 요구하면서 피고인 운전의 캐피탈 승용차의 앞을 가로막고 있는 교통관리직원인 피해자 이영수의 다리 부분을 위 승용차 앞범퍼 부분으로 들이받고 약 1m 정도 진행하여 동인을 땅바닥에 넘어뜨려 폭행하였다는 것이므로, 피고인의 이러한 행위는 위험한 물건인 자동차를 이용하여 위 이영수를 폭행하였다고 할 것이다); 대법원 1984. 10. 23. 선고 84도2001 판결(피고인은 향토예비군설치법위반으로 피고인을 연행하려는 경찰관을 뿌리치고 도망가다가 경찰관 공소외 1의 추격을 당하자 부근에 세워두었던 승용차에 올라 타 문을 잠그고 출발하여 도주하려고 하던 중 공소외 1이 위 승용차 본넷트 위에 뛰어 올라 운전석 앞 유리창을 몸으로 막고 도주하지 못하게 하여 피고인을 체포하려고 하자 그대로 약 500m 가량을 시속 30km로 진행하다가 진행방향을 갑자기 오른쪽으로 바꾸어 공소외 1을 도로에 나가 떨어지게 하여 그로 하여금 약 6주일의 치료를 요하는 좌측 측두골골절상 및 뇌진탕등의 상해를 입게 하였다는 것이므로 피고인의 소위는 위험한 물건인 자동차를 이용하여 공소외 1의 공무집행을 방해하고 그로 인하여 공소외 1에게 상해를 입게 하였다).

3) 육군 1983. 9. 2 선고 83고군형항185 판결(피고인이 엠16소총에 실탄을 삽탄, 장전하여 소속대 상

이러한 휴대라는 용어의 의미에 비추어 볼 때 판례가 취하고 있는 이용설은 문언의 가능한 의미를 훨씬 넓게 파악하는 개념이다. 확장해석이 모든 경우에 있어서 금지되는 것은 아니지만 휴대를 사용 또는 이용이라고 확장하는 것은 피고인을 불리하게 처우하는 해석이므로 허용되지 아니한다. 따라서 적어도 현행법이 '휴대'라는 구성요건요소를 유지하는 한 판례의 입장은 지양되어야만 한다.

해석론적으로는 현행의 문언대로 엄격하게 규정을 바라보아야 한다는 점은 유지되어야 하지만, 입법론적으로는 현행의 문언을 그대로 유지하는 것이 형벌가중적 구성요건으로서 특수범죄를 규정한 입법취지에 과연 부합하는가라는 점에서 재고의 여지가 있다. 어떠한 범죄에 있어서 위험한 물건이 구성요건요소에 포함되어 있는 경우는 형벌가중적 구성요건에 해당한다. 본죄가 형벌을 가중하고 있는 이유는 범죄의 결과 때문이 아니라 행위의 수단과 방법이 피해자에게 중대한 법익침해를 야기할 위험이 있고 피해자의 방어기회를 제한하기 때문이다. 따라서 위험한 물건을 실제 사용하거나 적어도 상대방에게 인식하게 한 경우에는 피해자에 대한 법익침해발생가능성과 피해자의 방어기회제한가능성이 나타나 가중처벌을 할 수 있는 것이다.

한편 위험한 물건에 대한 상대방의 인식 여부와 관련하여, 판례는 「범행 현장에서 범행에 사용하려는 의도 아래 흉기 등 위험한 물건을 소지하거나 몸에 지닌 이상 그 사실을 피해자가 인식하거나 실제로 범행에 사용하였을 것까지 요구되는 것은 아니라 할 것」이라고 판시[1]하여, 인식불요설의 입장을 취하고 있다. 생각건대 인식불요설은 법문의 규정이 '휴대하여'라고 되어 있는 한계로 말미암아 나타나는 학설로서, 만약 법문의 규정을 다른 용어로 개정한다면 학설의 가치가 감쇄될 것이다. 이에 형벌가중적 구성요건을 규정한 입법취지를 고려할 때 인식요구설이 타당하다. 즉 상대방이 위험한 물건의 존재 그 자체를 적어도 인식하여야만 법익

황실에 들어간 직후 위 소총을 도판에 세워 놓은 사실, 상황실에 들어간 이후 위 한○○를 삽탄장전된 엠16소총으로 위협하여 해악을 고지하였거나 고지한 사실을 인정할 증거가 없으므로 가사 피고인이 그러한 내심의 의사를 가졌다고 하더라도 협박행위의 실행에 나아갔다고 볼 수 없다).

1) 대법원 2007. 3. 30. 선고 2007도914 판결(범행 현장에서 범행에 사용하려는 의도 아래 흉기 등 위험한 물건을 소지하거나 몸에 지닌 이상 그 사실을 피해자가 인식하거나 실제로 범행에 사용하였을 것까지 요구되는 것은 아니라 할 것이다. 피고인이 처음부터 이 사건 화훼용 가위를 피해자에게 상해를 가하기 위하여 소지하고 있었던 것은 아니라 하더라도 피해자와 시비하는 과정에서 의도적으로 이를 휘둘러 피해자에게 상해를 가한 이상, 이는 폭력행위처벌법 제3조 제1항 소정의 위험한 물건을 휴대한 경우에 해당한다); 대법원 2004. 6. 11. 선고 2004도2018 판결; 대법원 2003. 1. 24. 선고 2002도5783 판결; 대법원 1984. 4. 10. 선고 84도353 판결(피고인이 폭력행위 당시 과도를 범행현장에서 호주머니 속에 지니고 있었던 이상 피해자가 그 사실을 인식하지 못하였더라도 위험한 물건을 휴대한 경우에 해당한다).

침해발생가능성과 방어기회제한가능성이 나타나기 때문이다. 또한 상대방에게 '보여'져서 인식이 가능하다는 의미는, 단체 또는 다중의 위력을 '보여'라고 하는 행위태양과 일치되는 효과도 나타난다.[1]

결론적으로 위험한 물건에 대한 범인의 지배가능성과 상대방의 인식가능성을 기준으로 형벌가중 여부를 판단하여야 한다. 그러므로 위험한 물건을 이용하기 위해서는 적어도 현장에 위험한 물건이 위치해 있음으로 인하여 언제든지 위험한 물건을 이용하기에 족한 상태에 있어야 할 뿐만 아니라[2] 그러한 이용가능성에 대하여 상대방이 인식하여야만 한다. 따라서 기존의 규정에 대한 입법적인 재검토를 요하는바, '위험한 물건을 이용하여'로 개정하는 것이 타당하며, 이러한 구성요건요소를 두는 것은 다음과 같은 기존의 한계사례를 해결할 수 있다.

첫째, 왼손으로 병을 들고 오른손으로 폭행할 경우 또는 쇠파이프를 가지고 가서 주먹으로 폭행할 경우 등에서는 병이나 쇠파이프를 '휴대하여' 범한 것이 되지만, 병이나 쇠파이프를 '이용하여' 범한 것에 대해서는 의문이 있을 수 있다. 하지만 이 사례에서도 위험한 물건을 '이용하여' 범한 것이라고도 충분히 볼 수 있다. 물론 병이나 쇠파이프를 이용하여 직접 상대방에게 가격을 하지는 않았지만 다른 손에 이를 들고 있음으로 인하여 상대방으로 하여금 방어기회의 제한을 초래하였기 때문이다. 이는 실질적으로 위험한 물건을 이용하였다고 볼 수 있다.

둘째, 고정되어 있는 벽이나 바위 또는 벽에 박힌 못 등의 위험한 물건에 부딪치게 하여 상대방을 폭행하는 경우 '이용하여'라는 개념을 통해서는 충분히 가중처

---

1) 일본의 경우 「폭력행위 등 처벌에 관한 법률」 제1조(집단적 폭행·협박·손괴)에 의하면 '단체나 다중의 위력을 보이거나 단체나 다중을 가장하여 위력을 보이거나 흉기를 보이거나 수인이 공동하여 형법 제208조, 제222조 또는 제261조의 죄를 범한 자는 3년 이하의 징역 또는 30만엔 이하의 벌금에 처한다.'라고 규정하고 있어, '흉기를 (외부에) 보이는 행위'를 행위태양으로 하고 있다. 즉 단순히 휴대하는 단계에 그치지 않고, 더 나아가 휴대사실을 제3자가 인식할 수 있도록 외부에 보이는 행위까지 이르러야만 가중처벌의 대상이 된다.

2) 대법원 1994. 10. 11. 선고 94도1991 판결(폭력행위처벌법 제3조 제1항, 제2조 제1항, 형법 제319조 제1항 소정의 특수주거침입죄는 흉기 기타 위험한 물건을 휴대하여 타인의 주거나 건조물 등에 침입함으로써 성립하는 범죄이므로, 수인이 흉기를 휴대하여 타인의 건조물에 침입하기로 공모한 후 그 중 일부는 밖에서 망을 보고 나머지 일부만이 건조물 안으로 들어갔을 경우에 있어서 특수주거침입죄의 구성요건이 충족되었다고 볼 수 있는지의 여부는 직접 건조물에 들어간 범인을 기준으로 하여 그 범인이 흉기를 휴대하였다고 볼 수 있느냐의 여부에 따라 결정되어야 할 것이다. 당시 흉기가 보관되어 있던 차량은 피고인 등이 침입한 위 건물로부터 약 30 내지 50m 떨어진 거리에 있었고, 차량 안에 남아 있던 다른 피고인들은 만약의 사태에 대비하면서 차량 안에 남아서 유심히 주위의 동태를 살피다가 피고인 등이 도망치는 모습을 발견하고서는 그대로 차를 운전하여 도주한 사실을 인정할 수 있는바, 그렇다면 위 건물 안으로 들어간 피고인 등 범인들을 기준으로 할 경우에 그들이 위 건조물에 들어갈 때 30 내지 50m 떨어진 거리에 세워진 차 안에 있던 흉기를 휴대하고 있었다고는 볼 수 없을 것이다).

벌을 할 수가 있다. 이용은 물건을 그대로 두고도 그 물건의 성질을 필요에 따라 수단으로 활용하는 것을 의미하기 때문에 이러한 사례에서 위험한 물건을 이용했다고 보아도 무리가 없다. 벽에 있는 벽돌을 떼어내어 폭행하는 경우와 고정되어 있는 벽의 벽돌 부분으로 밀쳐서 폭행하는 경우는 처벌에 있어서 차별할 합리적인 이유가 없다.

셋째, 형사법이 위험한 '동산'이라고 쓰지 않고 위험한 '물건'이라고 표현한 것은 동산뿐만 아니라 부동산도 경우에 따라서는 가중처벌의 수단으로 작용하는 경우를 상정한 것이라고 보아야 한다. 그러나 물건에 대하여 '휴대하여'라는 수식어를 사용할 경우에는 가동성이 없는 부동산은 필연적으로 배제된다. 하지만 '이용하여'라는 수식어를 사용할 경우에는 입법자가 물건이라고 표현한 입법취지에 부합하는 해석이 가능하다.

넷째, 자동차의 경우에도 물건에 해당함은 부인할 수 없다. 기존에는 자동차를 이용한 경우 과연 위험한 물건의 '휴대'에 해당하는지와 관련하여 학설의 대립이 있었으나, 자동차는 사회통념상 휴대할 수 있는 물건이라고 볼 수 없기 때문에 이를 이용하여 폭행을 가한 경우에는 특수폭행죄가 성립하지 않는다고 보는 것이 문언의 가능한 의미를 벗어나지 않는 해석이다. 하지만 자동차를 이용한 폭행을 다른 위험한 물건을 이용한 폭행과 비교하여 볼 때, 상대적으로 감경해 줄 필요성은 없기 때문에 '이용하여'라는 문언을 통하여 특수범죄로 처리하는 것이 타당하다. 한편 자동차를 사용하여 상대방을 가격하는 경우, 가해자의 의사는 폭행의 고의보다 상해의 고의로 파악하는 것이 더 바람직하므로 상관특수폭행죄가 아니라 상관특수상해죄로 의율하는 것이 타당하다.

다섯째, 기존에는 위험한 물건에 대한 상대방의 인식 여부와 관련하여 학설의 대립이 있었고, 인식불요설이 다수설의 위치를 차지하고 있었다. 이는 '휴대하여'라는 기존의 문언으로 말미암아 상대방에게 내어 보이지 않고 모르게 감추어서 휴대하는 경우에도 동조의 적용을 받는 것으로 이해하였기 때문이다. 하지만 형벌가중의 입법취지를 고려하면 상대방이 적어도 위험한 물건에 대한 인식을 하여야만 한다. 그러므로 상대방에게 위험한 물건을 내어 보이는 '이용'행위가 필연적으로 요구된다.

3. 죄수 및 다른 범죄와의 관계

폭행의 피해자가 서로 다를 경우에는 각인에 대한 두 개의 행위에 대하여는 비록 행위태양은 비슷하다 할지라도 의사의 단일성을 인정할 수 없을 뿐만 아니라 피해법익이 상이하므로 피해자별로 두개의 범죄행위가 성립된다.[1] 그러므로 각 범죄로 보아서 형법 제37조 전단의 경합범으로 처단하여야 한다.

Ⅳ. 상관폭행치사상죄

> 제52조(상관에 대한 폭행치사상) ① 제48조부터 제50조까지의 죄를 범하여 상관을 사망에 이르게 한 사람은 다음 각 호의 구분에 따라 처벌한다.
> 　1. 적전인 경우: 사형, 무기 또는 10년 이상의 징역
> 　2. 전시, 사변 시 또는 계엄지역인 경우: 사형, 무기 또는 5년 이상의 징역
> 　3. 그 밖의 경우: 무기 또는 5년 이상의 징역
> ② 제48조 또는 제49조의 죄를 범하여 상관을 상해에 이르게 한 사람(제49조 제1항 각 호의 죄를 범한 사람 중 수괴는 제외한다)은 다음 각 호의 구분에 따라 처벌한다.
> 　1. 적전인 경우: 무기 또는 3년 이상의 징역
> 　2. 그 밖의 경우: 1년 이상의 유기징역

1. 의 의

상관폭행치사죄는 상관폭행죄·상관집단폭행죄·상관특수폭행죄를 범하여 상관을 사망에 이르게 함으로써 성립하는 범죄이고, 상관폭행치상죄는 상관폭행죄·상관집단폭행죄를 범하여 상관을 상해에 이르게 함으로써 성립하는 범죄이다.[2] 본죄는 진정결과적 가중범에 해당한다. 상관폭행치상죄는 상관폭행치사죄와는 달리 기본범죄로서 상관특수폭행죄가 제외되어 있는데, 이는 상관특수폭행죄의 법정형이 상관폭행치상죄의 법정형보다 높게 설정되어 있기 때문이다.

2. 구성요건

(1) 주 체

상관폭행치사죄의 주체는 상관폭행죄·상관집단폭행죄·상관특수폭행죄를 범한 자이고, 상관폭행치상죄의 주체는 상관폭행죄·상관집단폭행죄를 범한 자이다.

---

[1] 육군 1976. 12. 28. 선고 76고군형항1097 판결.
[2] 대법원 1976. 2. 10. 선고 75도3608 판결(피고인은 1975. 2. 22. 하사에 진급되고 피해자인 공소외인은 이보다 앞선 1973. 9. 15. 하사로 진급되었으니 피해자는 피고인의 상관에 준하는 것으로 되는 것이요 상관특수폭행치상죄(군형법 제52조 제2항 제2호, 제50조, 제48조)를 다스림에 있어서는 피차간에 명령복종관계는 없을지언정 동일계급의 상서열자는 상관으로 보아서 처리하는 것이 상당하다).

본죄의 구성요건은 '제48조부터 제49조 또는 제50조까지의 죄를 범하여 상관을 사망 또는 상해에 이르게 한 사람'이라고 되어 있어 형식적으로 보면, 상관협박죄·상관집단협박죄·상관특수협박죄를 범하여 상관을 사망이나 상해에 이르게 한 사람의 경우에도 범죄의 성립을 인정하는 듯하지만, 협박과 치사상의 결과발생 사이에는 상당인과관계가 인정될 수 없기 때문에 폭행의 경우로 제한해석해야 한다. 이는 근본적으로 폭행과 협박을 별도의 구성요건으로 분리하지 아니하고 동일한 구성요건에 함께 규정하고 있는데서 발생하는 입법적인 오류로 평가된다.[1] 그러므로 향후 양자를 분리하는 개정이 이루어져야 할 것이다.

한편 상관폭행치상죄의 주체와 관련하여 제49조 제1항 각 호의 죄를 범한 사람 가운데 수괴는 제외한다. 즉 상관집단폭행·협박죄는 적전인 경우에 수괴를 무기 또는 10년 이상의 징역에 처하고 있는데, 상관폭행치상죄는 적전인 경우에 무기 또는 3년 이상의 징역에 처하고 있다. 이와 같이 상관집단폭행·협박죄의 결과적 가중범인 상관폭행치상죄의 법정형이 오히려 낮게 설정되어 있기 때문에 처벌의 불합리를 제거할 필요가 있는 것이다.

(2) 행 위

본죄의 실행행위는 상관을 사망 또는 상해에 이르게 하는 것이다. 본죄는 폭행과 사망 또는 상해의 결과 사이에 인과관계가 있는 이외에 사망 또는 상해의 결과에 대한 예견가능성, 즉 과실이 있어야 한다.[2] 이러한 예견가능성의 유무는 폭행의 정도와 피해자의 대응상태 등 구체적 상황을 살펴서 엄격하게 가려야 하는데, 만연히 예견가능성의 범위를 확대해석함으로써 제15조 제2항이 결과적 가중범에 책임주의의 원칙을 조화시킨 취지를 몰각하여 과실책임의 한계를 벗어나 형사처벌을 확대하는 일은 피하여야 할 것이다.[3]

---

1) 同旨 이진우, "입법론적 견지에서 본 군형법상의 문제점", 검찰 제52호, 대검찰청, 1973. 12, 151면.
2) 고등군사법원 2002. 2. 26. 선고 2002노34 판결(당시 피고인이 피해자 최○○ 대위를 향하여 야구방망이를 휘두를 때 피고인의 상관인 피해자 이○○ 및 최○○ 대위가 현장에 있었음을 인식하고 있었으며, 피고인의 위 최○○ 대위에 대한 난동을 말리는 상관들의 제지행위에 대해서 그 고의를 인정할 수 있다면, 이와 사실상 논리적으로 불가분의 관계에 있다고 판단되는 위 이○○의 제지행위를 뿌리치는 행위에 대해서도 상관에 대한 고의를 인정하는 것이 타당하다).
3) 대법원 1999. 12. 28. 선고 98도4181 판결(폭행치사죄는 폭행죄를 범하여 사람을 사망에 이르게 한 죄이므로 이를 유죄로 인정한 판결이유에는 피고인이 폭행의 구체적 사실이 명시되어야 할 것인데, 판결이유에서 범죄사실을 '피고인이 불상의 방법으로 피해자를 가격하여 그 충격으로 피해자가 뒤로 넘어지면서 우측 후두부가 도로 바닥에 부딪쳐 사망에 이르렀다'고 기재한 것만으로는 피고인이 범한 폭행 사실의 구체적 사실을 기재하였다고 할 수 없다).

V. 상관상해죄

> 제52조의2(상관에 대한 상해) 상관의 신체를 상해한 사람은 다음 각 호의 구분에 따라 처벌한다.
>   1. 적전인 경우: 무기 또는 3년 이상의 징역
>   2. 그 밖의 경우: 1년 이상의 유기징역
> 제63조(미수범) 제52조의2부터 제52조의4까지, 제53조 제1항, 제58조의2부터 제58조의4까지, 제59조 제1항, 제60조의2 및 제60조의3의 미수범은 처벌한다.

1. 의 의

상관상해죄는 상관의 신체를 상해함으로써 성립하는 범죄이다.[1] 상해죄의 보호법익은 사람의 신체에 대한 건강 내지 생리적 기능이며[2], 보호의 정도는 침해범이고, 폭행죄의 보호법익은 사람의 신체에 대한 안전 내지 건재(온전성)이며, 보호의 정도는 추상적 위험범으로 파악해야 한다.

2. 구성요건

(1) 행 위

본죄의 실행행위는 상관의 신체를 상해하는 것이다. '상해'란 신체의 생리적 기능에 장애를 초래하는 것을 말한다. 상해는 반드시 외부적인 상처가 있어야만 하는 것이 아니고, 여기서의 생리적 기능에는 육체적 기능뿐만 아니라 정신적 기능도 포함된다. 다만 모발·수염·손톱 등을 잘라내는 것 등은 상해에 해당하지 않는데, 이와 같이 신체의 외관에 중대한 변경을 가져오더라도 상해가 되지 않는 경우가 있다.

일반적으로 상해는 폭행을 통해 발생되는 경우가 많지만 실제로는 폭행과 상해의 구별이 법률의 규정과 같이 명확하지는 않다. 이러한 구별은 외적인 행위로 구별할 수가 없기 때문에 행위자의 고의에 의해 판단될 수밖에 없다. 여기서 주의할 점은 상해의 결과가 언제나 폭행을 그 수단으로 하지 않는다는 것이다. 예를

---

1) 제정 군형법이 상관상해죄를 두고 있지 않은 이유를 (구) 일본육군형법에 상해죄 규정이 없었기 때문이라고 파악하는 견해로는 박안서, 52면.
2) 대법원 1982. 12. 28. 선고 82도2588 판결(상해죄의 성립에는 상해의 고의와 신체의 완전성을 해하는 행위 및 이로 인하여 발생하는 인과관계 있는 상해의 결과가 있어야 한다). 본 판례는 신체의 완전성설을 취하고 있는 점이 특이하다.

들면 정신적인 고통을 주어 불면증·심각한 우울증·신경성소화불량·식욕감퇴 등을 야기하는 행위, 상한 음식을 주어 배탈이 나게 하는 행위, 성병을 감염시키는 행위 등이 이에 해당한다. 한편 본죄는 결과범에 해당하므로, 행위와 결과 사이에 인과관계가 존재하여야 기수가 된다.

(2) 주관적 구성요건

본죄가 성립하기 위해서는 상관이라는 점에 대한 인식이 필요한데, 여기서 상관이라는 점에 대한 인식은 확정적일 필요가 없고, 행위 당시 인식이 가능하였으면 족하다.[1] 또한 생리적 기능을 훼손하는 것에 대한 인식 및 의사라는 고의가 있어야 한다. 그러므로 폭행의 고의로 상해를 가할 경우에는 폭행치상죄, 상해의 고의로 폭행을 하였으나 상해의 결과가 발생하지 않은 경우에는 상해미수죄가 성립한다. 이에 대하여 판례는 「상해죄는 결과범이므로 그 성립에는 상해의 원인인 폭행에 관한 인식이 있으면 충분하고 상해를 가할 의사의 존재는 필요하지 않으나, 폭행을 가한다는 인식이 없는 행위의 결과로 피해자가 상해를 입었던 경우에는 상해죄가 성립하지 아니한다.」라고 판시[2]하고 있는데, 이러한 태도는 현행법의 체계에 비추어 볼 때 타당하지 않다. 상해죄의 고의에 관한 의용형법에서는 상해죄를 폭행죄의 결과적 가중범으로 규정하여 상해죄의 성립에 있어서 상해의 원인인 폭행의 의사만 있으면 족한 것으로 보았는데, 판례의 입장은 이러한 구시대적인 발

---

1) 고등군사법원 1998. 8. 18. 선고 98노345 판결(선비촌주점사건)(피고인들이 강원도 인제군 원통면 원통리 소재 '타타타' 노래방에서 다방 아가씨 한 명을 불러 함께 놀다가 위 아가씨가 피고인들이 한 농담에 화가 나서 노래방을 나간 후 그 부근의 '선비촌' 주점을 들어가자 피고인들도 그 아가씨를 따라 주점으로 들어갔던 사실, 주점에 들어 간 아가씨가 테이블에서 다른 병사들과 이야기하다가 밖으로 나오자 피고인들도 아가씨를 따라 나오려고 할 때 주점 입구의 카운터에 있던 사복을 입은 이건 피해자 김○○ 및 안경을 낀 다른 하사가 피고인들을 입구 쪽으로 나오라고 하면서 피해자 김○○이 자기는 '51연대 선임하사'라며 신분을 밝힌 후 "다방 아가씨는 자기 친구 애인인데, 건드리지 말고 그냥 가라"라고 반말투로 이야기한 사실, 피고인들이 '51연대 선임하사'라는 말을 듣고 처음에는 간부인 것 같아 일단 여관으로 돌아갔다가 피해자가 반말투로 얘기한 것에 화가나 재차 위 주점으로 가서 이건 폭행사고가 발생하게 된 사실, 위 주점에는 이건 피해자 김○○ 뿐만 아니라 주점 안쪽에 외박을 나온 다른 병사들도 술을 마시고 있은 사실 등이 각 인정된다. 위 인정 사실에 의하면 피해자가 비록 사복을 입고 있었고, 안경을 낀 다른 하사도 있었으며, 간부인 것 같아 일단 여관으로 갔다가 다시 와서 폭력을 행사한 점으로 보아 피해자가 상관이라는 점에 대한 미필적 고의는 있었다고 보이고, 달리 피고인들이 상관이라는 점을 알지 못하였다고 볼 다른 자료가 없다).
2) 대법원 2000. 7. 4. 선고 99도4341 판결; 대법원 1983. 3. 22. 선고 83도231 판결(술내기팔씨름사건)(피고인은 피해자가 경영하는 포장마차 식당에서 공소외인과 술내기 팔씨름을 하여 피고인이 이겼는데도 공소외인이 다시 한번 하자고 덤벼들자 피고인은 식탁위에 있던 식칼을 집어들고 자신의 팔뚝을 1회 그어 자해하고, 이를 제지하려고 피해자가 양팔로 피고인을 뒤에서 붙잡자 그 제지를 벗어나려고 식칼을 잡은 채 이를 뿌리친 잘못으로 상해를 입혔다는 것으로서 피고인에게는 폭행에 대한 인식마저 인정할 수 없다).

상에 머물러 있는 것이다.

Ⅵ. 상관집단상해죄

제52조의3(상관에 대한 집단상해 등) ① 집단을 이루어 제52조의2의 죄를 범한 사람은 다음 각 호의 구분에 따라 처벌한다.
　　1. 적전인 경우: 수괴는 무기 또는 10년 이상의 징역, 그 밖의 사람은 무기 또는 5년 이상의 징역
　　2. 그 밖의 경우: 수괴는 무기 또는 7년 이상의 징역, 그 밖의 사람은 3년 이상의 유기징역
② 집단을 이루지 아니하고 2명 이상이 공동하여 제52조의2의 죄를 범한 경우에는 제52조의2에서 정한 형의 2분의 1까지 가중한다.
제63조(미수범) 제52조의2부터 제52조의4까지, 제53조 제1항, 제58조의2부터 제58조의4까지, 제59조 제1항, 제60조의2 및 제60조의3의 미수범은 처벌한다.

　　상관집단상해죄는 집단을 이루어 상관의 신체를 상해함으로써 성립하는 범죄이다. 특히 본죄는 집단을 이루지 아니하고 2명 이상이 공동하여 상관의 신체를 상해함으로써도 성립한다. 이는 상관상해죄와 비교하여 집단을 이루거나 2명 이상이 공동하여 범죄를 행함으로써 행위방법의 위험성이 증가하여 불법이 가중된 구성요건이다. 본죄에 대한 그 밖의 내용은 상관집단폭행·협박죄에서 설명한 것과 동일하다.

Ⅶ. 상관특수상해죄

제52조의4(상관에 대한 특수상해) 흉기나 그 밖의 위험한 물건을 휴대하고 제52조의2의 죄를 범한 사람은 다음 각 호의 구분에 따라 처벌한다.
　　1. 적전인 경우: 사형, 무기 또는 10년 이상의 징역
　　2. 그 밖의 경우: 무기 또는 3년 이상의 징역
제63조(미수범) 제52조의2부터 제52조의4까지, 제53조 제1항, 제58조의2부터 제58조의4까지, 제59조 제1항, 제60조의2 및 제60조의3의 미수범은 처벌한다.

　　상관특수상해죄는 흉기나 그 밖의 위험한 물건을 휴대하고 상관의 신체를 상해함으로써 성립하는 범죄이다. 본죄에 대한 그 밖의 내용은 상관특수폭행·협박죄에서 설명한 것과 동일하다.

Ⅷ. 상관중상해죄

> 제52조의5(상관에 대한 중상해) 제52조 제2항 및 제52조의2부터 제52조의4까지의 죄를 범하여 상관의 생명에 위험을 발생하게 하거나 불구 또는 불치나 난치의 질병에 이르게 한 사람은 다음 각 호의 구분에 따라 처벌한다.
> 1. 적전인 경우: 사형, 무기 또는 10년 이상의 징역
> 2. 전시, 사변 시 또는 계엄지역인 경우: 사형, 무기 또는 3년 이상의 징역. 다만, 제52조의3 제1항 제2호의 죄를 범한 사람 중 수괴는 사형, 무기 또는 7년 이상의 징역에 처한다.
> 3. 그 밖의 경우(제52조의3 제1항 제2호의 죄를 범한 사람 중 수괴는 제외한다): 무기 또는 3년 이상의 징역

1. 의 의

상관중상해죄는 상관폭행치상죄·상관상해죄·상관집단상해죄·상관특수상해죄를 범하여 상관의 생명에 위험을 발생하게 하거나 불구 또는 불치나 난치의 질병에 이르게 함으로써 성립하는 범죄이다. 본죄는 상관상해죄 등과 비교하여 불법이 가중된 구성요건이며, 결과에 대하여 과실이 있는 경우뿐만 아니라 고의가 있는 경우에도 성립하는 부진정결과적 가중범에 해당한다.

2. 구성요건

(1) 기본범죄

본죄가 성립하기 위해서는 우선 상해행위가 존재해야 한다. 상해의 개념과 유형에 대해서는 전술한 바와 같다.

(2) 중한 결과의 발생

1) 생명에 대한 위험발생

'생명에 대한 위험발생'이란 치명상·혼수상태 등과 같이 생명에 대한 '구체적' 위험의 발생을 말한다(구체적 위험범). 생명에 대한 위험이 침해로 이어질 경우에는 본죄가 아니라 상관상해치사죄가 성립한다.

2) 불 구

'불구'란 신체의 중요부분이 절단되거나 그 기능이 영구적 또는 일시적으로 상실되는 것을 말한다. 예를 들면 실명(失明)[1], 혀[2]·코·귀 절단, 성기 절단, 팔·다리

---

1) 대법원 1960. 4. 6. 선고 4292형상395 판결.
2) 부산지방법원 1965. 1. 12. 선고 64고합6813 판결.

절단, 청력상실, 신체 내부의 장기상실, 신체마비 등이 이에 해당한다. 하지만 이빨 2개가 부러진 경우[1], 2개월간 입원할 정도로 다리가 부러진 경우, 3주간의 치료를 요하는 우측흉부자상[2] 등은 이에 해당하지 아니한다. 불구는 일반인을 기준으로 객관적으로 판단해야 한다.

3) 불치 또는 난치의 질병

'불치 또는 난치의 질병'이란 현대의 의학수준에서 치료가 불가능하거나 완치가 어려운 질병을 말한다. 예를 들면 심각한 정신병 유발·기억상실증·척추장애·심폐기능장애 등이 이에 해당한다. 하지만 상처의 흔적이나 흉터는 질병이 아니므로 이에 해당하지 아니한다.

(3) 주관적 구성요건

가해행위시에 중상해의 고의가 있는 경우는 물론이고 상해의 고의만 있었더라도 그 가해행위로 인하여 중상해의 결과가 발생하는 경우에는 중상해에 대한 예견가능성이 인정되는 한 본죄가 성립한다.[3] 하지만 본죄의 미수범 처벌규정은 없다. 이에 중상해의 고의로 미수에 그친 자는 실무에서 상관상해미수죄로 처벌하고 있다.

Ⅸ. 상관상해치사죄

> 제52조의6(상관에 대한 상해치사) 제52조의2부터 제52조의5까지의 죄를 범하여 상관을 사망에 이르게 한 사람은 다음 각 호의 구분에 따라 처벌한다.

---

1) 대법원 1960. 2. 29. 선고 4292형상413 판결.
2) 대법원 2005. 12. 9. 선고 2005도7527 판결.
3) 대전고등법원 1995. 4. 7. 선고 94노738 판결(피해자의 비협조적이고 무성의한 태도에 하도 화가 난 피고인이 탁자 위에 놓아두었던 가로 25.5cm 세로 35.5cm의 직사각형 모양의 결재판을 오른손에 들고 피고인의 얼굴 부분을 가격하자 피해자는 이를 인식하지 못한 상태에서 미처 피할 틈도 없이 위 결재판에 왼쪽 눈 부위를 맞아 안구가 파열되어 실명되는 중상을 입은 사실이 인정되는바, 피고인의 가격으로 인하여 피해자의 왼쪽 안구가 파열된 점에 비추어 피해자는 결재판의 날카로운 모서리 부분에 눈부위를 맞은 것으로 보이고, 상해의 부위 및 정도의 점, 피고인이 이 사건 범행에 이르게 된 경위 등을 보태어 보면, 피고인은 피해자에게 단순히 삿대질을 하였다거나, 결재판으로 피해자를 한 번 툭 치는 정도가 아니라 형법상 위법성을 띠는 유형력을 행사할 의사에 기하여 강도 높은 가격행위를 한 것으로 보이므로 피고인에게 상해의 고의가 있었음은 충분히 인정할 수 있고, 또 사람의 머리나 얼굴 부분은 외부로부터의 공격에 매우 취약하고 위험한 부분으로서 이 부분에 대한 가격으로 생명 신체에 큰 위해가 야기될 수 있음은 누구나 쉽게 예견할 수 있는 바이므로, 피고인이 피해자의 얼굴 부분을 결재판의 날카로운 모서리 부분으로 상당한 강도로 가격하였다면 가사 피해자의 왼쪽 눈 부분을 직접 겨냥하지는 아니하였다고 하더라도 이로 인하여 중상해의 결과가 발생할 수 있음을 예견하는 것이 불가능하였다고도 할 수 없다).

1. 적전인 경우: 사형, 무기 또는 10년 이상의 징역
2. 전시, 사변 시 또는 계엄지역인 경우: 사형, 무기 또는 5년 이상의 징역
3. 그 밖의 경우(제52조의3 제1항 제2호의 죄를 범한 사람 중 수괴는 제외한다): 무기 또는 5년 이상의 징역

1. 의 의

상관상해치사죄는 상관상해죄·상관집단상해죄·상관특수상해죄·상관중상해죄를 범하여 상관을 사망에 이르게 함으로써 성립하는 범죄이다. 본죄는 상관상해죄 등에 대한 진정결과적 가중범이다.

2. 구성요건

(1) 기본범죄

본죄가 성립하기 위해서는 우선 상해행위가 존재해야 한다. 상관폭행치사죄와 상관상해치사죄의 법정형은 동일하기 때문에 피해자가 외상 후 사망한 경우 대부분 본죄로 의율되고 있는 실정이다. 한편 상해행위가 미수에 그친 경우에도 본죄의 성립을 인정할 수 있다.

(2) 중한 결과의 발생

중한 결과로써 사망의 결과가 발생하여야 한다. 본죄는 진정결과적 가중범이기 때문에 사망의 결과는 반드시 과실에 의하여 발생해야 한다.

(3) 상해행위와 사망의 결과 발생 간의 인과관계

피고인의 행위가 피해자를 사망하게 한 직접적 원인은 아니었다고 하더라도 이로부터 발생된 다른 간접적 원인이 결합되어 사망의 결과를 발생하게 한 경우라도 그 행위와 사망 사이에는 인과관계가 인정된다.[1]

(4) 사망에 대한 예견가능성

행위자에게는 사망의 결과 발생에 대한 예견가능성이 있어야 한다. 이러한 예견가능성이 없는 경우에는 상관상해죄가 성립할 뿐이다. 예를 들면 사람의 얼굴과 가슴에 대한 가격은 신체기능에 중대한 지장을 초래할 수 있고 더구나 두뇌 부위

---

1) 대법원 1982. 12. 28. 선고 82도2525 판결(패혈증사건)(진단서에는 직접사인 심장마비, 호흡부전, 중간선행사인 패혈증, 급성심부전증, 선행사인 자상, 장골 정맥파열로 되어 있으나, 망인의 경우 위와 같은 패혈증은 자창의 감염과 2차에 걸친 수술, 과다한 수혈 때문이며, 위 망인의 증상에 비추어 위와 같은 수술과 수혈은 불가피했다는 것이고 심부전증, 심장마비는 몸 전체의 기관의 기능이 감소되어 생긴 것이라는 것이므로, 피해자가 이건 범행으로 부상한 후 1개월이 지난 후에 위 패혈증 등으로 사망하였다 하더라도 그 패혈증이 위 자창으로 인한 과다한 출혈과 상처의 감염 등에 연유한 것인 이상 피고인의 행위와 피해자의 사망과의 사이에 인과관계의 존재를 부정할 수는 없다).

에 대하여 두개골 결손을 가져올 정도로 타격을 가할 경우에 치명적인 결과를 가져올 수 있다는 것은 누구나 예견할 수 있는 일이라고 할 것이므로, 피해자의 사망의 결과에 대한 예견가능성이 있었던 것으로 인정할 수 있다.

Ⅹ. 상관살해죄

> 제53조(상관 살해와 예비, 음모) ① 상관을 살해한 사람은 사형 또는 무기징역에 처한다.
> ② 제1항의 죄를 범할 목적으로 예비 또는 음모를 한 사람은 1년 이상의 유기징역에 처한다.
> 제63조(미수범) 제52조의2부터 제52조의4까지, 제53조 제1항, 제58조의2부터 제58조의4까지, 제59조 제1항, 제60조의2 및 제60조의3의 미수범은 처벌한다.

1. 의 의

상관살해죄는 상관을 살해함으로써 성립하는 범죄이다. 2009. 11. 2. 개정을 통하여 무기징역형이 선택형의 하나로 추가된 바 있다.

2. 구성요건

(1) 행 위

본죄의 실행행위는 상관을 살해하는 것이다. 여기서의 상관에는 순정상관과 준상관을 모두 포함한다. '살해'란 고의로 사람의 생명을 자연적인 사기(死期)에 앞서 인위적으로 단절시키는 것을 말한다. 살해의 원인[1]·수단·방법 등에는 제한이 없으나, 살해행위로서의 사회적 정형성은 갖추고 있어야 한다. 또한 작위뿐만 아니라 부작위에 의한 살해도 가능하다.

(2) 인과관계

본죄는 살해행위와 사망이라는 결과 사이에 인과관계를 구성요건요소로 하는 결과범에 속한다. 이러한 살인의 실행행위가 피해자의 사망이라는 결과를 발생하게 한 유일한 원인이거나 직접적인 원인이 되어야만 하는 것은 아니므로, 살인의 실행행위와 피해자의 사망과의 사이에 다른 사실이 개재되어 그 사실이 사망의 직접적인 원인이 되었다고 하더라도 그와 같은 사실이 통상 예견할 수 있는 것에 지

---

[1] 이에 대하여 전투라는 긴박한 상황에서 중태라는 극심한 육체적 고통에 빠진 자를 도저히 치료할 방법도 없고, 적의 수중에서 죽음의 결과를 피할 수 없는 상황에서 아군이 전술 등의 필요에 따라 안락사시키는 것은 위법성이 조각된다고 파악하는 견해로는 이상철, 210면.

나지 않는다면 살인의 실행행위와 피해자의 사망과의 사이에 인과관계가 있는 것으로 보아야 하지만[1], 형법상의 인과관계가 부정되면 미수범으로 처벌된다.

(3) 주관적 구성요건

본죄에 있어서의 고의는 반드시 살해의 목적이나 계획적인 살해의 의도가 있어야 인정되는 것은 아니고, 자신의 행위로 인하여 상관의 사망의 결과를 발생시킬 만한 가능 또는 위험이 있음을 인식하거나 예견하면 족한 것이고, 그 인식이나 예견은 확정적인 것은 물론 불확정적인 것이라도 소위 미필적 고의로도 인정되는 것이다.[2] 살해행위와 사망 사이의 인과관계에 대한 인식도 요구되지만, 양자 사이에 본질적인 차이가 없는 한 정확한 인과관계를 인식해야 하는 것은 아니다. 또한 피고인이 범행 당시 살인의 범의는 없었고 단지 상해 또는 폭행의 범의만 있었을 뿐이라고 다투는 경우에 피고인에게 범행 당시 살인의 범의가 있었는지 여부는 피고인이 범행에 이르게 된 경위, 범행의 동기, 준비된 흉기의 유무·종류·용법, 공격의 부위와 반복성, 사망의 결과발생 가능성 정도 등 범행 전후의 객관적인 사정을 종합하여 판단할 수밖에 없다.[3]

---

1) 대법원 1994. 3. 22. 선고 93도3612 판결(콜라김밥사건)(피해자는 피고인들의 이 사건 범행으로 입은 자상으로 인하여 급성신부전증이 발생되어 치료를 받다가 다시 폐렴·패혈증·범발성혈액응고장애 등의 합병증이 발생하여 1993. 3. 17. 사망한 사실, 급성신부전증의 예후는 핍뇨형이나 원인질환이 중증인 경우에 더 나쁜데, 사망률은 30% 내지 60% 정도에 이르고 특히 수술이나 외상 후에 발생한 급성신부전증의 경우 사망률이 가장 높은 사실, 급성신부전증을 치료할 때에는 수분의 섭취량과 소변의 배설량을 정확하게 맞추어야 하는 사실, 피해자는 외상으로 인하여 급성신부전증이 발생하였고 또 소변량도 심하게 감소된 상태였으므로 음식과 수분의 섭취를 더욱 철저히 억제하여야 하는데, 이와 같은 사실을 모르고 콜라와 김밥 등을 함부로 먹은 탓으로 체내에 수분저류가 발생하여 위와 같은 합병증이 유발됨으로써 사망하게 된 사실 등을 인정할 수 있는바, 사실관계가 이와 같다면, 위 피고인들의 이 사건 범행이 위 피해자를 사망하게 한 직접적인 원인이 된 것은 아니지만, 그 범행으로 인하여 위 피해자에게 급성신부전증이 발생하였고 또 그 합병증으로 위 피해자의 직접사인이 된 패혈증 등이 유발된 이상, 비록 그 직접사인의 유발에 위 피해자 자신의 과실이 개재되었다고 하더라도 이와 같은 사실은 통상 예견할 수 있는 것으로 인정되므로, 위 피고인들의 이 사건 범행과 위 피해자의 사망과의 사이에는 인과관계가 있다고 보지 않을 수 없다); 대법원 1982. 12. 28. 선고 82도2525 판결(패혈증사건)(진단서에는 직접사인 심장마비, 호흡부전, 중간선행사인 패혈증, 급성심부전증, 선행사인 자상, 장골 정맥파열로 되어 있으나, 망인의 경우 패혈증은 자창의 감염과 2차에 걸친 수술, 과다한 수혈 때문이며, 망인의 증상에 비추어 수술과 수혈은 불가피했다는 것이고 심부전증, 심장마비는 몸 전체의 기관의 기능이 감소되어 생긴 것이라는 것이므로 피해자가 이건 범행으로 부상한 후 1개월이 지난 후에 패혈증 등으로 사망하였다고 하더라도 그 패혈증이 자창으로 인한 과다한 출혈과 상처의 감염 등에 연유한 것인 이상 피고인의 행위와 피해자의 사망과의 사이에 인과관계의 존재를 부정할 수는 없다).

2) 대법원 2008. 3. 27. 선고 2008도507 판결; 대법원 2001. 9. 28. 선고 2001도3997 판결; 대법원 2000. 8. 18. 선고 2000도2231 판결; 대법원 1998. 3. 24. 선고 97도3231 판결.

3) 대법원 2016. 2. 19. 선고 2015도12980 전원합의체 판결(피고인은 학창 시절 동급생으로부터 괴롭힘을 당하면서 자신을 괴롭힌 학생을 살해하는 등의 상상을 해 온 바 있고, 군 입대 후 실수를 하거나 임무를 제대로 수행하지 못하여 간부나 선임들의 지적을 받거나 이들이 자신의 별명을 부르는

3. 미 수

(1) 예비·음모

1) 상관살해예비죄

'살해예비'란 살해의 실행을 위한 심리적 준비행위 이외의 준비행위로서 실행의 착수에 이르지 않은 일체의 행위를 말한다. 상관살해예비죄가 성립하기 위해서는 상관살해죄를 범할 목적 외에도 살해의 준비에 관한 고의가 있어야 하며, 나아가 실행의 착수까지에는 이르지 아니하는 살해의 실현을 위한 준비행위가 있어야 한다. 여기서의 준비행위는 물적인 것에 한정되지 아니하며 특별한 정형이 있는 것도 아니지만, 단순히 범행의 의사 또는 계획만으로는 그것이 있다고 할 수 없고 객관적으로 보아서 살인죄의 실현에 실질적으로 기여할 수 있는 외적 행위를 필요로 한다.[1] 하지만 살해의 대상자가 확정되지 않으면 본죄로 의율할 수 없다.[2]

것에 대해서 자신을 괴롭히거나 무시하는 행동이라고 생각해 왔으며, 후임들이 자신에게 경례를 하지 아니하는 등 무시한다고 생각해 오던 중 2014. 6. 21. 16:00경 강원 고성군 현내면 마달리에 있는 GOP ○○−△ 초소에 놓인 순찰일지에 자신의 외모를 희화화하고 모욕하는 표현이 들어 있는 그림과 글을 보고 충격을 받아 학창 시절부터 그때까지의 괴롭힘과 무시를 떠올리며 분노하다가 소초원들을 모두 살해하기로 결심하였다. 피고인은 자신이 근무하여 온 ○○ 소초의 소초원들 근무형태 등을 볼 때 실제 총격상황이 발생하더라도 신속한 대응이 어려울 것이라고 판단하고 교통통제소에 모인 무장한 병력만 살해한다면 자신의 범행 목적을 달성할 수 있을 것이라고 생각한 후, 그날 20:10경 GOP ○○−□ 초소 근처의 교통통제소에서 무장한 채 대기하고 있던 상관 및 동료 병사 등 7명을 우선적으로 살해하고자 수류탄을 던져 폭발시켰으나 이들이 상해를 입었을 뿐 사망하지는 아니하자, K−2 소총에 공포탄을 제거하고 탄창을 결합한 다음 교통통제소에서 막사 방향으로 도주하던 피해자들을 향해 실탄을 발사하여 상관인 하사 공소외 1의 우측 복부를 맞춰 그 자리에서 총창으로 사망하게 하였고, 연이어 가지고 있던 탄창으로 교체한 후 마침 동료들의 구조 요청을 듣고 오던 상병 공소외 2, 일병 공소외 3에게 실탄을 발사하여 이들의 우측 견갑부를 맞춰 총창으로 사망하게 하였고, 그 후 소초 막사로 들어가 그 복도에 서 있던 상병 공소외 4를 향하여 실탄을 발사하여 우측 견갑부를 맞춰 그 자리에서 총창으로 사망하게 하고, 다시 탄창을 교체한 후 교통통제소 인근에 이르러 그곳에서 이전 수류탄 폭발로 쓰러져 있던 일병 공소외 5가 피고인을 발견하고 소리치자 실탄을 발사하여 위 공소외 5의 우측 가슴을 맞춰 그 자리에서 관통 총창으로 사망하게 하였다. 더불어 피고인은 위 범행의 과정에서 수류탄 폭발 및 소총 발사로 피해자 7명을 살해하려 하였으나 미치지 못하고 중상을 가하였고, 군용물손괴, 군용물절도 및 군무이탈 행위를 하였다).

[1] 대법원 2009. 10. 29. 선고 2009도7150 판결(청부살인사건)(甲이 乙을 살해하기 위하여 丙, 丁 등을 고용하면서 그들에게 대가의 지급을 약속한 경우, 甲에게는 살인죄를 범할 목적 및 살인의 준비에 관한 고의뿐만 아니라 살인죄의 실현을 위한 준비행위를 하였음을 인정할 수 있다).
[2] 대법원 1959. 9. 1. 선고 4292형상387 판결(살해의 용도에 공하기 위한 흉기를 준비하였다고 하더라도 그 흉기로써 살해할 대상자가 확정되지 아니한 경우에는 살인예비죄로 다스릴 수 없다); 대법원 1959. 7. 31. 선고 4292형상308 판결(피고인은 「간첩에 당하여 불특정 다수인인 경찰관으로부터 체포 기타 방해를 받을 경우에는 이를 배제하기 위하여 무기를 휴대한」 것임이 명백한바, 이 경우에 있어서의 무기 소지는 법령 제5호 위반으로 문책함은 별론이라고 할 것이나, 살인 대상이 특정되지 아니한 살인예비죄의 성립은 이를 인정할 수 없다).

판례[1]에 의하면 살인을 예비한 자가 실행의 착수 이전에 이를 중지한 경우에는 형법 제26조를 준용할 수 없다고 한다. 하지만 살인예비의 중지에 대하여 형의 감경 또는 면제가 인정되지 않는 것은 처벌의 불균형이 발생하기 때문에 형법 제26조를 준용하는 것이 타당하다.

한편 상관살해예비죄의 공동정범은 성립이 가능하며, 사람을 살해하라고 교사한 자는 피교사자의 범죄실행 결의의 유무와 관계없이 그 행위 자체가 독립하여 본죄를 구성한다.[2] 하지만 상관살해예비죄의 방조범은 성립이 불가능한데[3], 이는 ① 예비행위는 구성요건적 정형성이 없기 때문에 예비에 대한 방조범을 처벌하면 처벌의 범위가 부당하게 넓어진다는 점, ② 기도된 교사와 달리 기도된 방조에 대해서는 처벌규정이 없다는 점, ③ 공범종속성설의 입장에서 방조범이 성립하기 위해서는 정범의 실행행위가 있어야 한다는 점 등을 그 논거로 한다.

2) 상관살해음모죄

'살해음모'란 살해의 실행을 위한 심리적 준비행위로서 2인 이상의 합의를 말한다. 음모가 있었다고 하기 위해서는 독립범죄의 실행을 위한 준비행위라는 것이 객관적으로 명백하게 인식되어야 하며, 범죄실행의 합의에 실질적인 위험이 있어야 한다.

(2) 실행의 착수시기

행위자가 살인의 고의를 가지고 타인의 생명을 위태롭게 하는 행위가 개시되면 실행의 착수를 인정할 수 있다. 한편 미수범은 범죄의 실행에 착수하여 행위를 종료하지 못하였거나 결과가 발생하지 아니한 때에 처벌받게 되므로, 미수범의 범죄행위는 행위를 종료하지 못하였거나 결과가 발생하지 아니하여 더 이상 범죄가 진행될 수 없는 때에 종료하고, 그때부터 미수범의 공소시효가 진행한다.[4]

판례에 의하면, ① 피고인이 격분하여 피해자를 살해할 것을 마음먹고 밖으로 나가 낫을 들고 피해자에게 접근한 시점[5], ② 소속 중대장을 살해할 목적으로 수류탄의 안전핀을 빼

---

[1] 대법원 1999. 4. 9. 선고 99도424 판결(중지범은 범죄의 실행에 착수한 후 자의로 그 행위를 중지한 때를 말하는 것이고, 실행의 착수가 있기 전인 예비·음모의 행위를 처벌하는 경우에 있어서는 중지범의 관념은 이를 인정할 수 없다); 대법원 1991. 6. 25. 선고 91도436 판결; 대법원 1966. 7. 12. 선고 66도617 판결; 대법원 1966. 4. 21. 선고 66도152 판결.
[2] 대법원 1950. 4. 18. 선고 4283형상10 판결.
[3] 대법원 1979. 11. 27. 선고 79도2201 판결; 대법원 1979. 5. 22. 선고 79도552 판결; 대법원 1978. 2. 28. 선고 77도3406 판결; 대법원 1976. 5. 25. 선고 75도1549 판결.
[4] 대법원 2017. 7. 11. 선고 2016도14820 판결.
[5] 대법원 1986. 2. 25. 선고 85도2773 판결.

고 그 사무실로 들어간 시점[1]), ③ 독약이 들어 있는 음료수를 교부한 시점[2]) 등에 있어서
는 살인행위의 실행의 착수를 인정하고 있다.

하지만 중앙청 내 개천절 경축식장에서 수류탄을 투척하여 대통령을 살해할 목적으로 피
고인이 사직공원에서 실행담당자에게 수류탄 2개를 교부하였다고 하여도 이를 범죄실행의
착수로 볼 수는 없다.[3])

(3) 기수시기

본죄는 살인행위로 인하여 상관에게 사망이라는 결과가 발생해야 기수가
된다.

4. 처 벌

군대 내 명령체계유지 및 국가방위라는 이유만으로 전시인지 평시인지를 구
분하지 않고, 가해자와 상관 사이에 명령복종관계가 있는지 여부를 불문하고, 상
관을 살해하기만 하면 사형에 처하도록 규정하고 있는 것은 형벌이 죄질과 책임에
상응하는 적절한 비례성을 갖추고 있다고 보기 어렵다.[4]) 이에 2009. 11. 2. 개정을
통하여 무기징역형을 선택형의 하나로서 추가한 바 있다. 하지만 상관폭행·상관
상해 등 다른 군형법 조항이 적전인 경우와 기타의 경우로 구분하여 법정형을 따
로 규정하고 있는 것을 보면 상관살해 역시 적전인 경우와 기타의 경우, 또는 전
시와 평시로 구분할 수 있을 것이고, 적어도 적전이 아니거나 평시의 경우 그 동
기와 살해에 이르게 된 정황, 살해방식 등을 고려하여 합리적 양형이 가능하도록
규정되어야 할 것이다.[5])

XI. 특수소요죄

제61조(특수소요) 집단을 이루어 흉기나 그 밖의 위험한 물건을 휴대하고 폭행, 협박 또는 손
괴의 행위를 한 사람은 다음 각 호의 구분에 따라 처벌한다.
1. 수괴: 3년 이상의 유기징역

---

1) 대법원 1970. 6. 30. 선고 70도861 판결.
2) 대법원 2007. 7. 26. 선고 2007도3687 판결.
3) 대법원 1956. 11. 30. 선고 4289형상217 판결.
4) 헌법재판소 2007. 11. 29. 선고 2006헌가13 결정(상관살해죄위헌사건).
5) 이에 대하여 본죄의 입법취지는 상관이라는 군의 권위, 하극상 풍조의 예방을 위한 것이지만, 민주
   적 군대발전과 모순되기 쉬운 것으로서 특히 직무를 떠난 상관에 대한 특별한 보호는 군의 권위주
   의화만 심화될 뿐이므로 삭제하는 것이 타당하다는 견해로는 이상철, 211면.

2. 다른 사람을 지휘하거나, 세력을 확장 또는 유지하는 데 솔선한 사람: 1년 이상 10년 이하의 징역
3. 부화뇌동한 사람: 2년 이하의 징역

1. 의 의

특수소요죄는 집단을 이루어 흉기나 그 밖의 위험한 물건을 휴대하고 폭행·협박 또는 손괴의 행위를 함으로써 성립하는 범죄이다. 본죄는 사회공공의 안전과 평온을 침해하거나 위태롭게 하는 범죄인데, 여기서 말하는 사회는 일반사회뿐만 아니라 군대사회도 포함된다. 본죄는 필요적 공범 가운데 공범들의 의사방향이 일치하는 집합범에 해당한다.

2. 구성요건

(1) 집단을 이루어

'집단'이란 단체와는 달리 통솔체계나 계속적 조직체를 갖추지 못한 다수인을 말한다. 본죄의 성격상 집단은 한 지방의 평온을 해할 정도의 다수인을 의미한다. 집단은 인원수뿐만 아니라 집단구성원의 성별·조직적인 훈련 여부·집단의 목적·시기·장소·위험한 물건의 소지 여부 등을 종합적으로 고려하여, 한 지방의 평온을 해할 수 있는지의 여부에 따라 판단된다.

'집단을 이룬다'는 것은 다수인이 같은 장소에 모여 집단을 이루는 것을 말한다. 주동자 및 통솔체계가 없어도 상관없다. 다수인이 같은 장소에 있어야 하지만, 반드시 공동의 목적을 필요로 하지 않고, 폭행·협박·손괴의 행위를 한다는 의사를 같이 하면 된다. 그러므로 처음부터 폭행·협박·손괴의 목적을 가지고 집합할 필요는 없다.

(2) 흉기나 그 밖의 위험한 물건을 휴대하고

본죄가 성립하기 위해서는 집단의 구성원이 흉기나 그 밖의 위험한 물건을 휴대하여야 한다. 이와 같이 흉기나 그 밖의 위험한 물건을 휴대하여야 한다는 점에서 형법상 소요죄와 구별되므로, 이러한 요건을 갖추지 못한 경우에는 본죄가 아니라 형법상 소요죄가 성립한다.

(3) 폭행·협박 또는 손괴의 행위를 함

폭행·협박·손괴의 행위는 한 지방의 평온을 해할 정도의 것임이 요구된다. 하지만 폭행 등에 의하여 공공의 평온이 침해될 것을 요하지 아니한다. 집단 가운

데 일부가 집단의 의사에 따라 폭행 등으로 나아가면 충분하고, 모두가 이러한 행위를 할 필요는 없다. 그러므로 집단 그 자체의 폭행 등이 아닌 일부 인원의 폭행 등은 각자의 행위로서 별개의 형사책임을 물을 수밖에 없다. 공동으로 폭행 등을 할 의사가 발생한 시기는 집단형성의 전후를 불문한다.

한편 폭행 등은 공격적 · 적극적인 것이어야 하기 때문에 연좌농성, 소극적으로 사람을 밀쳐내는 것, 바리케이트를 설치하는 것 등과 같이 소극적 · 방어적인 것은 이에 해당하지 아니한다.

(4) 주관적 구성요건

본죄가 성립하기 위해서는 집단을 이루어 집단의 공동의사 내지 결집력에 의하여 폭행 등을 한다는 고의가 있어야 한다. '공동의사'란 집단의 힘을 믿고 스스로 폭행 등을 하거나 구성원으로 하여금 그러한 행위를 하도록 하거나 다른 구성원의 폭행 등에 가담하는 의사를 말한다. 우연히 집합하게 된 집단이 공동의사로 폭행 등을 한 경우에도 본죄가 성립한다. 공동의사는 군중심리로 충분하므로 행위자 사이의 공모나 계획 또는 사전연락이 반드시 있어야 할 필요는 없다. 하지만 개별적으로 폭행 · 협박 · 손괴의 행위를 한 경우에는 각각 폭행죄 · 협박죄 · 손괴죄가 성립할 뿐이다.

3. 실행의 착수시기 및 기수시기

본죄의 실행의 착수시기는 폭행 · 협박 · 손괴의 행위를 개시한 때이다. 그러므로 흉기나 그 밖의 위험한 물건을 휴대하고 집단이 집합한 것만으로는 실행의 착수에 이르렀다고 할 수 없다. 본죄의 기수시기는 폭행 · 협박 · 손괴의 행위를 종료한 때이다. 현실적으로 한 지방의 평온이 침해되는 결과가 발생할 것까지는 요구되지 아니한다.[1] 본죄의 미수범은 처벌하지 아니한다.

4. 다른 범죄와의 관계

본죄의 구성요건인 폭행 · 협박 · 손괴가 공무집행방해죄, 주거침입죄, 건조물파괴죄 등에 해당하는 경우에는 별도로 범죄가 성립하지 않고 본죄에 흡수되는 것이 원칙이다. 다만 본죄의 실행과정에서 살인죄, 방화죄 등이 성립하는 경우에는 본죄와 개별 범죄의 상상적 경합이 된다. 특히 군형법상 폭행 · 협박죄의 법정형이 본죄의 법정형보다 중한 경우에도 양죄의 상상적 경합을 인정해야 한다.

---

1) 대법원 1947. 3. 25. 선고 4280형상678 판결.

5. 처 벌

수괴는 3년 이상의 유기징역에 처하고, 다른 사람을 지휘하거나 세력을 확장 또는 유지하는데 솔선한 사람은 1년 이상 10년 이하의 징역에 처하며, 부화뇌동한 사람은 2년 이하의 징역에 처한다. 여기서 '수괴'란 특수소요에 참가한 구성원을 조직·지휘·통솔하는 최고 지휘자의 지위에 있는 자를 말하는데, 반드시 1인임을 요하지 아니한다. 또한 소요의 발의자 또는 주모자에 한하지 않기 때문에 나중에 가담한 사람이라도 상관이 없으며, 반드시 소요의 현장에서 지휘·통솔할 필요도 없다. '지휘자'란 특수소요에 가담한 집단의 전부 또는 일부를 지휘하는 자를 말하는데, 현장에서 행동의 구체적 방법을 지시할 필요도 없고, 반드시 상급자일 필요도 없다. '세력을 확장 또는 유지하는데 솔선한 사람'이란 지휘자 이외의 사람으로서 집단과 함께 현장에서 소요의 세력을 자진하여 조장하는 사람을 말하는데, 이는 반드시 폭행 등에 직접 가담할 필요는 없다. '부화뇌동(附和雷同)한 사람'이란 자신의 주관이 없이 소요에 참가하여 소요의 세력을 확장·증대시키는 사람을 말한다.

XII. 가혹행위죄

> 제62조(가혹행위) ① 직권을 남용하여 학대 또는 가혹한 행위를 한 사람은 5년 이하의 징역에 처한다.
> ② 위력을 행사하여 학대 또는 가혹한 행위를 한 사람은 3년 이하의 징역 또는 700만원 이하의 벌금에 처한다.

1. 의 의

가혹행위죄는 직권을 남용하여 학대 또는 가혹한 행위를 하거나 위력을 행사하여 학대 또는 가혹한 행위를 함으로써 성립하는 범죄이다.[1] 군 전투력 발휘를 위하여 인정되는 지휘관의 신분과 지위를 악용하여 부하들을 대상으로 저지르는 가혹행위는 단순히 피해자들 개인의 인격적 법익을 침해하는 것일 뿐만 아니라 부하들의 상관에 대한 불신을 초래하고 부대 내의 사기와 단결을 저해하는 것으로서, 결국 부대 전체의 군기를 문란케 하는 행위이자 국민들의 군에 대한 신뢰까지

---

[1] 이에 대하여 보다 자세한 내용으로는 박찬걸, "군형법상 가혹행위죄 적용의 합리화 방안", 형사정책 제28권 제2호, 한국형사정책학회, 2016. 8, 83면 이하 참조.

저버리게 하는 중대한 위법행위이므로, 확고한 지휘체계를 확립하고 올바른 병영문화를 조성하여 전투임무에만 전념할 수 있는 부대 여건을 조성하기 위하여 이를 엄히 처벌해야 할 필요성과 당위성이 있다.

특히 병영생활 중 가혹행위에 대해서는 관심병사의 관리, 군내 자살사고[1]의 방지, 사고사례의 근절방안, 군내 인권의식의 향상방안 등과 관련된 논의와도 직접적인 관련성이 있다. 특히 2014년에 발생한 소위 '윤일병 가혹행위 사건'이 언론에 보도되면서 군대 내 가혹행위에 대한 국민적인 관심이 고조되었고, 추가적인 군내 가혹행위 사례[2]들도 지속적으로 문제가 제기되고 있는 실정이다. 한편 국가인권위원회는 군인의 인권보장을 위한 군인권법 제정, 군 구타·가혹행위 등 인권침해 예방을 위한 실효적 대책 마련, 장병 인권감수성 향상을 위한 인권교육의 내실화, 소원수리 등 권리구제제도의 개선, 인권친화적 자율형 병영문화 정착을 위한 방안, 외부전문가 협조체계 구축 및 정기적 부대진단 실시 등을 골자로 한 '인권친화적 병영문화를 위한 정책·제도 개선', 여군인권상황 개선, 군복무부적응자에 대한 대책 등을 국방부 장관에게 권고한 바도 있다.[3] 가혹행위죄는 형법 제125조의 독직폭행·가혹행위죄 및 형법 제273조 제1항의 학대죄에 대한 특별법적 성격을 지니고 있는 범죄라고 할 수 있는데[4], 판례[5]에 의하면 「군형법 제62조에서

[1] 참고로 군내 자살사고의 현황을 살펴보면, 2018년 56명, 2017년 51명, 2016년 54명, 2015년 56명, 2014년 67명, 2013년 79명, 2012년 72명, 2011년 97명 등으로 점차 줄어들고 있는 추세에 있다(출처: 국방부, 「2019 국방통계 연보」, 2019, 91면).

[2] 특히 대법원(대법원 2016. 2. 19. 선고 2015도12980 전원합의체 판결)은 피고인이 소속 부대의 간부나 동료 병사들의 피고인에 대한 태도를 따돌림 내지 괴롭힘이라고 생각하던 중 초소 순찰일지에서 자신의 외모를 희화화하고 모욕하는 표현이 들어 있는 그림과 낙서를 보고 충격을 받아 소초원들을 모두 살해할 의도로 수류탄을 폭발시키거나 소총을 발사하고 도주함으로써 상관 및 동료 병사 5명을 살해하고 7명에게 중상을 가하였으며, 군용물손괴·군용물절도·군무이탈 행위를 하였다는 내용으로 기소된 소위 '임병장 GOP 총기난사사건'에 대해서 사형을 선고한 제1심판결을 유지한 바 있다.

[3] 국가인권위원회, 군대 내 성추행·가혹행위 사망사건 등에 대한 국가인권위원장 성명, 2014. 8. 4; 국가인권위원회, 군 부적응병사 인권상황 개선관련 정책권고 결정문, 2013. 10. 14; 국가인권위원회, 인권친화적인 병영문화를 위한 정책·제도 개선권고 결정문, 2012. 10. 11.

[4] 이에 대하여 군형법상 가혹행위죄와 형법상 독직폭행·협박죄, 학대죄는 행위주체, 행위객체 및 행위상황 사이에 일반규정과 특별규정의 관계로 볼 수 없기 때문에 전혀 별개의 규정으로 보아야 하며, 오히려 제1항의 직권남용가혹행위죄는 형법상 직권남용권리행사방해죄(제123조)의 특별규정으로 파악해야 하며, 제2항의 위력행사가혹행위죄는 제1항의 죄나 형법상 폭행죄, 협박죄, 강요죄, 모욕죄 등의 처벌공백을 해소하기 위한 규정이라는 견해로는 성은경, "군형법상 가혹행위죄의 구성요건에 관한 해석과 최근 하급심 판례의 경향", 형사정책연구 제30권 제4호, 한국형사정책연구원, 2019. 12, 245~248면.

[5] 대법원 2018. 6. 28. 선고 2015도2390 판결; 고등군사법원 2017. 6. 8. 선고 2016노453 판결(당시 피고인은 피해자가 경계근무 중 소초 바깥에서 방탄헬멧을 벗고 있었다는 이유 등으로 피해자에게 완전군장을 싸오도록 하였고, 피해자가 완전군장을 제대로 갖춰오지 않는다고 생각하여 2~3회에

규정하는 '가혹행위'라 함은 직권을 남용하여 사람으로서는 견디기 어려운 정신
적 · 육체적 고통을 가하는 경우를 말하는데, 이 경우 가혹행위에 해당하는지 여부

걸쳐 다시 군장을 싸오도록 지시한 사실, 피해자가 완전군장을 메고 약 10분간 엎드려뻗쳐를 하면
서 군장의 무게를 이기지 못하고 팔이 조금씩 벌어지자 피고인이 케이블타이를 이용하여 피해자의
양 손목과 양 발목을 결박한 후 피해자의 배 부위 바닥에 물을 뿌린 사실, 이후 피해자가 약 10분간
더 엎드려사뻗쳐를 하면서 군장의 무게와 케이블타이로 결박된 상태로 인해계속하여 바닥에 넘어
지면서 물에 젖게 된 사실, 당시 피고인이 피해자와 같은 3분대 소속 분대원들을 모아 이러한 피해
자의 모습을 보게 한 사실, 결국 피해자가 울면서 더 이상 못하겠다고 말한 사실을 인정할 수 있다.
비록 피고인이 피해자에게 방탄헬멧 착용의 필요성을 강조하거나 이에 대해 교육을 할 목적으로
위와 같은 행위를 하였다고 하더라도, 완전군장을 메고 케이블타이로 양 손목과 양 발목을 결박한
상태에서 엎드려뻗쳐를 하는 것은 일반적인 엎드려뻗쳐의 방법이라고 할 수 없고, 이러한 행위가
그 교육의 목적달성에 필요하고 정당한 범위 내의 행위라고 볼 수 없다); 대법원 2014. 12. 24. 선고
2014도731 판결; 대법원 2012. 11. 29. 선고 2010도1233 판결; 대법원 2009. 12. 10. 선고 2009도1166
판결(피고인은 소속부대 행정보급관으로 근무하던 중 사병들인 피해자 공소외 1, 2가 담배를 피운
다는 이유로 위 피해자들로 하여금 강제로 코로 담배를 피우게 하고, 피해자 공소외 2에게 강제로
금연에 도움이 된다는 약초를 씹어 먹게 한 사실, 이에 대하여 수사기관에서 피해자 공소외 1은
코가 매우 따갑고 괴로웠다고 진술하였고, 피해자 공소외 2는 약초를 먹기 싫어 거부했는데 피고인
이 화를 내면서 입에 갖다 대고 먹으라고 강요했으며 혀가 얼얼해지고 일시적으로 마비되었다는
취지로 진술한 사실, 또한 피고인은 피해자 공소외 3, 4, 5에 대하여 도로표지판을 흔들리게 박았다
는 이유 등으로 뜨거운 물이 담긴 종이컵을 발목에 올려놓거나 발목 사이에 끼워놓거나 약 20분
동안 두 사람이 이마를 마주 대고 서게 한 후 뜨거운 물이 담긴 스테인리스컵을 이마 사이에 놓은
사실, 이에 대하여 피해자 공소외 3은 생활관에 있는 포트기로 끓인 물이거나 세면장에서 나오는
물이었다는 취지로 진술한 사실을 알 수 있다. 사실관계가 위와 같다면, 피고인이 비록 금연을 강조
하거나 훈계를 할 목적으로 위와 같은 행위를 하였다고 하더라도, 위와 같은 행위가 그 훈계의 목적
달성에 필요하고 정당한 범위 내의 행위라고 볼 수 없는 점, 코로 담배를 피우게 하는 행위와 약초
를 강제로 먹게 한 행위는 피해자들의 인격권을 무시하고 비하하는 행위라고 평가되기에 충분한
점, 뜨거운 물이 담긴 컵을 이마 사이에 올려놓는 등의 행위로 인해 화상 등 상해의 결과가 발생하
지는 않았으나, 피해자들이 느끼는 정신적인 압박은 그 위험성이 현실화된 것에 비해 결코 작지
않다고 보여 위와 같은 행위 자체가 견디기 어려운 정신적인 고통을 가하는 행위라고 볼 수 있는
점 등을 고려하면, 피고인의 위와 같은 행위는 군형법상의 가혹행위로 보아야 할 것이다); 고등군사
법원 2009. 11. 17. 선고 2008노275 판결(이 사건 공소사실 중 가혹행위의 점에 관한 공소사실의
요지는 피고인은 2007. 10.말 10:00경 논산시 (이하 생략) 행정반에서 피해자 고 일병 공소외 1(19
세)이 멍하게 앉아있자 피해자에게 쓰레기통 처리를 지시하였음에도 지시를 제대로 이행하지 않았
다는 등의 이유로 피해자에게 팔굽혀펴기를 1회, 20회씩 3회 반복하게 함으로써 직권을 남용하여
가혹행위를 하는 등 2008. 2. 13.경까지 12회에 걸쳐 피해자에게 위와 유사한 방법으로 직권을 남용
하여 가혹한 행위를 하였다라고 함에 있는바, 원심은 이에 대해서 피고인의 원심 법정에서의 진술,
증인 공소외 2, 3, 4의 각 원심 법정 진술, 검찰관 작성의 피고인에 대한 각 신문조서의 각 진술기재,
검찰관 작성의 공소외 3, 5, 6, 7, 2에 대한 각 진술조서의 각 기재 등에 터잡아 위 공소사실을 유죄
로 인정하였다. … 원심이 가혹행위로 인정한 피고인의 각 행위는 피해자인 망 공소외 1이 피고인
의 정당한 지시사항을 이행하지 않는 등의 경우에 피해자에 대한 교육 및 계도 목적과 의도 하에서
행하여진 것으로서 그 대부분이 군에 입대한 일반적인 장병으로서는 수인가능한 정도였다고 봄이
상당하고, 비록 피고인의 일부 행위가 피해자의 정신 및 신체적 능력에 비추어 다소 지나친 면이
있었고 얼차려 제도 시행방침(육방침 제10호)에 다소 어긋나는 행위였던 것은 사실이나 이로써 곧
바로 중대장이었던 피고인이 자신의 직권을 남용하여 피해자에게 사람으로서는 견디기 어려운 정
신적 · 육체적 고통을 가하였다고 볼 수 없다 할 것이므로, 원심은 채증법칙에 위반하여 사실을 오인
하고 가혹행위에 관한 법리를 오해하여 판결에 영향을 끼친 위법을 범하였다고 할 것인 바, 이 점을
주장하는 피고인 및 변호인의 논지는 그 이유가 있다).

는 행위자 및 그 피해자의 지위, 처한 상황, 그 행위의 목적, 그 행위에 이르게 된
경위와 결과 등 구체적 사정을 검토하여 판단하여야 하고, 나아가 그 행위가 교육
목적의 행위라고 하더라도 교육을 위해 필요한 행위로서 정당한 한도를 초과하였
는지 여부를 함께 고려하여야 한다.」는 입장을 일관되게 유지하고 있다. 하지만
이러한 일반적이고 피상적인 판시의 내용만으로는 실제 사례에 있어 가혹행위의
해당 여부를 판단하기란 여간 어려운 일이 아니기 때문에 보다 구체화·체계화된
선별기준을 확립할 필요성이 제기된다.

2. 변천과정

1962. 1. 20. 군형법 제정 당시에는 제62조에서 "직권[1]을 남용하여 학대 또는
가혹한 행위를 한 사람은 10년 이하의 징역에 처한다."라고 규정하고 있었으나,
1963. 12. 16. 법률 제1620호로 일부 개정하면서 법정형을 5년 이하의 징역으로 하
향조정하였고, 2009. 11. 2. 법률 제9820호로 일부 개정하면서 동조 제2항에서 '위
력을 행사하여 학대 또는 가혹한 행위'를 추가하여 현재에 이르고 있는데, 이는 군
대 내 사고의 원인으로 작용하는 병 상호간의 가혹행위를 근절함으로써 건전한 병
영분위기를 조성할 필요가 있어 가혹행위죄의 구성요건에 위력을 행사하여 학대
또는 가혹한 행위를 한 경우를 신설한 것이다. 즉 종전의 군형법 제62조에서 말하
는 직권남용이란 일반적 직무권한에 속하는 사항에 관하여 그 정당한 한도를 넘어
그 권한을 위법하게 행사하는 것을 말하는 것이므로, 아무런 직권을 가지지 않는 자
의 행위 또는 자기의 직권과는 전혀 관계없는 행위는 이에 해당하지 않기 때문에[2]

---

1) 여기서의 '일정한 권한'은 법령이나 명령에 의하여 부여된 것은 물론 관습이나 조리상의 권한도
   포함되며 권한의 성질이나 내용도 불문한다. 또한 권한을 가진 자가 반드시 상관일 필요도 없다(육
   군본부, 226~227면).
2) 고등군사법원 2010. 2. 11. 선고 2009노257 판결(피고인은 피해자 조○○, 곽○○에게 특별한 이유
   없이 장난이라는 명목으로 뺨을 때린 사실을 인정할 수 있는바, 이러한 피고인의 폭행 행위와 피고
   인이 분대장의 직권과는 어떠한 연관관계도 찾아 볼 수 없고 달리 피고인의 직권을 남용하였다고
   볼 증거가 없으므로 이 사건 폭행 자체를 군형법상 가혹행위죄로 볼 수는 없다); 대법원 2003. 7.
   11. 선고 2003도2716 판결; 고등군사법원 1993. 4. 20. 선고 93노42 판결(피고인과 피해자는 같은
   소속대 사병으로 복무 중에 있으면서 피고인이 피해자보다 단순히 계급상 상급자일 뿐이고 그 어
   느 곳에도 명령복종관계에 있는 등 피고인이 피해자에게 일반적 직무권한을 행사할 수 있는 직권
   을 가졌다고 볼 만한 증거가 없다); 대법원 1985. 5. 14. 선고 84도1045 판결(피고인은 초병들을 관
   리하는 당직대의 조장으로서의 직책을 가지고 있을 뿐 구성원의 전반적인 생활을 규율하는 내무반
   장의 직책을 가지고 있지 아니하는 자로서 당직대 조장의 근무를 마치고 내무반에 들어와 책을 보
   고 있다가 하급자인 공소외 1이 내무반에 들어오면서 행한 필승구호가 작다는 이유로 동인에게 엎
   드려뻗쳐의 기합을 주고, 또 기동타격대에 소속되어 있는 하급자 공소외 2가 신병으로서 평소 아침
   에 늦게 일어난다는 이유로 동인에게 같은 기합을 주었다는 것이니 이러한 피고인의 행위는 상급
   자의 하급자에 대한 사적 제재에 불과하여 당직조장으로서의 어떤 직권을 남용하였다고는 할 수

병사 상호간의 가혹행위에 대하여는 가혹행위죄를 적용할 수 없는 한계사례가 발생할 수밖에 없었다. 개정 전에는 명령복종관계가 아닌 병사 상호간의 가혹행위[1] 및 간부 상호간의 직무관계 이외의 영역에서 상관이 하급자에 대하여 행하는 가혹행위 등에 대하여 형법 제324조의 강요죄(5년 이하의 징역 또는 3천만원 이하의 벌금)로 처벌하는 것이 실무의 태도였는데[2], 폭행 또는 협박의 입증 어려움을 어느 정도 해소함과 동시에 직권을 남용하지 않은 상태에서 행하는 가혹행위에 대하여도 그 본질이 가혹행위에 있다는 점을 명확히 하기 위하여 동 조항을 추가한 것이다.

없을 것이다).

1) 다만 병사가 분대장이나 조장(내무반장) 등의 직책을 수행하여 일정한 권한을 지니고 있는 경우에는 예외적으로 군형법 제62조 제1항의 주체가 될 수 있다(육군본부, 227면; 육군종합행정학교, 227면). 병사들의 생활관 생활 등을 실질적으로 관리하는 병 분대장은 「육군규정 120」 및 「병영생활 행동강령」(2011. 7. 22. 발령)에 의해 얼차려의 집행 권한과 명령 및 지시권을 부여받은 지휘자의 신분임에도 불구하고 실제에 있어서는 병 분대장이 관련 규정과 절차를 준수하지 않고, 자의적으로 얼차려를 집행하며 폭행하는 등 사적 제재를 하고 있는 현실 및 병 분대장의 권한 남용 및 위법한 행위의 심각성을 고려하여, 병 분대장의 선발 기준 및 교육을 강화하고 병 분대장에게 부여된 얼차려 제도의 문제점에 대하여는 그 보완책이 필요하다.

2) 고등군사법원 2000. 2. 8. 선고 99노885 판결(피해자 최○○, 같은 김○○, 같은 최윤0는 본 건 당시 각 이등병이었고, 피고인은 위 피해자들의 상급자인 점, 피고인이 위 피해자들에게 본 건 강요행위를 하기 전에 위 피해자들을 수회에 걸쳐 폭행한 사실, 피고인이 위 피해자들에게 누워서 목 들기를 강요한 과정에서도 피고인의 위와 같은 폭력행위를 익히잘 알고 있는 피해자들에게 공포심을 일으키기에 족한 태도를 보였던 사실을 인정할 수 있다); 고등군사법원 1999. 6. 15. 선고 99노26 판결(피고인은 소속대 선임병이고 피해자인 신○○,이○○은 피고인의 후임병이고 위 소속대에서는 위가.에서 본 바와 같이 선임병은 후임병의 내무생활 지도, 교육, 위계질서확립 등의 이유로 사실상 폭행, 가혹행위 기타 불이익한 대우를 해온 악습이 현존하는 사실과 피고인은 평소 피해자들의 업무미숙 등의 이유로 수차례 폭행을 하고 우유를 못 먹게 하는 등 불이익을 준 사실이 있고, 피고인이 위 신○○으로 하여금 피엑스(PX) 열쇠를 늦게 가져왔다는 이유로 팔굽혀펴기 약 200회를 하도록 시키고, 이○○에게는 썩은 당근을 입으로 씹게 하거나 팔굽혀펴기 약 100회를 하도록 한 사실을 종합하여 보면 피고인은 선임병이라는 부대 내의 지위를 이용하여 폭행하거나 기타 불이익 한 대우를 한다는 묵시적인 해악의 고지를 하고 이에 공포심을 일으킨 위 신○○과 이○○으로 하여금 썩은 당근을 씹거나 팔굽혀펴기를 하게 한 것으로 볼 수 있어 피고인의 행위는 강요죄에 해당한다); 고등군사법원 1998. 6. 30. 선고 98노256 판결(피고인이 피해자에게 위와 같은 쪼그려 뛰기를 시킨 때와 장소가 피해자의 경계근무시간 및 장소였고 군에서 경계근무의 중요성에 비추어 볼 때 피고인이 위 장소에 피해자와 함께 투입되어 최선을 다해서 의무를 수행해야 한다는 것은 피고인의 군복무기간과 근무경력을 참작한다면 피고인 자신도 능히 인식하고 있었다고 인정할 수 있으며, 또한 군에서 통상 실시되는 훈계 또는 교육목적의 얼차려는 그 실시 시간과 장소 그리고 실시방법이나 대상 등이 엄격히 제한되어야 하므로 이건 범행 당시의 상황이 피고인과 피해자가 경계근무 중이었기 때문에 근무목적에 반하는 어떠한 행위도 해서는 안 된다는 점을 감안한다면 피고인의 이건 범죄사실은 군에서 통상 있을 수 있는 교육목적의 얼차려라고 평가하기 어려우므로 피해자의 피해가 경미하여 그 정상에 있어 참작할 사유가 있다는 점은 차치하고 피고인의 피해자에 대한 이건 소위에 대하여 강요죄가 성립하지 않는다고는 볼 수 없다).

3. 구성요건

(1) 직권을 남용하여

'직권을 남용하여'란 군인의 일반적 직무권한에 속하는 사항을 부당[1]하게 행사하는 것, 즉 형식적·외형적으로는 직무집행으로 보이지만 실질적으로는 정당한 권한 이외의 행위를 하는 경우를 의미하는데[2], 제62조 제1항의 가혹행위는 이러한 직권남용의 상태 하에서 이루어져야만 군형법으로 의율할 수 있다. 만약 형법 제125조의 가혹행위죄와 마찬가지로 군형법상 가혹행위죄의 경우에도 단순히 '그 직무를 수행함에 있어서'라고 행위상황을 설정한다면 가혹행위죄의 성립범위가 지나치게 확장될 우려가 있다.[3] 판례의 경우에도 '당직사관의 근무를 감독하거나 부하직원의 전반적인 생활 등을 규율하는 직무를 가지고 있지 아니한 작전보좌관'인 피고인이 후배 장교인 피해자가 당직근무 중 통신병에게 부대 외부로 가서 빵을 사오라고 심부름을 시켰다는 이유로 얼차려를 준 것과 정상적인 근무시간을 마치고 나서 피고인의 승낙 없이 부대 앞의 다방에 나가 1시간여 동안 있다가 들어왔다는 이유로 얼차려를 준 행위에 대하여, 이는 단지 상급자의 하급자에 대한 사적 제재에 불과할 뿐이고, 피고인이 작전보좌관으로서의 어떤 직권을 남용하였다고 할 수 없기 때문에 가혹행위죄로 의율할 수는 없으며[4], 상사 계급의 피고인이 병사들에 대해 수시로 폭력을 행사해 와 신체에 위해를 느끼고 겁을 먹은 상태에 있던 병사들에게 청소 불량 등을 이유로 40분 내지 50분간 머리박아(속칭 '원산폭격')를 시키거나 양손을 깍지 낀 상태에서 약 2시간 동안 팔굽혀펴기를 50~60회 정도 하게 한 경우 형법 제324조에서 정한 강요죄에 해당한다고 판시[5]하고 있다. 그러므로 직권남용의 상황이 아닌 경우에는 가혹행위죄의 성립이 문제되는 것이 아니라 경우에 따라 사적 제재에 해당되어 징계벌로 다스릴 필요가 있거나 다른 범죄의 성립 여부를 검토해 보아야 한다. 다만 직권을 남용하여 학대 또는 가혹행위에 이르지 아니하는 경우도 충분히 상정할 수 있는데, 이러한 경우에 있어서는 직권을 남용하여 사람으로 하여금 의무없는 일을 하게 하거나 사람의 권리행사를 방해

---

1) 판례는 이를 '불법' 또는 '위법'으로 표현하고 있지만, '부당'이라고 표현하는 것이 타당하다.
2) 대법원 2012. 1. 27. 선고 2010도11884 판결.
3) 이에 대하여 학대 및 가혹행위의 개념은 직권과 양립할 수 없는 개념이기 때문에 '직권을 남용하여'라는 표현보다는 '상관이 그 직무를 행함에 당하여'라고 개정하는 것이 타당하다는 견해로는 육군본부, 228면; 육군종합행정학교, 228면.
4) 대법원 2003. 7. 11. 선고 2003도2716 판결.
5) 대법원 2006. 4. 27. 선고 2003도4151 판결.

한 때에 해당하기 때문에, 하위 간부들을 시켜 학위논문을 대필하게 하거나 병사들로 하여금 한자시험을 대리응시하게 한 경우[1])에는 형법 제123조의 직권남용권리행사방해죄가 성립한다.

(2) 위력을 행사하여

'위력'이란 사람의 의사를 제압할 수 있는 무형적 · 유형적 힘을 말한다. 폭행이나 협박을 사용한 경우뿐만 아니라 사회적 · 경제적 · 정치적 지위를 이용한 경우도 이에 해당한다. 이에 해당하는지 여부는 위력의 강약 그 자체만으로 판단할 것은 아니며, 해당 위력의 내용과 정도, 위력을 행사하게 된 경위, 피해자와의 관계, 당시의 정황 등 구체적인 제반 사정을 종합하여 판단하여야 하고, 이 경우에 위력이 어느 정도에까지 이르렀는가는 구체적인 상황하에서 피해자의 단순한 주관이나 심리상태만에 의할 것이 아니라 사회통념에 비추어 그 행위의 내용이 일반적으로 피해자의 항거를 현저하게 곤란하게 할 정도의 것이었는지 여부를 객관적인 판단에 의하여 결정해야 한다.

한편 본죄의 객체와 관련하여, 제1항의 경우에는 일정한 권한 아래 속해 있는 사람으로 한정되지만, 제2항의 경우에는 특별한 제한이 없다. 여기서 일정한 권한 아래에 있다는 것은 행위자의 직접적인 지휘명령권 아래 있는 경우뿐만 아니라 행위자의 적법한 명령을 준수하여야 할 상황에 있는 모든 경우를 포함한다. 하지만 제2항에서 규정하고 있는 위력행사 가혹행위의 객체는 행위자의 지휘계통상에 있는 사람에 국한되지 아니하므로, 군인 · 준군인뿐만 아니라 내 · 외국 민간인도 포함될 여지가 있다.[2]) 생각건대 군형법에서 위력행사 가혹행위죄를 형법과 별도로 규정하고 있는 이유는 군대사회 내에서 발생하는 일련의 가혹행위에 대하여 엄정하게 대처하겠다는 취지로 파악해야 하는 것이지, 가혹행위의 주체가 군인 등이라면 그 객체가 민간인인 경우에도 이를 적용하겠다는 취지로 파악할 것은 아니다. 그러므로 제62조 제2항의 객체를 제92조(강간)의 규정형태와 동일하게 '군형법 제1조 제1항부터 제3항까지에 규정된 사람'으로 한정하는 것이 타당하다.

(3) 가혹행위와 폭행행위의 구별

군인은 어떠한 경우에도 구타 · 폭언 · 가혹행위 및 집단 따돌림 등 사적 제재를 하거나 직권을 남용하여서는 아니 된다(군인복무기본법 제26조). 또한 부대관리훈령

---

1) 고등군사법원 2004. 1. 19. 선고 2003노387 판결.
2) 성은경, "군형법상 가혹행위죄의 구성요건에 관한 해석과 최근 하급심 판례의 경향", 형사정책연구 제30권 제4호, 한국형사정책연구원, 2019. 12, 253면; 육군본부, 227면.

(국방부훈령 제2273호, 2019. 4. 25. 일부개정)¹⁾ 제17조(병영생활 행동강령) 제3호에서는 구타·가혹행위, 인격모독(폭언, 모욕을 포함한다) 및 집단따돌림, 성관련 위반행위는 어떠한 경우에도 금지하고 있는데, 여기서 말하는 '구타'란 고의로 신체의 일부 또는 도구로 타인을 가격하여 통증을 유발시키는 일체의 행위를 말하고, '가혹행위'란 비정상적인 방법으로 타인에게 육체적·정신적인 고통이나 인격적인 모독을 주는 일체의 행위를 말하며, '비정상적인 방법'이란 법규에 어긋나는 방법이나 일반적인 상식을 벗어난 지나친 방법 등을 말한다. 또한 '언어폭력'이란 심한 욕설이나 인격모독적인 언어로 상대방에게 심리적 충격 및 피해를 초래하는 행위를 말하며, 여기에는 문자메시지, 전자우편, 문서 등의 수단을 이용한 방법 등을 포함한다(동 훈령 제226조 제4호).

한편 기존의 판례에 의하면 군형법 제62조에서 말하는 가혹행위라 함은 폭행 이외의 방법으로 사람으로서는 견디기 어려운 정신적·육체적 고통을 가하는 경우를 말하는 것이라고 판시²⁾하고 있는데, 이와 같이 가혹행위를 '폭행 이외의 방법'

---

1) 제17조(병영생활 행동강령) 병영생활 행동강령은 군인복무기본법 제35조(군인 상호간의 관계)에 의거 장병 상호간 서로 존중하고 배려하는 선진 병영문화를 창출함으로써 군 기강이 확립되고 화합·단결된 전투형 군대를 구현하기 위해 전 장병이 병영생활간 반드시 준수해야 할 가장 기본적인 행동기준으로 다음과 같다.
  1. 지휘자(병 분대장, 조장 등을 말한다) 이외의 병의 상호관계는 명령복종 관계가 아니다.
  2. 병의 계급은 상호 서열관계를 나타내는 것이며 지휘자를 제외한 병 상호간에는 명령, 지시를 할 수 없다.
  3. 구타·가혹행위, 인격모독(폭언, 모욕을 포함한다) 및 집단따돌림, 성관련 위반행위는 어떠한 경우에도 금지한다.
 제17조의2(사적지시 및 운용 금지) ① 군인·군무원 등은 사적인 목적을 위해 장병 등을 운용하거나, 지시하는 행위는 할 수 없다.
 ② 군인·군무원 등은 사적인 용도로 군용차량, 전용 승용차와 국방·군사시설 등을 사용할 수 없다.
 ③ 지휘관을 단독으로 보좌하는 장병 등의 공식적인 업무는 부대별 규정 또는 예규에 반영한다.
 제18조(위반자에 대한처리지침) ① 지휘자를 제외한 병사 사이에서 명령, 지시를 한 경우나 이를 묵인한 자에 대하여는 엄중 문책한다.
 ② 구타·가혹행위자 및 사적지시 및 운용금지 위반자는 엄중한 형사처벌과 징계처벌을 하며, 피해자와 합의한 경우와 경미한 구타·가혹행위, 사적지시 및 운용금지 위반 행위도 처벌한다.
 ③ 집단따돌림(일명 '왕따행위'를 말한다) 등 인격적 모독과 고통을 가한 경우 주모자와 적극가담자는 처벌한다.
 ④ 병영생활 행동강령 위반사실을 인지한 사람은 누구든지 지휘관에게 신고할 의무가 있다.
 ⑤ 지휘관은 위반사실 신고자에 대하여 비밀을 철저히 보장하고, 피해자에 대하여는 추가적인 피해방지를 위해 가해자와의 공간적인 분리, 조력인 또는 대리인의 지정 등 피해자의 의사를 고려 필요한 보호조치를 한다.
2) 고등군사법원 2008. 2. 19. 선고 2007노249 판결; 대법원 2004. 12. 23. 선고 2004도6573 판결; 고등군사법원 1998. 1. 6. 선고 97노656 판결; 고등군사법원 1996. 11. 26. 선고 96노578 판결; 고등군사법원 1990. 9. 19. 선고 90노233 판결; 대법원 1980. 1. 15. 선고 79도2221 판결; 육군 1974. 9. 27. 선고 74고군형항385 판결(폭행의 방법으로 정신상, 육체상의 고통을 주는 행위는 형법 제125조의 폭행·가혹행위죄와는 달리 그 범죄(군형법 제62조)를 구성하지 않는다).

을 사용한 경우로 한정하는 것이 과연 타당한 것인가에 대해서는 의문의 여지가
있다.

생각건대 판례의 이러한 태도는 첫째, 폭행의 개념을 형법 제260조에서 말하
는 폭행죄에서 의미하는 그것으로 판단하여, 기존 폭행의 개념에 관한 학설 가운
데 협의설('사람의 신체에 대한 유형력의 행사')을 취하여 가혹행위의 개념을 설정하고
있는 것으로 볼 수 있다는 점, 둘째, 형법 제125조의 폭행·가혹행위죄에 있어서는
'폭행 또는 가혹한 행위를 가한 때'라고 하여 양자를 구별하고 있는데, 이를 군형
법상 가혹행위죄에도 그대로 차용하여 가혹행위의 행위태양에서 폭행을 제외하고
있는 것으로 볼 수 있다는 점 등에 기인하는 것으로 보인다. 하지만 사람의 신체
에 대한 유형력의 행사에 해당하지 않는 가혹행위란 실제 사례에 있어서 극히 드
물다는 점에서 가혹행위의 개념에서 폭행 부분을 제외시켜야 할 합리적인 이유를
반드시 제시할 필요성이 있으며[1], 그러한 필연적인 이유가 없다면 폭행을 행사한
경우에도 가혹행위죄로 의율할 여지가 있을 것이다. 이와 관련하여 대법원 2008.
5. 29. 선고 2008도222 판결에서는 '엎드려뻗쳐 이후에 바로 이어서 피해자를 군화
발로 때리고, 피해자의 총을 걷어차서 총 소염기 부분이 입술에 부딪치게 하여 피
해자에게 구순부열상을 입게 한 행위까지 포함하여 판단하면 가혹행위가 될 여지
가 있다'고 판시하고 있는데, 실제 공소장의 기재에서는 피고인의 위와 같은 폭행
이나 상해행위는 가혹행위의 점에 포함하여 기소하지 아니하고 별도로 항을 나누
어 상해로 기소하여 가혹행위 부분은 무죄로 결론내리고 있다. 하지만 대법원
1980. 1. 15. 선고 79도2221 판결에서는 피고인이 서 있는 단상 아래에 주먹을 쥐
고 엎드려 뻗쳐를 시켜놓고 약 1m 높이의 단상 위에서 그의 허리 위로 5회 뛰어내
림으로서 그로 하여금 척추디스크를 일으키게 한 사실 및 피고인을 주먹으로 얼굴
과 배를 때리고, 발로 무릎을 차며 등을 밟는 등 무수히 구타하여 실신하게 하였
다는 사실 등에 대하여는 폭행을 당하여 척추디스크를 일으키거나 실신상태에 이
르렀다면 이는 견디기 어려운 정도의 고통을 당하였다고 보아야 할 것이기 때문에
가혹행위에 해당한다고 판시한 바 있다. 이러한 상반된 판례의 태도는 결국 군검
사의 기소내용에 의하여 범죄의 성립 여부 자체가 좌우되는 불합리한 결과를 초래
하기 때문에 가혹행위의 개념설정에 있어서 폭행 내지 상해부분이 포함되는지 여
부에 대한 논의는 재고의 여지가 있는 것이다.

---

1) 서경환, "군형법의 가혹행위죄에서 '가혹행위'의 의미 및 판단방법", 대법원판례해설 제76호, 법원
도서관, 2008. 12, 553~554면.

결론적으로 군형법상 가혹행위죄에서 말하는 가혹행위의 개념범위에 폭행을 제외시킬 합리적인 이유는 없는 것으로 판단되는데, 그 논거는 다음과 같다. 첫째, 폭행죄(형법 제260조)의 법정형은 2년 이하의 징역, 500만원 이하의 벌금, 구류 또는 과료로써, 가혹행위죄보다 법정형이 가벼울 뿐만 아니라 형법 제260조 제3항에 의하여 반의사불벌죄로 규정되어 있는데, 이는 폭행을 사용하지 않는 가혹행위가 단순폭행보다 상대적으로 가혹하게 처벌되는 죄형의 불균형 현상도 발생할 수도 있다. 둘째, 군형법 제62조 제2항의 위력행사가혹행위죄에서 말하는 '위력'이라고 함은 사람의 자유의사를 제압ㆍ혼란케 할 만한 일체의 유형ㆍ무형의 세력으로서 폭행ㆍ협박은 물론 사회적ㆍ경제적ㆍ정치적 지위와 권세에 의한 압박 등이 포함되는데[1], 이러한 판례의 태도에 따르면 폭행이 위력의 범주에 포함되면서도 동일한 범죄의 구성요건요소인 가혹행위의 범주에는 포함되지 않아 논리상의 모순이 발생하게 된다. 셋째, 군형법 제62조에서는 '학대 또는 가혹행위'를 가혹행위죄의 행위태양으로 규정하고 있는데, 이 가운데 학대의 개념에 폭행이 포함된다고 보는 것이 일반적인 견해인 점에 비추어 볼 때, 폭행이 있을 경우 얼마든지 가혹행위죄로 처벌하는 것이 가능하다. 넷째, 형법 제125조의 폭행ㆍ가혹행위죄에 있어서는 폭행과 가혹행위를 별도로 구별하여 규정하고 있기 때문에 가혹행위에서 폭행을 제외하여도 처벌의 공백이 발생하지 않지만, 군형법에서는 그러하지 않기 때문에 처벌에 있어서의 모순이 발생한다는 점도 고려해야 한다. 이와 같이 군형법 제62조에서는 '학대 또는 가혹한 행위를 한 자'라고 하여 폭행을 별도의 행위유형으로 분리하고 있지 않음에도 불구하고 일반형법의 입법 및 해석론을 차용하여 폭행을 전적으로 제외하게 되면 처벌의 공백이 생길 우려가 있다는 점에서 주의를 요하는 부분이라고 하겠다. 다섯째, 외국의 입법례 가운데 미국 통일군사법전(Uniform Code of Military Justice, UCMJ)[2] 제93조의 Cruelty and illtreatment에 의하면 잔혹행위(cruelty), 직권남용(oppression), 학대행위(illtreatment)를 규정하고 있는데, 동 유형에는 폭행(assault)뿐만 아니라 부당한 처벌, 성희롱 등도 포함된다고 해석되는 점(MCM Ⅳ-25)도 참고할 필요가 있다.

판례에 의하면, ① 사격통제관인 중대장이 피해자(병장)가 사격시에 발생하는 소음이 시끄럽다고 귀에 휴지 뭉치를 꽂고 있어 사격통제관의 지시를 받지 못한 것을 이유로 피해자

---

1) 대법원 2012. 5. 24. 선고 2011도7943 판결.
2) 동법은 Articles of War, Articles for the Government of the Navy, the Disciplinary Laws of the Coast Guard 등의 군사법 관계 법률을 종합적으로 정리한 법률이라고 할 수 있다.

에게 총소리 적응훈련을 시키기 위하여 M60 기관총 소리를 들으라고 지시한 행위[1], ② 몇 시간에 걸쳐 전차기동로·배수로 등을 포복자세로 구르고 기게 하는 행위, 악취가 나고 벌레가 기어다니는 진흙바닥을 기어가게 하거나 폐유 덩어리가 떠 있는 정화수 속에 잠수하게 하는 행위, 전투화로 걷어차고 모욕적인 구호를 외치게 하는 행위[2], ③ 피고인은 소속대 분대장요원 교육대장으로 근무하던 자로서 사격성적이 불량하다는 이유로 피해자를 비롯한 피교육생 27명을 저수지 제방에 2열횡대로 정렬시킨 다음, 수심이나 피교육생들의 수영가능 여부 등을 확인함이 없이 전투화와 전투복을 착용한 채 전열과 후열 순차적으로 제방으로부터 25m 가량 떨어진 수심 2m가 넘는 수심표시기까지 갔다 오도록 하여 이 중 피해자들 일부가 심장마비로 사망한 행위[3], ④ 하급자들에게 양손을 뒷짐지게 하고 앞머리를 전방 땅바닥에 대고 엎드린 채 엉덩이를 뒤로 쳐드는 자세를 약 5분간 취하게 한 행위[4], ⑤ 피고인이 중대장으로서 선임 하사관인 하사 공소외 1이 피고인의 범행에 협조하지 아니하려는데 불만을 품은 까닭에 동인을 완전군장 차림으로 2시간 이상을 연병장에서 구보를 하게 하여 도중에 졸도하게 한 경우[5], ⑥ 소속대 취사병인 상병 공소외 2가 집합명령에 늦었다는 이유로 피고인이 서 있는 단상 아래에 주먹을 쥐고 엎드려 뻗쳐를 시켜놓고 약 1미터 높이의 단상 위에서 그의 허리 위로 5회 뛰어내림으로서 그로 하여금 척추디스크를 일으키

---

1) 고등군사법원 2003. 8. 12. 선고 2003노20 판결. 참고로 동 사안은 가혹행위죄가 아닌 형법상 업무상 과실치상죄의 성립 여부가 문제된 경우이다.

2) 대법원 1998. 5. 8. 선고 98도482 판결(피고인은 1997. 6. 13. 12:30경부터 16:30경 사이에 소속포대 연병장에서 위 조○○ 등이 당직사관인 자신에게 보고도 하지 아니하고 내무실에서 고참 병장들이 휴가를 다녀오면서 사온 통닭을 취식하였다는 이유로 피해자들을 완전군장을 하고 연병장을 구보로 돌게 하고, 연병장 가에 있는 전차기동로를 약 10m 기어가게 한 후 그 옆 배수로에 들어가게 하여 약 300m 정도를 포복하거나 좌우로 몸을 굴려 이동케 한 다음 다시 소속대 수송부에서 위병소까지 약 200m 가량을 기어가게 하고, 다음 날 08:00경 같은 장소에서 같은 이유로 피해자들을 집합시켜 전차기동로에서 2회 정도 몸을 구르게 한 후 수송부에 있는 수심 약 1m 가량의 수송부 정화조에 2명씩 들어가게 한 다음 물속으로 머리를 넣었다가 꺼내는 방식으로 속칭 '잠수'를 각 2회씩 하게 한 사실, 그런데 위 전차기동로는 물이 고여 있어 피해자들이 기거나 구르면서 진흙을 뒤집어쓰게 되었고, 위 배수로에는 돌이 많고, 심한 악취가 나며, 구더기 등 벌레들이 있었는데, 이로 인하여 피해자 하○○과 김○○이 팔꿈치가 까져 붕대를 붙이게 되었으며, 피고인은 피해자들이 포복하는 것을 감시하면서 "통닭을 먹지 말자, 짬밥이 최고야!"라는 구호를 외치게 하고, "너희들이 먹은 통닭을 다 토해내게 하겠다."라고 말하고, 포복속도가 떨어지면 피해자들의 방탄모를 전투화발로 걷어차기도 한 사실, 그리고 위 수송부 정화조는 수심 약 1m 가량으로 세차한 물이 담겨져 있고, 폐유 덩어리가 떠 있었는데 그 속에 2명씩 들어가게 한 다음 물속으로 머리를 넣었다가 꺼내는 방식으로 속칭 '잠수'를 각 2회씩 하게 하였고, 이 때 피해자 조○○이 항의하자 전투화발로 위 조○○의 목을 밟아서 눌러 버리기도 한 사실을 알 수 있다).

3) 대법원 1985. 4. 9. 선고 85도75 판결. 한편 피고인이 피해자들에게 사격 성적불량을 이유로 전투화와 전투복을 착용한 채 수심 2m가 넘는 저수지를 수심표시기까지 갔다 오도록 직권을 남용하여 가혹행위를 한 것과 또한 피고인이 피해자들에게 위와 같은 가혹행위를 할 경우에도 피교육생들의 안전을 고려하여 수심 및 수영가능 여부를 확인할 뿐만 아니라 준비운동을 실시하는 등 위험에 대한 제반사전 조치를 취할 주의의무가 있음에도 이를 게을리 한 중대한 과실로 사람을 사망에 이르게 한 것은 1개의 행위로 발생한 것으로 볼 수 없으므로 실체적 경합관계에 있다(육군 1984. 10. 25. 선고 84고군형항245 판결).

4) 육군 1982. 4. 13. 선고 82고군형항85 판결.

5) 대법원 1980. 1. 15. 선고 79도2221 판결.

게 한 경우1), ⑦ 소속대 운전병인 공소외 3에게 피고인의 범행에 협조하지 아니하려는데 불만을 품고 주먹으로 얼굴과 배를 때리고, 발로 무릎을 차며 등을 밟는 등 무수히 구타하여 실신하게 한 경우2), ⑧ 피고인이 피해자들에게 청양고추를 먹인 행위와 찬물에 샤워하게 한 경우3), ⑨ 피고인이 피해자에게 캡사이신 소스 등을 먹여 피해자에게 통증 및 구토를 유발한 경우4), ⑩ 피고인이 특수훈련을 받은 피해자들에게 열중쉬어 자세에서 사무실 바닥에 머리를 박게 하고, 엎드려뻗쳐 자세에서 사무실 사물함에 다리를 올리도록 한 행위5), ⑪ 피고인이 비흡연자로 알려진 피해자에 대하여 다수인이 보는 앞에서 담배를 피우도록 한 경우6), ⑫ 피고인이 피해자로 하여금 입을 벌리라고 한 후 입에 마늘을 한 움큼(5개 정도) 밀어 넣고, 피해자가 이를 먹지 않으려 하였음에도 불구하고 피고인이 피해자의 턱을 움직여 억지로 씹도록 한 경우7) 등에 대해서는 가혹행위를 인정하고 있다.

하지만 ① 운전교육교관으로서 자주 중앙선을 침범하거나 위험하게 운전하는 피해자들에게 교육과 훈계 목적으로 아무런 개인적 감정 없이 팔굽혀펴기 50회, 완전군장 연병장 20바퀴, 엎드려뻗쳐 20분 등을 시킨 행위8), ② 피해자들로 하여금 무릎 높이의 개울물에 총기와 함께 뛰어 들어갔다가 나오게 한 행위, 약 40분간 활동복 차림으로 개울물에 서 있도록 한 행위, 잠을 재우지 않고 02:30경까지 총기를 수입하도록 한 행위9), ③ 피해자들의 잘못된 행동에 대해 지휘관으로서 시정하고 교육시킬 목적으로 육군 얼차려규정에 따라 일과시

1) 대법원 1980. 1. 15. 선고 79도2221 판결.
2) 대법원 1980. 1. 15. 선고 79도2221 판결.
3) 대법원 2018. 6. 28. 선고 2015도2390 판결.
4) 육군 제21보병사단 보통군사법원 2015. 3. 19. 선고 2015고3 판결(예전에는 '군대에서 그 정도는 당연한 것 아닌가?'라고 여겨지던 행동도 시대의 변화와 사회적 합의의 변동에 따라 군형법 제62조 제2항의 가혹행위로 판단될 수 있는 것이고, 이는 군인 특히 병사들의 인권보장에 대한 국민들의 요청에 근거하여 신설된 위력행사가혹행위죄의 입법취지에도 부합하는 해석이라고 할 것이다).
5) 해군작전사령부 보통군사법원 2017. 7. 13. 선고 2017고17 판결.
6) 육군 제1군단 보통군사법원 2018. 6. 18. 선고 2018고13 판결.
7) 육군 제1군단 보통군사법원 2018. 9. 17. 선고 2018고31 판결(법적 환경의 변화와 인권에 대한 일반인의 인식 변화를 고려한다면, 위와 같은 행위는 피해자의 건강에 치명적인 영향을 미치는 것도 아니고 사람에 따라서는 이를 견딜 수 있는 종류의 것으로 받아들일 수 있다고 할지라도 일반인의 관점에서 혐오스럽고 굴욕적, 모욕적으로 느껴지기에 충분한 행위로서 피해자의 인격권을 현저히 침해하는 가혹행위로 볼 수 있다).
8) 대법원 2004. 12. 23. 선고 2004도6573 판결.
9) 대법원 2003. 6. 13. 선고 2002도2911 판결(피고인이 위와 같은 행위를 하게 된 시기는 피고인이 일직사관의 임무를 수행하던 중 발생했던 것들로서, 그 동기를 살펴보면 피해자들이 군인으로서 당연히 하여야 할 총기수입을 제대로 하지 않고 또한 내무생활을 나태하게 하고 무책임하게 하므로 이에 대한 경각심을 일깨워 줌과 동시에 시정조치하기 위한 것으로서 그 동기에 충분히 수긍이 가는 바이고, 특히 02:30까지 소속대원들에 대하여 잠을 재우지 않고 총기수입을 하도록 한 행위를 보면 그 다음날이 전투지휘검열일로서 사전에 총기수입상태가 완벽히 되지 않으면 검열 시 문제가 발생할 수 있으므로 이에 대비하지 않으면 아니 되었다는 점을 인정할 수 있는데 당시 일직사관으로 근무하는 피고인으로서는 이에 대하여 준비를 하지 않을 수 없었고 더군다나 그 날은 비가 내려 총기수입을 더욱더 철저히 하지 않으면 안 되었던 사정을 고려하면 02:30까지 잠을 재우지 않고 총기수입을 시킨 행위는 22:00에 취침토록 되어 있는 일과규정에서 벗어나 다소 과하다는 측면은 있으나 그 동기를 전혀 수긍 못할 바도 아니라 할 것이다).

간에 50분 실시 후 10분 휴식하는 형태로 얼차려를 주는 행위[1], ④ 군기교육대 교관으로서 일반 병영생활에서도 거부감 없이 행해지는 소위 원산폭격·좌우로 굴러·앞뒤로 취침 등을 실시하고, 군기위반자에 대한 특별교육을 실시하는 군기교육대에서의 행위의 일환으로 3시간 내지 8시간 정도 잠을 못 자게 한 행위[2], ⑤ 상병(피해자)이 돈을 빌려주지 않는다는 이유로 선임으로서의 권한을 남용하여 하급자인 피해자에게 물구나무서기 자세를 약 3분간 취하게 한 행위[3], ⑥ 피해자와 13명의 소대원들을 엎드려뻗쳐 시켜 놓고 목봉으로 동인들의 엉덩이를 1회씩 구타하고, 피해자의 둔부를 2회, 좌측 두부를 1회 구타하여 동인으로 하여금 전치 5주의 좌측 두개골 함몰골절상을 입힌 행위[4], ⑦ 육군규정 120 제3장 병영생활규정 제46조(얼차려) 제2항 제1호에서는 얼차려의 대상을 "법과 규정, 지침, 지시를 위반한 대상자(병사) 중 징계 또는 법적 제재의 대상자를 제외한 경미한 위반자에게 얼차려를 부여할 수 있다."라고 규정하여 얼차려 대상을 병으로 한정하여 규정하고 있으며 간부들에 대해서 아무런 규정이 없다고 할지라도, 대대장인 피고인은 지휘관으로서 소속부대 장병들을 상대로 일반적인 명령 및 지시를 내릴 수 있는 권한이 있는바, 장교인 피해자들에 대하여 '엎드려뻗쳐'와 '팔굽혀펴기'를 할 것을 지시한 행위[5], ⑧ 행정보급관인 피고인이 소속대 중대원들인 피해자들이 자신들의 잘못을 뉘우치지 않는다는 이유로 기온이 섭씨 30°에 육박하는 더위와 땡볕이 내리쬐는 날씨에 연병장에 있는 유리조각을 1인당 40kg들이 포대에 꽉꽉 채우도록 시킨 행위[6], ⑨ 선임인 피고인이 피해자들에게 수개월 동안 수시로 욕설과 폭언

---

1) 고등군사법원 1998. 1. 6. 선고 97노656 판결(4년 5개월여 복무한 해병대 중사로 전역한 후 다시 육군 장교로 임관하여 2년 9개월여 복무한 성실하고 책임감 있는 피고인이 부대에서 가장 중요한 R.C.T.훈련을 앞두고 병사들의 군기를 차츰 세워야 할 시기라 생각하고 다소 해이해진 군기를 쇄신하여 훈련에 임하기 위해, 본 건 피해자들의 잘못된 행동에 대해 지휘관으로서 시정하고 교육시킬 목적으로 육군 얼차려규정에 따라 일과시간에 50분 실시 후 10분 휴식하는 형태로 지휘관인 피고인이 직접 본 건 공소사실 제1항의 행위를 실시한 사실을 인정할 수 있다. 그렇다면 본 건 피고인의 행위는 폭행행위에는 해당되어도 피고인을 전역시켜야 하는 가혹행위에는 해당된다고 할 수 없다).
2) 고등군사법원 1996. 11. 26. 선고 96노578 판결.
3) 고등군사법원 1990. 9. 19. 선고 90노233 판결(약 2 내지 3분간에 걸친 물구나무서기는 병영생활 중에서 별다른 거부감 없이 행해지는 한 부분이라 할 것이고 따라서 군형법 소정의 가혹행위에 해당한다고 보기 어려우므로 범죄로 되지 아니한다).
4) 육군 1974. 9. 27. 선고 74고군형항385 판결.
5) 고등군사법원 2019. 1. 18. 선고 2019노216 판결(① 피고인이 소위 '엎드려뻗쳐'와 '팔굽혀펴기'를 시킨 것은 훈육 및 교육의 목적 하에 이루어진 것으로 볼 수 있는 점, ② 피고인은 간부들의 지시 불이행, 근무태만 등에 대하여 징계라는 절차로서 강하게 처벌하기보다는 병사 얼차려 규정에 근거하여 경각심 고취 차원에서 얼차려를 통해 종결하고자 한 것으로 보이는 점, ③ 피해자들의 진술에 의하더라도 '엎드려뻗쳐'를 한 시간이 약 5분, 팔굽혀펴기 횟수가 53회씩 2회 정도에 불과한 점 등을 종합하여 보면, 피고인의 지시가 필요성, 상당성을 벗어난 것으로서 실질에 있어서 정당한 권한에 속하지 않는 행위에 해당한다는 점이 합리적 의심의 여지없이 증명되었다고 보기 어렵다).
6) 고등군사법원 2009. 5. 6. 선고 2009노28 판결(이로 인하여 피해자들이 얼마간의 고통을 겪었으리라는 점에서 다소 지나친 부분이 없지 않지만, 피고인이 피해자들의 유리줍기 행위를 직접 감시하지 않아 피해자들이 다소간 자신들의 몸 상태에 맞추어 유리줍기를 할 수 있었던 점, 피고인이 기온이 더 오르기 전에 피해자들로 하여금 유리줍기를 그만두게 하고 점심식사를 하게 하였던 점, 증인 최○○의 진술에 따르면 이 사건 당시 무더운 날씨기는 하였으나 연병장에서 작업을 못할 정도의 날씨는 아니었고 실제로 당시에 연병장 일부에서는 일부 병사들이 축구도 하였다는 점 등을 넉넉히 인정할 수 있다).

을 한 행위[1]), ⑩ 중대장이 사격통제에 따르지 아니하는 중대원들에게 약 30분간 엎드려뻗
쳐를 시킨 행위[2]) 등에 대해서는 가혹행위를 부정하고 있다.

이상에서 보는 바와 같이 판례는 가혹행위 인정 여부에 대한 기본적인 고려사
항으로서, 피고인의 평소 군생활태도[3]), 피고인과 피해자와의 지위 및 관계, 행위
당시에 처한 상황[4]), 목적의 정당성, 수단과 방법의 상당성, 당해 행위 이외에 다른
수단이나 방법이 있었는가의 여부에 대한 보충성, 피해자의 피해법익과 행위를 통
하여 준수하고자 한 보호법익간의 법익균형성, 피해자의 기여과실, 행위의 결과
등의 요건을 모두 고려하여 비례성의 원칙에 부합하면 죄의 성립을 부정하는 태도
를 보이고 있다. 그 밖에도 피해자에게 견디기 어려운 정신적·육체적 고통을 주는
경우, 매우 혐오스러운 행위, 인격을 필요 이상으로 심하게 모독하는 행위 등의 경
우에는 가혹행위죄로 판단하고 있다. 한 가지 특이한 사항은 가혹행위의 개념에
폭행을 제외하여 해석하는 태도를 일관되게 유지하고 있는 결과, 경우에 따라 가

1) 고등군사법원 2012. 5. 29. 선고 2012노61 판결(이 사건 폭언이나 욕설이 가혹행위죄를 구성한다고
본다면 모욕죄와의 구별이 불분명하게 되어 공연성이 없어 모욕죄가 성립되지 않는 경우라도 가혹
행위죄로 처벌할 수 있게 되어 형벌권의 지나친 확장을 초래하게 된다. 더욱이 이 사건 폭언이나
욕설의 점들은 징계제도에 의해 충분히 그 조치가 가능하며, 검찰관이 들고 있는 군대의 특수성을
고려할 때 폭언이나 욕설에 의한 가혹행위에 대한 처벌이 필요하다는 것으로 가혹행위죄의 처벌범
위를 쉽게 확장할 수는 없다). 이에 대하여 공연성이 결여된 모욕행위나 소송조건이 결여된 모욕행
위의 경우에도 그 정도로 보아 수인불가능한 정신적 고통을 수반한 경우라면 이를 가혹행위에서
배제하여서는 안 된다는 견해로는 성은경, "군형법상 가혹행위죄의 구성요건에 관한 해석과 최근
하급심 판례의 경향", 형사정책연구 제30권 제4호, 한국형사정책연구원, 2019. 12, 259면.
2) 대법원 2008. 5. 29. 선고 2008도2222 판결(피고인은 소속대 중대장으로서 고도의 안전사고의 위험
성이 있는 사격장에서 피해자가 빈탄알집을 옆으로 옮기는 과정에서 총구를 옆으로 돌리자 이를
제지하고 총구를 전방으로 향하라고 경고하였음에도, 피해자가 재차 총구를 옆으로 돌리자 피해자
가 사격통제에 따르지 않는다고 판단하여 피해자에 대한 훈계 및 피해자를 비롯한 중대원들에 대
한 교육 및 사고예방의 목적으로 피해자에게 약 30분간 '엎드려뻗쳐'를 시킨 사실이 인정된다. 한편,
육군 얼차려 규정 시행지침은 '엎드려뻗쳐'를 얼차려 항목으로 규정하고 있지 않으나, '엎드려뻗쳐'
보다 더 어려운 '팔굽혀 펴기'를 얼차려 항목으로 규정하고 있는 점으로 보아 '엎드려뻗쳐'도 얼차려
의 방법으로 가능하다고 판단되고 중대장인 피고인으로서는 정당한 얼차려 권한을 행사한 것으로
보인다. 다만, 그 시간이 30여분으로 다소 과하다는 측면은 있으나, 전투력보존 및 안전사고 예방을
주된 목적으로 하는 사격훈련 및 사격장의 특성을 고려할 때 그 동기를 전혀 수긍 못할 바도 아니
고, 피고인의 위와 같은 얼차려 수단은 그리 과격하지도 않을 뿐만 아니라 피해자에게 어떠한 상해
의 결과도 발생하지 않았다는 측면을 인정할 수 있는데, 피고인 및 피해자의 지위, 위와 같은 행위
를 하게 된 동기, 수단, 결과 등을 종합하여 고려하면 피고인의 위와 같은 행위는 형법 제20조에서
규정한 사회상규에 위배되지 않은 행위로 볼 수 있다).
3) 고등군사법원 1998. 1. 6. 선고 97노656 판결(4년 5개월여 복무한 해병대 중사로 전역한 후 다시
육군장교로 임관하여 2년 9개월여 복무한 성실하고 책임감 있는 피고인이 …).
4) 고등군사법원 1996. 11. 26. 선고 96노578 판결(군기교육대 교관으로서 군기위반자에 대한 특별교
육을 실시하는 군기교육대에서의 행위라는 점을 고려할 때 …); 고등군사법원 1998. 1. 6. 선고 97노
656 판결(부대에서 가장 중요한 R.C.T. 훈련을 앞두고 병사들의 군기를 차츰 세워야 할 시기라고
생각하고 다소 헤이해진 군기를 쇄신하여 훈련에 임하기 위하여 …).

혹행위보다 더 큰 육체적·정신적 고통을 수반하는 폭행행위에 대해서는 군형법을 적용하지 않고 일반 형법을 적용하거나 불고불리의 원칙에 의거하여 무죄를 선고 하는 경우가 종종 발생하고 있다는 점이다.

(4) 가혹행위와 학대행위의 구별

대법원에 의하면, '학대'란 육체적으로 고통을 주거나 정신적으로 차별대우를 하는 행위를 가리키고, 이러한 학대행위는 형법의 규정체제상 학대와 유기의 죄가 같은 장에 위치하고 있는 점 등에 비추어 단순히 상대방의 인격에 대한 반인륜적 침해만으로는 부족하고 적어도 유기에 준할 정도에 이르러야 한다고 판시[1]하고 있다. 반면에 '가혹행위'란 일반적으로 사람에게 육체적·정신적 고통을 주는 유형 적·무형적 행위라고 일컬어지고 있다. 이와 같은 양자의 개념정의에 의하면 가혹 행위와 별 다른 차이점을 발견할 수 없음에도 불구하고, 군형법상 가혹행위죄의 법문상으로는 학대행위와 가혹행위를 별도로 분리하여 규정하고 있다. 다만 위력 행사가혹행위죄의 경우에는 일제 강점기의 병영문화로부터 내려온 군대 내의 악 습을 제거하기 위하여 규정된 것으로 그러한 악습들이 형사상 범죄에 해당한다는 것을 통하여 일반예방의 효과를 발휘할 필요가 있다는 형사정책적 고려가 그 해석 론에 반영되어야 할 것이다. 또한 학대죄의 성립 여부가 문제되는 경우보다 병사 들 사이의 관계는 인적결속관계가 약한 점, 군형법 제62조 제2항은 법문상 형법상 학대죄와 명백히 다르게 별도로 가혹행위를 명시하고 있는 점을 고려하면 군형법 상 위력행사가혹행위죄의 성립 여부에 대법원이 학대죄의 성립에 적용하고 있는 잣대를 그대로 적용하는 것은 타당하지 않다.

생각건대 이러한 입법방식은 용어사용의 혼란만을 가중시키고 있을 뿐 구별 의 실익이 없기 때문에 가혹행위로 단일화하는 것이 타당하다. 특히 군형법상 학 대행위로 인정되는 경우와 가혹행위로 인정되는 경우 사이에 법정형의 차이를 발 견할 수 없다는 점, 양 행위는 본질적으로 동일한 것으로 평가할 수 있다는 점, 형 법 제273조(학대죄)에서의 학대행위 사례와 형법 제125조(폭행·가혹행위죄) 및 형법 제277조(중체포·감금죄)에서의 가혹행위 사례를 비교해 보면 상당부분 중첩되어 있 다는 점 등을 감안한 용어의 정립이 필요하다.

(5) 가혹행위와 얼차려행위의 구별

얼차려 규정[2]은 적법한 제재행위와 부적법한 가혹행위를 판단하는 중요한 기

---

1) 대법원 2000. 4. 25. 선고 2000도223 판결; 대법원 1986. 7. 8. 선고 84도2922 판결.
2) 얼차려란 직접적인 지휘하의 인원에 대하여 지휘권 확립 및 군기유지를 위하여 즉각적인 제재가

준으로 작용할 수 있지만, 단순히 군 내부의 얼차려 규정[1]에 따르지 않았다는 이유만으로 군형법 제62조의 가혹행위에 해당한다고 판단하는 것[2]은 가혹행위죄의 법리를 오해한 위법이 있는 것이며[3], 반대로 규정을 준수하였다고 하여 언제나 가혹행위가 성립하지 않는다고 해석하는 것[4]도 무리라고 할 수 있다.[5] 판례에 의하면 행정반에서 피해자(일병, 19세)가 멍하게 앉아있자 피해자에게 쓰레기통 처리를 지시하였음에도 지시를 제대로 이행하지 않았다는 등의 이유로 피해자에게 팔굽혀펴기를 1회, 20회씩 3회 반복하게 한 행위와 관련하여「피해자에 대한 교육 및 계도 목적과 의도 하에서 행하여진 것으로서 그 대부분이 군에 입대한 일반적인 장병으로서는 수인가능한 정도였다고 봄이 상당하고, 비록 피고인의 일부 행위가 피해자의 정신 및 신체적 능력에 비추어 다소 지나친 면이 있었고 얼차려 제도 시행방침(육방침 제10호)에 다소 어긋나는 행위였던 것은 사실이나 이로써 곧바로 중

필요한 경우에 집행자의 차상급 지휘관으로서 중대장 및 대위 이상의 장교를 결재권자로 하여 분대장, 행정관, 소대장, 중대장 및 참모장교, 교관이 집행자로 집행하며, 일정한 방법, 예를 들면 팔굽혀펴기, 앉았다 일어서기, 개인호 파고 되메우기, 보행, 순환식 체력단련, 뜀걸음, 특정지역 청소, 반성문 작성, 참선 등을 할 수 있는데, 육군 전 장병은 규정되지 않은 얼차려를 부여할 수 없다. 이와 같이 얼차려는 얼차려 사유의 존재 여부 및 얼차려의 부여 여부를 결정하는 승인권자와 그 결정에 따라 이를 집행하는 집행권자가 분리되어 있는데, 이는 규문절차에 의하여 얼차려가 집행되는 것을 사전에 방지하여 얼차려의 남발을 규제하기 위한 것이라고 할 수 있다. 즉 소대장이 소대원에게 얼차려를 실시하기 위해서는 일단 승인권자인 중대장에게 승인을 받아야 하는데, 이러한 절차를 통하여 얼차려가 남발되는 것을 방지할 수 있는 것이다. 또한 얼차려는 일과시간 또는 자유시간 내에 해당하는 오전 8시부터 오후 8시까지 1회 1시간, 1일 2시간 이내로 실시할 수 있으며, 1시간 초과시 중간 휴식시간(1시간 이상)을 반드시 부여해야만 하고, 공개된 장소에서 실시해야 한다. 얼차려의 방법은 병교육기관(1~2주차 및 3~5주차), 야전 부대(일·이병 및 상·병장) 등으로 나누어 총 4단계의 유형으로 설정한 뒤 군복무의 기간이 길어질수록 강도가 강해지고 있는 특징을 보이고 있다.

1) 고등군사법원 2003. 6. 24. 선고 2002노351 판결(피고인이 소속된 부대의 얼차려 지침에서는 교육훈련간에는 제대별 지휘관 또는 지휘관으로부터 위임을 받은 중사급 이상의 지휘자(관)가 일과 중에는 제대별 지휘관이, 일과 후에는 제대별 지휘관 혹은 일직사령만이 각각 얼차려의 결정권자가 되며, 얼차려의 종류도 교육훈련 간에는 반성(참선)/반성문 작성, 구령조정/군가제창, 제식훈련/총검술, 보행/구보, 유격체조 등 교육훈련에 필요한 동작만을, 그 외의 경우에는 반성(참선)/반성문 작성, 구령조정/군가제창, 보행/구보, 유격체조 등만을 각 실시할 수 있고, 결정권자나 집행자는 피얼차려자의 육체적, 정신적 능력을 고려하여 무리한 반복동작의 실시나 폭언, 폭설 등 인격모독행위를 금지한다고 규정하고 있다. … 피고인이 일직사관으로서 얼차려를 결정할 수 있는 지위에 있었기는 하나 피고인이 지시한 얼차려는 얼차려 지침이 허용하는 얼차려도 아닐 뿐만 아니라 근무를 태만히 한 경계병만이 아니라 취침 중인 전 부대원을 깨워 그들 모두로 하여금 동절기에 속옷차림으로 연병장에 서 있게 한 것으로서, 원심이 내세운 사정을 감안하더라도 피해자들의 법익침해를 정당화할 만한 사유가 있었다고 볼 수 없다).
2) 예를 들면 앉았다 일어섰다를 50회 실시한 경우를 생각해 보라!
3) 고등군사법원 2002. 5. 21. 선고 2002노28 판결.
4) 예를 들면 유격체조 가운데 8번 온몸비틀기를 50분간 쉬지 않고 실시한 경우를 생각해 보라!
5) 대법원 1998. 5. 8. 선고 98도482 판결.

대장이었던 피고인이 자신의 직권을 남용하여 피해자에게 사람으로서는 견디기 어려운 정신적·육체적 고통을 가하였다고 볼 수는 없다.」라고 판시[1]함으로써 이러한 법리를 재확인하고 있다. 또한 얼차려 규정에 없는 항목이라고 할지라도 그 방법에 따라 해석상 허용될 수 있는 내용도 충분히 상정할 수 있으며, 그 강도가 다소 과하다는 측면이 있을 경우에는 사회상규 위배 여부를 검토하여 죄의 성립을 부정할 수도 있다.[2] 그리고 지휘관은 장교, 부사관, 병사를 불문하고 소속 부대원에 대하여 일반적인 명령 및 지시를 내릴 수 있는 권한이 있고, 육군규정 120 병영생활규정 제46조에 얼차려의 대상을 병사로 하고 있을 뿐 장교나 부사관을 적극적으로 배제하고 있지 않으므로 장교나 부사관에 대한 얼차려 행위도 지휘관의 일반적인 직무권한이라고 파악해야 한다.[3]

한편 병영생활에서 훈계 또는 교육의 목적으로 거부감 없이 일반적으로 행해지는 부분은 가혹행위가 되지 않는다[4]고 하지만, 이러한 추상적이고 일반적인 기준은 오히려 지휘관의 정당한 지휘권 행사에 혼란을 초래할 가능성마저 있다고 할 수 있다. 판례에 의하면「피고인은 상병(피해자)이 돈을 빌려주지 않는다는 이유로 선임으로서의 권한을 남용하여 하급자인 피해자에게 물구나무서기 자세를 약 3분간 취하게 함으로써 가혹한 행위를 하였다는 점에 관하여 살펴보건대, 약 3분간에 걸친 물구나무서기는 병영생활 중에서 별다른 거부감 없이 행해지는 한 부분이라고 할 것이고 따라서 군형법 소정의 가혹행위에 해당한다고 보기 어렵다.」라고 판시하고 있는데[5], 동 사안의 경우에는 목적의 정당성조차 없기 때문에 피고인에 대한 제재의 필요성은 충분히 인정된다고 보여 진다. 특히 동 판례는 1980년대 말에

---

1) 고등군사법원 2009. 11. 17. 선고 2008노275 판결.
2) 고등군사법원 2008. 2. 19. 선고 2007노249 판결(육군 얼차려 규정 시행지침은 "엎드려 뻗쳐"를 얼차려 항목으로 규정하고 있지 않으나, "엎드려 뻗쳐"보다 더 어려운 "팔굽혀 펴기"를 얼차려 항목으로 규정하고 있는 점으로 보아 "엎드려 뻗쳐"도 얼차려의 방법으로 가능하다. 다만, 그 시간이 30여분으로 다소 과하다는 측면은 있으나, 전투력보존 및 안전사고 예방을 주된 목적으로 하는 사격훈련 및 사격장의 특성을 고려할 때 그 동기를 전혀 수긍 못할 바도 아니고, 피고인의 위와 같은 얼차려 수단은 그리 과격하지도 않을 뿐만 아니라 피해자에게 어떠한 상해의 결과도 발생하지 않았다는 측면을 인정할 수 있는데, 피고인의 위와 같은 행위는 형법 제20조에서 규정한 사회상규에 위배되지 않은 행위로 볼 수 있다). 사실관계: 피고인은 소속대 중대장으로서 고도의 안전사고의 위험성이 있는 사격장에서 피해자가 빈탄알집을 옆으로 옮기는 과정에서 총구를 옆으로 돌리자 이를 제지하고 총구를 전방으로 향하라고 경고하였음에도, 피해자가 재차 총구를 옆으로 돌리자 피해자가 사격통제에 따르지 않는다고 판단하여 피해자에 대한 훈계 및 피해자를 비롯한 중대원들에 대한 교육 및 사고예방의 목적으로 피해자에게 약 30분간 "엎드려 뻗쳐"를 시킨 사실이 인정된다.
3) 고등군사법원 2014. 11. 26. 선고 2014노244 판결.
4) 고등군사법원 1990. 9. 19. 선고 90노233 판결.
5) 고등군사법원 1990. 9. 19. 선고 90노233 판결.

발생한 사안을 다룬 것인데, 당시의 시대상황에서는 이러한 행위가 일반적으로 병영생활 내에서 별다른 거부감이 없었다고 할 수 있을지 몰라도 동일한 행위가 현재의 상황에도 동일한 결론을 도출할 수 있을지는 매우 의문이 드는 것이 사실이다. 이와 같은 시대상황에 맞추어 비교적 용인되는 행위는 얼차려규정의 개정을 통하여 적법의 영역으로 편입시켜주는 것이 타당하다.

다만 단지 선임으로서의 권한을 남용하였다는 부분과 관련하여 직권남용이 인정되지 않기 때문에 가혹행위죄의 성립은 부정되어야 할 것이며, 형법상 강요죄 또는 사적 제재에 해당되어 징계벌로 충분히 다스릴 수 있을 것이다. 그러므로 가혹행위죄의 성립 여부는 원칙적으로 얼차려 규정의 준수 여부를 기준으로 삼은 후 피고인 및 피해자들의 지위, 처한 상황, 그 행위의 목적, 결과, 육군 얼차려 시행지침에 규정된 행위태양 가운데 비위사실에 상응하는 해당 행위보다 고통이 심한 항목이 규정되어 있는지의 여부, 해당 행위로 인하여 피해자가 상해를 입은 사실이 있는지의 여부 등을 고려하여, 비록 피고인이 피해자의 잘못을 시정하고 교육시킬 목적으로 육군의 얼차려규정에 따라 얼차려를 실시한 것이라고 하더라도, 피고인의 행위가 그 직무권한의 정당한 한도를 넘어서 그 권한을 위법하게 행사하고, 이로 인하여 피해자들에게 견디기 어려운 정신적 · 육체적 고통을 가하였다면 가혹행위로 보아야 할 것이다.

4. 처 벌

(1) 현 황

〈가혹행위죄에 대한 사건처리 현황〉

구분	입건	불기소	타관 송치/ 수사중	기소					
				자유형	집행 유예	선고 유예	재산형	무죄	재판중 /이송
2013	19	10	1		2	2	3		1
2014	57	35	1		4	6	8	2	1
2015	38	19	1		4	1	10		3
2016	50	31	5		5		6	1	2
2017	34	21	2		2	1	5	1	2
2018	22	14	2		2		3		1
2019	20	15	1		1		3		

출처: 국방부, 정보공개청구(청구번호: 7128094), 2020. 10. 26.

　가혹행위죄에 대한 선고형은 주로 벌금형 위주로 되어 있는 반면에 최근의 사례에서 실형 선고는 단 1건도 존재하지 아니한다. 또한 불기소의 비중이 가장 크게 나타나는 수치를 종합해 볼 때 전반적으로 군형법상 가혹행위죄로 형사처벌되는 경우는 극히 이례적인 현상임을 알 수 있다. 이러한 사실은 가혹행위로 인한 징계현황을 살펴보면 더욱 명확해지는데, 연평균 약 7,000여 명의 인원이 가혹행위로 징계처분을 받는 현실을 감안한다면, 가혹행위에 대한 대처방안으로서 형벌의 역할보다는 징계벌의 역할이 보다 강조되어야 하겠고, 징계의 수위도 가혹행위의 유형별로 세분화시키는 작업이 필수적으로 요구된다.

〈군내 폭행, 협박, 모욕 등 가혹행위로 인한 징계현황〉

	계	'01	'02	'03	'04	'05	'06	'07	'08	'09	'10	'11
육군	61,250	3,704	4,708	5,647	4,007	3,948	4,792	5,433	6,732	7,027	8,157	7,095
해군	5,868	142	157	168	243	344	579	623	688	972	940	1,012
공군	1,164	139	96	74	118	134	114	111	80	93	92	113

출처: 형혁규, 「군기사고 예방을 위한 관심병 관리제도 개선방안」, 현안보고서 제135호, 국회입법조사처, 2011. 12, 13면(국방부 제출자료).

(2) 형사처벌사유와 징계사유와의 구별 문제

　육군징계규정 제180호(2013. 5. 1.) 및 해군징계규정 제1931호(2013. 6. 10.)에 의하면 징계양정의 기준으로서 중대한 위반과 경미한 위반으로 대분류를 한 다음, 징계대상 행위가 계획적인가 아니면 우발적인가에 따라 세부적으로 징계의 유형을 분류하고 있다. 이러한 징계규정 가운데 가혹행위와 관련된 징계사유를 살펴보면, 신체의 일부 또는 물건을 이용하여 물리적 가격·접촉, 과중·부당한 얼차려 부여, 암기 등 부당 강요, 협박·폭언·욕설 기타 비물리적 가혹행위를 일종의 복종의무위반으로 규정하여 다루고 있다. 이러한 징계대상으로서의 행위태양은 실제 판례사안에 등장하고 있는 가혹행위 범죄의 행위태양과 대동소이한 점을 알 수 있는데, 이러한 점을 감안한다면 평시의 일정한 경우에는 가혹행위죄를 통하여 달성하고자 하는 목적이 군인사행정상의 징계벌로써도 충분히 달성될 수 있다고 판단된다.[1] 특별권력관계인 군 내부의 질서는 될 수 있는 한 징계벌로 규제하는 것이 바

---

[1] 외국의 경우에도 징계절차와 사법절차를 구분하여 대부분의 경미한 위반행위는 징계절차로 처리하고 있다. 이에 대한 보다 자세한 내용은 이계수 "군내 내 구타 가혹행위 및 그로 인한 사고를 방지하기 위한 법적 제도적 방안에 관한 연구", 민주법학 제23호, 민주주의 법학연구회, 2003. 2, 311면.

람직한데, 평시에 발생하는 경미한 가혹행위에 대하여 형사처벌을 하는 것은 적절한 대응방안이라고 할 수는 없다. 그러므로 가혹행위에 있어서 형사처벌사유와 징계사유의 명확한 구별기준의 정립 및 이에 대한 개별적인 처리가 요청된다.

(3) 군검사선의주의의 도입

　　미국이나 영국의 경우에는 군사법에서 징계벌과 형사벌을 혼합적으로 규정하여 판결로써 형사처벌뿐만 아니라 징계처벌도 할 수 있으므로 이와 같은 법체계에 있어서는 징계범의 성격을 지니는 범죄를 군사법상의 범죄로 규정하여도 별 다른 문제가 없다. 하지만 우리나라의 경우에는 군형법에서 형사상 범죄만을 규정하고, 군인사법 등의 법령에서 징계벌을 별도로 규정하는 방식을 채택함에 따라 양자의 관계 및 처리절차 회부의 결정에 대한 판단기준 등이 모호한 상황에 있다. 이에 소년법상 보호처분을 할 것인지 아니면 일반 형사사건으로의 처리를 진행할 것인지에 대한 판단을 검사가 행하고 있는 점에 착안한 군검사선의주의의 도입을 적극 검토할 필요성이 있다. 소년사법이 범죄로부터 청소년을 적절히 보호하고 있는 것과 같은 맥락에서 청소년 연령대를 갓 지나 군입대 의무복무 중인 병사들[1]이 순간적으로 저지른 경미한 군범죄에 대해서는 처벌보다는 회복적 (군)사법의 기회를 제공하는 것이 바람직하다. 예를 들면 행위의 상습성, 가혹행위의 결과, 피해자의 피해 정도, 범행의 가담정도, 피해자의 수, 피해자의 처벌의사 등 범행에 나타난 제반상황을 종합적으로 고려하여 경미한 사건의 경우에는 군검찰단계에서 원칙적으로 징계절차로 회부하되 예외적으로 중한 경우에 한해서 형사절차로 회부하는 것이다. 이는 앞에서 논의한 형사처벌사유와 징계사유의 명확한 구별 및 징계사유의 세부유형에 대응하는 매뉴얼의 개발이 전제된다면 그 효과가 배가될 것으로 기대된다. 또한 각급부대에서 발생할 수 있는 다양한 가혹행위 처리에 대한 객관적인 기준의 정립뿐만 아니라 처리절차에 있어서의 형평성 문제도 어느 정도 해결할 수 있을 것이다.

---

1) 실제로 우리나라 군입대자의 평균연령은 20.25세로 파악되고 있다(형혁규, 「군기사고 예방을 위한 관심병 관리제도 개선방안」, 현안보고서 제135호, 국회입법조사처, 2011. 12, 7~8면).

제13장 초병폭행·협박·상해 및 살인의 죄

Ⅰ. 초병폭행·협박죄

> 제54조(초병에 대한 폭행, 협박) 초병에게 폭행 또는 협박을 한 사람은 다음 각 호의 구분에
> 따라 처벌한다.
>   1. 적전인 경우: 7년 이하의 징역
>   2. 그 밖의 경우: 5년 이하의 징역

1. 의 의

초병폭행·협박죄는 초병에게 폭행 또는 협박을 함으로써 성립하는 범죄이다.[1] 본죄의 보호법익은 초병이 수행하고 있는 경계근무와 초병 신체의 불가침성 내지 신체의 온전성이다.[2]

---

[1] 고등군사법원 1998. 5. 26. 선고 98노194 판결(이건 소위는 2인 1조로 편성되어 경계근무 중에 그 중 1인인 피해자들이 초령을 위반하자 피고인이 선임 초병으로서 이를 제지하기 위한 목적으로 행사된 점, 그리고 폭행의 방법이나 정도도 피고인이 자신의 손바닥으로 피해자들을 1회 내지 5회 가볍게 폭행한 점, 군부대에서의 경계는 군의 인적, 물적 요소를 적이나 외부 세력으로부터 보호하여 전투력의 정상적 유지 보존에 그 목적이 있고, 경계의 성패가 바로 군의 존립이나 국가의 안전과 직결되게 된다는 역사적 경험에 비추어 볼 때 경계의 중요성은 어떠한 경우에도 양보할 수 없는 군의 핵심적 가치에 해당되는 것이라고 할 것인바, 특히 이건 경계근무의 대상이 되는 무기고는 총기를 보관하고 있는 장소로서 더더욱 그 위해 가능성이나 그 중요성은 군부대내에서도 가장 크다고 할 것이다. 이와 같은 취지에서 초병의 직무태만에 대하여 특히 군형법이 초병의 수면 또는 음주행위를 초령위반죄로 의율하여 처벌하고 있는 점, 또한 이건 행위는 모두 22:00에서 02:00까지 심야에 발생되어 당시 피고인에게 경계근무 중 졸고 있는 피해자들이 군형법상 초령위반죄의 현행범이므로 이들을 체포하거나, 또는 위 경계 근무 중인 수소지역을 이탈하면서까지 피해자들의 초령위반사실을 일직계통으로 보고하기를 기대하는 것은 도저히 상상하기 어렵다고 할 것이고, 또한 이러한 경우 피고인이 군생활에서 배운 지식과 경험에 의하여 경계근무의 중요성을 깊이 인식하고 있는 터에 하급자인 피해자들이 자신의 거듭된 제지에도 불구하고 계속 졸고 있는 상황이라면 졸음을 깨우는 방법상 가사 약간의 폭행이 수반되었다 하더라도 당시의 경계근무의 중요성이나 초병의 역할을 감안하면 지키려는 법익이 피해법익에 비하여 월등히 크다고 인정되는 점 등으로 보아 피고인의 이건 행위는 군내 사회질서의 범위 안에서 역사적으로 형성된 생활형태의 하나로써 초병근무 중인 하급자의 초령위반행위를 저지하는 행위에 불과하다 할 것이므로 결국 사회상규에 위배되지 아니한 행위에 해당된다).
[2] 고등군사법원 1999. 10. 14. 선고 99노611 판결(경계근무에 임하고 있는 초병에 대하여 어떠한 명목으로도 폭행은 허용되지 않는다 할 것이므로 초병에 대하여 폭행을 하였다면 그 보호법익을 침해하였다고 하기에 충분하고, 초병폭행죄에 있어서 고의라 하면 초병 및 폭행에 대한 인식이 있으

2. 구성요건

본죄는 군인·준군인뿐만 아니라 내·외국 민간인도 주체가 될 수 있다.[1] 본죄에서의 '폭행'이란 초병에 대하여 물리적 유형력을 행사하는 것을 말한다. 이는 상관폭행죄와 달리 초병의 신체에 대하여 행사될 필요가 없다는 점에서 보다 넓은 의미의 폭행이라고 할 수 있다. 즉 상관폭행죄는 직무수행의 여부와 상관 없이 그 대상이 상관이기만 하면 되기 때문에 형법상 폭행죄에서 말하는 폭행과 동일한 개념으로 파악되는 반면에, 본죄는 경계근무에 임하고 있는 초병이 그 대상이라는 점에서 형법상 공무집행방해죄에서 말하는 폭행과 동일한 개념으로 파악해야 하는 것이다. 이와 같은 해석은 직무수행군인등폭행죄에서도 동일하게 적용된다.

Ⅱ. 초병집단폭행·협박죄

제55조(초병에 대한 집단 폭행, 협박 등) ① 집단을 이루어 제54조의 죄를 범한 사람은 다음 각 호의 구분에 따라 처벌한다.
  1. 적전인 경우: 수괴는 5년 이상의 유기징역, 그 밖의 사람은 3년 이상의 유기징역
  2. 그 밖의 경우: 수괴는 2년 이상의 유기징역, 그 밖의 사람은 1년 이상의 유기징역
② 집단을 이루지 아니하고 2명 이상이 공동하여 제54조의 죄를 범한 경우에는 제54조에서 정한 형의 2분의 1까지 가중한다.

초병집단폭행·협박죄는 집단을 이루어 초병을 폭행하거나 협박함으로써 성립하는 범죄이다. 특히 본죄는 집단을 이루지 아니하고 2명 이상이 공동하여 초병을 폭행하거나 협박함으로써도 성립한다. 이는 초병폭행·협박죄와 비교하여 집단을 이루어거나 2명 이상이 공동하여 범죄를 행함으로써 행위방법의 위험성이 증가하여 불법이 가중된 구성요건이다. 본죄는 군인·준군인뿐만 아니라 내·외국 민간인도 주체가 될 수 있다.

면 충분하다).
1) 대법원 1986. 3. 25. 선고 86도283 판결(초병을 흉기로 협박하고 엠16소총을 절취하거나 이를 강취하려다 미수에 그쳤다고 공소가 제기된 피고인에 대하여 제1심 및 원심 고등군법회의가 그 재판권을 행사하였다 하여 아무런 위법이 없다).

Ⅲ. 초병특수폭행·협박죄

제56조(초병에 대한 특수 폭행, 협박) 흉기나 그 밖의 위험한 물건을 휴대하고 제54조의 죄를 범한 사람은 다음 각 호의 구분에 따라 처벌한다.
 1. 적전인 경우: 사형, 무기 또는 3년 이상의 징역
 2. 그 밖의 경우: 1년 이상의 유기징역

초병특수폭행·협박죄는 흉기나 그 밖의 위험한 물건을 휴대하고 초병을 폭행하거나 협박함으로써 성립하는 범죄이다. 본죄는 군인·준군인뿐만 아니라 내·외국 민간인도 주체가 될 수 있다. 다만 적전이 아닌 경우에 본죄를 범한 경우에는 상관특수폭행·협박죄와 비교하여 법정형이 지나치게 낮게 책정되어 있는데, 초병 임무의 중요성을 감안하여 상향조정할 필요가 있다.

Ⅳ. 초병폭행치사상죄

제58조(초병에 대한 폭행치사상) ① 제54조부터 제56조까지의 죄를 범하여 초병을 사망에 이르게 한 사람은 다음 각 호의 구분에 따라 처벌한다.
 1. 적전인 경우: 사형, 무기 또는 5년 이상의 징역
 2. 전시, 사변 시 또는 계엄지역인 경우: 제54조의 죄를 범한 사람은 사형, 무기 또는 3년 이상의 징역, 제55조 또는 제56조의 죄를 범한 사람은 사형, 무기 또는 5년 이상의 징역
 3. 그 밖의 경우: 제54조의 죄를 범한 사람은 무기 또는 3년 이상의 징역, 제55조 또는 제56조의 죄를 범한 사람은 무기 또는 5년 이상의 징역
② 제54조 또는 제55조의 죄를 범하여 초병을 상해에 이르게 한 사람은 다음 각 호의 구분에 따라 처벌한다.
 1. 적전인 경우: 무기 또는 3년 이상의 징역. 다만, 제55조 제1항 제1호의 죄를 범한 사람 중 수괴는 무기 또는 5년 이상의 징역에 처한다.
 2. 그 밖의 경우(제55조 제1항 제2호의 죄를 범한 사람 중 수괴는 제외한다): 1년 이상의 유기징역

초병폭행치사죄는 초병폭행죄·초병집단폭행죄·초병특수폭행죄를 범하여 초병을 사망에 이르게 함으로써 성립하는 범죄이고, 초병폭행치상죄는 초병폭행죄·초병집단폭행죄를 범하여 초병을 상해에 이르게 함으로써 성립하는 범죄이다. 본죄는 진정결과적 가중범에 해당한다. 초병폭행치상죄는 초병폭행치사죄와는 달리 기본범죄로서 초병특수폭행죄가 제외되어 있는데, 이는 초병특수폭행죄의 법정형이 초병폭행치상죄의 법정형보다 높게 설정되어 있기 때문이다.

한편 본죄의 구성요건은 '제54조부터 제55조 또는 제56조까지의 죄를 범하여 초병을 사망 또는 상해에 이르게 한 사람'이라고 되어 있어 형식적으로 보면, 초병협박죄 · 초병집단협박죄 · 초병특수협박죄를 범하여 초병을 사망 또는 상해에 이르게 한 사람의 경우에도 범죄의 성립을 인정하는 듯하지만, 협박과 치사상의 결과 발생 사이에는 인과관계가 인정될 수 없기 때문에 폭행의 경우로 제한해석해야 한다. 이는 근본적으로 폭행과 협박을 별도의 구성요건으로 분리하지 아니하고 동일한 구성요건에 함께 규정하고 있는데서 발생하는 모순으로 평가된다. 그러므로 향후 양자를 분리하는 개정이 이루어져야 할 것이다.

V. 초병상해죄

제58조의2(초병에 대한 상해) 초병의 신체를 상해한 사람은 다음 각 호의 구분에 따라 처벌한다.
1. 적전인 경우: 무기 또는 3년 이상의 징역
2. 그 밖의 경우: 1년 이상의 유기징역
제63조(미수범) 제52조의2부터 제52조의4까지, 제53조 제1항, 제58조의2부터 제58조의4까지, 제59조 제1항, 제60조의2 및 제60조의3의 미수범은 처벌한다.

초병상해죄는 초병의 신체를 상해함으로써 성립하는 범죄이다. 본죄는 군인 · 준군인뿐만 아니라 내 · 외국 민간인도 주체가 될 수 있다.

VI. 초병집단상해죄

제58조의3(초병에 대한 집단상해 등) ① 집단을 이루어 제58조의2의 죄를 범한 사람은 다음 각 호의 구분에 따라 처벌한다.
　1. 적전인 경우: 수괴는 무기 또는 7년 이상의 징역, 그 밖의 사람은 무기 또는 5년 이상의 징역
　2. 그 밖의 경우: 수괴는 5년 이상의 유기징역, 그 밖의 사람은 3년 이상의 유기징역
② 집단을 이루지 아니하고 2명 이상이 공동하여 제58조의2의 죄를 범한 경우에는 제58조의2에서 정한 형의 2분의 1까지 가중한다.
제63조(미수범) 제52조의2부터 제52조의4까지, 제53조 제1항, 제58조의2부터 제58조의4까지, 제59조 제1항, 제60조의2 및 제60조의3의 미수범은 처벌한다.

초병집단상해죄는 집단을 이루어 초병의 신체를 상해함으로써 성립하는 범죄

이다. 특히 본죄는 집단을 이루지 아니하고 2명 이상이 공동하여 초병의 신체를 상해함으로써도 성립한다. 이는 초병상해죄와 비교하여 집단을 이루거나 2명 이상이 공동하여 범죄를 행함으로써 행위방법의 위험성이 증가하여 불법이 가중된 구성요건이다. 본죄에 대한 그 밖의 내용은 초병집단폭행·협박죄에서 설명한 것과 동일하다.

Ⅶ. 초병특수상해죄

제58조의4(초병에 대한 특수상해) 흉기나 그 밖의 위험한 물건을 휴대하고 제58조의2의 죄를 범한 사람은 다음 각 호의 구분에 따라 처벌한다.
  1. 적전인 경우: 사형, 무기 또는 5년 이상의 징역
  2. 그 밖의 경우: 3년 이상의 유기징역
제63조(미수범) 제52조의2부터 제52조의4까지, 제53조 제1항, 제58조의2부터 제58조의4까지, 제59조 제1항, 제60조의2 및 제60조의3의 미수범은 처벌한다.

초병특수상해죄는 흉기나 그 밖의 위험한 물건을 휴대하고 초병의 신체를 상해함으로써 성립하는 범죄이다. 본죄에 대한 그 밖의 내용은 초병특수폭행·협박죄에서 설명한 것과 동일하다.

Ⅷ. 초병중상해죄

제58조의5(초병에 대한 중상해) 제58조 제2항, 제58조의2 및 제58조의3 제2항의 죄를 범하여 초병의 생명에 대한 위험을 발생하게 하거나 불구 또는 불치나 난치의 질병에 이르게 한 사람은 다음 각 호의 구분에 따라 처벌한다.
  1. 적전인 경우: 무기 또는 5년 이상의 징역
  2. 그 밖의 경우: 2년 이상의 유기징역

초병중상해죄는 초병폭행치상죄·초병상해죄·초병집단상해죄·초병특수상해죄를 범하여 초병의 생명에 위험을 발생하게 하거나 불구 또는 불치나 난치의 질병에 이르게 함으로써 성립하는 범죄이다. 본죄는 초병상해죄 등과 비교하여 불법이 가중된 구성요건이며, 결과에 대하여 과실이 있는 경우뿐만 아니라 고의가 있는 경우에도 성립하는 부진정결과적 가중범에 해당한다.

IX. 초병상해치사죄

제58조의6(초병에 대한 상해치사) 제58조의2부터 제58조의5까지의 죄를 범하여 초병을 사망에 이르게 한 사람은 다음 각 호의 구분에 따라 처벌한다.
  1. 적전인 경우: 사형, 무기 또는 5년 이상의 징역
  2. 전시, 사변 시 또는 계엄지역인 경우: 제58조의2의 죄를 범한 사람은 사형, 무기 또는 3년 이상의 징역, 제58조의3부터 제58조의5까지의 죄를 범한 사람은 사형, 무기 또는 5년 이상의 징역
  3. 그 밖의 경우: 제58조의2의 죄를 범한 사람은 무기 또는 3년 이상의 징역, 제58조의3부터 제58조의5까지의 죄를 범한 사람은 무기 또는 5년 이상의 징역

초병상해치사죄는 초병상해죄 · 초병집단상해죄 · 초병특수상해죄 · 초병중상해죄를 범하여 초병을 사망에 이르게 함으로써 성립하는 범죄이다. 본죄는 초병상해죄 등에 대한 진정결과적 가중범이다.

X. 초병살해죄

제59조(초병살해와 예비, 음모) ① 초병을 살해한 사람은 사형 또는 무기징역에 처한다.
② 제1항의 죄를 범할 목적으로 예비 또는 음모를 한 사람은 1년 이상 10년 이하의 징역에 처한다.
제63조(미수범) 제52조의2부터 제52조의4까지, 제53조 제1항, 제58조의2부터 제58조의4까지, 제59조 제1항, 제60조의2 및 제60조의3의 미수범은 처벌한다.

초병살해죄는 초병을 살해함으로써 성립하는 범죄이다.

제14장 직무수행 중인 군인등에 대한 폭행·협박·상해 및 살인의 죄

Ⅰ. 직무수행군인등폭행·협박등죄

제60조(직무수행 중인 군인등에 대한 폭행, 협박 등) ① 상관 또는 초병 외의 직무수행 중인 사람(군인 또는 제1조 제3항 각 호의 어느 하나에 해당하는 사람에 한한다. 이하 "군인등"이라 한다)에게 폭행 또는 협박을 한 사람은 다음 각 호의 구분에 따라 처벌한다.

   1. 적전인 경우: 7년 이하의 징역

   2. 그 밖의 경우: 5년 이하의 징역 또는 1천만원 이하의 벌금

② 집단을 이루거나 흉기나 그 밖의 위험한 물건을 휴대하고 제1항의 죄를 범한 사람은 다음 각 호의 구분에 따라 처벌한다.

   1. 적전인 경우: 3년 이상의 유기징역

   2. 그 밖의 경우: 1년 이상의 유기징역

③ 집단을 이루지 아니하고 2명 이상이 공동하여 제1항의 죄를 범한 경우에는 제1항에서 정한 형의 2분의 1까지 가중한다.

④ 제1항부터 제3항까지의 죄를 범하여 상관 또는 초병 외의 직무수행 중인 군인등을 사망에 이르게 한 사람은 다음 각 호의 구분에 따라 처벌한다.

   1. 적전인 경우: 사형, 무기 또는 5년 이상의 징역

   2. 전시, 사변 시 또는 계엄지역인 경우: 제1항의 죄를 범한 사람은 사형, 무기 또는 3년 이상의 징역, 제2항 또는 제3항의 죄를 범한 사람은 사형, 무기 또는 5년 이상의 징역

   3. 그 밖의 경우: 제1항의 죄를 범한 사람은 무기 또는 3년 이상의 징역, 제2항 또는 제3항의 죄를 범한 사람은 무기 또는 5년 이상의 징역

⑤ 제1항부터 제3항까지의 죄를 범하여 상관 또는 초병 외의 직무수행 중인 군인등을 상해에 이르게 한 사람은 다음 각 호의 구분에 따라 처벌한다.

   1. 적전인 경우: 무기 또는 3년 이상의 징역

   2. 그 밖의 경우: 1년 이상의 유기징역

1. 의 의

직무수행군인등폭행·협박등죄는 상관 또는 초병 외의 직무수행 중인 군인등에게 폭행 또는 협박[1]을 하거나(제1항) 집단을 이루거나 흉기나 그 밖의 위험한 물

---

1) 고등군사법원 2002. 4. 9. 선고 2002노51 판결(피고인은 엄격히 통제되어 있는 헌병대 영창 안에서 피해자인 병장 신○○과 상병 조○○을 수회 폭행하기도 하였으며, 당시 영창 근무자인 피해자 원

건을 휴대하고 폭행 또는 협박을 하거나(제2항) 집단을 이루지 아니하고 2명 이상이 공동하여 폭행 또는 협박을 하거나(제3항) 사망에 이르게 하거나(제4항) 상해에 이르게 함으로써(제5항) 성립하는 범죄이다. 본죄[1]는 군의 정상적인 임무수행뿐만 아니라 직무수행 중인 군인 등의 신체적·법률적 안전도 보호법익으로 삼고 있다.[2]

2. 구성요건

본죄의 객체는 상관 또는 초병 외의 직무수행 중인 군인·준군인이다. 여기서 직무수행 중인 군인등이란 법령이나 상관의 명령, 군의 관습 등에 의하여 요구되거나 권한이 부여된 일정한 행위에 종사하고 있는 사람을 말한다. '직무'란 고유의 직무에 한하지 아니하고, 군인등의 지위에 주어진 직접·간접의 모든 임무를 말한다. 다만 그 직무는 군의 직무이므로, 일반공무원의 직무수행시 폭행·협박을 가한 경우에는 본죄가 성립하지 아니하고, 형법상 공무집행방해죄가 성립할 수 있을 뿐이다.

한편 직무수행자라고 볼 수 있는 시간적 범위는 직무수행에 착수하여 이를 종료할 때까지에 한하는 것은 아니고, 직무에 착수하기 직전 및 직무수행을 종료한 직후까지 포함한다.[3]

○○ 등이 이를 목격한 사실, 한편 피고인은 헌병근무자들이 상병이나 병장계급일 경우에는 별다른 행동이 없다가 자신보다 계급이 낮은 근무자들에 대하여만 본 건 공소사실과 같이 "휴가를 나가면 헌병근무자들을 모두 죽여 버리겠다."라는 등의 말을 한 사실, 이 건 피해자들인 원○○ 등은 당시 이제 갓 군에 입대한 이등병의 신분이었던 점 등을 각 인정할 수 있다. 이러한 인정사실들에 의하면, 엄격한 계급구조로 이루어진 군조직의 습성상 갓 군에 입대한 이등병들로서는 상병이 하는 본건 공소사실과 같은 언동에 대하여 어느 정도 외포를 느꼈으리라는 점은 어렵지 않게 짐작할 수 있고, 이는 헌병대 영창이라 하여 크게 달라질 것은 아니라 할 것이다. 더구나 당시 피고인이 영창 내에서 다른 수용자를 폭행하는 것을 목격한 위 헌병 근무자들로서는 피고인의 정신상태가 다소 정상적이 아니라고 생각하였을 것이고, 따라서 헌병근무자들로서는 오히려 더더욱 불안감을 느꼈을 것이라 추단할 수 있으니, 이러한 점들을 종합하면 피고인의 본 건 공소사실과 같은 행위로 인하여 위 피해자들이 현실적으로 외포심을 느꼈으리라는 점은 충분히 인정할 수 있다); 육군 1994. 5. 10. 선고 94노94 판결(피고인이 피해자에게 "내가 짬밥이 가장 많다. 나보다 많은 놈 나와 봐라."라고 말한 점에 대하여 살펴보면 이는 피고인의 나이와 군경험이 영창수감자 중에서 제일 많다는 점을 과시하여 자신의 존재를 부각시킴으로써 영창 내에서의 우위를 확보하려는 호언에 불과할 뿐 피해자에게 어떤 해악을 고지한 것으로는 볼 수 없어 협박이라고 할 수 없다).

1) 대법원 1984. 6. 12. 선고 84도799 판결(피고인의 소위가 군내부에서 부하인 방위병들의 훈련중에 그들에게 군인정신을 환기시키기 위하여 한 일이라 하더라도 감금과 구타행위는 징계권 내지 훈계권의 범위를 넘어선 위법한 감금·폭행행위가 된다).

2) 고등군사법원 2019. 8. 7. 선고 2019노49 판결.

3) 고등군사법원 2011. 12. 26. 선고 2011노227 판결(① 피해자 이○○이 수행하는 항공급유지원업무는 그 업무의 특성상 언제 급유업무가 발생할 것인지 명확하게 예측되지 않는 직무로서 언제든지

3. 다른 범죄와의 관계

직무수행 중인 군인 등에 대한 폭행·협박이 직무수행을 방해할 정도에 이른 경우에는 본죄와 형법상 공무집행방해죄의 상상적 경합이 된다.[1]

II. 직무수행군인등상해죄

제60조의2(직무수행 중인 군인등에 대한 상해) 상관 또는 초병 외의 직무수행 중인 군인등의 신체를 상해한 사람은 다음 각 호의 구분에 따라 처벌한다.
  1. 적전인 경우: 무기 또는 3년 이상의 징역
  2. 그 밖의 경우: 1년 이상의 유기징역
제63조(미수범) 제52조의2부터 제52조의4까지, 제53조 제1항, 제58조의2부터 제58조의4까지, 제59조 제1항, 제60조의2 및 제60조의3의 미수범은 처벌한다.

직무수행군인등상해죄는 상관 또는 초병 외의 직무수행 중인 군인등의 신체를 상해함으로써 성립하는 범죄이다.

III. 직무수행군인등집단상해등죄

제60조의3(직무수행 중인 군인등에 대한 집단상해 등) ① 집단을 이루거나 흉기나 그 밖의 위험한 물건을 휴대하고 제60조의2의 죄를 범한 사람은 다음 각 호의 구분에 따라 처벌한다.
  1. 적전인 경우: 무기 또는 5년 이상의 징역

급유업무가 발생할 수 있으므로, 급유를 위해 대기하는 것도 업무에 포함된다고 할 수 있는 점, ② 사건 당일 1차팀과 2차팀으로 나누어 1차팀 병사들이 일반 병사들의 식사시간보다 일찍 식사를 마치고 오면, 2차팀이 그동안 발생하는 급유지원업무를 하다가 1차팀과 교대를 하는 방식으로 예정되어 있었으며, 이 사건 당시 피고인 오○○과 피해자 이○○은 2차팀에 배정받아, 1차팀이 식사를 마치고 오는 동안 ** 대대 등에서 급유업무를 하고 난 후 소속대 사무실 앞 급유차량 안에서 대기 중 이었던 점, ③ 사건 당시는 오전 11:30경으로 식사시간이 아닌 업무시간이었으므로 언제든지 급유업무가 발생할 수 있었던 점, ④ 실제로 폭행 직후 타비행단의 비행기가 제○○비행단에 도착하여 급유업무가 발생하였으며, 피해자는 곧바로 피고인 오○○과 함께 항공기 리베이트로 외래기 지원업무를 나갔으나 몸도 경직되어 있고 말도 잘 하지 못하고 심장에 통증이 있어 업무를 볼 수 없는 상황이어서 피고인 오○○ 혼자 급유업무를 해야 했고, 식사를 마치고 교대를 하기 위해 리베이트로 온 1차 팀과 선임의 부축을 받아 가까스로 교대를 하였던 점 등이 인정되고, 이를 종합하여 고려하면 피고인 오○○의 위 행위로 피해자 이○○의 정상적인 직무수행이 곤란하게 된 점이 인정된다).

1) 이에 대하여 직무수행자에 대한 범죄는 공무집행방해죄의 구성요건에 해당하는 행위 중 그 객체가 직무수행중인 군인·준군인인 경우에 성립하는 범죄이므로 직무수행자에 대한 범죄와 공무집행방해죄는 법조경합 중 특별관계에 해당한다는 견해로는 육군본부, 217~218면.

---

2. 그 밖의 경우: 3년 이상의 유기징역
② 집단을 이루지 아니하고 2명 이상이 공동하여 제60조의2의 죄를 범한 경우에는 제60조의2에서 정한 형의 2분의 1까지 가중한다.
제63조(미수범) 제52조의2부터 제52조의4까지, 제53조 제1항, 제58조의2부터 제58조의4까지, 제59조 제1항, 제60조의2 및 제60조의3의 미수범은 처벌한다.

직무수행군인등집단상해죄는 집단을 이루거나 집단을 이루지 아니하고 2명 이상이 공동하여 직무수행군인등상해죄를 범함으로써 성립하는 범죄이고, 직무수행군인등특수상해죄는 흉기나 그 밖의 위험한 물건을 휴대하고 직무수행군인등상해죄를 범함으로써 성립하는 범죄이다.

Ⅳ. 직무수행군인등중상해죄

제60조의4(직무수행 중인 군인등에 대한 중상해) 제60조 제5항, 제60조의2 및 제60조의3 제2항의 죄를 범하여 상관 또는 초병 외의 직무수행 중인 군인등의 생명에 대한 위험을 발생하게 하거나 불구 또는 불치나 난치의 질병에 이르게 한 사람은 다음 각 호의 구분에 따라 처벌한다.
  1. 적전인 경우: 무기 또는 5년 이상의 징역
  2. 그 밖의 경우: 2년 이상의 유기징역

직무수행군인등중상해죄는 직무수행군인등폭행치상죄·직무수행군인등상해죄·직무수행군인등집단상해죄(제60조의3 제2항)를 범하여 상관 또는 초병 외의 직무수행 중인 군인등의 생명에 대한 위험을 발생하게 하거나 불구 또는 불치나 난치의 질병에 이르게 함으로써 성립하는 범죄이다.

Ⅴ. 직무수행군인등상해치사죄

제60조의5(직무수행 중인 군인등에 대한 상해치사) 제60조의2부터 제60조의4까지의 죄를 범하여 상관 또는 초병 외의 직무수행 중인 군인등을 사망에 이르게 한 사람은 다음 각 호의 구분에 따라 처벌한다.
  1. 적전인 경우: 사형, 무기 또는 5년 이상의 징역
  2. 전시, 사변 시 또는 계엄지역인 경우: 제60조의2의 죄를 범한 사람은 사형, 무기 또는 3년 이상의 징역, 제60조의3 또는 제60조의4의 죄를 범한 사람은 사형, 무기 또는 5년 이상의 징역

3. 그 밖의 경우: 제60조의2의 죄를 범한 사람은 무기 또는 3년 이상의 징역, 제60조의3 또는 제60조의4의 죄를 범한 사람은 무기 또는 5년 이상의 징역

직무수행군인등상해치사죄는 직무수행군인등상해죄·직무수행군인등집단상해등죄·직무수행군인등중상해죄를 범하여 상관 또는 초병 외의 직무수행 중인 군인 등을 사망에 이르게 함으로써 성립하는 범죄이다.

Ⅵ. 군인등에 대한 폭행죄·협박죄의 특례

제60조의6(군인등에 대한 폭행죄, 협박죄의 특례) 군인등이 다음 각 호의 어느 하나에 해당하는 장소에서 군인등을 폭행 또는 협박한 경우에는 형법 제260조 제3항 및 제283조 제3항을 적용하지 아니한다.
1. 「군사기지 및 군사시설 보호법」 제2조 제1호의 군사기지
2. 「군사기지 및 군사시설 보호법」 제2조 제2호의 군사시설
3. 「군사기지 및 군사시설 보호법」 제2조 제5호의 군용항공기
4. 군용에 공하는 함선

1. 의 의

형법상 폭행·협박죄는 피해자의 명시한 의사에 반하여 공소를 제기할 수 없고, 다만 「군사기지 및 군사시설 보호법」(이하 '군사기지법'이라고 한다) 제2조가 정하는 장소에서 군인등을 폭행·협박한 경우에 한하여 군형법 제60조의6에서 형법 제260조 제3항 및 동법 제283조 제3항의 적용을 배제할 수 있다.

2. 군사기지법상 군사기지 등

(1) 군사기지

'군사기지'란 군사시설이 위치한 군부대의 주둔지·해군기지·항공작전기지·방공기지·군용전기통신기지, 그 밖에 군사작전을 수행하기 위한 근거지를 말한다(군사기지법 제2조 제1호). 한편 군사기지법 제23조에서는 "이 법은 대한민국에 주류하는 외국군의 군사기지 및 군사시설에 대하여도 적용한다."라고 규정하고 있으므로, 외국군의 군사기지 등은 군사기지법 제2조 제1호에서 정의하는 '군사기지'와 구별된다.[1]

---

1) 고등군사법원 2019. 12. 26. 선고 2019노261 판결(피고인은 2018. 3. 초순 12:00경 평택시 B에 있는

(2) 군사시설

'군사시설'이란 전투진지, 군사목적을 위한 장애물, 폭발물 관련 시설, 사격장, 훈련장, 군용전기통신설비, 군사목적을 위한 연구시설 및 시험시설 · 시험장, 그 밖에 군사목적에 직접 공용되는 시설로서 대통령령으로 정하는 것을 말한다(군사기지법 제2조 제2호).

(3) 군용항공기

'군용항공기'란 군이 사용하는 비행기 · 회전익항공기 · 비행선 · 활공기, 그 밖의 항공기기를 말한다(군사기지법 제2조 제5호).

(4) 군용에 공하는 함선

'군용에 공하는 함선'이란 사실상 군용에 사용되는 것으로 제공된 함선을 말하며, 군의 소유 여부는 불문한다.

군사기지인 E 내 C 식당 주차장에서 C 식당으로 이동하던 중 피해자 상병 D가 피고인에게 경례를 하지 않았다는 이유로 오른쪽 손바닥으로 위 피해자의 왼쪽 얼굴부위를 툭툭치는 방법으로 때려 폭행하였다. … 이 사건 범행 장소인 'E 기지'는 미군이 주둔하고 있는 군사기지로서 군사시설보호법 제2조 제1호의 '군사기지'에 해당되지 않는다. 따라서 이 사건은 군형법 제60조의6에서 정하는 '군인 등에 대한 폭행죄의 특례'가 적용되지 아니하고, 피해자가 원심법원에 제출한 합의서에 의하여 제1심 판결 선고 전에 피해자가 피고인의 처벌을 희망하지 아니하는 의사표시가 있는 때에 해당한다).

제15장 모욕의 죄

I. 상관모욕죄

제64조(상관 모욕 등) ① 상관을 그 면전에서 모욕한 사람은 2년 이하의 징역이나 금고에 처한다.
② 문서, 도화 또는 우상을 공시하거나 연설 또는 그 밖의 공연한 방법으로 상관을 모욕한 사람은 3년 이하의 징역이나 금고에 처한다.

1. 의 의

상관모욕죄는 상관을 그 면전에서 모욕하거나(제1항) 문서·도화 또는 우상을 공시하거나 연설, 또는 그 밖의 공연한 방법으로 상관을 모욕함으로써(제2항) 성립하는 범죄이다. 군은 특수한 계급적 구조와 직책을 통한 공고한 조직과 군기를 바탕으로 전투력을 확보하고 이를 통해 군의 궁극적인 존립목적인 전투에서의 승리를 쟁취하게 되는바, 그와 같은 군조직의 특성상 상관을 모욕하는 행위는 상관 개인의 인격적 법익에 대한 침해를 넘어 군의 사기를 저하시키고 근무기강을 해이하게 하며 종국에는 지휘체계를 무너뜨리는 행위로서 결코 허용될 수 없다. 또한 최근 사이버 공간 등에서 익명성을 보호막으로 삼아 타인의 명예 등을 침해하는 사회적 현상이 군대 내로 여과 없이 유입될 경우 군기강의 문란이나 하극상 관련 사고들이 증가할 가능성이 있다. 이는 남북한 대치상태가 지속되는 현 안보상황에서 국토방위와 국가의 안위를 위험에 빠뜨릴 수 있다는 점에서 일반예방적 효과가 있는 형벌로써 상관에 대한 모욕행위를 금지할 필요성이 충분히 인정된다. 만약 군인의 상관에 대한 모욕행위를 형법상의 모욕죄로 처벌한다면, 개인적인 합의로 고소가 취소되었다는 사정만으로 처벌이 불가능하게 되고, 그로 인하여 근무기강을 해이하게 할 위험이 농후할 뿐만 아니라 군의 지휘체계와 사기를 무너뜨려 국토방위와 국가의 안위를 위험에 빠뜨릴 수도 있다. 이에 따라 본죄는 형법상의 모욕죄와 달리 비친고죄로 분류된다.

한편 군형법 제10장의 장명은 '모욕의 죄'로 되어 있는데, 이는 제정 당시에 모

욕죄만을 두고 있었던 것에 기인한다. 하지만 1963. 12. 16. 개정 군형법에서는 상
관에 대한 명예훼손죄를 신설하였는데, 이를 반영하여 장명을 '명예에 관한 죄'로
변경하는 것이 타당하다. 왜냐하면 모욕죄이든 명예훼손죄이든 원칙적으로 외부
적 명예를 그 보호법익으로 하고 있기 때문이다.

2. 상관면전모욕죄

(1) 보호법익

형법에서는 모욕죄에 있어서 공연성을 요구하고 있지만, 상관면전모욕죄의 경
우에는 공연성을 별도로 요구하고 있지 아니하다. 다만 공연한 방법으로 상관을
모욕할 경우에는 상관공연모욕죄가 성립하여 가중처벌되고 있다. 그러므로 본죄
는 상관에 대한 명예감정을 보호법익으로 할 뿐만 아니라 군 조직의 상명하복 위
계질서 및 통수체계 유지 역시 보호법익으로 평가된다.[1] 왜냐하면 공연성이 없는
경우 비록 외부적 명예에 대한 훼손이 없더라도 명예감정은 침해될 수 있으며, 군
의 상명하복의 위계질서에 대한 침해도 충분히 있을 수 있기 때문이다.[2]

(2) 구성요건

1) 객 체

본죄의 객체는 상관이다.[3] 본죄의 객체가 되는 상관은 순정상관 및 준상관이
모두 포함되므로, 명령복종관계가 없는 경우의 상위 계급자와 상위 서열자도 포
함된다.[4] 또한 상관이기만 하면 당시 직무수행 중일 것을 요하지 않고 사석에서
이루어진 경우에도 범죄성립에 영향이 없으며 제복을 착용하였는지 여부도 불문
한다.[5]

---

1) 고등군사법원 2013. 4. 12. 선고 2012노244 판결; 육군 1984. 9. 3. 선고 84고군형항234 판결.
2) 이에 대하여 모욕행위가 면전에서 이루어진 경우에는 보호법익이 명예감정이 될 것이고, 공연한
   모욕의 경우에는 보호법익이 외부적 명예가 된다는 견해로는 육군본부, 238면; 육군종합행정학교,
   239면.
3) 고등군사법원 2017. 7. 27. 선고 2017노88 판결('용인시 수지구 지역대'는 예비군 관련 법령 및 국방
   부장관의 지시 등에 따라 적법하게 편성·운영되고 있는 예비군 부대로서, 그 지역대장 5급 E은 '용
   인시 수지구 죽전1동대장'인 피고인의 1차 상급 부대장으로서 명령권을 가진 '상관'에 해당한다).
4) 대법원 2015. 9. 24. 선고 2015도11286 판결; 대법원 1976. 2. 10. 선고 75도3608 판결.
5) 고등군사법원 2015. 7. 14. 선고 2015노200 판결(간호장교모욕사건)(피고인(병사)은 피해자(중위)
   가 동료나 다른 환자들에게 친절하게 대해준다는 이유만으로 상관인 피해자를 수차례 때리고 상해
   까지 입혔음에도 수사와 재판과정에서 피해자를 때린 이유가 기억나지 않는다면서 변명으로 일관
   하였다. 이 사건 범행들이 피해자의 근무지인 군 병원 내부에서 이루어진 것임에도 불구하고 피고
   인은 당심에 이르기까지 피해자를 상관으로 생각하지 않았다면서 자신의 범행을 뉘우치지 않고 있
   다. 국군○○병원 입원 당시 피고인이 피해자와 사건다는 이유만으로 피해자는 물론 피해자의 동료
   간호장교들에게도 반말을 하는 등 불손한 태도를 보인 사정과 군형법이 상관에 대한 범죄를 엄히

한편 군형법 제정 이래 현재까지 상관은 '…명령권을 가진 자'라고만 규정하여 상관을 민간인이든 군인이든 불문하고 있다. 이에 반해 국방경비법에서 상관은 '… 장교'에 한정하고 있었고, 이로 인하여 별도로 '정부수석, 부수석, 통위부장에 대한 불경죄' 조항이 필요했던 것으로 판단된다.[1] 따라서 군형법이 제정되면서 민간인 상관에 대한 모욕죄는 형사처벌을 하지 않고자 하는 것이 당시 입법취지라고 보기는 힘들고, 도리어 민간인·군인을 불문하고 상관은 명령복종관계에서의 명령권이 있는지 여부 등을 구체적으로 살펴보아서 해석해야 한다.[2] 이에 따라 본죄에서 말하는 '상관'에는 대통령도 포함된다.[3] 즉 헌법 제74조 제1항은 "대통령은 헌

처벌하는 이유가 상관의 외적 명예 외에도 군 조직의 위계질서와 지휘체계를 보호하기 위한 것임을 고려하면 피고인에게는 실형의 선고가 불가피하다. 다만, 피고인이 이 사건 이전에는 형사처벌을 받은 전력이 없고, 이 사건 범행이 피해자와 피고인이 이성으로서 교제를 하던 중 발생하였다는 점과 이 사건 후 피해자가 피고인의 아이를 임신하였고 현재는 피고인과 결혼을 한 상태로서 간절히 피고인의 처벌을 원하지 않고 있는 사정은 피고인의 양형에 유리한 요소로 고려될 수 있다. 그렇다 하더라도 군의 기강을 바로잡고 피고인이 가족과 국가의 소중함을 되새겨보고 건전한 가장과 국민의 일원으로 복귀할 기회를 가지기 위해서는 실형의 선고가 불가피하다); 대법원 2013. 12. 12. 선고 2013도4555 판결; 대법원 1967. 9. 26. 선고 67도1019 판결.

1) 국방경비법 제14조에서는 '상관에 대한 불경죄'를 규정하고, 국방경비법 제13조에서는 '정부수석, 부수석, 통위부장에 대한 불경죄'를 규정하고 있었다. 당시 국방경비법 제2조 제2호에서 "상관이라는 용어는 명령관계에 있어서 명령권을 요하는 장교를 의미함, 단 명령권이 없어도 계급상 또는 서열상 선임인 장교는 상관에 준함"이라고 정하고 있었다. 이후 1962년 군형법이 제정되면서, '정부수석, 부수석, 통위부장에 대한 불경죄'와 같은 처벌규정은 없어졌고, 상관모욕죄에 대한 처벌규정만이 남게 된다.

2) 고등군사법원 2013. 4. 12. 선고 2012노244 판결(헌법 제74조, 국군조직법 제6조에 의하면 대통령은 국군을 통수한다라고 정하고 있고, 국군조직법 제8조는 국방부장관은 대통령의 명을 받아 군사에 관한 사항을 관장한다라고 하고 있고, 국군조직법 제9조와 제10조에 의하면 합동참모총장과 각 군 참모총장은 국방부장관의 명을 받는다고 하는 등 대통령과 국군의 명령관계를 구체적으로 규율하고 있다. 따라서 군형법상 상관에 대통령이 포함된다고 판단된다. 이와 더불어 군인복무규율 제2조 제4호에서는 '상관이란 명령복종관계에 있는 사람 사이에서 명령권을 가진 사람으로써 국군통수권자부터 바로 위 상급자까지를 말한다'라고 하여, 대통령을 상관이라고 명시하고 있다. 군인복무규율은 군인사법 제47조의2에 근거한 대통령령으로서, 2009. 9. 29. 일부개정(대통령령 제21750호)되면서 상관에 대한 정의에 '국군통수권자부터 바로 위 상급자까지'라고 상관의 범위를 구체적으로 명시하였다. 이러한 군인복무규율 제2조 제4호는 대통령이 병영생활 전반에 걸쳐서 상관임을 나타내고 있다. … 따라서 원심이 대통령을 상관모욕죄의 상관에 해당한다고 판단한 것은 정당하다).

3) 대법원 2013. 12. 12. 선고 2013도4555 판결(대통령모욕사건)(2012. 1. 6. 상관모욕의 공소사실 중 "가카 새끼", 2012. 1. 7. 상관모욕의 공소사실 중 "아 씨발 명박이", 2012. 1. 18. 상관모욕의 공소사실의 중 "명박이 저식새끼"라는 표현은 대통령을 지칭하는 것으로 보이고, 그 외 공소사실에서 "쥐새끼"라는 표현도 문장전체를 보면 이명박 대통령을 지칭하는 것으로 판단된다. 이러한 발언은 단순히 불손하고 무례한 표현이 아니라. 대통령에 대한 경멸적 의사를 표현하여 상관인 대통령의 지위와 평가를 훼손하기 위한 것으로 판단된다). 대한민국 헌법 제74조, 국군조직법 제6조 및 제8조, 정부조직법 제28조에 의해 대통령은 국군통수권자이고, 국방부장관은 대통령의 명을 받아 군사에 관한 사항을 관장한다고 규정하고 있으며, 군인을 지휘 감독하는 권한을 가진 대통령 및 국방부장관에 대해서는 비록 군인이 아니라고 하더라도 그 권한의 원활한 행사를 가능하도록 하여 군내부의 위계질서 또는 지휘계통의 확립을 도모하도록 하는 것이 상관모욕죄의 입법취지에 부합하는 점,

법과 법률이 정하는 바에 의하여 국군을 통수한다."라고 규정함으로써, 대통령이 국군의 최고사령관이자 최고의 지휘·명령권자임을 밝히고 있다. 국군통수권은 군령(軍令)과 군정(軍政)에 관한 권한을 포괄하고, 여기서 군령이란 국방목적을 위하여 군을 현실적으로 지휘·명령하고 통솔하는 용병작용(用兵作用)을, 군정이란 군을 조직·유지·관리하는 양병작용(養兵作用)을 말한다. 또한 헌법 제74조 제2항은 "국군의 조직과 편성은 법률로 정한다."라고 규정하고, 이에 근거하여 국군조직법에서는 대통령은 헌법과 법률에서 정하는 바에 따라 국군을 통수하고(제6조), 국방부장관은 대통령의 명을 받아 군사에 관한 사항을 관장하며(제8조), 합동참모의장과 각군 참모총장은 국방부장관의 명을 받는다(제9조, 제10조)고 각 규정하여 대통령과 국군의 명령복종 관계를 정함으로써 국군통수권자인 대통령이 상관임을 명시하고 있다.

　　본죄가 성립하기 위해서는 상관인 피해자가 특정되어야 한다. 그리고 이른바 집단표시에 의한 모욕은, 모욕의 내용이 집단에 속한 특정인에 대한 것이라고는 해석되기 힘들고, 집단표시에 의한 비난이 개별구성원에 이르러서는 비난의 정도가 희석되어 구성원 개개인의 사회적 평가에 영향을 미칠 정도에 이르지 아니한 경우에는 구성원 개개인에 대한 모욕이 성립되지 아니한다. 하지만 비난의 정도가 희석되지 않아 구성원 개개인의 사회적 평가를 저하시킬 만한 것으로 평가될 경우에는 예외적으로 구성원 개개인에 대한 모욕이 성립할 수 있다.[1] 여기서 구성원

상관모욕죄는 상관 개인의 사회적 평가나 명예감정을 보호법익으로 할 뿐만 아니라 군의 질서문란이나 통수계통의 문란을 방지하고자 하는 국가적 법익을 그 보호법익으로 하는 점 등을 종합적으로 고려하면, 군인 상호간의 관계가 아닌 군인과 군인 이외의 공무원과의 관계에 있어서 대통령 및 국방부장관은 민간인 중 유일하게 군형법상 상관에 포함된다.

1) 대법원 2014. 3. 27. 선고 2011도15631 판결(여성아나운서사건)(이 부분 공소사실은 여성 아나운서 집단에 속한 개개의 여성 아나운서가 피해자임을 전제로 하고 있으므로 무엇보다도 그 비난의 정도가 여성 아나운서 개개인의 사회적 평가를 저하시킬 정도여야 할 것인데, 기록에 의하여 알 수 있는 다음과 같은 사정, 즉 ① 피고인을 수사기관에 고소한 여성 아나운서는 154명이고, △△△△ △△연합회에 등록된 여성 아나운서의 수는 295명에 이르며, 피고인의 발언 대상인 '여성 아나운서'라는 집단은 직업과 성별로만 분류된 집단의 명칭으로서 그 중에는 이 사건 고소인들이 속한 공중파 방송 아나운서들로 구성된 △△△△△△연합회에 등록된 사람뿐만 아니라 유선방송에 소속되어 있거나 그 밖의 다양한 형태로 활동하는 여성 아나운서들이 존재하므로 '여성 아나운서'라는 집단 자체의 경계가 불분명하고 그 조직화 및 결속력의 정도 또한 견고하다고 볼 수 없는 점, ② 피고인의 발언 대상이 그 중 피고인을 고소한 여성 아나운서들이 속한 △△△△△△연합회만을 구체적으로 지칭한다고 보기도 어려운 점, ③ 피해자들을 비롯한 여성 아나운서들은 방송을 통해 대중에게 널리 알려진 사람들이어서 그 생활 범위 내에 있는 사람들이 문제된 발언과 피해자들을 연결시킬 가능성이 있다는 이유만으로 곧바로 그 집단 구성원 개개인에 대한 모욕이 된다고 평가하게 되면 모욕죄의 성립 범위를 지나치게 확대시킬 우려가 있는 점 등을 종합해 보면, 피고인의 이 사건 발언은 여성 아나운서 일반을 대상으로 한 것으로서 그 개별구성원인 피해자들에 이르러서는 비난의 정도가 희석되어 피해자 개개인의 사회적 평가에 영향을 미칠 정도에까지는 이르지 아니하므로 형

개개인에 대한 것으로 여겨질 정도로 구성원 수가 적거나 당시의 주위 정황 등으로 보아 집단 내 개별구성원을 지칭하는 것으로 여겨질 수 있는 때에는 집단 내 개별구성원이 피해자로서 특정된다고 보아야 할 것인데, 구체적인 기준으로는 집단의 크기·성격·집단 내에서의 피해자의 지위 등을 들 수 있다.[1]

2) 행 위

본죄의 실행행위는 상관을 그 면전에서 모욕하는 것이다. 이와 같이 군형법 제64조 제1항은 '상관을 그 면전에서 모욕한 사람'을 처벌한다고 규정하고 있을 뿐 제64조 제2항과 달리 공연한 방법으로 모욕할 것을 요구하지 아니하므로, 상관을 그 면전에서 모욕한 경우에는 공연성을 갖추지 아니하더라도 군형법 제64조 제1항의 상관모욕죄가 성립한다.[2] 여기서 '면전에서'란 얼굴을 마주 대한 상태를 말한다. 그러므로 전화를 통하여 통화하는 것을 면전에서의 대화라고 할 수는 없다.[3] 특히 본죄는 공석상에서의 직무상 발언에 의한 모욕뿐만 아니라 사석에서의 발언일지라도 그 상관의 면전에서 한 경우에도 얼마든지 성립한다.[4]

'모욕'이란 구체적 사실을 적시하지 아니하고 사람의 인격적 가치에 대한 사회적 평가를 저하시킬 만한 추상적 판단이나 경멸의 감정을 표시하는 것을 말한

법상 모욕죄에 해당한다고 보기는 어렵다).

1) 대법원 2013. 1. 10. 선고 2012도13189 판결(기록에 의하면, 'ㅇㅇㅇㅇ'는 불법 과격 폭력시위에 반대하는 사람들이 인터넷 포털사이트 네이버에 개설한 카페로서 누구나 카페에서 제시하는 간단한 질문에 답변하는 절차를 거쳐 비교적 손쉽게 회원으로 가입할 수 있는데 이 사건 당시 회원수가 3만 6천여 명에 달하였던 사실, 회원들은 주로 카페 게시판을 통하여 자유로이 의견을 나누는 방식으로 활동하며 그 과정에서 아이디나 닉네임만을 사용할 뿐 개인의 인적사항이 드러나지 아니하는 사실, 피해자는 이 사건 당시 'ㅇㅇㅇㅇ'의 평회원이었다가 그 후 운영자가 되었는데 이 사건 각 글에 피해자를 비롯한 'ㅇㅇㅇㅇ'의 특정 회원을 지칭하는 것으로 볼 수 있는 표현은 포함되어 있지 아니한 사실을 알 수 있다. 사정이 이러하다면, 피고인들이 게재한 '개독알밥ㅇㅇ꼴통놈들, 전문시위꾼ㅇㅇ똘마니들, 존만이들' 등의 글은 'ㅇㅇㅇㅇ'라는 인터넷 카페의 회원 일반을 대상으로 한 것으로서 그 개별구성원에 불과한 피해자에 이르러서는 비난의 정도가 희석되어 피해자 개인의 사회적 평가에 영향을 미칠 정도에 이르지 않았다고 볼 여지가 충분하고, 한편 피고인들에게 'ㅇㅇㅇㅇ'의 회원 중 1인에 불과한 피해자를 모욕한다는 고의가 있었다고 보기도 어렵다).

2) 대법원 2015. 9. 24. 선고 2015도11286 판결.

3) 대법원 2002. 12. 27. 선고 2002도2539 판결(원심은, 제1심 판시 제2항의 범죄사실, 즉 피고인이 2001. 4. 21. 10:00경 보령시 천북면 소재 천북 예비군 중대장실에서 제32보병사단 동원참모인 피해자 중령 임정택에게 전화를 하여 상관인 동인의 면전에서 '내가 누구인지 아느냐, 내가 왜 여기 있는지 아느냐, 다 당신 때문이야, 너는 살인자야'라는 취지의 폭언을 하고 일방적으로 전화를 끊어버림으로써 동인을 모욕하였다는 범죄사실도 유죄로 인정하고, 이를 군형법 제64조 제1항의 상관면전모욕죄로 의율하였다. 그러나 군형법 제64조 제1항의 상관면전모욕죄의 구성요건은 '상관을 그 면전에서 모욕하는' 것인데, 여기에서 '면전에서'라 함은 얼굴을 마주 대한 상태를 의미하는 것임이 분명하므로, 전화를 통하여 통화하는 것을 면전에서의 대화라고는 할 수 없는 것이다. 그럼에도 원심은 전화를 통하여 상관을 모욕한 이 사건에 대하여 상관면전모욕죄를 적용하였으니, 여기에는 상관면전모욕죄의 법리를 오해하여 판결의 결과에 영향을 미친 위법이 있다).

4) 대법원 1967. 9. 26. 선고 67도1019 판결.

다.[1] 이와 같이 본죄는 상관이 그 행위를 인식할 수 있는 범위 내에서 그에 대한 경멸의 의사표시를 하는 등 그 명예를 훼손할 만한 추상적인 판단의 표시가 있고, 이로 인하여 상관으로서의 지위 내지 평가에 침해를 받았다고 인정할 수 있는 행위가 있어야 성립한다.[2] 모욕은 언어·문자·그림·거동 등 모든 방법이 동원될 수 있어 제한이 없다. 예를 들면 욕설을 하는 것, 분노를 퍼붓는 것, 침을 뱉는 것, 가운데 손가락을 빼드는 것, 머리가 돌았다는 표시를 하는 것, 여러 사람 앞에서 장애인의 모습을 우스꽝스럽게 흉내내는 것, 상관(김○철)의 여자(신○아)를 보호하라는 명령을 받은 부하(이○헌)가 그 여자와 사랑에 빠지는 것(영화 '달콤한 인생'의 한 장면 중) 등이 이에 해당한다. 하지만 타인의 성형수술 전 사진을 공개하거나 과거 뚱뚱하였던 사진을 공개하는 등의 방법으로는 모욕에 해당할 수 없을 것이다. 왜냐하면 단순한 외모에 대한 평가만으로는 경멸적 표현이라고 하기에는 부족하기 때문이다. 한편 모욕은 부작위에 의해서도 가능한데, 이등병이 사단장에게 거수경례를 하지 않은 채 빤히 그 얼굴만 쳐다보는 경우가 이에 해당한다.

판례에 의하면, ① '늙은 화냥년의 간나! 너가 화냥질을 했잖아'[3], ② '야 이 개같은 잡년아! 시집을 열 두번을 간 년아! 자식도 못 낳는 창녀같은 년'[4], ③ '빨갱이 계집년, 만신(무당), 첩년'[5], ④ '애꾸눈, 병신'[6], ⑤ '아무것도 아닌 똥꼬다리 같은 놈'[7], ⑥ '젊은 놈의 새끼야, 순경새끼, 개새끼야, 씨발 개새끼야, 좆도 아닌 젊은 새끼는 꺼져 새끼야'[8], ⑦ '저 망할년 저기 오네'[9], ⑧ 특정인을 북한의 김정일에 비유하는 표현[10], ⑨ 함께 원격 대학 교육을 받는 20여 명이 참여하고 있는 카카오톡 단체 채팅방에서 스터디모임의 회장에 대하여 '무식이 하늘을 찌르네, 눈 장식품이냐? 이렇게 무식한 사람은 난생 처음, 국보감인 듯'이라는 글을 올린 경우[11], ⑩ '듣보잡', '함량미달', '비욘드보르잡', '계집' 등의 표현을 인터넷게시판에 올린 경우[12], ⑪ 육군 중사인 피고인이 같은 중대 소속 육군 소위의 면전에서 동인에 대하여 '야 소대장 너 그렇게 밖에 말 못하겠나, 술좌석에서 군기 잡으려 하나'라고 말한 경

  1) 대법원 2008. 12. 11. 선고 2008도8917 판결.
  2) 대법원 1972. 5. 23. 선고 72도568 판결.
  3) 대법원 1987. 5. 12. 선고 87도739 판결.
  4) 대법원 1985. 10. 22. 선고 85도1629 판결.
  5) 대법원 1981. 11. 24. 선고 81도2280 판결.
  6) 대법원 1994. 10. 25. 선고 94도1770 판결.
  7) 대법원 1989. 3. 14. 선고 88도1397 판결.
  8) 대법원 2016. 10. 13. 선고 2016도9674 판결.
  9) 대법원 1990. 9. 25. 선고 90도873 판결.
  10) 서울지방법원 2001. 8. 8. 선고 2001노4296 판결.
  11) 대법원 2016. 9. 5. 선고 2016도8555 판결.
  12) 대법원 2011. 12. 22. 선고 2010도10130 판결.

우[1]), ⑫ '군복을 벗고 사회에서 만나면 아구창을 한방씩 날리고 싶다. 너희들은 사람처럼 대할 가치도 없다.'[2]), ⑬ 군기순찰을 마치고 부대로 복귀하여 통합막사 휴게실에서 최○○ 등이 있는 자리에서 '씨팔 군생활 더럽고 좆같아서 못해먹겠다. 지가 대대장이면 대대장이지 어떻게 사단 참모장이 군기순찰하라고 한 사람을 들어오라 마라 하냐. 제대하면 찾아 와서 좆나게 패고 죽여버려야겠다'라고 욕을 한 경우[3]) 등은 피해자의 사회적 평가를 저하시킬만한 구체적 사실이라기보다도 피해자의 도덕성에 관하여 가지고 있는 추상적 판단이나 경멸적인 감정표현을 과장되게 강조한 욕설에 지나지 아니하여 모욕에 해당한다.

　　하지만 '부모가 그런 식이니 자식도 그런 것이다.'라는 말[4]) 등과 같은 표현으로 인하여 상대방의 기분이 다소 상할 수 있다고 하더라도 그 내용이 너무나 막연하여 그것만으로 본죄를 구성한다고 보기는 어렵다. 또한 언어는 인간의 가장 기본적인 표현수단이고 사람마다 언어습관이 다를 수 있으므로 어떠한 표현이 상대방의 인격적 가치에 대한 사회적 평가를 저하시킬 만한 것[5])이 아니라면 설령 그 표현이 다소 무례하고 저속하다는 이유로 모두 본죄로 처벌할 수는 없다.[6]) 이에

---

1) 대법원 1972. 5. 23. 선고 72도568 판결.
2) 고등군사법원 2009. 5. 6. 선고 2009노28 판결.
3) 고등군사법원 2009. 7. 13. 선고 99노132 판결.
4) 대법원 2007. 2. 22. 선고 2006도8915 판결.
5) 고등군사법원 2017. 12. 7. 선고 2017노284 판결(피고인은 피해자 중사 C과 상사 I이 당직사관으로서 다른 간부들보다 저녁 점호를 깐깐하게 하고 오래 하는 것에 불만을 가지고 이 부분 각 공소사실 기재와 같은 발언을 한 점, 점호를 함께 받았던 병사들 중 오직 피고인만 욕설을 했던 점, 피고인은 각 피해자들의 구체적인 점호행태를 논리적, 객관적인 근거를 들어 비판하는 것이 아니라 '애미 뒤진년', '씨발년', '씨발놈' 등의 욕설을 섞어가면서 오로지 피해자들을 경멸하려는 태도를 보였던 점, 피고인이 사용한 단어는 모두 그 의미적으로도 상대방을 비하하는 비속적인 표현에 해당하는 점 등에 비추어 볼 때, 피고인이 군에서 당직근무 중이던 각 피해자들을 지칭하면서 위와 같은 욕설과 저속한 표현을 사용한 것은 상관인 피해자들의 인격적 가치에 대한 사회적 평가를 저하시킬 만한 모욕적 언사에 해당한다고 봄이 상당하며, 단순히 상대방을 불쾌하게 할 수 있는 무례한 정도에 그친 것으로 보기는 어렵다).
6) 대법원 2015. 12. 24. 선고 2015도6622 판결(아이씨발사건)(피고인은 2014. 6. 10. 02:20경 자신이 타고 온 택시의 택시 기사와 요금 문제로 시비가 벌어져 같은 날 02:38경 112 신고를 한 사실, 신고를 받고 출동한 서울동작경찰서 소속 경찰관 피해자 공소외인이 같은 날 02:55경 위 장소에 도착한 사실, 피고인은 피해자에게 112 신고 당시 피고인의 위치를 구체적으로 알려 주었는데도 피해자가 장소를 빨리 찾지 못하고 늦게 도착한 데에 항의한 사실, 이에 피해자가 피고인에게 도착이 지연된 경위에 대하여 설명을 하려고 하는데, 피고인이 위 택시기사가 지켜보는 가운데 피해자에게 '아이 씨발!'이라고 말한 사실을 알 수 있다. 피고인의 위 '아이 씨발!'이라는 발언은 구체적으로 상대방을 지칭하지 않은 채 단순히 발언자 자신의 불만이나 분노한 감정을 표출하기 위하여 흔히 쓰는 말로서 상대방을 불쾌하게 할 수 있는 무례하고 저속한 표현이기는 하지만 직접적으로 피해자를 특정하여 그의 인격적 가치에 대한 사회적 평가를 저하시킬 만한 경멸적 감정을 표현한 모욕적 언사에 해당한다고 단정하기는 어렵다); 대법원 2015. 9. 10. 선고 2015도2229 판결(이따위로일할래사건)(입주자대표회의 감사인 피고인은 아파트 관리소장인 공소외인의 외부특별감사에 관한 업무처리에 항의하기 위해 아파트 관리소장실을 방문한 사실, 그 자리에서 피고인과 공소외인은 업무처리 방식을 두고 언쟁을 하게 되었는데, 그 과정에서 피고인이 공소외인에게 '야, 이따위로 일할래.'라고

따라 피고인이 중령 B에 대하여 '꼰대'라고 지칭한 경우만으로는 본죄가 성립하지 아니한다.[1]

3) 주관적 구성요건

본죄가 성립하기 위해서는 모욕의 상대방이 상관이라는 점에 대한 인식이 있어야 한다.[2]

(3) 죄수 및 다른 범죄와의 관계

1) 죄 수

하나의 행위로 다수의 상관을 모욕한 경우에는 상상적 경합이 된다. 하나의 행위로 동일인에 대하여 모욕과 명예훼손을 함께 한 경우에는 모욕죄가 명예훼손죄에 흡수된다.

2) 다른 범죄와의 관계

모욕의 수단이 폭행죄에도 해당될 경우에는 본죄와 폭행죄의 상상적 경합이 된다. 예를 들면 침을 뱉거나 뺨을 때리는 경우가 이에 해당한다. 하지만 판례에 의하면 폭행을 하는 과정에서 폭언을 한 것은 폭행의 일부로 파악하여 모욕이 폭

말하자 공소외인이 '나이가 몇 살인데 반말을 하느냐'고 말하였고, 이에 피고인이 '나이 처먹은 게 무슨 자랑이냐.'라고 말한 사실, 당시 관리소장실 안에는 피고인과 공소외인만 있었으나 관리소장실의 문이 열려 있었고, 관리소장실 밖의 관리사무소에는 직원 4~5명이 업무를 하고 있었던 사실을 알 수 있다. 피고인의 위 발언은 상대방을 불쾌하게 할 수 있는 무례하고 저속한 표현이기는 하지만 객관적으로 공소외인의 인격적 가치에 대한 사회적 평가를 저하시킬 만한 모욕적 언사에 해당한다고 보기는 어렵다); 육군 1985. 2. 8. 선고 84고군형항456 판결(피고인은 1984. 7. 25. 10:00 경 소속대 대대장실에서 대대장인 공소외 소령 이○○과의 면담 시 자신은 무능력하여 군대생활을 못하겠다는 취지로 말하자 위 공소외인이 사람의 능력은 백지 한 장 차이 밖에 없으니 열심히 근무하라고 설득하였음에도 재차 '군대생활 못하겠다.'고 말하여 반항하는 태도를 취하였다. 위 공소사실은 그 자체로써 본죄 구성요건에 부합되지 아니할 뿐만 아니라 피고인이 상관인 대대장 이○○의 면전에서 상관으로서의 지위 내지 평가에 침해를 가할 정도의 모욕행위를 한 것으로 인정할 만한 다른 하등의 자료가 없으므로 결국 이건은 범죄의 증명이 없는 때에 해당하여 군법회의법 제370조에 의하여 무죄를 선고하기로 한다).

1) 고등군사법원 2019. 5. 9. 선고 2018노346 판결(피고인은 2017. 7. 12. 14:00경 경기 양평군 C에 있는 D사단 171연대 3대대 영점사격장에서 상병 E 등 소속중대원들이 있는 자리에서 방공중대가 교육 훈련 중 중령 B로부터 소속중대원들이 복장에 대한 지적을 받았다는 이유로 소속중대원들에게 전달사항을 지시하던 중 상관인 피해자 중령 B를 지칭하며 '꼰대'라고 말하였다. … 피고인이 중령 B에 대하여 '꼰대'라고 지칭한 사실은 인정되나, '꼰대새끼'라고 지칭한 것에 대하여는 이를 인정할 아무런 증거가 없는 점, '꼰대'라는 표현만으로는 '꼰대새끼'와 달리 경멸적인 감정을 표현한 것으로 보이지 않는 점, 표준국어대사전에는 '꼰대'의 의미에 대하여 "1. 은어로 '늙은이'를 이르는 말, 2. 학생들의 은어로, '선생님'을 이르는 말"이라고 정의한 점 등을 근거로, 비록 '꼰대'라는 표현은 무례하고 저속한 표현에는 해당할 수 있을지언정 상관의 사회적 평가를 저하 시킬 수 있는 추상적 판단에 해당한다고 보기 어렵다).

2) 이에 대하여 모욕죄는 주관적 구성요건으로 단순한 고의만으로는 부족하고 특수한 경향을 요하는 소위 경향범에 해당하므로 가해의 의사가 존재해야 한다는 견해로는 육군종합행정학교, 241면; 이상철, 220~221면.

행에 흡수된다고 한다.[1]

3. 상관공연모욕죄

(1) 의 의

본죄는 군형법을 적용받는 대상자가 자신의 상관에 대하여 모욕한 경우에 형법상 모욕죄보다 무겁게 처벌하는 범죄인데, 범행주체 및 대상이라는 요소를 제외하고는 형법상 모욕죄와 구성요건에 있어 차이가 없으므로, 본죄에도 형법상 모욕죄에 관한 법리가 그대로 적용된다.

(2) 구성요건

본죄의 실행행위는 문서·도화 또는 우상(偶像)을 공시하거나 연설 또는 그 밖의 공연한 방법으로 상관을 모욕하는 것이다.[2] '문서'란 문자 또는 이에 대신할 수 있는 가독적(可讀的) 부호로 계속적으로 물체상에 기재된 의사 또는 관념의 표시인 원본 또는 이와 사회적 기능이나 신용성 등을 동일하게 볼 수 있는 기계적 방법에 의한 복사본으로서 그 내용이 법률상·사회생활상 주요 사항에 관한 증거로 될 수 있는 것을 말한다.[3] '도화'란 도면 또는 그림에 의하여 사람의 의사가 표시된 것을 말하며, '우상'(偶像)이란 특정한 신불(神佛)이나 인물을 상징적으로 표현하는 형상

---

1) 육군 1984. 2. 16. 선고 83고군형항350 판결(피고인은 1983. 6. 18. 18:00경 소속대 소연병장에서 저녁 식사집합을 하였을 때 식사인솔을 하여야 할 주번하사 이○○가 보이지 않자 "주번하사 어디 갔어, 이 새끼" 하며 욕을 하다가 "하사가 니 친구냐"며 대드는 같은 소속대 하사 최○○의 멱살을 잡고 흔들면서 "이 새끼 나이도 어린 게 까분다."라고 폭언한 사실을 인정할 수 있다. 그렇다면 피고인이 피해자 하사 최○○의 멱살을 잡고 폭언한 그 자체는 폭행하던 순간에 나타난 폭언으로서 이는 위 상관을 폭행한 일련행위의 일부이며 상관폭행행위에 포함 흡수되어 범죄를 구성하지 아니한다).

2) 고등군사법원 2000. 5. 16. 선고 2000노95 판결(피고인들이 후임 병들에게 소대장이나 부소대장은 신병 때는 잘해 주지만 나중에는 관심도 없고 간부에게 군기를 잡히면 우리가 작업이 많아져 피곤하다며 소대장과 부소대장에게는 거수경례나 관등성명을 대지 말라고 교육을 한 사실, 피고인들에게 교육을 받은 신병들은 교육 내용대로 소대장 등에게 거수경례나 관등성명을 대지 아니한 사실, 피고인들이 속한 1대대 9초소는 고참병들의 교육으로 간부들에게 관등성명이나 거수경례를 하지 않는 것이 관례이고 위 관례를 위반하여 간부들에게 관등성명을 하거나 간부와 친근하게 하면 고참병들이 후임병들을 교육시키거나 집단 따돌림(일명 '왕따')을 주고, 반대로 병 상호간에는 계급에 따라 거수경례를 하도록 한 사실, 거수경례와 관등서명을 대는 것은 부하가 자신의 계급과 성명을 상관에게 알려주어 상관으로부터 발령될 명령에 따를 수명자세가 되었음을 보여주는 군인의 기본자세인 사실을 인정할 수 있다. 위 인정된 사실을 종합하면, 관등성명을 대는 것은 군인의 기본자세로서 군의 질서유지에 직접적으로 연관된 것으로 관등서명을 대지 말라는 행위는 계급구조로 되어 있는 군의 기강을 해하는 것이라 할 것이고, 간부들에게 잡히면 일만 많아진다는 등의 말은 소초 내에서의 간부에 대한 평가나 간부들의 명예를 훼손하는 것으로 군의 질서유지 및 지휘계통을 문란하게 하는 행위라 할 것이다).

3) 대법원 2006. 1. 26. 선고 2004도788 판결.

(形像)을 말한다. 우상은 그 소재를 가리지 않으며, 실제 신불이나 인물과의 유사한
정도도 불문한다. '공시'(公示)란 공개적으로 일반인에게 널리 알리는 행위를 말하
며, '연설'이란 언어에 의하여 불특정인 또는 다수인에게 일정한 의식 내용을 전달
하는 것을 말한다.

  '그 밖의 공연한 방법'이란 문서·도화 또는 우상을 공시하거나 연설하는 행위
이외의 일체의 언동으로서 '불특정 또는 다수인이 인식할 수 있는 상태'를 말한다.
본죄는 불특정 또는 다수인이 인식할 수 있는 상태에서 상관을 모욕함으로써 성립
하고, 그 공연성의 정도가 반드시 문서·도화 또는 우상을 공시하거나 연설을 하는
방법에 상응하는 정도의 것이어야 하는 것은 아니다.[1] 여기서 '불특정'이란 상대방
이 특수한 관계에 의해서 한정된 범위에 속하는 사람이 아니라는 의미이며, 행위
시에 상대방이 구체적으로 누구인지 여부가 특정되어 있지 않다는 것을 의미하는
것은 아니다. 따라서 특수한 관계에 의해 한정된 범위에 속하는 사람이 특정인이
고, 그렇지 않은 사람이 불특정인이라고 할 수 있다. 즉 '불특정인'이란 행위자와
가족관계·친구관계·사교관계 등 긴밀한 관계가 없는 사람을 말한다. 예를 들면
서울 명동·부산 해운대·대구 동성로 등에서 지나다니는 통행인이 대표적인 불특
정인이라고 할 수 있다. 그리고 '다수인'이란 단순한 2명 이상으로 족하지 않고, 상
관의 사회적 가치가 훼손된다고 평가할 수 있는 정도의 상당한 다수임을 요한다.[2]
즉 불특정이면 수의 다소를 불문하고, 다수인이면 특정 여부를 불문한다.

II. 상관명예훼손죄

> 제64조(상관 모욕 등) ③ 공연히 사실을 적시하여 상관의 명예를 훼손한 사람은 3년 이하의
> 징역이나 금고에 처한다.
> ④ 공연히 거짓 사실을 적시하여 상관의 명예를 훼손한 사람은 5년 이하의 징역이나 금고에
> 처한다.

1. 의 의

  상관명예훼손죄는 공연히 사실을 적시하거나(제3항) 거짓 사실을 적시하여(제4
항) 상관의 명예를 훼손함으로써 성립하는 범죄이다. 본죄는 상관의 인격적 가치

---

  1) 대법원 1999. 11. 12. 선고 99도3801 판결.
  2) 대법원 1966. 4. 19. 선고 66도179 판결.

에 대한 사회적 평가를 침해하거나 위태롭게 하는 것을 내용으로 한다. 거짓 사실을 적시하여 상관의 명예를 훼손한 경우에는 진실한 사실을 적시한 경우보다 불법성이 높아 형벌이 가중된다. 본죄의 보호법익은 상관의 외부적 명예이고, 보호의 정도는 추상적 위험범이다. 그러므로 명예에 대한 현실적인 침해가 발생하지 않더라도 명예훼손의 위험이 있으면 처벌된다.

2. 구성요건

(1) 객 체

본죄의 객체는 상관이다. 여기서 말하는 상관에는 순정상관과 준상관을 모두 포함한다. 본죄가 성립하려면 반드시 상관의 성명을 명시하여 (거짓) 사실을 적시하여야만 하는 것은 아니므로 상관의 성명을 명시하지 않은 (거짓) 사실의 적시행위도 그 표현의 내용을 주위사정과 종합 판단하여 그것이 어느 특정인을 지목하는 것인가를 알아차릴 수 있는 경우에는 그 특정인에 대한 명예훼손죄를 구성한다.[1]

한편 장교들·군의관들·장군들 등과 같이 법인격 없는 단체에도 이르지 못하는 집합체의 경우에는 원칙적으로 집단구성원에 대한 명예훼손죄가 성립하지 않지만, 직업·학력·지연·출신 등에 의해 공통성을 가지는 사람들의 집단에 대하여 그 집단에 속하는 일부 구성원들에게만 해당될 수 있는 명예훼손 사실이 있는 경우에 집단의 크기·구성원의 수·조직체계·대외적인 구성원의 개성 부각정도 등에 비추어 그 표현으로 인하여 집단이나 단체의 개별 구성원에 대한 사회적 평가까지 아울러 저하되었다고 볼 수 있는 특별한 사정이 있는 경우에는 개별 구성원에 대한 명예훼손까지 인정할 수 있는데, 다음의 두 가지 경우로 나누어 살펴볼 수 있다.

---

[1] 고등군사법원 2019. 12. 5. 선고 2019노189 판결(① 피고인이 '카카오톡' 단체채팅방에 문자메세지를 발송하게 된 경위, 발송된 글의 의미와 전체적인 맥락, 전후의 정황을 살펴보면 인사과장으로 지칭되는 피해자에 대하여 '회의시간에 늦거나 참석하지 않는다.'는 사실을 적시함으로써 한심한 사람이라는 의미를 내포하여 표현하고 있는 점, ② 인사과를 책임지고 있는 것은 인사과장인바, '인사과는 영 뭐하는지 모르겠네.'라는 표현을 통해 전술한 ①의 표현과 종합적으로 평소 피고인이 인사과장에 대하여 가지고 있던 업무를 제대로 하지 않고 있어 한심하다는 평가를 표현하고 있는 것으로 보이는바, 이와 같은 내용은 구체적으로 피고인이 피해자의 사회적 평가를 저하시킬만한 사실을 적시한 것으로 볼 수 있는 점 등까지 종합하여 살펴보면 원심의 판단은 정당한 것으로 충분히 수긍이 된다); 대법원 1989. 11. 14. 선고 89도1744 판결(69년공수대원사건)(비록 잡지에 게재된 사진을 일반독자들이 본다면 사진에 나와 있는 공수대원들이 피해자들이라는 것을 인식할 가능성은 희박하지만 한편 이 사건 사진이 1969년도에 언론매체에 의하여 보도되었을 뿐만 아니라 특전사 전시관 등에 전시되어 있었기 때문에 과거에 이 사건 사진을 본적이 있었던 사람 및 피해자들을 평소 잘 알고 있었던 사람들은 게재된 사진을 보더라도 그 속의 공수대원들이 피해자들이라는 것을 인식할 수 있다고 판시하여 불특정 또는 다수인에게 있어서 게재된 사진에 의하여 피해자들은 특정되었다).

첫째, 집합명칭에 의하여 집단의 모든 구성원의 명예가 침해되는 경우이다. 예를 들면 대전지역 검사들[1], ○○지방경찰청 기동수사대[2], ○○대대 장교들 등이라는 명칭을 사용하여 명예를 훼손하는 경우이다. 이러한 명칭에 의한 그 집단의 구성원은 모두 각자의 명예가 침해되었다고 보아야 한다. 그러나 이러한 형태의 명예훼손이 가능하려면 집단의 구성원이 일반인과 명백히 구별될 수 있을 정도로 집합명칭이 특정되어야 한다. 단순히 학자·경찰관·상인·대구시민·사단 간부 등의 명칭만으로는 그 집단이 특정되었다고 할 수는 없다.

둘째, 집합적 명사를 쓴 경우에도 특정인을 가리키는 것이 명백하면 이를 각자의 명예를 훼손하는 행위라고 할 수 있다. 본죄는 어떤 특정한 사람 또는 인격을 보유하는 단체에 대하여 그 명예를 훼손함으로써 성립하는 것이므로 그 피해자는 특정한 것임을 요하고, 다만 서울시민 또는 경기도민이라고 하는 것과 같은 막연한 표시에 의해서는 본죄를 구성하지 아니하지만, 집합적 명사를 쓴 경우에도 그것에 의하여 그 범위에 속하는 특정인을 가리키는 것이 명백하면, 이를 각자의 명예를 훼손하는 행위라고 볼 수 있다. 예를 들면 3·19 동지회 소속 교사들[3], ○○중대 장교들 등의 표현은 그 표시된 집단의 개별 구성원 각자를 지칭하는 것으로 볼 수 있다.

(2) 행 위

1) 공연히

본죄에서 말하는 '공연히'란 '불특정 또는 다수인이 인식할 수 있는 상태'를 말한다. 그러므로 비록 개별적으로 한 사람에 대하여 사실을 유포하더라도 이로부터 불특정 또는 다수인에게 전파될 가능성이 있다면 공연성의 요건을 충족하지만, 이와 달리 전파될 가능성이 없다면 특정한 한 사람에 대한 사실의 유포는 공연성이 결여된다고 한다(전파가능성이론).[4] 전파가능성을 이유로 본죄의 공연성을 인정하

---

1) 대법원 2003. 9. 2. 선고 2002다63558 판결.
2) 대법원 2006. 5. 12. 선고 2004도35199 판결.
3) 대법원 2000. 10. 10. 선고 99도5407 판결(3·19동지회사건)(피고인이 작성하여 배포한 보도자료에는 피해자의 이름을 직접적으로 적시하고 있지는 않으나, 3·19 동지회 소속 교사들이 학생들을 선동하여 무단하교를 하게 하였다고 적시하고 있는 사실, 이 사건 고등학교의 교사는 총 66명으로서 그 중 약 37명이 3·19 동지회 소속 교사들인 사실, 위 학교의 학생이나 학부모, 교육청 관계자들은 3·19 동지회 소속 교사들이 누구인지 알고 있는 사실을 인정한 다음, 그렇다면 3·19 동지회는 그 집단의 규모가 비교적 작고 그 구성원이 특정되어 있으므로 피고인이 3·19 동지회 소속 교사들에 대한 허위의 사실을 적시함으로써 3·19 동지회 소속 교사들 모두에 대한 명예가 훼손되었다고 할 것이고, 따라서 3·19 동지회 소속 교사인 피해자의 명예 역시 훼손되었다고 보아야 할 것이다).
4) 대법원 2011. 9. 8. 선고 2010도7497 판결; 헌법재판소 2004. 9. 23. 선고 2004헌마383 결정; 대법원 1985. 12. 10. 선고 84도2380 판결; 대법원 1984. 2. 28. 선고 83도891 판결.

는 경우에는 적어도 범죄구성요건의 주관적 요소로서 미필적 고의가 필요하므로, 전파가능성에 대한 인식이 있음은 물론, 나아가 그 위험을 용인하는 내심의 의사가 있어야 하고, 그 행위자가 전파가능성을 용인하고 있었는지의 여부는 외부에 나타난 행위의 형태와 행위의 상황 등 구체적인 사정을 기초로 하여 일반인이라면 그 전파가능성을 어떻게 평가할 것인가를 고려하면서 행위자의 입장에서 그 심리상태를 추인하여야 할 것이다.[1] 또한 표현상대방과 피해자, 표현행위자와 상대방과의 관계, 기타 표현의 상대방이 비밀을 지킬 만한 사람인지 여부, 표현의 일시·장소·경위·내용, 상대방의 수, 모인 경위, 표현에 대한 상대방의 반응, 실제 전파되었는지의 여부, 표현의 상대방이 표현 내용을 이미 알고 있었는지의 여부 등을 고려해야 한다. 비밀이 잘 보장되어 외부에 전파될 염려가 없는 경우가 아니면 비록 개별적으로 한 사람에 대하여 사실을 유포하였더라도 연속하여 수인에게 사실을 유포하여 그 유포한 사실이 외부에 전파될 가능성이 있는 이상 공연성이 있다.[2]

　　본죄는 추상적 위험범이기 때문에 그 내용이 현실적으로 불특정 또는 다수인에게 알려져야만 하는 것은 아니다. 그 밖의 '불특정 또는 다수인'에 대한 내용은 상관공연모욕죄에서 설명한 것과 동일하다.

　2) 사 실

　　본죄의 실행행위는 공연히 사실을 적시하거나 거짓 사실을 적시하여 상관의 명예를 훼손하는 것이다. 적시된 사실은 이로써 상관의 사회적 가치 내지 평가가 침해될 가능성이 있을 정도로 구체성을 지니는 것이어야 한다.[3] 이와 같이 진실한 사실을 적시함에도 불구하고 본죄의 성립을 인정하는 것은 상관이 현재 누리고 있는 외적 명예를 그 자체로써 보호해 주어야 할 필요가 있기 때문이다. 여기서 '사실의 적시'란 가치판단이나 평가를 내용으로 하는 의견표현[4]에 대치되는 개념으

---

1) 대법원 2007. 12. 13. 선고 2007도6014 판결.
2) 대법원 1982. 3. 23. 선고 81도2491 판결; 대법원 1968. 12. 24. 선고 68도1569 판결.
3) 대법원 2000. 2. 25. 선고 98도2188 판결.
4) 대법원 2007. 10. 26. 선고 2006도5924 판결(구원파사건)(유인물의 내용 중에서 "공소외인(대한예수교침례회)은 구원파 계열의 이단이다.", "공소외인은 체계적으로 신학을 공부한 적이 없다."라는 기재부분은 그 의견의 기초가 되는 사실을 함께 기술하면서 의견을 표명한 것으로서 피고인들의 주관적인 종교적·교리적 분석에 기초한 순수한 의견 또는 논평에 해당하는 것이고, "공소외인이 기성교회를 공격하고 폄하하며 자기들을 드러내기만을 고집하려고 시도하였다." 또는 "공소외인의 시도를 막아 우리 고장 대전이 이단들이 발호하는 도시라는 불명예를 씻어내고 우리 고장 대전과 우리 가정 및 자녀를 지켜내자."라는 등의 기재부분이나 "성경 위에 활동하는 마귀나 벌레 등을 젓가락으로 집어내는 형상"을 희화한 그림부분 역시 전체적인 맥락에서 피고인들의 의견을 표명하고 있는 것일 뿐 이를 사실의 적시에 해당한다고 보기 어려우며, "구원파는 '성경세미나'라는 모임을

로서 시간적·공간적으로 구체적인 과거 또는 현재의 사실관계에 관한 보고 내지 진술을 말한다. 또한 그 표현내용이 증거에 의한 입증이 가능한 것을 말하고, 판단할 진술이 사실인가 또는 의견인가를 구별함에 있어서는 언어의 통상적 의미와 용법·입증가능성·문제된 말이 사용된 문맥·그 표현이 행하여진 사회적 상황 등 전체적 정황을 고려하여 판단하여야 한다.[1]

특히 제64조 제3항의 '사실'은 동조 제4항의 '거짓 사실'과 반대되는 '진실한 사실'을 말하는 것이 아니라 가치판단이나 평가를 내용으로 하는 '의견'에 대치되는 개념이다. 따라서 제64조 제3항의 명예훼손죄는 적시된 사실이 진실한 사실인 경우이든 허위의 사실인 경우이든 모두 성립될 수 있고, 특히 적시된 사실이 허위의 사실이라고 하더라도 행위자에게 허위성에 대한 인식이 없는 경우에는 제64조 제4항의 명예훼손죄가 아니라 제64조 제3항의 명예훼손죄가 성립될 수 있다. 제64조 제3항의 법정형이 3년 이하의 징역이나 금고로 되어 있는 반면 제64조 제4항의 법정형은 5년 이하의 징역이나 금고로 되어 있는 것은 적시된 사실이 객관적으로 허위일 뿐만 아니라 행위자가 그 사실의 허위성에 대한 주관적 인식을 하면서 명예훼손행위를 하였다는 점에서 가벌성이 높다고 본 것이다.[2]

과거의 사실과 현재의 사실뿐만 아니라 장래의 사실이라고 할지라도 과거 또는 현재의 사실을 기초로 하거나 이에 대한 주장이 포함된 때에는 사실에 해당할 수 있다.[3] 그리고 어떤 표현이 명예훼손적인지 여부는 그 표현에 대한 사회통념에 따른 객관적 평가에 의하여 판단하여야 한다.[4] 따라서 가치중립적인 표현을 사용

통하여 대전시민에게 다가간다."라는 기재부분 등은 공소외인의 사회적 가치 내지 평가를 침해할 수 있는 명예훼손적 표현에 해당하지 않으므로, 피고인들이 이 사건 유인물을 배포한 행위를 명예훼손죄로 의율할 수 없다.

[1] 대법원 2017. 5. 11. 선고 2016도19255 판결; 대법원 1998. 3. 24. 선고 97도2956 판결.
[2] 대법원 2017. 4. 26. 선고 2016도18024 판결.
[3] 대법원 2003. 5. 13. 선고 2002도7420 판결(구속영장떨어진다사건)(피고인이 경찰관을 상대로 진정한 사건에 대한 혐의가 인정되지 않아 내사종결 처리되었음에도 불구하고 공연히 '사건을 조사한 경찰관이 내일부로 검찰청에서 구속영장이 떨어진다.'고 말한 것은 현재의 사실을 기초로 하거나 이에 대한 주장을 포함하여 장래의 일을 적시한 것으로 볼 수 있어 명예훼손죄에 있어서의 사실의 적시에 해당한다).
[4] 대법원 2014. 3. 27. 선고 2011도11226 판결(광우병촛불집회사건)(그 전체적인 내용은 경찰 상부에서 내린 진압명령이 불법적이어서 이에 불복하기로 결정하였다는 취지로서, 이러한 진압명령에 집단적으로 거부행위를 하겠다는 것이 이 사건 기동대 소속 전경들의 사회적 가치나 평가를 객관적으로 저하시키는 표현에 해당한다고 보기 어렵다); 대법원 2008. 11. 27. 선고 2008도6728 판결(진로소주사건)('(주)진로가 일본 아사히 맥주에 지분이 50% 넘어가 일본 기업이 됐다'는 부분은 가치중립적인 표현으로서, 우리나라와 일본의 특수한 역사적 배경과 소주라는 상품의 특수성 때문에 '참이슬' 소주를 생산하는 공소사실 기재 피해자 회사의 대주주 내지 지배주주가 일본 회사라고 적시하는 경우 일부 소비자들이 '참이슬' 소주의 구매에 소극적이 될 여지가 있다 하더라도 이를 사회통

하였다고 하더라도 사회통념상 그로 인하여 특정인의 사회적 평가가 저하되었다고 판단된다면 본죄가 성립할 수 있다.[1]

적시된 사실이 허위의 사실인지 여부를 판단함에 있어서는 적시된 사실의 내용 전체의 취지를 살펴보아 중요한 부분이 객관적 사실과 합치되는 경우에는 그 세부에 있어서 진실과 약간 차이가 나거나 다소 과장된 표현이 있다고 하더라도 이를 허위의 사실이라고 볼 수 없다.[2] 하지만 중요한 부분이 객관적 사실과 합치하지 않는다면 이를 허위라고 보아야 한다. 그리고 비록 허위의 사실을 적시하였더라도 허위의 사실이 특정인의 사회적 가치 내지 평가를 침해할 수 있는 내용이 아니라면 본죄는 성립하지 않고, 사회 평균인의 입장에서 허위의 사실을 적시한 발언을 들었을 경우와 비교하여 오히려 진실한 사실을 듣는 경우에 피해자의 사회적 가치 내지 평가가 더 크게 침해될 것으로 예상되거나 양자 사이에 별다른 차이가 없을 것이라고 보는 것이 합리적인 경우라면 본죄로 처벌할 수는 없다.[3]

한편 사회적 평가를 저하시킬만한 사실이라면 그 종류를 불문한다. 나쁜 행실·성격·신체적 조건·건강·능력·가족관계·친구관계·전력 등 어느 것이든 무방하다. 반드시 비공지의 사실임을 요하지 아니하고, 공지의 사실이라도 이를 적시함으로써 더욱 그 사람의 명예를 저하시킬 우려가 있는 한 본죄가 성립한다. 생각건대 공지의 사실이란 과거 또는 현재에 이미 알려진 사실을 말하는데, 사람들의 기억 속에서 잊혀져 가는 사실을 다시 환기시켜 되풀이한다면 명예가 훼손될 여지

념상 공소사실 기재 피해자 회사의 사회적 가치 내지 평가가 침해될 가능성이 있는 명예훼손적 표현이라고 볼 수 없다).

1) 대법원 2007. 10. 25. 선고 2007도5077 판결(동성애자게재사건)(사실은 피해자가 동성애자가 아님에도 불구하고 피고인은 인터넷사이트 싸이월드에 7회에 걸쳐 피해자가 동성애자라는 내용의 글을 게재한 사실을 인정한 다음, 현재 우리 사회에서 자신이 스스로 동성애자라고 공개적으로 밝히는 경우 사회적으로 상당한 주목을 받는 점, 피고인이 피해자를 괴롭히기 위하여 이 사건 글을 게재한 점 등 그 판시의 사정에 비추어 볼 때, 피고인이 위와 같은 글을 게시한 행위는 피해자의 명예를 훼손한 행위에 해당한다).

2) 대법원 2008. 6. 12. 선고 2008도1421 판결; 대법원 2006. 4. 14. 선고 2004도207 판결; 대법원 2000. 2. 25. 선고 99도4757 판결.

3) 대법원 2014. 9. 4. 선고 2012도13718 판결(우리 헌법이 종교의 자유를 보장함으로써 보호하고자 하는 것은 종교 자체나 종교가 신봉하는 신앙의 대상이 아니라, 종교를 신봉하는 국민, 즉 신앙인이고, 종교에 대한 비판은 성질상 어느 정도의 편견과 자극적인 표현을 수반하게 되는 경우가 많으므로, 타 종교의 신앙의 대상에 대한 모욕이 곧바로 그 신앙의 대상을 신봉하는 종교단체나 신도들에 대한 명예훼손이 되는 것은 아니고, 종교적 목적을 위한 언론·출판의 자유를 행사하는 과정에서 타 종교의 신앙의 대상을 우스꽝스럽게 묘사하거나 다소 모욕적이고 불쾌하게 느껴지는 표현을 사용하였더라도 그것이 그 종교를 신봉하는 신도들에 대한 증오의 감정을 드러내는 것이거나 그 자체로 폭행·협박 등을 유발할 우려가 있는 정도가 아닌 이상 허용된다); 대법원 2008. 10. 9. 선고 2007도1220 판결(목사가 예배 중 특정인을 가리켜 '이단 중에 이단이다'라고 설교한 부분이 명예훼손죄에서 말하는 사실의 적시에 해당하지 않는다).

가 충분히 있고, 이른바 '잊혀질 권리'라는 것도 인정될 필요성이 있기 때문에 공지의 사실도 사실의 적시에 해당한다고 보아야 한다.

특정인의 사회적 가치나 평가를 저하시키기에 충분한 구체적인 사실의 적시가 있다고 하기 위해서는, 반드시 그러한 구체적인 사실이 직접적으로 명시되어 있을 것을 요구하는 것은 아니지만, 적어도 적시된 내용 중의 특정 문구에 의하여 그러한 사실이 곧바로 유추될 수 있을 정도는 되어야 한다.[1] 누구든지 범죄가 있다고 생각하는 때에는 고발할 수 있는 것이므로 어떤 사람이 범죄를 고발하였다는 사실이 주위에 알려졌다고 하여 그 고발사실 자체만으로 고발인의 사회적 가치나 평가가 침해될 가능성이 있다고 볼 수는 없고[2], 다만 그 고발의 동기나 경위가 불순하다거나 온당하지 못하다는 등의 사정이 함께 알려진 경우에 고발인의 명예가 침해될 가능성이 있다.

3) 적 시

'적시'란 명예훼손적인 사실을 사회적인 외부세계에 표시하는 일체의 행위를

---

1) 대법원 2020. 5. 28. 선고 2019도12750 판결(학교폭력범은접촉금지사건)('학교폭력범은 접촉금지!!!'라는 글과 주먹 모양의 그림말 세 개로 이루어진 이 사건 상태메시지에는 그 표현의 기초가 되는 사실관계가 드러나 있지 않다. … 피고인은 '학교폭력범' 자체를 표현의 대상으로 삼았을 뿐 특정인을 '학교폭력범'으로 지칭하지 않았다. 학교폭력이 심각한 문제로 대두되고 있는 우리 사회의 현실, 초등학생 자녀를 둔 피고인의 지위 등을 고려하면, 피고인이 '학교폭력범'이라는 단어를 사용하였다고 하여 실제 일어난 학교폭력 사건에 관해 언급한 것이라고 단정할 수 없다. '접촉금지'라는 어휘는 통상적으로 '접촉하지 말 것'이라는 의미로 이해되고, 이 사건 의결 등을 통해 피해자에게 '피해학생(공소외인)에 대한 접촉의 금지' 조치가 내려졌다는 사실이 피해자와 같은 반 학생들이나 그 부모들에게 알려졌음을 인정할 증거도 없다. … 피고인이 이 사건 상태메시지를 통해 피해자의 학교폭력 사건이나 그 사건으로 피해자가 받은 조치에 대해 기재함으로써 피해자의 사회적 가치나 평가를 저하시키기에 충분한 구체적인 사실을 드러냈다고 볼 수 없다); 대법원 2011. 8. 18. 선고 2011도6904 판결(발신번호끝자리생략사건)(피고인이 제5회 전국동시지방선거에서 군수로 당선된 甲 후보의 운전기사 乙이 공직선거법 위반으로 구속되었다는 소문을 듣고, 마치 관할 지방검찰청 지청에서 乙에 대한 수사상황이나 피의사실을 공표하는 것처럼 甲을 비방하는 내용의 문자메시지를 기자들에게 발송하여 해당 지청장 또는 지청 구성원의 명예를 훼손하였다는 내용으로 기소된 사안에서, 공소사실 기재 문자메시지는 '관할 지청에서 乙을 구속하고 甲 군수를 조사하고 있다'는 취지의 내용으로 보일 뿐이고, 피고인이 지청장실 전화번호 끝자리를 생략한 허위 발신번호를 게재한 사정까지 함께 고려하더라도 문자메시지 내용에서 '지청장 또는 지청 구성원이 그와 같은 내용을 알린다'는 사실이 곧바로 유추될 수 있다고 보이지 않으므로, 위 문자메시지에 의하여 지청장 또는 지청 구성원의 사회적 가치나 평가를 저하시키기에 충분한 구체적인 사실의 적시가 있다고 볼 수 없다); 대법원 2007. 6. 15. 선고 2004도4573 판결.

2) 대법원 2009. 9. 24. 선고 2009도6687 판결; 대법원 1994. 6. 28. 선고 93도696 판결(친목회원고발사건)(피고인 1이 실제로 당국의 허가를 얻지 아니하고 직업소개를 하였음은 분명한 사실로 인정되고, 또한 피해자가 피고인 1과 같은 친목회의 회원이면서도 같은 피고인의 무허가 직업소개라는 범죄를 고발할 만한 필요나 부득이한 사정이 있는 경우도 능히 상정할 수 있으므로, 피고인이 다만 피해자가 같은 피고인의 범죄를 고발하였다는 내용의 언사만을 하고 그 고발의 동기나 경위에 관하여는 전혀 언급을 하지 아니하였다면, 그와 같은 언사만으로는 피해자의 사회적 가치나 평가를 침해하기에 충분한 구체적인 사실이 적시되었다고 보기는 어렵다).

말한다. 적시의 방법으로 반드시 사실을 직접적이고 단정적으로 표현한 경우에 한정할 것은 아니고, 간접적이고 우회적인 표현에 의하더라도 그 표현의 전(全) 취지에 비추어 그와 같은 사실의 존재를 암시하고, 이로써 특정인의 사회적 가치 내지평가가 침해될 가능성이 있을 정도의 구체성이 있으면 족하다.[1] 또한 추측·의혹·추리하는 방식에 의한 것도 사실의 적시에 해당하며, 적시된 사실이 이미 사회의 일부에서 다루어진 소문이라고 하더라도 이를 적시하여 사람의 사회적 평가를 저하시킬 만한 행위를 한 때에는 명예훼손에 해당한다.[2] 인터넷에 게시한 댓글은해당 인터넷 포털사이트를 이용하는 불특정 다수의 이용자들이 쉽게 그 내용을 확인할 수 있는 것이므로, 이와 같이 인터넷 포털사이트의 기사란에 댓글을 게재한행위는 당연히 공연성이 있는 것이라고 할 것이다. 본죄에 있어서의 사실의 적시는 그 사실의 적시자가 스스로 실험한 것으로 적시하든 타인으로부터 전문한 것으로 적시하든 불문한다.[3]

(3) 주관적 구성요건

본죄가 성립하기 위해서는 적시한 사실이 진실 또는 거짓인 점과 그 사실이상관의 사회적 평가를 저하시킬 만한 것이라는 점에 대한 인식 및 의사가 있어야한다.[4] 특히 비방의 목적이 있음을 요하지 아니한다. 이러한 진실 또는 거짓의 점

---

1) 대법원 2008. 7. 10. 선고 2008도2422 판결(지고지순사건)(피고인은 인터넷 포털사이트의 피해자에대한 기사란에 그녀가 재벌과 사이에 아이를 낳거나 아이를 낳아준 대가로 수십억 원을 받은 사실이 없음에도 불구하고, 그러한 사실이 있는 것처럼 댓글이 붙어 있던 상황에서, 추가로 '지고지순이뜻이 뭔지나 아니? 모 재벌님하고의 관계는 끝났나?'라는 내용의 댓글을 게시하였다는 것인바, 위와같은 댓글이 이루어진 장소, 시기와 상황, 그 표현의 전 취지 등을 위 법리에 비추어 보면, 피고인의위와 같은 행위는 간접적이고 우회적인 표현을 통하여 위와 같은 허위 사실의 존재를 구체적으로암시하는 방법으로 사실을 적시한 경우에 해당한다고 하지 않을 수 없다); 대법원 1991. 5. 14. 선고91도420 판결(교수가 학생들 앞에서 피해자의 이성관계를 암시하는 발언을 한 것은 명예훼손죄에해당한다).

2) 대법원 1994. 4. 12. 선고 93도3535 판결.

3) 대법원 1985. 4. 23. 선고 85도431 판결(피해자가 처자식이 있는 남자와 살고 있다는데 아느냐고한 피고인의 언동은 사실의 적시에 해당한다).

4) 고등군사법원 2019. 9. 19. 선고 2019노107 판결(피고인의 발언 중 허위사실의 적시라고 볼 만한부분은 "너는 선배가 죽은 것이 부각되어 장기가 된 것이 아니냐."는 부분이고, 이는 '피해자 D는선배가 죽었기 때문에 장기가 될 수 있었다.'는 사실의 적시로 해석될 여지가 있음은 분명하다. 그러나 한편 위 인정사실들에 의하여 인정되는 다음과 같은 사정, 즉, ① 피고인의 이 부분 발언은그 문구에 비추어 단정적인 사실의 적시라기보다는 의혹 또는 의문의 제기로 볼 여지가 있는 점, ② 피고인은 객관적인 근거에 의해서가 아니라 막연히 '위 피해자는 그럴 능력이 없는 사람인데피해자의 선배가 죽었기 때문에 장기로 선발될 수 있었던 것이.'라는 자신의 추측에 의존하여 이부분 발언을 하게 된 것인 점, ③ 피고인의 이 부분 발언 당시의 상황을 보면, 피고인은 피해자에게화가 난 상태에서 피해자에게 욕설을 하고 빨래건조대를 던진 후, "쫄보새끼가 할 말이 있으면 앞에서 얘기해라."라는, 피해자에 대한 경멸의 의사표시와 함께 이 부분 발언을 하게 된 것인 점 등을종합하면, 피고인의 이 부분 발언은 허위의 사실을 적시한 것이라기보다는 피고인의 주관적인 평가

에 대한 인식, 즉 범의에 대한 입증책임은 군검사에게 있다.[1] 행위자가 그 사항이 진실 또는 거짓이라는 것을 인식하였는지 여부는 성질상 외부에서 이를 알거나 증명하기 어려우므로, 공표된 사실의 내용과 구체성, 소명자료의 존재 및 내용, 피고인이 밝히는 사실의 출처 및 인지 경위 등을 토대로 피고인의 학력, 경력, 사회적 지위, 공표 경위, 시점 및 그로 말미암아 예상되는 파급효과 등의 여러 객관적 사정을 종합하여 판단할 수밖에 없으며[2], 범죄의 고의는 확정적 고의뿐만 아니라 결과 발생에 대한 인식이 있고 그를 용인하는 의사인 이른바 미필적 고의도 포함한다.[3] 만약 적시하는 사실이 진실인 줄 알고 명예훼손행위를 하였으나 그 사실이 거짓인 경우 또는 적시하는 사실이 거짓인 줄 알고 명예훼손행위를 하였으나 그 사실이 진실인 경우에는 모두 제64조 제3항의 명예훼손죄가 성립한다.

본죄가 성립하기 위해서는 상관의 명예가 훼손되는 결과를 발생하게 하는 사실을 인식해야 한다.[4] 또한 본죄에 있어서의 공연성은 구성요건요소이므로 행위자에게 고의의 한 내용으로서 공연성에 대한 인식을 필요로 한다. 명예훼손사실을

를 내린 것으로 봄이 상당하고, 피고인의 고의 또한 허위의 사실을 적시하여 위 피해자의 명예를 훼손하려는 고의보다는 화가 난 상태에서 피해자에 대한 경멸적인 감정을 표현하는 모욕의 고의로 평가함이 상당하다).

1) 대법원 2010. 10. 28. 선고 2009도4949 판결; 대법원 2009. 1. 30. 선고 2007도5836 판결.

2) 대법원 2014. 9. 4. 선고 2012도13718 판결(넷째부인사건)(넷째 부인이나 첩이라는 표현은 우리 사회의 일반 관념상 부도덕한 성적 관계를 암시하는 단어이므로, 공소외 1과 공소외 3이 위와 같은 부첩관계에 해당한다고 볼 만한 직접적인 증거가 없는 상황에서 피고인이 위와 같은 발언을 반복하는 것은 정당한 비판의 범위를 벗어나 공소외 1과 공소외 3의 부정한 성적 관계를 암시함으로써 그들의 사회적 가치 내지 평가를 저하시키는 허위사실의 적시라고 할 것이다).

3) 대법원 2014. 3. 13. 선고 2013도12430 판결(부엉이바위사건)(피고인은 2010. 3. 31. 서울지방경찰청 2층 대강당에서, 서울지방경찰청장으로서 서울지방경찰청 소속 5개 기동단 팀장급 398명을 상대로 기동부대 지휘요원 특별교양을 실시하던 중, 사실은 2009. 5. 23. 사망한 피해자 공소외 1 전 대통령과 관련한 거액이 들어 있는 차명계좌가 그 무렵 검찰수사 중에 발견된 사실이 없어 공소외 1 전 대통령이 그로 인해 자살한 것이 아니고 공소외 1 전 대통령의 배우자인 피해자 공소외 2가 이러한 차명계좌가 드러나는 것을 막기 위해 민주당에 공소외 1 전 대통령의 죽음과 관련한 특검을 하지 못하게 요청한 사실이 없음에도, "작년 노통, 공소외 1 전 대통령 5월 23일 부엉이바위 사건 때 막 또 그 뒤로 뛰쳐나왔지 않습니까. 그런데 여러분들, 공소외 1 전 대통령 뭐 때문에 사망했습니까? 뭐 때문에 뛰어내렸습니까? 뛰어버린 바로 전날 계좌가 발견됐지 않습니까, 차명계좌가. 10만원짜리 수표가 타인으로, 거액의 차명계좌가 발표돼, 발견이 됐는데 그거 가지고 아무리 변명해도 이제 변명이 안 되지 않습니까? 그거 때문에 부엉이바위에서 뛰어내린 겁니다", "그래서 특검 이야기가 나왔지 않습니까. 특검 이야기가 나와서 특검하려고 그러니까 공소외 2 여사가 민주당에 이야기를 해서 특검을 못하게 한 겁니다. 그 해봐야 다 드러나게 되니까"라고 말하여 공연히 허위사실을 적시하여 피해자들의 명예를 훼손하였다).

4) 대법원 1985. 5. 28. 선고 85도588 판결(전임목사소문사건)(피고인이 교회의 목사로서 전임목사에 관한 교회 내의 불미스러운 소문의 진위를 확인하기 위하여 이를 교회집사들에게 물어보았다면 이는 경험칙상 충분히 있을 수 있는 일로서 명예훼손의 고의 없는 단순한 확인에 지나지 아니하여 사실의 적시라고 할 수 없다).

발설한 것이 사실이냐는 질문에 대답하는 과정에서 타인의 명예를 훼손하는 사실을 발설하게 된 것이라면, 그 발설내용과 동기에 비추어 명예훼손의 범의를 인정할 수 없고, 질문에 대한 단순한 확인대답이 명예훼손에서 말하는 사실적시라고도 할 수 없다.[1] 불미스러운 소문의 진위를 확인하고자 질문을 하는 과정에서 상관의 명예를 훼손하는 발언을 하였다면, 그 동기에 비추어 명예훼손의 고의를 인정하기 어렵다.[2]

한편 본죄는 형법 제310조의 위법성조각사유가 유추적용될 수는 없지만, 이에 해당하는 행위들은 일반적으로 형법 제20조의 정당행위로서 위법성이 조각되는지 여부를 별도로 판단해야 할 것이다. 다만 형법 제24조에 규정된 피해자의 승낙만으로는 위법성이 조각되지 아니한다. 왜냐하면 본죄의 보호법익은 상관의 외부적 명예뿐만 아니라 군조직의 질서 및 통수체계의 유지라는 국가적 법익도 포함되기 있기 때문이다.

Ⅲ. 초병모욕죄

제65조(초병 모욕) 초병을 그 면전에서 모욕한 사람은 1년 이하의 징역이나 금고에 처한다.

1. 의 의

초병모욕죄는 초병을 그 면전에서 모욕함으로써 성립하는 범죄이다. 본죄의

---

1) 대법원 2010. 10. 28. 선고 2010도2877 판결; 대법원 2008. 10. 23. 선고 2008도6515 판결; 대법원 1983. 8. 23. 선고 83도1017 판결.

2) 대법원 2018. 6. 15. 선고 2018도4200 판결(마트납품직원사건)(마트의 운영자인 피고인이 마트에 아이스크림을 납품하는 업체 직원인 甲을 불러 '다른 업체에서는 마트에 입점하기 위하여 입점비를 준다고 하던데, 입점비를 얼마나 줬나? 점장 乙이 여러 군데 업체에서 입점비를 돈으로 받아 해먹었고, 지금 뒷조사 중이다.'라고 말하여 공연히 허위 사실을 적시하여 乙의 명예를 훼손하였다는 내용으로 기소된 사안에서, 피고인은 마트 영업을 시작하면서 乙을 점장으로 고용하여 관리를 맡겼는데, 재고조사 후 일부 품목과 금액의 손실이 발견되자 그때부터 乙을 의심하여 마트 관계자들을 상대로 乙의 비리 여부를 확인하고 다니던 중 乙이 납품업자들로부터 현금으로 입점비를 받았다는 이야기를 듣고 甲을 불러 乙에게 입점비를 얼마 주었느냐고 질문하였던 점 등 제반 사정을 종합하면, 피고인은 乙이 납품업체들로부터 입점비를 받아 개인적으로 착복하였다는 소문을 듣고 甲을 불러 소문의 진위를 확인하면서 甲도 입점비를 乙에게 주었는지 질문하는 과정에서 위와 같은 말을 한 것으로 보이므로, 乙의 사회적 평가를 저하시킬 의도를 가지거나 그러한 결과가 발생할 것을 인식한 상태에서 위와 같은 말을 한 것이 아니어서 피고인에게 명예훼손의 고의를 인정하기 어렵고, 한편 피고인이 아무도 없는 사무실로 甲을 불러 단둘이 이야기를 하였고, 甲에게 그와 같은 사실을 乙에게 말하지 말고 혼자만 알고 있으라고 당부하였으며, 甲이 그 후 乙에게는 이야기하였으나 乙 외의 다른 사람들에게 이야기한 정황은 없는 점 등을 고려하면 피고인에게 전파가능성에 대한 인식과 그 위험을 용인하는 내심의 의사가 있었다고 보기도 어렵다).

보호법익은 외부적 명예가 아니라 상관면전모욕죄와 마찬가지로 명예감정으로 파
악해야 한다.

2. 구성요건

(1) 주 체

본죄의 주체는 군인이나 준군인이다. 특히 주의할 점은 군형법상 초병에 대한
범죄는 일반적으로 민간인도 그 주체가 될 수 있지만, 본죄는 민간인이 단독으로
범할 수 없다는 것이다.

(2) 행 위

본죄의 실행행위는 초병을 그 면전에서 모욕하는 것이다. 본죄가 성립하기 위
해서는 공연성이 요구되지 아니한다. 또한 본죄는 상관모욕죄와 달리 공연성이 있
는 경우에 이를 가중처벌하지 아니한다. 왜냐하면 초병은 현실적으로 직무수행 중
인 상황을 전제로 하므로 공연한 모욕이라는 경우를 상정하기 어렵기 때문이다.
다만 이러한 경우에는 형법상 모욕죄가 성립될 수 있다.

다만 군형법에는 초병명예훼손죄가 별도로 존재하지 않으므로 초병의 면전이
나 공연히 명예를 훼손한 경우에는 형법상 명예훼손죄로 처벌되는데, 법정형에 선
택형으로 벌금형이 있으므로 초병모욕죄보다 경하게 처벌될 우려가 있다. 결국 비
례성의 원칙에 부합할 수 있도록 군형법에 초병명예훼손죄를 독립적으로 신설하
는 것이 타당하다.

제16장 군용물에 관한 죄

Ⅰ. 군용시설등방화죄

제66조(군용시설 등에 대한 방화) ① 불을 놓아 군의 공장, 함선, 항공기 또는 전투용으로 공하는 시설, 기차, 전차, 자동차, 교량을 소훼한 사람은 사형, 무기 또는 10년 이상의 징역에 처한다.

② 불을 놓아 군용에 공하는 물건을 저장하는 창고를 소훼한 사람은 다음 각 호의 구분에 따라 처벌한다.

  1. 군용에 공하는 물건이 현존하는 경우: 사형, 무기 또는 7년 이상의 징역

  2. 군용에 공하는 물건이 현존하지 아니하는 경우: 무기 또는 5년 이상의 징역

제72조(미수범) 제66조부터 제70조까지 및 제71조 제1항·제2항의 미수범은 처벌한다.

제73조(과실범) ① 과실로 인하여 제66조부터 제71조까지의 죄를 범한 사람은 5년 이하의 징역 또는 300만원 이하의 벌금에 처한다.

② 업무상 과실 또는 중대한 과실로 인하여 제1항의 죄를 범한 사람은 7년 이하의 징역 또는 500만원 이하의 벌금에 처한다.

제76조(예비, 음모) 제66조부터 제69조까지와 제71조의 죄를 범할 목적으로 예비 또는 음모를 한 사람은 7년 이하의 징역이나 금고에 처한다. 다만, 그 목적한 죄의 실행에 이르기 전에 자수한 경우에는 그 형을 감경하거나 면제한다.

제77조(외국의 군용시설 또는 군용물에 대한 행위) 이 장의 규정은 국군과 공동작전에 종사하고 있는 외국군의 군용시설 또는 군용에 공하는 물건에 대한 행위에도 적용한다.

1. 의 의

군용시설등방화죄는 불을 놓아 군의 공장·함선·항공기 또는 전투용으로 공하는 시설·기차·전차·자동차·교량을 소훼하거나(제71조 제1항) 불을 놓아 군용에 공하는 물건을 저장하는 창고를 소훼함으로써(제71조 제2항) 성립하는 범죄이다. 또한 고의에 의한 방화뿐만 아니라 과실에 의한 실화(제73조)도 그 처벌의 대상으로 삼고 있으며[1], 미수(제72조) 및 예비·음모(제76조)도 처벌한다.

---

1) 이에 대하여 고의범의 경우 제66조 내지 제71조에서 불법의 정도에 따라 형량이 개별적으로 규정되어 있지만, 과실범의 경우 행위태양의 차이에도 불구하고 모두 일률적으로 규정되어 있어 책임원칙에 반한다는 견해로는 송성룡, "군형법상의 군용물 관련 과실범에 관하여", 공군논문집 제57집 제3권, 공군사관학교, 2006. 10, 130면.

2. 구성요건

(1) 주 체

본죄의 주체는 군인·준군인뿐만 아니라 내·외국 민간인도 포함된다. 다만 과실범 및 예비·음모의 경우에는 군인 및 준군인만이 본죄의 주체가 되고, 내·외국 민간인은 형법상 실화죄 등으로 처벌될 뿐이다.

(2) 객 체

본죄의 객체는 군의 공장·함선·항공기 또는 전투용으로 공하는 시설·기차·전차·자동차·교량·군용에 공하는 물건을 저장하는 창고이다. '군의 공장·함선·항공기'란 군의 소유에 속하는 공장·함선·항공기를 말한다.[1] 군의 소유에 속하는 이상 군용이나 전투용에 공하는지 여부는 불문한다. 민간인에게 임대하여 준 것도 그 소유권이 군에 있는 이상 본죄의 객체에 해당한다.

'전투용으로 공하는 시설·기차·전차·자동차·교량'이란 현재 전투에 사용되고 있는 시설 등을 말한다. 그러므로 단순히 군용에 공하는 것에 그치는 시설 등은 본죄의 객체가 되지 아니한다. 다만 전투용이라고 하여 반드시 전투행위에 직접적으로 사용될 필요는 없으며, 그와 관련된 용도에 사용되거나 전투준비에 사용되는 것도 포함된다. 한편 전투용에 공하는 이상 반드시 군의 소유에 속할 필요는 없다.[2]

'군용에 공하는 물건을 저장하는 창고'란 군용으로 제공되거나 사용되는 물건을 저장하는 창고를 말하는데[3], 군의 소유 여부를 불문한다. 군용에 공하는 물건은 탄약, 병기 기타 군용에 공하는 차량·피복·금전[4] 등을 의미한다. 군용에 공하는지 여부는 현실적으로 군용에 공하고 있는지 여부를 기준으로 판단하며, 그 소유권이 누구에게 귀속되어 있는지는 불문한다. '창고'란 사전적으로 '물건이나 자재를 저장하거나 보관하는 건물'을 의미하며, 모든 건물은 부수적으로나마 물건을

---

1) 육군 1967. 8. 4. 선고 67고군형항347 판결(무선중계소 막사 내에 설치되어 있는 통신장비는 군용시설 등에 해당하지 아니한다).

2) 고등군사법원 2010. 1. 11. 선고 2009노211 판결(군형법 제66조의 군용시설이란 군의 전투용에 공하는 시설이면 족한 것이지 군이 그 시설이 설치된 토지에 대하여 어떠한 사용권한을 갖고 있을 것을 그 요건으로 하지 않음이 동 규정의 문언해석상 명백하다).

3) 「군용물 등 범죄에 관한 특별조치법」은 군용물의 범위를 별표에서 구체적으로 정하고 있으나 동법은 군용물 등에 관한 범죄의 처벌 등에 관한 사항을 규정함을 목적으로 하는 것으로서 군형법상 군용물현존창고방화죄에서의 '군용에 공하는 물건'의 해석에 있어 이를 그대로 원용할 수는 없다.

4) 대법원 1979. 12. 11. 선고 79도2305 판결(군에서 먹고 남은 밥찌꺼기 값으로 받은 돈은 군용물에 해당한다).

저장·보관할 수 있는 기능을 본래 가지고 있는 것이어서 이에 따르면 군에서 사용하는 모든 건물이 군용물현존창고방화죄에서의 '창고'에 해당한다는 불합리한 결론에 이르게 된다. 따라서 군용물현존창고방화죄에서의 '창고'는 창고의 본래적 기능에 주목하여 '물건이나 자재의 저장·보관을 주된 목적으로 하는 건물'로 제한하여 해석하여야 한다.[1]

(3) 행 위

본죄의 실행행위는 불을 놓아 소훼하는 것이다. '불을 놓아'라는 것은 화력을 이용하여 군용시설등을 소훼할 수 있는 일체의 행위를 말하는데, 이를 '방화'라고도 한다. 방화의 수단이나 방법에는 제한이 없으며, 부작위에 의하여도 가능하다. 하지만 작위의무 없는 자가 불을 끄지 않은 경우에는 「경범죄 처벌법」 제3조 제1항 제29호[2]에 해당할 뿐이다.

'소훼'란 화력을 이용하여 군용시설등을 불태워(燒) 훼손시키는(毁) 것을 말한다. 본죄는 소훼가 되어야 기수에 이르는데, 소훼의 시기와 관련하여, ① 본죄는 공공위험죄이므로 독립연소시에 공공의 위험이 발생할 수 있다는 점, 목적물에 불이 붙어야 하므로 가구나 책장 등에 불이 붙은 상태는 독립연소라고 할 수 없고, 기둥이나 벽 등과 같이 목적물 자체에 불이 붙어야 독립연소라고 할 수 있다는 점 등을 논거로 하여, 소훼의 시기를 불이 매개물을 떠나 목적물에 붙어 독립하여 연소할 수 있는 상태에 이른 때라고 파악하는 독립연소설, ② 본죄는 공공위험죄의 성질뿐만 아니라 재산죄의 성질도 지니고 있다는 점, 독일 형법과 달리 우리 형법은 소훼를 요건으로 하고 있다는 점, 공공위험죄인 일수죄(형법 제177조)와 폭발성물건파열죄(형법 제172조)에서 침해 또는 손괴를 요한다는 점 등을 논거로 하여, 소

---

1) 고등군사법원 2013. 10. 18. 선고 2013노129 판결(이 사건 역사기록관은 양식 철근콘크리트조의 2층 건물 중 2층 일부에 위치하고 있으며(같은 층의 나머지 공간은 사병회관 등 복지시설로 사용되고 있다), 샌드위치 패널을 이용하여 사무실, 상패 등 보관실, 도면보관실, 기타 장비실 등 4개의 격실로 구분되어 있고, 그 중 사무실은 주로 피고인과 군무원 1인이 상시 근무를 하는 용도로, 나머지 세 군데 보관실은 주로 상패, 도면, 의복이나 깃발 등 역사적 보관가치 있는 물건을 전시·열람하는 용도로 각 사용되고 있음을 알 수 있다. 이와 같은 사정에 비추어보면, 이 사건 역사기록관은 물건 등의 저장·보관을 주된 목적으로 하는 건물이라고 보기는 어렵고, 검찰관이 제출한 증거만으로는 위 역사기록관이 군형법 제66조 제2항 제1호의 '군용에 공하는 물건을 저장하는 창고'라고 인정하기에는 부족하므로, 피고인에 대한 이 사건 주위적 공소사실인 군용물현존창고방화죄를 무죄로 인정한 원심의 판단은 결론적으로 정당하다).

2) (공무원 원조불응) 눈·비·바람·해일·지진 등으로 인한 재해, 화재·교통사고·범죄, 그 밖의 급작스러운 사고가 발생하였을 때에 현장에 있으면서도 정당한 이유 없이 관계 공무원 또는 이를 돕는 사람의 현장출입에 관한 지시에 따르지 아니하거나 공무원이 도움을 요청하여도 도움을 주지 아니한 사람

훼의 시기를 독립연소로는 부족하고 목적물의 중요부분이 타버려서 그 효용이 상실된 때라고 파악하는 효용상실설[1], ③ 독립연소설은 지나치게 기수시기를 앞당기고 효용상실설은 지나치게 기수시기를 늦춘다는 점에서, 독립연소설과 효용상실설의 중간단계에서 소훼를 파악하여 기수를 인정해야 하는데, 목적물의 중요부분이 연소되기 시작한 때에 소훼를 인정하는 중요부분연소개시설, ④ 목적물이나 중요부분에 불이 붙은 것만으로는 부족하다는 점, 목적물의 효용이 상실될 정도이면 이는 훼손의 단계를 넘어 파손이라고 할 수 있기 때문에 목적물의 중요부분의 효용상실까지는 필요 없다는 점, 목적물에 독립연소될 불이 붙은 단계에서는 '소'(燒)라고는 할 수 있어도 '훼'(毁; 헐어버리는 것)라고까지는 할 수 없다는 점, 목적물의 훼손이라는 결과의 발생 여부로 본죄의 기수·미수를 구별하는 것이 타당하다는 점, 공공의 위험발생과 연소시기를 일치시킬 필요는 없다는 점, 방화죄의 재산죄로서의 성격을 도외시해서는 안 된다는 점, 목적물의 전부가 아니라 일부가 훼손되더라도 본죄의 부수적인 보호법익인 재산의 침해를 가져온다는 점 등을 논거로 하여 목적물의 일부가 손괴죄에서와 같이 손괴되면 소훼를 인정하는 일부손괴설 등의 대립이 있다.

이에 대하여 판례는 「방화죄는 화력이 매개물을 떠나 스스로 연소할 수 있는 상태에 이르렀을 때에 기수가 되고, 반드시 목적물의 중요부분이 소실하여 그 본래의 효용을 상실한 때라야만 기수가 되는 것이 아니다.」라고 판시[2]하여, 독립연소설의 입장을 취하고 있다. 생각건대 효용상실설·중요부분연소개시설 등은 중요부분이 과연 무엇을 의미하는지가 불분명하기 때문에 타당하지 않다. 결국 독립연소설과 일부손괴설의 입장에서 검토해 보아야 하는데, 일부손괴설의 입장이 타당하다. 왜냐하면 적어도 훼손의 정도가 인정되어야 소훼라고 할 수 있기 때문이다.

---

1) 이상철, 227면.
2) 대법원 2007. 3. 16. 선고 2006도9164 판결(현주건조물방화죄는 화력이 매개물을 떠나 목적물인 건조물 스스로 연소할 수 있는 상태에 이름으로써 기수가 된다. 피고인이 범행에 있어 피해자의 사체 위에 옷가지 등을 올려놓고 불을 붙인 천조각을 던져 그 불길이 방안을 태우면서 천정에까지 옮겨 붙었다면, 설령 그 불이 완전연소에 이르지 못하고 도중에 진화되었다고 하더라도, 일단 천정에 옮겨 붙은 이상 그 때에 이미 현주건조물방화죄는 기수에 이르렀다); 대법원 1970. 3. 24. 선고 70도330 판결(부모에게 용돈을 요구하였다가 거절당한 피고인이 홧김에 자기 집 헛간 지붕위에 올라가 거기다 라이타불로 불을 놓고, 이어서 몸채, 사랑채 지붕위에 차례로 올라가 거기에다 각각 불을 놓아 헛간지붕 60평방cm 가량, 몸채지붕 1평방m 가량, 사랑채지붕 1평방m 가량을 태웠다고 하면 본건 방화행위는 기수로 보아야 할 것이다); 대법원 1961. 5. 15. 선고 4294형상89 판결.

(4) 주관적 구성요건

1) 고 의

본죄가 성립하기 위해서는 불을 놓아 군용시설등을 소훼한다는 고의가 있어야 한다. 본죄는 추상적 위험범이므로 행위자에게 위험에 대한 고의가 있을 필요는 없다.

2) 과 실

본죄는 실화죄를 별도로 처벌하고 있는데, 이는 화력이 가지고 있는 통제곤란의 위험성 때문이다. 또한 업무상 실화죄는 업무상 과실로 인하여 실화죄를 범함으로써 성립하는 범죄이다. 본죄는 업무자라는 신분으로 인하여 책임이 가중되는 범죄이다. 본죄 소정의 업무는 직무로서 화기로부터의 안전을 배려해야 할 사회생활상의 지위를 뜻한다. 그러므로 흡연이나 요리 중 실수로 불을 낸 경우에는 본죄가 아니라 실화죄 또는 중실화죄에 해당한다. 또한 본죄에 있어서의 업무에는 그 직무상 화재의 원인이 된 화기를 직접 취급하는 것에 그치지 않고 화재의 발견·방지 등의 의무가 지워진 경우를 포함한다. 그리고 중실화죄는 중대한 과실로 인하여 실화죄를 범함으로써 성립하는 범죄이다. 여기서 '중과실'이란 행위자가 극히 근소한 주의를 함으로써 결과발생을 쉽게 인식할 수 있었음에도 불구하고 부주의로서 이를 인식하지 못한 경우를 말한다.

3. 예비·음모

본죄는 행위로 인한 위험성이 크기 때문에 예외적으로 그 준비행위인 예비·음모를 벌하고 있다. 예를 들면 불을 놓기 위해 목적물에 석유를 뿌리는 행위, 불을 놓는데 이용할 석유를 구입하는 행위 등이 이에 해당한다.

4. 실행의 착수시기 및 기수시기

본죄의 실행의 착수시기는 불을 놓는 시점이다. 방화에의 직접적 개시가 있어 실행의 착수가 인정되기 위해서는 목적물 또는 매개물에 대한 발화 또는 점화가 있어야 한다.[1] 그러므로 매개물을 통한 점화에 의하여 군용시설등을 소훼함을 내용으로 하는 형태의 방화죄의 경우에, 범인이 그 매개물에 불을 켜서 붙였거나 또는 범인의 행위로 인하여 매개물에 불이 붙게 됨으로써 연소작용이 계속될 수 있는 상태에 이르렀다면, 그것이 곧바로 진화되는 등의 사정으로 인하여 군용시설등

---

[1] 대법원 1960. 7. 22. 선고 4239형상213 판결.

자체에는 불이 옮겨 붙지 못하였다고 하더라도, 본죄의 실행의 착수가 인정된다. 그러므로 본죄를 실행할 목적으로 물건에 점화하여 이를 소훼한 이상 목적물 자체에 옮겨 붙지 아니한 때에도 본죄의 미수가 된다. 한편 본죄의 기수시기는 목적물의 일부가 손괴죄에서와 같이 손괴되면 소훼를 인정하는 일부손괴설이 타당하다.

Ⅱ. 노적군용물방화죄

제67조(노적 군용물에 대한 방화) 불을 놓아 노적한 병기, 탄약, 차량, 장구, 기재, 식량, 피복 또는 그 밖에 군용에 공하는 물건을 소훼한 사람은 다음 각 호의 구분에 따라 처벌한다.
  1. 전시, 사변 시 또는 계엄지역인 경우: 사형, 무기 또는 7년 이상의 징역
  2. 그 밖의 경우: 무기 또는 3년 이상의 징역
제72조(미수범) 제66조부터 제70조까지 및 제71조 제1항·제2항의 미수범은 처벌한다.
제73조(과실범) ① 과실로 인하여 제66조부터 제71조까지의 죄를 범한 사람은 5년 이하의 징역 또는 300만원 이하의 벌금에 처한다.
② 업무상 과실 또는 중대한 과실로 인하여 제1항의 죄를 범한 사람은 7년 이하의 징역 또는 500만원 이하의 벌금에 처한다.
제76조(예비, 음모) 제66조부터 제69조까지와 제71조의 죄를 범할 목적으로 예비 또는 음모를 한 사람은 7년 이하의 징역이나 금고에 처한다. 다만, 그 목적한 죄의 실행에 이르기 전에 자수한 경우에는 그 형을 감경하거나 면제한다.
제77조(외국의 군용시설 또는 군용물에 대한 행위) 이 장의 규정은 국군과 공동작전에 종사하고 있는 외국군의 군용시설 또는 군용에 공하는 물건에 대한 행위에도 적용한다.

1. 의 의

노적군용물방화죄는 불을 놓아 노적한 병기·탄약·차량·장구·기재·식량·피복 또는 그 밖에 군용에 공하는 물건을 소훼함으로써 성립하는 범죄이다.

2. 구성요건

본죄의 실행행위는 불을 놓아 노적한 병기·탄약·차량·장구·기재·식량·피복 또는 그 밖에 군용에 공하는 물건을 소훼하는 것이다. '노적'(露積)이란 창고 등의 시설물 이외의 장소에 집적하는 것을 말하며, 천막 등 임시적으로 설치된 시설 내에 집적하는 것도 노적에 해당한다. 본죄의 객체는 노적이 가능한 군용에 공하는 물건이다.

Ⅲ. 폭발물파열죄

> **제68조(폭발물 파열)** 화약, 기관 또는 그 밖의 폭발성 있는 물건을 파열하게 하여 제66조와 제67조에 규정된 물건을 손괴한 사람도 제66조 및 제67조의 예에 따른다.
>
> **제72조(미수범)** 제66조부터 제70조까지 및 제71조 제1항·제2항의 미수범은 처벌한다.
>
> **제73조(과실범)** ① 과실로 인하여 제66조부터 제71조까지의 죄를 범한 사람은 5년 이하의 징역 또는 300만원 이하의 벌금에 처한다.
>
> ② 업무상 과실 또는 중대한 과실로 인하여 제1항의 죄를 범한 사람은 7년 이하의 징역 또는 500만원 이하의 벌금에 처한다.
>
> **제76조(예비, 음모)** 제66조부터 제69조까지와 제71조의 죄를 범할 목적으로 예비 또는 음모를 한 사람은 7년 이하의 징역이나 금고에 처한다. 다만, 그 목적한 죄의 실행에 이르기 전에 자수한 경우에는 그 형을 감경하거나 면제한다.
>
> **제77조(외국의 군용시설 또는 군용물에 대한 행위)** 이 장의 규정은 국군과 공동작전에 종사하고 있는 외국군의 군용시설 또는 군용에 공하는 물건에 대한 행위에도 적용한다.

1. 의 의

폭발물파열죄는 화약·기관 또는 그 밖의 폭발성 있는 물건을 파열하게 하여 제66조와 제67조에 규정된 물건을 손괴함으로써 성립하는 범죄이다.

2. 구성요건

(1) 주 체

본죄의 주체는 군인·준군인뿐만 아니라 내·외국 민간인도 포함된다. 다만 과실범 및 예비·음모의 경우에는 군인 및 준군인만이 본죄의 주체가 되고, 내·외국 민간인은 형법상 폭발성물건파열죄 등으로 처벌될 뿐이다.

(2) 행 위

본죄의 실행행위는 화약·기관 또는 그 밖의 폭발성 있는 물건을 파열하여 제66조 및 제67조에 규정된 물건을 손괴하는 것이다. 여기서 '폭발성 있는 물건'이란 화약이나 기관 이외에 급격히 파열하는 성질을 가진 물건을 말한다. 예를 들면 가스탱크·석유탱크 등이 이에 해당한다. '파열'이란 물체의 급격한 팽창력을 이용하여 폭발시키는 것을 말한다. 본죄는 파열행위로 인하여 제66조와 제67조에 규정된 물건을 손괴한 때에 기수가 된다. 파열행위에도 불구하고 손괴가 발생하지 않으면 미수에 불과하다. 파열행위를 이용하지 아니하고 단순히 손괴한 경우에는 제69조에서 규정하고 있는 군용시설등손괴죄에 해당할 뿐이다.

Ⅳ. 군용시설등손괴죄

제69조(군용시설 등 손괴) 제66조에 규정된 물건 또는 군용에 공하는 철도, 전선 또는 그 밖의 시설이나 물건을 손괴하거나 그 밖의 방법으로 그 효용을 해한 사람은 무기 또는 2년 이상의 징역에 처한다.
제72조(미수범) 제66조부터 제70조까지 및 제71조 제1항·제2항의 미수범은 처벌한다.
제73조(과실범) ① 과실로 인하여 제66조부터 제71조까지의 죄를 범한 사람은 5년 이하의 징역 또는 300만원 이하의 벌금에 처한다.
② 업무상 과실 또는 중대한 과실로 인하여 제1항의 죄를 범한 사람은 7년 이하의 징역 또는 500만원 이하의 벌금에 처한다.
제76조(예비, 음모) 제66조부터 제69조까지와 제71조의 죄를 범할 목적으로 예비 또는 음모를 한 사람은 7년 이하의 징역이나 금고에 처한다. 다만, 그 목적한 죄의 실행에 이르기 전에 자수한 경우에는 그 형을 감경하거나 면제한다.
제77조(외국의 군용시설 또는 군용물에 대한 행위) 이 장의 규정은 국군과 공동작전에 종사하고 있는 외국군의 군용시설 또는 군용에 공하는 물건에 대한 행위에도 적용한다.

1. 의 의

군용시설등손괴죄는 제66조에 규정된 물건(군의 공장·함선·항공기 또는 전투용으로 공하는 시설·기차·전차·자동차·교량·군용에 공하는 물건을 저장하는 창고) 또는 군용에 공하는 철도·전선 또는 그 밖의 시설이나 물건을 손괴하거나 그 밖의 방법으로 그 효용을 해함으로써 성립하는 범죄이다. 과실·업무상 과실[1]·중과실 등이 있

---

1) 대법원 1966. 5. 31. 선고 66도536 판결(원판결은 피고인에게, 업무상 과실이 있다고 인정하는 이유로서, 피고인은 육군 중위로서 제1103 야공단 108대대 제1중대 부관으로 근무하던 자인바, 1965. 12. 6. 18:00경 춘천시 우두동 거주 소속대 하사, 공소외 1집에서 그 사람의 결혼 피로연에 참석하여, 술을 마신 후, 소속대 병장 공소외 2가 운전하던 소속대 3호, 1/4톤 차량으로 귀대도중, 익일 01:30경 동시 소양로 1가 소재 제21헌병중대 소양강 검문소에 이르러, 시간외 차량운행을 단속하는 헌병에게, 전시 운전병이 동 검문소안으로 연행되어, 운전석이 비여 있음을 보고, 과거부터 운전에 호기심을 가지고 있던 나머지, 가지고 있든 짚차용 "키"로, 그 차량을 시동하고 운행하였든바, 차량을 운전하는 자는 운행도중, 술을 먹어서는 아니되며, 술을 먹고 만취되었을 때에는, 차량운전업무에 종사하지 아니하는 등, 사고 발생을 미연에 방지할 업무상 주의의무가 있음에도 불구하고, 이러한 주의의무를 태만히하여, 취흥에 넘쳐 만연히, 시속 50Km의 과속으로 진행하다가, 당일 02:00경 동시 우두동 소재 동, 나제사공장앞 노상에 이르러, 차량의 조종을 상실하고 동노, 우측 깊이 0.5m 넓이 1m가량의 배수로에, 전시 차량을 함입전복케 함으로써, 동 차량 윈도우외 25개 종목의 병기, 싯가 금 45,951원 상당의 군용에 공하는, 물건을 손괴한 것이라고 판시하고, 이에 대하여 군형법 제73조 제2항 동법 제69조를 적용 처단하였다. 하지만 피고인은 육군중위로서 중대 부관이며, 원판시 차량의 운전업무에 종사하는 자가 아니므로, 피고인에게 원판시 차량을 운전함에 있어서, 업무상 과실이 있다고 인정하기 위하여서는 적어도, 피고인이 오락을 위하여서 한다 할지라도, 반복적 계속적으로, 원판시 차량의 운전을 한 사실을 필요로 한다. 이와 같은 경우에 비로소 피고인의 원판시 자동차 운전 행위는 자동차 운전업무에 속한다 할 것이며, 그 업무는 성질상 사람의 생명 신체에

는 경우에도 본죄가 성립한다는 점에서 형법상 과실손괴죄를 처벌하지 아니하는 것과 구별된다.[1] 본죄는 군 전투수행의 수단이자 전투력의 물적 토대가 되는 군용물에 대하여 어떠한 형태로든 군용물의 효용을 행하는 행위를 처벌하여 군 전투력에 손실을 방지하고자 하는 데 주된 목적이 있다.

2. 구성요건

(1) 손 괴

본죄의 실행행위는 손괴하거나 그 밖의 방법으로 그 효용을 해하는 것이다. 다만 제68조와의 관계상 화약·기관 또는 그 밖의 폭발성 있는 물건을 파열하는 방법을 이용하는 경우에는 본죄에서 말하는 손괴의 개념에서 제외된다. '손괴'란 직접적인 유형력을 행사하여 그 효용을 해하는 것을 말한다. 따라서 효용을 증가시키는 것은 손괴라고 할 수 없다. 효용을 해하는 것은 영구적이 아니라 일시적이어도 무방하다. 유형력을 행사하여야 하기 때문에 유형력의 행사 없이 단순히 기능을 훼손하는 것은 손괴라고 할 수 없다. 또한 손괴는 물건 자체가 소멸되거나 재물의 중요부분이 훼손될 것을 요하지는 아니한다. 예를 들어 군용차량 타이어의 공기를 빼놓는 경우, 탄약을 침수시키는 경우, 총구에 오물을 집어넣는 행위, 감호소 내무반 막사 창문을 부순 경우[2], 교탄을 반환하지 않고 이를 임의로 폭발시켜 버린 경우[3], 문서의 전부 또는 일부를 찢어버리는 경우[4], 특수매체기록에 기억된

대한 위험을 포함하는 것이라 할 것이므로, 피고인은 자동차 운전 업무에 종사하는 자로서의 업무상 주의의무를 다 할 책임이 있다 할 것이니, 원심은 의당 피고인이 원판시 차량을 오락을 위하여 반복적 계속적으로, 운전한 사실의 여부를 심사판단하였어야 할 것이요, 원판시와 같이, 피고인의 단 1회의 운전행위만을 대상으로 하여, 업무상 과실이 있다고 단정한 것은, 군형법 제73조 제2항의 업무상 과실에 관한 법리를 그릇한 위법이 있다).

1) 이에 대하여 군용물에 대한 손괴의 과실범을 처벌하는 규정은 타당하지 않다는 견해로는 이상철, 231면.

2) 육군 1981. 2. 28. 선고 81고군형항667 판결.

3) 대법원 2008. 9. 25. 선고 2008도4792 판결(전술훈련평가에서 사용하지 못한 교탄을 그대로 반환할 경우 훈련평가에 불이익을 받을지도 모른다는 우려에 교탄 사용계획의 최종승인권자인 대대장이 없는 오후에 교탄을 사용하라는 대대 교육장교의 말만 듣고 교탄을 반환하지 않고 이를 임의로 폭발시켜 버린 피고인의 행위가 군사교육을 위해 필요하고도 적합한 조치이었다거나 피고인이 위 교탄을 처리하기 위해 다른 적절한 조치를 취하는 것이 매우 곤란하였다는 등의 사정이 엿보이지 않는 이 사건에서, 원심이 들고 있는 피고인이 대대 작전과에 문의하여 교탄 사용을 묵인받았다거나 교탄 사용시 교육목적으로 병사들을 배석시켰다는 사정만으로는 법익균형성, 긴급성 및 보충성의 요건을 갖추었다고 보이지 않는다).

4) 이에 대하여 본죄의 객체가 시설이나 물건에 한정되므로 문서는 포함되지 않으며, 군용문서에 대한 손괴는 본죄가 아니라 형법상 공용서류등손괴죄가 된다는 견해로는 육군본부, 167면; 육군종합행정학교, 166면.

정보를 삭제 또는 변경하는 경우, 기억매체를 손괴하여 정보를 인식할 수 없도록
하는 경우 등이 이에 해당한다.

(2) 그 밖의 방법으로 그 효용을 해하는 것

'그 밖의 방법'이란 물질적으로 손괴하지 않더라도 사실상 또는 감정상으로 그
물건의 본래의 목적에 사용할 수 없는 상태로 만드는 경우뿐만 아니라 일시적으로
물건 등의 구체적 역할을 할 수 없는 상태로 만들어 효용을 떨어뜨리는 경우를 포
함한다.[1] 예를 들면 군용에 공하는 기관단총의 실탄 및 공포탄을 사적인 울분의
발산책으로 기관단총에 장전 발사한 경우[2], 식기에 방뇨하는 경우, 음식물에 오물
을 넣는 경우, 대검을 살인의 범행에 사용한 경우, 배를 떠내려 가게 하는 경우, 전
자제품의 전원을 차단하는 경우, 문서의 작성명의자 아닌 자가 변제기일을 늦춘
경우, 휘발유 자동차에 경유를 주입하는 경우, 자동차나 자전거의 바퀴에 자물쇠
를 채워 움직이지 못하게 하는 경우, 컴퓨터에 악성코드를 감염시키는 경우 등이
이에 해당한다.

한편 본죄는 형법 제366조의 재물손괴죄와 달리 '기타의 방법으로써 그 효용
을 해하는 행위'의 태양으로 '은닉'을 별도로 규정하고 있지 않다. 하지만 '은닉'은
재물의 효용을 해하는 행위의 예시에 불과한 것이고, 군형법에 있어서는 군용물에
관한 범죄에 대하여 일반 형법과 달리 군용물을 분실한 행위까지 처벌하고, 헌법
제27조 제2항에 의하여 민간인까지 군사법원의 재판관할의 범위를 확대하고 있는
취지에 비추어 볼 때 군용물에 대한 법익보호의 중대성은 일반 형법상의 재물보다
훨씬 더 크다는 점에서, 본죄의 처벌유형에 '은닉'의 행위를 배제할 그 어떠한 합

1) 대법원 2018. 7. 24. 선고 2017도18807 판결(피해자는 자신이 운영하는 'ㅇㅇㅇ골프 아카데미'를
   홍보하기 위해 각 광고판(홍보용 배너와 거치대)을 세워 두었던 사실, 피고인은 공소외인에게 각
   광고판을 치우라고 지시하고, 공소외인은 위 각 광고판을 컨테이너로 된 창고로 옮겨 놓아 피해자
   가 사용할 수 없도록 한 사실을 알 수 있다. 이에 관하여 피해자는, 공소외인이 이 사건 각 광고판
   을 창고에 넣고 문을 잠가 버렸고, 돌려 달라고 해도 돌려주지 않았다고 경찰에서 진술하였고, 공
   소외인은 경찰에서 위 피해자의 진술에 부합하는 취지로 진술하기도 하였다. 위와 같이 피해자가
   홍보를 위해 설치한 이 사건 각 광고판을 그 장소에서 제거하여 컨테이너로 된 창고로 옮겼다면,
   비록 물질적인 형태의 변경이나 멸실, 감손을 초래하지 않은 채 그대로 옮겼다고 하더라도, 이 사
   건 각 광고판은 그 본래적 역할을 할 수 없는 상태로 되었다고 보아야 한다); 대법원 2016. 11.
   25. 선고 2016도9219 판결(자동문을 자동으로 작동하지 않고 수동으로만 개폐가 가능하게 하여 자
   동잠금장치로서 역할을 할 수 없도록 한 경우에도 재물손괴죄가 성립한다); 대법원 2016. 8. 30.
   선고 2016도3369 판결; 대법원 1993. 12. 7. 선고 93도2701 판결; 대법원 1971. 11. 23. 선고 71도
   1576 판결(회사의 경리사무 처리상 필요불가결한 매출계산서, 매출명세서 등의 반환을 거부함으
   로써 그 문서들을 일시적으로 그와 같은 용도에 사용할 수 없게 하는 것도 그 문서의 효용을 해한
   경우에 해당한다).
2) 대법원 1983. 5. 10. 선고 83도402 판결(그 탄환들의 가격이 불과 금 384원이라 하여 동죄의 성립에
   무슨 소장이 있다 할 수 없다).

리적 이유가 없다. 그러므로 은닉도 '그 밖의 방법'에 해당하는데[1], '은닉'이란 물건 등의 소재를 불분명하게 하여 그 발견을 곤란 또는 불가능하게 함으로써 그 효용을 해하는 것을 말한다. 물건 등의 상태를 변화하게 하지 않는다는 점에서 손괴와 구별된다. 은닉은 반드시 범인의 점유로 이전함을 요하지 아니한다. 그러므로 피해자가 점유하는 장소에 숨겨두고 발견하기 곤란하게 하는 것도 은닉에 해당한다. 파일의 속성을 변경하거나 다른 디렉토리에 옮겨 놓아 찾기 어렵게 만드는 경우에는 특수매체기록의 은닉에 해당한다.

건조물의 벽면에 낙서를 하거나 게시물을 부착하는 행위 또는 오물을 투척하는 행위 등이 그 건조물의 효용을 해하는 것에 해당하는지 여부는, 당해 건조물의 용도와 기능, 그 행위가 건조물의 채광·통풍·조망 등에 미치는 영향과 건조물의 미관을 해치는 정도, 건조물 이용자들이 느끼는 불쾌감이나 저항감, 원상회복의 난이도와 거기에 드는 비용, 그 행위의 목적과 시간적 계속성, 행위 당시의 상황 등 제반 사정을 종합하여 사회통념에 따라 판단하여야 할 것이다.[2] 하지만 담벼락에 단순히 낙서를 하는 경우에 있어서는 낙서행위 자체만으로는 담벼락 고유의 용도에 대한 어떠한 침해행위가 발생하지 않으므로 본죄가 성립하지 아니한다.

(3) 주관적 구성요건

1) 고 의

본죄가 성립하기 위해서는 손괴하거나 그 밖의 방법으로 물건 등의 효용을 해한다는 것에 대한 인식 및 인용이 있어야 한다. 본죄의 고의를 인정함에 있어서는 반드시 계획적인 손괴의 의도가 있거나 물건의 손괴를 적극적으로 희망하여야 하는 것은 아니고, 소유자의 의사에 반하여 물건의 효용을 상실하게 하는데 대한 인

---

1) 고등군사법원 2001. 11. 13. 선고 2001노350 판결.
2) 대법원 2007. 6. 28. 선고 2007도2590 판결(시내버스 운수회사로부터 해고당한 피고인이 민주노동조합총연맹 전국해고자투쟁특별위원회 회원들과 함께 위 회사에서 복직 등을 요구하는 집회를 개최하던 중 2006. 3. 10. 래커 스프레이를 이용하여 회사 건물 외벽과 1층 벽면, 식당 계단 천장 및 벽면에 '자본퇴개, 원직복직, 결사투쟁' 등의 내용으로 낙서를 함으로써 이를 제거하는데 약 341만 원 상당이 들도록 한 행위는 그로 인하여 건물의 미관을 해치는 정도와 건물 이용자들의 불쾌감 및 원상회복의 어려움 등에 비추어 위 건물의 효용을 해한 것에 해당한다고 볼 수 있으나, 같은 해 2. 16. 계란 30여 개, 같은 해 3. 2. 계란 10여 개를 위 회사 건물에 각 투척한 행위는, 비록 그와 같은 행위에 의하여 50만원 정도의 비용이 드는 청소가 필요한 상태가 되었고 또 유리문이나 유리창 등 건물 내부에서 외부를 관망하는 역할을 수행하는 부분 중 일부가 불쾌감을 줄 정도로 더럽혀졌다는 점을 고려해 보더라도, 그 건물의 효용을 해하는 정도의 것에 해당하지 않는다); 서울북부지방법원 2009. 1. 20. 선고 2008노1705 판결(스티커 12장을 부착한 행위는 재물손괴에 해당하지 아니하나 스프레이를 뿌린 행위는 재물손괴에 해당한다).

식이 있으면 된다.[1] 또한 본죄가 성립하기 위해서는 불법영득의사가 없어야 한다. 한편 이적의 목적으로 군대 요새·진영 또는 군용에 공하는 함선이나 항공기 또는 그 밖의 장소·설비 또는 건조물을 파괴하거나 사용할 수 없게 한 경우에는 제12조의 군용시설등파괴죄에 해당한다.

2) 과 실

'과실'이란 정상의 주의를 태만히 함으로 인하여 죄의 성립요소인 사실을 인식하지 못한 행위를 말한다.[2] 이와 같이 정상의 주의를 태만히 하였는지 여부에 대해서는 결과발생을 예견할 수 있었음에도 불구하고 그 결과발생을 예견하지 못하였고 그 결과발생을 회피할 수 있었음에도 불구하고 그 결과발생을 회피하지 못한 과실이 검토되어야 하고, 그 과실의 유무를 판단함에는 동일한 업무와 직무에 종사하는 일반적 보통인의 주의정도를 표준으로 하여야 한다. 설사 피고인에게 과실이 인정된다고 하더라도 업무상 과실군용물손괴죄를 인정하기 위해서는 피고인의 과실과 군용물손괴의 결과 사이에 인과관계가 있어야 하는데, 피고인의 과실이 없었다고 하더라도 군용물손괴의 결과가 발생했을 가능성에 관한 합리적 의심이 제거될 만큼 피고인의 과실이 군용물손괴의 결과발생에 원인이 되었다는 점에 대한 군검사의 증명이 있어야 한다.[3]

한편 군용 짚차는 그 운전병이 선임탑승한 피고인의 지시에 따라 사고지점의 철도선로를 무단횡단하여 피고인의 집에 들렸다가 귀대하기 위해 다시 돌아가던 도중에 위 운전병의 운전부주의로 사고지점 철도변의 배수로에 앞바퀴가 빠졌던 것이고, 그로 인하여 철도선로에 돌출된 차량의 앞부분이 때마침 그곳을 통과하던 화물열차에 부딪쳐 손괴되었던 것이므로 그 손괴의 결과가 피고인이 사고지점을 횡단하도록 지시한 과실에 인한 것이라고 볼 수는 없고, 피고인이 운전병을 지휘감독할 책임있는 선임탑승자라 하여 그 점만으로는 곧 피고인에게도 손괴의 결과

---

1) 대법원 1993. 12. 7. 선고 93도2701 판결.

2) 대법원 1979. 8. 21. 선고 79도1249 판결(운전병이 운전하던 지프차의 선임탑승자는 이 운전병의 안전운행을 감독하여야 할 책임이 있는데 오히려 운전병을 데리고 주점에 들어가서 같이 음주한 다음 운전하게 한 결과 위 운전병이 음주로 인하여 취한 탓으로 사고가 발생한 경우에는 위 선임탑승자에게도 과실범의 공동정범이 성립한다).

3) 고등군사법원 2019. 12. 19. 선고 2019노164 판결(피고인이 착륙 후 조종간을 이 사건 항공기의 중립위치보다 2.5인치 전방으로 이동시키고, AFCS를 OFF해야 함에도 이를 게을리 하여 항공기 후방이 부양되고 항공기 기수가 좌편으로 회전하면서 이 사건 항공기가 활주로에 전도되어 승무원 및 군용물이 손괴된 것이 아닌가 하는 강한 의심이 들지만, 기록에 의하여 인정되는 사정들을 살펴보면 피고인이 조종간을 이 사건 항공기의 중립 위치보다 2.5인치 가량 전방에 위치시켰다거나, 이로 인하여 항공기의 후방이 부양하여 전도되었다는 사실이 합리적 의심의 여지가 없이 증명되었다고 볼 수 없다).

에 대한 공동과실이 있는 것이라고 단정할 수도 없다.[1] 이와 관련하여, 군인 등이 군용차량을 운전하다가 교통사고를 야기한 경우 도로교통법 위반죄 이외에 본죄가 성립할 수 있는데, 지나친 형사처벌의 확대를 방지하기 위하여 실무에서는 중과실로 인하여 사고가 발생한 경우, 공무수행 목적이 아닌 운행 중 사고가 발생한 경우, 교통사고처리특례법 제3조 제2항의 각호에 해당하는 운전으로 인하여 사고가 발생한 경우를 제외하고는 보험가입 여부를 불문하고 형사입건하지 않고 있다.

V. 노획물훼손죄

> 제70조(노획물 훼손) 적과 싸워서 얻은 물건을 횡령하거나 소훼 또는 손괴한 사람은 1년 이상 10년 이하의 징역에 처한다.
> 제72조(미수범) 제66조부터 제70조까지 및 제71조 제1항·제2항의 미수범은 처벌한다.
> 제73조(과실범) ① 과실로 인하여 제66조부터 제71조까지의 죄를 범한 사람은 5년 이하의 징역 또는 300만원 이하의 벌금에 처한다.
> ② 업무상 과실 또는 중대한 과실로 인하여 제1항의 죄를 범한 사람은 7년 이하의 징역 또는 500만원 이하의 벌금에 처한다.
> 제77조(외국의 군용시설 또는 군용물에 대한 행위) 이 장의 규정은 국군과 공동작전에 종사하고 있는 외국군의 군용시설 또는 군용에 공하는 물건에 대한 행위에도 적용한다.

1. 의 의

노획물훼손죄는 적과 싸워서 얻은 물건을 횡령하거나 소훼 또는 손괴함으로써 성립하는 범죄이다. 적과 싸워서 얻은 물건은 그것이 군용에 공하는 경우도 있을 수 있으나 그렇지 않은 경우도 있을 수 있다. 만약 군용에 공하는 물건을 횡령한 경우에는 군용물횡령죄(제75조)가 성립하고, 소훼 또는 손괴한 경우에는 군용물손괴죄(제69조)가 성립하지만, 군용에 공하지 않는 물건에 대해서는 형법상 횡령죄 또는 손괴죄가 성립할 뿐이다. 하지만 노획물에 대한 횡령 등을 통하여 노획물이 개인의 전리품화되는 것을 방지하기 위하여 본죄를 통해 가중처벌하고 있는 것이다.

2. 구성요건

(1) 주 체

본죄는 군인·준군인뿐만 아니라 내·외국 민간인도 주체가 될 수 있다. 다만 소훼 또는 손괴와는 달리 횡령의 경우에는 노획물을 보관하는 자만이 주체가 된

---

[1] 대법원 1986. 5. 27. 선고 85도2483 판결.

다. 또한 과실범의 경우에는 군인 및 준군인만이 본죄의 주체가 된다.

(2) 객 체

본죄의 객체는 적과 싸워서 얻은 물건, 즉 노획물이다. '노획'이란 전쟁을 통하여 적의 물건을 취득하는 것을 말하는데, 무력에 의하여 취득하는 경우뿐만 아니라 적이 방임하여 두고 간 물건을 취득한 것도 포함된다. 또한 반드시 적의 소유일 필요도 없으므로 적에게 노획당했다가 다시 탈환한 것도 포함된다.

노획물은 즉시 국가의 소유로 귀속되므로 노획한 자 또는 노획물의 보관자는 타인의 재물을 보관하는 자에 해당한다. 노획물은 일정한 절차를 거쳐 아군의 군용에 공하게 되는 경우가 있는데, 이에 의하여 군용에 공하는 순간부터는 본죄가 성립하지 아니하고 군용물에 관한 범죄가 성립한다.

(3) 행 위

본죄의 실행행위는 횡령하거나 소훼 또는 손괴하는 것이다. '횡령'이란 노획물을 보관하는 자가 국가의 의사에 반하여 노획물을 자신의 소유물처럼 사용·수익·처분하는 행위를 말한다. 자신이 노획물을 영득하는 경우뿐만 아니라 제3자로 하여금 영득하게 하는 것도 횡령행위가 될 수 있다. '소훼'의 개념은 방화죄에서 설명한 바와 같다. '손괴'의 개념과 관련하여, 폭발성 있는 물건을 파열하는 것을 포함한다. 이와 같이 본죄의 행위태양은 횡령·손괴·소훼에 국한되므로, 노획물에 대한 절도·강도·사기 등의 재산범죄에 대하여는 형법상 재산범죄로 처벌될 뿐이다. 왜냐하면 노획물은 군용물에 해당하지 않아 군형법 제75조가 적용되지 않기 때문이다. 한편 소훼 및 손괴와 달리 횡령은 과실에 의하여 성립할 수가 없으므로 과실노획물횡령은 입법상의 오류로 파악된다.

VI. 함선·항공기복몰등죄

제71조(함선·항공기의 복몰 또는 손괴) ① 취역 중에 있는 함선을 충돌 또는 좌초시키거나 위험한 곳을 항행하게 하여 함선을 복몰 또는 손괴한 사람은 사형, 무기 또는 5년 이상의 징역에 처한다.
② 취역 중에 있는 항공기를 추락시키거나 손괴한 사람도 제1항의 형에 처한다.
③ 제1항 또는 제2항의 죄를 범하여 사람을 사망 또는 상해에 이르게 한 사람은 사형, 무기 또는 10년 이상의 징역에 처한다.
제72조(미수범) 제66조부터 제70조까지 및 제71조 제1항·제2항의 미수범은 처벌한다.
제73조(과실범) ① 과실로 인하여 제66조부터 제71조까지의 죄를 범한 사람은 5년 이하의 징역 또는 300만원 이하의 벌금에 처한다.

② 업무상 과실 또는 중대한 과실로 인하여 제1항의 죄를 범한 사람은 7년 이하의 징역 또는 500만원 이하의 벌금에 처한다.

제76조(예비, 음모) 제66조부터 제69조까지와 제71조의 죄를 범할 목적으로 예비 또는 음모를 한 사람은 7년 이하의 징역이나 금고에 처한다. 다만, 그 목적한 죄의 실행에 이르기 전에 자수한 경우에는 그 형을 감경하거나 면제한다.

제77조(외국의 군용시설 또는 군용물에 대한 행위) 이 장의 규정은 국군과 공동작전에 종사하고 있는 외국군의 군용시설 또는 군용에 공하는 물건에 대한 행위에도 적용한다.

1. 의 의

함선·항공기복몰등죄는 취역 중에 있는 함선을 충돌 또는 좌초시키거나 위험한 곳을 항행하게 하여 함선을 복몰(覆物) 또는 손괴하거나(제1항), 취역 중에 있는 항공기를 추락시키거나 손괴하거나(제2항) 제1항 또는 제2항의 죄를 범하여 사람을 사망 또는 상해에 이르게 함으로써(제3항) 성립하는 범죄이다. 함선이나 항공기는 육상의 교통기관과 비교하여 상대적으로 위험한 상태에 놓여 있을 뿐만 아니라 그 취역의 중요성은 육상의 교통기관에 견줄 바가 아니므로, 이에 대한 복물 등에 대하여 가중처벌하고 있다.

2. 구성요건

(1) 주 체

본죄의 주체는 군인·준군인뿐만 아니라 내·외국 민간인도 포함된다. 다만 과실범 및 예비·음모의 경우에는 군인 및 준군인만이 본죄의 주체가 된다.

(2) 객 체

본죄의 객체는 취역 중에 있는 함선 또는 항공기이다.[1] '취역'이란 새롭게 건조된 함선이나 항공기가 임무에 종사하는 것을 말하므로, '취역 중'이란 취역시점부터 퇴역시점까지의 기간, 즉 현역의 기간을 말한다. 이 기간에 속하는 이상 함선이나 항공기가 현실적으로 항행중일 필요는 없다. 그러므로 항해 또는 비행 중인 이상 잠시 정박 또는 착륙하였다고 하더라도 이에 해당한다. 취역 중인 이상 그 임무내용은 전투수행·훈련·수송 등을 불문한다. 하지만 취역 중에 있지 않은 함선이나 항공기에 대하여 복물 등을 한 경우에는 군용물손괴죄 등이 성립할 뿐

---

1) 이에 대하여 법문은 함선이나 항공기에 대하여 제한을 두고 있지 않으므로 모든 종류의 것을 포괄하고 있는 듯하지만, 군형법상의 객체로 되어 있는 함선이나 항공기가 군의 소유나 군용에 공하는 것에 한정되어 있으므로(제66조, 제69조), 본죄의 경우에도 군용에 공하는 함선이나 항공기에 국한된다는 견해로는 이상철, 233면.

이다.

(3) 행 위

본죄의 실행행위는 취역 중에 있는 함선을 충돌 또는 좌초시키거나 위험한 곳을 항행하게 하여 함선을 복몰 또는 손괴하거나 취역 중에 있는 항공기를 추락시키거나 손괴하는 것이다. '복물'(覆物)이란 취역 중에 있는 함선이나 항공기를 뒤짚거나 전도시키는 것을 말한다. 복물이나 추락과 달리 손괴는 그 침해의 정도가 경미할 수도 있으므로, 이를 동일하게 처벌하는 것은 비례성의 원칙에 부합하지 아니한다. 또한 본죄는 위계에 의한 항행위험죄(제37조)와 달리 침해범에 해당한다.

한편 본죄를 범하여 사람을 사상케 한 경우에는 결과적 가중범의 법리에 따라 가중처벌한다(제71조 제3항). 그런데 제73조에 의하면 제71조의 죄를 범한 사람에 대하여 과실범으로 처벌하고 있는데, 제71조 제3항까지 포함시키고 있는 현행법의 태도는 타당하지 않으므로, 이를 제외하는 개정이 요구된다.

Ⅶ. 군용물분실죄

제74조(군용물 분실) 총포, 탄약, 폭발물, 차량, 장구, 기재, 식량, 피복 또는 그 밖에 군용에 공하는 물건을 보관할 책임이 있는 사람으로서 이를 분실한 사람은 5년 이하의 징역 또는 300만원 이하의 벌금에 처한다.
제77조(외국의 군용시설 또는 군용물에 대한 행위) 이 장의 규정은 국군과 공동작전에 종사하고 있는 외국군의 군용시설 또는 군용에 공하는 물건에 대한 행위에도 적용한다.

1. 의 의

군용물분실죄는 총포·탄약·폭발물·차량·장구·기재·식량·피복 또는 그 밖에 군용에 공하는 물건을 보관할 책임이 있는 사람이 이를 분실함으로써 성립하는 범죄이다. 본죄는 소정의 군용에 공하는 물건을 보관할 책임이 있는 자가 선량한 보관자로서의 주의의무를 게을리 하여 그의 '의사에 의하지 아니하고 물건의 소지를 상실'하는 소위 과실범을 말한다.[1] 총기·탄약·폭발물 등은 인명살상의 무기로

---

1) 대법원 1984. 3. 27. 선고 84도249 판결(피고인은 소속대 소대장으로 소속대 331호 전차에 탑승하여 제병협동훈련중 여주군 대신면 장충리 소재 노상에서 일시 휴식을 하게 되었는데 마침 용변을 위하여 소속대대로부터 지급받아 휴대하던 군용물인 0.45구경 권총(총번 2649284) 1정과 탄띠를 전차관물대 위에 풀어 놓았는데 휴식이 끝나고 집결지를 향하여 다시 출발함에 있어 위 권총 등을 착용하는등 선량한 관리자로서의 주의의무를 게을리 하여 이를 위 관물대에 그대로 방치한 채 출발한 때문에 진행하는 전차의 동요로 위 권총 등을 떨어트리고 지나가서 군용물을 분실한 것임이 분명하다); 육군 1978. 11. 9. 선고 77고군형항60 판결; 육군 1977. 12. 14. 선고 77고군형항717 판결.

사용될 수 있는 위험한 물건이어서 「총포·도검·화약류 등의 안전관리에 관한 법률」에 의하여 일반인은 원칙적으로 소지가 금지되고 있고, 군 내부에서도 엄격한 관리규정을 두어 도난이나 분실에 대비하는 한편, 총기 등의 분실을 중하게 처벌하고 있다.[1] 그러므로 총기·탄약·폭발물 등의 관리책임자는 자기의 보관 및 관리 소홀로 총기 등이 군 외부로 유출되면 그것이 범죄행위에 사용되어 국민 개개인의 생명과 신체를 침해하는 결과가 발생할 수 있다는 것을 충분히 예견할 수 있다.[2]

〈군용물분실죄에 대한 사건처리 현황〉

구분	입건	불기소	타관 송치/ 수사중	기소					
				자유형	집행 유예	선고 유예	재산형	무죄	재판중/ 이송
2013	3	3							
2014	0								
2015	2	1				1			
2016	1	1							
2017	5	4	1						
2018	2	2							
2019	6	5	1						

출처: 국방부, 정보공개청구(청구번호: 7128094), 2020. 10. 26.

2. 구성요건

(1) 주 체

본죄의 주체는 군용에 공하는 물건을 보관할 책임이 있는 사람[3]으로서 군인·준군인에 한한다. 여기서 보관책임은 반드시 법령에 의한 근거를 요하지 아니하고, 자신의 책임 아래 군용물을 사실상 보관하는 경우를 포함한다. 하지만 개인

---

1) 이에 대하여 본죄는 과실범이라는 점, 군용물분실행위에 대해 징계벌도 가능하다는 점, 타인의 절취행위로 인하여 본죄로 처벌받는 경우에는 절도의 피해자이면서도 형사처벌을 받게 된다는 점, 과실범의 경우 금고형을 과하는 현행 형벌법규의 체계와 달리 본죄의 법정형이 징역형까지 가능하다는 점에 비추어 그 범위를 가급적 제한하는 것이 바람직하다는 견해로는 육군본부, 175면; 육군종합행정학교, 174면. 또한 본죄를 비범죄화하고 징계처분으로 처리하면 충분하다는 견해로는 박안서, 100면.

2) 대법원 1998. 2. 10. 선고 97다49534 판결.

3) 육군 1986. 4. 22. 선고 86고군형항16 판결(일직사령은 지휘관을 대리하여 부대의 인원 및 장비를 통제하고 관리할 책임이 있는 자이며 특히 피고인은 일직사령으로서 이건 절취당한 차량을 직접 선탑하여 피고인의 지시에 따라 공소외 이○○으로 하여금 운행하게 하였는데 그렇다면 피고인은 위 절취당한 군용차량의 선탑자 겸 책임사용관으로서 위 차량을 운행하는 동안 위 차량을 보관할 책임이 있는 자라고 할 것이다).

지급품으로 지급받아 군용물을 보관하고 있는 자 이외의 보관책임자에 대하여는 해당 군용물을 분실하도록 한 행위 또는 군용물분실에 있어서 직접적인 원인을 제공한 행위에 한하여 본죄가 성립한다.[1]

(2) 객 체

본죄의 객체는 총포·탄약[2]·폭발물·차량·장구·기재·식량·피복 또는 그 밖에 군용에 공하는 물건이다.[3] 본죄의 성질상 부동산은 제외된다. 군용물이 반드시 군의 소유에 속할 필요는 없으며, 현실적으로 군의 지배 아래 있으면 족하다.

(3) 행 위

본죄의 실행행위는 분실하는 것이다. '분실'이란 물건을 소지·보관하는 사람이 선량한 보관자로서의 주의의무[4]를 다하지 아니하여 행위자의 의사에 의하지

---

1) 육군 1978. 5. 19. 선고 78고군형항115 판결(피고인은 제136레이다기지 전방초소분초소 분초장으로서 분초원인 상피고인의 포상휴가 중 그 지급 총기를 소속중대에 반납조치하지 아니한 잘못과 야간에 그 경계구역을 순찰하지 아니하고 잠을 자버린 잘못 등으로 위 초소에 보관 중이던 위 상피고인의 총기 등 엠16소총 두 자루를 1977. 11. 12. 04:00경 甲과 乙 등에게 절취당하였다. … 이건에 있어서와 같이 당해 군용물이 절취당하였으며, 특히 절취 당시의 불침번이 수면하여 근무를 하지 않고 있었고, 절도범이 당해 분초원이었으며, 또한 분실된 총기들은 다른 총기들과 함께 총기대에 보관하고 있었던 경우에는 피고인이 다소 잘못한 점이 있다 하더라도 군형법 제74조의 군용물분실죄에는 해당된다고 할 수 없다).

2) 대법원 1983. 4. 12. 선고 82도3194 판결(육군규정 「총기안전관리규정」 첨부 「화기, 탄약, 폭발물 점검표」의 기재 내용에 의하면, 실탄 사격훈련에 있어 실탄 유출방지를 위한 탄피 및 잔여실탄의 회수 및 확인책임은 통제관 및 지휘관에 있고 탄약장교는 잔여탄약과 탄피의 반납이 불출량과 일치하는 여부를 확인할 책임이 있음을 알 수 있다. 그렇다면 피고인은 장군 사격용으로 불출된 본건 실탄 810발에 관한 탄피 및 잔여실탄의 반납이 있을 때 그 수량을 확인하고 그때부터 보관할 책임이 있다고 할 것이나 이에 반하여 불출된 장군 사격용 실탄의 탄피 및 잔여실탄의 회수책임이 피고인에게 있다고 볼만한 자료는 기록상 발견되지 아니한다).

3) 이에 대하여 개인지급품인 의복 등까지도 본죄의 객체에 포함시키는 것은 재고의 여지가 있다는 견해로는 육군본부, 176면; 육군종합행정학교, 175면.

4) 공군 1972. 10. 10. 선고 72고군형항27 판결(원심판결서의 범죄사실을 보면 "피고인은 소속대 행정계장(직무대리)직위에 있는 자로서(1972. 7. 14.자로 동 직위 해임) 지상 총기 및 탄약관리규정에 의거 영외자용 총기는 대대본부에 관건된 총기함에 보관함을 원칙으로 하고 탄약은 관건된 탄약함에 보관하는 등 방범시설에 만전을 기하여 만일의 분실을 미연에 방지하여야 할 주의의무가 있음에도 불구하고 만연히 아무 일 없으리라고 경신한 나머지 전임자가 하던 대로 영외자용 총기는 개인지급 및 각자보관 상태로 방치하고 권총 3정(No.0000000, No.0000000, No.0000000)은 관건되지 않은 총기함에, 탄약은 탄약보관함에 보관하는 조치 없이 실탄함에 넣어둔 채로 무기고에 방치함으로써 동년 7. 30. 21:25경 대대본부에 보관 중이던 위 권총 3정과 실탄 130발, 권총실탄 35발과 개인지급으로 소속대 공소외 김○○ 중사가 페인트 보관창고에 보관 중이던 칼빈소총 1정(No. 0000000)을 분실한 것이다."라고 함에 있다. 군형법 제74조의 군용물분실죄는 군용물의 보관책임자가 선량한 관리자로서의 주의의무를 다하지 못한 과실이 있는 경우에 성립되는 것이므로 보관책임자가 이와 같은 통상의 주의의무를 다한 경우에는 비난가능성이 없으므로 군형법 제74조의 군용물분실죄는 성립되지 아니하는 것이다. 본 건에 있어서 일건기록을 정사하여보면 피고인은 보관책임자로서 선량한 관리자의 주의의무를 다하였다고 할 것이고 피고인이 취한 보관관리상의 조치 이상의 주의의무를 기대함은 사회통념상 불가능하다고 인정하는바 원심은 군용물분실죄의 법리해석을 잘못하여 판결에 영향을 미친 것으로 피고인의 항소는 이유 있다).

아니하고 물건의 소지를 상실한 것을 말한다.[1] 이 점에서 하자가 있기는 하지만 행위자의 의사에 기해 재산적 처분행위를 하여 재물의 점유를 상실함으로써 편취당한 것과는 구별된다. 그러므로 분실의 개념을 군용물의 소지 상실시 행위자의 의사가 개입되었는지의 여부에 관계없이 군용물의 보관책임이 있는 자가 결과적으로 군용물의 소지를 상실하는 모든 경우로 확장해석하거나 유추해석할 수는 없다. 피고인의 의사에 의한 재산적 처분행위에 의하여 상대방이 재물의 점유를 취득함으로써 피고인이 군용물의 소지를 상실한 이상 그 후 편취자가 군용물을 돌려주지 않고 가버린 결과가 피고인의 의사에 반한다고 하더라도 처분행위 자체는 피고인의 하자 있는 의사에 기한 것이므로 편취당한 것이 본죄에서의 의사에 의하지 않은 소지의 상실이라고 볼 수도 없다.[2]

한편 총기를 절취당한 경우에는 본죄가 성립하지만[3], 강취당한 경우에는 본

---

1) 고등군사법원 1993. 6. 8. 선고 93노37 판결(이 사건 창고 안에는 각종 총기의 치장용(평시에는 사용하지 아니하고 보관해 놓은 상태의 총기)상자가 혼재되어 있는 상태에서 상피고인 추○○이 운영용 총기함에 있는 이 사건 권총을 꺼내어 그로부터 약 5미터 떨어진 엠16소총 치장용 상자에 은닉해둔행위는 그 시점에 절취행위의 기수시기라고 할 것이고 그러한 은닉은 상피고인 추○○의 점유상태에 들어가 있다고 할 것이며, 그 총기를 보관 관리할 책임이 있는 창고장으로서는 사실상 발견하지 못할 정도의 상태로서 결국 창고장의 점유를 상실한 것으로 보아야 할 것이다).
2) 대법원 1999. 7. 9. 선고 98도1719 판결(군단백소령사건)(피고인은 성명불상자가 "군단에서 온 백소령이다."라고 하는 말을 만연히 믿고, 성명불상자의 소속이나 직책을 확인하지 아니한 채 성명불상자가 상황실 총기대에 거치되어 있던 총기를 어깨에 메면서 "해안순찰을 가야 하는데 여기는 간첩도 오고 위험하니 탄을 좀 달라."고 하자 피고인이 탄약고열쇠를 이용하여 보관하고 있던 탄약을 건네주었다는 것이므로, 결국 군용물을 건네준 피고인의 행위는 하자 있는 의사에 기한 소지의 이전이라고 보아야 할 것이고 '의사에 의하지 않은 물건의 소지의 상실'이라고 볼 수는 없어 군용물분실죄에서 말하는 분실에 해당한다고 할 수 없다). 참고로 본 사건의 파기환송심(고등군사법원 2000. 3. 21. 선고 99노557 판결(피고인은 해안경계를 주 임무로 하는 소초장으로서 경계근무지침서 및 총기안전관리규정에 의하여 소초 내 총기와 탄약의 보관책임이 있으며, 규정된 자 이외의 자에게는 총기와 탄약을 대여할 수 없으며, 소초를 출입하는 모든 방문자의 신분을 확인 감독할 업무상 의무가 있는 사실, 1997. 1. 3. 23:20경 소속대 소초에서 군단에서 온 백○○이라고 하는 소령 계급장을 부착한 성명불상자가 소초 상황실에 들어온 것을 군단에서 순찰 나온 상급자로 믿고 신분을 확인하는 등의 직무를 태만히 한 사실, 위 성명불상자에게 군용에 공하는 소총 1정과 실탄 30발을 건네준 사실, 위 성명불상자가 소총과 실탄을 가지고 소초를 나와 도주한 사실, 위 소총과 실탄은 즉시 회수되지 아니하여 군용에 공할 수 없게 된 사실 등을 인정할 수 있고, 위 인정된 사실을 종합하면 피고인은 소초장으로서 소초 방문자의 신분을 확인하고 보관중인 소총과 실탄을 규정된 자 이외의 자에게는 대여하거나 가져가게 못하도록 할 주의의무가 있음에도 불구하고 이를 게을리 한 과실로 위 성명불상자에게 소총과 실탄을 대여하여 가지고 가게 함으로써 군용물인 소총과 실탄을 군용에 공할 수 없게 하여 그 효용을 해한 것이다))에서는 과실군용물손괴죄를 인정하였다.
3) 대법원 1985. 4. 9. 선고 85도92 판결(피고인은 비행단 외곽경비 소대장으로서 군용물인 45구경 권총(총기번호 2139350)과 그 실탄 7발을 지급받아 경비근무를 마친 후 1984. 6. 3. 00:00경 취침하기 위하여 위 권총과 실탄을 소대 무기고에 보관하게 되었으면 총기 및 탄약관리규정에 따라 권총과 실탄을 분리하여 권총은 이중 관건한후 봉인하는 등 선량한 관리자로서의 주의를 다 하여야 함에도 불구하고 이를 게을리 하여 권총과 실탄을 탄띠에 함께 말아 무기고 선반 위에 얹어 두고 출입문만 시건한 채 봉인도 하지 아니하고 교대근무자가 아닌 분대장 병장 공소외 1에게 무기고 출입

죄가 성립하지 아니한다.¹⁾ 특히 후자의 경우 강취에 이르기까지의 일련의 과정에
피고인의 과실로 평가할 수 있는 요소가 개입되어 있다고 하더라도 물건을 분실하
였다고 할 수 없다. 왜냐하면 강취에서 말하는 폭행 또는 협박이 상대방의 저항을
불가능하게 하거나 현저히 곤란하게 할 정도에 이를 것을 요하므로 불가항력적인
사유에 의한 소지의 상실로 평가되기 때문이다. 이와 같이 불가항력에 의한 분실
은 기대가능성이 없으므로 처벌할 수 없으며²⁾, 고의적으로 방기한 경우에는 군용
물손괴죄에 해당할 수 있다. 또한 본죄는 선량한 관리자로서의 보관의무위반을 원
인으로 하는 분실만을 처벌의 대상으로 하고 있으므로, 보관 중인 군용물에 대한
감량·부패·변질의 결과를 초래한다고 하더라도 본죄로 처벌할 수는 없다. 다만
전시·사변시 또는 계엄지역에서 병기·탄약·식량·피복 또는 그 밖에 군용에 공하
는 물건을 운반 또는 공급하는 사람으로서 부득이한 사유 없이 이를 없애거나 모
자라게 한 경우에는 군용물결핍죄가 성립한다(제35조 제5호).

　　분실은 물건의 소지·보관자가 자신의 의사에 기하지 않고 그 물건에 대한 소
지를 상실하는 것으로서, 이 때 물건에 대한 소지의 상실은 그 물건이 사실상의
지배관계로부터 이탈된 경우에 비로소 인정된다. 그러므로 물건이 일시 타인에 의
해 이용되었다고 하더라도 그 지배관계로부터 이탈된 것이라고 할 수 없는 경우에
는 물건에 대한 소지의 상실은 인정될 수 없다.³⁾

　　문 열쇠를 맡겨 놓은 다음 같은날 08:00가 근무 교대시간인데도 09:20에서야 근무에 임하여 공소외
　　1이 초병에게 총기를 지급한 후 무기고 출입문을 제대로 잠그지 않아 같은날 09:00경 위 소대 초병
　　인 보충역 이병 공소외 2가 위 무기고 안에 들어가 위 권총 및 실탄을 절취함으로써 이를 분실한
　　것임이 분명하므로 원심판결이 피고인의 위와 같은 소위에 대하여 군용물분실죄의 성립을 인정하
　　였음은 정당하다).
1) 육군 1979. 2. 16. 선고 78고군형항770 판결(피고인은 총을 잡고 의자에 앉기가 불편하다는 것을
　　이유로 초병으로서 경계총 자세를 취하지 않고 만연히 위 총을 초소 구석에 방치해 놓은 채 의자에
　　앉아 수면하여 위 총을 상피고인에게 강취당한 경우에는 군용물분실죄의 구성요건상 피고인의 과
　　실에 의하여 분실한 것으로 볼 수 없다).
2) 육군 1973. 1. 31. 선고 72고군형항744 판결.
3) 고등군사법원 2002. 2. 5. 선고 2002노20 판결(피고인이 졸고 있는 틈을 이용하여 수용자가 피고인
　　이 소지하던 열쇠를 일시 사용한 사실은 인정할 수 있으나, 위 열쇠가 피고인의 사실적 지배관계로
　　부터 이탈된 것이라고는 보기 어렵다고 할 것이므로 피고인이 열쇠의 소지나 점유를 상실하였다고
　　할 수는 없고 따라서 군용물분실죄가 성립하지 아니한다); 육군 1973. 1. 31. 선고 72고군형항744
　　판결(피고인 일행의 소요산 지형정찰을 시작할 무렵부터 갑자기 폭우가 쏟아지기 시작하여 피고인
　　들이 임무를 마치고 귀대하기 위하여 원심판시 ○○리 앞 냇물에 이르렀을 때에는 동 냇물이 무릎
　　내지 허리에 찰 정도로 물이 불어났을 뿐만 아니라 급류로 변하였으나 귀대시간 관계로 위험을 무
　　릅쓰고 이를 건너가던 중 조장인 피고인으로서는 만약의 사고에 대비하여 분대원 전원이 구명줄을
　　붙잡고 안전하게 건너가게 하기 위하여 미리 휴대했던 허리의 구명줄을 풀려고 하였으나 한손에
　　자신의 총을 들고 있었기 때문에 여의치 못하여 약 2미터 뒤에 있던 공소외 정○○에게 위 총을
　　잠시 보관케 하기 위하여 건네어 주었으나 총열부분을 잡은 동인이 총의 중량관계로 제대로 잡지

VIII. 군용물에 대한 재산범죄

제75조(군용물 등 범죄에 대한 형의 가중) ① 총포, 탄약, 폭발물, 차량, 장구, 기재, 식량, 피복 또는 그 밖에 군용에 공하는 물건 또는 군의 재산상 이익에 관하여 형법 제2편 제38장부터 제41장까지의 죄를 범한 경우에는 다음 각 호의 구분에 따라 처벌한다.
  1. 총포, 탄약 또는 폭발물의 경우: 사형, 무기 또는 5년 이상의 징역
  2. 그 밖의 경우: 사형, 무기 또는 1년 이상의 징역
② 제1항의 경우에는 형법에 정한 형과 비교하여 중한 형으로 처벌한다.
③ 제1항의 죄에 대하여는 3천만원 이하의 벌금을 병과할 수 있다.
제77조(외국의 군용시설 또는 군용물에 대한 행위) 이 장의 규정은 국군과 공동작전에 종사하고 있는 외국군의 군용시설 또는 군용에 공하는 물건에 대한 행위에도 적용한다.

1. 의 의

군용물에 대한 재산범죄는 총포·탄약·폭발물·차량·장구·기재·식량·피복 또는 그 밖에 군용에 공하는 물건 또는 군의 재산상 이익에 관하여 형법 제2편 제38장부터 제41장까지의 죄를 범함으로써 성립하는 범죄이다. 군이 가지는 전투력은 병력으로 나타나는 인적 요소와 전투장비, 즉 군용물로 표시되는 물적 요소로 구성되어 있고 두 요소의 조화로운 결합이 이루어질 때 비로소 최고도의 전투력이 확보될 것이므로, 이러한 의미에서 군용물은 군의 물적 전쟁수행능력이라고도 표현될 수 있다. 특히 물량전 내지는 과학전의 양상을 띠고 있는 현대전에 있어서 충분한 군용물의 확보와 효율적인 보호는 전쟁의 승패와 직결되는 긴요한 요소로서 그 중요성이 더욱 커져가고 있다. 그러므로 군형법상의 군용물에 관한 범죄는 군의 물적 전쟁수행능력을 침해 내지 위태롭게 하는 것이고, 그 보호법익도 단순한 재산권의 보호 내지는 군용물 자체의 재산적 가치가 아니라 국가적 법익인 군용물의 효용성, 즉 군용물이 지니고 있는 군의 물적 전쟁수행능력으로서의 군사적 가치인 것이다. 이와 같이 군용물에 대한 재산범죄는 국가의 존립과 안위를 해치

못하는 순간 총목부분이 급류에 닿아 이를 지탱치 못하고 놓쳐버리게 된 사실 및 이러한 경우 피고인으로서는 냇물을 건너기 전에 위와 같은 사태를 예견하고 미리 구명줄을 풀어서 분대원들이 붙잡고 건너게 하거나 그렇지 않으면 자신이 위 정○○에게 좀 더 접근하거나 동인에게 좀 더 접근할 것을 지시한 후 안전하게 이건 총기를 넘겨주어야 할 주의의무가 있음에도 불구하고 이러한 의무를 다하지 아니한 과실이 있음을 각 인정할 수 있다. 그러나 한편 분대원들을 인솔하는 책임자인 피고인으로서는 급류속에서 혹시나 분대원들이 넘어져서 급류 속에 휘말리지 않을까하는 조급함과 당황에서 우선 목전에 급박한 분대원들의 안전만을 고려하게 되고 이에 따라 자기의 지급총기에 대한 관리의 안전이 자연 소홀하게 됨은 당연하다 할 것이며 또한 보통인이 피고인의 처지에 있었다고 가정하더라도 피고인과 같은 잘못을 저지르지 않을 것이라고는 기대하기 어렵다고 보지 않을 수 없다).

는 중대한 범죄로서 단순한 재산범죄 이상의 의미를 갖는다. 더구나 군용물 중에서도 가장 기본적이고도 중심적인 전쟁수행물자라고 할 수 있는 총포·탄약·폭발물은 언제라도 인명의 살상에 이용될 수 있는 고도의 위험성을 지닌 것이다. 이에 따라 본죄는 군용물에 대한 재산범죄 일반을 형법보다 가중처벌하기 위한 것이다. 특히 형법상의 재산범죄는 개별 행위마다 독립된 법정형을 두고 있지만, 군형법상의 재산범죄는 일률적인 법정형으로 처리하고 있다는 점에 그 특징이 있다. 또한 전쟁의 승패를 좌우할 수도 있는 전투력의 핵심적 요소인 총포·탄약·폭발물과 관련된 범죄에 대한 일반예방적 효과를 달성하기 위한 형사정책적 고려로서 총포 등에 대한 재산범죄에 대하여 총포 등이 아닌 군용물의 재산범죄나 일반 형법상의 재산범죄에 비하여 특히 엄중한 법정형을 규정하고 있는 것이다.[1]

한편 군용물 등에 대한 범죄의 처벌 등에 관한 사항을 규정함을 목적으로 「군용물 등 범죄에 관한 특별조치법」이 시행되고 있다.[2] 동법 제3조(군용물범죄에 대한 형의 가중) 제1항에 의하면, 군용물에 관하여 일정한 재산범죄를 범한 사람은 무기 또는 1년 이상의 징역에 처하고 있는데, 군형법상의 법정형이 더 중하기 때문에 동법은 주로 민간인에 의한 군용물범죄에 적용되고 있다.

생각건대 아무리 그 객체가 군용물이라고 할지라도 군용물에 대한 재산범죄에 대하여 사형까지 선고가 가능하도록 규정한 것은 과잉처벌이라고 판단된다. 총

---

1) 헌법재판소 1995. 10. 26. 선고 92헌바45 결정.
2) 「군용물 등 범죄에 관한 특별조치법」 제3조(군용물범죄에 대한 형의 가중) ① 군용물에 관하여 다음 각 호의 죄를 범한 사람은 무기 또는 1년 이상의 징역에 처한다.
   1. 「형법」 제2편 제38장 중 제329조부터 제331조까지, 제331조의2, 제332조, 제333조, 제335조(제333조의 예에 따르는 경우에 한정한다. 이하 이 호에서 같다), 제336조, 제342조(제329조부터 제331조까지, 제331조의2, 제332조, 제333조, 제335조 및 제336조의 미수범에 한정한다) 및 제343조의 죄
   2. 「형법」 제2편 제39장 중 제347조, 제350조, 제350조의2, 제351조(제347조, 제350조 및 제350조의2의 상습범에 한정한다. 이하 이 호에서 같다) 및 제352조(제347조, 제350조, 제350조의2 및 제351조의 미수범에 한정한다)의 죄
   3. 「형법」 제2편 제40장 중 제355조 제1항, 제356조(업무상 임무에 위배하여 제355조 제1항의 죄를 범한 경우에 한정한다. 이하 이 호에서 같다), 제357조, 제359조(제355조 제1항, 제356조 및 제357조의 미수범에 한정한다) 및 제360조의 죄
   4. 「형법」 제2편 제41장 중 제362조, 제363조 제1항 및 제364조의 죄
  ② 제1항에도 불구하고 군용물 중 별표에 따른 군용 식량, 군복류 및 군용 유류에 관하여 제1항 각 호의 죄를 범한 사람은 다음 각 호의 어느 하나에 해당하는 경우에만 제1항에 따른 형을 적용한다.
   1. 집단적 또는 상습적으로 범행한 경우
   2. 물품의 가액이 1천만원 이상인 경우
   3. 1천킬로그램 이상의 물품 또는 2천리터 이상의 유류인 경우
  ③ 제1항 및 제2항의 죄에 대하여는 10년 이하의 자격정지(유기징역을 선고하는 경우만 해당한다) 또는 3천만원 이하의 벌금을 병과할 수 있다.

포·탄약 또는 폭발물을 절취한 경우의 법정형은 '사형, 무기 또는 5년 이상의 징역'으로서, 이는 형법상 살인죄의 법정형과 동일한 수준이다. 또한 법적 성질을 전혀 달리하고 있는 다양한 유형의 재산범죄에 대하여 일률적인 법정형을 설정하고 있는 입법방식도 문제로 지적할 수 있다. 그러므로 재산범죄의 제 유형에 따라 독립된 법정형을 설정하는 것이 필요하다.[1]

2. 구성요건

(1) 주 체

본죄의 주체는 원칙적으로 군인·준군인에 한하지만, 그 객체가 총포·탄약·폭발물인 경우에는 내·외국 민간인도 본죄를 범할 수 있다. 한편 군형법 제75조가 인용한 '형법 제2편 제38장 내지 제41장의 죄를 범한 때'라 함은 그 형법 해당 부분의 각 범죄의 기수범뿐만 아니라 그 미수범 처벌규정까지도 포함하여 가중처벌하는 것이다.[2]

(2) 객 체

본죄의 객체는 총포[3]·탄약[4]·폭발물[5]·차량·장구·기재·식량·피복 또는 그

---

[1] 同旨 이승호, 111면. 한편 형법에서 규정하고 있는 재산범죄의 법정형의 2분의 1을 가중하는 형식이 타당하다는 견해로는 박안서, 88면.

[2] 해병대 1965. 3. 10. 선고 65고군형항8 판결(군형법 제75조가 「형법 제2편 제38장 내지 제41장의 죄를 범한 때」라고 규정하고 있을 뿐 미수범 처벌에 관하여 특별한 규정을 두지 아니하였지만 본조에서 「죄를 범할 때」라고 하는 것은 전시 형법 해당 부분의 각 범죄의 기수범은 물론이요, 미수범을 처벌하는 범죄에서는 그 미수범 처벌규정까지도 포함하여 가중처벌하는 규정이라고 해야 할 것이다). 이에 대하여 군형법 제75조 제1항이 인용하고 있는 형법 제2편 제38장 내지 제41장 중에는 기본적 구성요건에 관한 규정만 있는 것이 아니라 친족 간의 범행, 동력에 관한 규정 등 군형법에 의한 가중처벌과는 관계가 없는 규정도 있는 것이므로 군형법이 인용하고 있는 규정 중에 미수범에 관한 규정이 있다는 사실만으로 반드시 미수범과 기수범을 동일시하여야 한다는 결론이 도출되지는 않는다는 점, 미수범의 형은 기수범보다 감경할 수 있다는 것이 형사법의 일반 원칙인데, 유독 군용물에 대한 미수범만 감경할 수 없다고 보는 것은 합리적이지 않다는 점에 비추어 군용물에 대한 재산범죄의 미수범은 군형법 제75조에 의하여 가중처벌되지 않는다고 보는 것이 타당하다는 견해로는 육군본부, 185면.

[3] 「총포·도검·화약류 등의 안전관리에 관한 법률」 제2조 제1항에 의하면, '총포'란 권총, 소총, 기관총, 포, 엽총, 금속성 탄알이나 가스 등을 쏠 수 있는 장약총포, 공기총(가스를 이용하는 것을 포함한다) 및 총포신·기관부 등 그 부품으로서 대통령령으로 정하는 것을 말한다.

[4] 대법원 2004. 2. 13. 선고 2003도7088 판결(M16 소총에서 사용하는 구경 5.56mm의 예광탄은 탄환의 비행도 및 탄도를 볼 수 있게 한 것으로 인마살상도 가능할 뿐만 아니라 그 제원 및 기능이 보통탄과 다르지 않으므로 군형법 제75조 제1항 제1호 소정의 군용물인 탄약에 해당한다).

[5] 육군 1988. 1. 29. 선고 87고군형항250 판결(군형법 제75조 제1항 제1호 소정의 탄약 내지 폭발물이란 반드시 인마살상용에 제한되는 것이 아니고 인원, 물자 및 시설에 피해를 주기 위하여 추진, 거치, 투척, 투하, 유도 미사일 방법에 의하여 사용되는 화약, 화학제, 세균 및 방사능 물질을 내포하는 군수품이라고 풀이된다).

밖에 군용에 공하는 물건[1] 또는 군의 재산상 이익이다. 형법이 재산범죄 일반에 대하여 규정하고 있음에도 불구하고 동 규정을 통하여 형법보다 가중처벌하는 취지로 미루어 보아 총포·탄약 등의 군용에 공하는 물건 또는 군의 재산상 이익이란 적어도 군 본래의 임무에 소요되고 동 임무에 관여되는 제반물건 및 군의 재산상 이익 그리고 군 예산에 의하여 군이 보유하고 있는 물건과 금액 등을 말하는 것으로 보아야 한다.

'군용에 공하는 물건'이란 군에서 관리하는 물건을 말하는데, 군수품 또는 병참물품이 이에 해당한다. 특히 본죄에서 말하는 군용물은 동산에 한하고 부동산은 제외된다는 점에 주의해야 한다. 또한 현실적으로 군에서 관리하는 한 그 원인이 반드시 법령이나 규정에 의하여 적법하게 제공된 것을 필요는 없다. 그러므로 군이 소유권을 가질 필요는 없으며, 군용으로 사용될 가능성이 있는 한 본죄의 객체가 된다.[2] 군용물에 해당하는지 여부는 그 물건의 성질에서 비롯되는 것이 아니라 물건의 용도에 의하여 결정된다. 그러므로 군용에 공하기 위하여 제작된 물건이라고 할지라도 현실적으로 민간인이나 일반 행정관청이 사용하고 있다면 군용물이라고 할 수 없으며, 군이 정당한 권원을 가지고 군용에 제공되어 지배·관리할 수 있을 때 비로소 군용물이라고 할 수 있다. 다만 여기서 말하는 군용이라는 개념은 군의 전투와 관련된 기능 및 군의 행정기능의 수행에 사용된다는 의미로 해석해야 한다.

'그 밖에 군용에 공하는 물건'으로는 사격하고 남은 탄피[3], 신호탄[4], 군에서 먹고 남은 밥찌꺼기 값으로 받은 금전[5], 군용에 공급된 또는 공급될 금전[6], 납품을 위하여 영문을 통하여 부내 내로 들어온 경우[7] 등을 들 수 있다. 반면에 군용

---

1) 형법에서 일반적으로 재산범죄의 객체를 재물로 규정하고 있는 것과 달리 군형법은 그 객체를 물건이라고 하고 있으므로, 경제적 교환가치는 별도로 요구되지 아니한다.
2) 육군 1974. 1. 22. 선고 73고군형항698 판결(피고인이 횡령한 고철은 1포대에서 잉여품으로 보관중이던 18톤 트랙터 폐궤도와 수송부에서 사용중이던 폐부속 및 1포대 영내에 매몰된 폐고철로서 비록 재산대장에는 기재되어 있지 않더라도 미군부대로부터 인수받아 군에서 관리하고 있던 물건임을 알 수 있고, 군형법 제75조에서 군용에 공하여 군에서 관리하는 물건으로서 그 본래의 용도대로 사용되거나 아니되거나 간에 군의 필요에 의거 사용될 가능성만 있으면 족하다고 할 것이므로, 위 물건과 같이 설사 폐품이라 하여도 군이 관리하고 있으면 군용에 공하는 물건이 된다).
3) 육군 1965. 4. 22. 선고 65고군형항159 판결.
4) 육군 1988. 1. 29. 선고 87고군형항250 판결.
5) 대법원 1979. 12. 11. 선고 79도2305 판결.
6) 육군 1963. 7. 19. 선고 63고군형항140 판결(군용에 공급된 금전을 횡령한 경우 형법 제356조의 업무상 횡령죄로 의율할 것이 아니라 피고인은 군법 피적용자인 현역 육군소령이며 또 그 횡령한 금전은 군무에 공급된 또는 공급될 군용이라는 사실에 비추어 볼 때 군형법 제75조의 군용물횡령죄로 의율하는 것이 타당할 것이다).
7) 고등군사법원 1999. 5. 4. 선고 99노59 판결.

물에 해당하지 아니하는 경우로는 PX 판매대금[1], 부대공사에 쓰고 남은 제3자 소유의 시멘트[2], 장력을 상실하여 폐기처분 대기중인 155mm 포탄 추진장약[3], M16A1 소총 총열[4], 일반유류와 구별 채색되지 아니한 군용유류[5], 연탄보관증[6] 등을 들 수 있다.

'군의 재산상 이익'이란 군용물 이외의 재산적 가치가 있는 것을 말하는데, 이는 군용물강도죄·사기죄·공갈죄·배임죄 등의 객체를 의미한다.

한편 제77조에 의하면, 국군과 공동작전에 종사하고 있는 외국군의 군용에 공하는 물건에 대한 행위에도 군용물에 관한 죄를 적용한다.[7] 이는 집단안전보장체

---

1) 육군 1965. 3. 31. 선고 64고군형항533 판결(PX 판매대금은 비록 군인이 관리하고 있다 할지라도 군 본래의 임무와 관련되지 않고 군예산으로 운영되지 않으며 다만 구성원의 복지를 위한 영내매점의 판매대금에 불과하므로 군형법 제75조 제1항에서 말하는 어느 것에도 해당하지 않는다).

2) 대법원 1978. 3. 14. 선고 78도160 판결(본 사건에서 문제가 된 시멘트는 부산시 새마을사업의 일환으로 부산시가 수영군인아파트 진입로를 포장하기 위하여 지원하여 준 부산시의 소유이므로 군용물로 보기 어렵다).

3) 고등군사법원 1999. 4. 6. 선고 99노27 판결(본래 155mm 추진장약은 그 용도가 155mm 포탄을 목표지점까지 추진하는데 있는 점, 그 자체로서는 폭발력을 가지지 아니하는 점, 추진장약은 탄두와 결합되었을 때 제 기능을 발휘하는 점, 또한 본건 불량추진장약은 제조연도가 오래되어 장력을 상실하여 제 성능을 발휘하지 못하여 소각처리대상으로 판정되어 EOD(불량 탄약 보관창고)에 보관된 폐기처분 대기중인 장약인 점 등이 인정되므로 본건 군용물절도죄의 목적물인 불량추진장약에 대하여 군형법 제75조 제1항 제1호 소정의 탄약 내지 폭발물로 볼 수 없다).

4) 대법원 1992. 5. 29. 선고 92초37 판결(엠16 에이1 소총 총열은 총의 1개 부품에 지나지 아니하여 제75조 제1항 제1호가 규정하는 총포에 해당한다고는 할 수 없으므로 위 공소사실은 제75조 제1항 제1호에 의하여 의율될 수 없고, 그렇다면 군사법원은 이 사건 피고인이 범한 죄에 대하여 재판권을 가질 수 없음이 명백하다). 이에 대하여 총기가 쉽게 분해되는 것을 고려하여 볼 때 총포를 총열, 공이, 개머리판 등으로 분해하여 일부 부품을 빼돌리는 경우에도 군형법을 적용하여 비군인인 내외국인에게도 군용물범죄의 성립을 인정하거나 처벌을 중하게 할 필요가 있다는 견해로는 육군본부, 184면; 육군종합행정학교, 183면. 즉 죄형법정주의의 원칙상 모든 총의 부품을 총포에 해당한다고 볼 수는 없지만, 총의 일부 부품들만으로도 탄환의 장전, 발사가 가능한 경우에 한하여 총의 부품이 총포로 포섭될 여지가 있다는 것이다.

5) 대법원 1980. 4. 22. 선고 80도215 판결.

6) 육군 1979. 9. 21. 선고 79고군형항230 판결(연탄보관증은 재산적 가치가 화체된 유가증권이라고는 보이지 아니 하므로 동 보관증을 주대의 담보로 제공한 행위를 위 연탄의 횡령행위로 인정하기 위하여 위 보관증의 법적 성질 즉 동 보관증의 소지자는 누구든지 이를 제시하고 연탄을 수령할 수 있는지, 또 이 보관증을 제시받아 연탄을 교부하면 보관자의 책임은 면제되는 것인지 여부를 살펴보고, 위 연탄의 특정된 상태로서 군에서 관리하고 있거나 관리가능성 있는지의 여부까지를 확인하였어야 할 것임에도 불구하고 원심은 이에 대한 아무런 판단 없이 만연히 피고인이 군용물인 연탄을 횡령한 것으로 인정하였음은 심리를 미진하였거나 군용물에 대한 법리를 오해한 위법이 있다).

7) 공군 1965. 4. 8. 선고 65고군형항7 판결(군형법 제75조 소정 범죄의 객체인 한국군의 군용에 공하는 물건과 군형법 제77조의 외국군의 군용에 공하는 물건의 구별은 그 물건의 소유권이 어느 국가 정부에 속하느냐에 불구하고 그 물건이 어느 국가 군대의 군사목적을 위한 군용에 제공되어 보관하고 있느냐에 따라 구별되어야 함이 타당하다. 이에 본건 항공기 엔진 2대는 한국공군의 군용에 공한 것으로서 범행 당시까지 한국공군이 보관관리하고 있었을 뿐더러 사실상 유용하게 사용될 수 있는 신품 항공기엔진인 점을 인정할 수 있는바, 엔진이 계정상 또는 사실상 폐품이라 하더라도 군용물로 인정함에 지장이 없다).

제 아래 있는 현대전에 있어 아군과 공동작전을 취하는 외국군의 전력 확보는 바로 국군의 전력 확보와 불가분의 관계에 있기 때문에 외국군의 군용물에까지 군용물의 적용범위를 확대하는 규정으로 이해된다.[1] 그러므로 제75조에서 정하는 '총포·탄약·폭발물·차량·장구·기재·식량·피복 또는 그 밖에 군용에 공하는 물건'이라 함은 국군의 군용에 공하는 물건에 한정된다.[2] 즉 군용에 공하는 물건이라 함은 국군이 소유 내지 관리하고 있어 사용하거나 사용할 가능성이 있는 물건이라고 할 것이다.

(3) 행 위

1) 군용물절도죄

① 의 의

군용물절도죄는 군용물을 절취함으로써 성립하는 범죄이다. 본죄는 군용물을 권리자의 의사에 반하여 절취하는 범죄이다. 그 객체가 군용물로 한정되어 있는 재물죄이고, 그 재물을 상대방의 의사에 반하여 취거해 가는 탈취죄이며, 불법영득의사를 요하는 영득죄에 해당한다. 형법상 본죄에 대하여 불법이 가중된 구성요

---

1) 해군 1984. 6. 11. 선고 84고군형항26 판결(진해 미 고문단의 성격을 보면 한국군과 주한미군으로 통합 구성된 한미연합사령부 예하 해군구성군의 일원으로 전·평시를 막론하고 작전지휘권은 한미연합사령부에 귀속되고 있는 현행 한·미군간의 특수관계를 볼 때 진해 미고문단은 국군과 공동작전에 종사하고 있음에는 의문의 여지가 없는 바이며 … 진해 미 고문단의 군용에 공하는 물건은 군형법 제11장 군용물에 관한 죄의 적용범위에 속한다).

2) 고등군사법원 2017. 8. 18. 선고 2017노145 판결(이 사건 실탄이 군용물에 해당한다고 하려면 국군과 미합중국군 중 어느 한 군이 이 사건 실탄을 소유 내지 관리하고 있었다는 점에 대하여 합리적인 의심을 허용하지 않을 정도로 증명되어야 한다. 그런데, 이 사건 실탄이 군용물에 해당함을 증명하기 위하여 제출된 증거로는 사실조회 회신과 '기술교범 43(0) −???1 − 27 탄약제원표 소구경탄약(1993. 4. 30. 발간)'(이하 '기술교범'이라 한다)이 전부이다. 위 사실조회 회신과 기술교범에 의하면, ① 이 사건 실탄이 1943년경 미국의 덴버병기창에서 생산된 사실, ② 이 실탄의 종류가 철갑탄(M2)이며, 사용화기는 구경 30 기관총(M37, M1919A4, M1919A6) 및 구경 30 소총(M1)인 사실을 인정할 수 있으나, 이 사건 실탄이 한국군 또는 미합중국군 중 어느 군이 사용하던 탄약인지는 알 수 없다. 더욱이 기술교범은 '지시사항'란에 "이 교범은 육군 기술 병과 학교에서 미 기술교범43(0) −???1 − 27 소구경 탄약을 번역 발간한 교범으로 탄약제원을 위주로 편찬되었음"이라고 기재하여 미합중국군의 기술교범을 번역한 것임을 명시하고 있으므로 기술교범에 이 사건 실탄과 같은 종류의 탄약제원이 나와 있다고 하여 곧바로 이 사건 실탄을 한국군이 사용하였다고 단정하기 어렵다. 사실조회 회신을 살펴보면, 이 사건 실탄이 발견된 GP 주변은 6·25전쟁 당시 격전지역으로 다수의 매몰탄약이 발견되고 있는 사실, 그 지역에 현재 주둔하고 있는 제22사단 56연대는 이 사건 실탄이 발견된 2015년경 이 사건 실탄과 같은 종류의 실탄을 보유하거나 관리하지 않았고, 이 사건 실탄을 사용할 수 있는 화기도 운용하지 않은 사실을 알 수 있을 뿐, 미합중국군이 이를 소유 내지 관리하였다는 점을 입증할 만한 내용을 찾을 수 없다). 사실관계: 피고인은 2015. 6. 초순경 강원 고성군 C면에 있는 ???GP 1층 식당 출입구 밖 풀밭에서 점심을 먹고 소변을 보던 중 왼발 근처에서 피해자 대한민국 육군이 분실한 구경 30 기관총(M37, M1919A4, M1919A6) 및 구경 30 소총(M1)에 사용되는 7.62mm M2 철갑탄 1발을 발견하고, 군 복무를 기념하기 위한 목적으로 위 탄을 주워 피고인의 전투복 상의 오른 팔 부위에 있는 주머니에 넣고 갔다.

건으로서 야간주거침입절도죄(제330조), 특수절도죄(제331조)[1]와 책임이 가중된 구성요건으로서 상습절도죄(제332조)[2]가 있다. 이에 비하여 자동차등불법사용죄(제331조의2)는 불법이 감경된 구성요건이다.

군용물이 절취된다는 것은 군이 전쟁에 대비하여 유지·강화하여야 할 전투력에 대한 치명적인 손실이 될 뿐만 아니라 나아가 이를 절취하는 자에게는 어떤 형태로든 그것이 가지는 인명살상의 기능을 이용할 가능성이 있다고 보는 것이 상당하다는 점에 비추어 볼 때, 총포 등 군용물의 절취행위는 그 자체로서 사회 전체가 감당하기 어려운 정도의 심각한 불안과 혼란을 초래하는 것이고, 이러한 사회적 혼란과 불안은 무장탈영병의 인질극 등을 통하여 우리 사회가 이미 여러 차례 경험한 바 있다.

② 행 위

본죄의 실행행위는 절취하는 것이다. '절취'란 군용물을 점유자의 의사에 반하여 그 점유를 배제하고 자기 또는 제3자의 점유로 옮기는 것을 말한다. 즉 기존에 있는 타인의 점유의 배제와 새로운 점유의 취득을 내용으로 한다.

'점유의 배제'란 기존의 점유자의 의사에 반하여 군용물에 대한 사실상의 지배를 제거하는 것을 말한다. 만약 점유자가 승낙을 하게 되면 본죄의 구성요건해당성이 조각된다.[3] 묵시적 동의가 있는 경우에는 절취에 해당하지 않으나[4], 기망에

---

[1] 고등군사법원 2000. 3. 14. 선고 99노942 판결(형법 제331조 제2항 후단의 "2인 이상이 합동하여 타인의 재물을 절취한 경우"의 특수절도죄가 성립하기 위하여 주관적 요건으로서의 공모와 객관적 요건으로서의 실행행위의 분담이 있어야 하고, 공모는 암묵적인 합의로도 가능하다 할 것이다. 일건기록에 의하여 살펴보면, 피고인들은 부대에서 술을 마시다가 부대 순찰을 돌기 위하여 소총 등으로 단독군장을 한 점, 이○○이 술을 더 마시려고 권○○에게 부대 밖으로 가자고 하여 함께 민통초소를 통과한 점, 권○○은 초소를 통과한 후 지나가는 차량을 세우려고 하던 중 자신의 행위가 탈영이 아닌가 라고 생각한 점, 피고인들은 부대를 이탈한 후 소총 등을 소지한 채 경기 ○○시 ○○을 경유하여 서울로 이동한 점 등을 종합하면 피고인들 상호간에 소총 등의 절취에 대하여 암묵적인 공모도 없는 상태에서 각자 소지한 소총 등을 절취한 것이라고 볼 수 있으므로 피고인들의 행위는 군용물특수절도죄에 해당하지 아니한다); 육군 1973. 8. 20. 선고 73고군형항388 판결(특수절도죄가 성립되려면 단순히 시정된 자물통을 열쇠로 열고 건조물 내에 침입하는 것으로는 부족하고 적어도 건물의 일부를 파괴하고 침입하여야만 그 구성요건을 충족시킨다).

[2] 고등군사법원 2002. 2. 26. 선고 2002노44 판결(비록 피고인에게는 지금까지 전과가 일체 없다고 할 수 있으나, 군율이 엄격하게 적용되는 군부대 내에서 10여 개월의 기간 동안 6차례에 걸쳐, 현금·상품권·체육복·디지털카메라·비디오카메라 등 그 종류와 액수를 불문하고 절취한 후 대범하게도 절취한 물품은 우편 등을 이용하여 자신의 집으로 송부하고, 현금은 자신의 계좌로 입금시키는 등 절취에 이르게 된 동기나 수단·방법에 있어 매우 의도적이고 계획적이며, 피고인의 가정 또한 매우 정상적이고 경제적으로도 피고인의 절취행각을 합리화시켜 줄만큼 궁핍하지 않았던 점 등에 비추어 보아 피고인의 이 사건 범행들은 우발적이라고 보기가 어렵고 피고인이 평소 지니고 있었던 절취의 습벽 내지는 경향이 발현된 것으로 판단된다).

[3] 대법원 1966. 5. 31. 선고 66도357 판결(피고인이 산림소유자의 승낙하에 다른 피고인에게 벌채할

의한 동의가 있는 경우에는 절취에 해당한다. 하지만 판례[1]는 이러한 경우를 절취로 인정하지 않고 있다. 또한 점유자가 배제사실을 알고 있을 필요도 없다. 조건부 동의의 경우에는 조건이 충족된 때에만 절취에 해당하지 아니한다.

　'점유의 취득'이란 행위자가 군용물에 대하여 사실상의 지배를 갖는 것을 말한다.[2] 취득자의 의사에 따라 지배할 수 있으면 족하고, 종국적이고 확실한 지배일 필요는 없고, 영구적일 필요도 없다.

③ 주관적 구성요건

　본죄가 성립하기 위해서는 군용물을 권리자의 의사에 반하여 취거한다는 점에 대한 의욕 또는 인용을 내용으로 하는 고의가 있어야 한다. 그러므로 타인이 그 소유권을 포기하고 버린 물건으로 오인하여 이를 취득하였다면 이와 같이 오인하는 데에 정당한 이유가 인정되는 한 절도의 고의를 인정하기 어렵다. 또한 군용

것을 지시한 이상 산림절도죄를 구성한다고는 할 수 없다).

4) 대법원 1985. 11. 26. 선고 85도1487 판결(피해자는 당시 피고인과 동거 중에 있었고 피고인이 돈 60,000원을 지갑에서 꺼내 가는 것을 피해자가 현장에서 이를 목격하고도 만류하지 아니한 사정 등에 비추어 볼 때 피해자가 이를 허용하는 묵시적 의사가 있었다고 봄이 상당하다); 대법원 1964. 11. 17. 선고 64도515 판결(군 농업협동조합에서 비료구입권 용지를 비치하고 필요한 조합원으로 하여금 임의로 사용하도록 사전 묵시의 승인을 한 경우에는 설혹 부정사용의 목적으로 그 용지 5매를 가져갔다고 하더라도 절도죄가 성립한다 할 수 없다).

1) 대법원 1990. 8. 10. 선고 90도1211 판결(밍크45마리사건)(피고인이 피해자에게 밍크 45마리에 관하여, 자기에게 그 권리가 있다고 주장하면서 이를 가져간 데 대하여 피해자의 묵시적인 동의가 있었다면 피고인의 주장이 후에 허위임이 밝혀졌더라도 피고인의 행위는 절도죄의 절취행위에는 해당하지 않는다); 대법원 1996. 9. 20. 선고 95도1728 판결(현금카드갈취사건)(피고인이 갈취한 현금카드로 1994. 4. 18. 17:00경 부산 중구 남포동 소재 상업은행지점에 설치된 현금자동지급기에서 위 카드를 사용하여 현금 400,000원을 인출한 것을 비롯하여 그 무렵부터 같은 달 28.까지 도합 17회에 걸쳐 합계 금 7,590,000원을 인출한 사실이 절도죄에 해당한다고 하여 공소를 제기한 데 대하여, 피고인이 하자 있는 의사이기는 하지만 피해자의 승낙에 의하여 현금카드를 사용할 권한을 부여받음에 따라 피해자가 그 승낙의 의사표시를 취소하기까지 현금카드를 적법, 유효하게 사용할 수 있고, 은행의 경우도 피해자의 지급정지 신청이 없는 한 피해자의 계산으로 적법하게 예금을 지급할 수 있는 것이므로 이와 같은 현금인출 행위는 이 사건 현금카드 갈취행위와 포괄하여 하나의 공갈죄를 구성하는 것이지 따로 절도죄를 구성하는 것이 아니다).

2) 대법원 1999. 11. 12. 선고 99도3801 판결(탄통8개다시파묻은사건)(피고인이 1998. 8. 5. 15:00경 소속 대대 위병소 앞 탄약고 출입문 서북방 20m 떨어진 언덕 위 소로에서 더덕을 찾기 위하여 나무막대로 땅을 파다가 땅속 20㎝ 깊이에서 탄통 8개를 발견하고 뚜껑을 열어 그 안에 군용물인 탄약이 들어 있음을 확인하고도 이를 지휘관에게 보고하는 등의 절차를 거치지 아니하고 전역일에 이를 가지고 나갈 목적으로 그 자리에 다시 파묻어 은닉함으로써 이를 절취하였다는 공소사실에 대하여 소속 중대 및 대대가 보유중인 탄약의 재고에 아무런 이상이 없다는 탄약 조사결과 등에 비추어 보면 위와 같은 행위만으로 피고인 1이 종전의 점유자의 의사를 배제하고 새로운 점유를 취득하였다고 보기에 부족하고, 달리 이에 대한 증거가 없다는 이유로 무죄를 선고하였다. 이는 결국 위 탄통이 땅속에 묻혀있게 된 원인과 경위, 종전의 점유관계 등을 밝히지 아니하고서는 그것이 위 부대를 관리하는 대대장의 점유하에 있다거나 피고인이 위 탄통에 대한 타인의 점유를 침탈하여 새로운 점유를 취득한 것이라고 보기 어렵다).

물을 자신의 재물로 오인하고 가져간 경우[1], 권리자의 의사에 반한다는 것을 인식하지 못한 경우[2] 등은 과실절도로서 무죄가 된다. 또한 소속중대에서 총기를 분실하고 이를 보충하기 위하여 다른 부대의 총기를 취거하였다면 그 행위는 자기 또는 타인을 위한 영득의사에 의한 행위라고 할 수 없으므로 본죄로 처벌할 수 없다.[3] 같은 취지에서 피고인이 실탄을 피고인의 사물함에 넣어 두었던 것은 후일 실탄이 부족할 경우 보충하기 위한 것이었으니 위 사실만으로는 불법영득의 의사가 있었다고 보기 어려우므로 이건 실탄을 절취한 것이라 할 수 없다.[4]

　　판례에 의하면, ① 피고인은 소속대 막사 앞에서 소속대 영점사격장 쪽 뒷산으로 올라가 부대철책을 통과하여 부대를 이탈한 사실, 피고인은 부대를 빠져 나오면서 당시 훈련관계로 단독군장 상태였고 지급받은 소총, 방독면, 방탄모, 탄띠, 엑스반도, 수통, 탄입대 2개, 탄창 5개를 가지고 이탈한 사실, 이탈한 후 부대 뒷산을 따라 계속 이동하는 등 산에서 숨어 있다가 1998. 11. 6. 19:35경 산 밑에 있던 ○○교회 2층 창고에서 숨어 있다가 교회 목사를 통하여 집에 알리는 등 부대에 자수한 사실, 피고인은 피고인을 체포하기 위하여 많은 병력이 움직이는 것을 알았던 사실 등을 인정할 수 있다. 위와 같은 사실에 비추어 특별한 사실이 없는 한 피고인이 부대를 이탈시 소총 등 군용물들을 휴대하고 있는지 조차 인식할 수 없는 정신상태에 있었다고 하기는 어렵고, 피고인은 이탈 후 소총 등 군용물을 소유자인 국가(당해 부대)의 지배를 완전히 배제하여 피고인의 지배하에 두고 임의로 처분 등을 하기에 충분하다고 보여 피고인의 불법영득의 의사가 있었음을 인정하기에 넉넉하다.[5] ② 피고인이 이건 군용물인 소총을 군무이탈시 그대로 휴대한 채로 나와 훈련장을 이탈한 때로부터는 5시간, 잠적하고 있었던 산으로부터는 2시간 동안이나 가지고 다니다가 불특정인이 발견할 수 있는 공중전화 박스 안에 이를 버려두고 간 점, 총기를 버리지 않고 나간 이유에 대한 검찰관의 질문에 "총기 없이 가다가 민간인에게 발각되면 탈영병으로 인식될 가능성이

---

1) 대법원 1983. 9. 13. 선고 83도1762 판결(평원닭집사건)(절도죄에 있어서 재물의 타인성을 오신하여 그 재물이 자기에게 취득(빌린 것)할 것이 허용된 동일한 물건으로 오인하고 가져온 경우에는 범죄사실에 대한 인식이 있다고 할 수 없으므로 범의를 조각하여 절도죄가 성립하지 아니한다).
2) 대법원 1992. 9. 8. 선고 91도3149 판결(총기탈영사건)(피고인이 군무를 이탈할 때 총기를 휴대하고 있는지 조차 인식할 수 없는 정신상태에 있었고 총기는 어떤 경우라도 몸을 떠나서는 안 된다는 교육을 지속적으로 받아왔다면 사격장에서 군무를 이탈하면서 총기를 휴대하였다는 것만 가지고는 피고인에게 총기에 대한 불법영득의 의사가 있었다고 할 수 없다).
3) 육군 1977. 8. 24. 선고 77고군형항469 판결; 대법원 1977. 6. 7. 선고 77도1069 판결; 대법원 1965. 2. 24. 선고 64도795 판결.
4) 서울고등법원 1977. 11. 24. 선고 77노1366 판결.
5) 고등군사법원 1999. 5. 18. 선고 99노121 판결. 하지만 이에 대하여 군무이탈 당시 휴대 또는 착용하고 있던 총기, 탄약 등을 휴대 또는 착용한 상태로 군무이탈하는 경우 군용물절도죄로 처벌되고 있는데, 행위자들은 대부분 총기를 사용하여 살인, 강도 등 제2의 범행을 할 목적이 없고 단지 군무이탈 당시의 두려움과 당황으로 인하여 부지불식간 군용물을 휴대 또는 착용한 것 뿐이므로, 이 경우에도 군용물절도죄로 처벌되는 실무의 현실은 너무 가혹하다는 견해로는 박안서, 87면.

있기 때문에 이를 가지고 다닌 것이다."라는 진술 등에 비추어 보면 피고인에게 당시 불법영득의 의사가 있었다고 인정하기에 충분하다.[1] ③ 피고인이 초병 근무를 하기 위하여 당직조장이 항상 관리하고 있던 총기함에서 초병근무 직전에 위 총기 및 실탄을 지급받아 초병근무를 하던 중 부대를 이탈하면서 엠16소총 1정과 실탄 20발 및 공포탄 2발을 가지고 나간 소위는 위 피고인이 초병근무를 하면서 사실상 점유하고 있는 총기 등을 가지고 나간 것인바, 위 피고인은 국가가 소유 및 관리점유하고 있는 총기를 초병근무 시간동안 사실상 점유한 점유보조자로서의 지위에 불과한 이상 동 피고인이 부대를 이탈하면서 영득의 의사로 위 총기 등을 가지고 나간 소위는 군용물절도에 해당된다.[2] ④ 피고인이 지원소대장으로서 상황장갑차의 탑승원 중 가장 상급자라 하더라도 그 장갑차 내에 적재된 군용물이 피고인의 단독점유하에 있다고는 볼 수 없으므로 피고인이 이를 불법영득하였다면 절도죄에 해당한다 할 것이며 또한 피고인이 중대장에게 항의를 하고 만약 관철되지 않는 경우에 동인을 살해하고 자기도 자살을 하는데 사용할 의도로 이 사건 수류탄 등을 가져갔다면 피고인에게 이에 대한 불법영득의 의사가 있다.[3] ⑤ 피고인의 그 체송업무수행 중 휴대한 군용물인 권총 등을 소지한 채 군무를 기피할 목적으로 그 소속부대를 이탈한 사실이 인정될진대 위 권총 등에 불법영득의 의사는 특별한 사정이 없는 한 인정된다.[4] ⑥ 피고인은 엠원소총 1정을 절취하였음을 쉽게 인정할 수 있고 그 목적이 비록 전시 남○○을 살해하려는데 있었다고 하더라도 전시물품 보관자의 소지를 배척하고 자기의 소지를 설정하여 이를 용법에 따라 사용할 것임을 알 수 있으므로 피고인에게 영득의 의사가 있었음을 인정하기에 넉넉하다.[5] ⑦ 피고인은 사격부대가 사격을 실시하고 관리를 소홀히 한 MG50(철갑탄을 사용하는 대 장갑차량화기로 차량에 설치함)탄 130발을 주워 보관을 하였으면 당연히 부대 탄약관리관인 중위 최○○에게 통지를 하거나 지휘관에게 보고를 하여 위 MG50탄을 반환하여야 할 의무가 있음에도 불구하고 위 MG50탄의 소재를 묻는 최○○에게 MG50탄에 관하여 모른다고 거짓말을 하고 계속 점유하고 있던 중 1998. 11월 초순 위 MG50탄 10발을 교보재로 사용하기 위하여 중위 정○○원에게 건네주어 처분을 하고, 위 MG50탄을 습득한 후 약 1년 7개월이나 지난 1999. 11월에 이르러 나머지 123발을 탄약반장인 하사 고○○에게 반환한 피고인의 행위는 위 탄약의 소유자인 국가의 소유권을 침해하는 불법영득의사가 있다고 할 수 있다.[6] ⑧ 수류탄 2발을 가지고 나가 집에 보관하여 놓았다가 휴가복귀하면서 이를 이 사건 수류탄훈련장 피탄지 웅덩이에 던져 버린 행위는 피고인이 수류탄을 가지고 나간 순간 점유자 또는 소유자인 군부대(국가)의 권리를 침해하여 처분한 행위로서 불법영득의 의사가 인정된다.[7] ⑨ 피고인이 검찰관 조사시 "총을 갖고 있으면 저를 보호할 수

---

1) 고등군사법원 1998. 4. 28. 선고 98노163 판결.
2) 공군 1984. 3. 26. 선고 84고군형항2 판결.
3) 대법원 1984. 2. 28. 선고 83도3271 판결.
4) 해군 1973. 8. 28. 선고 73고군형항41 판결.
5) 해병대 1965. 3. 25. 선고 65고군형항10 판결.
6) 고등군사법원 2000. 7. 25. 선고 2000노164 판결.
7) 육군 1993. 5. 11. 선고 93고군형항78 판결.

있으리라는 생각에 총을 계속 가지고 있을 생각이었습니다"라고 진술한 점, 원심법정에서 "총으로 저 스스로를 보호하고자 하는 생각에 별 생각없이 총을 잡은 채로 뛰었습니다"라고 진술한 점, 경험칙상 피고인이 불침번 근무를 서던 장소는 부대안의 본부 막사이므로 막사 안에 총기와 실탄을 두고 군무이탈을 하더라도 총기나 실탄이 분실될 우려가 없었던 점 등을 종합하면 피고인에게 총기와 탄약에 대한 불법영득의 의사가 있었다는 점을 인정하기에 충분하다.[1)]

반면에 ① 행정착오로 절량미 중 압맥과 백미의 비율이 맞지 않고 백미 3가마가 초과되어 있는 사실 및 본 건 범행당일 2군 지휘검열이 실시되어 그 준비 중 피고인이 백미 가마를 지휘검열이 끝날 때까지 감추어 두라고 지시한 사실을 각 인정할 수 있고, 피고인이 불법영득의 의사로 위 군용백미 3가마를 영외로 반출하려 했다는 범죄사실을 인정하기에 족하다 할 수 없다.[2)] ② 피고인이 군무이탈시 개인화기를 휴대하고 이탈한 이유에 대하여 "대대장님께선 훈련 중에는 전 소대원은 언제나 개인화기를 휴대하고 있으라고 했고, 또 총기를 놓고 가면 동료들이 이상하게 생각할까봐 그랬습니다,"라고 진술하고 있고, 당심 법정에서의 피고인의 진술에 의하면 피고인이 숙영지로부터 불과 약 150m 떨어진 곳에서 이탈하려다 동료에게 붙잡힌 점 등을 고려한다면, 피고인의 위 행위는 군무이탈할 때 총기를 휴대하고 있는지 조차 인식할 수 없는 정신상태에 있었다 할 것이고, 총기는 어떠한 경우라도 몸을 떠나서는 안 된다는 교육을 지속적으로 받아왔다면 훈련 중 숙영지에서 군무를 이탈하면서 총기를 단순히 휴대하였다는 것만 가지고는 피고인에게 불법영득의 의사가 있었다고 할 수 없다.[3)] ③ 피고인은 이 사건 범행 당일 04:00부터 05:00까지 소속 소대 내무실 불침번 근무를 서던 중 평소 작업이나 교육훈련에서 동료들보다 뒤떨어져 미안한 마음에 04:40경 군무이탈 할 것을 결심하고 내무실을 빠져 나와 막사 뒤 야외 화장실 뒤를 지나 중대 피엑스 건물 뒤 철조망을 넘어 도망가던 중 불침번 근무 시에 단독군장 상태로 어깨걸어총으로 휴대하고 있던 소총과 탄띠를 중대에서 약 400m 떨어진 야산에 방치하고 달아난 사실, 피고인이 이 사건 소총을 휴대하게 된 경위가 불침번 근무를 명받아 불침번 근무자로서의 복장을 갖추기 위한 것이었고, 그 소총에는 실탄이 들어있지 않은 사실, 피고인은 순간적으로 군무이탈을 하면서 경황이 없던 나머지 메고 있던 소총을 그대로 휴대한 채 소속 부대를 빠져나오게 된 사실 등을 인정할 수 있는바, 이상을 종합하면 피고인은 순간적으로 군무이탈을 결심하고 이를 실행에 옮기면서 불침번 근무를 위하여 휴대하고 있던 소총을 그대로 가지고 나왔을 뿐 달리 이를 불법영득의 의사로 가지고 나왔다고 인정할 만한 증거가 없다.[4)] ④ 피고인은 군사수사기관으로부터 당 법정에 이르기까지 일관하여 방탕한 피고인의 형을 총으로라도 위협하여 그 행동을 교정할 목적으로 이 사건 총기를 가지고 나온 것이고 초소를 이탈할 당시부터 영구히 부대를 이탈하려 했던 것이 아니고 피고인의 형을

---

1) 고등군사법원 2004. 12. 14. 선고 2004노351 판결.
2) 육군 1971. 2. 16. 선고 70고군형항1315 판결.
3) 고등군사법원 1997. 4. 29. 선고 97노118 판결.
4) 고등군사법원 1997. 9. 11. 선고 97노495 판결.

만난 후 곧 자진 귀대하려고 했다는 취지의 진술을 하고 있어 이 사건 총기에 대해 일시
사용의 의사만이 있었음을 주장하고 있다. 원심이 거시하는 모든 증거를 아무리 검토하여
보아도 달리 당시 피고인에게 위 총기 등에 대한 불법영득의 의사가 있었음을 인정하기 어
렵다.¹⁾ ⑤ 육군 제22보병사단 정비대대 총포수리담당관인 피고인 1이 '사격도중 탄환을 분
실하였으니 구해달라'는 같은 사단 53연대 병기담당관인 피고인 2의 부탁을 사실로 믿고서
낱발보관함 안에 들어있던 군용에 공하는 물건인 5.56mm '보통탄환 불량탄환 4개'를 피고인
2에게 교부하였는바, 피고인 2가 탄환을 분실한 것으로 알고 이를 채워주기 위하여 이 사건
탄환을 교부한 피고인 1에게 불법영득의 의사가 있었다고 보기 어렵다.²⁾

④ 실행의 착수시기 및 기수시기

주관적 객관설에 따라 행위자의 범행계획에 의하면 점유배제의 직접적 행위
가 개시된 시점을 실행의 착수시기로 보아야 한다. 판례는 점유침해의 밀접한 행
위(밀접행위시설)³⁾ 또는 목적물을 물색한 때(물색행위시설)⁴⁾에 실행의 착수를 인정
한다.

본죄의 기수시기는 군용물에 대한 점유를 취득한 때이다. 실질적인 점유취득
이 있기 위해서는 타인의 점유를 배제하고 자기의 지배하에 둔 때에 이르러야 한
다.⁵⁾ 여기서 실질적인 점유취득의 인정 여부는 재물의 크기⁶⁾·이동가능성⁷⁾·절취

---

1) 육군 1971. 3. 16. 선고 71고군형항70 판결.
2) 대법원 2004. 9. 3. 선고 2004도3026 판결.
3) 대법원 1986. 12. 23. 선고 86도2256 판결(절도죄의 실행의 착수시기는 재물에 대한 타인의 사실상
   의 지배를 침해하는데 밀접한 행위가 개시된 때라 할 것인바 피해자 소유 자동차 안에 들어 있는
   밍크코트를 발견하고 이를 절취할 생각으로 공범이 위 차 옆에서 망을 보는 사이 위 차 오른쪽 앞
   문을 열려고 앞문손잡이를 잡아당기다가 피해자에게 발각되었다면 절도의 실행에 착수하였다).
4) 대법원 1987. 1. 20. 선고 86도2199 판결(피고인이 금품을 훔칠 목적으로 판시 피해자의 집에 담을
   넘어 침입하여 그 집 부엌에서 금품을 물색하던 중에 발각되어 도주한 것이라면 이는 절취행위에
   착수한 것이라고 보아야 할 것이다); 대법원 1984. 3. 13. 선고 84도71 판결.
5) 육군 1976. 6. 23. 선고 76고군형항443 판결(피고인이 탄창 1개를 갑자기 들고 행정반 밖으로 뛰어
   나가는 것을 위 행정반에서 탄창 봉인작업을 하고 있던 위 조○○가 즉시 피고인의 뒤를 쫓아가
   2~3m 떨어진 곳에서 피고인으로부터 위 탄창을 빼앗았음이 인정되므로 이건에 있어서 피고인이
   위 탄창을 피고인의 사실적 지배 아래 두었다는 전제 아래 피고인을 군용물절도죄의 기수로 보았
   음은 판결에 영향을 미친 법률적용의 잘못이라 할 것이다); 대법원 1964. 12. 8. 선고 64도577 판결.
6) 대법원 1991. 4. 23. 선고 91도476 판결(피고인은 피해자 경영의 까페에서 야간에 아무도 없는 그
   곳 내실에 침입하여 장식장 안에 들어 있던 정기적금통장, 도장, 현금 20,000원을 꺼내서 들고 까페
   로 나오던 중 발각되어 돌려주었다는 것이므로, 이에 따르면 피고인은 피해자의 재물에 대한 소지
   (점유)를 침해하고, 일단 피고인 자신의 지배 내에 옮겼다고 볼 수 있으니 절도의 미수에 그친 것이
   라고 할 수 없다); 대법원 1964. 4. 21. 선고 64도112 판결(피고인은 소유자의 '도둑이야' 하는 고함
   소리에 당황하여 라디오와 탁상시계를 가지고 나오다가 탁상시계는 그 집 방문 밖에 떨어뜨리고
   라디오는 방에 던진 채 달아났다는 것이므로 피고인은 소유자의 물건에 대한 소지를 침해하고 피
   고인 자신의 지배 내로 옮겼다고 볼 수 있으니 이는 절도의 기수이고 미수가 아니라고 할 것이다).
7) 대법원 1984. 2. 14. 선고 83도3242 판결(창고에서 물건을 밖으로 들고 나와 운반해 가다가 방범대

행위의 태양[1] 등에 따라 달라질 수 있다. 크기가 작은 군용물은 손·주머니·가방 등에 넣었을 때 점유취득을 인정할 수 있는 반면에, 크기가 큰 군용물은 피해자의 지배범위를 벗어날 수 있는 정도에 이르러야 점유취득을 인정할 수 있다.

2) 군용물강도죄

① 의 의

군용물강도죄는 폭행 또는 협박으로 군용물을 강취하거나 군의 재산상 이익을 취득하거나 제3자로 하여금 이를 취득하게 함으로써 성립하는 범죄이다.[2] 본죄는 폭행·협박행위와 군용물취득 등이 수단과 목적의 관계에 있는 결합범이다. 보호의 정도는 침해범이다.

형법상 본죄에 대하여 불법이 가중된 구성요건으로서 특수강도죄(제334조), 인질강도죄(제336조), 강도상해·치상죄(제337조), 강도살인·치사죄(제338조), 강도강간죄(제339조), 해상강도죄(제340조) 등이 있고, 책임이 가중된 구성요건으로서 상습강도죄(제341조)가 있다. 이에 비하여 준강도죄(제335조)[3]는 독립된 구성요건이다.

원들에게 발각되어 체포되었다면 절도의 기수에 해당한다).

1) 대법원 1994. 9. 9. 선고 94도1522 판결(자동차를 절취할 생각으로 자동차의 조수석문을 열고 들어가 시동을 걸려고 시도하는 등 차 안의 기기를 이것저것 만지다가 핸드브레이크를 풀게 되었는데 그 장소가 내리막길인 관계로 시동이 걸리지 않은 상태에서 약 10m 전진하다가 가로수를 들이받는 바람에 멈추게 되었다면 절도의 기수에 해당한다고 볼 수 없다).

2) 대법원 1995. 7. 11. 선고 95도910 판결(피고인은 소속 중대 중대장실에서 K-1 소총을 절취하여 실탄을 장전한 다음, 자기 소대 소총수인 원심공동피고인 2 이병을 데리고 소속 중대 위병소로 가서 근무중이던 공소외 상병에게 다가가 위 소총을 겨누면서, "이 안에 실탄이 들어 있다. 가지고 있는 소총을 달라"고 말하여 위 공소외 상병을 협박한 다음, 이에 겁을 먹은 위 공소외 상병으로부터 소지하고 있던 M-16 소총을 교부받아 실탄 15발을 장전한 후, 그 M-16 소총을 위 원심공동피고인 2에게 건네주어 그 사람으로 하여금 소속 중대원들이 내무반에서 빠져나오는지 여부를 감시하도록 지시함으로써(위 원심공동피고인 2가 피고인의 지시대로 M-16 소총을 들고 감시하고 있는 동안 피고인은 내무반에 들어가 내무반 천정과 벽 등을 향하여 실탄을 발사하였다는 것임), 위 M-16 소총을 강취하였다는 이 사건 군용물특수강도의 범죄사실을 충분히 인정할 수 있다. 또한 피고인은 위 M-16 소총을 그 소지자로부터 피고인의 지배하에 이전하여 그 소유자가 아니라면 할 수 없는 사용처분행위를 하였다고 할 것이므로, 비록 피고인의 지시에 따라 위 소총을 소지하고 있던 위 원심공동피고인 2가 나중에 피고인이 위병소를 빠져나갈 때 피고인을 뒤따라 위병소 밖으로 나가면서, 위 M-16 소총에서 탄창을 제거한 후 그 소총을 위병 근무자인 위 공소외 상병에게 던져준 사실이 있다고 하더라도, 그와 같은 사정만으로는 피고인에게 위 M-16 소총에 대한 불법영득의사가 없었다고 할 수 없다).

3) 고등군사법원 2013. 6. 26. 선고 2013노26 판결(남성인 피고인은 꽃무늬 여성 원피스를 입은 상태에서 헌옷수거함에 있는 여성헌옷을 훔치고 있는 중이었던 점, 피해자들이 피고인을 부르자 피고인은 황급히 자신의 차량에 탑승한 점, 피해자 김**이 "잠깐만요!" 등의 말을 하며 차량 핸들에 손을 얹었으나 피고인이 차량을 그대로 운행하자 피해자 김**은 서너 걸음 따라가다가 차에서 손을 뺀 점, 피해자 김○○도 차량의 문틀을 잡고 있는 상황에서 차량이 출발하자 잡고 있던 손을 놓았던 점, 범행 당시 비가 오는 새벽이었으므로 피고인은 피해자들을 정확히 볼 수 없었던 점 등을 인정할 수 있다. 위 인정되는 사정들만으로는 피고인은 예정된 도주행위를 시도하였을 뿐이고, 체포를 면탈할 목적으로 피해자들을 향하여 적극적으로 유형력을 행사하였다고 볼 수 없는바 이러한 정도의

② 행 위

본죄의 실행행위는 강취하는 것이다. 여기서 '군용물강취'란 반항을 억압할 수 있는 폭행·협박을 사용하여 피해자의 의사에 반하여 군용물을 자기 또는 제3자의 지배하에 옮기는 것을 말한다. 본죄는 의사결정의 자유 또는 의사활동의 자유도 보호법익으로 하고 있기 때문에 폭행 또는 협박이 반드시 사람이나 사람의 신체에 대한 것임을 요하지 아니한다. 그러므로 물건에 대한 유형력의 행사도 경우에 따라 본죄에서 말하는 폭행·협박이 될 수도 있다. 왜냐하면 다수설이 말하는 최협의의 폭행 개념에는 폭행의 대상이 한정되어 있지 않기 때문이다. 즉 본죄에 있어서 폭행·협박의 정도는 사회통념상 객관적으로 상대방의 반항을 억압하거나 항거불능하게 할 정도의 것이면 된다. 현실적으로 해악을 가할 의사나 해악의 내용이 실현될 가능성이 없어도 본죄의 협박이 될 수 있다. 그러므로 장난감 권총으로 상대방을 협박하여 군용물을 강취한 경우에도 본죄가 성립할 수 있는 것이다. 또한 폭행·협박으로 군용물을 강취하면 족하고 폭행·협박을 받은 자가 반드시 군용물의 소유자 또는 점유자임을 요하지 아니한다.[1] 판례는 강도의 고의를 가진 경우에도 객관적으로 폭행·협박이 반항을 억압하거나 현저하게 곤란하게 할 정도임에 달하지 못한 경우에는 공갈죄가 성립한다고 하는데[2], 이 경우에는 강도미수죄로 처벌해야 한다.

이른바 '날치기'와 같이 강제력을 사용하여 군용물을 절취하는 행위가 때로는 피해자를 넘어뜨리거나 부상하게 하는 경우가 있고, 구체적인 상황에 따라 이를 강도로 인정하여야 할 때가 있다.[3] 예를 들면 날치기 수법의 점유탈취 과정에서 이를 알아채고 군용물을 빼앗기지 않으려는 피해자의 반항에 부딪혔음에도 계속하여 피해자를 끌고 가면서 억지로 군용물을 빼앗은 행위는 피해자의 반항을 억압한 후 군용물을 강취한 것으로서 군용물강도죄가 성립한다. 하지만 그와 같은 결과가 피해자의 반항억압을 목적으로 함이 없이 점유탈취의 과정에서 우연히 가해진 경우라면 이는 강도가 아니라 절도에 불과한 것으로 보아야 할 것이다.

한편 '강제이득'이란 반항을 억압할 수 있는 폭행·협박을 사용하여 피해자의 의사에 반하여 군의 재산상 이익을 취득하거나 제3자로 하여금 취득하게 하는 것

유형력의 행사만으로는 피해자들의 체포력을 억압함에 족한 정도에 이르지 않은 것으로 봄이 상당하여 이를 준강도미수죄로 의율할 수는 없다).
1) 대법원 1967. 6. 13. 선고 67도610 판결.
2) 대법원 1961. 5. 12. 선고 4294형상101 판결; 대법원 1960. 2. 29. 선고 4292형상997 판결.
3) 대법원 2003. 7. 25. 선고 2003도2316 판결.

을 말한다. 여기서 군의 재산상 이익을 취득하기 위하여 피해자의 처분행위가 요구되는지 여부가 문제될 수 있는데, 군용물강취에 있어서 억압상태하에서의 처분행위를 반드시 처분행위라고 볼 수는 없으므로 군의 재산상 이익취득에서도 피해자의 처분행위는 별도로 필요하지 않다는 소극설 및 판례[1]의 태도가 타당하다. 외견상 피해자의 처분행위가 있는 경우라도 이는 피해자의 진정한 의사에 의한 것이 아니므로 유효한 처분행위라고 보기도 어렵다.

피고인이 타인에 대하여 반항을 억압함에 충분한 정도의 폭행 또는 협박을 가한 사실이 있다고 해도 그 타인이 군용물 취거의 사실을 알지 못하는 사이에 그 틈을 이용하여 피고인이 우발적으로 군용물을 취거한 경우에는 폭행이나 협박이 군용물 탈취의 방법으로 사용된 것이 아님은 물론, 그 폭행 또는 협박으로 조성된 피해자의 반항억압의 상태를 이용하여 군용물을 취득하는 경우에도 해당하지 아니하여 양자 사이에 인과관계가 존재하지 아니한다. 그러므로 폭행 또는 협박에 의한 반항억압의 상태가 처음부터 군용물 탈취의 계획 아래 이루어졌다거나 양자가 시간적으로 극히 밀접되어 있는 등 전체적·실질적으로 단일한 군용물 탈취의 범의의 실현행위로 평가할 수 있는 경우에 해당하지 아니하는 한 본죄의 성립을 인정하여서는 안 될 것이다. 그리고 피고인이 강도의 범의 없이 공범들과 함께 피해자의 반항을 억압함에 충분한 정도로 피해자를 폭행하던 중 공범들이 피해자를 계속하여 폭행하는 사이에 군용물을 취거한 경우에는 피고인 및 공범들의 폭행에 의한 반항억압의 상태와 군용물의 탈취가 시간적으로 극히 밀접하여 전체적·실질적으로 재물 탈취의 범의를 실현한 행위로 평가할 수 있으므로 본죄의 성립을 인정할 수 있고, 그 과정에서 피해자가 상해를 입었다면 강도상해죄가 성립한다.[2] 한편 피고인의 폭행·협박으로 인하여 피해자의 의사가 억압되어 반항이 불가능한 정도에 이르렀다고 하더라도 그 후 피고인의 폭행·협박으로부터 벗어난 이후에는 그러한 의사억압상태가 계속된다고 보기는 어렵다.[3]

---

1) 대법원 1999. 3. 9. 선고 99도242 판결; 대법원 1964. 9. 8. 선고 64도310 판결.
2) 대법원 2013. 12. 12. 선고 2013도11899 판결.
3) 대법원 1995. 3. 28. 선고 95도91 판결(18시간경과사건)(피고인이 1994. 4. 2. 01:00경 피해자의 집과 여관에서 폭행, 협박을 한 후 그로부터 상당한 시간이 경과한 후인 같은 날 19:00경 다른 장소에서 위 금원을 교부받았다는 것인바, 그렇다면 피고인의 위와 같은 폭행, 협박으로 인하여 위 피해자의 의사가 억압하여 반항이 불가능한 정도에 이르렀다고 하더라도 그 후 피고인의 폭행, 협박으로부터 벗어난 이후에는 그러한 의사억압상태가 계속된다고 보기는 어렵다고 할 것이고, 위 금원 교부 당시에 다시 피해자의 의사를 억압하여 반항을 불가능하게 할 정도의 폭행, 협박이 있었다거나, 이전의 폭행, 협박으로 인한 의사억압상태가 위 금원교부시까지 계속되었다고 볼 특별한 사정이 있었다고 볼 증거는 없고, 오히려 위 피해자가 피고인과 헤어진 후 피고인으로부터 다시 돈을 요구하는

③ 주관적 구성요건

본죄가 성립하기 위해서는 폭행 또는 협박으로 군용물을 강취하거나 군의 재산상 이익을 취득하는 것에 대한 인식 또는 인용이 있어야 한다. 객관적으로는 항거불가능의 폭행·협박을 하면서 주관적으로는 공갈죄에서 요구하는 정도의 폭행·협박을 한다고 착오한 경우에는 군용물공갈죄가 성립할 뿐이다.

3) 군용물사기죄

① 의 의

군용물사기죄는 사람을 기망하여 군용물의 교부를 받거나 군의 재산상 이익을 취득하거나 제3자로 하여금 군용물의 교부를 받게 하거나 군의 재산상 이익을 취득하게 함으로써 성립하는 범죄이다. 본죄는 기망을 수단으로 상대방의 하자 있는 의사에 의한 처분행위를 통하여 군용물 또는 군의 재산상 이익을 취득하는 점에서 편취죄에 속한다.

형법상 본죄에 대하여 불법이 감경된 구성요건으로서 편의시설부정이용죄(제348조의2), 부당이득죄(제349조) 등이 있고, 책임이 가중된 구성요건으로서 상습사기죄(제351조)가 있다. 이에 비하여 컴퓨터등사용사기죄(제347조의2), 준사기죄(제348조) 등은 독립된 구성요건이다.

② 기망행위

본죄가 성립하기 위해서는, ① 사람에 대한 기망행위가 있을 것, ② 기망행위에 의하여 상대방이 착오를 일으킬 것, ③ 상대방은 착오에 의하여 재산상의 처분행위를 할 것, ④ 재산상의 처분행위에 의하여 군용물을 교부받거나 군의 재산상 이익을 취득할 것 등의 일련의 행위가 필요하다. 또한 각 단계별로 상당인과관계가 인정되어야 한다. 다만 재산상의 손해발생을 요구하는 것에 대해서는 견해의 대립이 있다.

'기망'이란 허위의 의사표시로 인하여 사람을 착오에 빠지게 하는 일체의 행위를 말한다. 이미 착오에 빠져 있는 상태를 이용하는 것도 기망에 해당한다. 여기서 착오는 사실에 관한 것이거나 법률관계에 관한 것이거나 법률효과에 관한 것이거나를 묻지 않고 반드시 법률행위의 내용의 중요부분에 관한 것일 필요도 없으며, 그 수단과 방법에도 아무런 제한이 없다. 이와 같이 기망은 널리 재산상의 거래관

무선호출연락을 받고 피고인이 다시 행패를 부릴 것이 두려워 은행에서 예금을 인출하여 피고인에게 지급하였다는 사정이 엿보이므로, 위 금원교부는 위 피해자의 의사에 반하여 반항이 불가능한 상태에서 강취된 것이라기보다는 피해자의 하자 있는 의사에 의하여 교부된, 즉 갈취당한 것으로 보인다).

계에 있어서 서로 지켜야 할 신의와 성실의 의무를 저버리는 모든 적극적 또는 소극적 행위를 말하는 것으로서, 상대방을 착오에 빠지게 하여 행위자가 희망하는 재산적 처분행위를 하도록 하기 위한 판단의 기초가 되는 사실에 관한 것이면 충분하므로[1], 거래의 상대방이 일정한 사정에 관한 고지를 받았더라면 당해 거래에 임하지 아니하였을 것이라는 관계가 인정되는 경우에는 그 거래로 인하여 군용물을 수취하는 자에게는 신의성실의 원칙상 사전에 상대방에게 그와 같은 사정을 고지할 의무가 있다 할 것이고, 그럼에도 불구하고 이를 고지하지 아니한 것은 고지할 사실을 묵비함으로써 상대방을 기망한 것이 되어 사기죄를 구성한다. 또한 용도를 속이고 돈을 빌린 경우에 만일 진정한 용도를 고지하였더라면 상대방이 빌려주지 않았을 것이라는 관계에 있는 때에는 사기죄의 실행행위인 기망은 있는 것으로 보아야 한다.[2] 기망의 대상은 상대방이 재산적 처분행위를 함에 있어서 판단의 기초가 되는 '사실'이다. 이는 객관적으로 증명할 수 있는 과거와 현재의 사실을 의미하지만, 장래의 사실이라도 과거 또는 현재의 사실과 관련되어 있으면 기망의 대상이 된다.[3] 또한 기망의 내용인 사실은 외부적 사실에 국한되지 않고 동기·목적·고의·의사 등과 같은 내부적 사실도 포함한다.

'명시적 기망행위'란 언어·문서·동작[4] 등의 표현수단을 통하여 적극적으로

---

1) 대법원 2013. 9. 26. 선고 2013도3631 판결(투자금편취사건)(투자금의 편취에 의한 사기죄의 성립 여부에 있어 투자약정 당시 투자받은 사람이 투자자로부터 투자금을 지급받아 투자자에게 설명한 투자사업에 사용하더라도 일정 기간 내에 원금을 반환할 의사나 능력이 없음에도 마치 일정 기간 내에 투자자에게 원금을 반환할 것처럼 거짓말을 한 경우에는 투자를 받는 사람과 투자자의 관계, 거래의 상황, 투자자의 경험, 지식, 성격, 직업 등 행위 당시의 구체적인 사정에 비추어 투자자가 원금반환 약정을 전적으로 믿고 투자를 한 경우라면 사기죄의 요건으로서 기망행위에 해당할 수 있고, 이때 투자금 약정 당시를 기준으로 피해자로부터 투자금을 편취할 고의가 있었는지 여부를 판단하여야 할 것이다).

2) 대법원 1996. 2. 27. 선고 95도2828 판결; 대법원 1995. 9. 15. 선고 95도707 판결.

3) 대법원 2017. 11. 9. 선고 2016도12460 판결(귀신쫓는기도비사건)(피고인이 피해자에게 불행을 고지하거나 길흉화복에 관한 어떠한 결과를 약속하고 기도비 등의 명목으로 대가를 교부받은 경우에 전통적인 관습 또는 종교행위로서 허용될 수 있는 한계를 벗어났다면 사기죄에 해당한다); 대법원 1995. 4. 28. 선고 95도250 판결(사이비종교헌금유도사건)(피고인 1이 신도들을 상대로 하여 자신을 스스로 "하나님" "구세주" "이긴자" "생미륵불" "정도령" "완성자" 등으로 지칭하면서 자신은 성경의 완성이고 모든 경전의 완성이자 하나님의 완성으로서 자기를 믿으면 모든 병을 고칠 수 있을 뿐만 아니라 피속의 마귀를 박멸소탕하여 영원히 죽지 않고 영생할 수 있으며, 자신이 인간들의 길흉화복과 우주의 풍운조화를 좌우하므로 1981년부터 10년 동안 한국 땅에 태풍이나 장마가 오지 못하도록 태풍의 진로를 바꿔 놓고 풍년들게 하였으며, 재물을 자신에게 맡기고 충성하며 자기들이 시행하는 건축공사에 참여하면 피속의 마귀를 빨리 박멸소탕해 주겠다고 하고, 자신이 하나님인 사실이 알려져 세계 각국에서 금은보화가 모이면 마지막 날에 1인당 1,000억원 씩을 나누어 주겠으며, 헌금하지 않는 신도는 하나님이 깍쟁이 하나님이므로 영생할 수 없다는 취지의 설교를 사실인 것처럼 계속하여 신도들을 기망하고, 이에 기망당한 신도들로부터 헌금명목으로 고액의 금원을 교부받은 것을 사기죄에 해당한다).

허위의 사실이나 가치판단을 나타내는 것을 말한다. '묵시적 기망행위'란 무전취식[1]·무전숙박·무임승차 등과 같이 상대방을 착오에 빠뜨릴 수 있는 언어·문서·동작 등에 의하여 일정사항에 대해 암묵적으로 허위의 외관을 표시하는 것을 말한다. 하지만 음식을 먹거나 숙박을 하고 난 후 비로소 돈이 없음을 알고 도주한 때에는 행위 당시에 기망행위가 존재하지 않으므로 단순한 채무불이행에 불과하다.

'부작위에 의한 기망행위'란 이미 착오에 빠져 있는 상대방에게 그 착오를 제거해야 할 의무가 있는 자가 고의로 그 고지의무를 이행하지 아니하고 그 착오를 이용하는 경우를 말한다. 묵시적 기망행위는 작위에 의한 기망행위이기 때문에 행위자의 작위의무나 보증인적 상황 등을 논할 필요가 없지만, 부작위에 의한 기망행위에서는 행위자의 작위의무나 보증인적 상황 등을 논할 필요가 있다는 점에서 구별의 실익이 있다. 또한 묵시적 기망행위는 행위자의 행위로 인하여 상대방이 착오에 빠진 경우이지만, 부작위에 의한 기망행위는 행위자와 무관하게 상대방이 이미 착오에 빠져 있고, 행위자가 상대방의 착오에 의해 처분행위를 방지해야 할 작위의무가 있는 경우[2]라고 할 수 있다.

③ 피기망자의 착오

기망행위로 인하여 피기망자가 착오에 빠져야 하는데, '착오'란 주관적으로 인식한 사실과 객관적인 사실의 불일치를 말한다. 이와 같은 기망행위와 상대방의 착오 사이에는 인과관계가 존재해야 하며, 인과관계가 결여되면 미수가 될 뿐이다. 하지만 기망행위가 착오에 대한 유일한 원인임을 요하지는 않기 때문에 피기망자의 어리석음이나 소심함 등이 작용하여 착오에 빠져도 무방하다. 이미 착오에

---

4) 대법원 1985. 4. 23. 선고 85도583 판결(화투의 조작에 숙달하여 원하는 대로 끝수를 조작할 수 있어서 우연성이 없음에도 피해자를 우연에 의하여 승부가 결정되는 것처럼 오신시켜 돈을 도하게 하여 이를 편취한 행위는 이른바 기망방법에 의한 도박으로서 사기죄에 해당한다).

1) 대법원 1978. 6. 13. 선고 78도721 판결(사기죄는 타인을 기망하여 재물을 교부 받았으면 성립되는 것이지 고소인(피해자)에게 민사상의 구제수단이 있는 경우는 사기죄는 성립하지 아니한다는 논리는 서지 아니한다. 왜냐하면 피고인의 본건 매매계약에 있어서의 매도하겠다는 청약의 의사표시는 민법 제107조의 진의 아닌 의사표시에 해당하는 동시에 형사적으로는 사기죄에 있어서의 기망행위에도 해당되기 때문이다. 예컨대 사기죄가 성립한다는데 아무도 의심하지 아니하는 소위 무전취식의 경우에도 그 음식물을 사겠다는 범인의 매매청약의 의사표시는 민법 제107조의 진의 아닌 의사표시이고 음식점 주인은 범인의 진의 아님을 모르고 승낙의 의사표시를 한 것이 되기 때문에 그 음식물 매매(공급)계약은 위 법조에 의하여 유효하므로 범인은 그 음식물대금을 지급할 의무가 있고 그 이행을 지체할 때는 민사적으로는 채무불이행의 책임을 지는 동시에 형사적으로는 위 비진의 의사표시는 기망행위가 되고 위 음식점 주인은 착오에 빠져 승낙의 의사표시를 하게 되었고 또 그 착오로 말미암아 음식물을 교부하였으니 사기죄가 성립함은 당연한 이치이다).

2) 대법원 1980. 7. 8. 선고 79도2734 판결.

빠진 자의 착오를 계속 유지시키는 경우, 즉 부작위에 의한 기망인 경우에도 부작위(불고지)와 계속되는 착오 사이에 인과관계가 인정되어야 한다. 피기망자와 군용물의 소유자 또는 재산상의 이익의 상실자는 일치하지 않아도 무방하다. 즉 피기망자(＝의사결정의 자유를 침해당하는 피해자)와 (재산상의 손해를 입는) 피해자가 일치할 것은 요하지 아니한다. 사기죄의 보호법익으로 의사결정의 자유를 포함한다고 해석한다면 피기망자도 일종의 피해자라고 볼 수 있다.

　기망행위의 대상으로 사실뿐만 아니라 가치판단도 포함되는 것이 타당하기 때문에, 착오의 대상도 사실뿐만 아니라 가치판단도 포함된다. 착오는 적극적인 착오이든 사실 자체를 모르는 소극적인 부지이든 무방하다. 그러나 상대방이 전혀 사실을 모르고 있는 경우에는 기망이라고 할 수 없다. 예를 들면 버스운전사에게 교통카드를 제시한 것처럼 가장하여 버스에 승차하였다면 착오가 있는 것이지만, 버스운전사 몰래 뒷문으로 승차한 경우에는 착오가 있다고 할 수 없어 사기죄가 되지 아니한다.

④ 재산상의 처분행위

　피기망자는 착오에 의하여 재산상의 처분행위를 하여야 한다. '처분행위'란 하자 있는 의사에 의하여 군용물을 교부하거나 기망자 또는 제3자에게 군의 재산상 이익을 취득하게 하는 일체의 행위를 말한다. 즉 처분행위는 행위자의 기망행위에 의한 피기망자의 착오와 행위자 등의 군용물 또는 군의 재산상 이익의 취득이라는 최종적 결과를 중간에서 매개·연결하는 한편, 착오에 빠진 피해자의 행위를 이용하여 재산을 취득하는 것을 본질적 특성으로 하는 군용물사기죄와 피해자의 행위에 의하지 아니하고 행위자가 탈취의 방법으로 군용물을 취득하는 군용물절도죄를 구분하는 역할을 한다. 처분행위가 갖는 이러한 역할과 기능을 고려하면, 피기망자의 의사에 기초한 어떤 행위를 통해 행위자 등이 군용물 또는 군의 재산상 이익을 취득하였다고 평가할 수 있는 경우라면, 본죄에서 말하는 처분행위가 인정된다.[1]

　'군용물의 교부'란 범인의 기망에 따라 피해자가 착오로 군용물에 대한 사실상의 지배를 범인에게 이전하는 것을 말한다. 군용물의 교부가 있었다고 하기 위하여 반드시 군용물의 현실의 인도가 필요한 것은 아니고, 군용물이 범인의 사실상의 지배 아래에 들어가 그의 자유로운 처분이 가능한 상태에 놓인 경우에도 군용물의 교부가 있었다고 보아야 할 것이다. 하지만 여전히 피해자의 지배 아래에 있

---

1) 대법원 2018. 8. 1. 선고 2018도7030 판결.

는 것으로 평가된다면, 그 군용물에 대한 처분행위가 있었다고 볼 수 없다.[1] 이러한 처분행위는 법률행위뿐만 아니라 사실행위도 포함되고, 사법상의 효력 여부나 취소의 가능 여부는 문제되지 아니한다. 또한 재산적 처분행위로서 피기망자가 자유의사로 직접 재산상 손해를 초래하는 작위에 나아가거나 또는 부작위에 이른 것을 말하므로, 피기망자가 착오에 빠진 결과 채권의 존재를 알지 못하여 채권을 행사하지 아니하였다면 그와 같은 부작위도 재산의 처분행위에 해당한다.[2]

⑤ **군용물을 교부받거나 군의 재산상 이익을 취득할 것**

기망행위를 통하여 군용물을 교부받거나 군의 재산상 이익을 취득해야 본죄의 기수가 된다.[3] 군용물편취를 내용으로 하는 사기죄에 있어서는 기망으로 인한 군용물의 교부가 있으면 그 자체로써 재산침해가 되어 이로써 곧 사기죄가 성립하는 것이고, 상당한 대가가 지급되었다거나 피해자의 전체 재산상에 손해가 없다고 하여도 사기죄의 성립에는 그 영향이 없으므로 사기죄에 있어서 그 대가가 일부 지급된 경우에도 그 편취액은 피해자로부터 교부된 군용물의 가치로부터 그 대가를 공제한 차액이 아니라 교부받은 군용물 전부라고 할 것이다.

⑥ **재산상의 손해발생**

본죄는 타인을 기망하여 그로 인한 하자 있는 의사에 기하여 군용물의 교부를 받거나 군의 재산상 이익을 취득함으로써 성립하는 범죄로서 그 본질은 기망에 의한 군용물이나 군의 재산상 이익의 취득에 있는 것이고 상대방에게 현실적으로 재산상 손해가 발생할 필요는 없다.

4) 군용물공갈죄

① **의 의**

군용물공갈죄는 사람을 공갈하여 군용물의 교부를 받거나 군의 재산상 이익

---

1) 대법원 2003. 5. 16. 선고 2001도1825 판결.

2) 대법원 2007. 7. 12. 선고 2005도9221 판결(인세사기사건)(피고인과 원심공동피고인 1 등은 피해자로 하여금 실제 출판부수를 오신하게 할 의도로 출판부수의 1/3 정도만 기재한 출고현황표를 피해자에게 송부함으로써 피해자로 하여금 위 출고현황표에 기재된 부수가 실제 출판부수에 해당한다고 믿게 한 다음 실제 출판부수의 1/3 정도에 해당하는 인세만을 지급하고 그 차액을 지급하지 않은 이상 이는 명백히 기망행위에 해당하며, 피고인에게 사기의 고의가 인정된다. 비록 피해자가 이미 지급받은 인세를 초과하는 부분의 나머지 인세지급청구권을 명시적으로 포기하거나 또는 출판사의 채무를 면제하지는 아니하였다 하더라도, 피해자는 피고인 등의 기망행위에 의하여 그 청구권의 존재 자체를 알지 못하는 착오에 빠진 결과 이를 행사하지 못하는 상태에 이른 만큼 이는 부작위에 의한 처분행위에 해당한다).

3) 고등군사법원 2000. 11. 28. 선고 2000노449 판결(형법 제347조 소정의 재산상 이익취득은 그 재산상의 이익을 법률상 유효하게 취득함을 요하지 아니하고 그 이익취득이 법률상 무효라 할지라도 외형상 취득한 것이면 족하다 할 것인 바, 피고인이 윤락녀와 매음을 전제로 그 대가를 240,000원으로 정하여 정교를 맺은 후 피고인이 그 가액을 면한 사실을 인정할 수 있다).

을 취득하거나 제3자로 하여금 군용물의 교부를 받게 하거나 군의 재산상 이익을
취득하게 함으로써 성립하는 범죄이다. 본죄는 폭행 또는 협박을 그 수단으로 한
다는 점에서 군용물강도죄와 유사하지만, 군용물강도죄에서의 폭행 또는 협박이
항거가 불가능한 정도에 이를 것을 요하는 반면에, 본죄에서의 폭행 또는 협박은
이러한 정도에 이를 것을 요하지 않는다는 점에서 구별된다. 또한 본죄는 상대방
의 하자 있는 의사표시를 요한다는 점에서 군용물사기죄와 유사하지만, 군용물사
기죄는 기망이라는 수단을 사용하는 반면에, 본죄는 폭행 또는 협박을 수단으로
사용한다는 점에서 구별된다. 형법상 본죄에 대하여 불법이 가중된 구성요건으로
서 특수공갈죄(제350조의2)가 있고, 책임이 가중된 구성요건으로서 상습공갈죄(제
351조)가 있다.

② 행 위

본죄의 실행행위는 사람을 폭행 또는 협박하여 상대방으로 하여금 공포심을
일으키게 하고, 피공갈자가 공포심에 기하여 처분행위를 하고, 자기 또는 제3자가
군용물 또는 군의 재산상 이익을 취득하는 것이다. '폭행'이란 사람에 대한 유형력
의 행사를 말한다. 반드시 사람의 신체에 대한 것일 필요는 없고, 사람에 대한 것이
이면 족하다. 절대적 폭력의 행사인 경우에는 피해자의 처분행위 자체를 인정할
수 없으므로 본죄의 폭행은 일정한 처분행위를 하도록 강요하는 강제적 폭력에 국
한된다. 예를 들면 가해자가 피해자의 팔을 꽉 붙잡고 도장을 찍게 하는 경우에는
본죄가 성립하지 않고 군용물강도죄의 성립 여부가 문제된다. 본죄에서의 폭행은
군용물강도죄와 달리 항거불가능한 정도의 폭행을 요하지 아니하고, 의사결정의
자유를 제한할 정도로 족하다. '협박'이란 해악을 고지하여 상대방으로 하여금 공
포심을 일으키게 하는 행위를 말한다. 여기서의 상대방은 처분행위를 할 수 있을
정도의 의사능력이 있음을 요한다. 본죄의 수단인 협박은 사람의 의사결정의 자유
를 제한하거나 의사실행의 자유를 방해할 정도로 겁을 먹게 할 만한 해악을 고지
하는 것을 말하는데, 해악의 고지는 반드시 명시적인 방법이 아니더라도 말이나
행동을 통해서 상대방으로 하여금 어떠한 해악에 이르게 할 것이라는 인식을 갖게
하는 것이면 족하고[1], 피공갈자 이외의 제3자를 통해서 간접적으로 할 수도 있으
며, 행위자가 그의 직업·지위 등에 기하여 불법한 위세를 이용하여 군용물의 교부
나 군의 재산상 이익을 요구하고 상대방으로 하여금 그 요구에 응하지 않을 때에
는 부당한 불이익을 당할 위험이 있다는 위구심을 일으키게 하는 경우에도 해악의

---

1) 대법원 2005. 7. 15. 선고 2004도1565 판결.

고지가 된다.[1] 해악이 진실한 사실인 경우뿐만 아니라 허위의 사실인 경우에도 협박이 될 수 있다. 즉 정당한 권리를 가졌다고 하더라도 그 권리행사에 빙자하여 협박을 수단으로 상대방을 외포하게 하여 군용물의 교부 또는 군의 재산상 이익을 받은 경우와 같이 그 행위가 권리행사라고 인정되지 않는 경우에는 본죄가 성립한다. 또한 고지된 해악의 내용 중에 일부 허위가 있다고 하더라도 그것이 상대방을 외포시킴에 족하고 군용물의 교부가 외포에 기인하는 경우에는 본죄가 성립한다.[2] 하지만 그 해악이 객관적으로 실현불가능한 경우라고 할지라도 상대방이 실현가능한 것으로 인식할 정도는 되어야 한다.

해악은 고지자가 해악의 발생에 어떠한 영향을 미칠 수 있는 해악이어야 한다. 그러므로 그 해악에는 인위적인 것뿐만 아니라 천재지변 또는 신력이나 길흉화복에 관한 것도 포함될 수 있으나, 다만 천재지변 또는 신력이나 길흉화복을 해악으로 고지하는 경우에는 상대방으로 하여금 행위자 자신이 그 천재지변 또는 신력이나 길흉화복을 사실상 지배하거나 그에 영향을 미칠 수 있는 것으로 믿게 하는 명시적 또는 묵시적 행위가 있어야 본죄가 성립한다.[3]

군용물의 취득으로 인한 공갈죄가 성립하려면 군용물의 교부행위가 있어야 하고, 군의 재산상 이익의 취득으로 인한 공갈죄가 성립하려면 피공갈자가 군의

---

1) 대법원 2013. 4. 11. 선고 2010도13774 판결(소비자불매운동사건)(대상 기업에 특정한 요구를 하면서 이에 응하지 않을 경우 불매운동의 실행 등 대상 기업에 불이익이 되는 조치를 취하겠다고 고지하거나 공표하는 것과 같이 소비자불매운동의 일환으로 이루어지는 것으로 볼 수 있는 표현이나 행동이 정치적 표현의 자유나 일반적 행동의 자유 등의 관점에서도 전체 법질서상 용인될 수 없을 정도로 사회적 상당성을 갖추지 못한 때에는 그 행위 자체가 강요죄나 공갈죄에서 말하는 협박의 개념에 포섭될 수 있으므로 …).
2) 대법원 1961. 9. 21. 선고 4294형상385 판결.
3) 대법원 2002. 2. 8. 선고 2000도3245 판결(조상천도제사건)(피고인이 그의 처인 공소외 1과 공모하여 1997. 11. 15.경 피고인의 집에서 공소외 1은 전화로 피해자 5에게 '작은 아들이 자동차를 운전하면 교통사고가 나 크게 다치거나 죽거나 하게 된다. 조상천도를 하면 교통사고를 막을 수 있고 보살(피해자 5 지칭)도 아픈 곳이 낫고 사업도 잘 되고 모든 것이 잘 풀려 나간다. 조상천도비용으로 795,000원을 내라.'고 말하여 만일 피해자 5가 조상천도를 하지 아니하면 피해자 5와 그의 가족의 생명과 신체에 어떤 위해가 발생할 것처럼 겁을 주어 이에 외포된 피해자 5로부터 같은 달 16일 같은 장소에서 795,500원을 건네받아 이를 갈취하고, 1997년 12월 중순경 같은 장소에서 공소외 1은 피해자 6에게 전화로 '묘소에 있는 시아버지 목뼈가 왼쪽으로 돌아가 아들이 형편없이 빗나가 학교에도 다니지 못하게 되고 부부가 이별하게 되고 하는 사업이 망하고 집도 다른 사람에게 넘어가게 된다. 조상천도를 하면 모든 것이 다 잘 된다. 조상천도를 하지 않으면 큰일난다.'고 말하여 만일 조상천도를 하지 아니하면 피해자 6과 그의 가족의 생명과 신체 등에 어떤 위해가 발생할 것처럼 겁을 주고 이에 외포된 피해자 6으로부터 1998. 1. 5. 피고인의 예금계좌로 835,000원을 송금받아 이를 갈취하였다는 이 사건 각 공갈의 공소사실에 대하여, 공소사실과 같은 해악의 고지는 길흉화복이나 천재지변의 예고로서 피고인에 의하여 직접, 간접적으로 좌우될 수 없는 것이고 가해자가 현실적으로 특정되어 있지도 않으며 해악의 발생가능성이 합리적으로 예견될 수 있는 것이 아니므로 이는 협박으로 평가될 수 없다).

재산상 이익을 공여하는 처분행위가 있어야 한다. 피공갈자의 교부·처분행위는
법률행위 이외에 사실상의 행위로도 족하다. 또한 교부·처분행위는 반드시 작위
에 한하지 아니하고 부작위로도 족하기 때문에 피공갈자가 외포심을 일으켜 묵인
하고 있는 동안에 공갈자가 직접 군의 재산상 이익을 편취한 경우에도 본죄가 성
립할 수 있다.[1] 여기서 '처분행위'란 피공갈자 또는 제3자에게 군용물을 교부하거
나 군의 재산상 이익을 취득하게 하는 행위를 말한다. 만약 피공갈자가 공포심을
일으키지 않았거나 공포심을 일으켰더라도 처분행위를 하지 않는다면 미수에 불
과할 뿐이다. 한편 공갈의 상대방은 재산상의 피해자와 동일함을 요하지는 아니하
지만, 공갈의 목적이 된 군용물 기타 군의 재산상 이익을 처분할 수 있는 사실상
또는 법률상의 권한을 갖거나 그러한 지위에 있음을 요한다.[2]

  본죄가 성립하기 위해서는 본인 또는 제3자가 군용물의 교부를 받거나 군의
재산상 이익을 취득해야 한다. 공갈행위로 취득한 재산 중에 행위자가 취득할 수
있는 권리가 있는 때에도 그 재산의 가분·불가분을 묻지 아니하고 취득한 전부에
대하여 본죄가 성립한다.[3]

5) 군용물횡령죄

① 의 의

  군용물횡령죄는 군용물을 보관하는 자[4]가 그 군용물을 횡령하거나 그 반환을
거부함으로써 성립하는 범죄이다. 본죄는 보관자의 영득행위로써 성립하고, 그 소
유자의 처분행위가 불필요하다는 점에서 편취죄와 구별된다. 형법상 횡령죄와 배
임죄는 동일한 조문에 규정되어 있는데, 양죄는 타인의 신임관계를 위배한다는 점
에서는 동일하지만, 횡령죄의 주체('타인의 재물을 보관하는 자') 및 객체('재물')와 배
임죄의 주체('타인의 사무를 처리하는 자') 및 객체('재산상의 이익')가 서로 다르다는 점
에서 구별된다. 이와 같이 군의 재산 일반에 대해서는 군용물배임죄의 성립 여부

---

1) 대법원 1960. 2. 29. 선고 4292형상997 판결.
2) 대법원 2005. 9. 29. 선고 2005도4738 판결(랑데부룸살롱사건)(피고인 1, 3, 7 등이 공동하여, 피해
   자 공소외 2가 종업원으로 일하고 있던 랑데부룸살롱에서 피해자에게 은근히 조직폭력배임을 과시
   하면서 '이 새끼들아 술 내놔.'라고 소리치고, 피고인 1 등은 험악한 인상을 쓰면서 '너희들은 공소
   외 3이 깡패도 아닌데 왜 따라 다니며 어울리냐.'라고 말하는 등의 방법으로 신체에 위해를 가할
   듯한 태도를 보여 이에 겁을 먹은 위 피해자로부터 주류를 제공받아 이를 각 갈취하였다면, 위 피고
   인들로부터 협박을 당한 공소외 2는 위 주류에 대한 사실상의 처분권자이므로 공소외 2를 공갈죄
   의 피해자라고 봄이 상당하다).
3) 대법원 1990. 3. 27. 선고 89도2036 판결.
4) 대법원 1967. 11. 14. 선고 67도1146 판결(설사 등기우편물의 수발사무에 관한 책임자는 갑판사관
   이며 피고인은 그사무의 보조기관이라 할지라도 피고인 자신이 보조기관으로서 등기우편물의 수발
   사무를 맡아 처리한 이상 피고인에게 대하여 업무상 횡령죄로 처벌한 조처는 정당하다).

가 문제되고, 개개의 군용물에 대해서는 본죄의 성립 여부가 문제되기 때문에 군용물횡령죄와 군용물배임죄는 택일관계가 아니라 특별관계에 있다고 보아야 한다. 형법상 본죄에 대하여 불법이 가중된 구성요건으로서 업무상 횡령죄(제356조)가 있고, 불법이 감경된 구성요건으로서 점유이탈물횡령죄(제360조)가 있다.

② 주 체

본죄의 주체는 군용물을 보관하는 자이다(진정신분범). 그러므로 본죄에서의 보관은 위탁관계 내지 신임관계에 기초할 것이 요구된다. 만약 위탁관계 내지 신임관계에 의하지 않은 군용물을 보관하는 자가 이를 영득한 경우에는 군용물에 대한 점유이탈물횡령죄가 성립할 뿐이다.

본죄에서 말하는 '군용물의 보관'이란 군용물에 대한 사실상[1] 또는 법률상[2] 지배력이 있는 상태를 말한다. 이와 같이 보관은 형법의 소지뿐만 아니라 민법의 점유까지도 포함하기 때문에 소지가 없는 법률상의 점유자도 보관자가 될 수 있다. 그 보관이 위탁관계에 기인하여야 할 것임은 물론이지만, 그것이 반드시 사용대차·임대차·위임 등의 계약에 의하여 설정되는 것임을 요하지 아니하고 사무관리·관습·조리·신의칙[3]에 의해서도 성립될 수 있다. 또한 위탁관계는 사실상의 위탁관계를 말하므로, 반드시 사법상 유효할 것이 요구되지 아니한다. 예를 들어 임대차계약이 무효라고 할지라도 그로 인하여 군용물을 보관하게 된 경우에도 위탁관계가 있는 것이다. 그러나 본죄의 본질이 위탁받은 군용물을 불법으로 영득하는 데 있음에 비추어 볼 때 그 위탁관계는 본죄로 보호할 만한 가치가 있는 것으로 한정된다.[4]

③ 행 위

본죄의 실행행위는 군용물을 횡령하거나 그 반환을 거부하는 것이다. '횡령'이란 위탁자의 의사에 반하여 군용물을 자기의 소유물처럼 사용·수익·처분하는 행위를 말한다. 자신이 군용물을 영득하는 경우뿐만 아니라 제3자로 하여금 영득하게 하는 것도 횡령행위가 될 수 있다.[5] '반환거부'란 군용물을 자기의 소유물처럼

---

1) 대법원 2011. 3. 24. 선고 2010도17396 판결; 대법원 2008. 10. 23. 선고 2007도6463 판결; 대법원 2005. 6. 24. 선고 2005도2413 판결.
2) 예를 들면 선하증권, 화물상환증, 창고증권 등 유가증권의 소지인은 화물을 사실상 점유하고 있지 않더라도 유가증권의 인도만으로 유효하게 처분할 수 있는 법률적 지위에 있게 된다.
3) 대법원 2010. 12. 9. 선고 2010도891 판결(송금착오사건)(어떤 예금계좌에 돈이 착오로 잘못 송금되어 입금된 경우에는 그 예금주와 송금인 사이에 신의칙상 보관관계가 성립한다고 할 것이므로, 피고인이 송금 절차의 착오로 인하여 피고인 명의의 은행 계좌에 입금된 돈(300만 홍콩달러)을 임의로 인출하여 소비한 행위는 횡령죄에 해당하고, 이는 송금인과 피고인 사이에 별다른 거래관계가 없다고 하더라도 마찬가지이다).
4) 대법원 2016. 5. 19. 선고 2014도6992 전원합의체 판결.

사용·수익·처분할 의사로 반환을 거부하는 것을 말한다. 반환의 거부는 보관물에 대하여 소유자의 권리를 배제하는 의사표시를 하는 행위를 말하므로, 군용물을 보관하는 자가 단순히 반환을 거부한 사실만으로는 본죄를 구성하는 것은 아니며, 반환거부의 이유 및 주관적인 의사 등을 종합하여 반환거부행위가 횡령행위와 같다고 볼 수 있을 정도이어야만 본죄가 성립한다.[1] 그러므로 비록 그 반환을 거부하였다고 하더라도 그 반환거부에 정당한 사유가 있어 이를 반환하지 않는 사실만으로는 본죄에 해당하지 아니한다.[2]

판례에 의하면, ① 비록 연대장인 상관으로부터 부대검열에 대비하여 기필코 어떠한 방법으로든지 차량을 수리하라는 엄명이 있었고 또 이 사건 휘발유 등 매각대금을 대부분 부대 차량수리비로 사용하였다 하더라도 군부대의 장비로 보관중인 군용 휘발유와 석유를 차량수리비로 처분하는 행위는 군부대를 위한 행위라고 볼 수 없어 군용물횡령죄를 구성한다.[3] ② 피고인은 소속대 사병식당의 취사반장으로서 사병급식용 부식을 수령 관리하는 직책을 맡고 있었으므로, 국가소유인 사병 급식용 고기를 사실상 지배하여 이를 보관하고 있었다고 볼 것이니, 피고인의 이 사건 사병 급식용 고기의 처분행위를 횡령죄로 의율처단한 조치는 옳다.[4] ③ 피고인은 소속대의 일종계직에 있는 자로서, 사병급식용 식량을 입출고하는 직책을 맡고 있었으므로, 피고인은 국가소유인 사병급식용 식량을 사실상 지배하므로, 보관하고 있었다고 볼 것이고, 따라서 피고인은 본건 보관식량의 처분행위를 횡령죄로 처단한 원판결은 정당하다.[5] ④ 비점유자가 업무상 점유자와 공모하여 횡령한 경우에 비점유자도 형법 제33조 본문에 의하여 공범관계가 성립되며 다만 그 처단에 있어서는 동조 단서의 적용을 받는다 할 것이나 군용물에 관한 횡령죄에 있어서는 업무상 횡령이던 단순 횡령이던 간에 군형법 제75조에 의하여 그 법정형이 동일하게 되어 양죄 사이에 형의 경중이 없게 되었으므로 원판결이 피고인 3에 대하여 업무상 보관인인 공동피고인 2등과의 공범관계에 있는 군용물에 대한 업무상 횡령사실에 대한 법률적용에 있어서 형법 제33조 단서의 적용을 하지 아니하여야 한다고 한 판단은 정당하다.[6] ⑤ 피고인은 업무상 항공기 엔진 신품 2대를

---

5) 육군 1993. 5. 11. 선고 93노78 판결(피고인은 이 사건 폭음탄 6개를 1992. 4. 21.부터 같은 날 24일까지 실시된 연대 전투단 훈련 시 중대장으로부터 분배받아 2개를 훈련에 사용하고 나머지 4개는 사용치 아니하고 훈련복 상의 주머니에 넣어 두었다가 같은 해 5일 일자불상경 피고인을 면회 온 공소외 이00에게 건네주었음이 명백하므로, 피고인이 이 사건 폭음탄 4개를 위와 같이 공소외 이00에게 건네준 것은 중대장으로부터 분배받아 보관하게 된 군용물을 위 공소외인에게 건네준 것으로 이는 횡령으로 의율하여야 할 것이다).
1) 대법원 2013. 8. 23. 선고 2011도7637 판결.
2) 대법원 2006. 2. 10. 선고 2003도7487 판결.
3) 대법원 1979. 6. 26. 선고 77도534 판결.
4) 대법원 1982. 3. 23. 선고 81도2455 판결.
5) 대법원 1967. 10. 23. 선고 67도1133 판결.
6) 대법원 1965. 8. 24. 선고 65도493 판결.

민간인 윤○○에게 매각하기 위하여 기지 외로 반출 부산시까지 운반하여 동 윤○○에게 인도한 사실이 인정되는바 그러하다면 피고인에 대한 불법영득의사의 점을 인정하기에 부족함이 없다 할 것이요 소론 대금의 수령 여부 및 대금의 용도(부대회식비 등) 여하는 본건 범죄성립에 소장이 없다.[1]

반면에 ① 피고인이 임의로 그 일시경 소속대 0000-00호 5/4톤 지프차를 몰고 부대를 나간 사실은 인정되나, 인사계가 지프차의 운행을 거절하는 피고인에게 욕을 하면서 중대에 연락하여 처벌받게 하겠다고 하자, 전에 군무이탈한 과오도 있는데다가 다시 보고되면 중대장이 실망할 것 같고 그 자리에 있으면 술에 취해 처벌받을지도 모른다는 생각에 연대로 복귀하고자 위 차를 몰고 나간 사실을 인정할 수 있다. 그렇다면 피고인이 위 지프차를 몰고 나간 소위는 무단이탈하기 위하여 지급된 차량을 일시 운행한 것에 지나지 아니하고 불법영득의 의사가 있다고 단정할 수는 없다.[2] ② 거리 및 시간 관계상 보급품의 수불작업을 하는 병사들에게 정상적인 식사를 제공하기가 곤란하기 때문에 피고인이 위 병사들의 식사비(1일 5~6명, 50~60원 월 약 25일)를 피고인이 부담하는 대신 동인들의 결식에 상당하는 양의 백미 월 1가마를 피고인이 가져가기로 지휘관의 승낙을 받고 이에 따라 1972년 3월부터 6월까지 월 백미 1가마를 가져간 사실을 인정할 수 있다. 그렇다면 피고인의 이건 행위는 불법영득의 의사가 없어서 죄가 되지 아니한다.[3]

6) 군용물배임죄

① 의 의

군용물배임죄는 타인의 사무를 처리하는 자가 그 임무에 위배하는 행위로써 군의 재산상 이익을 취득하거나 제3자로 하여금 이를 취득하게 하여 본인에게 손해를 가함으로써 성립하는 범죄이다. 본죄에 있어서 타인의 사무를 처리하는 자라함은 양자간의 신임관계에 기초를 둔 타인의 재산보호 내지 관리의무가 있음을 그 본질적 내용으로 하는 것이므로, 본죄의 성립에 있어 행위자가 대외관계에서 타인의 재산을 처분할 적법한 대리권이 있음을 요하지 아니한다.[4] 생각건대 본죄의 본질은 위탁자의 신뢰를 배신하여 군의 재산상 이익을 취득하고 본인에게 재산상의 손해를 가하는 데에 있다. 즉 대외관계에서 대리권을 남용하는 것보다는 대내관계에서 위탁자의 신뢰를 위배하여 이득을 취하고 본인에게 손해를 가한다는 점에 중점을 두어야 하므로 배신설이 타당하다. 그러므로 신뢰관계를 발생시킨 실질적인 내용이 중요하기 때문에 대외적인 대리권의 유무, 사실행위 또는 법률행위를 불문

---

1) 육군 1965. 4. 8. 선고 65고군형항7 판결.
2) 육군 1989. 1. 25. 선고 88고군형항319 판결.
3) 육군 1973. 3. 29. 선고 72고군형항798 판결.
4) 대법원 1999. 9. 17. 선고 97도3219 판결; 대법원 1976. 5. 11. 선고 75도2245 판결.

하고 본죄의 주체가 될 수 있다. 형법상 본죄에 대하여 불법이 가중된 구성요건으로서 업무상 배임죄(제356조)가 있다.

② 주 체

본죄의 주체는 '타인의 사무를 처리하는 자'이다(진정신분범). '타인의 사무를 처리하는 자'란 위탁자와의 신임관계에 의해 타인의 사무를 처리하는 자를 말한다. 이는 타인과의 대내관계에서 신의성실의 원칙에 비추어 그 사무를 처리할 신임관계가 존재한다고 인정되는 사람을 말하고, 반드시 제3자에 대한 대외관계에서 그 사무에 관한 권한이 존재할 필요는 없다.[1] 또한 '타인의 사무를 처리하는 자'는 고유의 권한으로서 그 처리를 하는 자에 한하지 않고, 그 자의 보조기관으로서 직접 또는 간접으로 그 처리에 관한 사무를 담당하는 자도 포함하며[2], 직접 업무를 담당하고 있는 자가 아니더라도 그 업무 담당자의 상급기관으로서 실행행위자의 행위가 피해자인 본인에 대한 배임행위에 해당한다는 것을 알면서도 실행행위자의 배임행위를 교사하거나 또는 배임행위의 모든 과정에 관여하는 등으로 배임행위에 적극 가담한 경우에는 본죄의 주체가 된다.[3] 한편 그 사무가 포괄적 위탁사무일 것을 요하는 것도 아니고, 사무처리(신임관계)의 발생근거는 법령의 규정·법률행위·관습·사무관리에 의하여도 발생할 수 있으므로, 법적인 권한이 소멸된 후에 사무를 처리하거나 그 사무처리자가 그 직에서 해임된 후 사무인계 전에 사무를 처리한 경우에도 본죄의 주체가 된다.[4]

또한 타인의 사무를 처리하는 자는 양자 간의 신임관계에 기초를 두고 타인의 재산관리에 관한 사무를 대행하거나 타인 재산의 보전행위에 협력하는 자의 경우 등을 가리키는 것으로서[5], 본죄의 사무는 재산상의 사무에 국한된다. 즉 타인과의 내부적인 관계에서 신의성실의 원칙에 비추어 타인의 사무를 처리할 신임관계에 있게 되어 그 관계에 기하여 군의 재산적 이익 등을 보호·관리하는 것이 신임관계의 전형적·본질적 내용이 되는 지위에 있는 사람을 말한다.[6]

---

1) 대법원 2011. 7. 14. 선고 2010도3043 판결.
2) 대법원 2004. 6. 24. 선고 2004도520 판결; 대법원 1999. 7. 23. 선고 99도1911 판결; 대법원 1982. 7. 27. 선고 81도203 판결.
3) 대법원 2004. 7. 9. 선고 2004도810 판결.
4) 대법원 1999. 6. 22. 선고 99도1095 판결.
5) 대법원 2004. 6. 17. 선고 2003도7645 전원합의체 판결; 대법원 1999. 9. 17. 선고 97도3219 판결; 대법원 1994. 9. 9. 선고 94도902 판결; 대법원 1987. 4. 28. 선고 86도2490 판결.
6) 대법원 2011. 4. 28. 선고 2011도3247 판결; 대법원 2009. 5. 29. 선고 2007도4949 전원합의체 판결.

③ 행 위

본죄의 실행행위는 임무에 위배하는 행위로써 군의 재산상 이익을 취득하거나 제3자로 하여금 이를 취득하게 하여 본인에게 손해를 가하는 것이다. 여기서 '임무에 위배하는 행위'란 처리하는 사무의 내용·성질 등 구체적 상황에 비추어 법령의 규정·계약의 내용·신의칙상 당연히 하여야 할 것으로 기대되는 행위를 하지 않거나 당연히 하지 않아야 할 것으로 기대되는 행위를 함으로써 본인과의 신임관계를 저버리는 일체의 행위를 말하며[1], 그러한 행위가 법률상 유효한지 여부는 따져볼 필요가 없다.[2] 즉 형식적으로 법령을 위반한 모든 경우를 의미하는 것이 아니고, 문제가 된 구체적인 행위유형 또는 거래유형 및 보호법익 등을 종합적으로 고려하여 경제적·실질적 관점에서 본인에게 재산상의 손해가 발생할 위험이 있는 행위를 의미한다. 행위자가 본인을 위한다는 의사를 가지고 행위를 하였다고 하더라도 그 목적과 취지가 법령이나 사회상규에 위반된 위법한 행위로서 용인할 수 없는 경우에는 그 행위의 결과가 일부 본인을 위하는 측면이 있다고 하더라도 이는 본인과의 신임관계를 저버리는 행위로서 본죄의 성립을 인정함에 영향이 없다.[3] 하지만 그러한 사무처리에 대하여 본인의 동의가 있는 때에는 임무에 위배하는 행위라고 할 수 없다.[4]

본죄는 본인에게 재산상의 손해를 가하는 이외에 배임행위로 인하여 행위자 스스로 군의 재산상 이익을 취득하거나 제3자로 하여금 이를 취득하게 할 것을 요건으로 하므로, 본인에게 손해를 가하였다고 할지라도 행위자 또는 제3자가 군의 재산상 이익을 취득한 사실이 없다면 본죄가 성립할 수 없다.

'본인에게 재산상의 손해를 가한다'라는 것은 총체적으로 보아 본인의 재산상태에 손해를 가하는 경우, 즉 본인의 전체적 재산가치의 감소를 가져오는 것을 말한다. 이와 같은 법리는 타인의 사무를 처리하는 자 내지 제3자가 취득하는 군의 재산상 이익에 대하여도 동일하게 적용되는 것으로 보아야 한다. 그러므로 현실적인 손해를 가한 경우뿐만 아니라 재산상 실해 발생의 위험을 초래한 경우도 포함되며[5],

---

1) 대법원 2017. 11. 9. 선고 2015도12633 판결; 대법원 2012. 9. 13. 선고 2012도3840 판결; 대법원 2012. 7. 12. 선고 2009도7435 판결; 대법원 2009. 10. 15. 선고 2009도5655 판결; 대법원 2004. 7. 9. 선고 2004도810 판결.
2) 대법원 2002. 7. 22. 선고 2002도1696 판결; 대법원 2001. 9. 28. 선고 99도2639 판결; 대법원 1987. 4. 28. 선고 83도1568 판결.
3) 대법원 2008. 5. 29. 선고 2005도4640 판결; 대법원 2003. 2. 11. 선고 2002도5679 판결.
4) 대법원 2015. 6. 11. 선고 2012도1352 판결; 대법원 1983. 11. 8. 선고 83도2309 판결.
5) 대법원 2007. 11. 15. 선고 2007도6075 판결; 대법원 1998. 2. 10. 선고 97도2919 판결.

손해액이 구체적으로 명백하게 산정되지 않았더라도 본죄의 성립에는 영향이 없는데, 재산상 손해의 유무에 대한 판단은 법률적 판단에 의하지 아니하고 경제적 관점에서 파악하여야 한다.[1] 따라서 법률적 판단에 의하여 당해 배임행위가 무효라고 하더라도 경제적 관점에서 파악하여 배임행위로 인하여 본인에게 현실적인 손해를 가하였거나 재산상 실해 발생의 위험을 초래한 경우에는 재산상의 손해를 가한 때에 해당되어 배임죄를 구성한다.[2] 여기서 재산상의 손해가 발생하였다고 평가될 수 있는 재산상 실해 발생의 위험이란 본인에게 손해가 발생할 막연한 위험이 있는 것만으로는 부족하고 경제적인 관점에서 보아 본인에게 손해가 발생한 것과 같은 정도로 구체적인 위험이 있는 경우를 의미한다.[3] **본죄의 성립을 인정하려면 재산상 손해의 발생이 합리적인 의심이 없는 정도의 증명에 이르러야 하므로, 배임행위로 인한 재산상 손해의 발생 여부가 충분히 증명되지 않았음에도 가볍게 액수 미상의 손해가 발생하였다고 인정함으로써 본죄의 성립을 인정하는 것은 허용될 수 없다.**[4]

7) 군용물장물죄

① 의 의

군용물장물죄는 군용물인 장물을 취득·양도·운반·보관하거나 이러한 행위들을 알선함으로써 성립하는 범죄이다. 본죄는 본범을 유발·비호·은닉하는 성격을 지닌 범죄로서, 본범의 공범이 아니라 본범과는 독립된 범죄유형이다. 본죄는 군용물만을 객체로 한다는 점에서 재물죄에 해당하고, 본죄의 미수범 처벌규정은 없다. 형법상 본죄에 대하여 책임이 가중된 구성요건으로서 상습장물죄(제363조)가 있고, 불법이 감경된 구성요건으로서 업무상 과실·중과실장물죄(제364조)가 있다.

② 주 체

본죄의 주체는 본범 이외의 자이다. 즉 본범의 단독정범·공동정범·간접정범·합동범 등은 본죄의 주체가 될 수 없다. 왜냐하면 장물죄는 본범이 불법하게 영득한 군용물의 처분에 관여하는 범죄이므로 자기의 범죄에 의하여 영득한 물건에 대하여는 성립되지 아니하고, 이는 불가벌적 사후행위에 해당하기 때문이다. 그러므로 피고인이 평소 본범과 공동하여 수차 상습으로 강도 및 절도행위를 자행함으로

---

1) 대법원 2012. 12. 27. 선고 2012도10822 판결.
2) 대법원 2012. 2. 23. 선고 2011도15857 판결.
3) 대법원 2017. 10. 12. 선고 2017도6151 판결.
4) 대법원 2018. 2. 13. 선고 2017도17627 판결.

써 실질적인 범죄집단을 이루고 있었다고 하더라도, 당해 범죄행위의 정범자(공동정범이나 합동범)로 되지 아니한 이상 이를 자기의 범죄라고 할 수 없고, 따라서 그 장물의 취득을 불가벌적 사후행위라고 할 수 없다.[1]

한편 교사범과 방조범이 본죄의 주체가 될 수 있는지 여부와 관련하여, 피고인이 공동피고인들에게 횡령할 것을 교사하고 그 횡령한 물건을 취득한 것이라면 횡령교사죄와 장물취득죄가 경합범으로서 성립된다.[2] 왜냐하면 교사범 또는 방조범은 스스로 범죄를 실행한 자가 아니라 타인의 범죄에 가공한 것에 불과하므로 별도로 장물죄를 범할 수 있기 때문이다.

③ 객 체

본죄의 객체는 군용물인 장물인데, 이는 군용물에 대한 재산범죄에 의하여 위법하게 영득한 군용물을 말한다. 장물은 반드시 재물이어야 한다. 그러므로 군의 재산상 이익·권리[3]·정보 등은 장물이 될 수 없다. 다만 권리가 화체되어 있는 유가증권·문서 등은 재물이므로 장물이 될 수 있다. 재물인 이상 동산·부동산을 묻지 아니하고[4], 반드시 경제적 가치를 지닐 필요도 없다. 군용물에 대한 재산범죄를 저지른 이후에 별도로 재산범죄의 구성요건에 해당하는 사후행위가 있었다면 비록 그 행위가 불가벌적 사후행위로서 처벌의 대상이 되지 않는다고 할지라도 그 사후행위로 인하여 취득한 물건은 군용물에 대한 재산범죄로 인하여 취득한 물건으로서 장물이 될 수 있다.

본죄에서 말하는 장물은 군용물에 대한 재산범죄에 의하여 위법하게 영득한 군용물이어야 한다. 여기서 '재산범죄'란 절도죄·강도죄·사기죄·공갈죄·횡령죄·장물죄[5] 등을 말한다. 반면에 영득행위가 없는 손괴죄와 군의 재산상 이익만을 객체로 하는 배임죄·컴퓨터등사용사기죄는 포함되지 아니한다. 반면에 재산범죄 이외의 범죄로 취득한 재물은 장물이 될 수 없다. 뇌물로 받은 재물, 위조통화·위조문서·위조유가증권[6], 도박에 사용되거나 취득한 재물, 마약범죄에 의한 마약, 성

---

1) 대법원 1986. 9. 9. 선고 86도1273 판결.

2) 대법원 1969. 6. 24. 선고 69도692 판결; 同旨 대법원 1986. 9. 9. 선고 86도1273 판결.

3) 대법원 1971. 2. 23. 선고 70도2589 판결(전화가입권은 하나의 채권적 권리로서 재산상의 이익은 될지언정 재물이 아니라 하여 장물죄로 처단할 수 없다).

4) 대법원 1979. 11. 27. 선고 79도2410 판결.

5) 장물죄에 의해 취득한 장물을 다시 취득하는 경우에도 장물죄가 성립하는데, 이를 연쇄장물이라고 한다.

6) 대법원 1998. 11. 24. 선고 98도2967 판결(제1심 공동피고인은 무주리조트 서편매표소에 있던 탑승권 발매기의 전원을 켠 후 날짜를 입력시켜서 탑승권발행화면이 나타나면 전산실의 테스트카드를 사용하여 한 장씩 찍혀나오는 탑승권을 빼내어 가지고 가는 방법으로 리프트탑승권을 발급·취득한

매매의 대가로 받은 재물, 「임산물단속에 관한 법률」 위반으로 생긴 임산물[1], 관세법 위반으로 통관한 재물, 문화재보호법 위반(문화재도굴죄)으로 허가 없이 발굴한 문화재[2], 「조수보호 및 수렵에 관한 법률」 위반으로 수렵한 짐승 등은 장물이 될 수 없다.

　장물은 재산범죄로 영득한 재물과 물질적 동일성을 유지하는 범위 내에서만 인정된다. 예를 들면 훔친 금반지를 녹여 금괴로 만든 경우·도벌한 목재를 제재(製材)한 경우·자동차의 부속품을 다른 자동차에 장착한 경우 등에 있어서는 장물이 될 수 있다. 하지만 재물의 물질적 동일성이 사라진 경우에는 장물이 될 수 없다. 예를 들면 장물과 교환한 물건·금전인 장물로 구입한 물건 등과 같은 대체장물, 장물을 전당잡히고 받은 전당표[3], 절취한 물건을 복사한 복사물 등은 장물이 될 수 없다. 반면에 대체장물이 재산범죄에 의한 경우에는 장물이 된다. 예를 들면 절취한 물건을 매각하여 받은 금전은 대체장물이지만, 절취한 물건을 자기물건이라고 속이고 판 경우에는 사기죄로 취득한 금전이므로 장물이 된다.

　금전을 다른 금전으로 바꾼 경우, 즉 절취한 만원권 지폐 1장을 천원권 지폐 10장으로 교환한 경우·절취한 달러를 원화로 교환한 경우·자기앞수표를 현금으로 교환한 경우·절취한 5만원권 지폐 1장으로 밥을 먹고 4만원을 돌려받은 경우 등과 같은 상황에서 대체된 금전이 장물에 해당하는지 여부와 관련하여, 장물인 현금을 금융기관에 예금의 형태로 보관하였다가 이를 반환받기 위하여 동일한 액수의 현금을 인출한 경우에 예금계약의 성질상 인출된 현금은 당초의 현금과 물리적인 동일성은 상실되었지만 액수에 의하여 표시되는 금전적 가치에는 아무런 변동이 없으므로 장물로서의 성질은 그대로 유지된다고 봄이 상당하고, 자기앞수표도 그 액면금을 즉시 지급받을 수 있는 등 현금에 대신하는 기능을 가지고 거래상 현금과 동일하게 취급되고 있는 점에서 금전의 경우와 동일하게 보아야 할 것이

사실이 인정되고, 그와 같이 발매기에서 나오는 위조된 탑승권은 제1심 공동피고인이 이를 뜯어가기 전까지는 쌍방울개발의 소유 및 점유하에 있다고 보아야 할 것이므로, 제1심 공동피고인의 행위는 발매할 권한 없이 발매기를 임의 조작함으로써 유가증권인 리프트탑승권을 위조하는 행위와 발매기로부터 위조되어 나오는 리프트탑승권을 절취하는 행위가 결합된 것이고, 나아가 그와 같이 위조된 리프트탑승권을 판매하는 행위는 일면으로는 위조된 리프트탑승권을 행사하는 행위임과 동시에 절취한 장물인 위조 리프트탑승권의 처분행위에 해당한다 할 것이다. 따라서 이 사건에서 제1심 공동피고인이 위조된 리프트탑승권을 위와 같은 방법으로 취득하였다는 정을 피고인이 알면서 이를 제1심 공동피고인으로부터 매수하였다면 그러한 피고인의 행위는 위조된 유가증권인 리프트탑승권에 대한 장물취득죄를 구성한다).

1) 대법원 1975. 9. 23. 선고 74도1804 판결.
2) 대법원 1987. 10. 13. 선고 87도538 판결.
3) 대법원 1973. 3. 13. 선고 73도58 판결.

다.[1] 생각건대 장물이란 재산범죄로 인하여 취득한 물건 그 자체를 말하고, 그 장물의 처분 대가는 원칙적으로 장물성을 상실한다. 하지만 금전은 고도의 대체성을 가지고 있어 다른 종류의 통화와 쉽게 교환할 수 있고, 그 금전 자체는 별다른 의미가 없고 금액에 의하여 표시되는 금전적 가치가 거래상 의미를 가지고 유통되고 있다는 점에서 긍정설이 타당하다.

한편「군복 및 군용장구의 단속에 관한 법률」에 의하여 군복 또는 그 원료인 군복지의 일반적인 제조 판매 등 행위가 금지되어 있다 하더라도 이러한 단속법규에 위반하여 시중에 군복 또는 군복지가 거래될 수 있음은 충분히 예상될 수 있을 뿐만 아니라「군복 및 군용장구의 단속에 관한 법률」제4조에 의하면 일반 시민도 국방부장관의 허가를 얻어 군복 등을 제조 판매할 수 있으므로 예외적인 경우이기는 하지만 군복 및 군복지가 시중에서 합법적으로 유통될 수 있는 여지도 있는 만큼, 국군 또는 주한 국제연합군의 군용에 공하기 위하여 제조된 군복 또는 군복지가 시중에서 거래되고 있다 하더라도 이를 모두 장물이라고는 단정할 수는 없다.[2]

④ 행 위

본죄의 실행행위는 장물을 취득·양도·운반·보관하거나 이러한 행위들을 알선하는 것이다. '취득'이란 동산인 장물의 점유를 이전하거나 부동산인 장물의 등기를 이전받음으로써 사실상 소유자의 지위를 획득하는 것을 말한다. 취득은 유상이든 무상이든 불문한다. 또한 자기를 위한 취득이든 제3자를 위한 취득이든 불문한다. 취득은 단순한 계약만으로는 부족하고 현실적인 점유의 이전이 있어야 한다. 장물에 대한 사실상 소유자의 지위를 획득하면 장물취득죄가 성립하고, 계약의 유효 여부는 본죄의 성립에 영향이 없다. 절취한 돈을 함께 소비한 경우, 소비는 취득을 전제로 하는 것이므로 장물취득죄가 성립한다. 하지만 본범이 훔친 돈으로 구입한 음식을 함께 먹거나 훔친 돈으로 구입한 물건을 함께 사용한 경우에는 대체장물을 취득한 것에 불과하므로 장물취득죄가 성립하지 아니한다. 또한 장물을 손괴하는 경우에도 취득이 될 수 없다. 장물취득죄는 취득 당시 장물인 정을 알면서 재물을 취득하여야 성립하는 것이므로 피고인이 재물을 인도받은 후에 비로소 장물이 아닌가 하는 의구심을 가졌다고 하여 그 재물수수행위가 장물취득죄를 구성한다고 할 수 없고[3], 장물인 정을 모르고 장물을 보관하였다가 그 후에 장

---

1) 대법원 2004. 4. 16. 선고 2004도353 판결; 대법원 2004. 3. 12. 선고 2004도134 판결; 대법원 2000. 3. 10. 선고 98도2579 판결; 대법원 1999. 9. 17. 선고 98도2269 판결.

2) 대법원 1982. 2. 23. 선고 81도2876 판결.

3) 대법원 1971. 4. 20. 선고 71도468 판결.

물인 정을 알게 된 경우 그 정을 알고서도 이를 계속하여 보관하는 행위는 장물죄를 구성하는 것이지만, 이 경우에도 점유할 권한이 있는 때에는 이를 계속하여 보관하더라도 장물보관죄가 성립한다고 할 수 없다.[1] 예를 들면 국가의 적법한 소지 상태로 회복시켜 줄 의도를 가지고 군용장물을 보관하더라도 본죄가 성립하지 아니한다.[2] 하지만 매매계약을 체결할 때에는 장물인 줄 몰랐다가 인도받을 때 그 사실을 알았다면 장물취득죄가 성립한다.[3]

'양도'란 장물인 줄 모르고 취득하였다가 이후 장물인 줄 알고 양수인에게 동산인 장물의 점유를 이전하거나 부동산인 장물의 등기를 이전함으로써 사실상 소유자의 지위를 가지도록 하는 것을 말한다.[4] 양도계약의 체결만으로는 부족하고, 현실적인 인도가 있어야 한다. 유상·무상을 불문한다. 양수인이 장물이라는 사실을 인식하였는지 여부는 불문한다. 다만 양수인이 장물인 정을 알았다면 양수인에게는 별도로 장물취득죄가 성립할 수 있고, 양수인이 장물인 정을 몰랐다면 양도인은 장물양도죄와 묵시적 기망행위에 의한 사기죄가 성립할 수 있다.[5]

'운반'이란 위탁을 받고 장물을 장소적으로 이동하는 것을 말한다. 운반은 본범 또는 장물취득자의 양해 또는 승낙에 의하여 이루어져야 한다. 그러므로 피해자에게 반환하기 위한 운반은 본범 또는 장물취득자의 의사에 반하기 때문에 본죄에 해당하지 아니한다. 또한 본범 또는 장물취득자가 직접 운반할 때에는 불가벌적 사후행위가 된다.[6] 즉 본범과 공동하여 장물을 운반한 경우에 본범은 장물죄에 해당하지 않지만, 그 이외의 자[7]의 행위는 장물운반죄를 구성한다.[8] 반면에 절취

---

[1] 대법원 2006. 10. 13. 선고 2004도6084 판결; 대법원 1986. 1. 21. 선고 85도2472 판결.

[2] 육군 1975. 2. 28. 선고 74고군형항878 판결(칼빈 실탄 30발은 군용물로서 공소외 안○○이 이미 횡령하여 위법한 상태로 계속 은닉, 소지 중이던 것으로 피고인들은 이러한 위법상태에 대하여 피해자인 나라에 위 안○○의 횡령으로 인한 피해를 회복시켜줌으로 원래의 적법한 나라의 소지 상태로 원상복구 시키려는 의도로써 위 실탄을 취득한 사실을 넉넉히 인정할 수 있으므로 따라서 이는 사회상규에 위배되지 아니하는 행위로서 형법 제20조에 의하여 위법성이 조각되어 죄가 되지 아니하는 경우에 해당한다).

[3] 대법원 1960. 2. 17. 선고 4292형상496 판결.

[4] 대법원 2011. 5. 13. 선고 2009도3552 판결(피고인은 2004. 12.경 미등록 상태였던 이 사건 수입자동차를 취득한 후, 2005. 3. 29. 최초 등록이 마쳐진 이 사건 수입자동차가 장물일지도 모른다고 생각하면서도 2005. 5. 28. 이를 다시 공소외인에게 양도한 사실을 알 수 있다).

[5] 대법원 1980. 11. 25. 선고 80도2310 판결(절도범인이 절취한 장물을 자기 것인양 제3자에게 담보로 제공하고 금원을 편취한 경우에는 별도의 사기죄가 성립된다).

[6] 대법원 1986. 9. 9. 선고 86도1273 판결; 육군 1971. 12. 28. 선고 71고군형항703 판결(피고인의 이건 장물운반행위에는 범죄행위의 연속으로 인정되기에 무리가 없으므로 이를 장물알선운반죄의 포괄적 일죄로서 과형상 단일죄로 처단함이 타당하다).

[7] 대법원 1966. 9. 27. 선고 66도1100 판결(상명하복관계에 있는 군인이라고 할지라도 상급자가 군수물자를 불법처분하는 정을 알면서 그 지시에 따라 그 군수품을 운반 또는 취득하였을 경우에는 장

한 자동차의 뒷좌석에 편승하는데 그친 경우에는 운반의 실행을 분담하였다고 볼 수 없다.[1]

'보관'이란 위탁을 받아 장물을 자기의 점유 아래에 두는 것을 말한다. 장물보관죄는 점유의 취득만이 있고 사실상의 처분권을 갖지 못한다는 점에서 장물취득죄와 구별된다.[2] 보관의 위탁자가 반드시 본범일 필요는 없고, 장물취득자·양도자·운반자 등도 보관을 위탁할 수 있다. 장물인 정을 모르고 보관하던 중 장물인 정을 알게 되었으면서도 계속 보관함으로써 피해자의 정당한 반환청구권 행사를 어렵게 하고 위법한 재산상태를 유지시키는 때에는 장물보관죄가 성립한다.[3] 하지만 이 경우에도 점유할 권한이 있는 때에는 이를 계속하여 보관하더라도 장물보관죄가 성립하지 아니한다.[4] 절도 범인으로부터 장물보관 의뢰를 받은 자가 그 정을 알면서 이를 인도받아 보관하고 있다가 임의 처분하였다고 하여도 장물보관죄가 성립하는 때에는 이미 그 소유자의 소유물 추구권을 침해하였으므로 그 후의 횡령행위는 불가벌적 사후행위에 불과하여 별도로 횡령죄가 성립하지 아니한다.[5]

'알선'이란 장물의 취득·양도·운반·보관을 매개하거나 주선하는 것을 말한다. 장물알선죄의 기수시기와 관련하여, 장물인 정을 알면서, 장물을 취득·양도·운반·보관하려는 당사자 사이에 서서 서로를 연결하여 장물의 취득·양도·운반·보관행위를 중개하거나 편의를 도모하였다면[6], 그 알선에 의하여 당사자 사이에

물에 관한 범죄가 성립한다).
8) 대법원 1999. 3. 26. 선고 98도3030 판결(피고인이 승용차가 공소외 1이 절취한 차량이라는 정을 알면서도 공소외 1, 2로부터 동인들이 승용차를 이용하여 강도를 하려 함에 있어 피고인이 승용차를 운전해 달라는 부탁을 받고 승용차를 운전하여 간 사실이 인정된다면, 피고인은 강도예비와 아울러 장물운반의 고의를 가지고 위와 같은 행위를 하였다).
1) 대법원 1983. 9. 13. 선고 83도1146 판결.
2) 대법원 2003. 5. 13. 선고 2003도1366 판결(장물취득죄에서 '취득'이라고 함은 점유를 이전받음으로써 그 장물에 대하여 사실상의 처분권을 획득하는 것을 의미하는 것이므로, 단순히 보수를 받고 본범을 위하여 장물을 일시 사용하거나 그와 같이 사용할 목적으로 장물을 건네받은 것만으로는 장물을 취득한 것으로 볼 수 없다).
3) 대법원 1987. 10. 13. 선고 87도1633 판결.
4) 대법원 1986. 1. 21. 선고 85도2472 판결(피고인이 채권의 담보로서 이 사건 수표들을 교부받았다가 장물인 정을 알게 되었음에도 채권을 확보하기 위하여 이를 보관한 행위는 장물보관죄에 해당하지 아니한다).
5) 대법원 2004. 4. 9. 선고 2003도8219 판결; 대법원 1976. 11. 23. 선고 76도3067 판결.
6) 대법원 1975. 2. 25. 선고 74도2228 판결(피고인은 공소외인에게 '황소를 훔쳐오면 문제없이 팔아주겠다'고 말한 사실이 있었을 뿐이라는 것이니 이는 공소외인이 황소를 절취하여 오면 이 장물에 관하여 매각 알선을 하겠다는 의사표시를 한 것이라고 볼 수 있을 뿐, 이러한 언사만으로서 피고인이 바로 공소외인의 이 사건 황소절취행위를 공동으로 하겠다는 이른바 공모의 의사를 표시한 것이라고 볼 수는 없다).

실제로 장물의 취득·양도·운반·보관에 관한 계약이 성립하지 아니하였거나 장물의 점유가 현실적으로 이전되지 아니한 경우라도 장물알선죄가 성립한다.[1]

---

1) 대법원 2009. 4. 23. 선고 2009도1203 판결(장물인 귀금속의 매도를 부탁받은 피고인이 그 귀금속이 장물임을 알면서도 매매를 중개하고 매수인에게 이를 전달하려다가 매수인을 만나기도 전에 체포되었다 하더라도, 위 귀금속의 매매를 중개함으로써 장물알선죄가 성립한다).

제17장 위령의 죄

Ⅰ. 초소침범죄

제78조(초소 침범) 초병을 속여서 초소를 통과하거나 초병의 제지에 불응한 사람은 다음 각 호의 구분에 따라 처벌한다.
1. 적전인 경우: 1년 이상 5년 이하의 징역 또는 금고
2. 전시, 사변 시 또는 계엄지역인 경우: 3년 이하의 징역 또는 금고
3. 그 밖의 경우: 1년 이하의 징역 또는 금고

1. 의 의

초소침범죄는 초병을 속여서 초소를 통과하거나 초병의 제지에 불응함으로써 성립하는 범죄이다. 본죄는 군 전력의 유지·강화를 위하여 초병 경계임무의 추상적 위험성을 그 보호대상으로 한다. 초령위반죄(제40조)에 있어서 수면이나 음주행위가 초병 자신의 능동적인 경계의무위반임에 반하여, 본죄는 초병 이외의 사람에 의한 외부적인 직무침해행위라고 할 수 있다.

2. 구성요건

(1) 주 체

본죄의 주체는 군인·준군인뿐만 아니라 내·외국 민간인도 포함된다.

(2) 행 위

본죄의 실행행위는 초병을 속여서 초소를 통과하거나 초병의 제지에 불응하는 것이다. '초병을 속여서'란 초병으로 하여금 착오를 일으키게 하는 일체의 행위를 말하며, 작위·부작위를 불문한다. 초병에 대한 기망수단에는 특별한 제한이 없으므로 반드시 적극적인 기망수단을 사용한 경우에만 본죄가 성립한다고 볼 것은 아니며, 피고인의 기망행위에 의하여 착오에 빠진 것에 초병의 부주의 내지 과실이 일부 개입했다고 하더라도 본죄의 성립에는 지장이 없다.[1] 예를 들면 위조된

---

[1] 고등군사법원 2019. 7. 25. 선고 2019노35 판결(① 사건 당시 육군 B○○연대에서 탄환반장으로 근무했던 C은 당시 상황에 대하여, 'D대대 위병소 근무자 중 위병조장으로부터 "국방부로부터 온

신분증이나 문서를 제시하는 경우, 통행자격을 사칭하는 경우, 제복을 착용하는 경우 등이 이에 해당한다. 이와 같이 초병 본인을 기망한 결과 착오에 빠진 상태를 이용해야 하므로, 초병 이외의 제3자를 기망하여 초소를 통과하거나 초병이 모르는 상태에서 초소를 통과하는 경우에는 본죄가 성립하지 아니한다.[1]

'초소'란 초병이 현실적으로 배치되어 경계임무를 수행하는 일정한 범위의 장소를 말하는데, 경계를 필요로 하는 장소인 수소와 구별된다. 초소를 통과한다는 것은 초병이 사람의 통과를 규제할 수 있는 사실적인 지배범위를 벗어나는 것을 말한다. 이와 같이 '통과'란 초소의 안으로부터 밖으로 또는 밖으로부터 안으로 통과하는 행위를 의미하고, 이때 초병의 사실적인 지배 범위를 벗어났을 때 기수가 된다. 그러므로 본죄에서 말하는 '통과'의 의미는 부대 외부에서 내부로 들어오는 의미인 '침입'과 서로 구별되는 개념이다.[2] 한편 초병을 속이는 행위와 초소를 통과하는 행위 사이에는 인과관계가 있어야 하므로, 초병의 수면·근무지이탈·부재 등을 이용하여 초소를 통과하는 경우에는 본죄가 성립하지 아니한다. 즉 어떠한 기망행위도 없이 초병 몰래 초소를 통과하는 경우는 이에 해당하지 아니한다.

'초병의 제지'는 초병이 경계임무를 수행하기 위하여 일정한 행위를 할 것을 요구하는 것으로서 구두에 의하든 거동에 의하든 불문한다. 예를 들면 차량이 위

인원이 부대에 들어간다."는 전화연락을 받고 혼자 사무실에서 나와 보니, 검정색 SM7 승용차가 통합막사 쪽으로 오고 있었다. 운전자가 차를 연병장에 주차해 놓고 막사 안으로 들어오려고 해서 일단 차단하고 어떻게 왔는지 물어보자 운전자가 "국방부에서 근무하는 직원이다. 평양에 가려면 어떻게 해야 되냐"고 말하였다. 수상한 사람으로 판단하고 막사 외부로 데려가 바로 사무실에 있던 병사에게 지통실에 보고하라고 지시하고 운전자를 본부중대장실에 격리하였다. 당시 운전자가 제게 주민등록증을 보여주었기 때문에 운전자의 이름이 A임을 알 수 있었고, 위병소 근무자가 신분증을 보여주지 않았음에도 국방부 직원이라고 하여 통과시켰다는 것이 문제되어 연대 수색중대장이 위병소 근무자들을 대상으로 경계근무 관련 정신교육을 하였다.'는 취지로 구체적으로 진술한 사실, ② 사건 당시 ○○○ 기무부대 방첩계장으로 위와 같이 신원이 확보된 피고인을 면담하였던 E는, '당시 위병근무를 하던 병사들이 피고인이 국방부에서 왔다는 말을 하자 어차피 통일대교를 지나왔기 때문에 국방부 직원이 맞는 것으로 판단하여 문을 열었다는 취지로 진술하였고, 피고인에게 그게 맞는지를 물어보자 피고인이 "맞다.", "그러면 막았어야지 왜 나를 출입시켰느냐"는 말까지 하였다.'고 진술한 사실, ③ 사건 당시 육군 B 정보처에서 합동정보조사팀 조사원으로 근무했던 F은, 위와 같이 신원이 확보된 피고인과 면담하는 과정에서 위병소 초소를 어떻게 통과하였는지를 물어보자 피고인이 직접 "국방부 직원이라고 얘기하니까 다 통과시켜 주던데요."라는 이야기를 하였고, 이 부분을 확실히 기억한다고 진술한 사실이 인정된다. 위 인정사실에 의하면 이 사건 당시 피고인은 D대대 위병소 초소에서 근무하던 초병에게 "국방부에서 왔다."라고 거짓말함으로써 초병을 속여 초소를 통과하였음이 넉넉히 인정된다고 할 것이고, 이를 앞서 본 법리에 비추어 보면 이 부분 피고인의 행위가 초소침범에 해당한다).
1) 이에 대하여 초병 이외에 위병조장이나 위병장교를 기망하여 그들이 초병에게 통과를 허용하게 하는 경우, 초병이 모르는 사이에 그러한 상태를 이용하여 통과하는 경우 등도 본죄가 성립한다는 견해로는 이상철, 246면.
2) 고등군사법원 2012. 10. 11. 선고 2012노210 판결.

병소 통과를 하는 과정에서 초병에 의한 차량 정지, 라이트 꺼, 운전자 하차, 암구
호 낭독 등을 요구하는 것이 이에 해당한다. 다만 초병이 자신의 임무와 전혀 관
련이 없는 행위를 제지한 경우에 있어서는 이에 불응하더라도 본죄가 성립하지 아
니한다. '불응'이란 초병의 제지를 받고서도 제지의 대상이 된 행위를 착수하거나
그러한 행위를 계속하는 것을 말하며[1], 제지의 대상이 되는 행위를 달성하였는지

---

1) 대법원 2016. 6. 23. 선고 2016도1473 판결(원심판결 이유 및 적법하게 채택된 증거들에 의하면,
    아래와 같은 사실들을 알 수 있다. (1) 피고인은 대위 공소외 2, 중위 공소외 3과 부대 밖에서 술을
    마신 후 부대 안에 있는 숙소로 복귀하기 위하여 함께 택시를 타고 부대 정문 앞에 도착하였다.
    공소외 2, 공소외 3은 부대 정문 앞에서 근무 중이던 초병인 일병 공소외 1에게 출입증을 보여주고
    정문을 통과하여 부대 안으로 들어갔다. (2) 피고인도 공소외 1로부터 "패스 확인 부탁드리겠습니
    다."라는 말을 들었으나, 출입증을 보여주지 아니하고 정문 안으로 들어갔다. 공소외 1은 평소 피고
    인의 얼굴을 알아 피고인이 부대 간부인 사실을 알고 있었다. (3) 피고인은 평소 초병들이 관용차량
    퇴영 시 상황실에 선탑자만 보고하고 나머지 탑승자를 보고하지 아니하는 것에 대하여 불만을 갖
    고 있어, 위와 같이 정문 안으로 들어온 후 정문 초소 건물 안에 있던 상병 공소외 4에게 손짓으로
    나오라고 하였고, 공소외 4는 피고인 앞에서 경례를 한 후 공소외 1과 나란히 정렬하였으며, 관등성
    명을 말하였다. (4) 피고인은 상황실장임을 밝힌 후 초병의 평소 보고에 대한 잘못을 언급하였고,
    공소외 4는 이미 그 전에 상황실에서 초병의 보고 내용에 대하여 문제를 제기하고 있다는 것을 알
    고 있었으므로 그 경위를 설명하다가 죄송하다는 말을 하였다. 그 무렵 공소외 2, 공소외 3이 피고
    인에게 '그만하고 같이 가자'고 말하였으나, 피고인은 '교육 좀 시키고 갈 테니 먼저 들어가라'고
    말하여 공소외 2, 공소외 3이 먼저 숙소로 들어갔다. (5) 피고인이 공소외 1, 공소외 4를 질책하던
    중 공소외 4가 헛기침을 하자 피고인이 공소외 1, 공소외 4에게 '엎드려뻗쳐', '앞으로 취침', '뒤로
    취침' 등을 지시하였고, 공소외 1, 공소외 4는 그 지시에 따랐다. 그 후 정문을 지나가던 중령 공소
    외 5 및 소령 공소외 6의 제지로 피고인의 위 행위가 종료되었다. 이러한 사실관계를 앞에서 본
    법리에 비추어 살펴보면, 아래와 같이 판단된다. (1) 초병의 제지에 불응함으로써 초소침범죄가 성
    립하려면 초병의 제지행위가 선행되어야 한다. 피고인에 대한 이 부분 공소사실은 피고인이 부대
    정문 앞에서 초병인 공소외 1로부터 출입증 제시를 요구받았음에도 불구하고 이에 응하지 아니하
    고 정문을 그대로 통과하여 초병의 제지에 불응하였다는 것이므로, 초병인 공소외 1이 피고인에게
    출입증의 제시를 요구한 행위가 제지행위에 해당하고, 제지의 대상이 된 행위는 정문을 통과하여
    부대 안으로 들어가는 행위임을 전제로 하고 있다. (2) 그런데 초병인 공소외 1이 피고인에게 "패스
    확인 부탁드리겠습니다."라고 말을 하였지만 그 어구에 비추어 이는 출입증(패스)의 확인을 부탁한
    다는 의미로 보이고, 그 자체만으로 어떠한 행위의 금지를 요구하는 말이라고 보기에는 부족하다.
    또한 공소외 1이 심야에 부대 밖에서 정문으로 걸어오는 피고인에게 위와 같은 말을 하였으나, 공
    소외 1은 당시 피고인의 얼굴을 보고 부대 간부임을 알았으며, 더 나아가 피고인을 막아서거나 부
    대 안으로 들어온 피고인에게 퇴거를 요구하는 행동을 하지는 아니하였다. 이에 따라 피고인이 출
    입증을 제시하지 아니한 상태에서 정문을 통과하여 부대 안으로 들어왔고, 그 후 상황실장으로서
    공소외 1, 공소외 4에게 평소의 보고 내용을 질책하였으며, 오히려 공소외 1, 공소외 4는 피고인에
    게 상급자에 대한 예를 갖추고 피고인의 지시에 따랐다. (3) 이러한 사정들에 비추어 보면, (가) 공
    소외 1이 피고인에게 출입증의 확인을 요구한 행위만을 가지고 이 부분 공소사실과 같이 피고인이
    정문을 통과하여 부대 안으로 들어오는 것을 금지하도록 요구하는 제지행위를 하였다고 평가하기
    에는 부족하고, (나) ① 이 사건과 같이 초병이 부대 출입 자격이 있음을 알고 있는 상급자라 하여
    도 그에 대하여 출입증의 확인을 요구하는 목적이 전산방식으로 출입 기록을 남기는 것에 그치지
    아니하고 부대 안으로 들어올 당시의 구체적인 출입 자격을 전산방식을 통하여 대조·확인하는 것
    이어서 그 확인이 이루어지지 아니하면 정문 통과 자체가 금지된다거나, ② 출입증을 확인하지 아
    니하면 다른 방법으로 부대 출입 자격이 확인되더라도 부대 안으로 들어오는 것이 금지되어 있어,
    평소에 초병이 상급자에 대하여 출입증의 확인을 요구함으로써 부대 안으로 들어오는 것을 금지하

여부는 불문한다. 즉 제지에 불응하는 행위 그 자체만으로 본죄가 성립하며, 초소를 통과하였는지 여부는 불문한다.

3. 다른 범죄와의 관계

구성요건적 측면에서 초소침범죄는 초병을 기망하여 초소를 통과하여야 성립되는 범죄인 반면 무단이탈죄는 허가 없이 근무장소 또는 지정장소를 일시적으로 이탈하거나 지정한 시간까지 지정한 장소에 도달하지 못하면 성립되는 범죄로서 그 요구되는 행위는 물론 고의에 있어서도 차이가 있는 점, 초소침범죄의 주체는 군형법 피적용자인 군인·준군인은 물론 군형법 피적용자가 아닌 내·외국인을 포함하는 반면, 무단이탈죄의 주체는 군형법 피적용자인 군인·준군인에 한정되는 점, 보호법익 측면에서 초소침범죄는 군 전력의 유지·강화를 위하여 초병 경계임무의 추상적 위험성을 보호대상으로 하는 범죄인 반면 무단이탈죄는 전투력의 기초가 되는 병력의 확보를 보호법익으로 하는 범죄로서 그 차이가 있는 점 등을 종합하여 보면 초소침범죄와 무단이탈죄는 별죄로 성립한다.[1]

Ⅱ. 무단이탈죄

> 제79조(무단 이탈) 허가 없이 근무장소 또는 지정장소를 일시적으로 이탈하거나 지정한 시간까지 지정한 장소에 도달하지 못한 사람은 1년 이하의 징역이나 금고 또는 300만원 이하의 벌금에 처한다.

1. 의 의

무단이탈죄는 허가 없이 근무장소 또는 지정장소를 일시적으로 이탈하거나

여 왔다거나, ③ 출입증을 확인하지 아니한 사람이 부대 안으로 들어오려고 하거나 부대 안으로 들어온 경우에 초병이 이를 제지하기 위해서 통상적으로 취하여야 하는 대응행위를 공소외 1이 피고인에게 실제로 취하였다는 등의 사정이 인정될 수 있는지 여부를 구체적으로 밝히고, 그러한 사정 아래에서 위와 같은 공소외 1의 출입증 확인 요구 행위, 피고인이 부대 안으로 들어온 과정 및 그 후의 피고인과 공소외 1의 언행 등을 종합하여 볼 때에, 공소외 1이 출입증이 확인되지 아니한 상태에서의 피고인의 정문 통과를 금지하였고 피고인이 이에 불응하였다고 볼 수 있는지를 가려야 할 것이다. 그럼에도 이와 달리 원심은, 위와 같은 사정들에 관하여 심리·판단하지 아니한 채 단지 공소외 1이 피고인에게 출입증의 제시를 요구한 사실만을 가지고 피고인에게 제지행위를 하였다고 잘못 단정하고, 그 전제에서 피고인이 이미 부대로 들어온 후의 행위를 덧붙여 피고인이 초병의 제지에 불응하였다고 판단하였다. 따라서 이러한 원심의 판단에는 초소침범죄에 관한 법리를 오해하여 필요한 심리를 다하지 아니한 잘못으로 인하여 판결에 영향을 미친 위법이 있다).

1) 고등군사법원 2012. 10. 11. 선고 2012노210 판결.

지정한 시간까지 지정한 장소에 도달하지 못함으로써 성립하는 범죄이다.[1] 본죄의 보호법익은 전투력의 기초가 되는 병력확보[2]이지만, 군무이탈죄와 달리 상대적 병력유지를 그 목적으로 하고 있다. 군인이 군조직과 근무장소 등을 자유롭게 이탈할 수 있다면 군 조직의 존립과 통수가 불가능하기 때문에 이를 규제할 필요성이 도출된다.[3]

한편 군형법은 제12장(위령의 죄)[4]에서 초소침범죄(제78조), 군사기밀누설죄(제80조), 암호부정사용죄(제81조) 등과 함께 무단이탈죄(제79조)를 규율하고 있는데, 이러한 범죄군의 편제는 상이한 죄질을 띠고 있는 범죄를 동일한 장에 모아놓은 것에 불과하다. 따라서 무단이탈죄는 현행 군형법 제6장의 '군무 이탈의 죄'라는 장명을 '이탈의 죄'라고 변경한 후 군무이탈죄(제30조)의 바로 앞에 위치시키는 것이 보호법익이 유사한 범죄군을 동일한 장에 배치시키는 기본적인 법전의 편제원칙에 부합한다.

2. 구성요건

(1) 허가없이 근무장소 또는 지정장소를 일시적으로 이탈하는 행위

1) 허가권자의 정당한 허가가 없을 것

본죄에서 말하는 '허가'는 군행정상의 권한자 또는 군작전상의 명령권자 등 허가권자의 정당한 허가[5]를 의미한다. 그러므로 허가권자 이외의 사람이 외관상 허가와 유사한 처분을 내리거나 허가권자의 허가라고 할지라도 그 내용이 부당한 것일 때에는 정당한 허가라고 할 수 없다. 예를 들면 위병조장은 외출을 허가할 수

---

1) 이에 대하여 보다 자세한 내용으로는 박찬걸, "군형법상 무단이탈죄의 문제점과 개선방안", 형사정책연구 제25권 제3호, 한국형사정책연구원, 2014. 9, 1면 이하 참조.
2) 참고로 2018년 기준 현역병 입영인원은 222,517명으로 해마다 줄고 있는 추세에 있다.
3) 군의 임무나 작전수행의 다양성, 유동성으로 말미암아 병력의 산일(散逸)이나 무단이탈이 예상되는 모든 상황을 미리 법률로써 구체적으로 정하는 것은 거의 불가능하다. 그러므로 본죄에서 말하는 허가권자가 누구인지, 지정장소, 지정시간이 구체적으로 무엇을 의미하는지 다소 불분명한 점이 있으나, 그것이 통상적인 해석방법에 의하여 해소될 수 있다면 헌법이 요구하는 처벌법규의 명확성에 반드시 배치되는 것이라고는 할 수 없다. … '근무장소, 지정장소, 지정시간' 등도 구체적인 상황의 고려하에 법령, 규칙, 군사회의 통념에 따라 그 해당 여부를 판단할 수 있다. '일시이탈'이란 군형법 제30조와의 체계적 해석상 군무기피의 목적없이 일시적으로 이탈함을 말하고, 어느 정도의 이탈이 일시적인지는 시간적·장소적 요소와 직무수행의 가능성 등을 종합하여 군사회의 통념에 따라 합리적으로 판단할 수 있다(헌법재판소 1999. 2. 25. 선고 97헌바3 결정).
4) '위령'(違令)이란 법령, 규칙 또는 개개의 명령에 직접적 또는 간접적으로 위반되는 성질을 말한다.
5) 대법원 1969. 9. 30. 선고 69도1373 판결(피고인이 수사기관에 출두하여 조사를 받기 위하여 소속부대를 이탈함에 있어서 정당한 허가가 있었다는 아무런 증거가 없다면 무단이탈죄를 적용할 수 있다).

있는 정당한 권한을 가지고 있지 않음이 명백하기 때문에 부대를 나오면서 당시 위병조장의 허락을 얻었다고 하여 무단이탈죄의 성립을 부정할 수는 없고[1], 정당한 허가권자인 작전과장이 아니라 작전과 선임하사에게 휴가를 일방적으로 통보하는 행위는 정당화될 수 없으며[2], 중대급 부대에 있어 중대원의 휴가출장 및 외출에 관한 허가권자는 중대장이므로 피고인이 중대장 아닌 자기의 직속 소대장의 허가만을 얻어 외출한 것은 허가권 없는 자의 허가에 기한 것으로 위법한 것이다. 또한 업무상 필요에 의한 지시가 있거나 직접 보고하여 허락을 얻어 출입하는 방식으로 평소 일과시간 내에 업무를 위하여 수시로 부대를 통과한 사실이 있더라도, 사건 당일 누구에게도 보고하거나 허락을 얻지 않고 부대를 빠져 나갔다면 비록 근무초병들의 제지를 받은 사실이 없다고 하더라도 이것만으로 허가권자의 묵시적인 허가가 있었다고 보기는 어렵다.[3] 절차상으로 적법한 휴가를 득하기 위하여는 최소한 허가권자의 허가를 득한 후에 휴가출발을 하여야 한다.[4] 그리고 허가권자의 허가라고 할지라도 그 허가의 내용이 권한 범위 밖의 것이고, 이를 수범자가 충분히 예상할 수 있는 것이라면 정당한 허가가 있다고 보기 어렵다.[5]

　　한편 허가권자의 정당한 허가가 실질적으로 존재하는 이상 허가와 관련된 형

1) 육군 1973. 8. 7. 선고 73고군형항314 판결.
2) 고등군사법원 1998. 4. 14. 선고 97노854 판결(전날 술을 많이 마셔 몸이 힘든 상황에서 작전과 선임하사에게 전화하여 결근신고를 하였다는 점과 관련하여, 피고인이 술을 많이 마셔 몸이 힘들다는 것이 무단결근에 대한 정당한 이유가 될 수 없음은 물론, 휴가·외출 허가권자인 작전과장에게는 직접 통화하거나 허가를 득하지 않고 일방적으로 같은 과의 선임하사에게 전화로 통보하는 형식의 결근을 알린 것만으로는 피고인의 결근이 정당화될 수 없다. … 1997. 8. 5.은 국방부에서 직무감찰을 하는 날이었기 때문에 피고인의 직속상관이며 휴가 허가권자인 작전과장 이○○ 중령은 피고인에게 오전에는 감사 중이므로 자리를 지키고 오후에 나가라고 지시를 한 후 결재를 보류하고 있었는데 피고인이 위 작전과장에게도 전혀 보고하지 아니하고 휴가를 출발한 사실을 인정할 수 있고, 또한 휴가기간 정정사실에 대해서도 피고인에게 편제상 직무상 상관인 작전계장 이○○ 중위에게 작전과장 이○○ 중령이 휴가 일자를 1997. 8. 6.까지만 허가하고 위 사실을 피고인에게 전달하라고 지시하자 위 이○○ 중위는 1997. 8. 6. 피고인의 집에 전화를 걸어 피고인의 처에게 위 사실을 전달한 사실과 피고인이 직접 작전과장 이○○ 중령에게 정식으로 휴가자체 또는 휴가기간 정정사실에 대한 허가를 득하거나 별도의 조치를 취한 사실이 없음을 명백히 인정할 수 있다).
3) 고등군사법원 2001. 10. 9. 선고 2001노346 판결(차량사용관의 허가를 득하지 않고 임의로 부대 밖으로 차량을 운행한 경우에는 무단이탈죄가 성립한다).
4) 고등군사법원 1998. 4. 14. 선고 97노854 판결.
5) 고등군사법원 1997. 6. 24. 선고 97노246 판결(피고인이 당시 유격대관리 및 병력통제의 권한자인 일직사관의 권유로 부대 밖으로 나간 사실은 인정되어, 일응 피고인에게 무단이탈의 범의가 없거나 외출에 대한 허가가 있었다고 볼 수 있으나, 유격대관리 및 병력통제의 권한을 지휘관으로부터 위임받은 일직사관은 특단의 사유가 없는 한 그 위임의 범위를 넘어 권한을 행사할 수 없는바, 밤 1시경 피고인에게 함께 술을 더 마시러 가자고 권유한 일직사관의 행위는 그 권한을 초월한 위법한 행위로서 병사들도 익히 할 수 있는 무효인 행위이므로 피고인에게 무단이탈의 범의가 없거나 허가를 받고 외출했다고 볼 수 없고 달리 인정할 특단의 사유도 없다).

식적인 절차를 거치지 않았다거나 허가를 입증할 수 있는 서류를 소지하지 않았다고 할지라도 무단이탈죄는 성립하지 아니한다. 왜냐하면 휴가·외출·외박 및 출장 등의 경우에 있어서 일정한 절차를 거치도록 하는 것은 허가권자의 허가를 받는 하나의 형식적인 절차에 불과하고, 이러한 절차에 의하여 발급받는 증명서는 허가권자의 허가사실을 입증하는 자료에 불과하기 때문이다. 그러므로 허가권자의 허가를 받은 이상 설사 형식적인 절차를 결여하거나 증명서를 교부받지 않았다고 하더라도 그러한 휴가·외출·외박 및 출장은 적법하다.[1] 또한 절차와 규정에 따르지 아니한 명령으로 근무 장소 내지 지정된 장소에 머무를 것을 요구받아 이를 이탈하는 경우에는 본죄로 처벌할 수는 없다.[2]

2) 근무장소 또는 지정장소를 일시적으로 이탈하는 행위

① 일시적 이탈의 기준

본죄는 그것이 반드시 근무장소 또는 지정장소에서 멀리 떠난 경우뿐만 아니

---

[1] 육군 1972. 8. 31. 선고 72고군형항435 판결.

[2] 고등군사법원 2018. 7. 25. 선고 2017노330 판결(피고인이 헌병단장 대령 G로부터 비상대기 명령과 함께 영내대기 명령을 받았음에도 불구하고 일과를 마친 2016. 12. 3. 22:27경부터 다음 날 01:53경까지 영내에 대기하지 아니하고 이탈하였음을 이유로 기소된 사건에서, 그렇다면 지휘관인 헌병단장 대령 G가 피고인에게 일과시간 이후 지시한 영내대기 명령이 절차와 규정에 따라 적법하게 내려진 명령에 해당하는지 여부를 살펴야 할 것이다. 군인의 지위 및 복무에 관한 기본법(이하 '군인복무기본법'이라 한다) 제12조에는 근무시간 외 지휘관의 명령에 의한 영내대기를 원칙적으로 금지하면서, 영내대기를 명할 수 있는 경우로서 ① 근무시간인 경우, ② 군인복무기본법 제12조 각 호 사유로서, ㉠ 전시·사변 또는 이에 준하는 국가비상사태가 발생한 경우, ㉡ 침투 및 국지도발 상황 등 작전상황이 발생한 경우, ㉢ 경계태세의 강화가 필요한 경우, ㉣ 천재지변이나 그 밖의 재난이 발생한 경우, ㉤ 소속 부대의 교육훈련·평가·검열이 실시 중인 경우로 규정하고 있다. … 피고인에게 발하여진 영내대기 명령이 군인복무기본법 제12조 제1항에서 규정된 '근무시간' 동안 지시되어진 것인지 여부에 관하여 살펴보기로 본다. 위 조항에서의 '근무시간'이라 함은 국가의 안전보장과 국토방위의 의무를 수행하는 군인의 임무를 고려할 때 통상적인 근무시간뿐만 아니라 특별근무에서의 근무시간도 당연히 포함된다고 할 것이다. 우선적으로 피고인이 지시받은 명령을 통상적인 근무시간 동안 발하여진 영내명령으로 볼 수 있는지 여부를 살피건대, 제출된 증거들에 의하면 피고인은 정상적인 일과시간을 마친 이후 저녁시간 동안 비상대기명령 및 영내대기 명령을 지시받은 것은 기록상 명백하므로, 이를 통상적인 근무시간에 지시된 영내 대기 명령으로 볼 수는 없어 보인다. 다음으로, 피고인이 특별근무 시간동안 영내대기 명령을 지시 받은 것인지 여부를 살펴보기로 한다. 군인복무기본법 시행령 제37조 제1항은 특별근무를 당직근무, 영내위병근무, 그 밖의 근무(불침번근무·응급진료대기근무 및 군기순찰근무 등)로 나누고, 이에 관한 세부적 사항은 부대의 임무, 기능 및 상황에 따라 장성급 지휘관이 정할 수 있도록 규정하고 있다. 하지만 군검사가 제출한 증거들만으로는 위와 같은 비상대기명령이 '특별근무'라는 점이 합리적 의심의 여지 없이 증명되었다고 보기 어렵다고 판단된다. 위와 같은 영내대기명령은 군인복무기본법 시행령 제37조 제1항 제3호의 특별근무인 '그 밖의 근무'로서 지시될 수는 있어 보이나, 이에 대한 세부적 상황은 장성급지휘관에 의하여 정하여져야 하는바, 군검사가 제출한 증거들만으로는 이 사건 영내대기명령이 장성급 지휘관의 명령에 근거하여 발하여졌다는 점에 대한 아무런 입증이 없는 이상 이 사건 영내대기명령을 위 시행령 제37조 제1항 제3호에 규정된 '그 밖의 근무'로서 '특별근무'로 이루어진 명령에 해당한다고 볼 수는 없다).

라 동 이탈로 인하여 그에게 부과된 임무를 수행할 수 없는 정도로 이탈함으로써 족하다.[1] 이와 같이 일시 이탈이라고 함은 이탈[2]이 비교적 단기간인 것을 말하는데, 이탈장소가 영내인가 아니면 영외인가, 이탈거리의 원근 등에 관계없이 그에게 부과된 임무를 수행할 수 없을 정도로 근무장소 또는 지정장소를 이탈하는 것[3]을 의미하기 때문에, 무단이탈죄의 성립 여부를 판단할 때에는 근무하고 있던 특정장소를 이탈한다는 점에 중점을 둘 것이 아니라 현실적으로 맡은 바 직무를 이행할 수 없는 상태에 이르게 된 상황을 경험법칙 및 군의 실정들을 고려하여 사회통념에 따라 구체적으로 고려해야만 한다. 이는 일시 이탈의 여부를 시간적·장소적 개념만으로 판단하지 않음을 의미한다.[4] 예를 들면 영외 거주장교에게 휴일에도 무단이탈죄가 성립될 수 있는 소속부대의 특수사정이 있었는지, 허가권자가 부재중일 경우에는 소속대 인사계에게 이야기하고 퇴근하였는지, 무단이탈기간 중 어느 지역에 갔었는지, 이탈기간 중 소속대에 연락을 취하여 사후에라도 하가권자의 허락을 받으려고 노력하였는지 등 피고인의 무단이탈기간의 특정, 동기, 이탈

---

1) 대법원 1967. 7. 25. 선고 67도734 판결(피고인이 군사분계선을 넘어간 장소는 피고인의 근무장소가 아니라고 할 것이니 그 넘어선 거리가 10m에 불과하였다고 할지라도 피고인의 동 소위는 무단이탈죄에 해당한다).

2) 판례(육군 1982. 6. 11. 선고 82고군형항151 판결)는 무단이탈죄의 법적 성격을 자수범으로 파악하고 있다.

3) 육군 1985. 4. 18. 선고 85고군형항29 판결(피고인들이 취침시간 초기에 방위병 소대장 등 동료들이 알고 있는 상태하에서 취침장소인 방위관에서 약 40m 내지 50m 가량 떨어진 영내의 교보재창고에 가서 약 5분 내지 20분간 소주를 한 두잔 마신 본건에 있어서, 일직사관의 통제범위는 소속대의 내무반, 방위관, 창고 등 영내의 건물에 모두 미친다고 보여지므로 피고인들의 위 행위가 일직사관의 통제범위를 벗어났다고 보기 어려울 뿐만 아니라 피고인들은 주간에 출근하여 근무하고 밤 10:30경부터 취침하여 익일 08:00경에 퇴근하며 혹시 있을지 모르는 상황에 대비하여 비상대기 임무가 있는바, 방위병 소대장 등 동료들이 피고인들의 위치를 알고 있는 상태이므로 비상상황이 발생하면 즉시 연락이 가능한 가까운 장소에서 소주를 한 두잔 마신 정도이므로 피고인들에게 부여된 임무를 수행하기 곤란할 정도의 이탈행위가 있었다고는 할 수 없다); 육군 1985. 2. 26. 선고 85고군형항337 판결.

4) 고등군사법원 2009. 11. 6. 선고 2009노96 판결(각 골프장 이용현황 및 휴가명령에 의하면 피고인은 휴가명령이 발령된 사실 없이 일응 골프를 친 사실이 인정되나, 당심의 증인 공소외 14·15·16·17·18에 의하면 피고인은 위 일자에 그린피만 계산하고 바로 부대로 복귀하였다고 각 진술한 사실, 피고인이 ○○ 골프장 또는 △△ 골프장에서 피고인이 근무하는 예비군동대까지 자동차를 이용하는 경우 약 15~20분이 각 소요된다고 진술한 사실 등이 인정된다. … 피고인은 위 골프장에서 그린피를 계산하고 부대로 복귀하는 과정에 있었다면 시간이 다소 지체되어 지각하였다는 사실만을 가지고 예비군 동대장으로 부여된 임무수행에 지장이 발생할 것으로 보기는 어려운 점, 무단이탈이 성립하기 위해서는 주관적으로 일시이탈에 대한 고의가 인정되어야 한다는 점 등을 비추어 보면, 피고인이 위 일자에 부대를 이탈함으로써 자신에게 부과된 임무수행에 지장이 발생할 것이라고 예상하거나 무단이탈에 대한 고의가 있었다고 인정하기에는 부족하다고 달리 이를 입증할 증거가 없음에도 원심이 이를 유죄로 인정한 것은 심리미진 내지 채증법칙 위반으로 인한 사실오인의 위법이 있다).

이후의 행적, 취한 조치 등을 소상히 살펴보아야 할 것이다.[1] 이에 따라 정당한 절차에 의하여 부대를 나가고 허용된 시간 안에 귀대하였다면 업무수행을 위하여 부대를 나갔다가 허용된 시간 안에 업무를 마치고 남은 시간에 잠시 휴식을 한 경우에는 무단이탈죄로 의율할 수 없다.[2] 특히 인솔자가 부하들의 사기진작이라는 목적을 위한 행위는 주어진 임무를 명백히 벗어난 것이라고 단정하기 어렵다. 이러한 상황에서 소속대에 자신의 행선지와 용무를 밝히고 무슨 일이 있으면 즉시 연락하라고 지시하였다면 임무를 수행할 수 없을 정도로 근무장소 또는 지정장소를 이탈한 것이라고는 볼 수 없는데, 그렇다면 비록 피고인이 허가를 받지 않고 이러한 행위를 하였다고 할지라도 무단이탈죄에 해당하지 않는다는 것이 판례의 입장[3]이다. 이와 같이 무단이탈행위의 성립요건으로서 요구되는 정당한 허가가 없는 경우에도 동죄의 성립을 부정한 것은 구성요건해당성이 배제되는 행위로 판단되기보다는 목적의 정당성 및 수단의 상당성 등이 인정되는 정당행위로 평가되어 일종의 위법성조각사유로 판단한 것으로 보인다. 또한 행위자가 무단이탈을 함에 있어 정당한 이유가 있다고 한다면 법률의 착오(형법 제16조)로 책임이 조각될

---

1) 육군 1975. 11. 11. 선고 75고군형항1024 판결(실질적으로 장기복무장교가 어떠한 상황에서 무단이탈을 할 수밖에 없었는가에 대하여 깊이 파고 들어가서 철저히 따져보지 않고 피상적으로 이건을 처리했다는 비난을 면치 못할 것이다).

2) 고등군사법원 2019. 7. 25. 선고 2018노231 판결(계곡데이트사건)(비록 당시 워크숍 계획 및 참석 지시 공문에 따르면 피고인은 오후 15:40경까지 해당 워크숍에 참석을 하고 있었어야 한다고 볼 여지가 없지 않으나, 위 지시 공문의 성격이 피고인이 해당 워크숍 장소를 이석하면 안 되는 출석 의무를 부여하는 문서라고 해석되지 아니하며, 달리 피고인에게 오전 업무보고 및 초빙강연 일정 외에 오후 행사에도 참석하였어야 한다는 법령상 내지 일반직무상 의무에 대한 증명이 부족하다. 나아가, 피고인이 출장지에서 곧바로 복귀하지 않고 이 사건 계곡에 들른 행위는 일시적인 이탈에 해당될 여지가 있으나, 당초의 출장계획대로 워크숍을 다녀왔고 부대에 복귀하여 차량을 반납하고 퇴근한 시간이 근무시간 종료 이후였던 점, 지도상 이 사건 계곡이 출장지에서 부대로 오는 동안 예상되는 운행경로를 현저히 벗어나지 않음이 확인되는 점, 이탈 시간이 길지 아니하여 장거리 운행 중 휴식을 취하는 정도로 볼 수 있는 점 등을 고려하여 볼 때, 부대로 복귀하는 과정에서 잠시 계곡에 들러 부대도착 시간이 늦어졌다는 사실만을 가지고, 피고인에게 무단이탈의 고의를 추단하기 어렵고, 설령 그 범의가 인정된다고 하더라도 위와 같은 행위가 사회상규에 위배되는 행위라고 보기 어려우며, 달리 이를 입증할만한 증거가 부족하다); 대법원 1985. 4. 23. 선고 85도388 판결(새삼다방사건)(피고인이 1984. 4. 5. 13:00경 피고인의 소속부대로부터 약 1.5Km 떨어져 있는 43탐조등 수리를 하기 위하여 같은 날 18:00까지 귀대하기로 상황실에 보고를 한 후 소속부대를 나가 탐조등을 수리하고 귀대하는 길에 같은 날 15:00경 길 옆에 있는 새삼다방(소속부대로부터 200m 떨어짐)에 들어가 차 한잔을 마시고 같은 날 15:30경 위 다방을 나와 바로 귀대하였다).

3) 육군 1974. 11. 1. 선고 74고군형항461 판결(피고인은 소속대 주번사관으로 근무할 당시인 1974. 5. 26. 13:00 소속대 병사들의 사기를 양양시켜 주기 위하여 소속대 병사 18명을 인솔하고 소속부대로부터 약 300m 떨어진 월하초등학교 교정에서 축구경기를 하고 부근 마을에서 탁주 1말을 사서 동 병사들과 나누어 마신 후 동 병사들을 인솔하고 귀대한 사실 및 위와 같이 소속대를 이탈할 때 주번하사에게 위와 같은 내용을 고지하고 무슨 일이 있으면 즉시 연락하라는 지시를 하였다).

여지도 있다.[1]

② 위수지역 이탈행위

과거 무단이탈의 사례에서 자주 문제가 된 사안 가운데 하나가 위수지역의 이탈이었다. 위수지역의 본래적 의미는 어떤 군부대가 담당하는 작전지역 또는 관할지역으로써, 전방 전투부대는 전시 작전 범위가 매우 유동적이지만 지역 위수부대인 향토사단은 고정적이다. 또한 위수령이나 계엄령 선포시 해당 부대의 병력을 배치할 수 있는 지역 반경을 의미하기도 한다. 하지만 육군[2]에서는 위수지역의 의미를 앞에서 설명한 개념보다는 외박이나 외출시 벗어나면 안 되는 지리적 범위로써 사용하고 있었다. 보통 부대에서 1~2시간 이내에 도달할 수 있는 지역으로 설정되는데, 이는 비상시에 출타 인원을 신속하게 소집하기 위해서이다. 실제에 있어서 전방 부대의 경우에는 보통 부대 근처 군, 읍, 면, 리 단위로 설정되는 것이 보통이며, 향토사단은 해당 부대 주둔지 근처와 관할 지역(연대/대대별)으로 설정된다.[3] 이에 대하여 판례는 위수지역의 범위를 규정하고 있는 여단내규는 무단이탈의 범죄사실을 구성하는 보충규범으로서 이는 작전상 필요에 의해 부대의 위수작전관할을 정하는 규정에 불과하기 때문에 이를 변경하는 것은 법률이념의 변화에 따라 종래의 처벌 자체가 부당하였다거나 과형이 지나치게 중하였다는 반성적 고려에서가 아니라 단지 군사작전상 필요에 의하여 부대의 위수작전관할권이 미치는 범위를 변경한 것에 불과하여 그때 그때의 특수한 필요에 대처하기 위하여 관계법규를 개폐한 경우이기 때문에 그 가벌성을 축소하거나 소멸시키는 형법 제1조 제2항의 적용대상이 아니라고 하여[4], 위수지역이탈행위를 형사처벌의 대상으

---

1) 육군 1985. 2. 19. 선고 84고군형항451 판결(비록 상피고인이 소초장의 허락을 받은 것으로 오인하고 소초를 떠났다고 하더라도 소초장이 피고인들이 음주하기 위하여 밖으로 나가는 것을 허락했으리라고는 생각되지 아니하여 피고인들의 오인에는 정당한 이유가 없다).
2) 참고로 공군과 해군은 작전지역의 개념이 육군과 다르기 때문에 별도로 위수지역의 개념을 사용하고 있지 않다.
3) 위수지역이탈행위는 군형법상 무단이탈죄의 구성요건에 해당하는 행위로 평가되지만, 이에 대해서는 형사처벌이 아닌 군기교육대 입소 또는 징계입창으로 처리되는 것이 일반적이다. 현재보다 군기가 매우 엄격하였던 것으로 평가되고 있는 1980년대에도 위수지역이탈행위에 대해서는 '주요 군기위반'의 한 내용으로 보아 군기교육대의 교육기간에 대한 기준을 마련하고 있었다. 이에 대해서는 김기준, "병에 대한 징계 및 그 유사제도에 관한 고찰", 군사법연구 제13권, 육군본부, 1996. 3, 132면.
4) 고등군사법원 1998. 10. 13. 선고 98노297 판결(여단내규는 작전상 필요에 의해 부대의 위수작전관할을 정하는 규정에 불과하여 일시적 사정에 적응하기 위해 수시로 변경 가능한 것으로서 1998. 2. 11. 에 위 여단내규가 여인사 00000-000에 의하여 개정되어 위 위수지역이 "○○군, @@군을 포함, 군단 작전지역내로 하며 유사시 40분 이내 부대복귀가 가능지역으로 한한다(위 내규 제14조)." 라고 규정되어 있던 것이 "위수지역은 ○○, ◇◇. ㅁㅁ, **를 포함하여 유사시 1시간 30분 이내 부대복귀 가능지역으로 한다."로 변경되었다).

로 삼고 있었다.

　　생각건대 위수지역이 처음 설정된 6·25 전쟁 직후의 상황과 비교하여 볼 때 교통 및 통신수단의 급격한 발달로 인하여 이동이 훨씬 수월해진 현재의 입장을 반영할 필요가 있다는 점, 실제로 장병들은 소위 '점프'라고 일컫는 위수지역이탈 행위를 빈번히 행하고 있으며, 이에 대한 단속 및 처벌의 수위가 형사처벌로 이어 지지 않는다는 점[1], 해당부대 지휘관의 재량에 따라 위수지역의 설정범위가 매우 상이하여 다른 부대와의 형평성에 어긋난다는 점, 현행 실무상 부대별로 전체 인원 중 휴가 병사를 15%로 제한하고 있기 때문에 유사시 인원충원의 문제가 그렇게 심각하지 않다는 점 등에 비추어 볼 때 위수지역이탈행위를 일률적으로 형사처벌의 대상으로 삼는 것은 타당하지 않다. 이러한 상황을 반영하여 위수령은 대통령령 제29164호에 의거하여 2018. 9. 18. 전격적으로 폐지되었다.

　　③ 점심시간 내의 외출행위

　　점심시간을 불문하고 항시 근무장소에 대기하고 있어야 하는 지위에 있지 않은 군부대의 간부가 근무시간 내의 통상적인 점심시간에 항시 부대의 자유로운 입출입이 가능한 상태 하에서 이루어진 외출과정에서 처리한 업무가 통상 있을 수 있는 사적인 용무의 한 과정에 불과한 것이라면, 비록 해당 외출이 부정한 목적을 달성하기 위한 것이라고 할지라도 무단이탈죄로 섣불리 의율해서는 아니 될 것이다.[2] 왜냐하면 외견상 매우 자연스러운 근무과정에서 부정목적 달성을 위한 근무지 이외의 모든 범행행위에 대하여 무단이탈죄로 처리하는 경우에는 사실상 소속 부대의 근무지 이외에서 발생하는 모든 범죄행위에는 항상 무단이탈죄가 실체적으로 경합되어야 하는 부당함이 발생하고, 더구나 이러한 경우에 있어서는 당해 범죄행위만을 처벌하면 족한 것이지 굳이 무단이탈죄까지 인정하여 처벌할 필요성은 없기 때문이다. 또한 현행 근로기준법 제54조에 의하면 사용자는 근로시간이 8시간인 경우에는 1시간 이상의 휴게시간을 근로시간 도중에 인정하여야 하며, 휴게시간은 근로자가 자유롭게 이용할 수 있기 때문에 병사가 아닌 직업군인이 일상적인 점심시간을 이용하여 허가권자의 허락을 받지 아니하고 영외로 외출하여 사적인 용무를 수행하더라도 무단이탈죄로 의율하기는 쉽지 않을 것이다. 다만 부대

---

[1] 국회 국방위원회 소속 이석현 의원이 2013. 10. 28. 육군 본부로부터 제출받은 자료에 따르면, 위수지역을 무단이탈해 적발된 병사는 지난 2010년 117명, 2011년 171명, 2012년 285명, 2013년 8월말 현재 320명 등으로 집계된 바 있다. 하지만 이로 인하여 형사처벌된 건수는 거의 찾아 볼 수가 없다.

[2] 고등군사법원 2001. 9. 28. 선고 2001노401 판결.

의 사정으로 인하여 특정한 기간 동안의 점심시간에도 영외외출을 금지하는 개별적인 명령이 존재하고 있는 경우에는 달리 볼 수 있겠지만, 이러한 경우에도 형사처벌사유로 판단하기보다는 징계사유로 파악하는 것이 행위의 불법성에 상응하는 조치라고 판단된다.

같은 맥락에서 과업시간 이외의 영외 음주행위를 무단이탈로 인정하기 위해서는 피고인이 과업시간 이후에 소속부대를 일시 이탈하는 경우 허가권자의 허가를 얻어야 한다는 구체적인 근거와 피고인이 무단이탈에 대한 고의가 있었다는 특별한 사정에 대한 군검사의 입증이 필요하다.[1]

(2) 지정한 시간까지 지정한 장소에 도달하지 못한 행위

1) 일반론

동 유형의 무단이탈죄는 행위자가 일단 적법하게 이탈된 상태라는 점이 전제되어야 한다. 여기에서 도달하지 못하는 것에는 종래의 부대 또는 직무에서 새로운 부대 또는 직무를 지정받고 새로운 부대에 도달하지 아니한 경우뿐만 아니라 허가를 받고 부대 또는 직무를 떠난 사람이 소정의 기간 내에 복귀하지 않는 경우도 포함된다. 행위자가 귀대일시를 착각하였거나 일신상의 질병으로 입원하여 귀대하지 못한 경우 등에 있어서도 본죄가 성립한다. 하지만 지정한 시간까지 지정한 장소에 도달하지 못한 것에 대한 행위자의 귀책사유가 존재하지 않는다면 본죄가 성립하지 아니한다.[2]

2) 근소한 시간지체의 경우

병영생활규정(육규120) 제100조 제3항에 의하면 "휴가는 기상시간 이후 출발하

---

1) 고등군사법원 2013. 9. 3. 선고 2012노272 판결('주5일 미 적용부대'의 경우 과업시간 이후에 지휘관이 부대를 이탈하는 경우 반드시 허가권자의 허가를 얻어야 한다는 명령, 규칙이나 관례 등의 존재를 찾을 수 없고, 또한 피고인은 음주회식 시 비상 상황이 발생하는 경우 핸드폰으로 연락을 받고 대응하려 하였다고 주장하고 있는 점 등을 고려하면 무단이탈에 대한 고의가 있다고 만연히 단정하기 어렵다).

2) 대법원 1986. 10. 28. 선고 86도1406 판결(여우고개사건)(피고인은 소속중대장의 당번병으로서 근무시간 중은 물론 근무시간 후에도 밤늦게 까지 수시로 영외에 있는 중대장의 관사에 머물면서 집안일을 도와주고 그 자녀들을 보살피며 중대장 또는 그 처의 심부름으로 관사를 떠나서까지 시키는 일을 해오던 중 이 사건 당일 밤에도 중대장의 지시에 따라 관사를 지키고 있던 중 중대장과 함께 외출나간 그 처 박태자로부터 같은날 24:00경 비가 오고 밤이 늦어 혼자서는 도저히 여우고개를 넘어 귀가할 수 없으니, 관사로부터 1.5km 가량 떨어진 여우고개까지 우산을 들고 마중을 나오라는 연락을 받고 당번병으로서 당연히 해야 할 일로 생각하고서 여우고개까지 나가 동인을 마중하여 그 다음날 01:00경 귀가한 사실을 인정하고, 이와 같은 피고인의 관사이탈 행위가 중대장의 직접적인 허가를 받지 아니하였다 하더라도 피고인은 당번병으로서의 그 임무범위 내에 속하는 일로 오인한 행위로서 그 오인에 정당한 이유가 있으므로 위법성이 없다고 하여 피고인에게 무죄를 선고하였다).

고 저녁점호 전까지 복귀함을 원칙으로 한다(세부 적용기준은 부대별 예규에 반영하여 시행할 수 있음)"라고 규정하고 있는데, 일반적으로는 복귀시한을 휴가 마지막 날의 20:00경까지로 정하여 시행하고 있다. 이와 같이 휴가 만료일의 복귀시한을 별도로 정한 것은 병력관리 등 부대 자체적인 사정에 의한 것이므로, 이에 대하여 법적인 의미를 부여할 것은 아니라고 판단된다. 또한 구체적인 부대별 복귀시간은 예규의 형태로 운영되고 있기 때문에 이를 위반하였다고 하여 형사처벌의 대상인 무단이탈로 의율하는 것은 죄형법정주의의 세부원칙 가운데 법률주의에 정면으로 위배되는 것이다. 그러므로 휴가복귀시한의 근시간 초과행위는 경미한 징계사유로 다루면 족하고, 미귀의 경우에도 정당한 사유가 있는 경우에는 징계대상에서 배제될 수 있을 것이다. 다만 단순히 미귀의 뜻을 상관에게 보고한 것만으로는 본죄의 성립에 영향이 없다.[1]

또한 장교·부사관·군무원 등 군형법상의 피적용자가 영외출퇴근을 하는 경우에 있어서 출근시간이 지난 후에 근소한 차이로 지각을 한다거나 퇴근시간이 되기 전에 근소한 차이로 영외로 빠져나가는 경우, 사관생도가 정해진 수업 또는 훈련시간에 지각을 하는 경우, 영내에 있는 간부라고 할지라도 주어진 임무의 시작시간 이후에 임지(臨地)에 도착하는 경우 등과 같이 근소한 시간지체라고 할지라도 엄밀히 말한다면 지정한 시간까지 지정한 장소에 도달하지 않는 경우에 해당하기 때문에 본죄의 객관적 구성요건을 충족시킨다고 볼 수도 있다. 하지만 해당 근무지인 지정한 장소로 향하고 있는 상태라고 한다면 그 시간이 다소 지체되어 지각하였다는 사실만을 가지고 부대를 이탈함으로써 자신에게 부과된 임무수행에 지장이 발생할 것이라고 예상하거나 무단이탈에 대한 고의가 있었다고 인정하기에는 부족하다.

(3) 주관적 구성요건

본죄가 성립하기 위해서는 허가 없이 근무장소 또는 지정장소를 일시적으로 이탈하거나 지정한 시간까지 지정한 장소에 도달하지 못한다는 점에 대한 인식과 의사가 있어야 한다. 하지만 이러한 경우에 있어서도 미복귀시에 군무기피의 목적이 존재한다면 이탈기간의 장단 여부를 묻지 아니하고 군무이탈죄로 의율하여야 할 것이다.

---

1) 육군 1977. 8. 24. 선고 77고군형항363 판결; 육군 1971. 8. 3. 선고 71고군형항442 판결.

3. 죄수 및 다른 범죄와의 관계

(1) 죄 수

본죄는 허가 없이 근무장소 또는 지정장소를 일시 이탈하거나 지정한 시간 내에 지정한 장소에 도달하지 못한 경우에 즉시 범죄의 완성이 있다고 하여야 할 것이므로, 무단이탈 중에는 별도로 새로운 무단이탈죄가 성립할 수 없으며[1], 그 후의 사정인 이탈기간의 장단 등은 본죄의 성립에 아무런 영향이 없다.[2] 또한 산발적으로 무단결근이 이루어진 경우에 있어서 단일한 의사에 기하여 계획적으로 음모되어 실행에 옮겨졌다는 등의 특단의 사정이 없는 한 각각의 무단결근의 사실마다 그 범의를 면밀히 심리하여 각 무단결근마다 하나의 무단이탈죄로 의율해야 할 것이다.[3]

---

1) 육군 1977. 3. 3. 선고 77고군형항37 판결(피고인이 1976. 10. 23. 17:00부터 22:00까지 전신타자실에서 근무하도록 명받고 근무가 끝내는 대로 내무반으로 가야하는데도 근무종료 후 익일 01:50까지 동소에서 음주함으로써 무단이탈한 사실을 인정한 후 위 무단이탈 상태가 계속되는 동안인 1976. 10. 23. 23:30 술을 사려고 전신타자실을 나와 소속대 철조망을 넘어갔다 오기까지 5분간 무단이탈한 사실을 별개로 인정한 것은 위법이 있다).

2) 대법원 1996. 5. 10. 선고 95도1588 판결; 대법원 1983. 11. 8. 선고 83도2450 판결; 수원지방법원 2005. 8. 31. 선고 2005노2503 판결(현행 병역법 제89조의2 제1호는 '공익근무요원으로서 정당한 사유 없이 통산 8일 이상의 기간 복무를 이탈하거나 해당분야에 복무하지 아니한 경우'를 처벌하고 있고, 구 병역법(1970. 12. 31. 법률 제2259호로서 공포되고 1971. 1. 1. 부터 시행된 것, 현재 방위소집된 자의 복무이탈에 관한 조항은 모두 삭제되었고, 공익근무요원에 관한 규정으로 대체되었다) 제85조는 '방위소집되어 복무하는 자는 지휘관의 정당한 명령에 복종하지 아니하거나 정당한 이유 없이 3일 이상 그 복무를 이탈한 경우'를 처벌하고 있었으며, 군형법 제79조는 '대한민국 군인으로서 허가없이 근무장소 또는 지정장소를 일시 이탈하거나 지정한 시간내에 지정한 장소에 도달하지 못하는 경우'를 무단이탈죄로 처벌하고 있다. 먼저 군형법상의 무단이탈죄는 즉시범임은 명백하고, 구 병역법상 방위소집의무자의 복무이탈죄의 경우에도 방위소집되어 복무하는 자가 정당한 이유 없이 3일 이상 그 복무를 이탈한 때에 성립하고 또 그로써 완성되는 것으로서 그 후에 복무이탈상태의 계속이 있었다고 하더라도 이는 복무지에 복귀하지 아니하는 상태가 계속되는 것 뿐이고, 새로운 복무이탈행위가 발생하는 것이 아니라고 할 것이므로 구 병역법상 방위병의 복무이탈죄도 역시 즉시범인바, 현행 병역법상 공익근무요원의 복무이탈죄도 방위병과 공익근무요원의 복무이탈죄에 관한 규정의 유사성 및 위와 같은 제 규정의 의미 등을 모두 종합하면, 즉시범으로 파악하는 것이 타당하다. 한편, 피고인이 위 공소사실 기재 범행일인 2001. 11. 12. 이전인 2001. 6. 9. 및 2001. 6. 13.에도 2일 무단결근하여 복무를 이탈하였으므로 피고인은 2001. 6. 9.부터 2001. 12. 31.까지 8일 이상 복무를 이탈하여 피고인의 복무이탈죄는 2001. 12. 31. 완성되었으며 위 복무이탈죄는 즉시범이므로 그로부터 3년이 지난 2004. 12. 31. 공소시효가 완성되었는데 검사가 2005. 2. 14. 위 2001. 6. 9. 및 2001. 6. 13. 부분의 무단결근 사실을 제외한 채 이 사건 공소를 제기하였다. 따라서 이 사건 공소사실 중 2001. 11. 12.부터 2001. 12. 31.까지의 6일 복무이탈 부분은 공소시효가 완성되어 면소선고사유에 해당하나, 검사가 일죄로 공소제기한 나머지 2002. 1. 4. 및 2004. 10. 25.의 복무이탈 부분만으로는 8일 이상의 복무이탈 사실을 요하는 구성요건을 충족하지 못하므로 형사소송법 제325조 전단에 의하여 무죄이므로 주문에서 따로 면소선고를 하지 아니하고 무죄만 선고하였다).

3) 육군 1979. 6. 29. 선고 79고군형항217 판결.

(2) 다른 범죄와의 관계

무단이탈죄를 형사처벌의 대상으로 삼고 있는 근본적인 취지는 군지휘체계에 있는 자에 대하여는 일시적인 이탈이라도 무단상태에서의 이탈을 방지함으로써 전투력의 기초가 되는 병력손실을 방지하고자 함에 있는 것이다. 하지만 무단이탈죄의 보호법익은 전투력의 기초가 되는 병력의 확보이지만, 군무이탈죄의 보호법익이 절대적 병력유지임에 비하여 상대적 병력유지라는 점에 그 차이가 있다. 그러므로 무단이탈죄와 군무이탈죄의 구별은 군무기피의 목적이 있었는지 여부(제30조 제1항의 경우) 및 이탈기간의 장단(제30조 제2항의 경우)을 기준으로 판단한다. 하지만 군무기피 목적의 유무는 인간의 내심의 영역에 존재하는 극히 주관적인 것으로서 입증이 곤란한 경우가 많다. 이러한 사정으로 인하여 실무에서는 군인이 소속 부대에서 무단이탈하였다면 '다른 사정이 없는 한' 그에게 군무기피의 목적이 있었던 것으로 '추정'하고 있다.[1] 같은 취지에서 군무를 기피할 목적이란 군무기피를 적극적으로 의욕할 필요는 없고, 단순히 군무기피에 대한 인식만 있으면 족하며[2], 군무기피의 목적은 영구히 기피할 목적이 아니라 부대 또는 직무를 일시적으로 기피할 것을 목적으로 하여도 죄의 성립에는 영향이 없다고 한다.[3] 또한 군무기피의 목적을 해석함에 있어서 병역을 기피하려는 목적은 물론이고, 구체적 직무를 회피하거나 특정 임무를 회피하려는 의사가 모두 포함된다고 한다.[4] 이에 따라 객관적으로는 무단이탈로 평가될 수 있는 행위를 한 경우[5]에도 군무기피의 목적

---

1) 대법원 1997. 5. 30. 선고 96도2067 판결; 대법원 1986. 2. 11. 선고 85도2674 판결; 대법원 1968. 9. 6. 선고 68도954 판결.
2) 육군 1970. 12. 8. 선고 70고군형항1067 판결.
3) 이와는 달리 미국 군사통일법전(UCMJ) §85 (a) (1)에 의하면 '영구히(permanently)' 이탈할 의사를 요건으로 하고 있다.
   미국 군사통일법전(UCMJ) §85 (a) (1) 허가없이 부대, 조직 또는 근무장소를 영구이탈의 목적으로 이탈한 자 (2) 위험한 임무나 중요한 군무를 회피할 목적으로 부대, 조직 또는 근무장소를 이탈한 자 (3) 어떤 군으로부터 정식으로 제대하지 아니하였음에도 동 사실을 완전히 숨기고 동일군 또는 타군에 입대하거나 임명된 자 또는 미합중국의 허가없이 외국군에 들어간 자
4) 육군본부, 97면. 예를 들면 육군에서 이탈한 후 타군에 입대하여 군무에 종사하는 경우와 같이 피고인이 국가에 대한 추상적인 군무를 기피한 것은 아닐지라도 군무이탈죄가 성립한다고 한다. 하지만 군복무 기피의 목적만이 군무이탈죄의 구성요건요소가 되는 것이지, 구체적인 직무를 기피하거나 특정임무를 기피하려는 목적만으로는 군무이탈죄가 성립하지 않는다고 보아야 한다. 이에 대하여 보다 자세한 내용으로는 박찬걸, "군형법상 군무이탈죄와 관련된 문제점과 개선방안", 형사정책 제22권 제1호, 한국형사정책학회, 2010. 6, 212면. 특히 우리나라 군형법에는 미국 군사통일법전(UCMJ) §85 (a) (3)과 같은 규정이 없으므로 위의 행위는 더욱이 처벌의 대상이 될 수 없는 것이다.
5) 육군 1967. 7. 14. 선고 67고군형항314 판결(피고인에게 군무를 기피할 목적이 있었다는 점에 관하여는 아무런 증거가 없고 오히려 피고인이 청원휴가를 마치고 귀대일자에 자진 귀대한 점 및 공용 출장 후에 역시 2일만에 자진 귀대한 점으로 미루어 보면 피고인에게는 군무를 기피할 목적이 없었고 단순한 무단이탈에 불과하였다고 봄이 타당하다).

이 있으면 무단이탈죄가 성립하지 않고 군무이탈죄가 성립한다[1]고 하여, 군인의 이탈행위가 있는 경우에는 무단이탈죄로 처벌되는 경우를 극히 제한적으로 해석하고 있다.

4. 처 벌

(1) 법정형의 변천과정

2009. 11. 2. 개정 전에는 본죄의 법정형으로 '1년 이하의 징역이나 금고'만을 두고 있었다. 하지만 군에서 발생하는 무단이탈의 다양한 행위태양에 대하여 오직 자유형만으로 처단하는 것에 대한 회의적인 시각이 계속해서 제기되었고, 이를 반영하여 1962. 1. 20. 군형법이 제정된 당시부터 유지되어 오던 본죄의 법정형에 대하여 2009. 11. 2. 개정을 통하여 '300만원 이하의 벌금'이 선택형으로 추가되었다. 이와 같이 본죄에서 벌금형이 법정형으로 추가된 법률의 변경에 대하여 대법원은 「무단이탈의 형태와 동기가 다양함에도 불구하고 죄질이 경미한 무단이탈에 대하여도 반드시 징역형 내지 금고형으로 처벌하도록 한 종전의 조치가 과중하다는 데에서 나온 반성적 조치라고 보아야 할 것이어서, 이는 형법 제1조 제2항의 '범죄 후 법률의 변경에 의하여 형이 구법보다 경한 때'에 해당한다.」라고 판시[2]하였다. 즉 본죄의 법정형 변경은 단순한 사실관계의 변경으로 인한 것이 아니라 종전의 조치가 과중하다는 데에서 나온 반성적 조치이기 때문에 피고인의 행위[3]는 행위시법인 (구) 군형법의 규정에 의해서는 처벌할 수 없고, 형사소송법 제383조 제2호의 '판결 후 형의 변경이 있는 때'에 해당한다는 것이다.

생각건대 기본적으로 대법원이 기존 무단이탈죄의 법정형을 과중하다고 판단한 점은 높이 평가할 만하지만, 한 걸음 더 나아가 다양한 무단이탈의 형태와 동기 가운데 죄질이 극히 경미한 경우에 대하여도 개정법에 의해서 반드시 형사처벌하도록 한 조치가 타당한가에 대해서는 별도의 판단이 없다는 점은 아쉬움으로 다가온다. 즉 기왕에 반성적 조치로써 법정형을 감경하는 차원에 머무를 것이 아니

---

1) 육군종합행정학교, 69면.
2) 대법원 2010. 3. 11. 선고 2009도12930 판결(35회무단이탈사건).
3) 피고인은 제○○보병사단 ○○여단·2대대 ○○2동에서 동대장으로 근무하는 자인바, 지휘관의 허가(휴가명령)가 없는 한 휴무일을 제외하고는 매일 09:00부터 18:00까지 위 동대에서 근무하여야 할 의무가 있다. 그런데 피고인은 2007. 1. 10. 18:00까지 대전 서구 ○○동에 있는 소속대 사무실에서 근무하여야 함에도 불구하고 같은 날 13:06 예약된 충남 계룡시에 있는 ○○ 골프장에서 골프를 치기 위하여 소속대 사무실을 빠져나와 약 4시간 동안 근무장소를 이탈하는 등 골프를 치기 위하여 출근을 늦게 하거나 근무 도중 위 동대 사무실을 이탈하는 방법으로 2007. 1. 10.부터 2008. 11. 5.까지 사이에 48회에 걸쳐서 지휘관의 허가 없이 근무장소를 일시이탈하였다.

라 한번 더 반성을 하여 형사처벌의 대상이 될 수 없는 무단이탈의 유형에 대한 심도 있는 논의를 진행할 필요성이 있는 것이다. 이에 따라 죄형법정주의의 여러 가지 파생원칙 가운데 적정성의 원칙에 보다 부합하기 위해서 형사제재를 부과할 수 있는 무단이탈과 군인사법·군인 징계령·군무원인사법상의 징계 등 행정제재를 부과할 수 있는 무단이탈을 구분하고, 이에 상응하는 유형을 분석하는 것도 유의미한 일이다.

(2) 현 황

2013년 이전 보통군사법원 및 고등군사법원에서 군형법상 무단이탈죄를 적용하여 사건을 처리한 현황은 다음과 같다.

〈무단이탈죄에 대한 사건처리 현황(2013년 이전)〉

구 분		2003	2004	2005	2006	2007	2008	2009	2010	2011	2012
공군	기소건수	1	5	2	4	2	2	5	5	3	1
	형사처벌	1	5	2	4	2	2	5	5	3	1
해군	기소건수	0	1	0	2	0	1	0	2	0	0
	형사처벌	0	1	0	2	0	1	0	2	0	0
육군	기소건수	9	5	3	7	7	22	16	3	3	3
	형사처벌	9	4	3	7	7	20	15	3	3	3

출처: 국방부, 정보공개청구(접수번호: 2021523), 2013. 4. 19.

위에서 보는 바와 같이 무단이탈죄로 인하여 형사사건으로 처리되는 연 인원은 공군의 경우 기소 31건, 형사처벌 31건, 해군의 경우 기소 6건, 형사처벌 6건, 육군의 경우 기소 78건, 형사처벌 74건 등 전체 기소 115건, 형사처벌 111건 등으로 연평균 11명이 형사처벌을 부과받고 있는 것으로 나타나고 있으며, 군검사에 의하여 일단 기소가 되면 약 96.5% 이상이 형사처벌되는 현상을 보이고 있다. 이를 전체 군내 범죄에서 차지하는 비중으로 보면[1], 극히 미약한 수준에 머무르고 있음을 알 수 있다.

이러한 공식통계의 수치는 실제 무단이탈에 해당하는 행위가 상당히 많은 점과 배치되는 현상이라고 평가할 수 있는데, 무단으로 근무지를 이탈하여 골프를

---

[1] 육군에서 발생한 죄명별 현황의 보다 자세한 내용으로는 박찬걸, "군사재판에 있어서 관할관제도 및 심판관제도의 문제점과 개선방안", 형사정책연구 제23권 제4호, 한국형사정책연구원, 2012. 12, 166면 참조.

친 군인 184명이 징계 이상의 처벌을 받은 2009년도의 사례[1]에서 그 결정적인 이유 중의 하나를 찾아 볼 수 있다. 2009. 4. 10. 국방부는 근무시간에 골프를 친 혐의로 장교, 준사관, 부사관 등 현역 군인 184명을 적발하였고, 이 가운데 3년간 10회 이상 무단으로 골프를 친 군인에 대해서는 구속기소, 5~9회는 불구속기소, 4회 이하는 해당기관에서 자체적으로 징계하는 것을 원칙으로 하는 방침을 마련하였다.[2] 이들에게 적용된 죄명은 모두 군형법상 무단이탈죄인데, 이 중 절대 다수가 4회 이하의 무단이탈로서 징계처분으로 사건이 종결되었던 것이다. 이와 같이 외형상으로는 무단이탈죄의 구성요건을 충족시키는 행위가 존재하였다고 하더라도 실제 사건의 처리과정에서는 이를 엄격히 적용하는 것이 아니라 내부적인 징계절차로 회부되는 것이 본죄의 특징이라고 할 수 있다. 특히 최근에는 아래에서 보는 바와 같이 불기소의 비중이 상당하고, 자유형의 선고가 거의 없다는 점도 참고할 필요가 있다.

⟨무단이탈죄에 대한 사건처리 현황(2013년 이후)⟩

구분	입건	불기소	타관 송치/ 수사중	기소					
				자유형	집행 유예	선고 유예	재산형	무죄	재판중/ 이송
2013	17	12			1		4		
2014	42	9	1		2	2	23		5
2015	39	21	2		1		15		
2016	26	9	6		5		6		
2017	37	21	3	1	2		4		6
2018	25	10	5				7		3
2019	19	6	3		1		7		2

출처: 국방부, 정보공개청구(청구번호: 7128094), 2020. 10. 26.

결국 현행법상 무단이탈죄의 운용은 행위의 경중, 이탈의 횟수, 이탈의 시간, 이탈자의 계급 등의 여러 가지 요인을 고려하여 비교적 경미한 사안에 대해서는 징계절차로 종결되고, 예외적으로 중한 경우에 한해서만 형사입건이 되지만, 이 경우에 있어서도 불기소의 비중이 높은 특징을 보이고 있다.

---

[1] http://www.nocutnews.co.kr/news/574428(2014. 8. 25. 최종 검색).

[2] 또한 당시 군의관 무단이탈사건에 대해서는 무단이탈의 횟수에 따라 구속영장이 청구될 것이라는 사실이 이미 언론을 통해 발표가 되어 있었다(고등군사법원 2011. 3. 16. 선고 2010노181 판결).

(3) 형사처벌의 적정성 여부

1) 적전(敵前) 또는 전시(戰時)의 경우

1965년부터 1972년까지 베트남파병부대에서 발생한 범죄는 1,398건이었고, 이 가운데 무단이탈이 114건(8.2%), 군무이탈이 82건(5.9%)을 차지하고 있는 점에서 보는 바와 같이, 적전 또는 전시에는 군무이탈보다는 오히려 무단이탈을 범하는 사례가 많다는 것을 알 수 있다.[1] 이러한 점에서 무단이탈죄를 현행의 방식대로 유지하자는 견해에서 주장하는 논거 가운데, 전시에는 무단이탈행위를 처벌함으로써 전투력의 기초가 되는 병력을 확보하는 것이 매우 필요하다는 지적이 있다. 하지만 이러한 경우에 있어서도 굳이 무단이탈죄를 적용해야만 하는가에 대해서는 재고의 여지가 있다. 왜냐하면 전시의 병력이탈을 가장 확실하게 방지할 수 있는 대책 가운데 하나로써 군무이탈죄의 가중처벌규정이 있기 때문이다. 무단이탈죄와는 달리 군무이탈죄는 적전·전시 및 기타의 경우를 구분하여 후자의 상황에서 발생하는 범죄에 대하여는 가중처벌규정을 별도로 두고 있는데, 이는 적전·전시의 확실한 병력유지를 위해서 중요한 기능을 수행한다고 보아야 한다. 또한 위의 견해를 반대로 해석하여 보면 적전 또는 전시가 아닌 평시의 경우에는 달리 생각해 볼 여지가 충분히 있다. 물론 군무이탈의 입증이 무단이탈의 입증보다 상대적으로 용이하지 않다는 점, 비교적 단기간의 이탈행위에 대한 처벌의 필요성은 상존한다는 점 등으로 인하여 무단이탈죄 자체의 폐지는 어렵기 때문에 현행 무단이탈의 유형을 제30조의 군무이탈죄와 마찬가지로 ① 적전인 경우, ② 전시, 사변 시 또는 계엄지역인 경우, ③ 그 밖의 경우 등으로 세분화하여 법정형에 차등을 두는 방안이 합리적이라고 판단된다.

2) 평시(平時)의 경우

평시의 경우에 무단이탈죄를 통하여 달성하고자 하는 목적은 군인사법 등에서 규정하고 있는 징계벌로서도 충분히 달성될 수 있다. 특별권력관계인 군 내부의 질서는 되도록 징계벌로 규제하는 것이 바람직한데, 평시의 경미한 무단이탈행위에 대하여도 형사처벌을 하는 것은 적절한 대응이라고 할 수는 없다. 또한 군무기피의 목적을 넓게 해석·적용하고 있는 현행 실무의 태도에 비추어 볼 때, 단순한 무단이탈의 경우를 과연 형벌로 규율할 필요성이 있는지에 대해서는 의문이 든다.[2] 그러므로 징계사유와 형벌사유에 대한 명확한 구별기준의 정립 및 이에 대한

---

1) 박안서, 80면.
2) 이와 같은 취지에서 오병두 교수는 '일시적인 근무이탈을 굳이 형벌로 위하해야 하는가'에 대해서

개별적인 처리가 요청된다. 이를 위하여 먼저 현행법에서 규정하고 있는 징계관련 규정들을 검토해 보아야 하는데, 군인사법 제57조[1]에 의하면 장교, 준사관 및 부사관에 대한 징계처분은 중징계와 경징계로 나누고, 다시 중징계는 파면·해임·강등·정직으로 하며, 경징계는 감봉[2]·근신·견책으로 하고 있으며, 병사에 대한 징계처분은 강등·군기교육·감봉·휴가단축·근신·견책으로 구분하고 있다.[3] 그리고

의문을 가지면서 '실질적으로 처벌이 필요한 경우에는 대부분 군무이탈죄가 성립할 것이'라고 하여 무단이탈죄의 삭제를 주장하고 있다(오병두, "군형법의 문제점과 개정방향", 형사정책 제20권 제1호, 한국형사정책학회, 2008. 6, 27면).

1) 제57조(징계의 종류) ① 장교, 준사관 및 부사관에 대한 징계처분은 중징계와 경징계로 나눈다. 이 경우 중징계는 파면·해임·강등 또는 정직으로 하며, 경징계는 감봉·근신 또는 견책으로 하되 징계의 종류에 따른 구체적인 내용은 다음 각 호와 같다.
  1. 파면이나 해임은 장교·준사관 또는 부사관의 신분을 박탈하는 것을 말한다.
  2. 강등은 해당 계급에서 1계급 낮추는 것을 말한다. 다만, 장교에서 준사관으로 강등시키거나 부사관에서 병으로는 강등시키지 못한다.
  3. 정직은 그 직책은 유지하나 직무에 종사하지 못하고 일정한 장소에서 근신하게 하는 것을 말하며, 그 기간은 1개월 이상 3개월 이하로 한다. 정직기간에는 보수의 3분의 2에 해당하는 금액을 감액(減額)한다.
  4. 감봉은 보수의 3분의 1에 해당하는 금액을 감액하는 것을 말하며, 그 기간은 1개월 이상 3개월 이하로 한다.
  5. 근신은 평상 근무 후 징계권자가 지정한 영내(營內)의 일정한 장소에서 비행(非行)을 반성하게 하는 것을 말하며, 그 기간은 10일 이내로 한다.
  6. 견책은 비행을 규명하여 앞으로 비행을 저지르지 아니하도록 훈계하는 것을 말한다.
② 병에 대한 징계처분은 강등, 군기교육, 감봉, 휴가단축, 근신 및 견책으로 구분하되 징계의 종류에 따른 구체적인 내용은 다음 각 호와 같다.
  1. 강등은 해당 계급에서 1계급 낮추는 것을 말한다.
  2. 군기교육은 국방부령으로 정하는 기관에서 군인 정신과 복무 태도 등에 관하여 교육·훈련하는 것을 말하며, 그 기간은 15일 이내로 한다.
  3. 감봉은 보수의 5분의 1에 해당하는 금액을 감액하는 것을 말하며, 그 기간은 1개월 이상 3개월 이하로 한다.
  4. 휴가단축은 복무기간 중 정해진 휴가일수를 줄이는 것을 말하며, 단축일수는 1회에 5일 이내로 하고 복무기간 중 총 15일을 초과하지 못한다.
  5. 근신은 훈련이나 교육의 경우를 제외하고는 평상 근무에 복무하는 것을 금하고 일정한 장소에서 비행을 반성하게 하는 것을 말하며, 그 기간은 15일 이내로 한다.
  6. 견책은 비행 또는 과오를 규명하여 앞으로 그러한 행위를 하지 아니하도록 하는 훈계를 말한다.
③ 병은 이 법 또는 이 법에 따른 명령이나 다른 법률에 따르지 아니하고는 신체의 구금을 당하지 아니한다.
④ 제2항에 따른 징계의 사유에 대하여는 국방부령으로 정한다.
2) 참고로 2019년 기준 군인보수 현황은 다음과 같다(단위: 천원). 대장(147,202), 중장(140,173), 소장(127,110), 준장(116,104), 대령(113,231), 중령(99,991), 소령(75,595), 대위(52,926), 중위(33,202), 소위(30,284), 준위(85,783), 원사(82,075), 상사(63,949), 중사(45,685), 하사(29,287), 병장(4,868), 상병(4,394), 일병(3,975), 이병(3,683). 이상 출처: 국방부, 「2019 국방통계 연보」, 2019, 30~31면.
3) 참고로 2020. 2. 4. 개정 군인사법에서는 기존의 영창제도를 폐지하였다. 영창제도에 대하여 보다 자세한 내용으로는 박찬걸, "군영창제도의 문제점과 개선방안", 홍익법학 제18권 제1호, 홍익대학교 법학연구소, 2017. 2, 363면 이하 참조. 한편 헌법재판소 2020. 9. 24. 선고 2017헌바157, 2018헌가

「국방부 군인·군무원 징계업무처리 훈령」(국방부훈령 제2450호, 2020. 8. 5. 일부개정)에서 이를 보다 구체적으로 규정하고 있다. 예를 들면 부대이탈금지위반의 유형으로서, 군무기피 목적의 영외이탈행위, 군무기피목적 없는 일시적인 영외이탈행위, 휴가·외박·면회 등의 사유를 허위로 조작하여 휴가 등을 얻어 내는 행위, 군무기피목적으로 휴가·외박·면회 등에서 정하여진 시간보다 지연 복귀한 경우, 군무기피목적 없이 휴가 등의 지연복귀, 교통편을 놓치는 등의 부주의로 지연복귀, 외출·외박 허가구역을 이탈하는 행위 등으로 세분화하여 각각의 징계수준을 책정하고 있다. 이상의 기준들에 의거하여 실제 빈번하게 발생하고 있는 무단이탈의 행위태양을 접목해 보면, 대부분의 경미한 무단이탈은 현행 징계규정으로도 충분히 개별적인 처리가 가능한 것이다. 다만 중대한 무단이탈은 징계만으로는 부족하여 형사처벌을 피할 수 없을 것인데[1], 여기서 중대성과 경미성을 구별하는 핵심적인 표지는 상습성으로 파악해야 할 것이다. 단일한 행위로 무단이탈을 범하는 경우에 있어서도 이탈의 기간이 장기간일 경우에는 행위의 불법성이 중하기 때문에 처벌의 필요성은 있지만, 이 경우에는 무단이탈이 아니라 군무이탈의 고의를 충분히 인정할 수 있기 때문에 처벌상의 공백은 발생하지 않을 것이다. 미국의 군사통일법전(Unite Code of Military Justice; UCMJ) 제86조(Absence without leave, AWOL)[2]에서도 무단이탈행위에 대하여 형사처벌규정을 두고 있지만, 동법에서는 이외에도 군사법원의 개입 없이 지휘관이 직접 징계적 처벌을 할 수 있도록 하고 있는 점[3]도 눈여겨 볼 만하다. 또한 군형법은 병역법 제89조의2[4]와 달리 단 1회의 무단이탈의

---

10 결정에서 재판관 7:2의 의견으로, 병에 대한 징계처분으로 일정기간 부대나 함정 내의 영창, 그 밖의 구금장소에 감금하는 영창처분이 가능하도록 규정한 (구) 군인사법 제57조 제2항 중 '영창'에 관한 부분이 헌법에 위반된다는 결정을 선고하였다.

1) 일사부재리의 원칙은 형사절차와 징계절차간에 적용되는 것이 아니기 때문에 이미 징계처분을 받은 자라고 할지라도 별도의 형사소추는 가능하다(육군 1971. 8. 3. 선고 71고군형항442 판결).

2) Any member of the armed forces who, without authority — (1) fails to go to his appointed place of duty at the time prescribed; (2) goes from that place; or (3) absents himself or remains absent from his unit, organization, or place of duty at which he is required to be at the time prescribed; shall be punished as a court—martial may direct.

3) 지대남, "미국의 군사법제도에 있어서 지휘관의 권한", 공법학연구 제12권 제1호, 한국비교공법학회, 2011. 2, 239면.

4) 병역법 제89조의2(사회복무요원 등의 복무이탈) 다음 각 호의 어느 하나에 해당하는 사람은 3년 이하의 징역에 처한다.
　　1. 사회복무요원, 예술·체육요원 또는 대체복무요원으로서 정당한 사유 없이 통틀어 8일 이상 복무를 이탈하거나 해당 분야에 복무하지 아니한 사람
　　2. 공중보건의사 또는 병역판정검사전담의사로서 정당한 사유 없이 통틀어 8일 이상 근무지역을 이탈하거나 해당 분야의 업무에 복무하지 아니한 사람
　　3. 공익법무관으로서 정당한 사유 없이 통틀어 8일 이상 직장을 이탈하거나 해당 분야의 업무에

경우에도 형사처벌의 대상으로 삼고 있는데, 병역법은 사회복무요원 등의 복무이탈과 관련하여 군형법과 같이 그 목적에 따라 군무이탈죄와 무단이탈죄로 구별하지 않고, 복무이탈한 기간이 통상 8일 이상인 경우에만 복무이탈로 처벌하고, 그 이하인 경우에는 형사처벌의 대상으로 삼고 있지 않은데, 군형법에서는 군무이탈을 별도의 범죄로 처벌하고 있다는 점에서 경미한 무단이탈죄의 비형벌화도 검토해 볼 수 있다. 결론적으로 군형법으로 규율해야 하는 무단이탈행위는 단순 또는 경미한 무단이탈이 아니라 상습범의 성격을 지니고 있는 무단이탈행위에 국한해야 할 것이므로, 적전 또는 전시가 아닌 기타의 경우에 있어서 무단이탈죄는 상습범에 한하여 적용한다는 단서 조항의 신설이 필요하다.

Ⅲ. 군사기밀누설죄

제80조(군사기밀 누설) ① 군사상 기밀을 누설한 사람은 10년 이하의 징역이나 금고에 처한다.
② 업무상 과실 또는 중대한 과실로 인하여 제1항의 죄를 범한 경우에는 3년 이하의 징역이나 금고 또는 700만원 이하의 벌금에 처한다.

1. 의 의

군사기밀누설죄는 군사상 기밀을 누설함으로써 성립하는 범죄이다. 본죄는 고의범뿐만 아니라 업무상 과실 또는 중대한 과실로 범하는 경우에도 이를 처벌하고 있다. 본죄는 제13조 제2항(군사상 기밀을 적에게 누설한 사람) 및 제35조 제4호(군사기밀인 문서 또는 물건을 보관하는 사람으로서 위급한 경우에 있어서 부득이한 사유 없이 적에게 이를 방임한 사람)와 달리 누설의 대상 및 행위의 주체가 제한되어 있지 않는 점에서 구별된다. 한편 본죄는 2009. 11. 2. 개정을 통하여 기존 7년 이하의 징역 또는 금고의 법정형을 10년 이하의 징역 또는 금고의 법정형으로 상향조정한 바 있다.[1]

　　복무하지 아니한 사람
　　4. 공중방역수의사로서 정당한 사유 없이 통틀어 8일 이상 근무기관 또는 근무지역을 이탈하거나 해당 분야의 업무에 복무하지 아니한 사람
　　5. 전문연구요원 또는 산업기능요원으로서 제40조 제2호에 따른 편입 당시 병역지정업체의 해당 분야에 복무하지 아니하여 편입이 취소된 사람 또는 제40조 제3호의 의무복무기간 중 통틀어 8일 이상 무단결근하여 편입이 취소된 사람
　1) 이는 범죄 후 형이 중하게 변경된 경우에 해당하므로 군기누설의 점에 대하여는 행위시법인 (구) 군형법 제80조가 적용되어야 할 것이다(대법원 2009. 12. 10. 선고 2009도7622 판결).

2. 구성요건

(1) 주 체

본죄의 주체는 군인 및 준군인이며, 반드시 군사상 기밀을 취급하는 사람에 국한되지 아니한다.[1]

(2) 객 체

본죄의 객체는 군사상 기밀이다. '군사상 기밀'이란 그 내용이 누설되는 경우 국가안전보장상 해로운 결과를 초래할 우려가 있는 일체의 사항 및 이에 관계되는 문서 및 물건을 말한다. 이는 반드시 법령에 의하여 기밀사항으로 규정되었거나 기밀로 분류되어 명시된 사항에 한하지 아니하고, 군사상의 필요에 따라 기밀로 된 사항은 물론 객관적·일반적인 입장에서 외부에 알려지지 않는 것에 상당한 이익이 있는 사항도 포함하며, 그 기밀은 「군사기밀 보호법」 제2조 소정의 범위에 국한되지 아니한다.[2] 따라서 일반적으로 군사상의 필요에 따라 특별히 보호를 요한다고 하여 설정한 대외비는 「군사기밀 보호법」상 군사기밀[3]은 아니라 하더라도 군형법상 군사상의 기밀로 취급하여야 할 것이다.[4]

---

1) 대법원 1990. 8. 28. 선고 90도230 판결.
2) 대법원 1990. 8. 28. 선고 90도230 판결(군사시설보호구역은 중요한 군사시설을 보호하고 군작전의 원활한 수행을 위하여 설정되는 것으로 그 설정에 있어 작전계획을 중심으로 하는 전반적인 작전성 검토를 거치고, 해제에 있어서도 사전에 작전 여건 및 작전계획의 변동 등을 토대로 엄격한 작전성 검토를 거치는 것이며, 해제시에는 해제지역 내의 군사시설 등에 대하여 기존시설의 이전, 폐기 또는 보안조치가 선행되어야 하므로 해제기밀이 공표되기 전에 누설되면 해제대상지역에 대한 군사상 필요성 감소 및 군작전 계획의 변화 등이 사전에 알려지기 때문에 군사목적상 위해한 결과를 초래하고, 실무상으로도 군사시설보호구역의 선정, 해제작업은 합동참모본부 작전국 소속 극소수 관련자 및 각 군 작전계통의 극소수 관련자만이 대외비에 준하여 은밀하게 작업하고 있는 점을 들어 군사시설보호구역 해제계획은 군형법 제80조 소정의 기밀에 해당한다. … 대통령선거공약 및 국회의원선거공약 등에 나타난 사항은 추상적으로 수도권지역 군사시설보호구역을 대폭 완화하겠다는 내용에 지나지 않고 수도권지역의 많은 군사시설보호구역 중 특정부분을 해제한다는 구체적 내용은 전혀 포함되어 있지 않고 있으므로 구체적으로 이 사건 방배동 무지개아파트 건너편 녹지 또는 의정부 특정지역이 해제된다는 사실이 공지의 사실로서 기밀성을 상실했다고 볼 수 없다).
3) 대법원 1994. 4. 26. 선고 94도348 판결(군사기밀보호법상의 군사상의 기밀이란 비공지의 사실로서 적법절차에 따라 군사기밀로서의 표지를 갖추고 그 누설이 국가의 안전보장에 명백한 위험을 초래한다고 볼 만큼의 실질가치를 지닌 문서, 도화 또는 물건으로서, 같은 법 제4조의 규정에 따라 군사상의 기밀이 해제되지 아니한 것을 말한다).
4) 대법원 2000. 1. 28. 선고 99도4022 판결(이 사건 GRC-171무전기의 제원과 성능(주파수, 변조방식, 출력 등)은 모두 '해안 R/D기지 항공기 유도망 무전기 검토결과(보고)'에 있는 내용으로 군사대외비에 속하는 사실을 알 수 있으므로 이를 누설한 것은 군형법상의 군사기밀누설죄에 해당한다. 같은 취지에서 GRC-171무전기의 향후 소요량을 알려 준 것을 군사기밀보호법상의 군사기밀누설죄로, GRC-171무전기의 제원과 성능을 알려 준 것을 군형법상의 군사기밀누설죄로 각 규율한 원심의 처리는 정당하다).

한편 외부로 알려지지 아니하는 것에 상당한 이익이 있는지 여부는 자료의 작성 경위 및 과정, 누설된 자료의 구체적인 내용, 자료가 외부에 알려질 경우 군사목적상 위해한 결과를 초래할 가능성, 자료가 실무적으로 활용되고 있는 현황, 자료가 외부에 공개된 정도, 국민의 알권리와의 관계 등을 종합적으로 고려하여 판단하여야 한다.[1] 이에 따라 '군사상 기밀'은 현대전의 양상에 비추어 순수한 군사상 기밀뿐만 아니라 군사력에 직결되고 군작전 수행과 관련이 있는 정치·경제·사회·문화 등 국가의 모든 분야에 걸쳐 적국에 알려짐으로써 우리나라에 군사상 불이익이 되는 일체의 기밀을 포함한다.[2]

판례에 의하면, ① 이건 소요진압작전 교범 및 충정경연대회 사진은 군사목적 이외의 사용 및 허가 없이 영외 반출이 금지되어 있고, 그 내용도 국가비상사태 시 소요진압을 위하여 출동하는 부대의 편성, 진압대열, 진압장비, 진압요령 등에 관한 것으로서 이를 누설하는 경우 비상사태 극복을 위한 소요진압작전에 차질을 초래할 뿐만 아니라 반국가단체 등에게 비방자료를 제공함으로써 국가안전보장상 해로운 결과를 초래할 사항에 해당한다.[3] ② F-X시험평가 결과보고서의 내용에 포함되어 있는, 공군의 시험평가 결과 라팔이 F-15K에 비하여 우수한 평가를 받았다는 사실은 객관적·일반적 입장에서 외부에 알려지지 않은 것

1) 대법원 2016. 10. 27. 선고 2016도11677 판결(피고인이 누설한 제1심판결 별지 1, 2 기재 각 자료(이하 '이 사건 자료'라 한다)에 관하여, ○○○○본부 △△△△부 각 과에서 무관첩보 등을 근거로 작성한 문건들로서 기무사령부 내부 전산망에 올라온 정보이고, 일정한 접근 권한을 부여받은 자만 접근할 수 있으며, 대부분의 자료인 무관첩보는 '무관첩보 취급·관리 지침'에 의하여 업무와 무관한 사람의 열람이 제한되고 대외비에 준하여 취급되고 있으며, 누설될 경우 무관의 안전을 해하거나 활동에 제약이 될 수 있고, 이 사건 자료의 내용도 국제정세와 관련한 한국, 한국군의 정책방향 수립, 상대방 국가를 대하는 한국군의 시각 등을 추론할 수 있는 것이므로 외부에 누설될 경우 국가안전보장에 위험을 초래할 것이 명백하다는 등의 이유를 들어, 객관적·일반적으로 보아 외부에 알려지지 아니하는 것에 상당한 이익이 있는 사항이다); 대법원 2007. 12. 13. 선고 2007도3450 판결(원심은 피고인들의 업무상과실이 합쳐져 최소한 군사 대외비 이상의 군사기밀인 'IPT별 사업분류 현황'을 누설하였다는 이 사건 공소사실에 대하여, 위 'IPT별 사업분류 현황'은 군사기밀로 지정되거나 대외비로 설정되지 않은 점, 위 'IPT별 사업분류 현황'이 군사Ⅲ급 비밀인 「'06~'10 국방중기계획」 및 「국방연구개발정책서('06~'20)」 내용의 극히 일부를 포함하고 있기는 하나 그 내용의 대부분은 일반에 공개된 것일 뿐만 아니라 실무상 비밀이 아닌 평문으로 관리되고 있는 점, 작성과정에서 충분히 보안성 검토를 거쳤다고 판단되는 점, 국방투자사업 공개 관련 규정에 의할 때 위 'IPT별 사업분류 현황'에 포함된 내용들은 일반에 공개할 수 있는 자료들인 점, 위 'IPT별 사업분류 현황'이 방위사업청이 추진할 모든 방위사업을 망라하고 있다고 볼 수 없는 점, 국방획득전문가들의 다수가 위 'IPT별 사업분류 현황'을 비밀이 아니라 평문수준의 문서로 보고 있는 점 등을 종합하여, 위 'IPT별 사업분류 현황'은 외부로 알려진다고 하더라도 군사목적상 위해한 결과가 발생할 가능성이 전혀 없어서 군형법 제80조 소정의 군사상의 기밀로 보기 어려우므로 범죄로 되지 아니한다는 이유로 무죄로 판단하였다).
2) 대법원 1994. 4. 26. 선고 94도348 판결; 대법원 1983. 6. 14. 선고 83도863 판결; 대법원 1982. 11. 23. 선고 82도2201 판결; 대법원 1980. 9. 9. 선고 80도1430 판결.
3) 육군 1989. 5. 24. 선고 89고군형항39 판결.

에 상당한 이익이 있는 사항이고, 이에 관한 언론의 보도는 공군이 정식 발표를 하지 않고 있음을 전제로 주변에서 흘러나오는 첩보를 종합하여 기사화한 추측성 보도에 불과하여 그 보도와 관계없이 군사상 기밀의 실질을 갖는 것이다.[1]

(3) 행 위

본죄의 실행행위는 누설하는 것이다. '군사상 기밀누설'이란 군사상 기밀을 지득한 자가 그 기밀을 상대방이 인식할 수 있는 상태에 두는 것을 말한다. 그러므로 누설로 인하여 상대방이 군사상 기밀을 현실적으로 인식할 필요는 없고, 누설의 상대방은 적은 물론 민간인에 대한 것이라고 무방하다. 누설한 사항 중 일부 내용이 실제 군사기밀 내용과 다른 경우에도 나머지 부분이 군사기밀인 내용을 제대로 담고 있다면 전체적으로 보아 본죄에 해당한다.[2] 상대방이 이미 알고 있는 군사상 기밀을 누설한 경우에도 본죄가 성립하며, 누설로 인하여 국가나 군에 불이익이 초래될 필요도 없다. 하지만 강요된 행위에 의하여 군사상 기밀을 누설한 경우에는 책임이 조각될 수 있다.[3]

누설한 군사기밀사항이 누설행위 이후 평문으로 저하되었거나 군사기밀이 해제되었다고 하더라도 이를 법률의 변경으로 볼 수 없으므로 재판시 법적용 여부가 문제될 여지는 없다. 또한 군사기밀의 지정이 적법절차에 의해 해제되었거나 국방

---

1) 대법원 2004. 2. 13. 선고 2002도6813 판결(피고인은 공소외인으로부터 공군의 시험평가 결과 라팔이 F-15K에 비하여 우수한 평가를 받았다는 언론의 보도가 사실인지 질문을 받고 그 보도 내용이 사실이라고 확인해 줌으로써 군사상 기밀을 누설하였다).

2) 대법원 2000. 1. 28. 선고 99도4022 판결(이 사건 GRC-171무전기소요량에 관한 군사기밀 누설행위 과정을 기록에 비추어 살펴보니, 피고인은 공소외 2로부터 "GRC-206무전기 외에 다른 통신장비사업은 없느냐"는 질문을 받고 피고인이 당시 '99예산편성사업에 대해서 중기계획과 일치하는지의 여부를 확인하고 1999년도에 정상적으로 사업집행이 가능한지를 선행조치부서에 확인하기 위한 회의에 참석하여 "GRC-171무전기는 계획대로 예산편성된 사업으로 2001년 OO대를 전력화하기 위해 착수금 OO억을 편성하였다."는 내용을 들은 기억이 나 GRC-171무전기의 확보수량이 OOO 대라고 알려 주었다는 것이고, 회의 당시 "회의내용은 군사Ⅱ급비밀사항으로 보안을 유지하고 외부에 유출되지 않도록 토의 내용을 노트에 명기하지 말라"는 말까지 들었다는 것이며, 그 회의 내용은 '99예산편성(안) 참모부 토의계획'이란 제목으로 군사Ⅲ급비밀문건으로 취급되고 있는 사실을 알 수 있어 GRC-171무전기를 계획대로 앞으로 확보할 것이라는 것 자체도 군사기밀사항이어서 단지 확보수량이 일부 부정확하다고 하더라도 확보계획이나 확보계획대로 이행한다는 자체를 군사기밀로 볼 수 있을 것이므로 피고인이 알린 사실 중 일부 부정확한 부분이 있더라도 전체적으로 보아 군사기밀누설죄에 해당한다).

3) 육군 1967. 7. 28. 선고 67고군형항223 판결(피고인이 공소사실 적시의 비밀사항을 북한 괴뢰집단에게 누설한 것은 피고인이 첩보활동 차 월북하였다가 북괴의 대남 간첩 김OO의 연락원인 것처럼 가장한 것이 괴뢰집단에게 탄로되어 피고인 자신의 생명에 대한 위해를 방어할 방법이 없는 협박에 의하여 전시 비밀을 누설한 것이라고 인정되므로 피고인의 여사한 소위는 강요된 행위로서 형법 제12조에 해당하여 범죄가 되지 않는다).

부장관에 의해 공개되지 않는 한 비록 군 내부에서 그 사항이 평문으로 문서수발이 되었다거나 군사기밀사항이 장비제작사의 장비설명 팜플렛, 상업견적서요구공문에 기재되어 배포되었다고 하더라도 군사기밀로서의 성질을 그대로 가지고 있다고 할 것이다.[1]

3. 다른 범죄와의 관계

「군사기밀 보호법」에서 말하는 '군사기밀'이란 일반인에게 알려지지 아니한 것으로서 그 내용이 누설되면 국가안전보장에 명백한 위험을 초래할 우려가 있는 군 관련 문서·도화·전자기록 등 특수매체기록 또는 물건으로서 군사기밀이라는 뜻이 표시 또는 고지되거나 보호에 필요한 조치가 이루어진 것과 그 내용을 말한다(동법 제2조 제1호). 군사기밀은 그 내용이 누설되는 경우 국가안전보장에 미치는 영향의 정도에 따라 Ⅰ급비밀, Ⅱ급비밀, Ⅲ급비밀로 등급을 구분하는데, 이에 따른 군사기밀의 등급 구분에 관한 세부 기준은 대통령령으로 정한다(동법 제3조). 이와 같이 동법 위반죄는 군사기밀로 지정된 것만을 보호의 대상으로 하고 있다는 점, 일반인도 동법상의 범죄를 범할 수 있다는 점 등에서 군형법상 군사기밀누설죄와 구별된다.

군사기밀을 취급하는 사람이 정당한 사유 없이 동법 제5조 제1항에 따른 표시, 고지나 그 밖에 군사기밀 보호에 필요한 조치를 하지 아니한 경우에는 2년 이하의 징역에 처하고, 군사기밀을 취급하는 사람이 정당한 사유 없이 군사기밀을 손괴·은닉하거나 그 밖의 방법으로 그 효용을 해친 경우에는 1년 이상의 유기징역에 처한다(동법 제10조). 군사기밀을 적법한 절차에 의하지 아니한 방법으로 탐지하거나 수집한 사람은 10년 이하의 징역에 처한다(동법 제11조). 업무상 군사기밀을 취급하였던 사람이 그 취급 인가가 해제된 이후에도 군사기밀을 점유하고 있는 경우에는 2년 이하의 징역 또는 2천만원 이하의 벌금에 처한다(동법 제11조의2). 군사기밀을 탐지하거나 수집한 사람이 이를 타인에게 누설한 경우에는 1년 이상의 유기징역에 처한다(동법 제12조 제1항). 우연히 군사기밀을 알게 되거나 점유한 사람이 군사기밀임을 알면서도 이를 타인에게 누설한 경우에는 5년 이하의 징역 또는 5천만원 이하의 벌금에 처한다(동법 제12조 제2항). 업무상 군사기밀을 취급하는 사람 또는 취급하였던 사람이 그 업무상 알게 되거나 점유한 군사기밀을 타인에게 누설한 경우에는 3년 이상의 유기징역에 처하고(동법 제13조 제1항), 이에 따른 사람 외

---

1) 대법원 1994. 4. 26. 선고 94도348 판결.

의 사람이 업무상 알게 되거나 점유한 군사기밀을 타인에게 누설한 경우에는 7년 이하의 징역에 처한다(동법 제13조 제2항). 동법 제11조부터 제13조까지에 따른 죄를 범한 자가 금품이나 이익을 수수, 요구, 약속 또는 공여한 경우 그 죄에 해당하는 형의 2분의 1까지 가중처벌한다(동법 제13조의2 제1항). 과실로 동법 제13조 제1항의 죄를 범한 사람은 2년 이하의 징역 또는 2천만원 이하의 벌금에 처한다(동법 제14조). 외국 또는 외국인(외국단체를 포함한다)을 위하여 동법 제11조부터 제13조까지에 규정된 죄를 범한 경우에는 그 죄에 해당하는 형의 2분의 1까지 가중처벌한다(동법 제15조). 군사보호구역을 침입한 사람은 2년 이하의 징역 또는 2천만원 이하의 벌금에 처한다(동법 제17조 제1항). 군사보호구역을 침입하여 군사기밀을 훔친 사람 또는 군사기밀을 손괴·은닉하거나 그 밖의 방법으로 그 효용을 해친 사람은 1년 이상의 유기징역에 처한다(동법 제17조 제2항).

Ⅳ. 암호부정사용죄

> 제81조(암호 부정사용) 다음 각 호의 어느 하나에 해당하는 사람은 2년 이상의 유기징역이나 유기금고에 처한다.
> 1. 암호를 허가 없이 발신한 사람
> 2. 암호를 수신할 자격이 없는 사람에게 수신하게 한 사람
> 3. 자기가 수신한 암호를 전달하지 아니하거나 거짓으로 전달한 사람

1. 의 의

암호부정사용죄는 암호를 허가 없이 발신하거나(제1호) 암호를 수신할 자격이 없는 사람에게 수신하게 하거나(제2호) 자기가 수신한 암호를 전달하지 아니하거나 거짓으로 전달함으로써(제3호) 성립하는 범죄이다.

2. 구성요건

(1) 객 체

본죄의 객체는 암호이다. '암호'란 전선이나 보초선을 통과시키기 위하여 또는 아군간의 상호확인을 위하여 문답되는 비밀부호나 신호를 말한다.

(2) 행 위

1) 암호를 허가 없이 발신하는 것

암호의 발신은 허가권자의 개별적·포괄적 허가를 얻어 일정한 상황 아래에서

만 이루어져야 하는데, 이에 반하여 암호를 발신하는 것을 말한다. 또한 정당하게 제작된 암호를 허가 없이 발신하는 경우뿐만 아니라 임의적으로 암호를 조작하여 발신하는 경우도 이에 포함된다.

2) 암호를 수신할 자격이 없는 사람에게 수신하게 하는 것

암호를 수신할 자격의 유무는 법령·군의 명령·관습 등에 의하여 결정된다. 암호의 발신자는 불문하므로 자기 이외의 사람으로부터 발신된 암호를 수신자격 없는 사람으로 하여금 수신하게 하거나 자신이 허가를 얻어서 수신자격 없는 사람에게 발신하는 경우를 포함한다.

3) 자기가 수신한 암호를 전달하지 아니하는 것

이는 자신이 수신한 암호를 전달하지 아니한 때를 말하므로, 자기 이외의 사람이 수신한 암호에 대하여는 그것을 전달할 의무가 있다고 하더라도 본죄가 성립하지 아니한다.

4) 자기가 수신한 암호를 거짓으로 전달하는 것

'거짓 전달'이란 자기가 수신한 암호를 사실 그대로 전달하지 않고 왜곡·조작하여 전달하는 것을 말하며, 암호 자체의 진실성 여부는 불문한다.[1]

---

1) 이에 대하여 자기가 수신한 암호가 진실에 반하는 경우에 수신자가 그 내용을 진실한 것으로 변경하여 보고하는 것은 본죄의 처벌대상에서 제외되어야 한다는 견해로는 육군본부, 309면.

제18장 약탈의 죄

Ⅰ. 약탈죄

> 제82조(약탈) ① 전투지역 또는 점령지역에서 군의 위력 또는 전투의 공포를 이용하여 주민의 재물을 약취한 사람은 무기 또는 3년 이상의 징역에 처한다.
> ② 전투지역에서 전사자 또는 전상병자의 의류나 그 밖의 재물을 약취한 사람은 1년 이상의 유기징역에 처한다.
> 제85조(미수범) 이 장의 미수범은 처벌한다.

1. 의 의

약탈죄는 전투지역 또는 점령지역에서 군의 위력 또는 전투의 공포를 이용하여 주민의 재물을 약취하거나(제1항) 전투지역에서 전사자 또는 전상병자의 의류나 그 밖의 재물을 약취함으로써(제2항) 성립하는 범죄이다.

2. 구성요건

(1) 주민에 대한 약탈죄

본죄의 실행행위는 전투지역 또는 점령지역에서 군의 위력 또는 전투의 공포를 이용하여 주민의 재물을 약취하는 것이다. '전투지역'이란 군대가 적과 교전중인 지역, 교전 직전 및 직후의 지역 또는 전투의 목적을 가지고 병력으로 장악함으로써 전투의 공포 및 군의 위력에 의하여 물리적으로나 심리적으로 지배되고 있는 지역을 말한다.[1] 그러므로 전투지역을 인정함에 있어서는 당해 지역에 있어 군대의 현실적인 작전수행 여부 및 병력에 의하여 전투를 목적으로 장악되고 있는지 여부에 대한 사실의 입증이 있어야 한다.[2] 그러나 현실적인 전투행위가 있는 경우에 한하지 아니한다. 경우에 따라 후방지역이라고 할지라도 적의 공습 또는 상륙공격으로 인하여 전투행위가 존재하면 본죄의 행위상황을 충족시킬 수 있다.

'점령지역'이란 상대국의 영토 내에 침입하여 적의 지배를 배제하고 영토의 일

---

1) 국방부 1966. 5. 6. 선고 66고군형항17 판결.
2) 국방부 1966. 5. 6. 선고 66고군형항18 판결.

부 또는 전부를 사실상 군대의 지배 아래 둔 지역을 말하며, 군의 권력이 현실적으로 확립·행사되는 지역에 한한다(육전규칙 제42조 제2항). 그러므로 적의 세력을 완전히 배제하지 못하고 주민의 반항이 아직 남아 있는 상태로서 일시적인 군대의 통과를 의미하는 침입의 경우에는 전투지역에 해당할 것이며, 아국의 영토를 탈환한 경우에는 수복지구로서 그 지역 역시 점령지역이 될 수 없다.

본죄가 성립하기 위해서는 군의 위력 또는 전투의 공포를 이용하여야 한다. 행위자의 적극적인 유형력 행사가 없더라도 전시라는 특수한 상황이 부여한 공포심을 이용하는 것에 본죄의 특징이 있다. '약취'(掠取)란 노략질을 의미하는데, '노략질'이란 떼를 지어 돌아다니며 사람을 해치거나 재물을 빼앗아 가는 것을 말한다. 즉 공연히 탈취하는 것을 의미한다. 약취의 대상은 주민의 재물이어야 하므로, 적의 국유재산이나 적의 개인소지품 등에 대한 약취는 본죄가 아니라 형법상 절도나 강도의 죄책이 문제될 뿐이다.

(2) 전사자·전상병자에 대한 약탈죄

본죄의 실행행위는 전투지역에서 전사자 또는 전상병자의 의류나 그 밖의 재물을 약취하는 것이다. 행위상황으로서 전투지역에서 이루어져야 하므로, 점령지역에서 이루어진 경우에는 본죄가 성립하지 아니한다. 전사자 또는 전상병자는 아군·적군 등 군대의 구성원은 물론 민간인도 그 국적을 불문하며, 전투를 직접·간접의 원인으로 하여 사망·부상·발병한 자를 의미한다. 이는 전사자 또는 전상병자가 된 원인이 전투행위 자체뿐만 아니라 전투지역 내의 전염병이나 천재지변에 의한 것도 포함된다는 의미이다.

본죄의 객체인 의류나 그 밖의 재물은 반드시 전사자 또는 전상병자의 소유일 필요는 없으며, 사실상 점유하고 있으면 족하다. 다만 적군인 전사자 또는 전상병자의 경우 병기나 탄약과 같이 아군의 노획대상이 될 수 있는 물건은 본죄의 객체로 될 수 없다. 왜냐하면 그러한 물건의 취득은 정당한 교전자격자에게 인정되는 권리의 행사라고 보아야 하기 때문이다.

한편 본죄에서 말하는 '약취'란 주민에 대한 약탈죄와 달리 전사자의 경우에는 점유이탈물횡령, 전상병자의 경우에는 절도를 의미한다. 왜냐하면 전상병자는 항거가 불가능한 자이므로 이에 대한 재물의 강취나 편취는 불가능한데, 만약 전상병자에 대한 강취나 편취가 있는 경우에는 법정형이 중한 약탈죄나 형법상 강도죄 등이 성립할 것이기 때문이다.

Ⅱ. 약탈살해 · 치사죄

> 제83조(약탈로 인한 치사상) ① 제82조의 죄를 범하여 사람을 살해하거나 사망에 이르게 한 사람은 사형 또는 무기징역에 처한다.
> 제85조(미수범) 이 장의 미수범은 처벌한다.

약탈살해 · 치사죄는 약탈죄를 범하여 사람을 살해하거나 사망에 이르게 함으로써 성립하는 범죄이다. 본죄는 약탈죄의 결과적 가중범인데, 여기서의 기본범죄는 약탈죄의 구성요건 가운데 강취에 의한 경우에 국한된다고 보아야 한다. 왜냐하면 절취에 의하여 사람을 살해하거나 사망에 이르게 할 수는 없기 때문이다.

Ⅲ. 약탈상해 · 치상죄

> 제83조(약탈로 인한 치사상) ② 제82조의 죄를 범하여 사람을 상해하거나 상해에 이르게 한 사람은 무기 또는 7년 이상의 징역에 처한다.
> 제85조(미수범) 이 장의 미수범은 처벌한다.

약탈상해 · 치상죄는 약탈죄를 범하여 사람을 상해하거나 상해에 이르게 함으로써 성립하는 범죄이다. 본죄는 약탈죄의 결과적 가중범인데, 여기서의 기본범죄는 약탈죄의 구성요건 가운데 강취에 의한 경우에 국한된다고 보아야 한다. 왜냐하면 절취에 의하여 사람을 상해하거나 상해에 이르게 할 수는 없기 때문이다.

Ⅳ. 전지강간죄

> 제84조(전지 강간) ① 전투지역 또는 점령지역에서 사람을 강간한 사람은 사형에 처한다.
> ② 삭제 〈2013. 4. 5.〉
> 제85조(미수범) 이 장의 미수범은 처벌한다.

1. 의 의

전지강간죄는 전투지역 또는 점령지역에서 사람을 강간함으로써 성립하는 범죄이다. 본죄는 전투지역 또는 점령지역에서 성적 자기결정권이 침해당할 가능성

이 농후하기 때문에 이를 엄격하게 보호하기 위한 규정으로 평가된다.[1]

2. 구성요건

본죄의 실행행위는 전투지역 또는 점령지역에서 사람을 강간하는 것이다. 본죄에서 말하는 '전투지역'이란 본죄의 입법취지와 그 엄중한 법정형에 비추어 보건대 군대가 적과의 교전중인 지역, 교전 직전 및 직후의 지역 또는 전투의 목적을 가지고 병력으로 장악함으로써 전투의 공포 및 군의 위력에 의하여 물리적으로나 심리적으로 지배되고 있는 지역을 의미한다. 이는 단순한 형식적인 공간적 개념이 아니고 군의 제반 전술적 행동이나 주위상황에 따라 결정되어야 하는 것인데[2], 군의 작전구역으로 지정되어 있다든가 과거의 전투가 있었다는 사실만으로는 전투지역으로 볼 수 없다.[3]

한편 판례에 의하면 본죄에서 말하는 '강간'은 전지에서 폭행 또는 협박으로 사람을 강간하는 행위뿐만 아니라 전지에서 사람의 심신상실 또는 항거불능의 상태를 이용하여 간음하는 행위도 포함된다고 한다.[4] 하지만 이는 문언의 가능한 의미를 벗어난 해석임과 동시에 피고인에게 불리한 유추해석이므로 찬동하기 어렵다.[5]

---

1) 한편 「국제형사재판소 관할 범죄의 처벌 등에 관한 법률」 제9조 제2항 제6호에서는 강간, 성적 노예화, 강제매춘, 강제임신, 강제불임 또는 이와 유사한 중대한 성적 폭력 행위를 가하는 사람에 대하여 무기 또는 5년 이상의 징역에 처하도록 하고 있으므로, 본죄의 법정형도 무기 또는 5년 이상의 징역으로 개정해야 한다는 견해로는 박안서, 110면.

2) 이에 대하여 작전명령을 수행중인 선박이나 항공기 등에서의 행위에 대해서도 전투지역을 전술적 개념으로 보는 한 전투지역에 포함된다는 견해로는 이상철, 256면.

3) 국방부 1966. 5. 6. 선고 66고군형항17 판결(원심 판결서 기재에 의하면 피고인이 1965. 12. 19. 20:00경 월남국 투이오하시, ○○○○○○○식당의 정원에서 피해자 월남부녀 ○○○(23세)를 강간한 사실을 전지강간으로 사실 인정하여 법률을 적용하고 있다. … 하지만 투이오하시는 주월한국 해병여단 제2대대의 주재지로부터 동남방 해병여단 본부 주재지로부터 북방 상거한 지점으로 범행장소는 투이오하시 번화가에 위치한 영업 중인 식당으로 범행 장소가 한국군대에 의하여 전투의 목적으로 지배되어 전투의 공포나 군의 위력 하에 있는 장소가 아닌 사실을 인정할 수 있다. … 과거 접전이 있었다는 증거만으로는 전투지역임을 증명하기 충분하지 아니하다).

4) 대법원 1970. 4. 28. 선고 70도449 판결.

5) 이에 대하여 본죄에서 말하는 강간의 의미는 형법상 준강간, 미성년자등에 대한 간음, 업무상 위력 등에 의한 간음, 강간치사상죄 등이 모두 포함된다고 해석하는 견해로는 육군본부, 363~364면; 육군종합행정학교, 334면.

제19장 포로에 관한 죄

Ⅰ. 포로불귀환죄

> 제86조(포로) 적에게 포로가 된 사람이 우군부대 또는 진지로 귀환할 수 있는데도 귀환할 적
> 절한 행동을 하지 아니하거나 다른 우군포로가 귀환하지 못하게 한 사람은 2년 이하의 징역에
> 처한다.

1. 의 의

포로불귀환죄는 적에게 포로가 된 사람이 우군부대 또는 진지로 귀환할 수 있
는데도 귀환할 적절한 행동을 하지 아니하거나 다른 우군포로가 귀환하지 못하게
함으로써 성립하는 범죄이다. 본죄는 귀환의무를 위배하여 아군의 전투력 증강의
기회를 상실하게 하는 행위를 처벌하기 위한 규정이다. 본죄의 미수범은 처벌하지
아니한다.

2. 구성요건

(1) 주 체

본죄의 주체는 군인·준군인 가운데 적에게 포로가 된 사람이다. 그러므로 종
군기자·용달상인·적상선의 승무원·적민간항공기의 승무원 등은 포로가 되더라도
본죄의 주체가 될 수 없다. '포로'(Prisoners of war; POW)란 전쟁을 이유로 교전당사
국의 세력 내에 들어와 자유를 박탈당했으나, 국제법이나 특별협정에 의하여 대우
가 보장된 적성국민을 말한다. 참고로 포로의 대우에 관해서는 1949. 8. 12.자 제네
바협약에서 자세히 규정하고 있다.[1] 본죄에서 말하는 포로는 군인 및 준군인에 국

---

1) 포로에 관한 제네바협약 제5조에 의하면, ① 교전자격이 있는 자(정규군, 비정규군, 전투원, 비전
투원을 불문한다), ② 정규군의 구성원으로서 억류국이 승인하고 있지 않은 정부 또는 당국에 충성
을 서약한 자, ③ 종군기자, 용달상인 등 군의 일부를 구성하지 않는 종군자, ④ 적상선의 승무원
및 적민간항공기의 승무원, ⑤ 원수, 국무대신, 외교사절과 같이 정치상 국가의 현직에 있는 자 중
에서 적국에 억류된 자로서 교전당사국이나 중립국, 비교전국이 자기의 영역 내에 수용하고 있으
며, 그 국가가 국제법상 억류를 요하는 자 등을 포로의 신분을 가지는 자라고 규정하고 있다.

한된다. 그러므로 전투에 참가한 민병·의용병 등이 포로로서 억류되더라도 군인이나 준군인의 신분을 취득하지 않는 한 본죄의 주체가 될 수는 없다.

(2) 행 위

본죄의 실행행위는 우군부대 또는 진지로 귀환할 수 있는데도 귀환할 적절한 행동을 하지 아니하거나 다른 우군포로가 귀환하지 못하게 하는 것이다. '우군부대 또는 진지'란 반드시 포로의 원래 소속부대나 진지에 한하지 않고, 아군의 부대나 진지 또는 아군과 공동작전을 수행하고 있는 외국군의 부대나 진지도 포함한다.[1] 또한 반드시 부대나 진지에 귀환할 필요도 없으며, 아군의 실력적 지배 아래 들어 있는 지역으로 탈출함으로써 족하다.

'귀환할 적절한 행동'이란 반드시 적법한 행위에 한하지 않고, 도주와 같은 불법적인 행위도 경우에 따라 포함될 수 있다. 다만 포로가 된 사람이 단순히 도주하지 않았다고 하여 본죄가 성립하는 것은 아니다. 왜냐하면 도주에 따른 불법행위는 적으로부터 응징의 대상이 될 수 있기 때문이다. 이에 따라 본죄로 처벌되는 경우는 극히 예외적인 상황이라고 볼 수 있다. 그리고 본죄는 귀환의 적절한 조치를 취하지 않는 것을 처벌하므로, 현실적으로 귀환에 성공할 필요는 없으며, 사회통념상 적절하다고 판단되는 귀환조치를 취하기만 하면 본죄가 성립하지 아니한다.[2]

'다른 우군포로가 귀환하지 못하게 하는 경우'는 우군포로의 귀환을 방해하거나 포기를 설득하는 경우, 적에게 우군포로의 탈주사실을 밀고하는 경우 등이 이에 해당한다.

Ⅱ. 간수자의 포로도주원조죄

제87조(간수자의 포로 도주 원조) 포로를 간수 또는 호송하는 사람이 그 포로를 도주하게 한 경우에는 3년 이상의 유기징역에 처한다.
제91조(미수범) 제87조부터 제90조까지의 미수범은 처벌한다.

---

1) 이에 대하여 본죄의 입법취지는 적으로 하여금 포로를 억류하고 있지 못하게 하고자 함에 있으므로 중립국의 부대 또는 진지 및 그 영역도 포함된다는 견해로는 육군본부, 367면.
2) 이에 대하여 국제법상 포로대우에 관한 조약에 의하면 포로가 도주를 꾀하다가 실패한 경우에는 처벌을 받기로 되어 있어 이러한 위험을 무릅쓰고 도주할 것을 기대한다는 것은 사실상 힘든 일이므로 기대가능성 문제가 발생하게 되어 본죄의 성립은 사실상 어렵다는 견해로는 육군종합행정학교, 338면.

1. 의 의

간수자의 포로도주원조죄는 포로를 간수 또는 호송하는 사람이 그 포로를 도주하게 함으로써 성립하는 범죄이다. 본죄는 제88조의 포로도주원조죄와 비교하여 '포로를 간수 또는 호송하는 사람'이라는 신분으로 인하여 형이 가중되는 부진정신분범에 해당한다.

2. 구성요건

(1) 주 체

본죄의 주체는 포로를 간수 또는 호송하는 사람이다. 간수 또는 호송의 임무는 법령의 근거를 가질 필요가 없으며, 사실상 그 임무에 종사하고 있으면 충분하다. 그러므로 군인·준군인에 한하지 않고, 공무원 등 민간인도 이에 해당할 수 있다. '간수하는 사람'이란 일정한 장소에 수용된 포로를 직접·간접으로 감시하는 사람을 말하며, '호송하는 사람'이란 포로를 이동시키는 경우에 있어서 이와 동행하여 이송 중의 감시·감독에 임하는 사람을 말한다. 호송이나 감시의 임무는 반드시 고유의 임무일 필요는 없으며, 현실적으로 그러한 임무에 종사함으로써 족하고, 반드시 책임자일 필요도 없다.

(2) 객 체

본죄의 객체는 포로이다. 여기서 말하는 포로는 적국인 가운데 포로의 신분을 취득할 수 있는 사람으로서 현재 아국에 의하여 간수 또는 호송을 당하고 있는 사람을 말한다. 그러므로 본죄에서 말하는 포로의 기존 신분이 군인이나 준군인이었을 필요는 없다.

(3) 행 위

본죄의 실행행위는 포로를 도주하게 하는 것이다. 그 방법에는 제한이 없으며, 이미 도주의 의사를 가진 자에 대하여 그 실행을 용이하게 하는 것도 포함한다. 또한 부작위에 의한 방법으로도 가능하다. 포로가 간수자나 호송자의 실력적 지배를 벗어난 때에 기수가 되며, 포로가 도주에 완전히 성공하였는지 여부는 불문한다.

Ⅲ. 포로도주원조죄

제88조(포로 도주 원조) ① 포로를 도주하게 한 사람은 10년 이하의 징역에 처한다.
② 포로를 도주시킬 목적으로 포로에게 기구를 제공하거나 그 밖에 그 도주를 용이하게 하는
행위를 한 사람은 7년 이하의 징역에 처한다.
제91조(미수범) 제87조부터 제90조까지의 미수범은 처벌한다.

1. 의 의

포로도주원조죄는 포로를 도주하게 하거나(제1항) 포로를 도주시킬 목적으로
포로에게 기구를 제공하거나 그 밖에 그 도주를 용이하게 하는 행위를 함으로써
(제2항) 성립하는 범죄이다. 도주하게 하는 행위와 도주를 용이하게 하는 행위는
모두 도주원조행위라는 점에서는 동일하지만, 전자는 도주의 실행행위를 말하므
로 피원조자의 도주실행의 착수가 필요한 반면에, 후자는 도주의 예비행위를 말하
므로 피원조자의 도주실행이 착수에 이를 필요가 없다는 점에서 구별된다.

2. 구성요건

(1) 주 체

본죄의 주체는 군인·준군인뿐만 아니라 내·외국 민간인도 포함된다. 다만 제
87조에서 규정하고 있는 포로를 간수 또는 호송하는 사람은 제외된다. 또한 적의
포로로서 같이 있는 포로의 도주를 원조하는 행위는 국제법상 포로의 지위에서 행
하는 것이므로 처벌의 대상이 될 수 없다.

(2) 행 위

본죄의 실행행위는 포로를 도주하게 하거나 포로를 도주시킬 목적으로 포로
에게 기구를 제공하거나 그 밖에 그 도주를 용이하게 하는 행위를 하는 것이다.
'도주를 용이하게 하는 행위'란 식량·금전·지도 등의 제공, 도주방법의 제시, 도주
로의 구축 등 도주에 편리한 상황을 제공해 주는 일체의 행위를 말한다. 다만 이
러한 행위는 포로가 도주에 성공하기 전에 제공되어야 하고, 그 이후의 행위에 대
해서는 도주포로비호죄가 성립될 뿐이다.

(3) 주관적 구성요건

제88조 제2항에서 규정하고 있는 범죄가 성립하기 위해서는 고의 이외에 도주
시킬 목적이 별도로 요구된다. 이와 같은 목적이 있는 이상 포로의 도주행위의 착
수나 기수 여부는 불문한다.

Ⅳ. 포로탈취죄

> 제89조(포로 탈취) 포로를 탈취한 사람은 2년 이상의 유기징역에 처한다.
> 제91조(미수범) 제87조부터 제90조까지의 미수범은 처벌한다.

1. 의 의

포로탈취죄는 포로를 탈취함으로써 성립하는 범죄이다.

2. 구성요건

(1) 주 체

본죄의 주체는 군인·준군인뿐만 아니라 내·외국 민간인도 포함된다. 다만 외국인 중 교전상대국의 군인은 본죄의 주체가 될 수 없다. 왜냐하면 교전권자가 포로를 구출하려는 행위는 정당한 교전권의 내용을 구성하기 때문이다.

(2) 행 위

본죄의 실행행위는 탈취하는 것이다. 여기서 '탈취'란 스스로 도주하지 않는 포로를 간수자나 호송자의 실력적 지배로부터 벗어나게 하는 것을 말하며, 그 목적 및 방법은 불문한다.

Ⅴ. 도주포로비호죄

> 제90조(도주포로 비호) 도주한 포로를 숨기거나 비호한 사람은 5년 이하의 징역에 처한다.
> 제91조(미수범) 제87조부터 제90조까지의 미수범은 처벌한다.

1. 의 의

도주포로비호죄는 도주한 포로를 숨기거나 비호함으로써 성립하는 범죄이다.

2. 구성요건

(1) 주 체

본죄의 주체는 군인·준군인뿐만 아니라 내·외국 민간인도 포함된다.

(2) 객 체

본죄의 객체인 포로는 이탈상태에 있는 사람에 한하며, 도주가 성공하여 국제법상 포로의 신분이 종료된 사람은 본죄의 객체가 될 수 없다.

(3) 행 위

본죄의 실행행위는 도주한 포로를 숨기거나 비호하는 것이다. 여기서 '은닉'이란 포로임을 인식하면서 장소를 제공하여 체포를 면하게 하는 것을 말한다. 은닉의 방법에는 제한이 없기 때문에 부작위에 의해서도 가능하다. '비호'란 포로에 대한 보호행위로서 은닉 이외에 일체의 물리적·정신적 원조행위를 말한다.

(4) 주관적 구성요건

본죄가 성립하기 위해서는 행위자가 그 대상이 도주중인 포로라는 사실에 대한 인식이 있어야 한다.

제20장   강간과 추행의 죄

Ⅰ. 군인등강간죄

제92조(강간) 폭행이나 협박으로 제1조 제1항부터 제3항까지에 규정된 사람을 강간한 사람은 5년 이상의 유기징역에 처한다.
제92조의5(미수범) 제92조, 제92조의2부터 제92조의4까지의 미수범은 처벌한다.

1. 의 의

군인등강간죄는 폭행이나 협박으로 군인·준군인을 강간함으로써 성립하는 범죄이다.

2. 구성요건

(1) 주 체

본죄의 주체는 군인·준군인에 한정된다.

(2) 객 체

본죄의 객체는 군인·준군인이다.

(3) 행 위

1) 폭행 또는 협박

폭행 또는 협박은 피해자의 항거를 불가능하게 하거나 현저히 곤란하게 할 정도의 것이어야 한다. 이에 해당하는지 여부는 그 폭행·협박의 내용과 정도는 물론, 유형력을 행사하게 된 경위, 피해자와의 관계, 성교 당시와 그 후의 정황 등 모든 사정을 종합하여 판단하여야 한다. 물리적인 힘을 행사하는 경우와 같은 절대적 폭력을 행사하는 것은 물론이고, 심리적으로 반항을 포기하게 하는 것도 가능하다. 실행의 착수시에 그러한 정도의 폭행·협박이 있으면 족하고 폭행·협박으로 실제로 피해자가 항거불능의 상태에 빠질 필요는 없다.

폭행 또는 협박의 대상은 피해자뿐만 아니라 제3자에 대한 것이어도 무방하다. 한편 제3자가 행한 폭행 또는 협박을 이용하여 간음하면 준강간죄가 성립하기 때문에 폭행 또는 협박은 간음의 종료 이전에 행위자 스스로 가한 것이어야 한다.

2) 강 간

본죄에서의 '간음'이란 남녀간의 성기삽입만을 말한다. 그러므로 유사성교행위는 강간죄가 아니라 유사강간죄가 될 뿐이다. 그리고 폭행 또는 협박과 간음행위 사이에는 인과관계가 있어야 한다. 따라서 폭행 또는 협박은 간음의 종료 이전에 행위자에 의해 이루어져야 한다. 하지만 폭행 또는 협박이 반드시 간음행위보다 선행되어야 하는 것은 아니다.[1] 한편 성기의 삽입 후 피해자가 더 이상 반항을 하지 않거나 성적 흥분을 느끼게 되더라도 본죄의 성립에는 아무런 영향이 없다.

(4) 주관적 구성요건

본죄가 성립하기 위해서는 폭행 또는 협박에 의하여 군인·준군인을 간음한다는 사실에 대한 인식과 의사를 내용으로 하는 고의가 있어야 한다. 한편 피해자의 동의가 없음에도 불구하고 있는 것으로 오인한 경우에는 고의가 조각된다.

3. 위법성조각사유

피해자의 승낙이 있는 경우에는 화간이 되어 구성요건해당성이 조각된다. 하지만 성폭력 범죄에서 피해자의 동의가 있었다고 할 때에는 보통 그 의미를 '다른 사람의 행위를 승인하거나 시인'한다는 뜻으로 사용한다. 피해자에게 이루어진 행위에 대하여 피해자의 동의가 있다는 이유로 범죄의 성립을 부정하는 이유는 그러한 행위는 피해자의 성적 자유 또는 성적 자기결정권을 침해한 것으로 보지 않기 때문이다. 그런데 피해자가 사전에 성행위에 동의하였다 하더라도 피해자는 여전히 그 동의를 번복할 자유가 있을 뿐만 아니라 자신이 예상하지 않았던 성적 접촉이나 성적 행위에 대해서는 이를 거부할 자유를 가지는 것이다. 그러므로 피해자에 대하여 이루어진 행위에 대하여 피해자의 동의가 있었는지 여부는 그 행위의 경위 및 태양, 피해자의 연령, 범행 당시의 정황 등 여러 사정을 종합적으로 고려하여 볼 때 그 행위로 인하여 피해자의 성적 자유 또는 성적 자기결정권이 침해되었는지를 기준으로 삼아 구체적·개별적으로 판단하여야 한다.[2]

---

1) 대법원 2017. 10. 12. 선고 2016도16948 판결(기습강간사건)(피고인은 피해자의 의사에 반하여 기습적으로 자신의 성기를 피해자의 성기에 삽입하고, 피해자가 움직이지 못하도록 반항을 억압한 다음 간음행위를 계속한 사실을 알 수 있다. 이와 같은 피고인의 행위는, 비록 간음행위를 시작할 때 폭행·협박이 없었다고 하더라도 간음행위와 거의 동시 또는 그 직후에 피해자를 폭행하여 간음한 것으로 볼 수 있고, 이는 강간죄를 구성한다).

2) 대법원 2019. 6. 13. 선고 2019도3341 판결.

4. 실행의 착수시기 및 기수시기

(1) 실행의 착수시기

본죄의 실행의 착수시기는 사람을 간음하기 위하여 폭행 또는 협박을 개시한 때이다. 하지만 실제로 그와 같은 폭행 또는 협박에 의하여 피해자의 항거가 불가능하게 되거나 현저히 곤란하게 되어야만 실행의 착수가 있다고 볼 것은 아니다.

(2) 기수시기

남성의 성기와 여성의 성기가 결합하는 순간에 기수가 된다. 그러므로 성기의 완전 삽입·사정(射精)·성욕의 만족 등은 요구되지 아니한다.

Ⅱ. 군인등유사강간죄

제92조의2(유사강간) 폭행이나 협박으로 제1조 제1항부터 제3항까지에 규정된 사람에 대하여 구강, 항문 등 신체(성기는 제외한다)의 내부에 성기를 넣거나 성기, 항문에 손가락 등 신체(성기는 제외한다)의 일부 또는 도구를 넣는 행위를 한 사람은 3년 이상의 유기징역에 처한다.
제92조의5(미수범) 제92조, 제92조의2부터 제92조의4까지의 미수범은 처벌한다.

---

1. 의 의

군인등유사강간죄는 폭행이나 협박으로 군인·준군인에 대하여 구강·항문 등 신체(성기는 제외한다)의 내부에 성기를 넣거나 성기·항문에 손가락 등 신체(성기는 제외한다)의 일부 또는 도구를 넣는 행위를 함으로써 성립하는 범죄이다.

2. 구성요건

본죄의 실행행위는 폭행이나 협박으로 군인·준군인에 대하여 구강·항문 등 신체(성기는 제외한다)의 내부에 성기를 넣거나 성기·항문에 손가락 등 신체(성기는 제외한다)의 일부 또는 도구를 넣는 행위를 하는 것이다. 우선 본죄에서 말하는 폭행 또는 협박은 군인등강간죄에서 설명한 바와 같다.

'성기를 넣는 행위'란 상대방의 성기를 제외한 구강·항문 등 신체의 내부에 성기를 삽입하는 것을 말한다. 그러므로 신체의 외부에 성기를 마찰시키는 행위는 이에 해당하지 아니한다.

'손가락 등 신체의 일부 또는 도구를 넣는 행위'의 대상은 성기와 항문으로 한정되어 있다. 그러므로 '구강'에 손가락 등 신체의 일부 또는 도구를 넣는 행위는 이에 해당하지 아니한다. 손가락 '등'에서 등의 예로는 크기와 성상(性狀)에 비추어 발가락이나 혀 등을 들 수 있다.

Ⅲ. 군인등강제추행죄

> 제92조의3(강제추행) 폭행이나 협박으로 제1조 제1항부터 제3항까지에 규정된 사람에 대하여 추행을 한 사람은 1년 이상의 유기징역에 처한다.
> 제92조의5(미수범) 제92조, 제92조의2부터 제92조의4까지의 미수범은 처벌한다.

1. 의 의

군인등강제추행죄는 폭행이나 협박으로 군인·준군인에 대하여 추행을 함으로써 성립하는 범죄이다. 본죄는 엄격한 기강과 상명하복의 위계질서가 요구되는 군에서 구성원들 사이에 발생하는 강제추행을 엄히 규율함으로써 군 조직 구성원에 의한 강제추행 범죄로부터 구성원 개개인의 성적 자기결정권을 보호하고, 나아가 군 기강의 확립을 통해 전투력을 유지하고자 마련되었다.[1] 본죄는 군 조직 구성원 사이에 발생하는 강제추행으로서, 전우애를 다지고 신뢰관계를 형성해야 할 구성원을 오히려 그 범행 대상으로 삼았다는 점에서 죄질이 매우 나쁘고, 이는 자칫 군 전투력의 약화로 이어질 수 있다.

본죄는 행위의 주체 및 객체가 모두 군 본연의 업무를 수행하는 구성원인데, 군대 조직은 철저히 계급으로 이루어진 사회이므로 위계질서를 이용하여 위와 같은 범죄가 이루어질 가능성이 높다는 점과 군 조직 내에서 강제추행 범죄가 발생하는 경우 그 결과는 피해자 개인의 성적 자기결정권의 침해를 넘어 군의 전투력 보존에 심각한 위해를 초래할 수 있다는 점 때문에 일반적으로 비난가능성이 크다. 따라서 군영 밖이나 직접적인 지휘 감독 관계에 있지 않은 자 사이에 이루어진 강제추행이라 하더라도 이를 군형법으로 엄하게 처벌하는 것은 군기강을 바로잡아 전투력을 유지하기 위한 것이므로, 강제추행이 이루어진 장소나 행위주체와 객체 사이의 관계를 불문하고 징역형으로만 처벌하도록 한 것이 지나치게 가혹한 형벌이라고 보기 어렵다.[2]

---

1) 헌법재판소 2018. 12. 27. 선고 2017헌바195·224, 2018헌바213·468(병합) 결정.
2) 헌법재판소 2018. 12. 27. 선고 2017헌바195·224, 2018헌바213·468(병합) 결정.

2. 구성요건

본죄의 실행행위는 폭행이나 협박으로 추행하는 것이다. 본죄에 있어서 폭행·협박의 정도와 관련하여, 판례는 「강제추행죄는 상대방에 대하여 폭행 또는 협박을 가하여 항거를 곤란하게 한 뒤에 추행행위를 하는 경우뿐만 아니라 폭행행위 자체가 추행행위라고 인정되는 경우도 포함되는 것이며, 이 경우에 있어서의 폭행은 반드시 상대방의 의사를 억압할 정도의 것임을 요하지 않고 상대방의 의사에 반하는 유형력의 행사가 있는 이상 그 힘의 대소강약을 불문하며 폭행 또는 협박은 반드시 추행 이전에 행해질 것을 요하지 아니한다.」라고 판시[1]하고 있다.

'추행'이란 객관적으로 일반인에게 성적 수치심이나 혐오감을 일으키게 하고 선량한 성적 도덕관념에 반하는 행위로서 피해자의 성적 자기결정의 자유를 침해하는 것을 말한다. 그러므로 건전한 성풍속이라는 일반적인 사회적 법익을 보호하려는 목적을 가진 공연음란죄에서 정하는 '음란한 행위'가 특정한 사람을 상대로 행하여졌다고 해서 반드시 그 사람에 대하여 '추행'이 된다고 말할 수 없고, 무엇보다도 문제의 행위가 피해자의 성적 자유를 침해하는 것으로 평가될 수 있어야 한다.[2] 이에 해당하는지 여부는 피해자의 의사·성별·연령·행위자와 피해자의 이

---

1) 대법원 2020. 3. 26. 선고 2019도15994 판결(회식후노래방기습추행사건)(원심은 무죄의 근거로서 피고인이 피해자의 허벅지를 쓰다듬던 당시 피해자가 즉시 피고인에게 항의하거나 반발하는 등의 거부의사를 밝히는 대신 그 자리에 가만히 있었다는 점을 중시하였던 것으로 보인다. 그러나 성범죄 피해자의 대처 양상은 피해자의 성정이나 가해자와의 관계 및 구체적인 상황에 따라 다르게 나타날 수밖에 없다는 점에서 원심이 들고 있는 위 사정만으로는 강제추행죄의 성립이 부정된다고 보기 어렵다. 피해자가 피고인에게 즉시 거부의사를 밝히지 않았다고 하지만, 반대로 피해자가 피고인의 행위에 대하여 명시적으로 동의한 바도 없음이 분명하고, 피고인의 신체접촉에 대해 피해자가 묵시적으로 동의하였다거나 그 의사에 반하지 않았다고 볼 만한 근거 역시 찾아볼 수 없기 때문이다. 나아가 이 사건 당시 피고인의 행위에 대하여 적극적으로 항의하지 아니한 이유에 관하여, 피해자는 경찰 조사시 '수치스러웠다. 이런 적이 한번도 없어서 어떻게 해야 할지 몰랐다'고, 검찰 조사시 '짜증이 나고 성적으로 수치심이 들었다. 피고인은 회사 대표이고 피해자는 그 밑에서 일하는 직원이라서 적극적으로 항의하지 못했다'고 각 진술하였다. 이처럼 당시는 다른 직원들도 함께 회식을 하고나서 노래방에서 여흥을 즐기던 분위기였기에 피해자가 즉시 거부의사를 밝히지 않았다고 하여, 피고인의 행위에 동의하였다거나 피해자의 의사에 반하지 아니하였다고 쉽게 단정하여서는 아니 된다); 대법원 2007. 1. 25. 선고 2006도5979 판결; 대법원 1992. 2. 28. 선고 91도3182 판결; 대법원 1983. 6. 28. 선고 83도399 판결.
2) 대법원 2012. 7. 26. 선고 2011도8805 판결(허심청온천뒷길사건)(① 피해자는 48세의 여자로 건물 2층에서 '○○○○○○' 지점을 운영하고 있는데 그 건물 1층에서 식당을 운영하는 공소외인과 분쟁이 있었다. ② 피고인은 그 식당에서 술을 마시면서 평소 알고 지내던 공소외인으로부터 피해자와의 분쟁에 관한 이야기를 들었고, 마침 피해자가 내려오자 피해자에게 말을 걸었다. ③ 피해자는 피고인의 말을 무시하고 위 식당 앞 도로에 주차하여 둔 자신의 차량으로 걸어갔고 이에 피고인은 피해자의 뒤를 쫓아가면서 공소사실과 같이 욕을 하고 바지를 벗어 성기를 피해자에게 보였다. ④ 그곳은 허심청 온천 뒷길로 식당 및 편의점 등이 있어서 저녁 8시 무렵에도 사람 및 차량의 왕래가

전부터의 관계·행위에 이르게 된 경위·구체적 행위태양·주위의 객관적 상황과
그 시대의 성적 도덕관념 등을 종합적으로 고려하여 신중히 결정되어야 한다.[1] 그
리고 신체부위에 따른 추행의 인정 여부는 달라지지 아니하기 때문에 본질적인 차
이는 발생하지 아니한다. 따라서 반드시 신체의 은밀한 부분이 아니라고 하더라도
무릎·허벅지·엉덩이·어깨·팔·손목 등을 만지는 행위도 상황에 따라 본죄에 해
당할 수 있다.[2]

  판례에 의하면, ① 비록 피해자가 피고인의 머리채를 잡아 폭행을 가하자 이에 대한 보복
의 의미에서 한 행위로서 성욕을 자극·흥분·만족시키려는 주관적 동기나 목적이 없었다고
하더라도, 객관적으로 여성인 피해자의 입술·귀·유두·가슴을 입으로 깨무는 등의 행위[3],
② 피고인이 손에 얼음조각을 쥐고 갑자기 피해자의 양쪽 젖꼭지 부위에 대고 문지른 경
우[4], ③ 피고인이 엘리베이터라는 폐쇄된 공간에서 피해자들을 칼로 위협하는 등으로 꼼짝

빈번한 도로이고 피해자는 당시 위 식당 옆 도로변에 차를 주차하여 둔 상태이었다. 이상에서 본
피해자의 성별·연령, 이 사건 행위에 이르게 된 경위 및 피고인은 자신의 성기를 꺼내어 일정한
거리를 두고 피해자에게 보였을 뿐 피해자에게 어떠한 신체적 접촉도 하지 아니한 점, 위 행위장소
는 피해자가 차량을 주차하여 둔 사무실 근처의 도로로서 사람 및 차량의 왕래가 빈번한 공중에게
공개된 곳이었고, 피해자로서는 곧바로 피고인으로부터 시선을 돌림으로써 그의 행위를 쉽사리 외
면할 수 있었으며 필요하다면 주위의 도움을 청하는 것도 충분히 가능하였던 점, 피고인은 피해자
를 위 행위장소로 이끈 것이 아니라 피해자의 차량으로 가는 피해자를 따라가면서 위와 같은 행위
에 이르게 된 점, 피고인이 피해자에 대하여 행하여서 협박죄를 구성하는 욕설은 성적인 성질을
가지지 아니하는 것으로서 '추행'과 관련이 없는 점, 그 외에 피해자가 자신의 성적 결정의 자유를
침해당하였다고 볼 만한 사정은 이를 찾을 수 없는 점 기타 제반 사정을 고려하여 보면, 단순히
피고인이 바지를 벗어 자신의 성기를 피해자에게 보여준 것만으로는 그것이 비록 객관적으로 일반
인에게 성적 수치심이나 혐오감을 일으키게 하는 행위라고 할 수 있을지 몰라도 피고인이 폭행 또
는 협박으로 '추행'을 하였다고 볼 수 없다).
1) 대법원 2017. 10. 31. 선고 2016도21231 판결(2세여아악수사건).
2) 하지만 피해자의 추정적 승낙이 있으면 강제추행죄는 성립하지 아니한다(대법원 1983. 6. 28. 선고
   83도399 판결).
3) 대법원 2013. 9. 26. 선고 2013도5856 판결(가슴깨문사건).
4) 고등군사법원 2019. 8. 7. 선고 2019노24 판결(피고인이 이 부분 공소사실과 같은 행위에 이르게
   된 경위는 당시 피고인이 피해자에게 술을 따라주려는데 술이 없자 냉장고에서 소주를 꺼내 와서
   소주병에 붙어 있는 얼음조각을 입에 넣었다가 손바닥에 뱉어 쥐고서 상의를 입지 않고 있던 피해
   자의 양쪽 젖꼭지 부위에 대고 문지르는 행위를 한 것으로서, 피해자로서는 술을 따라주려던 피고
   인이 갑자기 얼음조각을 쥔 손바닥으로 피해자의 양쪽 젖꼭지 부위를 문지를 것이라고 쉽게 예측
   하기 어려웠을 것으로 보인다. 당시 피고인의 계급은 상사로서 군 경력이 약 13년 정도인 중대 선임
   관이었고, 피해자의 계급은 하사로서 군 경력이 약 2년 정도로 피고인과 피해자의 계급 및 군 경력
   차이가 상당한 점, 피고인은 이 부분 공소사실과 같은 행위를 하기 바로 전에 11중대 생활관에서
   자고 있던 피해자를 깨워 "왜 여기서 자냐"고 말하며 손바닥으로 피고인의 이마, 등, 허벅지 등을
   때린 후, 14중대 생활관으로 가서 같이 술을 마실 것을 권유하여 피해자는 이를 거절하지 못하였고,
   당시 피해자는 상의를 벗고 있어서 상의만 입고 가겠다고 말하였으나 피고인은 "그냥 와"라고 말하
   여 상의를 입지 못한 채 피고인과 술자리를 갖게 된 점, 피고인은 피해자에게 술을 따라주고 재차
   피고인의 손바닥으로 피해자의 등, 가슴 부위를 때린 점 등을 종합하면, 피해자가 피고인의 이 부분

하지 못하도록 자신의 실력적인 지배하에 둔 다음 피해자들에게 성적 수치심과 혐오감을 일으키는 자신의 자위행위 모습을 보여 주고 피해자들로 하여금 이를 외면하거나 피할 수 없게 한 행위[1], ④ 피해자의 옷 위로 엉덩이나 가슴을 쓰다듬는 경우[2], ⑤ 피해자의 집 방 안에서 갑자기 피해자의 상의를 걷어 올려서 유방을 만지고, 하의를 끄집어 내리는 행위[3], ⑥ 피고인이 컨트리클럽 회장 공소외인 등과 골프를 친 후 컨트리클럽 내 식당에서 식사를 하면서 그곳에서 근무 중인 여종업원인 피해자들에게 함께 술을 마실 것을 요구하였다가 피해자들로부터 거절당하였음에도 불구하고, 컨트리클럽의 회장인 공소외인과의 친분관계를 내세워 피해자들에게 어떠한 신분상의 불이익을 가할 것처럼 협박하여 피해자들로 하여금 목 뒤로 팔을 감아 돌림으로써 얼굴이나 상체가 밀착되어 서로 포옹하는 것과 같은 신체접촉이 있게 되는 이른바 러브샷의 방법으로 술을 마시게 한 행위[4], ⑦ 피고인의 어깨를 주무르는 것에 대하여 평소 수치스럽게 생각하여 오던 피해자에 대하여 그 의사에 명백히 반하여 그의 어깨를 주무르고 이로 인하여 피해자로 하여금 소름이 끼치도록 혐오감을 느끼게 하였고, 이어 나중에는 피해자를 껴안기까지 한 일련의 행위[5], ⑧ 피고인들이 인적이 드문 심야에 혼자 귀가중인 피해자가 골목길로 들어가는 것을 보고 뒤에서 느닷없이 달려들어 그녀의 양팔을 붙잡고 어두운 골목길로 약 10m 정도 더 끌고 들어가서 그녀를 담벽에 쓰러뜨린 후 음부를 만지며 반항하는 그녀의 옆구리를 무릎으로 차고 억지로 키스를 한 행위[6] 등에 있어서는 본죄가 성립한다.

(4) 주관적 구성요건

본죄가 성립하기 위해서는 폭행 또는 협박에 의하여 군인·준군인을 추행한다는 사실에 대한 인식과 의사를 내용으로 하는 고의가 있어야 한다.[7]

3. 처 벌

군형법상 강간과 강제추행의 죄가 군인을 상대로 한 성폭력범죄를 가중처벌하기 위한 것으로서 형법상 강간 및 강제추행의 죄와 본질적인 차이가 없어 이를

공소사실과 같은 신체접촉을 용인하였거나 장난하는 과정에서 신체접촉이 있었다고 볼 수 없다. 피고인이 손에 얼음조각을 쥐고 상의를 입지 않고 있던 피해자의 양쪽 젖꼭지 부위에 대고 문지른 행위는 피해자의 신체에 대한 유형력의 행사에 해당하고, 일반인의 입장에서 보더라도 성적 수치심이나 혐오감을 일으킬 수 있는 행위로 평가된다).
1) 대법원 2010. 2. 25. 선고 2009도13716 판결.
2) 대법원 2002. 8. 23. 선고 2002도2860 판결.
3) 대법원 1994. 8. 23. 선고 94도630 판결.
4) 대법원 2008. 3. 13. 선고 2007도10050 판결(2단계러브샷사건).
5) 대법원 2004. 4. 16. 선고 2004도52 판결(어깨주무른사건).
6) 대법원 1989. 8. 8. 선고 89도358 판결(설절단상사건).
7) 이에 대하여 주관적으로 성욕을 흥분 또는 만족한다는 요건을 충족시켜야 추행행위가 성립한다는 견해로는 육군본부, 377면; 육군종합행정학교, 347면; 이상철, 267면.

성폭력특례법상 성폭력범죄에서 제외할 합리적인 이유가 없는 점, 군인등유사강
간 및 군인등강제추행의 죄는 행위주체가 군형법 제1조에 규정된 자로 제한되고
범행대상(또는 행위객체)이 군형법 제1조 제1항 내지 제3항에 규정된 자로 제한되는
점 외에 형법상 유사강간 및 강제추행의 죄와 행위태양이 동일한 점 등을 종합하
여 보면, 군인등유사강간 및 군인등강제추행의 죄는 형법상 유사강간 및 강제추행
의 죄에 대하여 가중처벌하는 죄로서 성폭력특례법 제2조 제2항에 의해 성폭력범
죄에 포함된다.[1] 그리고 군인등강제추행죄가 성폭력특례법상 성폭력범죄에 해당
하는 이상 같은 법 제16조 제2항에 의하여 유죄판결을 선고하는 경우에는 500시간
의 범위에서 재범예방에 필요한 수강명령 또는 이수명령을 병과하여야 한다.

Ⅳ. 군인등준강간등죄

제92조의4(준강간, 준강제추행) 제1조 제1항부터 제3항까지에 규정된 사람의 심신상실 또는
항거불능 상태를 이용하여 간음 또는 추행을 한 사람은 제92조, 제92조의2 및 제92조의3의 예
에 따른다.
제92조의5(미수범) 제92조, 제92조의2부터 제92조의4까지의 미수범은 처벌한다.

1. 의 의

군인등준강간등죄는 군인·준군인의 심신상실 또는 항거불능 상태를 이용하여
간음·유사간음 또는 추행을 함으로써 성립하는 범죄이다. 본죄는 폭행 또는 협박
이라는 적극적 방법이 아니라 상대방의 심신상실 또는 항거불능의 상태를 이용하
는 소극적인 방법으로 간음 또는 추행을 하는 경우를 처벌하기 위한 규정인데, 불
법성에 차이가 없으므로 군인등강간죄·유사강간죄·강제추행죄의 경우에 준하
여 처벌하고 있다. 특히 추행의 방법이 유사강간행위에 해당하면 제92조의2의
예에 의하여 처벌된다. 입법론적으로는 표제어에 '준유사강간'을 추가하는 것이
타당하다.

---

[1] 대법원 2018. 10. 4. 선고 2016도15961 판결; 대법원 2014. 12. 24. 선고 2014도731 판결; 대법원
2014. 12. 24. 선고 2014도10916 판결(그럼에도 원심은 이와 달리 군인등유사강간죄 및 군인등강제
추행죄가 성폭력특례법의 성폭력범죄에 해당하지 않는다고 보아 피고인에 대하여는 신상정보의 공
개 및 고지를 명할 수 없다고 판단하였다. 이러한 원심의 판단에는 성폭력특례법의 성폭력범죄의
범위에 관한 법리를 오해한 위법이 있다); 대법원 2014. 12. 24. 선고 2014도13529 판결; 대법원
2014. 12. 24. 선고 2014도2585 판결.

2. 구성요건

(1) 객 체

1) 심신상실의 상태에 있는 사람

'심신상실의 상태'란 심신장애로 말미암아 사물변별능력 또는 의사결정능력이 없는 것을 말한다. 이는 정신기능의 장애로 인하여 정상적인 판단능력이 없는 상태를 의미한다.[1] 특히 '사물을 변별할 능력'이란 사물의 선악과 시비를 합리적으로 판단하여 정할 수 있는 능력을 말하고, '의사를 결정할 능력'이란 사물을 변별한 바에 따라 의지를 정하여 자기의 행위를 통제할 수 있는 능력을 말한다. 이러한 사물변별능력이나 의사결정능력은 판단능력 또는 의지능력과 관련된 것으로서 사실의 인식능력이나 기억능력과는 반드시 일치하는 것은 아니다.[2] 이러한 능력이 미약한지 여부는 전문가의 의견뿐만 아니라 피해자의 평소 언행에 관한 제3자의 진술 등 객관적 증거, 공소사실과 관련된 피해자의 언행 및 사건의 경위 등 여러 사정을 종합하여 판단할 수 있는데, 이때 해당 연령의 피해자가 통상 갖추고 있는 능력에 비하여 어느 정도 낮은 수준으로서 그로 인하여 성적 자기결정권을 행사할 능력이 부족하다고 판단되면 충분하다.[3]

한편 심신미약의 상태에 있는 사람을 이용하는 경우에 본죄가 성립하는지 여부와 관련하여, 본죄의 객체성을 부정하는 것이 타당하다. 현행법이 심신미약과 심신상실을 별도의 개념으로 구분하고 있는 것을 감안한다면, 심신상실만을 규정한 취지는 심신미약을 배제하는 것으로 보아야 하는데, 만약 심신상실의 개념에 심신미약을 포함시켜 해석한다면 피고인에게 불리한 유추해석이 된다.

2) 항거불능의 상태에 있는 사람

'항거불능의 상태'란 심신상실 이외의 원인 때문에 물리적 또는 심리적으로 반

---

1) 대법원 2000. 2. 25. 선고 98도4355 판결(애인착각사건)(피고인이 술에 취하여 안방에서 잠을 자고 있던 피해자를 발견하고 갑자기 욕정을 일으켜 피해자의 옆에 누워 피해자의 몸을 더듬다가 피해자의 바지를 벗기려는 순간 피해자가 어렴풋이 잠에서 깨어났으나 피해자는 잠결에 자신의 바지를 벗기려는 피고인을 자신의 애인으로 착각하여 반항하지 않고 응함에 따라 피해자를 1회 간음한 사실을 인정한 다음, 이와 같이 피해자가 잠결에 피고인을 자신의 애인으로 잘못 알았다고 하더라도 피해자의 위와 같은 의식상태를 심신상실의 상태에 이르렀다고 보기 어렵다. 피해자는 안방에서 잠을 자고 있던 중 피고인이 안방에 들어오자 피고인을 자신의 애인으로 잘못 알고 불을 끄라고 말하였고, 피고인이 자신을 애무할 때 누구냐고 물었으며, 피고인이 여관으로 가자고 제의하자 그냥 빨리 하라고 말한 사실을 알 수 있으므로, 피고인의 이 사건 간음행위 당시 피해자가 심신상실상태에 있었다고 볼 수 없다); 대법원 1976. 12. 14. 선고 76도3673 판결.
2) 대법원 2014. 1. 29. 선고 2013도11323 판결.
3) 대법원 2015. 3. 20. 선고 2014도17346 판결.

항이 절대적으로 불가능하거나 현저히 곤란한 경우를 말한다. 예를 들면 피해자가 묶여 있는 경우·만취되어 있는 경우·약물의 복용으로 실신해 있는 경우, 수면내시경으로 인하여 숙면상태에 있는 경우·수회의 강간으로 기진되어 있는 경우 등과 같이 물리적으로 반항이 불가능한 경우뿐만 아니라 군의관이 자신을 신뢰한 환자를 치료하는 것처럼 가장하면서 추행하는 경우와 같이 심리적으로 반항이 불가능한 경우도 이에 해당한다.

(2) 행 위

본죄의 실행행위는 심신상실 또는 항거불능의 상태를 이용하여[1] 간음 또는 추행을 하는 것이다. 여기서 '이용'한다는 것은 이미 조성된 심신상실 또는 항거불능의 상태를 간음 등의 기회로 삼는 것을 말한다. 따라서 행위자가 간음 또는 추행의 의도로 수면제·마취제 등을 사용하여 항거불능상태를 야기한 다음 간음 또는 추행을 한 경우에는 행위태양에 따라 군인등강간죄·유사강간죄·강제추행죄 등이 성립한다.

(3) 주관적 구성요건

본죄가 성립하기 위해서는 피해자가 심신상실 또는 항거불능의 상태에 있다는 것과 그러한 상태를 이용하여 간음 또는 추행한다는 구성요건적 결과 발생의 가능성을 인식하고 그러한 위험을 용인하는 내심의 의사가 있어야 한다. 피고인이 피해자가 심신상실 또는 항거불능의 상태에 있다고 인식하고 그러한 상태를 이용하여 간음할 의사로 피해자를 간음하였으나 피해자가 실제로는 심신상실 또는 항거불능의 상태에 있지 않은 경우에는, 실행의 수단 또는 대상의 착오로 인하여 준강간죄에서 규정하고 있는 구성요건적 결과의 발생이 처음부터 불가능하였고 실제로 그러한 결과가 발생하였다고 할 수 없다. 피고인이 준강간의 실행에 착수하였으나 범죄가 기수에 이르지 못하였으므로 준강간죄의 미수범이 성립한다. 피고

---

1) 대법원 2000. 1. 14. 선고 99도5187 판결(준강간미수사건)(피고인은 피해자가 잠을 자는 사이에 피해자의 바지와 팬티를 발목까지 벗기고 웃옷을 가슴 위까지 올린 다음, 피고인의 바지를 아래로 내린 상태에서 피해자의 가슴, 엉덩이, 음부 등을 만지고 피고인이 성기를 피해자의 음부에 삽입하려고 하였으나 피해자가 몸을 뒤척이고 비트는 등 잠에서 깨어 거부하는 듯한 기색을 보이자 더 이상 간음행위에 나아가는 것을 포기한 사실을 알아볼 수 있는바, 사실관계가 그와 같다면 피고인의 행위를 전체적으로 관찰할 때, 피고인은 잠을 자고 있는 피해자의 옷을 벗기고 자신의 바지를 내린 상태에서 피해자의 음부 등을 만지는 행위를 한 시점에서 피해자의 항거불능의 상태를 이용하여 간음을 할 의도를 가지고 간음의 수단이라고 할 수 있는 행동을 시작한 것으로서 준강간죄의 실행에 착수하였다고 보아야 할 것이고, 그 후 피고인이 위와 같은 행위를 하는 바람에 피해자가 잠에서 깨어나 피고인이 성기를 삽입하려고 할 때에는 객관적으로 항거불능의 상태에 있지 아니하였다고 하더라도 준강간미수죄의 성립에 지장이 없다).

인이 행위 당시에 인식한 사정을 놓고 일반인이 객관적으로 판단하여 보았을 때 준강간의 결과가 발생할 위험성이 있었다면 준강간죄의 불능미수가 성립한다.[1]

V. 추행죄

> 제92조의6(추행) 제1조 제1항부터 제3항까지에 규정된 사람에 대하여 항문성교나 그 밖의 추행을 한 사람은 2년 이하의 징역에 처한다.

1. 의 의

추행죄는 제1조 제1항부터 제3항까지에 규정된 사람에 대하여 항문성교나 그 밖의 추행을 함으로써 성립하는 범죄이다.[2] 1962. 1. 20. 제정 당시 군형법은 제92조(추행)에서 "계간 기타 추행을 한 자는 1년 이하의 징역에 처한다."라고 규정하고 있었던 것을 2009. 11. 2. 개정된 군형법에서는 군인·준군인 등 군형법의 피적용자를 대상으로 하는 성폭력범죄에 대한 강력한 대응의 일환으로 제92조(강간), 제92조의2(강제추행), 제92조의3(준강간, 준강제추행), 제92조의4(미수범), 제92조의6(강간등 상해·치상), 제92조의7(강간등살인·치사), 제92조의8(고소) 등을 신설하면서 종전에 제92조에 규정되어 있던 추행죄를 제92조의5로 이동하여 "계간이나 그 밖의 추행을 한 사람은 2년 이하의 징역에 처한다."라고 규정하여 법정형을 높이고 친고죄의 대상 및 미수범처벌의 대상에서는 제외하였다. 그 후 2013. 4. 5. 개정된 군형법에서는 기존의 친고죄 규정을 삭제하는 한편, 제92조의2에 유사강간죄를 신설함에 따라 기존의 추행죄를 제92조의5에서 제92조의6으로 이동하면서 "제1조 제1항부터 제3항까지에 규정된 사람에 대하여 항문성교나 그 밖의 추행을 한 사람은 2년 이하의 징역에 처한다."라고 규정하여 현재에 이르고 있다. 당시 개정을 통하여 추행행위의 객체를 '제1조 제1항부터 제3항까지에 규정된 사람'으로 명시적으로 한정하고, 일반적으로 남성 사이의 성교행위를 지칭하는 용어인 '계간'을 '항문성교'로 변경하여 규정하였다. 이와 같이 현행 군형법상 추행죄는 행위의 주체, 행위의 객체, 행위의 태양 등이 종전과 비교하여 보다 명확해졌다는 평가가 가능하다.

하지만 추행죄에 대한 몇 차례 군형법의 개정에도 불구하고 총 3차례[3]에 걸

---

1) 대법원 2019. 3. 28. 선고 2018도16002 전원합의체 판결(준강간불능미수사건).
2) 이에 대하여 보다 자세한 내용으로는 박찬걸, "군형법상 추행죄의 문제점과 개선방안", 한양법학 제35권, 한양법학회, 2011. 8, 73면 이하 참조.
3) 헌법재판소 2016. 7. 28. 선고 2012헌바258 결정(청구인은 군복무 중이던 2011. 10. 초순경부터 같

쳐 헌법재판소의 심판대에 올랐을 뿐만 아니라 여전히 추행죄의 구성요건이 불명
확하다는 비판적인 견해[1])가 상당수 존재하는 가운데, 보다 본질적으로는 군인 사
이에서 상호 합의 아래 이루어지는 성적 교섭행위 그 자체가 과연 형사처벌의 대
상인지 여부에 대한 논쟁도 여전한 실정이다.[2]) 이러한 가운데 2020. 2. 18. 수원지

은 해 12. 13.까지 소속 부대 생활관 또는 해안초소 대기실에서 후임병인 피해자의 팬티 안으로 손
을 집어넣어 피해자의 성기를 만지는 등 총 13회에 걸쳐 피해자를 추행하였다는 공소사실로 기소
되어, 2012. 2. 22. 징역 6월에 집행유예 1년을 선고받았다(육군 제○○사단 보통군사법원 2012고1).
이에 청구인은 항소하였고(부산지방법원 2012노1042), 항소심 계속 중 구 군형법 제92조의5에 대하
여 위헌법률심판제청신청을 하였으나 2012. 6. 15. 기각되자(부산지방법원 2012초기1261), 2012. 7.
9. 이 사건 헌법소원심판을 청구하였다); 헌법재판소 2011. 3. 31. 선고 2008헌가21 결정(당해 사건
(육군 제22사단 보통군사법원 2008고10 추행)의 피고인인 강○모는 피해자(20세)가 소속된 부대의
부소대장(중사)으로서, 2008. 3. 초순경 소속 부대 독신 장교 숙소 3호실에서 이사를 도와주기 위하
여 온 피해자로 하여금 피고인의 팔을 베고 눕게 하고, 2008. 5. 초순경부터 2008. 6. 4.경까지 30여
일에 걸쳐 매일 20분 내지 30분간 거진 소초에 있는 부소초장실에서 피해자의 배, 엉덩이 및 성기를
만지고, 피고인의 성기를 피해자의 몸에 닿게 하는 등 피해자를 추행하였다는 혐의로 (구) '성폭력
범죄의 처벌 및 피해자보호 등에 관한 법률' 위반(업무상 위력 등에 의한 추행)으로 입건되었으나,
피해자와 합의하여 고소가 취소된 후 (구) 군형법(1962. 1. 20. 법률 제1003호로 제정되고, 2009. 11.
2. 법률 제9820호로 개정되기 전의 것) 제92조의 추행죄로 기소되었다. 그런데 육군 제22사단 보통
군사법원은 1심 재판 계속 중 직권으로 (구) 군형법 제92조에 대하여 이 사건 위헌법률심판제청을
하였다); 헌법재판소 2002. 6. 27. 선고 2001헌바70 결정(당해 사건(육군 제5군단 보통군사법원 2001
고35 추행등)의 청구인은 육군 제5군단 소속 상병으로 복무하던 자로서, 성적 욕구를 충족시킬 목
적으로 2001. 1 초순 일자 불상 22:30경 경기 연천군 소재 소속 부대 3내무실내에서 취침하려던 같
은 부대 소속 일병인 청구외 진○현의 속옷 속으로 자신의 오른손을 집어넣어 위 진○현의 성기를
만지면서 좌우로 약 15분간 흔들고, 같은 해 5월 초순 일자불상 22:20경 강원 철원군 강포리 소재
에프. 티. 씨. 훈련장 막사내에서 취침하려던 위 진○현의 성기를 약 10분간 만져서 각 추행하였다
는 공소사실로 제5군단 보통군사법원에 기소되었다. 위 사건에 대한 재판이 계속되고 있던 중, 청
구인은 위 공소사실에 적용된 군형법 제92조 중 "기타 추행" 부분에 대하여 위헌여부심판제청신청
을 하였는데, 위 보통군사법원이 2001. 8. 17. 그 신청을 기각하자, 2001. 9. 12. 이 사건 헌법소원심
판을 청구하였다).

1) 노기호, "군형법 제92조 '추행죄'의 위헌성 고찰", 헌법학연구 제15권 제2호, 한국헌법학회, 2009.
6, 293면; 도중진, "군형법상 추행죄에 관한 소고", 형사정책연구 제26권 제3호, 한국형사정책연구
원, 2015. 9, 44면; 박안서, "군형법의 개정방안에 관한 연구 — 인권보장과 전투력강화의 조화를 중
심으로 —", 한양대학교 법학박사학위논문, 2011, 96~98면; 송문호, "군형법과 '제복을 입은 시민'",
형사법연구 제21권 제4호, 한국형사법학회, 2009. 12, 393~394면; 오병두, "군형법의 문제점과 개정
방향", 형사정책 제20권 제1호, 한국형사정책학회, 2008. 6, 27면; 윤상민, "군형법상 성범죄 규정의
문제점과 개정방향", 원광법학 제28권 제4호, 원광대학교 법학연구소, 2012. 12, 205면; 이호중, "군
형법 제92조의5 추행죄의 위헌성과 폐지론", 형사법연구 제23권 제1호, 한국형사법학회, 2011. 3,
261면; 임석순, "군형법상 추행죄에 대한 비판적 고찰", 홍익법학 제20권 제3호, 홍익대학교 법학연
구소, 2019. 9, 259면; 조 국, "군형법 제92조의5 '계간 그 밖의 추행죄' 비판 — 군인간 합의동성애
형사처벌의 당부 —", 형사법연구 제23권 제4호, 한국형사법학회, 2011. 12, 311면.

2) 서울북부지방법원 2018. 2. 22. 선고 2017고단3010 판결에 의하면, '군인 사이의 성적 만족 행위가
당사자들의 합의에 의해 은밀하게 행해져 타인의 혐오감을 직접 야기하지 않아 군기나 전투력 보
전에 직접적인 위해를 발행할 위험이 없다.'라고 판시하여, 자신의 독신자 숙소에서 다른 부대 장교
와 합의 하에 6차례의 성관계를 가진 혐의로 기소된 피고인(예비역 장교)에게 무죄를 선고한 바
있다.

방법원은 2019고합448 사건(2020헌가3)을 통하여 그리고 2017. 4. 11. 인천지방법원은 2016고단4070 사건(2017헌가16)을 통하여 헌법재판소에 또 다시 위헌법률심판을 제청하였고, 이는 2017헌바357(2017. 7. 24.), 2017헌바414(2017. 9. 19.), 2017헌바501(2017. 12. 7.) 등과 함께 현재 심리가 진행 중에 있어 근시일 내에 추행죄에 대한 헌법재판소의 제4차 결정이 선고될 것으로 기대되고 있다. 한편 지난 3차례에 걸친 헌법재판소의 결정 이후 추행죄에 대한 논쟁은 군형법에 규정된 순정군사범 가운데 가장 활발하게 진행되는 현상을 보이고 있음에도 불구하고 2013년 군형법 개정 이후 추행죄의 실제 적용사례는 그 이전과 비교하여 급감하는 현상을 보이는 특징을 나타내고 있다.

2. 보호법익

대법원에 의하면 추행죄는 군 내부의 건전한 공적 생활을 영위하고, 이른바 군대가정의 성적 건강을 유지하기 위하여 제정된 것으로서, 주된 보호법익은 '개인의 성적 자유'가 아니라 '군이라는 공동사회의 건전한 생활과 군기'라는 사회적 법익이라고 판시[1]하고 있으며, 고등군사법원도 '군사회 기강문란 및 전투력 약화, 개인의 성도덕 관념과 성생활의 자유를 침해하는 행위를 벌하기 위한 것'이라고 판시[2]하고 있다. 헌법재판소 역시 동일한 입장을 견지하고 있다. 사회구성원들이 개별적이고 독립적인 생활을 영위하는 것을 원칙으로 하는 일반 사회생활과 비교해 볼 때, 생활관 등에서 집단적으로 숙식을 하는 등 필수적으로 공동생활을 해야 하는 군대에서는 본질적으로 구성원들이 독립적인 사생활을 유지하기 어렵기 때문에 구성원들 사이에서 비정상적인 성적 교섭행위가 발생할 가능성이 현저하게 높고, 또한 엄격한 계급구조로 인하여 상급자가 직접적인 폭행이나 위력을 행사하지 않는 경우에도 하급자가 스스로 원하지 아니하는 성적 교섭행위에 연관될 개연성 역시 상대적으로 높다. 즉 군형법에 일련의 성폭력범죄가 개정을 통하여 신설되었음에도 불구하고 자구만을 수정한 채 여전히 추행죄를 두고 있는 것은 ① '엄

---

1) 대법원 2008. 5. 29. 선고 2008도2222 판결(중대장인 피고인이 소속 중대원인 피해자들의 양 젖꼭지를 비틀거나 잡아당기고 손등으로 성기를 때린 사실은 인정되지만, 그 범행 장소가 소속 중대 복도 및 행정반 사무실 등 공개된 장소이고, 범행 시각이 오후 또는 저녁시간으로서 다수인이 왕래하는 상태였으며, 피해자도 특정인이 아닌 불특정 다수인 점 등에 비추어 볼 때 위와 같은 행위로 인하여 피해자들이 성적 수치심을 느꼈다거나 이러한 행위가 일반인에게 성적 수치심이나 혐오감을 일으키게 하는 것이라고 볼 수 없다. … 피고인의 행위는 군이라는 공동사회의 건전한 생활과 군기를 침해하는 비정상적인 성적 만족 행위라고 보기 어려워 군형법 제92조의 추행에 해당하지 않는다).
2) 고등군사법원 1999. 3. 30. 선고 99노31 판결.

격한 상명하복관계에 있어 상관의 지시를 거역하기가 사실상 불가능하다는 사실'
과 ② '군영 내에서 동성 간 집단적 공동생활을 본질로 하는 군대의 특수한 사정'
을 고려한 것이다. 이러한 측면에서 대한민국 사법부가 공통적으로 추행죄의 보호
법익을 '군이라는 공동사회의 건전한 생활과 군기'로 파악하고 있는 태도는 기본적
으로 타당하다고 할 수 있다.

하지만 보호법익의 타당성이 인정된다고 하여 곧바로 현행 구성요건의 타당
성이 인정된다는 결론을 도출할 수는 없는데, 그 이유는 다음과 같다. 판례는 '엄
격한 상명하복관계에 있어 상관의 지시를 거역하기가 사실상 불가능하다는 사실'
로부터 추행죄의 보호법익으로서의 특징을 도출하고 있다. 즉 당사자 상호간에 명
시적 또는 묵시적인 합의가 있다고 하더라도 행위자의 특성상 사실상 강제적인 요
소가 개입될 여지가 많기 때문에 합의에 의한 행위도 처벌의 대상이 된다는 것이
다. 그렇지만 이러한 상황은 강제적 추행의 상황에서 '강제성'의 요부를 구체적인
사안에 따라 판단하면 족한 것이지, 강제성을 추정하거나 강제성의 범위를 확장하
여 간접적인 강제성도 포함한다거나 강제성의 입증이 어렵다는 이유로 예방적인
차원에서 합의에 의한 행위까지 가벌성의 범위를 확장하는 것은 타당하지 않다.
현행 군형법상 폭행 또는 협박이라는 유형력의 행사를 수반한 추행에 대하여는 처
벌규정이 존재하지만, 일반적으로 이보다 낮은 유형력의 행사로 분류되는, 소위
위력을 수반한 추행에 대하여는 형법, 성폭력특례법, 청소년성보호법 등 다른 법
률과 달리 적어도 군형법상에는 처벌규정이 존재하지 않는다. 이러한 입법상의 불
비로 인하여 어느 정도 강제성이 수반되는 추행에 대한 처벌의 공백을 메우기 위
하여 기존의 추행죄로 의율할 수밖에 없었던 것이다. 하지만 위와 같은 무리한 해
석을 시도하기보다는 군형법에서도 '위력에 의한 추행죄'를 독립적으로 신설하는
입법적인 보완을 통하여 해당 사안을 해결하는 것이 보다 적절한 방안이라고 판단
된다. 이를 통하여 '합의 없이 이루어진 동성 사이의 성폭력'과 '합의에 의해 이루
어진 동성 사이의 성적 행위'에 차등을 두어 형사처벌하는 것은 합리적인 차별로
서 평등원칙에도 부합될 것이다.

한편 일각에서는 동성간의 성적 행위에 대한 군대 내의 과도한 경계심 또는
혐오감에 비하여 이러한 행위가 '군이라는 공동사회의 건전한 생활과 군기'에 어떠
한 결과를 초래하였는지에 대한 실증적인 자료는 제시되고 있지 않다는 점을 지적
하면서 추행죄를 비판하기도 한다. 대부분 은밀하게 이루어지는 추행행위가 수사
및 재판과정에서 공공연하게 드러나고 있다는 점이 '군이라는 공동사회의 건전한

생활과 군기'를 실제로 저해하는 효과를 초래하고 있을지도 모르겠다. 하지만 군형법상 다른 순정군사범이 그러하듯이 추행죄에 있어서도 보호법익에 대한 현실적인 침해의 결과가 반드시 구체적으로 입증되어야 할 필요가 없다는 점에서 이러한 지적은 타당하지 않다고 판단된다.

3. 구성요건

(1) 객 체

1) 기존의 논의

추행죄는 행위의 주체 및 객체에 대하여 군인·준군인 이외에 별도의 제한을 두고 있지 않아 과연 남성간의 추행만을 대상으로 하는지 아니면 여성간의 추행이나 이성간의 추행행위도 그 대상이 되는지 여부가 적어도 문언의 내용만으로는 정확하게 파악할 수 없는 것이 사실이다. 이와 같은 기존 해석론의 난점은 2013년 개정 군형법을 통하여도 여전히 의문으로 남게 되었다. 헌법재판소[1]에 따르면 추행죄는 '동성 군인 사이의 성적 행위를 금지하고 이를 형사처벌'하기 위한 규정이라고 판단하고 있으며, 대법원[2]도 '기타 추행'을 '계간(항문 성교)에 이르지 아니한 동성애 성행위 등'이라고 판시하여 이성간의 성행위는 포함시키고 있지 않아, 추행죄는 최소한 동성간의 성행위를 그 대상으로 하고 있다는 점을 일관되게 판시하고 있다.[3] 그렇지만 동성간이라고 할지라도 남성사이로 국한되는지 아니면 여성사이의 경우에도 이를 포함하는지 여부에 대한 명확한 입장은 밝히지 않고 있다.[4]

---

1) 헌법재판소 2016. 7. 28. 선고 2012헌바258 결정.
2) 대법원 2008. 5. 29. 선고 2008도2222 판결.
3) 하지만 과거 사법부 선례의 심판대상이었던 추행죄와 달리 현행의 추행죄는 군인의 성생활에 대해 그 대상이 군인인 경우 성별을 불문하고 특정 성관계 체위를 금지하여 처벌하는 조항으로서, 종전보다 처벌의 범위가 확장된 것으로 해석될 여지가 있다는 지적으로는 김지혜, "혐오와 처벌 — 군형법 추행죄에 대한 헌법재판소 결정 비판 —", 공법연구 제46권 제3호, 한국공법학회, 2018. 2, 46면(위와 같은 개정으로 헌법재판소는 딜레마에 빠지게 되었다. 만일 2013년 개정 조항을 이성 간 성행위에도 적용된다고 해석할 경우, 헌법재판소는 종전의 논리에 따라 이성간 성행위에서도 '항문성교'가 혐오스럽고 비도덕적이라고 보아야 하는지를 판단하여야 한다. 만일 동성 간 성행위에 대해서만 위 행동이 혐오스럽고 비도덕적이라면, 왜 이성 간 성행위에서는 같은 행위가 다르게 판단되는지 설명해야 한다).
4) 이에 대하여 국방부는 헌법재판소에 제출한 의견서에서 동조는 남성간, 여성간에는 물론 이성간의 행위에도 적용된다고 밝힌 바 있다. 하지만 이러한 입장표명은 군형법상 추행죄가 평등의 원칙에 위배된다는 기존의 비판을 불식시키기 위한 주장에 불과한 것으로 판단되며, 군사법당국에서 추행죄를 적어도 합의에 의한 여성간 또는 이성간의 행위에 적용한 사례는 아직까지 발견되지 아니한다.

참고로 우리나라 군형법이 계수한 미국의 통일군사법전(Uniform Code of Military Justice) 제125조[1]에서는 이성간의 행위도 처벌의 대상에 포함시키고 있었는데[2], United States v. Scoby 사건[3]에서 '동조는 그 문언에 의하여 동의에 의하든, 사기 또는 강제적인 방법에 의하든 모든 종류의 비자연적인 육체적 성행위를 금지한다. 유사하게 동조는 성적 상대방 이외의 제3자가 존재하지 않은 상태에서 자신의 집에서 사적으로 하는 행위와 그 행위에 관하여 완전히 이해하는 낯선 그룹의 앞에서 공개된 장소에서 하는 행위를 구별하지 않는다.'라고 판시한 바 있다. 또한 United States v. Marcum사건[4]에서 '동조는 동성간이든, 이성간이든, 그리고 동의에 의하든, 강요에 의하든 불문하고 sodomy를 금지한다.'라고 판시하였다. 이와 같이 미국의 기존 판례는 명시적으로 '이성간의 성적 행위'도 처벌대상으로 하고 있었는데, 이는 법률상에 'opposite sex'라는 표현이 있기 때문이다. 하지만 우리나라 군형법에는 이러한 표현이 없다는 점에서 이성간의 성적 행위가 포함되는지 여부가 불분명한 것이다.

2) 검 토

추행죄가 제정된 1962년 당시에는 군대가 금녀(禁女)의 영역이라고 할 수 있었으므로 추행죄는 계간을 그 밖의 추행에 대한 예시로 규정하여 남성간의 추행행위만을 규제하고자 하였던 것으로 판단된다. 그러나 지금은 육·해·공군 사관학교, 육군3사관학교, 국군간호사관학교, 여군부사관, 여성학군단, 여성군무원 등의 다양한 경로를 통하여 여군의 숫자가 점점 증가하고 있는 실정[5]이므로 군기유지를 위해서 군형법 피적용자인 남성간의 추행을 금지할 필요가 있다면 마찬가지의 이유로 여성간의 추행[6]이나 이성간의 추행[7]도 금지되어야 할 것이며, 따라서 추행죄

---

1) Article 125, UCMJ states; (a) Any person subject to this chapter who engages in unnatural carnal copulation with another person of the same or opposite sex or with an animal is guilty of sodomy. Penetration, however slight, is sufficient to complete the offense. (b) Any person found guilty of sodomy shall be punished as a court-martial may direct.

2) 2003년 미국 연방대법원은 Lawrence v. Texas사건에서 동성간 성행위를 처벌하는 텍사스주의 소도미법이 위헌이라고 선고한 이후 합의에 의한 동성간 성관계에 대한 처벌이 사실상 중단되었으며, 동성애와 관련된 10 U.S.C.A. §654(Policy concerning homosexuality in the armed forces – "Don't Ask Don't Tell")은 2010. 12. 22. 폐기되었다. 이후 2013. 12. 국방수권법(National Defense Authorization Act; NDAA)에서는 UCMJ 제125조 가운데 합의에 의한 동성간 성관계 금지 내용을 폐기하였다.

3) United States v. Scoby, 5 M.J. 160, 163(C.M.A. 1978).

4) United States v. Marcum, 60 M.J. 198(C.A.A.F. 2004).

5) 국방부에 따르면 여군의 규모는 2020. 6. 30. 기준 13,449명으로, 이를 계급별로 살펴보면 장교의 경우 9.0%, 부사관의 경우 6.4%를 차지하여, 전체 군 간부 중 여성의 비율은 7.3%로 집계되고 있다.

6) 이에 대하여 추행죄의 주체 및 객체는 군형법 피적용자로 규정되어 있는바 추행죄의 적용대상에

의 '추행'은 동성간인지 이성간인지 여부를 묻지 않고 일체의 추행을 금지하는 것
이라고 볼 수도 있다.

하지만 '그 밖의 추행'은 남성간의 성적 교섭행위를 뜻하는 항문성교와 동일한
항에 병렬적으로 규정되어 있으며, '항문성교'를 추행죄에서 규정하는 '추행'의 예
시로 본다면, 추행죄의 '추행'은 남성간의 추행에 국한된다는 점, 여성의 경우에는
병사로 복무하는 것이 불가능하고 부사관 이상의 군간부로만 복무가 가능한 상황
이므로 병사로 대표되는 남성군인과 같은 폐쇄적인 단체생활의 정도가 그리 심하
지 않다는 점, 반면에 병사의 경우에는 자유로운 외부출입이나 독립적인 사생활이
보장되지 못한 채 폐쇄적으로 단체생활을 하면서 내무반, 화장실, 샤워실 등의 공
간을 공동으로 사용함으로 인하여 비정상적인 성적 교섭행위가 발생할 가능성이
매우 높아진다는 점, 상급자가 같은 성적 지향을 가지지 아니한 하급자를 상대로
동성애 성행위를 감행할 가능성이 높고, 이러한 동성 군인 간의 성적 교섭행위를
방치할 경우 군대의 엄격한 명령체계나 위계질서는 위태로워지며, 구성원 간의 반
목과 분열을 초래하여 궁극적으로 군의 전투력 보존에 직접적인 위해가 발생할 우
려가 크다는 점 등에 비추어 보면, 추행죄에서의 추행은 항문성교와 마찬가지로
남성간의 성적 행위에 국한하여 적용되는 것으로 파악해야 한다.

그리고 추행죄가 명문으로 동성간의 행위만을 규율대상으로 한다고 규정하고
있지 않은 점, 대법원이 동성애 성행위 '등'이라고 표현하여 이성애 성행위도 얼마
든지 포함될 수 있다는 점, 이성간의 성행위도 추행죄의 보호법익을 침해할 수 있
다는 점, 이성간의 추행은 항문성교뿐만 아니라 그 밖의 추행이 가능하다는 점 등
으로 인하여 이성간의 행위도 이론상 추행죄의 적용대상으로 볼 여지도 있지만,
실제에 있어서는 군내에서 이성간에 화장실, 샤워실 등의 공간을 공동으로 사용하
는 것이 불가능할 뿐만 아니라 서로 독립적이고 개별적인 생활공간으로 분리되어

서 특별히 여성 군인을 제외할 이유가 없다는 견해로는 이자연, "군형법상 추행죄에 관한 연구",
원광법학 제34권 제2호, 원광대학교 법학연구소, 2018. 6, 157면; 임석순, "군형법상 추행죄에 대한
비판적 고찰", 홍익법학 제20권 제3호, 홍익대학교 법학연구소, 2019. 9, 247면(지휘통제실에서 당
직근무 중인 군인이 구강성교를 한다면, 이는 당사자의 성별이나 계급을 막론하고 명백히 군기문란
행위에 해당하는 것으로 볼 수 있다. … 항문성교는 명백히 이성 사이에서도 얼마든지 가능하다.
다시 말해 추행죄의 구성요건은 군형법 제1조 제1항에 따라 군인이라는 신분만 가지고 있으면 성
별을 불문하고 얼마든지 실현할 수 있다).

7) 이에 대하여 동성사이뿐만 아니라 이성사이의 육체적 성행위에 대해서도 군형법상 추행죄가 적용
될 수 있다는 견해로는 이희훈, "구 군형법 제92조에 대한 헌법적 평가", 일감법학 제20호, 건국대
학교 법학연구소, 2011. 8, 691면; 정연주, "군형법상 추행죄의 헌법적 문제", 공법학연구 제12권 제2
호, 한국비교공법학회, 2011. 5, 141면.

있기 때문에 부적절한 성적 교섭행위가 발생할 가능성이 남성간의 경우보다 훨씬 적다고 할 수 있다. 또한 부부군인의 증가현상뿐만 아니라 여성군무원과 병사, 여군부사관과 병사, 여군장교와 병사 등과 같이 군인이나 준군인의 신분을 가진 자 사이의 자유로운 연애가 허용되고 있는 상황에서 이성간의 성행위 자체를 형사처벌의 대상으로 하는 것은 과도한 입법으로 평가된다. 해석론상의 관점에서도 이성 간의 추행을 추행죄의 적용대상에서 제외하는 해석이 반드시 부당하다고 할 수도 없다. 왜냐하면 이를 제외하는 것은 피고인에게 유리한 해석이므로 죄형법정주의에 반하지 않기 때문이다. 무엇보다도 추행죄는 동성 사이의 성적 행위를 한 군인과 이성 사이의 성적 행위를 한 군인을 차별하기 위한 목적에서 규정된 것이 아니다. 즉 군대는 남성 사이의 성적 교섭행위가 발생할 가능성이 현저히 높으며, 상급자가 하급자를 상대로 동성 사이의 성적 행위를 감행할 가능성이 높고, 이를 방치할 경우 군의 전투력 보존에 직접적인 위해가 발생할 우려가 크다는 군대 내의 특수한 사정에 따라 남성 사이의 성적 행위를 한 군인에게만 적용되는 것이므로, 이성 사이의 성적 행위를 한 군인과 비교하여 어떠한 차별취급이 존재한다고 하더라도 이는 합리적인 이유가 인정된다. 이는 가장 내밀한 인간의 성문제에 대하여 국가가 과도하게 개입하는 것을 미연에 방지함과 동시에 헌법상 보장된 사생활의 비밀과 자유를 보다 덜 제한하는 해석이라고 할 수 있다.

3) 군인과 민간인 사이의 추행이 포함되는지 여부

대법원은 추행죄에서 말하는 '추행'의 주체나 그 상대방과 관련하여, 군형법 피적용자의 민간인에 대한 추행은 이에 해당하지 아니한다고 판시[1]하고 있다.[2] 추행죄는 어디까지나 군 내부의 건전한 공적 생활을 영위하고, 군 조직 전체의 성적 건강을 유지하기 위하여 제정된 것이며, 이와 같은 입법취지 및 '군이라는 공동사회의 건전한 생활과 군기'라는 보호법익은 추행죄의 적용범위를 해석함에 있어서도 가장 중요하게 고려되어야 할 사항이기 때문에, 추행죄가 적용되는 남성간의

---

1) 대법원 1973. 9. 25. 선고 73도1915 판결(군법 피적용자와 민간인간에 이루어진 추행행위에도 군법 피적용자에게 본조를 적용할 수 있다면 그 상대방인 민간인의 추행사실이 공개됨으로써 그 명예를 오손하는 부당한 결과를 초래하게 되며, 또 본죄는 친고죄가 아니므로 고소 없이 처벌할 수 있으나 본죄보다 중한 강제추행죄는 친고죄이므로 고소가 있어야 비로소 처벌할 수 있으므로 소송조건에도 균형을 잃은 결과가 되는 점 등을 종합 비교하면 본죄의 입법취지는 군내부의 건전한 공적 생활을 영위하기 위한 이른바 군대가정의 성적 건강을 유지하기 위한 것이므로 민간인과의 사적 생활관계에서의 변태성 성적 만족행위에는 적용되지 않는 것으로 해석함이 타당할 것이다).
2) 이에 대하여 추행행위는 군인 상호간의 행위는 물론 군인과 민간인 또는 군인과 동물 간의 관계에도 적용된다는 견해로는 이상철, 271면(다만 추행행위의 범위가 지나치게 확대될 수 있으므로 상호간의 합의에 의해 부대 밖에서 둘만의 공간에서 행해진 경우에는 이의 적용을 배제함이 바람직하다).

성적 행위에는 남성 '군인' 간의 성적 행위만이 포함되고, 남성 '민간인'과의 사적 생활관계에서의 성적 행위는 포함되지 않는 것이다.[1] 이러한 입장을 반영하여 2013년 개정 군형법에서는 본죄의 주체와 객체를 명시적으로 규정하였으므로, 군형법의 피적용자 상호간의 추행행위에 대해서만 이를 규율하는 것이 명백해졌다. 한편 행위자들이 동일한 부대 또는 군(예를 들면 육군, 해군, 공군, 해병대 등)에 소속되어 있어야 하는지 여부 및 동일한 부대에서 말하는 '동일'의 범위(예를 들면 소대, 중대, 대대, 연대, 사단, 군단 등의 단위)가 문제될 수 있는데, 군인이기만 하면 동일한 부대 등의 구별을 불문하고 적용된다고 보아야 한다.

(2) 행 위

1) 항문성교

본죄의 실행행위는 항문성교나 그 밖의 추행을 하는 것이다. 본죄는 그 제목을 '추행'이라고 명시한 다음, 개별적 구성요건해당행위로 '항문성교'를 예시하고 그 바로 뒤에 '그 밖의 추행'이라고 규정하고 있는데, 입법자가 규율하고자 하는 대전제는 '추행'이고 그 전형적이고 대표적인 행위로 '항문성교'를 예시한 것이므로, 이는 전형적인 예시적 입법의 형식이라고 할 수 있다. 여기서 '항문성교'의 사전적 의미는 '사내끼리 성교하듯이 하는 짓'으로 남성 간의 항문성교를 뜻한다.[2] 또한 일반적으로 예시적 규정 중 개별적 예시조항은 그 자체로 일반조항의 해석을 위한 판단지침이 된다고 해석되므로, 추행죄에서 '그 밖의 추행'은 적어도 '항문성

---

1) 同旨 박안서, 91면. 한편 헌법재판소 2011. 3. 31. 선고 2008헌가21 결정 중 재판관 조대현의 한정위헌의견에 의하면 '그 밖의 추행'의 행위 대상과 장소를 제한하지 않고 있어서 군인의 추행행위는 군영(軍營) 내외를 불문하고, 그 상대방이 군인이든 민간인이든 동성(同性)이든 이성(異性)이든 불문하고, 상대방의 의사에 반하는지 여부를 불문하고, 모두 적용된다고 보지 않을 수 없다고 한다. 그런데 '군인의 군영 내 추행행위'와 '군인간의 군영 외 추행행위'는 군기유지를 위하여 억제할 필요가 있으므로, 그러한 행위가 당사자들의 합의에 의하여 비강제적으로 이루어진 경우에도, 추행죄를 적용하여 처벌하더라도 군인들의 성적 자기결정권이나 사생활의 자유를 침해한다거나 기타 헌법에 위반된다고 보기 어렵다. 그러나 추행죄를 '군인이 군영 외에서 민간인을 상대로 추행행위를 하는 경우'에도 적용하는 것은, 군대라는 특수한 공동사회의 기강을 보호한다는 입법목적의 범위를 넘는 것이므로, 처벌의 필요성을 인정하기 어렵다. 추행행위를 위하여 강제력이 동원된 경우에도 형법 등에 규정된 강제추행죄 등으로 처벌하는 것은 몰라도 군대의 기강을 위하여 추행죄를 적용할 필요는 없다고 생각한다. 따라서 추행죄를 '군인이 군영 외에서 민간인을 상대로 추행행위를 하는 경우'에도 적용된다고 해석하는 것은 기본권을 제한할 필요도 없이 군인의 성적 자기결정권이나 사생활의 자유를 침해하는 것으로서 헌법에 위반된다고 보아야 한다.

2) 이에 대하여 '동성간 또는 동물과의 비정상적인 성교행위'라고 확장해석하는 견해(육군본부, 383면; 육군종합행정학교, 355면)도 있다. 이는 연혁적으로 계간이 미국의 'sodomy'를 의미하는 것으로 볼 수 있는 것에서 착안한 것이기는 하지만, 타당한 해석은 아니라고 본다. 또한 여성간 또는 동물과의 성적 행동은 '그 밖의 추행' 부분에 포함된다고 해석하는 견해(조인형, "군형법상 추행죄의 문제점 및 개선방안", 공군법률논집 제13집 제1권, 공군본부 법무실, 2009. 1, 5면)가 있으나, 동물과 사람의 성적 행동이 추행죄에 포섭되기는 어렵다고 본다.

교에 준하는 행위'로 파악해야 할 것이다. 하지만 판례[1]는 이러한 통상적 해석과
는 달리 '그 밖의 추행'을 '항문성교에 이르지 아니한 동성애 성행위'라고 판시하여
행위의 정도가 항문성교보다 약하여도 무방하다고 보고 있는데, 이는 '항문성교'가
추행죄에서 말하는 '추행'이 구체적으로 무엇인지를 해석할 수 있는 판단지침으로
활용될 수 없음을 여실히 보여주고 있는 것이다. 즉 실무에 있어서는 법규정의 체
계와 달리 '항문성교'와 '그 밖의 추행'을 전혀 별개의 개념으로 파악하고 있는 것
으로 분석된다.

한편 2013년 군형법 개정을 통하여 기존에 '계간(鷄姦)'이라는 용어를 '항문성
교'로 변경하였는데, 이는 계간이라는 용어가 동물의 행위와 연관되어 있어서 비
하적인 표현이라는 점, 현행법체계상 군형법을 제외한 다른 법률에서 계간이라는
용어를 사용하고 있지 않다는 점, 동성애에 대한 차별과 편견이 반영되어 그릇된
인식을 심어줄 수 있다는 점 등으로 인하여 법률상의 용어로 사용하기에는 부적절
하다는 반성적 고려가 반영된 것이다. 하지만 항문성교라는 용어 또한 실무의 사
례 및 다른 법률과의 관계에 비추어 볼 때 적합하다고 할 수는 없다. 군형법은
2013년 개정을 통하여 제92조의2에서 유사강간죄를 신설하였는데, 이는 '구강, 항
문 등 신체(성기는 제외한다)의 내부에 성기를 넣거나 성기, 항문에 손가락 등 신체
(성기는 제외한다)의 일부 또는 도구를 넣는 행위'를 유사강간으로 파악하고 있다.
실제 추행죄의 사례에서도 항문성교보다는 구강성교[2] 등이 상대적으로 빈번하게
발생할 수 있으므로 차제에는 제92조의2와 동일하게 유사강간으로 변경하는 것이
타당하다. 이와 같이 유사강간의 개념을 도입할 경우 그 밖의 추행행위는 유사강
간을 제외한 행위로 국한시켜 해석해야 한다. 그렇게 되면 양자의 불법성에 차등
을 둘 수 있게 되고, 자연스럽게 법정형에도 차이를 두어야 한다는 당위성을 도출
할 수 있다.

1) 고등군사법원 2000. 12. 26. 선고 2000노524 판결(옷을 입고 있는 피해자의 성기를 손으로 만지고
이불을 덮고 있는 피해자의 위에 올라타 성교하는 시늉을 한 행위는 추행죄에 해당한다); 고등군사
법원 1999. 3. 30. 선고 99노31 판결(군인들간의 계간은 추행행위의 대표로 예시한 것에 불과하며,
계간에 준하는 추행행위 뿐만 아니라 이에 미치지 못하는 단순추행행위라고 하더라도 군사회의 기
강을 해치고 각 개인의 성적인 자유를 침해할 만한 것이라면 군형법 소정의 추행죄의 구성요건에
해당한다. … 다만, 피고인이 피해자의 뺨이나 이마에 1회 입맞춤 한 행위에 관하여 보면, 그 행위
가 일어난 시각이 각 13:00, 18:00, 11:40으로서 주간에 해당되는 점, 장소를 보더라도 다른 사병들이
왕래하거나 집합한 상태로서 다수인에게 공개된 장소인 훈련교장이나 막사복도, 막사주변인 점 등
에 비추어 동 행위를 군형법이 처벌하려는 추행행위로 의율하기는 어렵다).
2) 고등군사법원 2018. 6. 15. 선고 2018노63 판결.

2) 그 밖의 추행
① 상대적 추행개념

판례[1]에 의하면 군형법에서 말하는 '추행'과 형법, 성폭력특례법 등에서 말하는 '추행'의 의미는 다르다고 한다. 즉 개인의 성적 자유를 주된 보호법익으로 하는 형법 등에서 말하는 '추행'이라 함은 객관적으로 일반인에게 성적 수치심이나 혐오감을 일으키게 하고 선량한 성적 도덕관념에 반하는 행위로서 피해자의 성적 자유를 침해하는 것인 반면에[2], 군형법에서 말하는 '추행'이라 함은 성욕의 흥분, 자극 또는 만족을 목적으로 하는 행위로써 항문성교에 이르지 아니한 동성애 성행위 등 객관적으로 일반인에게 성적 수치심이나 혐오감을 일으키게 하고 선량한 성적 도덕관념에 반하는 성적 만족 행위로서 군이라는 공동사회의 건전한 생활과 군기를 침해하는 것이라고 한다.[3] 이에 따라 구강성교가 항문성교에 준하는 행위인지 여부에 대하여 살펴보면, 군형법 제92조의2에서 유사강간행위를 "구강, 항문 등 신체(성기는 제외한다)의 내부에 성기를 넣거나 성기, 항문에 손가락 등 신체(성기는 제외한다)의 일부 또는 도구를 넣는 행위"라고 규정하여 구강성교를 항문성교와 동일하게 일반 강제추행행위와 구별하여 강간에 가까운 성적 행위로 규정하고 있고, 객관적으로도 일반인에게 혐오감을 일으키게 하고 선량한 성적 도덕관념에 반하는 행위라고 볼 수 있으므로, 군형법 제92조의6에서 규정하는 '그 밖의 추행'에 해당된다.[4]

이상과 같이 판례에 의하면 추행죄에서의 추행은 다른 범죄에서의 추행과 관련하여 몇 가지 차이점을 나타내고 있는데, '(비정상적인) 성적 만족 행위'라는 것을 별도로 요구하여 피해자의 의사가 아닌 행위자의 의사를 고려하여 그 성립범위를

---

1) 헌법재판소 2011. 3. 31. 선고 2008헌가21 결정; 대법원 2008. 5. 29. 선고 2008도2222 판결(중대장인 피고인이 소속 중대원인 피해자들의 양 젖꼭지를 비틀거나 잡아당기고 손등으로 성기를 때린 사실은 인정되지만, 그 범행 장소가 소속 중대 복도 및 행정반 사무실 등 공개된 장소이고, 범행 시각이 오후 또는 저녁시간으로서 다수인이 왕래하는 상태였으며, 피해자도 특정인이 아닌 불특정 다수인 점 등에 비추어 볼 때 위와 같은 행위로 인하여 피해자들이 성적 수치심을 느꼈다거나 이러한 행위가 일반인에게 성적 수치심이나 혐오감을 일으키게 하는 것이라고 볼 수 없다고 판단하여, 이 사건 공소사실 중 추행의 점에 대하여 유죄로 인정한 제1심판결을 파기하고 무죄를 선고하였다).
2) 대법원 2018. 2. 8. 선고 2016도17733 판결; 대법원 2015. 9. 10. 선고 2015도6980 판결.
3) 대법원 2008. 5. 29. 선고 2008도2222 판결; 고등군사법원 2000. 12. 26. 선고 2000노524 판결. 이에 대하여 상대적 추행개념의 사용을 인정하면서 그 논거로 '추행죄의 법정형은 2년 이하의 징역형으로 일괄하여 규정하고 있으므로 행위의 태양이나 유형이 비교적 균질적이어야 한다. 형법상 강제추행죄가 10년 이하의 징역 또는 1,500만원 이하의 벌금이라는 광범위한 법정형을 두고 있는 것을 고려하면, 군형법상 추행의 개념을 형법상 추행의 개념과 같이 넓게 볼 수 없다.'라고 하는 견해(서경환, "군형법의 추행죄에서 '추행'의 의미 및 판단방법", 대법원판례해설 제76호, 법원도서관, 2008. 12, 560면)가 있다.
4) 고등군사법원 2018. 6. 15. 선고 2018노63 판결.

제한하고 있다는 점, '항문성교(계간)에 이르지 아니한 동성애 성행위 등'이라고 표현하여 추행과 항문성교(계간)를 명확히 구분하고 있다는 점, 일반인의 입장에서 추행행위로 평가될 여지가 있는 경우에도 군형법상 추행죄에 해당하는지 여부를 판단하기 위해서는 반드시 그 법률규정의 보호법익이 침해되었는지 여부를 함께 검토해야 한다는 점 등이 그것이다. 하지만 추행이라는 동일한 구성요건요소를 상이하게 해석하여 추행죄에서 '(비정상적인) 성적 만족 행위'를 별도로 요구하는 판례의 태도는 다음과 같은 점에서 타당하지 않다. 첫째, 다른 범죄와 달리 추행죄에서만 유독 성적 만족 행위를 요구하는 근거가 전혀 제시되어 있지 않다. 일반적인 추행범죄에 있어서는 가해자의 성적 만족 여부와 상관없이 피해자의 성적 자기결정권이 침해되었는지 여부가 문제된다. 하지만 추행죄는 가해자의 행위태양이 성적 만족 행위로 평가되어야 한다고 하는데, 이는 가해자의 내심적 영역에 속해 있는 것으로써 객관적인 판단이 쉽지 않을 뿐만 아니라 설사 어느 정도 객관화된다고 하더라도 '성적 만족'을 충족시키는지 여부를 판단하는 것은 더더욱 어려운 문제에 속한다. 만약 성욕의 만족과 같은 주관적인 요소를 성립요소로 한다면 목적범 내지 경향범으로 볼 수 있어, 성적 만족을 목적으로 하지 않고 복수심이나 호기심과 같은 다른 동기에 의하여 행해진 추행에 대하여 가벌성이 부정되는 불합리한 결과를 초래하고 만다.

둘째, 성행위를 정상적인 것과 비정상적인 것 내지 변태적인 것으로 구분하고 있는데, 정상과 비정상의 구별에 대하여는 설득력 있는 기준을 제시하지 못하고 있다. 아마도 정상적인 성행위와 비정상적인 성행위의 구별은 그 누구도 쉽게 판단할 수 없는 영역일지도 모른다. 예를 들면 단 하나의 체위로 장시간 성행위를 하는 경우와 다양한 체위로 장시간 성행위를 하는 경우를 비교할 때 어느 것이 정상적인지 여부는 모범답안을 정하기가 매우 힘든 영역인 것이다. 게다가 판례가 대표적으로 비정상이라고 판단하고 있는 항문성교는 동성애 성행위 그 자체를 사회유해성이 있는 행위로 치부하는 편견에서 비롯된 것이다. 하지만 최근 들어 개인주의적·성개방적인 사고방식에 따라 성에 관한 우리 국민의 법의식에도 많은 변화가 있었고, 동성간의 성적 행위가 비정상적이며 사회의 성도덕을 심하게 침해한다는 부정적인 시각에서 점차 벗어나 성적 지향성이 다름을 이유로 고용 등에 있어서 차별하는 것을 평등권 침해행위로 파악하고 있는 점을 고려해야 한다.

② **강제력 행사의 요부**

추행죄는 일정한 강제력이 행사된 경우뿐만 아니라 강제력이 행사되지 않은 경우에도 적용된다고 보는 것이 타당한데[1], 그 이유는 다음과 같다. 첫째, 형법과는 달리 군형법은 추행죄에서 단순히 '추행'이라는 용어만을 사용할 뿐 폭행, 협박, 위력 등 강제력의 행사로 인한 추행이라고 한정하고 있지 않다. 물론 강제력이 행사되지 않은 경우까지 포함시켜 해석하는 것은 피고인에게 불리한 것이지만, 그렇다고 하여 이러한 해석이 문언의 가능한 의미를 벗어난다고 할 수도 없다. 강제력 행사를 요구한다는 견해에 의하면 추행죄가 개인의 성적 자유를 보호법익으로 하고 있는 추행 관련 범죄의 법정형보다 훨씬 높아야 한다고 하고 있으나, 법정형 차이의 주된 이유는 다른 추행 관련 범죄의 경우 유형력의 행사가 있기 때문에 법정형이 높은 것이지, 보호법익의 상이성이 결정적인 원인은 아니라고 판단된다. 오히려 다른 법률에서 강제력을 수반하고 있는 추행 관련 범죄와 비교하여 추행죄의 법정형이 현저하게 낮은 이유는 강제력이 수반되지 않는 추행행위도 규율대상으로 하고 있기 때문이다.

둘째, 2009년 군형법 개정으로 강제추행죄와 준강제추행죄가 신설되었는데, 동 규정의 신설로 인하여 추행죄는 강제력이 수반되지 않는 추행행위만을 형사처벌하겠다는 것으로 보는 것이 입법의도에 부합하는 해석이라는 견해는 타당하지 않다. 왜냐하면 강제추행죄의 경우 '폭행 또는 협박'을 요구하고 있고, 준강제추행죄의 경우 '심신상실 또는 항거불능의 상태'를 요구하고 있기 때문에[2], 이에 해당하지 않는 유형의 강제력이 행사될 경우에는 추행죄로 의율할 필요성이 있기 때문이다. 다만 이와 같은 현행 군형법에 의하면 추행죄는 군형법상 강간죄, 유사강간죄, 강제추행죄, 준강간죄, 준강제추행죄 등과 법조경합의 관계에 있다. 군의 특성상 군인은 군영 내에서 동성간 집단숙박을 하여야 하는 사실 및 엄격한 상명하복 관계에 있어 상관의 지시를 거역하기가 사실상 불가능하다는 점을 고려할 때, 군대의 특성상 가장 빈발할 수 있는 '위력을 사용한 추행행위'[3]에 관하여는 여전히 별도의 규정이 없으므로 이러한 경우 군형법 제92조의6으로 규율할 수밖에 없는데, 이는 '강제성 없는 합의에 의한 음란행위'와 '위력에 의한 추행'을 형사처벌상 동

---

1) 同旨 대법원 2008. 5. 29. 선고 2008도2222 판결.
2) 이에 대하여 헌법재판소는 제3차 추행죄 결정에서 '2009년 법률 제9820호로 개정된 구 군형법은 제92조의2에 강제추행죄를, 제92조의3에 준강제추행죄를 별도로 규정하고 있으므로, 폭행·협박에 의한 강제추행이나 심신상실 또는 항거불능 상태를 이용한 준강제추행은 더 이상 심판대상조항의 적용범위에 포함되지 않는다.'라고 판시하여 같은 입장을 취하고 있다.
3) 일각에서는 '위계'에 의한 추행의 경우를 위력에 의한 추행의 경우와 동일선상에서 파악하기도 하는데, 일반적으로 '위계'에 의한 추행의 대상이 미성년자, 심신미약자 등으로 한정되어 있다는 측면에서 '적어도' 군형법상 추행죄를 논함에 있어서는 이를 병렬적 내지 선택적으로 파악하는 것은 타당하지 않다.

등하게 취급하게 되는 모순에 빠지게 된다. 실무에서도 군사법기관에서는 추행행위에 대한 강제성을 입증하기 곤란한 경우 또는 개정 전의 군형법 아래에서 추행 상대방의 고소가 없거나 취소된 경우 행위자에 대하여 형법상 강제추행죄를 적용하여 기소하는 경향이 있었다. 하지만 후자의 경우에는 개정 형법 및 군형법이 성폭력범죄에 대한 친고죄를 일괄적으로 폐지함에 따라 더 이상 실무의 적용례로 활용될 수 없으며, 오직 전자의 경우만이 추행죄에 대한 처리의 실태로 변모하게 되었다.

　　셋째, 추행죄의 주된 보호법익은 '개인의 성적 자유'가 아니라 '군이라는 공동사회의 건전한 생활과 군기'라는 사회적 법익이므로, 쌍방의 합의에 의한 성적 교섭행위일지라도 군 공동체생활의 건전성과 군 기강에 부정적인 영향을 미치기는 마찬가지이다. 상명하복의 엄격한 계급구조로 인하여 상급자가 직접적인 강제력을 행사하지 않은 경우에도 하급자가 스스로 원하지 아니하는 성적 교섭행위에 연관될 개연성이 높다는 점을 고려해야 하는 것이다.

3) 장소적·시간적 성립범위의 제한 불필요

　　추행죄의 입법목적과 보호법익에 비추어 '추행'은 '동성간 군영 내에서 하는 음란한 행위'로 한정되어야 한다[1]는 견해[2]가 있지만, 추행죄의 성립에 있어서는 범행장소 및 범행시간의 범위에 대한 제한이 없다고 보아야 한다. 왜냐하면 추행죄를 통하여 달성하고자 하는 건전한 성생활과 군기의 내용은 범행시간이 퇴근 전인지, 퇴근 후인지, 범행장소가 병영 안인지, 병영 밖인지에 따라 본질적으로 달라진다고 볼 수 없기 때문이다. 특히 영외[3]에서 발생한 추행을 영내에서 발생한 추

---

1) 미국 군사법원인 CAAF(the Court of Appeals for the Armed Forces)는 영내 BOQ에서 남녀간의 오럴섹스를 한 혐의로 체포된 피고인에 대해 유죄를 선고한 원심을 그 행위가 둘만의 공간인 BOQ 룸 내에서 행하여졌고, 둘 다 성인이었으며, 어떠한 강압도 없는 자유로운 합의 하에 행하여진 점 등을 이유로 파기환송하였다(United States v. Bullock, U. S. Armed Forces 2004).

2) 김회동/김기범, "군형법 제92조의6의 개정검토", 법학연구 제31권 제3호, 충남대학교 법학연구소, 2020. 8, 221면(군형법 제92조의6 추행죄는 '군인 또는 준군인인 자가 군영 내에서 성행위, 유사성행위 또는 기타 음란행위를 한 경우 2년 이하의 징역에 처한다.'로 개정되어야 할 것이다. … 군인 또는 준군인인 동성애자가 합의에 의해 군영 외에서 행한 성행위를 처벌하는 것은 입법목적과 보호법익에 비해 성적자기결정권을 침해하고 국가의 형벌권을 합리적 이유 없이 확대하는 문제로 과잉금지원칙에 위배된다); 헌법재판소 2016. 7. 28. 선고 2012헌바258 결정 중 재판관 김이수, 재판관 이진성, 재판관 강일원, 재판관 조용호의 반대의견(우리나라 군의 현실을 고려하여 '합의에 의한 음란행위'도 형사처벌하는 것이 불가피하다고 보더라도 '군영 내'에서 이루어지는 행위만 처벌하는 것으로도 충분히 그 입법목적을 달성할 수 있을 것이다. 병(兵)이 정당한 절차에 따른 휴가·외박 등으로 영외로 벗어난 경우 또는 장교, 준사관, 부사관, 군무원 등이 업무시간 종료 후 영외로 벗어난 경우와 같이 공적인 시간과 장소를 벗어난 이후에 이루어진 합의에 의한 음란행위를 처벌하는 것은 심판대상조항의 입법목적과 보호법익을 벗어난 과잉 처벌이기 때문이다).

3) 이에 대하여 영외의 행위라고 해서 그 가벌성이 없어지는 것은 아니므로 장소적 범위를 영내로 한정할 필요는 없고, 다만 영내의 행위가 영외의 행위보다 가벌성이 크다고 볼 수 있으므로 양형판

행과 달리 취급할 합리적인 이유가 없으며, 만약 장소적·시간적 성립범위에 제한
을 가한다면 추행죄의 본래적 입법목적을 충분히 달성하지 못하게 될 우려가 있
다. 즉 군형법의 피적용자라는 신분을 가지고 있는 이상, 일과시간 이외에 병영 밖
에서 이루어지는 추행은 일과시간 내 병영 안에까지 그 영향이 고스란히 유지된다
고 보아야 한다. 이는 상관모욕죄의 성립에 있어서 상관이기만 하면 당시 직무수
행 중일 것을 요하지 않고 사석에서 이루어진 경우에도 범죄성립에 영향이 없으며
제복을 착용하였는지 여부도 불문한다는 점[1], 상관폭행죄의 성립에 있어서 범인이
폭행의 상대방이 자신의 상관이라는 점을 알고 이에 대하여 폭행을 가함으로써 성립
되는 것이지, 그 폭행의 장소가 공무집행의 장소임을 필요로 하지 아니하며, 폭행의
동기가 공무집행과 관련되었는지 여부는 이를 문제로 삼을 필요가 없다는 점[2] 등에
비추어 보아도 자명한 일이다. 그러므로 군형법의 피적용자라는 신분을 가진 자
사이에서 발생하는 추행은 장소와 시간에 별도로 구애받지 않는다고 보아야 한다.

4. 추행죄의 합리적인 개선방안

(1) 추행죄에 대한 형사처벌의 실태

현행법상 추행죄의 존치 여부를 논하기에 앞서, 실무에서 과연 추행죄를 어떻게
사건처리하고 있는지를 살펴 볼 필요가 있다. 다만 이를 논함에 있어서는 2013년 군
형법 개정 이전과 그 이후를 서로 구별하여 파악할 필요가 있는데, 그 이유는 2013
년 군형법 개정을 통하여 당시 친고죄로 규정되었던 군형법 제92조 이하의 강간, 강
제추행 등 일정한 유형의 성폭력범죄와 형법상의 성폭력범죄가 모두 비친고죄로 전
환되었다는 측면을 반드시 고려해야 하기 때문이다. 참고로 추행죄는 군형법 제정
당시부터 계속해서 비친고죄로 유지되고 있다는 점을 동시에 고려할 필요가 있다.

먼저 2013년 군형법 개정 이전 추행죄(제92조)의 처리실태를 분석한 연구[3]에
의하면, 2004. 1. 1.부터 2007. 12. 31.까지 총 4년간 추행죄가 적용된 사건은 모두
176건이며, 이 중 상호간의 합의에 의한 것은 4건[4]이고, 나머지 172건은 강제에

　단에서 고려하면 충분하다는 견해(조인형, 앞의 논문, 20면)가 있다.
  1) 고등군사법원 2015. 7. 14. 선고 2015노200 판결; 대법원 2013. 12. 12. 선고 2013도4555 판결; 대법
　　원 1967. 9. 26. 선고 67도1019 판결.
  2) 대법원 1970. 11. 30. 선고 70도2034 판결.
  3) 이경환, "군대 내 동성애 행위 처벌에 대하여", 공익과 인권 제5권 제1호, 서울대학교 BK21 법학연
　　구단 공익인권법연구센터, 2008. 2, 73~74면.
  4) 4건 중 1건은 기소유예되었고, 나머지 3건은 선고유예되었다. 이와 같이 당시의 실무에서는 비강
　　제적 추행으로 인하여 처벌되는 사례가 극히 드물었으며, 입건이 되더라도 기소유예나 선고유예
　　등으로 처리되어 실형선고가 이루어지지 않았다.

제20장 강간과 추행의 죄

의한 것으로 파악되고 있다. 여기서 172건은 강제추행 또는 위력에 의한 추행에 해당하지만 피해자와의 합의로 추행죄가 적용된 사례인데, 이를 구체적으로 보면 형사처벌 102건, 기소유예 36건, 공소권 없음 6건, 혐의 없음 3건, 처분미상 25건 등이다. 이러한 처리실태에 의하면 강제에 의하여 이루어진 추행의 경우에는 다른 범죄로 충분히 처벌될 수 있음에도 불구하고, 추행죄로 처벌하는 편법적인 현상이 발생하고 있음을 알 수 있다. 실제로 군사법기관은 추행행위에 대한 강제성을 입증하기 곤란한 경우 또는 추행상대방의 고소가 없거나 취소된 경우에 추행죄를 적용하여 기소하고 처벌하고 있었다. 이는 유형력을 수단으로 하는 성폭력범죄가 2013년 이전의 시기에 친고죄였던 반면에 추행죄는 비친고죄라는 소송조건의 차이가 결정적인 원인으로 분석된다.

다음으로 2005. 1. 1.부터 2016. 11. 1.까지 육군군사법원에 군형법상 추행죄 위반으로 기소된 사건의 행위태양을 분석한 연구[1]에 의하면, 위력에 의한 추행 100건, 기습추행 20건, 준강간·준강제추행 18건, 폭행·협박에 의한 추행 4건, 합의에 의한 성적 행위 15건 등 총 157건으로 집계되고 있다.

마지막으로 2013년 군형법 개정 이후 추행죄(제92조의6)의 처리실태를 분석한 아래의 자료를 살펴보면, 2014. 1. 1.부터 2019. 6. 31.까지 총 5년 6개월간 추행죄가 적용된 사건은 모두 61건으로서 그 이전과 비교하여 대폭 감소한 추세임을 알 수 있다.

〈추행죄에 대한 사건처리 현황〉

| 구분 | 총계 | 불기소 | | | 실형 | 집행유예 | 벌금 | 선고유예 | 무죄 | 이송 | 재판진행중 |
		기소유예	혐의없음	공소권없음							
2014	6	3	–	–	–	2	–	–	–	1	–
2015	6	–	–	–	–	2	–	2	–	2	–
2016	8	–	–	–	–	1	–	2	–	5	–
2017	28	13	2	1	1	5	–	1	–	1	4
2018	9	7	–	–	–	2	–	–	–	–	–
2019. 6.	4	4	–	–	–	–	–	–	–	–	–
총계	61	27	2	1	1	12	0	5	0	9	4

출처: 국방부, 정보공개청구(청구번호: 7092222), 2020. 9. 17.

---

1) 이자연, "군형법상 추행죄에 관한 연구", 원광법학 제34권 제2호, 원광대학교 법학연구소, 2018. 6, 159~160면.

이는 기존의 상황과 달리 폭행 또는 협박을 동원한 강제력에 의한 추행에 대하여 군형법상 비친고죄로 분류되어 있는 강제추행죄 등으로 처리하는 실무의 태도가 반영된 결과로 분석된다. 다만 위의 자료만으로는 상호간의 합의에 의한 추행의 정확한 수치를 파악할 수는 없지만, 추측하건대 합의에 의한 추행의 건수가 극히 적었던 그 이전의 상황을 고려할 때 61건 모두가 합의에 의한 추행이라고 보기에는 무리가 있어 보이며, 폭행 또는 협박이라는 강력한 유형력을 행사한 사례 이외에 위력이라는 상대적으로 약한 유형력을 행사한 사례가 포함되었으리라고 충분히 짐작할 수 있다.[1] 구체적인 처리의 현황을 보면, 기소유예 등 불기소처분의 건수가 전체의 절반을 차지하고 있으며, 다음으로 집행유예 12건, 선고유예 5건, 실형 1건 등의 순으로 집계되고 있다. 추행죄에 대한 법정형이 2년 이하의 징역으로 설정되어 있음에도 불구하고, 실형을 선고받는 건수가 단 1건에 불과하다는 것은 법정형의 재설정작업이 요구되는 부분이라고 하겠다. 즉 군검사의 입장에서는 재판부의 태도가 실형의 선고에 지나치게 소극적이라는 측면을 감안하여 경미한 추행에 대해서는 기소유예처분을 내림으로써 아예 기소조차 하지 않는 경향이 뚜렷하며, 군판사의 입장에서는 벌금형을 절대적으로 부과할 수 없는 상황에서 경미한 추행에 대해서는 집행유예나 선고유예처분을 선고할 수밖에 없는 양형상의 고충이 상당한 것으로 분석된다. 결국 이러한 현상은 법정형에 벌금형을 선택형으로 추가함으로써 어느 정도 보완될 수 있을 것이라고 예측해 볼 수 있다.

(2) 추행죄에 대한 형사처벌의 필요성

추행죄에 대한 형사처벌의 필요성을 논함에 있어서는 강제성이 수반되는 추행죄와 강제성이 수반되지 않는 추행죄를 서로 구별하여 살펴볼 필요가 있는데, 우선 강제성이 수반되는 추행죄는 그 보호법익이 군이라는 공동사회의 건전한 생활과 군기뿐만 아니라 개인의 성적 자기결정권도 포함된다고 보아야 한다. 이러한 형태의 추행행위에 대하여는 형법적인 개입이 필요하여 형사처벌의 정당성이 인정됨에는 異論이 없으나, 논란의 핵심은 개입의 방식 내지 정도로 귀결된다. 추행죄가 발생하는 일반적인 형태를 감안해 볼 때, 위계적 질서가 강한 계급사회에서 발생한다는 점, 구체적인 폭행이나 협박이 없더라도 피해자들이 저항을 쉽게 할 수 없다는 점, 가해자와 피해자가 지속적으로 동일한 공간에서 집단생활을 유지해야 한다는 점, 피해가 일회성에 그치지 않고 계속성을 띤다는 점 등 군대조직이라

---

[1] 이는 앞에서 살펴본 2005. 1. 1.부터 2016. 11. 1.까지 육군군사법원에 군형법상 추행죄 위반으로 기소된 사건의 행위태양을 분석한 연구의 결과와도 일맥상통한다.

는 특수성을 고려해야 한다. 이와 같은 특수성을 감안할 때 폭행이나 협박이 동원된 강제추행죄에서 요구하는 강제성의 정도를 기다렸다가 개입할 경우에는 적절한 피해자보호가 될 수 없기 때문에 강제성의 범위를 다소 확장하는 것이 요구되는데, 그 확장의 범위는 '위력'을 이용한 추행행위로 한정하는 것이 타당하다. 그러므로 기존의 추행죄에서 별도의 구성요건으로 '위력을 이용하여 추행'한 경우를 추가적으로 신설할 필요가 있다.

　　다음으로 강제성이 수반되지 않는 추행죄에 대하여는 이를 형사처벌의 대상으로 삼지 않아야 된다는 견해가 다수 존재함에도 불구하고 현행법의 태도 및 판례의 입장과 마찬가지로 처벌의 대상으로 두는 것이 타당하다고 생각한다. 왜냐하면 추행죄의 보호법익 가운데 하나인 군사회의 기강문란 및 전투력 약화를 결코 가볍게 바라볼 수는 없기 때문이다. 예를 들면 중대장이나 대대장 등 간부와 병사가 상호 합의 아래 동성애적 성행위를 한다고 가정해 보자. 이와 같은 상황에서는 엄격한 상명하복의 지휘체계가 완전히 몰각될 뿐만 아니라 하극상이 빈번히 발생할 가능성도 매우 높다고 할 수 있다. 또한 동성애관계에 있는 상위계급자에 의한 하위계급자에 대한 군대생활의 개별 영역에서 차별적인 열외 내지 편애가 반복됨에 따라 군내조직의 분열과 와해를 초래할 수도 있는데, 이로 인하여 전투력의 유지 및 강화를 궁극적인 보호법익으로 하는 군형법의 규율체계를 몰각시키는 심각한 결과가 야기될 것이다. 결국 강제성이 수반되지 않는 추행행위에 대하여 군인사법상 징계조치[1]나 현역복무부적합조치만으로 그 불법성을 감당하기에는 부족하다고 판단되므로 현행과 같이 형사처벌의 영역으로 두는 것이 타당하다.

(3) 추행죄에 대한 입법적인 개선방안

1) '항문성교' 및 '그 밖의 추행'의 법정형 차등적용

　　추행죄의 구성요건요소로 명시된 예시적인 '항문성교'에 비하여 그 추행의 정도가 상대적으로 미약한 단순한 추행행위에 대해서까지 추행죄를 적용하여 '항문성교'와 동일하게 2년 이하의 징역형으로 처벌하도록 규정한 부분은 법정형의 재검토를 요한다. 일반적으로 항문성교는 추행행위 가운데 가장 불법성이 큰 유형으로 분류되고 있으며, 항문성교보다 객관적으로 불법성이 더 큰 추행행위는 존재하지 아니한다. 이에 따라 형법, 성폭력특례법 등에서는 항문성교에 해당하는 행위

---

[1] 부대관리훈령(국방부훈령 제2273호; 2019. 4. 25. 일부개정) 제253조 제2항에 의하면, 동성애자 병사의 병영내에서의 모든 성적 행위는 금지되며, 이에 위반한 경우 형사처벌 또는 제4편 제6장에 따른 절차에 따라 징계처분 한다.

태양을 유사강간이라는 영역으로 별도로 설정하여 단순한 추행행위와 비교하여 법정형에 차등을 두고 있는데, 이와 같이 불법성의 정도에 대한 판단이 손쉽게 이루어지는 구성요건에 대하여 동일한 법정형을 규정하는 것은 적절하지 않다.

2) '항문성교'를 '유사강간'으로 변경

군형법 제정 당시 추행죄의 구성요건요소인 '계간'이라는 용어를 2013년 개정을 통하여 '항문성교'로 변경한 바 있다. 양자의 개념상 차이가 전혀 존재하지 않음에도 불구하고 이를 변경한 것은 전자의 용어가 동물의 행태를 묘사하는 측면이 있어 해당 행위를 도덕적으로 비하하고 있다는 점, 전자의 용어는 군형법 이외의 다른 법률에서 전혀 사용되고 있지 않다는 점 등을 고려한 것으로 판단되는데, 변경된 용어인 '항문성교' 또한 추행죄를 적절하게 표현하지 못하는 측면이 있어 변경이 재차 요구된다. 특히 최근 고등군사법원에서는 구강성교를 추행죄로 의율한 사례가 있으므로[1], 항문성교와 구강성교에 대한 불법성을 동일하게 평가하고 있는 다른 법률과의 체계조화적인 측면에서도 용어의 변경이 필요한 것이다. 이에 2012. 12. 18. 형법 개정을 통하여 신설된 제297조의2(유사강간) 및 2013. 4. 5. 군형법 개정을 통하여 신설된 제92조의2(유사강간)에 규정되어 있는 '구강, 항문 등 신체(성기는 제외한다)의 내부에 성기를 넣거나 성기, 항문에 손가락 등 신체(성기는 제외한다)의 일부 또는 도구를 넣는 행위'로 대체하여 유사강간이라는 용어로 통일하는 것이 타당하다.

3) '위력에 의한 추행' 및 '단순추행'의 법정형 차등적용

'강제력에 의한 추행'과 '단순추행' 및 '당사자 간의 자발적 합의에 의한 추행'은 그 보호법익이 다를 뿐만 아니라 가벌성 및 비난가능성에 있어서도 현저한 차이가 있고, '강제력에 의한 추행'도 그 강제성의 정도에 따라 처벌을 달리하여야 한다. 그런데 '강제력에 의한 추행' 가운데 폭행 또는 협박에 의한 추행은 2009년 군형법 개정을 통하여 신설되었으므로, 그 이외의 강제력에 해당하는 '위력'에 의한 추행을 군형법에 독립적으로 규정할 필요가 있다. 군내에서 가장 빈발할 수 있는 '위력에 의한 추행'에 관하여는 군형법상 별도의 규정이 없다는 흠결에서 군대 내에서의 추행을 형법이나 성폭력특례법과 달리 규정하여야 하는 이유를 찾을 수 있다. 기존의 군사법기관이 추행에 있어서 폭행 또는 협박이 입증되지 않은 경우에 추행죄로 의율하거나 형법 또는 성폭력특례법상 위력에 의한 추행죄로 기소된 사건이 당사자간 합의 등으로 인하여 고소가 취소된 경우에 추행죄로 공소장을 변

---

1) 고등군사법원 2018. 6. 15. 선고 2018노63 판결.

경하여 소추하는 등의 사례[1]에서 보듯이 '위력'의 행사 여부를 판단하게 하여 입증의 부담을 완화한다면 단순추행과 강제력에 의한 추행을 별도로 분리하여 의율할 수 있는 계기로 작용할 수 있다. 또한 이러한 구별로 인하여 '강제력에 의한 추행' 이외에 '단순추행' 및 '당사자 간의 자발적 합의에 의한 추행'의 법정형을 낮게 책정해야 할 당위성도 도출될 수 있으며, 특히 후자의 추행유형에는 단순히 '추행'이라고 표현하는 문언의 의미로 인하여 앞에서 설명한 강제력에 의한 추행 이외에 의사에 반하는 추행과 의사에 부합하는 추행이 모두 포섭되게 되는 효과를 가져온다.

4) 선택형으로서 벌금형의 추가

현행 군형법상 추행죄에 있어서는 적용가능한 형벌이 징역형에 불과하여 실제 사정에 따라 처벌의 불합리한 점이 발생할 수 있다는 점을 고려할 때 유일한 징역형으로 규정된 현행의 추행죄는 입법적인 개선이 요구된다.[2] 병사의 봉급이 지나치게 적어서 벌금을 납부할 능력이 미약하며, 이는 부모에 대한 전가로 이어질 수 있다는 벌금형 도입 반대의 논거는 최근 군인 봉급의 급격한 인상으로 말미암아 설득력이 반감되었다. 특히 최근 제92조의6에 대한 형사처벌의 현황에서 살펴 보았듯이, 추행죄의 절대 다수가 기소유예, 집행유예, 선고유예 등으로 처리된다는 점은 유일한 징역형이 법정형으로 되어 있어 양형에서 이를 우회적으로 회피하기 위한 군검사 및 군판사의 고육지책으로 판단된다. 그러므로 불법성이 상대적으로 강하다고 할 수 있는 위력에 의하여 유사강간의 결과를 야기하는 추행죄를 제외한 나머지 유형의 추행죄에 대하여는 구체적인 상황을 참작하여 이를 양형에 충분히 반영할 수 있도록 하기 위하여 벌금형을 선택형의 하나로 추가하는 것이 필요하다. 이상에서 논의된 추행죄의 입법적인 개선방안을 반영한 개정안을 제시해 보면 다음과 같다.

---

1) (구) 육군 검찰 「성폭력범죄 사건 처리 지침」(육고검 제33호) 제2조(군형법상의 성범죄에 대한 처리) 제9항에서는 "법 제92조 내지 제92조의4까지의 죄로 입건한 이후 피해자가 처벌을 원하지 아니하면, 공소제기 전에는 법 제92조의5(추행)로 죄명을 변경하여 처분하고, 공소제기 후에는 법 제92조의5(추행)로 공소장 변경하는 것을 원칙으로 한다."라고 규정하고 있었다.

2) 이에 대하여 군형법이 추행죄에 징역형만을 선고하도록 규정하는 것은 다른 법률에서의 추행죄와 비교하여 형벌의 적정성의 원칙에 반한다는 견해로는 윤상민, "군형법상 성범죄 규정의 문제점과 개정방향", 원광법학 제28권 제4호, 원광대학교 법학연구소, 2012. 12, 192면.

〈군형법 제92조의6에 대한 현행법 및 개정안의 내용〉

현 행	개정안
제92조의6(추행) 제1조 제1항부터 제3항까지에 규정된 사람에 대하여 항문성교나 그 밖의 추행을 한 사람은 2년 이하의 징역에 처한다.	제92조의6(추행) ① 제1조 제1항부터 제3항까지에 규정된 사람에 대하여 위력으로써 구강, 항문 등 신체(성기는 제외한다)의 내부에 성기를 넣거나 성기, 항문에 손가락 등 신체(성기는 제외한다)의 일부 또는 도구를 넣는 행위를 한 사람은 3년 이상의 징역에 처한다. ② 제1조 제1항부터 제3항까지에 규정된 사람에 대하여 위력으로써 추행을 한 사람은 10년 이하의 징역 또는 5천만원 이하의 벌금에 처한다. ③ 제1조 제1항부터 제3항까지에 규정된 사람에 대하여 구강, 항문 등 신체(성기는 제외한다)의 내부에 성기를 넣거나 성기, 항문에 손가락 등 신체(성기는 제외한다)의 일부 또는 도구를 넣는 행위를 한 사람은 2년 이하의 징역 또는 2천만원 이하의 벌금형에 처한다. ④ 제1조 제1항부터 제3항까지에 규정된 사람에 대하여 추행을 한 사람은 1년 이하의 징역 또는 1천만원 이하의 벌금형에 처한다. ⑤ 제1항 및 제2항의 미수범은 처벌한다.

VI. 군인등강간등상해 · 치상죄

제92조의7(강간 등 상해 · 치상) 제92조 및 제92조의2부터 제92조의5까지의 죄를 범한 사람이 제1조 제1항부터 제3항까지에 규정된 사람을 상해하거나 상해에 이르게 한 때에는 무기 또는 7년 이상의 징역에 처한다.

1. 의 의

군인등강간등상해 · 치상죄는 제92조 및 제92조의2부터 제92조의5까지의 죄를 범한 사람이 군인 · 준군인을 상해하거나 상해에 이르게 함으로써 성립하는 범죄이다. 군인등강간등상해죄는 결합범이고, 군인등강간등치상죄는 진정결과적 가중범이다. 군인등강간등상해죄와 군인등강간등치상죄에 있어서의 법정형에 차이가 없기 때문에 실무에서는 입증이 보다 쉬운 군인등강간등치상죄로 의율하는 경우가 상대적으로 빈번하다. 하지만 이는 비례성의 원칙에 부합하지 않기 때문에 군인등강간등상해죄와 군인등강간등치상죄의 법정형에 차등을 두는 입법적인 개선이 필요하다.

2. 구성요건

본죄의 실행행위는 제92조 및 제92조의2부터 제92조의5까지의 죄를 범하여 군인·준군인을 상해하거나 상해에 이르게 하는 것이다. 여기서의 상해는 피해자의 신체의 건강상태가 불량하게 변경되고 생활기능에 장애가 초래되는 것을 말하는 것으로서, 신체의 외모에 변화가 생겼다고 하더라도 신체의 생리적 기능에 장애를 초래하지 아니하는 이상 상해에 해당한다고 할 수 없다.[1] 피해자가 병원에 가서 치료를 받지 않더라도 일상생활을 하는데 아무런 지장이 없고 시일이 경과함에 따라 자연적으로 치유될 수 있는 정도인 사실, 의사의 진단을 받게 된 경위가 피해자가 치료를 받기 위한 것이 아니고 경찰의 권유에 의하여 진단서의 발부를 받을 목적으로 병원을 찾아가서 받은 사실 등이 있는 경우에는 상해를 부정하는 경향이 있다.

그러나 이는 피해자의 반항을 억압할 만한 폭행 또는 협박이 없어도 일상생활 중 발생할 수 있는 것이거나 합의에 따른 성교행위에서도 통상 발생할 수 있는 상해와 같은 정도임을 전제로 하는 것이므로 그러한 정도를 넘는 상해가 그 폭행 또는 협박에 의하여 생긴 경우라면 상해에 해당된다. 피해자의 건강상태가 나쁘게 변경되고 생활기능에 장애가 초래된 것인지는 객관적·일률적으로 판단될 것이 아니라 피해자의 연령, 성별, 체격 등 신체·정신상의 구체적 상태를 기준으로 판단되어야 할 것이다.

한편 군인등강간등치상죄가 성립하기 위해서는 결과적 가중범의 일반이론에 따라 인과관계와 예견가능성이 인정되어야 한다. 또한 군인등강간등치상죄에 있어 상해의 결과는 강간의 수단으로 사용한 폭행으로부터 발생한 경우뿐만 아니라 간음행위 그 자체로부터 발생한 경우나 강간에 수반하는 행위에서 발생한 경우도 포함하는 것이다.[2] 그러므로 상해를 가한 부분을 고의범인 상해죄로 처벌하면서 이를 다시 결과적 가중범인 강간치상죄 또는 강제추행치상죄의 상해로 인정하여

---

1) 대법원 2000. 3. 23. 선고 99도3099 판결(음모절단사건)(음모는 성적 성숙함을 나타내거나 치부를 가려주는 등의 시각적·감각적 기능 이외에 특별한 생리적 기능이 없는 것이므로, 피해자의 음모의 모근 부분을 남기고 모간 부분만을 일부 잘라냄으로써 음모의 전체적인 외관에 변형만이 생겼다면, 이로 인하여 피해자에게 수치심을 야기하기는 하겠지만, 병리적으로 보아 피해자의 신체의 건강상태가 불량하게 변경되거나 생활기능에 장애가 초래되었다고 할 수는 없을 것이므로, 그것이 폭행에 해당할 수 있음은 별론으로 하고 강제추행치상죄의 상해에 해당한다고 할 수는 없다).

2) 대법원 1999. 4. 9. 선고 99도519 판결.

이중으로 처벌할 수는 없다.[1]

3. 다른 범죄와의 관계

강간치상의 범행을 저지른 자가 그 범행으로 인하여 실신상태에 있는 피해자를 구호하지 아니하고 방치하였다고 하더라도 유기죄는 성립하지 않고 포괄적으로 단일의 강간치상죄만을 구성한다.[2] 하지만 피고인이 피해자를 2회 강간하여 2주간 치료를 요하는 질입구파열창을 입힌 다음 피해자에게 용서를 구하였으나 피해자가 이에 불응하면서 강간사실을 부모에게 알리겠다고 하자 피해자를 살해하여 범행을 은폐시키기로 마음먹고 철사줄과 양손으로 피해자의 목을 졸라 질식 사망하게 한 경우에는 강간치상죄와 살인죄의 경합범이 된다.[3]

Ⅶ. 군인등강간등살인·치사죄

> 제92조의8(강간 등 살인·치사) 제92조 및 제92조의2부터 제92조의5까지의 죄를 범한 사람이 제1조 제1항부터 제3항까지에 규정된 사람을 살해한 때에는 사형 또는 무기징역에 처하고, 사망에 이르게 한 때에는 사형, 무기 또는 10년 이상의 징역에 처한다.

1. 의 의

군인등강간등살인·치사죄는 제92조 및 제92조의2부터 제92조의5까지의 죄를 범한 사람이 군인·준군인을 살해하거나 사망에 이르게 함으로써 성립하는 범죄이다.

2. 구성요건

본죄의 실행행위는 제92조 및 제92조의2부터 제92조의5까지의 죄를 범하여 군인·준군인을 살해하거나 사망에 이르게 하는 것이다. 강간범이 피해자를 사망에 이르게 한 경우에 그 사망의 결과가 간음행위 자체뿐만 아니라 강간의 수단으

---

1) 대법원 2009. 7. 23. 선고 2009도1934 판결(피고인이 피해자를 폭행하여 비골 골절 등의 상해를 가한 다음 강제추행한 사안에서, 피고인의 위 폭행을 강제추행의 수단으로서의 폭행으로 볼 수 없어 위 상해와 강제추행 사이에 인과관계가 없다는 이유로, 폭력행위처벌법 위반죄로 처벌한 상해를 다시 결과적 가중범인 강제추행치상죄의 상해로 인정한 원심판결을 파기한 사례).
2) 대법원 1980. 6. 24. 선고 80도726 판결.
3) 대법원 1987. 1. 20. 선고 86도2360 판결.

로 사용한 폭행으로 인하여 초래된 경우에도 강간치사죄가 성립한다.[1] 범인이 강간의 목적으로 피해자에게 폭행을 가할 때에 살해의 범의가 있었다면 강간살인죄가 성립한다.[2]

---

1) 대법원 1990. 5. 8. 선고 90도670 판결.
2) 대법원 1986. 11. 11. 선고 86도1989 판결(피고인이 피해자(여, 18세)의 반항을 억압한 후 그녀를 1회 강간하자, 피해자가 그 자리에서 울면서 피고인에게 반항하며 자신의 장래를 책임지라고 하면서 이를 추궁하자, 피고인이 피해자를 타이르던 중 계속 반항을 하므로 순간적으로 그녀를 살해할 것을 결의하고 피고인의 양손으로 피해자의 목을 약 5분 내지 6분간 힘껏 졸라 그 자리에서 질식 사망하게 한 경우, 그 당시 피고인에게 살인의 확정적 범의가 있었음이 분명하고 결과적 가중범의 범의를 논할 여지가 없다).

제21장 그 밖의 죄

I. 부하범죄부진정죄

> 제93조(부하범죄 부진정) 부하가 다수 공동하여 죄를 범함을 알고도 그 진정을 위하여 필요한 방법을 다하지 아니한 사람은 3년 이하의 징역이나 금고에 처한다.

1. 의 의

부하범죄부진정죄는 부하가 다수 공동하여 죄를 범함을 알고도 그 진정을 위하여 필요한 방법을 다하지 아니함으로써 성립하는 범죄이다. 본죄는 상관으로서 부하가 다수 공동하여 죄를 범하는 것을 알고도 그 진정을 위하여 필요한 방법을 다하지 아니하는 것을 처벌하는 진정부작위범의 일종이다.[1]

2. 구성요건

(1) 주 체

본죄의 주체는 부하를 두고 있는 상관이다. 다만 여기서의 상관은 순정상관에 국한된다. 왜냐하면 본죄에서 말하는 부하는 자신의 명령권 아래 있는 사람을 말하고, 단순한 하급자나 하서열자는 제외되므로, 상관도 역시 그러한 명령권을 가지는 사람에 국한되어야 하기 때문이다. 만약 부하가 다수 공동하여 죄를 범함을 알고도 상관이 부진정에 그치지 아니하고 부하들의 범죄에 가담한 경우에는 본죄가 성립하는 것이 아니라 부하들의 범죄에 대한 공범관계가 성립한다.[2]

(2) 행 위

본죄의 실행행위는 부하가 다수 공동하여 죄를 범함을 알고도 그 진정을 위하여 필요한 방법을 다하지 아니하는 것이다. 부하가 다수 공동하여 죄를 범하는 경

---

[1] 이에 대하여 지휘관이 부하들의 범죄행위에 대하여 형사책임을 진다면 자기책임의 원리에 반하므로 본죄를 폐지하는 것이 타당하다는 견해로는 박안서, 134면. 하지만 본죄는 부하들의 범죄행위를 원인으로 처벌하는 것이 아니라 부하들의 범죄행위를 인식하고도 필요한 조치를 취하지 않은 지휘관의 행위 그 자체를 처벌의 대상으로 하고 있으므로 궁극적으로 본죄는 유지되어야 할 것이다.

[2] 육군 1978. 7. 4. 선고 78고군형항32 판결; 육군 1976. 12. 3. 선고 76고군형항789 판결.

우에 한하여 성립하므로, 부하의 개별적인 범죄에 대한 부진정의 경우에는 본죄가 성립하지 아니한다. 즉 '다수 공동하여'를 '단독범'이 다수인 경우로 확대하여 해석할 수는 없다. 또한 '다수 공동'의 의미를 문언적인 해석보다 넓게 해석하거나 애초에 부하를 '진정'하기 위하여 필요한 방법을 다하는 것이 불가능한 범죄에 대하여도 본죄의 성립이 가능하다고 한다면 이는 문언 그대로의 의미보다 과도하게 열려있어 명확성의 원칙에 반하므로 죄형법정주의에 위배된다. 그러므로 개별적인 폭행을 진정하기 위하여 필요한 방법을 다하지 않았다고 하여서 본죄로 처벌할 수는 없다.[1] 한편 공동관계에 있는 사람 모두가 자신의 부하일 필요는 없다. 즉 자신의 부하가 다수 공동하여 죄를 범하는 한 여기에 부하 아닌 사람이 합세한 경우에 있어서도 본죄가 성립하는 것이다.

'진정'이란 반대하는 세력이나 기세를 억눌러 안정되게 하는 것을 말한다. 범죄의 진정을 위하여 필요한 방법을 다함으로써 족하므로, 부하들의 범죄가 현실적으로 저지되든 기수로 되든 불문한다.

'진정'의 시기가 예비·음모 후 기수 전에 한정되어야 하는 것은 아니지만, 장래의 발생할 범행을 예측하여 범행을 진정시킬 의무를 부여하거나 이미 범행이 종료한 경우에 재범을 막을 의무를 부여한 것으로까지 해석할 수는 없다.[2] 또한 부하가 다수 공동하여 저지른 죄에 대하여 인지하였을 때 이를 진정시키는 것이 가능한 범죄여야 한다. 이때 진정시켜야 하는 것은 범행 당시 인지한 '부하가 다수 공동하여 저지른 죄'를 의미한다. 그렇지 않다면 군형법 제93조를 적용할 때 부하가 다수 공동하여 저지른 죄에 대하여 인지하고 난 후, 그 진정을 시켜야 하는 대상이 어느 정도 유사한 범죄인지 여부에 관하여 해석의 여지가 생기며, 이 때 유

---

[1] 제3군사령부 보통군사법원 2014. 10. 30. 선고 2014고13, 2014고14(병합) 판결(피고인 5가 이 법정에서 한 진술, 증인 피고인 4가 이 법정에서 한 진술에 의하면 위 공소사실에 나와 있는 바대로 피고인 5가 2014. 3. 18. 오전경 의무반 생활관에서 피고인 4로부터 피해자 공소외 3이 2014. 3. 15. 병장 피고인 1로부터 다리 부위를 10여 회 이상 폭행당하였다는 것을 들었고, 같은 날 다리를 절며 걷는 공소외 3의 허벅지가 부어 있는 것도 확인한 사실은 인정된다. 부하가 다수 공동하여 죄를 범한다는 의미에서 '다수'는 문언그대로 2인 이상의 다수여야 하는데 위 공소사실 자체로 보면 피고인 5는 피고인 1이 공소외 3을 폭행하였다는 사실을 알았을 뿐 2인 이상의 다른 부하가 공동하여 죄를 범하는 것을 안 것은 아니다. 마찬가지로 '부하가 다수 공동하여 죄를 범하는 것'을 진정하기 위하여 필요한 방법을 다해야 하는데 공소사실에 기재되어 있는 2014. 3. 18.부터 2014. 4. 4.에 이르기까지 피고인 1, 피고인 2, 피고인 3, 피고인 4가 공소외 3을 상대로 한 별지 범죄일람표 3.의 가항 순번 11, 12, 14~20, 4.항 순번 1, 2, 5항 순번 3~5, 6.항 순번 2, 3 기재와 같이 16회에 걸친 폭행은 위 피고인들이 개별적으로 피해자 공소외 3을 폭행을 한 것이고 문언상 개별적으로 피해자를 폭행한 것을 묶어서 '공동하여' 폭행한 것으로 해석할 수 없다).
[2] 고등군사법원 2015. 4. 9. 선고 2014노315 판결.

사한 범죄가 모두 해당이 된다고 본다면 그 가벌성이 지나치게 확대되어 명확성의 원칙에 반하게 된다. 결국 본죄가 성립하기 위해서는 다수의 부하가 공동하여 사전에 공모 또는 예비·음모가 있거나 실행의 착수에 나아갔다는 것을 알게 되었고, 그 죄가 기수 또는 종료되기 전에 진정할 수 있어야 하며, 그 진정을 위하여 필요한 방법을 다하지 않아야 한다.[1]

Ⅱ. 정치관여죄

> 제94조(정치 관여) ① 정당이나 정치단체에 가입하거나 다음 각 호의 어느 하나에 해당하는 행위를 한 사람은 5년 이하의 징역과 5년 이하의 자격정지에 처한다.
> 1. 정당이나 정치단체의 결성 또는 가입을 지원하거나 방해하는 행위
> 2. 그 직위를 이용하여 특정 정당이나 특정 정치인에 대하여 지지 또는 반대 의견을 유포하거나, 그러한 여론을 조성할 목적으로 특정 정당이나 특정 정치인에 대하여 찬양하거나 비방하는 내용의 의견 또는 사실을 유포하는 행위
> 3. 특정 정당이나 특정 정치인을 위하여 기부금 모집을 지원하거나 방해하는 행위 또는 국가·지방자치단체 및 「공공기관의 운영에 관한 법률」에 따른 공공기관의 자금을 이용하거나 이용하게 하는 행위
> 4. 특정 정당이나 특정인의 선거운동을 하거나 선거 관련 대책회의에 관여하는 행위
> 5. 「정보통신망 이용촉진 및 정보보호 등에 관한 법률」에 따른 정보통신망을 이용한 제1호부터 제4호에 해당하는 행위
> 6. 제1조 제1항부터 제3항까지에 규정된 사람이나 다른 공무원에 대하여 제1호부터 제5호까지의 행위를 하도록 요구하거나 그 행위와 관련한 보상 또는 보복으로서 이익 또는 불이익을 주거나 이를 약속 또는 고지하는 행위
> ② 제1항에 규정된 죄에 대한 공소시효의 기간은 군사법원법 제291조 제1항에도 불구하고 10년으로 한다.

---

1) 제3군사령부 보통군사법원 2014. 10. 30. 선고 2014고13, 2014고14(병합) 판결(공소사실처럼 피고인 5가 피고인 1의 피해자 공소외 3에 대한 폭행 사실을 알았다면 그 범죄에 대하여 진정시켜야 하는데 피고인 5가 이 사실을 알았을 때 이미 피고인 1의 피해자 공소외 3에 대한 폭행은 종료된 상태였으므로 그 죄가 기수 또는 종료되기 전이 이를 진정시키는 것이 가능하였다고 보기 힘들다. 만일 피고인 5가 피고인 1의 피해자 공소외 3에 대한 폭행사실을 알았을 때 위 별지 일람표상 피고인 1, 피고인 2, 피고인 3, 피고인 4가 피해자 공소외 3에게 위 기재와 같이 16회에 걸친 개별적인 폭행을 할 것에 대하여 사전에 공모 혹은 예비, 음모가 있었거나 이미 실행의 착수에 나아간 상태였고 피고인 5가 동시에 이러한 사실까지 알게 된 것이라면 진정시키는 것이 가능할 수 있으나, 그 당시 위 별지 일람표상의 16회에 걸친 개별적인 폭행을 할 것에 대하여 피고인 1, 피고인 2, 피고인 3, 피고인 4가 사전에 공모 혹은 예비, 음모를 하였거나 이미 실행의 착수에 나아간 상태였다는 점을 입증할 만한 증거가 없고, 피고인 5가 그 사실까지 알게 되었다는 점에 대해서도 이를 인정할 만한 아무런 증거가 없다. 위와 같이 피고인 5의 행위는 부하범죄부진정죄를 구성하지 아니하고, 달리 이를 인정할 만한 아무런 증거도 없다).

1. 의 의

정치관여죄는 정당이나 정치단체에 가입하거나 제94조 각호의 어느 하나에 해당하는 행위를 함으로써 성립하는 범죄이다. 본죄는 군인 등이 정치적 의견을 공표하여 군의 정치적 중립성을 해하는 행위를 금지하고 처벌함으로써, 군조직의 질서와 규율을 유지·강화하여 군 본연의 사명인 국방의 임무에 전력을 기울이도록 하고, 우리나라의 민주헌정체제와 이에 대한 국민의 신뢰를 보호하도록 한 것이다.

(구) 군형법 제94조에서 "정치단체에 가입하거나 연설, 문서 또는 그 밖의 방법으로 정치적 의견을 공표하거나 그 밖의 정치운동을 한 사람은 2년 이하의 금고에 처한다."[1]라고 하였던 것과 달리 2014. 1. 14. 개정된 군형법 제94조 제1항은 금지되는 정치적 관여 행위를 구체적으로 열거하고 있다. 또한 법정형을 상향조정하였고, 공소시효의 기간을 10년으로 연장하였다.

---

1) 대법원 2018. 6. 28. 선고 2017도2741 판결(국군의 정치적 중립성 준수를 보장하기 위한 구 군형법 제94조의 입법목적 및 문언 등에 비추어, 구 군형법 제94조가 금지하는 정치적 의견 공표행위는, 특정 정당이나 정치인 또는 그들의 정책이나 활동 등에 대한 지지나 반대의견 등의 공표와 같이 군의 정치적 중립성을 훼손할 수 있는 의견을 공표하는 행위로 한정된다. 나아가 이러한 정치적 의견 공표행위는 군인 또는 군무원이 그 지위를 이용하여 한 경우로 한정하여 해석함이 합헌적 해석이다); 서울고등법원 2017. 2. 7. 선고 2015노1607 판결; 헌법재판소 2014. 8. 28. 선고 2011헌바32 결정(구 군형법 제94조가 헌법 제37조 제2항을 위반하여 정치적 표현의 자유를 침해한다고 볼 수 없다); 고등군사법원 1998. 3. 31. 선고 98노70 판결(한나라당과 민주당이 합당한 이후 한나라당 이○○ 후보에 대한 여론지지율이 급상승하는 것으로 언론에 보도되자 자식을 군에 보내지 않은 후보는 국군통수권자가 될 수 없으며, 대통령이 되었을 경우 그런 대통령에게는 '받들어 총'을 할 수 없다는 판단 아래 시국선언 형식으로 이○○ 후보의 아들들의 병역문제를 제기하여 동인의 대통령 후보직 사퇴를 요구하는 시국선언을 하기 위하여 정당의 도움을 얻어야 가능하다고 생각하고 새정치국민회의 소속 오○○ 민원실장에게 전화를 걸어 현시국에 대하여 할 말이 있다고 하여 같은 날 18:00경 경기 ○○군 ○○읍 부근 ◇◇횟집에서 만나 시국선언 발표에 대하여 논의하고 헤어진 사실, 그 후 같은 달 24일부터 25일 사이에 경기 ○○군 ○○리 소재 피고인의 숙소에서 이건 시국선언문 초안을 작성한 후, 같은 달 27일 10:00경 자신의 사무실에서 위 오○○에게 전화를 걸어 협조를 요청하였으나 거절당한 사실, 그 후 피고인은 다른 방법을 모색하다가 같은 학군출신으로 1992. 제14대 국회의원선거 관련 군부재자투표비리에 관하여 양심선언을 한 경험이 있는 국민신당 서울시의원 이##에게 전화를 하여 피고인의 신분과 목적을 알리고 만나기로 한 후 경기 ○○군 △△면 소재 ㅁㅁ역에서 위 이○○문을 만나 길안내차 함께 온 국민신당 부대변인 안○○와 서울로 와서 함께 서울 마포구 소재 ◇◇ 서울호텔에 투숙하며 피고인이 작성한 시국선언의 내용을 일부 수정한 후 다음날 아침 06:00경 서울 영등포구 여의도동 소재 ▲▲호텔 1층 그린홀에서 이##의 사전연락에 의해 소집된 각 방송국과 언론사 기자들 앞에서 전투복을 입고 군인의 신분으로 특정 대통령 후보의 사퇴를 주장하는 문서를 배포하고 기자회견을 한 사실 등에 비추어 보면 피고인은 명백히 정치적인 의견을 공표한 것이라고 판단되고, 피고인의 이건 시국선언이 달리 정당이나 정치와는 무관한 것이라고 판단할 다른 증거 없다. 따라서 피고인이 행한 이건 시국선언의 내용이 민주주의 국가에서의 가장 정치적인 행사라고 할 대통령 선거에서 특정후보를 비난하여 그의 당선가능성에 타격을 가할 수 있도록 작성된 것으로서 명백히 정치적인 것으로 판단된다).

헌법 제5조 제2항은 "국군은 국가의 안전보장과 국토방위의 신성한 의무를 수행함을 사명으로 하며, 그 정치적 중립성은 준수된다."라고 규정하고 있다. 그 중 국군의 정치적 중립성 규정은 현행 헌법에서 처음으로 도입되었다. 공무원의 정치적 중립성을 규정하고 있는 헌법 제7조가 있음에도 위와 같이 현행 헌법에서 국군의 정치적 중립성을 다시 한 번 명시적으로 강조한 것은 우리의 헌정사에서 다시는 군의 정치개입을 되풀이하지 않겠다는 의지를 표현한 것이다.[1] 남북 간의 군사적 대결로 인하여 군부의 규모와 영향력이 클 수밖에 없는 현실에서, 과거 군부가 군사정변을 통해 직접 정권을 수립하거나 그 영향력을 이용하여 정치에 관여한 아픈 경험이 있기 때문이다. 이와 같이 헌법 제5조 제2항은 국군의 정치적 중립성을 명시함으로써 민주헌정체제의 수립을 확고히 하였다. 따라서 군인과 군무원 개인도 국군의 구성원으로서(국군조직법 제4조 제1항, 제16조 제1항), 일반 공무원에 비하여 그 정치적 중립성을 준수할 필요성이 더욱 강조된다.

군은 국가 내의 가장 우월적인 무력집단이기 때문에, 정치세력이 군의 영향력을 정치적으로 이용하거나 군 스스로가 정치적 영향력을 행사하여 국정을 장악하고자 하는 유혹에 빠질 우려가 있다. 만일 군이 그 영향력을 정치적으로 행사하는 경우 이는 군 본연의 사명인 국방의 임무를 망각한 것으로서 군조직의 질서와 규율을 무너뜨리고, 이로 인해 정치질서뿐만 아니라 국가안보에 있어서도 심각한 불안을 초래할 수 있다. 그리고 우리나라는 장기간에 걸쳐 군사정변을 통해 군이 직접 정권을 수립하거나 정치권에서 군을 동원하여 정치에 영향을 미친 역사적 경험을 갖고 있다. 이에 대한 반성으로서 헌법 제5조 제2항에서 국군의 정치적 중립성을 명시함으로써 민주헌정체제의 수립을 확고히 하였다. 만일 군이 정치적 중립성을 준수하지 않고 정치에 관여하는 경우 민주헌정체제와 이에 대한 국민의 신뢰를 위협하게 된다.[2]

2. 구성요건

(1) 정당이나 정치단체에 가입하는 행위

'정당'이란 국민의 이익을 위하여 책임있는 정치적 주장이나 정책을 추진하고 공직선거의 후보자를 추천 또는 지지함으로써 국민의 정치적 의사형성에 참여함을 목적으로 하는 국민의 자발적 조직을 말한다(정당법 제2조). '정치단체'란 그 명

---

1) 헌법재판소 2016. 2. 25. 선고 2013헌바111 결정.
2) 헌법재판소 2018. 7. 26. 선고 2016헌바139 결정.

칭과 무관하게 정치활동을 목적으로 하는 모든 정치적 사회단체를 말한다. '가입'
이란 정당의 당원이 되거나 정치단체라는 정을 알면서 그 구성원이 되는 것을 말
한다. 새로운 정치단체를 창설하여 그 발기인이 되는 경우에도 가입에 해당한다.

(2) 정당이나 정치단체의 결성 또는 가입을 지원하거나 방해하는 행위

'결성'이란 정당이나 정치단체를 새롭게 만드는 것을 말한다. 다만 결성 또는
가입을 지원하거나 방해하는 행위를 처벌하고 있으므로, 본인이 결성하는 경우에
는 정치단체 가입에 해당하여 제94조 제1항 본문이 적용되므로, 제94조 제1항 제1
호의 행위에 해당하지 아니한다.

(3) 그 직위를 이용하여 특정 정당이나 특정 정치인에 대하여 지지 또는 반대 의견을 유포하거나, 그러한 여론을 조성할 목적으로 특정 정당이나 특정 정치인에 대하여 찬양하거나 비방하는 내용의 의견 또는 사실을 유포하는 행위

개정 이전에는 정치적 의견을 공표하는 모든 행위가 금지되어 있었지만, 2014
년 개정을 통하여 그 직위를 이용하여 행하는 구체적인 행위로 한정하고 있다. 또
한 특정 정당이나 특정 정치인에 대하여 찬양하거나 비방하는 내용의 의견 또는
사실을 유포하는 행위의 경우에도 지지 또는 반대여론을 조성할 목적이 있는 경우
에 한하여 처벌하고 있다. 결국 군인이 그 직위를 이용하지 않고 개인의 지위에서
정치적 의견을 공표하거나 군인의 특정 사회 문제에 대한 의견이 특정 정당이나
특정 정치인 또는 그들의 정책이나 활동 등에 대한 지지나 반대 의견이 아닌 경우
에는 다른 법률에 따라 제한되지 않는 한 허용된다. 그리고 군인이 정치적 의견을
공표하더라도, 군조직의 질서와 규율을 무너뜨리거나 민주헌정체제에 대한 국민
의 신뢰를 훼손할 수 있는 의견을 공표하는 행위에 해당하지 않으면 허용된다. 정
치적 의견 공표의 대상인 특정 정당이나 정치인의 이름이 직접 언급되지 않더라도
표현 내용상 그 특정이 가능하거나 공표 내용이 필연적으로 특정 정당이나 정치인
에 대한 지지나 반대로 이어지는 경우에는 본죄에 해당한다.[1]

대통령은 행정부의 수반인 공무원으로서의 지위와 정치적 헌법기관 또는 정
치인으로서의 지위를 겸유하고 있으므로, 현직 대통령에 대한 지지의견을 공표하
는 것은 그 자체로 특정 정치인에 대한 지지행위로서 정치적 의견 공표행위에
해당한다. 또한 정부의 특정 정책이나 성과를 지지하는 것은 정부의 수반인 대통
령 및 대통령과 정치적 입장을 같이하는 여당 등 특정 정당에 대한 지지 또는 정

---

1) 대법원 2018. 6. 28. 선고 2017도2741 판결.

부·여당의 해당 정책에 비판하는 야당 등 특정 정당에 대한 반대로 이해될 수 있다. 그러므로 정부의 특정 정책이나 성과에 대한 지지의견을 공표하는 것 역시 (구) 군형법 제94조에서 금지하는 정치적 의견 공표행위에 해당한다. 그리고 이러한 지지 또는 반대의견을 공표할 당시까지 해당 정책이나 성과에 대하여 여야 간 의견대립이 명시적으로 드러나지 않았다고 하더라도 그 사정만으로 달리 볼 것은 아니다.[1]

(4) 특정 정당이나 특정 정치인을 위하여 기부금 모집을 지원하거나 방해하는 행위 또는 국가·지방자치단체 및 「공공기관의 운영에 관한 법률」에 따른 공공기관의 자금을 이용하거나 이용하게 하는 행위

전단과 달리 특정 정당이나 특정 정치인을 위하여 국가·지방자치단체 및 「공공기관의 운영에 관한 법률」에 따른 공공기관의 자금을 이용하거나 이용하게 하는 행위는 처벌의 범위가 매우 모호하다.

(5) 특정 정당이나 특정인의 선거운동을 하거나 선거 관련 대책회의에 관여하는 행위

'선거운동'이란 당선되거나 되게 하거나 되지 못하게 하기 위한 행위를 말한다. 다만 선거에 관한 단순한 의견개진 및 의사표시, 입후보와 선거운동을 위한 준비행위, 정당의 후보자 추천에 관한 단순한 지지·반대의 의견개진 및 의사표시, 통상적인 정당활동, 설날·추석 등 명절 및 석가탄신일·기독탄신일 등에 하는 의례적인 인사말을 문자메시지(그림말·음성·화상·동영상 등을 포함한다)로 전송하는 행위 중의 어느 하나에 해당하는 행위는 선거운동으로 보지 아니한다(공직선거법 제58조 제1항). 원칙적으로 누구든지 자유롭게 선거운동을 할 수 있지만, 예외적으로 군인 등의 선거운동은 금지되며, 형사처벌의 대상이 된다. 하지만 '선거 관련 대책회의에 관여하는 행위'가 과연 무엇을 의미하는지는 불분명하다.

(6) 「정보통신망 이용촉진 및 정보보호 등에 관한 법률」에 따른 정보통신망을 이용한 제1호부터 제4호에 해당하는 행위

본 행위는 제1호부터 제4호에서 이미 규율되고 있는 경우이므로 입법론상 삭제하는 것이 타당하다.[2]

---

1) 대법원 2018. 6. 28. 선고 2017도2741 판결.
2) 이상철, 276면.

(7) 제1조 제1항부터 제3항까지에 규정된 사람이나 다른 공무원에 대하여 제1호부터 제5호까지의 행위를 하도록 요구하거나 그 행위와 관련한 보상 또는 보복으로서 이익 또는 불이익을 주거나 이를 약속 또는 고지하는 행위

이는 군인·준군인 또는 다른 공무원에 대하여 정치관여행위를 하도록 요구하는 행위, 정치관여행위와 관련한 보상 또는 보복으로서 이익 또는 불이익을 주거나 이를 약속 또는 고지하는 행위를 형사처벌의 대상으로 하고 있다.

사항색인

[ㄱ]

가혹행위죄　215

간음　361

간첩방조　63

간첩죄　61

강제이득　300

거짓명령·통보·보고죄　126

계간　379

공격기피죄　120

공연히　258

국가기밀　62

국방경비법　3

군대　46

군무원　18

군무이탈자 복귀명령　103

군무이탈죄　90

군사간첩죄　65

군사기밀누설죄　343

군사기지　245

군사상 기밀누설　63, 64

군사재판　25

군용물강도죄　299

군용물결핍죄　123

군용물공갈죄　306

군용물배임죄　312

군용물분실죄　282

군용물사기죄　302

군용물장물죄　315

군용물절도죄　292

군용물횡령죄　309

군용시설등방화죄　267

군용시설등손괴죄　274

군용시설등파괴죄　60

군의 기관　46

군의 학교　46

군인　12

군인등강간등살인·치사죄　392

군인등강간등상해·치상죄　390

군인등강간죄　360

군인등강제추행죄　363

군인등유사강간죄　362

군인등준강간등죄　367

군적을 가진 생도　19

군형법　1

귀가조치　16

근무기피목적상해죄　132

근무기피목적위계죄　136

근무태만죄　115

기국주의　33

기밀문건방임죄　122

[ㄴ]

노적군용물방화죄　272

노획　280

노획물훼손죄　279

[ㄷ]

대적행위　49

도주포로비호죄   358

[ㅁ]

명령등 거짓전달죄   129
명령위반죄   156
모욕   251
무단이탈죄   325
미귀이탈형   90

[ㅂ]

반란불보고죄   57
반란죄   51
반환거부   310
보충적 이적죄   69
보호주의   34
부대   45
부대등유기죄   118
부대인솔도피죄   76
부사관후보생   20
부하범죄부진정죄   394
분실   284
불구   205
불법전투개시죄   71
불법전투계속죄   72
불법진퇴죄   73
불치 또는 난치의 질병   206
비행군기문란죄   124

[ㅅ]

사관후보생   20
사변   50
살인예비죄   210
살인음모   211
상관   37
상관공연모욕죄   255
상관면전모욕죄   248

상관명예훼손죄   256
상관모욕죄   247
상관살해죄   208
상관상해죄   202
상관상해치사죄   206
상관제지불복종죄   155
상관중상해죄   205
상관집단상해죄   204
상관집단폭행·협박죄   188
상관특수상해죄   204
상관특수폭행·협박죄   189
상관폭행·협박죄   181
상관폭행치사상죄   200
상해   202
세계주의   35
소집   20
소훼   269
속인주의   33
속지주의   31
손괴   275
수괴   55
수소   83
순정군사범   5
순정상관   37

[ㅇ]

암호부정사용죄   348
약탈죄   350
양심적 병역거부   148
얼차려행위   229
예비역   21
우상   255
위계로 인한 항행위험죄   125
위력   221
위수지역 이탈행위   331
위험한 물건   189, 190

유독음식물공급등죄　140
육군법률　2
이적의 죄　59
이탈자비호죄　108
일반이적죄　65

[ㅈ]
작당　51
장물　316
재물강취　300
재판시법주의　29
적국　61
적시　262
적전　46
적진도주죄　113
전시　48
전시근로역　21
전지강간죄　352
전투준비태만죄　115
전파가능성이론　258
전환복무　13
정당한 명령　145
정치관여죄　396
조선경비법　2
준군인　18
준상관　38
중형주의　6
지휘관　41
지휘관의 수소이탈죄　83
직무유기죄　77
집단항명죄　154

[ㅊ]
초령위반죄　130
초병　42
초병모욕죄　265

초병살해죄　240
초병상해죄　238
초병상해치사죄　240
초병의 수소이탈죄　84
초병중상해죄　239
초병집단상해죄　238
초병집단폭행·협박죄　236
초병특수상해죄　239
초병특수폭행·협박죄　237
초병폭행·협박죄　235
초병폭행치사상죄　237
초소침범죄　322
추행　364
추행죄　370
출병거부죄　141

[ㅌ]
특수군무이탈죄　106
특수소요죄　212

[ㅍ]
포로　354
포로도주원조죄　357
포로불귀환죄　354
포로탈취죄　358
폭발물파열죄　273
폭행　182

[ㅎ]
학대　229
학생군사교육단　20
함선·항공기복몰등죄　280
항거불능의 상태　368
항명죄　143
항문성교　378
항복죄　75

행위시법주의   29
현역   13
현지이탈형   90
협박   184

휴대   196
휴대하여   196
흉기   189

저자약력

경희대학교 법과대학 졸업(법학사)
한양대학교 대학원 석사과정 졸업(법학석사)
한양대학교 대학원 박사과정 졸업(법학박사)
한양대학교·건양대학교·영동대학교 강사
교수사관 6기 임관
육군3사관학교 법학과 교수
여성가족부 정책자문위원
대구광역시 정책자문위원
경북지방경찰청 누리캅스 회장
병무청 정보공개심의위원회·징계위원회 위원
한국소년정책학회 재무이사·한국보호관찰학회 연구이사·한국교정학회 출판이사
한국법정책학회 상임이사·한양법학회 홍보이사
한국형사법학회·한국비교형사법학회·한국형사소송법학회 이사
한국형사정책학회 감사
5급·7급·9급·소방·경찰공무원시험·중등임용시험 출제·선정·면접위원
현재 대구가톨릭대학교 사회과학대학 경찰행정학과 부교수

주요 저서

1. 『형법총론 쟁점연구』, 한국학술정보, 2012.
2. 『형법각론 쟁점연구』, 한국학술정보, 2012.
3. 『형사법 쟁점연구 제1권』, 한국학술정보, 2013.
4. 『생활법률』(공저), 오래, 2014.
5. 『형사법 쟁점연구 제2권』, 한국학술정보, 2014.
6. 『법정책학이란 무엇인가』(공저), 삼영사, 2015.
7. 『형사법 쟁점연구 제3권』, 한국학술정보, 2016.
8. 『법의 통섭』(공저), 한국학술정보, 2018.
9. 『형법각론』, 박영사, 2018.
10. 『형사소송법』, 박영사, 2020.
11. 『군형법』, 박영사, 2021.

주요 연구보고서

1. 보호소년 등의 처우에 관한 법률 개정 예비연구, 법무부, 2011. 12.
2. 동남아시아 아동 성매매 관광의 현황과 대책, 한국형사정책연구원, 2012. 12.
3. 우리나라 형사법제 하에서 검·경 합동수사기구 상설화 가능성에 대한 연구, 대검찰청, 2012. 12.
4. 가정폭력행위자 대상 상담조건부 기소유예의 효과성 분석, 국회입법조사처, 2013. 9.
5. 성매매방지법상 성매매피해자 개념 확대에 관한 연구, 한국여성인권진흥원, 2013. 10.
6. 스마트 융·복합 통신환경에서의 통신비밀자료 수집·제공 등에 관한 제도 개선방안 연구, 미래창조과학부, 2013. 12.
7. 성매매특별법 10주년 성과와 과제, 한국여성인권진흥원, 2014. 9.
8. 소년의료보호시설 실태 분석 및 선진운영모형 연구, 법무부, 2014. 12.
9. 2016년 성매매 실태조사, 여성가족부, 2016. 12.
10. 교정단계에서 회복적 사법이념의 실천방안, 법무부, 2016. 12.

11. 청소년 성매매 비범죄화와 보호처분에 관한 주요국 비교 연구, 한국여성정책연구원, 2017. 12.
12. 프랑스, 독일 등 선진국 제도를 고려한 통합수사기구 연구, 대검찰청, 2017. 12.
13. 외국의 수사·기소기관간 상호협력제도 및 그 운영에 관한 연구, 경찰청, 2018. 12.
14. 다중피해 사기범죄의 유형 및 양형에 관한 연구, 대검찰청, 2019. 11.
15. 성매매 조장 사이트의 법·제도적 규제방안, 한국여성인권진흥원, 2019. 11.

주요 논문

 1. 죄수결정기준에 관한 비판적 검토, 3사논문집 제64집, 육군3사관학교 논문집, 2007. 3.
 2. 중지미수의 자의성에 관한 학설의 연구, 3사논문집 제65집, 육군3사관학교 논문집, 2007. 9.
 3. 성매매죄의 목적에 관한 연구, 3사논문집 제66집, 육군3사관학교 논문집, 2008. 3.
 4. 녹음테이프의 증거능력에 관한 연구, 3사논문집 제67집, 육군3사관학교 논문집, 2008. 9.
 5. 낙태죄의 비범죄화 방안에 관한 연구, 3사논문집 제68집, 육군3사관학교 논문집, 2009. 3.
 6. 성매매죄의 개념에 관한 연구, 법학논총 제26집 제1호, 한양대학교 법학연구소, 2009. 3.
 7. 강간죄의 객체로서 '아내'의 인정 여부에 관한 소고, 법학논총 제26집 제2호, 한양대학교 법학연구소, 2009. 6.
 8. 청소년성매수 관련 범죄의 개념에 관한 고찰, 소년보호연구 제13호, 한국소년정책학회, 2009. 12.
 9. 낙태죄의 합리화 정책에 관한 연구, 법학논총 제27집 제1호, 한양대학교 법학연구소, 2010. 3.
10. 강간피해자로서 '성전환자'의 인정 여부에 관한 검토, 피해자학연구 제18권 제1호, 한국피해자학회, 2010. 4.
11. 사형폐지론의 입장에서 본 사형제도, 한양법학 제21권 제2집, 한양법학회, 2010. 5.
12. 아동대상 강력범죄방지를 위한 최근의 입법에 대한 검토, 소년보호연구 제14호, 한국소년정책학회, 2010. 6.
13. 존속대상범죄의 가중처벌규정 폐지에 관한 연구: 존속살해죄를 중심으로, 형사정책연구 제21권 2호, 한국형사정책연구원, 2010. 6.
14. 간통죄 폐지의 정당성에 관한 고찰, 경희법학 제45권 제2호, 경희대학교 법학연구소, 2010. 6.
15. 군형법상 군무이탈죄와 관련된 문제점과 개선방안, 형사정책 제22권 제1호, 한국형사정책학회, 2010. 6.
16. 비범죄화의 유형에 관한 연구, 저스티스 제117호, 한국법학원, 2010. 6.
17. 전자감시제도의 소급적용에 관한 비판적 검토, 교정학 반세기, 한국교정학회, 2010. 9.
18. 자기명의 신용카드의 '발급'과 관련된 죄책, 법과 정책연구 제10집 제3호, 한국법정책학회, 2010. 12.
19. 학교폭력대책법에 대한 비판적 검토, 소년보호연구 제15호, 한국소년정책학회, 2010. 12.
20. '흉기 기타 위험한 물건을 휴대하여'의 개정방안, 법학논총 제17집 제3호, 조선대학교 법학연구원, 2010. 12.
21. 특정성범죄자의 신상정보 활용제도의 문제점과 개선방안 — 성범죄자 등록·고지·공개 제도를 중심으로 — , 법학논총 제27집 제4호, 한양대학교 법학연구소, 2010. 12.
22. 교원에 의한 체벌행위의 정당성과 그 허용범위, 형사정책연구 제22권 제1호, 한국형사정책연구원, 2011. 3.
23. 중지미수의 '자의성'에 대한 비판적 검토, 법학논문집 제35집 제1호, 중앙대학교 법학연구원, 2011. 4.
24. 사면제도의 적절한 운영방안에 관한 연구 — 사면심사위원회 등에 의한 통제를 중심으로 — , 교정연구 제51호, 한국교정학회, 2011. 6.
25. 성충동 약물치료제도 도입의 문제점과 개선방안, 형사정책 제23권 제1호, 한국형사정책학회, 2011. 6.
26. 우범소년 처리의 합리화 방안에 관한 연구, 소년보호연구 제16호, 한국소년정책학회, 2011. 6.

27. 절도죄의 객체로서 재물의 '재산적 가치'에 대한 검토, 형사판례연구 제19권, 형사판례연구회, 2011. 6.
28. 군형법상 추행죄의 문제점과 개선방안, 한양법학 제22권 제3집, 한양법학회, 2011. 8.
29. 주취운전죄와 관련된 최근의 입법과 판례의 동향, 법학논총 제28집 제3호, 한양대학교 법학연구소, 2011. 9.
30. 군형법상 명령위반죄의 문제점과 개선방안, 형사법연구 제23권 제3호, 한국형사법학회, 2011. 9.
31. 음주측정불응에 대한 합리적 대응방안, 형사정책연구 제22권 제3호, 한국형사정책연구원, 2011. 9.
32. 함정수사의 허용요건과 법적 효과 — 대법원 2008. 10. 23. 선고 2008도7362 판결을 중심으로 —, 홍익법학 제12권 제3호, 홍익대학교 법학연구소, 2011. 10.
33. 장애인 대상 성폭력범죄에 관한 최근의 입법과 합리적 대처방안 — 일명 '도가니법'에 대한 비판적 검토를 중심으로 —, 형사정책 제23권 제2호, 한국형사정책학회, 2011. 12.
34. 제18대 국회에 제출된 소년법 개정법률안에 대한 검토, 소년보호연구 제17호, 한국소년정책학회, 2011. 12.
35. 소년형사사건의 심판에 있어서 특례조항에 대한 검토 — 소년법 제56조 내지 제67조를 중심으로 —, 소년보호연구 제18호, 한국소년정책학회, 2012. 12.
36. 사형제도의 합리적 대안에 관한 연구, 법학논총 제29권 제1호, 한양대학교 법학연구소, 2012. 3.
37. 공소시효의 정지, 연장, 배제에 관한 최근의 논의, 형사법의 신동향 제34호, 대검찰청, 2012. 3.
38. 성풍속범죄에 대한 비판적 검토 — '건전한 성풍속'이라는 보호법익을 중심으로 —, 법무연구 제3권, 대한법무사협회 법제연구소, 2012. 4.
39. 성매매처벌법상 성매매피해자규정에 대한 검토, 피해자학연구 제20권 제1호, 한국피해자학회, 2012. 4.
40. 개정 경범죄처벌법의 내용에 대한 평가 및 향후과제, 경찰학논총 제7권 제1호, 원광대학교 경찰학연구소, 2012. 5.
41. 양심적 병역거부자에 대한 형사처벌의 타당성 여부, 한양법학 제23권 제2호, 한양법학회, 2012. 5.
42. 공정거래법상 전속고발과 관련된 법리의 검토, 서울법학 제20권 제1호, 서울시립대학교 법학연구소, 2012. 5.
43. 우리나라 성매매입법의 변천과정에 대한 검토 — 2004년 성매매처벌법 제정 이전까지를 중심으로 —, 홍익법학 제13권 제2호, 홍익대학교 법학연구소, 2012. 6.
44. 청소년비행예방센터의 효율적인 운영방안 — 관련 법령의 정비방안을 중심으로 —, 소년보호연구 제19호, 한국소년정책학회, 2012. 6.
45. 스토킹의 개념 정립 및 피해자 보호방안에 관한 연구, 가천법학 제5권 제2호, 가천대학교 법학연구소, 2012. 8.
46. 청소년유해매체물의 결정 및 유통 규제에 대한 검토, 소년보호연구 제20호, 한국소년정책학회, 2012. 10.
47. 공원범죄의 피해방지를 위한 합리적인 방안, 피해자학연구 제20권 제2호, 한국피해자학회, 2012. 10.
48. 군사재판에 있어서 관할관제도 및 심판관제도의 문제점과 개선방안, 형사정책연구 제23권 제4호, 한국형사정책연구원, 2012. 12.
49. 보호처분의 결정 등에 대한 항고권자에 검사 또는 피해자 등을 포함시키지 않는 것의 타당성 여부, 소년보호연구 제21호, 한국소년정책학회, 2013. 2.
50. 성충동 약물치료제도의 시행과 향후 과제, 형사정책연구 제24권 제1호, 한국형사정책연구원, 2013. 3.
51. 성폭력피해자에 대한 의료지원의 강화 방안, 형사정책연구소식 제125호, 한국형사정책연구원, 2013. 3.
52. 성폭력범죄 대처를 위한 최근(2012. 12. 18.) 개정 형법에 대한 검토, 한양법학 제42집, 한양법

학회, 2013. 5.

53. 불량식품범죄에 대한 효과적인 대응방안, 형사정책연구 제24권 제2호, 한국형사정책연구원, 2013. 6.

54. 성구매자 재범방지교육의 함축적 의미, 홍익법학 제14권 제2호, 홍익대학교 법학연구소, 2013. 6.

55. 업무방해죄에 있어서 업무의 보호가치에 대한 검토 — 대법원 2011. 10. 13. 선고 2011도7081 판결을 중심으로 —, 형사판례연구 제21권, 한국형사판례연구회, 2013. 6.

56. 배임죄의 양형기준과 구체적 사례에 있어서 형량의 문제점, 법과 정책연구 제13집 제2호, 한국법정책학회, 2013. 6.

57. 형법상 미성년자 연령 설정과 소년법상 보호처분제도와의 관계, 소년보호연구 제22호, 한국소년정책학회, 2013. 6.

58. 아동·청소년이용음란물소지죄에 대한 해석론 및 입법론적 검토, 형사정책 제25권 제2호, 한국형사정책학회, 2013. 8.

59. 해외 청소년성매매에 대한 실효적인 대응방안, 소년보호연구 제23호, 한국소년정책학회, 2013. 10.

60. 위치추적 전자감시제도의 소급적용에 대한 비판적 고찰, 헌법논총 제24집, 헌법재판소, 2013. 11.

61. 부동산 이중매매에 있어서 배임죄의 성립시기, 경희법학 제48권 제4호, 경희대학교 법학연구소, 2013. 12.

62. 아동학대의 대처현황과 가해자 및 피해자 처우의 개선방안, 소년보호연구 제24호, 한국소년정책학회, 2014. 2.

63. 가정폭력행위자 대상 상담조건부 기소유예처분의 문제점 및 개선방안, 형사법의 신동향 제42호, 대검찰청, 2014. 3.

64. 전기통신사업법상 통신자료 제공행위의 문제점과 개선방안, 법과 정책연구 제14집 제1호, 한국법정책학회, 2014. 3.

65. 최근의 성매매피해자 개념 확대 논의에 대한 검토, 형사정책연구 제25권 제1호, 한국형사정책연구원, 2014. 3.

66. 성매매범죄의 양형기준안에 대한 검토, 형사법연구 제26권 제1호, 한국형사법학회, 2014. 3.

67. 통신제한조치 협조의 현황 및 요건의 개선방안, 법학논총 제30집 제1호, 한양대학교 법학연구소, 2014. 3.

68. 통신제한조치의 집행과 관련된 쟁점 검토, 법과정책 제20집 제1호, 제주대학교 법과정책연구소, 2014. 3.

69. 7호 처분 집행의 법적 근거 명확화에 관한 연구, 소년보호연구 제25호, 한국소년정책학회, 2014. 5.

70. 「보호소년 등의 처우에 관한 법률」 제17차 개정의 주요내용과 평가, 소년보호연구 제26호, 한국소년정책학회, 2014. 8.

71. 통신사실확인자료 제공제도의 현황 및 개선방안, 형사법의 신동향 제44호, 대검찰청, 2014. 9.

72. 최근 형법정책의 현황 및 과제, 법과 정책연구 제14집 제3호, 한국법정책학회, 2014. 9.

73. 군형법상 무단이탈죄의 문제점과 개선방안, 형사정책연구 제25권 제3호, 한국형사정책연구원, 2014. 9.

74. 우리나라 의료재활교육소년원의 현황 및 발전방안, 소년보호연구 제27호, 한국소년정책학회, 2014. 11.

75. 성매매의 개념과 관련된 최근의 쟁점, 형사정책 제26권 제3호, 한국형사정책학회, 2014. 12.

76. 성매매신고보상금제도의 활성화 방안, 형사법의 신동향 제45호, 대검찰청, 2014. 12.

77. 소년보호처분의 전력을 전자장치부착명령의 요건으로 할 수 있는지 여부에 대한 검토, 소년보호연구 제28권 제1호, 한국소년정책학회, 2015. 2.

78. 성매매 알선범죄에 대한 대책으로서 행정처분 및 몰수·추징의 활용방안, 형사법의 신동향 제46호, 대검찰청, 2015. 3.

79. 우리나라 소년범죄의 최근 동향 및 평가, 소년보호연구 제28권 제2호, 한국소년정책학회, 2015. 5.
80. 청소년성매매 예방 및 피해자지원 관련 법령의 검토, 소년보호연구 제28권 제4호, 한국소년정책학회, 2015. 12.
81. 위증죄에 관한 실체법적 및 절차법적 쟁점, 형사법의 신동향 제49호, 대검찰청, 2015. 12.
82. 형법 제20조에 규정된 '사회상규에 위배되지 아니하는 행위'의 의미 및 다른 위법성조각사유와의 관계, 형사법연구 제28권 제1호, 한국형사법학회, 2016. 3.
83. 제19대 국회에 제출된 소년법 개정법률안에 대한 검토, 소년보호연구 제29권 제2호, 한국소년정책학회, 2016. 5.
84. 자유형에 대한 형집행정지제도의 문제점 및 개선방안, 형사정책연구 제27권 제2호, 한국형사정책연구원, 2016. 6.
85. 군형법상 가혹행위죄 적용의 합리화 방안, 형사정책 제28권 제2호, 한국형사정책학회, 2016. 8.
86. 아동·청소년이용음란물 관련 헌법재판소 결정에 대한 비판적 고찰, 소년보호연구 제29권 제3호, 한국소년정책학회, 2016. 8.
87. 정상적으로 발급받은 자기명의 신용카드의 '사용'과 관련된 죄책, 형사법의 신동향 제52호, 대검찰청, 2016. 9.
88. 성매매 알선범죄에 대한 행정처분의 활용방안, 형사정책연구 제27권 제3호, 한국형사정책연구원, 2016. 9.
89. 성매매 수익에 대한 몰수 및 추징제도의 활성화방안, 저스티스 제156호, 한국법학원, 2016. 10.
90. 북한형법의 변천과정 및 특징, 사회과학논총 제15집, 대구가톨릭대학교 사회과학연구소, 2016. 12.
91. 랜덤채팅을 통한 청소년 성매매의 효과적인 대응방안, 소년보호연구 제30권 제1호, 한국소년정책학회, 2017. 2.
92. 군영창제도의 문제점과 개선방안, 홍익법학 제18권 제1호, 홍익대학교 법학연구소, 2017. 2.
93. 한국 남성의 해외성매매에 대한 대응방안, 형사정책 제29권 제1호, 한국형사정책학회, 2017. 4.
94. 성접대에 대한 형사법적 대응방안, 안암법학 제53호, 안암법학회, 2017. 5.
95. 소년범에 대한 벌금형 선고의 문제점과 보호처분으로 대체의 당위성에 대한 고찰, 한양법학 제58집, 한양법학회, 2017. 5.
96. 위장형 성매매 규제를 위한 법·제도적 대응방안, 여성과 인권 제17호, 한국여성인권진흥원, 2017. 6.
97. 기소재량의 통제방안으로써 검찰시민위원회의 합리적인 운영방안, 한양법학 제59집, 한양법학회, 2017. 8.
98. 청소년성보호법상 '대상'아동·청소년을 '피해'아동·청소년으로 변경하는 입법안에 대한 비판적 고찰, 소년보호연구 제30권 제4호, 한국소년정책학회, 2017. 11.
99. 의료소년원의 운영현황과 발전방안, 형사정책 제29권 제3호, 한국형사정책학회, 2017. 12.
100. 형법각칙의 합동범 개념 폐지에 관한 시론, 홍익법학 제19권 제1호, 홍익대학교 법학연구소, 2018. 2.
101. 소년법 제67조의 위헌성에 대한 검토 — 집행유예를 선고받은 소년범을 자격에 관한 특례조항의 적용대상에서 제외할 수 있는가? —, 소년보호연구 제31권 제1호, 한국소년정책학회, 2018. 2.
102. 경찰권과 검찰권의 조정을 통한 '국가수사청' 설치에 대한 시론, 비교형사법연구 제20권 제1호, 한국비교형사법학회, 2018. 4.
103. 부동산 이중매매가 과연 형사처벌의 대상인가, 형사정책 제30권 제1호, 한국형사정책학회, 2018. 4.
104. 미투(Me Too)운동이 야기한 형사법적 쟁점 검토 — 형법 및 성폭력처벌법에 대한 개정법률안을 중심으로 —, 형사정책 제30권 제2호, 한국형사정책학회, 2018. 8.
105. 청소년성보호법상 위계에 의한 아동·청소년 간음죄에 있어서 '위계'의 해석, 소년보호연구 제31권 제3호, 한국소년정책학회, 2018. 8.

106. 성폭력피해자의 2차 피해 방지를 위한 몇 가지 쟁점에 대한 검토, 법학논총 제35집 제3호, 한양대학교 법학연구소. 2018. 9.
107. 소년범에 대한 형벌 부과의 문제점 및 개선방안, 비교형사법연구 제20권 제3호, 한국비교형사법학회, 2018. 10.
108. 업무상 위력에 의한 성범죄의 적용상 한계 및 개선방안에 대한 비판적 검토, 형사정책연구 제29권 제4호, 한국형사정책연구원, 2018. 12.
109. 검사의 독점적 영장청구권 인정의 타당성 및 이에 대한 견제방안, 형사법의 신동향 제62호, 대검찰청, 2019. 3.
110. 전자감독제도의 성과분석과 발전방향, 보호관찰 제19권 제1호, 한국보호관찰학회, 2019. 6.
111. 강력범죄 피의자 신상공개제도에 대한 비판적 검토, 형사정책 제31권 제3호, 한국형사정책학회, 2019. 10.
112. 7호 처분의 성과분석 및 개선방안, 소년보호연구 제32권 제2호, 한국소년정책학회, 2019. 12.
113. 미국의 사기죄에 대한 양형기준과 시사점, 법학논총 제36집 제4호, 한양대학교 법학연구소, 2019. 12.
114. 성매매 조장 사이트 규제의 집행력 강화를 위한 제언, 형사정책연구 제30권 제4호, 한국형사정책연구원, 2019. 12.
115. 성매매 조장 사이트와 이에 대한 형사법적 규제 분석, 홍익법학 제21권 제1호, 홍익대학교 법학연구소, 2020. 2.
116. 검·경 수사권조정에 대한 비판적 분석 — 2020. 2. 4.자 개정 형사소송법 및 검찰청법의 내용을 중심으로 — , 형사정책연구 제31권 제1호, 한국형사정책연구원, 2020. 3.
117. 고위공직자범죄수사처의 독립성 및 정치적 중립성 확보방안 검토, 형사정책 제32권 제1호, 한국형사정책학회, 2020. 4.
118. 다중피해 사기범죄의 양형인자 적용에 대한 개선방안 — 형량 강화의 구체적인 방안을 중심으로 — , 법학연구 제23집 제2호, 인하대학교 법학연구소, 2020. 6.
119. 제20대 국회에 제출된 소년법 개정법률안에 대한 검토 — 소년범의 인권 강화방안을 중심으로 — , 소년보호연구 제33권 제1호, 한국소년정책학회, 2020. 6.
120. 제20대 국회에 제출된 소년법 개정법률안에 대한 검토 — 제재강화에 대한 비판을 중심으로 — , 형사정책 제32권 제2호, 한국형사정책학회, 2020. 7.
121. 전기통신금융사기 관련 범죄의 가벌성 검토, 홍익법학 제21권 제3호, 홍익대학교 법학연구소, 2020. 9.

군형법

초판발행	2021년 1월 10일
지은이	박찬걸
펴낸이	안종만·안상준
편 집	이승현
기획/마케팅	장규식
표지디자인	박현정
제 작	고철민·조영환
발행처	(주) **박영사**
	서울특별시 금천구 가산디지털2로 53, 210호(가산동, 한라시그마밸리)
	등록 1959. 3. 11. 제300-1959-1호(倫)
전 화	02)733-6771
f a x	02)736-4818
e-mail	pys@pybook.co.kr
homepage	www.pybook.co.kr
ISBN	979-11-303-3787-6 93360

정 가   23,000원